本书获二〇二一年贵州省出版传媒事业发展专项资金资助
本书获贵州省孔学堂发展基金会资助

儒学的义理与敞开

李承贵 著

孔學堂書局

本书获2021年贵州省出版传媒事业发展专项资金资助
本书获贵州省孔学堂发展基金会资助

图书在版编目（CIP）数据

儒学的义理与敞开 / 李承贵著. — 贵阳：孔学堂书局，2022.10
（孔学堂文库 / 郭齐勇主编）
ISBN 978-7-80770-313-6

Ⅰ. ①儒… Ⅱ. ①李… Ⅲ. ①儒学－研究 Ⅳ. ①B222.05

中国版本图书馆CIP数据核字(2021)第278540号

孔学堂文库　郭齐勇　主编

儒学的义理与敞开　李承贵　著
RUXUE DE YILI YU CHANGKAI

策　　划：	张发贤
责任编辑：	陈　真　禹晓妍
责任校对：	孟　红　王紫玥
书籍制作：	刘思妤
责任印制：	张　莹

出　　品：	贵州日报当代融媒体集团
出版发行：	孔学堂书局
地　　址：	贵阳市乌当区大坡路26号
印　　制：	深圳市新联美术印刷有限公司
开　　本：	787mm×1092mm　1/16
字　　数：	564千字
印　　张：	30.5
版　　次：	2022年10月第1版
印　　次：	2022年10月第1次
书　　号：	ISBN 978-7-80770-313-6
定　　价：	98.00元

版权所有·翻印必究

前言

对传统思想文化的关注和研究，告别了文革折腾之后，40年前开始回潮。而在这40年时间里关于传统思想文化的讨论大致可分为三个阶段：1980—1995年，大体上可谓"传统思想文化热阶段"，这个阶段主要是呼唤传统思想文化的回归，在传统思想文化问题上拨乱反正，重新肯定传统思想文化，是对"五四""新文化运动"的反动，也是对文革时期传统文化观的修正。1995—2010年，大体上可谓"传统思想文化的理性认识和研究阶段"，这个阶段开始转向对传统文化现代意义和价值的发掘，较为理性地展开传统思想文化的学术性研究，客观地认识和评论传统思想文化。2010年至今，大体上可谓"传统思想文化的复兴阶段"，这个阶段开始全面地推动国学、传统思想文化的复兴运动，从政府到民间、从学术研究到大众传播、从幼儿国学启蒙到成人国学培训，国学复兴运动在神州大地波澜壮阔地开展起来。这几个阶段侧重点不尽相同，但推崇传统文化的旨趣是相同的。与这种时代相应，在大学从事中国古代哲学教学工作的我，从未间断过对传统思想文化问题的思考。本书就是在这个背景下关于传统思想文化部分思考的结晶。它包括：（一）对儒学义理的发掘和梳理，涉及"生生"何以是儒家思想基本理念、儒家思想中的自然主义、《易传》中的人文智慧、杨简的儒学观、颜钧学说的性质、宋明儒的"理"与清儒的"理"之分界等问题；（二）对儒佛道三教关系的探寻和厘清，涉及儒士佛教观研究的学术价值、宋明新儒学"儒佛合一"说性质、禅宗与朱熹理学的离合、王阳明心学与佛教的关系、高攀龙的佛教观及其儒学本色、宋儒重构儒学利用佛教的诸种方式、魏晋南北朝时期儒佛道三教关系等问题；（三）对儒学形态的论证和说明，涉及当代儒学流派的基本格局及其走向、百年来儒学开展方向主要论说、当代儒学的五种形态、人文儒学是否儒学的本体形态、"人文儒学"何以可能、人文认知范式与中国传统人文思想的豁显等问题；（四）对儒学开展的求索和前瞻，涉及儒学传道的四种方式、生活儒学是否当代儒学开展的基本方向、当代儒学开展的三个向度、王国维的儒学范畴诠释及其范式意义、儒学的传承与开新、"良知"的沦陷及其省思等问题；（五）对儒学价值的开掘和凸显，涉及儒家思想的普适性、文化自信的三大基本要求、方东美生态思想及其意蕴、孔子君子人格内涵及其现代价值、儒家榜样教化论及其当代省察等问题；（六）对儒学现状的分析和判断，涉及儒家思想的当代困境及其化解之道、国学研究的三大课题、展示阳明心学生命的三种视域、迈向新时代的阳明学研究、当代儒学的四大使命、国学教育与研究若干问题等。我必须声明，这些文章的观点并不具有绝对的真理性，而只是作者学习、思考儒学的心得，只是追求真理道路上的探索，但希望这种探索并非只是传播儒学知识，而是能为启发读者的良知和智能贡献些许。

　　在展开上述问题的思考过程中，我后来突然发现实际上贯穿着一种清晰的脉络（当时令我惊讶不已），这个脉络就是从"依人建极"（船山语）到生活儒学，再到生生之学。20世纪90年代，我对中国传统道德演变与转型进行过一段时间的思考和研究，形成了"中国传统道德转型于明清之际"（《学术月刊》）的认识，但这种转型是以"理"的丧失和"气"的兴起为标志的，也就是说，建构社会理想或道德理念，必须从市民社会或市民生活开始。遗憾的是，内在于中国思想史中的这种追求一直延续至今并未完成。这个研究影响了我对儒学开展方向的思考。在思索儒学开展方向的过程中，自然而然地将儒学的开展与民众生活结合起来，因为儒学的生命本来就在生活中。所以就有了《生活儒学：儒学开展的方向》一文，但之后发现20世纪儒学开展也呈现"学科"的向度，于是有了《儒学的五种形态》的写作，之后又觉得多种形态的儒学应该有一个本体形态，于是有了《人文儒学：儒学的本体形态》创作，在思考"人文儒学"的过程中，惊奇地发现"生生"才是儒家思想体系的核心，于是有了《生生：儒家思想的内在维度》诞生。这就是从"依人建极"到生活儒学、再到生生之学的脉络。

　　与此同时，我持续地以"生生"为核心对儒家思想展开了系统、深入的发掘、梳理和研究，认识到"生生"与太极、仁、理、气、性、心、良知等范畴关系密切而又优于它们，并确立起这些意识："生生"是儒家思想的血脉，可以疏通儒家思想体系的所有经络；"生生"是儒家思想的源泉，可以实现儒家思想的活化；"生生"是儒家思想的条理，可以促进儒家思想价值的落实；"生生"是儒家思想新陈代谢的根据，能够全面地推动儒家思想的发展和更新；从而确定"生生"在儒家思想体系中的核心地位。因而我想，孔子创立儒学，在于提出"仁"这一标志性概念，从而奠定了儒家以积极的人文关怀为基调的思想特色；程颢言"吾学虽有所授，'天理'二字却是自家体贴出来"，推动儒学本体化、思辨化，建立起儒学新形态；王阳明拈出"良知"二字，其言"我此良知二字，实千古圣贤相传一点滴骨血"，又言"吾良知二字，自龙场以后，便已不出此意"，而"圣贤论学，无不可用之功，只是致良知三字"，从而建立起以"良知"为核心的新儒学，并在一定程度上实现了儒学的推进，从而将儒学推向一个新阶段——心学形态阶段。进入20世纪，先后有熊十力、唐君毅、方东美、罗光、张岱年等对儒家"生生"思想的关注、梳理和阐发，"生生"逐渐进入学者的视野。本人在阅读前人作品、领悟前人思想的过程中，愈加坚信"生生"是那个隐藏于儒家思想根部而急需走向前台、以引领儒家思想迈向新时代的核心观念，亦或许是与域外哲学进行对话的重要观念。孔子说："天地不合，万物不生。"（《礼记·哀公问》）《易》曰："天地之大德曰生。"（《易传·系辞下》）又曰："生生之谓易。"（《易传·系辞上》）作为儒家思想固有的观念，在儒家思想需要自我解放、需要自我更新的时局，"生生"义不容辞地担当起为儒学开山辟路的责任。"生生"如何为儒学开山辟路，《儒家生生之学》或许能提供一些答案，而本书的思考大体上可以视为《儒家生生之学》的观念预备。

李承贵

2022年7月21日于南京

目录

第一章　儒学义理探寻

003　一、生生：儒家思想的内在维度

003　（一）"生生"何以是儒家思想基本理念？

007　（二）儒家"生生"理念要义

015　（三）儒家"生生"理念特质

019　二、儒家思想中的自然主义

019　（一）儒家思想中的"自然主义"

024　（二）儒家思想中的自然主义之特点

029　三、《易传》中的人文智慧与"自然"关系

029　（一）人文与自然的相互观照

033　（二）几点相关的结论

037　四、论杨简的儒学观

037　（一）以"心"解经的新尝试

042　（二）以"一"摄德的新路径

046　（三）以"意"别"性"善恶的新方法

050　（四）几点检讨

052　五、颜钧的平实之学

052　（一）闭关悟道

054　（二）勤勉布道

056　（三）侠行践道

058　（四）奇解创道

064　（五）结语

067　六、性理与事理：宋明儒与清儒的分界

067　（一）事理，还是性理？

069　（二）以"气"言理？以"性"言理？

073　（三）对两个疑难的疏解

第二章　儒佛关系辨析

081　一、儒士佛教观研究的学术价值

081　（一）选题上的开创性

081　（二）关于"阳儒阴释"问题

083　（三）关于佛教禅宗化走向的评价问题

084　（四）关于误读佛教的问题

085　（五）关于宋代新儒学与佛教关系的问题

087　（六）关于佛教中国化方式、范围和程度问题

089　二、宋明新儒学"儒佛合一"说之检讨

089　（一）"儒佛道三教合一"说述略

091　（二）"儒佛合一"说例案分析

096　（三）思想的兼容与思想的创新

101　三、禅宗与朱熹理学的离合
　　　　——以朱熹对禅宗的理解为视角

101　（一）对禅宗语言的理解

103　（二）对禅宗义理的理解

105　（三）对禅宗伦理的理解

109　（四）对禅宗工夫的理解

111　（五）延伸的思考

115　四、王阳明思想世界中的佛教

115　（一）"道体"：一抑或二？

118　（二）不著相，还是著了相？

120　（三）出家：是修行还是自私？

124　（四）心性：是"自得"还是空疏？

126　（五）毫厘之差，还是天壤之别？

130　（六）修己明道以应对

134　五、高攀龙的佛教观及其儒学本色

134　（一）佛教义理之失

137　（二）佛儒不是一家

139　（三）佛教之害

140　（四）儒学本色

144　六、论宋儒重构儒学利用佛教的诸种方式

144　（一）否定肯定式

147　（二）诠释赋义式

150　（三）改造更新式

154　（四）直接移用式

156	（五）几点启示
159	七、儒佛道三教关系探微
	——以两晋南北朝为例
159	（一）相融相摄：儒佛道关系的顺向开展
165	（二）相拒相斥：儒佛道关系的逆向开展
168	（三）几点检讨

第三章 儒学形态述论

173	一、试析当代儒学流派的基本格局及其走向
173	（一）保守主义儒学
176	（二）马克思主义儒学
179	（三）自由主义儒学
181	（四）理性主义儒学
185	（五）论评
189	二、百年来儒学开展方向主要论说及评论
189	（一）百余年来儒学开展方向的主要论说
195	（二）确定儒学开展方向的智慧
199	三、当代儒学的五种形态
199	（一）宗教儒学
203	（二）政治儒学
207	（三）哲学儒学
210	（四）伦理儒学

214　（五）生活儒学

217　（六）五种形态的意蕴

221　四、人文儒学：儒学的本体形态

221　（一）人文儒学是儒家思想根本内容

223　（二）人文儒学是儒家思想生长之源

228　（三）人文儒学是儒家思想开掘之匙

231　（四）人文儒学是儒家思想学科化之果

234　（五）人文儒学是儒家思想应对挑战之法

239　五、"人文儒学"何以可能？

239　（一）如何超越"以西释中"的是与非？

243　（二）怎样走出理解儒学的困惑？

249　（三）飘浮在夏文中的朵朵疑云

253　六、人文认知范式与中国传统人文思想的豁显

253　（一）道德性命：研究内容上的豁显

258　（二）生机整体：宇宙观上的豁显

263　（三）直觉主义：思维方法上的豁显

270　（四）相融相济：人神关系上的豁显

275　（五）几点思考

第四章　儒学开展省思

281　一、儒学传道的四种方式

281　（一）以身传道

282 （二）以文传道

284 （三）以事传道

286 （四）以心传道

288 二、生活儒学：当代儒学开展的基本方向

288 （一）内生性要求

290 （二）经验性要求

290 （三）生存性要求

291 （四）意义性要求

292 （五）可能性要求

293 三、当代儒学开展的三个向度

293 （一）生活的向度

294 （二）批判的向度

294 （三）信念的向度

296 四、王国维的儒学范畴诠释及其范式意义

296 （一）任天之"命"

299 （二）直觉之"仁"

302 （三）本体之"诚"

305 （四）可范之"行"

308 五、儒学的传承与开新
　　　——以熊十力释"理"为例

308 （一）"理"之体性

312　（二）从"天理"到"物理"

318　（三）意义的延伸

325　六、"良知"的沦陷及其省思

326　（一）"良知"的认识论解释

331　（二）"良知"的科学方法解释

336　（三）"良知"的阶级学说解释

341　（四）"良知"沦陷之省思

第五章　儒学价值评估

349　一、怎样看儒家思想的普适性？

349　（一）本体性根据

350　（二）主体性根据

352　（三）内在性根据

355　二、文化自信的三大基本要求
　　　　——宋儒处理儒佛关系中的智慧

355　（一）兴我所长：筑牢文化自信的心理基础

359　（二）海纳百川：建立文化自信的健康心态

362　（三）以理服人：培育文化自信的科学理性

368　三、方东美生态思想及其意蕴

368　（一）对哲学范畴的生态理解

371　（二）对哲学学说的生态理解

375　（三）方东美生态思想的意蕴

380　四、孔子君子人格内涵及其现代价值

380　（一）何为君子？

381　（二）君子人格要素

384　（三）君子人格之检讨

387　五、儒家榜样教化论及其当代省察
　　　　——以先秦儒家为中心

387　（一）儒家榜样教化的展开

395　（二）儒家榜样教化的反思

第六章　儒学现状评说

405　一、儒家思想的当代困境及其化解之道

405　（一）儒学当代困境的五种表现

409　（二）化解当代儒学困境之道

414　二、国学研究的三大课题

414　（一）国学研究的心理准备

417　（二）国学研究的方法意识

422　（三）国学研究的评估规则

427　三、展示阳明心学生命的三种视域

427　（一）贯通的视域

430　（二）怀疑的视域

434　（三）实践的视域

438　四、迈向新时代的阳明学研究

438	（一）阳明文化的普及
440	（二）阳明学研究的全面深化
441	（三）警惕阳明学研究中的弊端
444	（四）阳明学研究必须努力自我表达
446	五、当代儒学的四大使命
446	（一）义理的梳理
447	（二）百姓的教化
449	（三）社会的批判
451	（四）价值的落实
453	六、国学教育与研究若干问题
453	（一）国学教育中的"四个必须"
458	（二）书院能否孵化出大师？
460	（三）百余年来儒学的宗教性诉求及其不同意蕴
464	（四）在传承与创新互动中推动儒学的当代发展 ——基于"人类精神生命"维度的思考

第一章 儒学义理探寻

本章共六篇文章，这些文章从不同角度探讨了儒学义理问题。《生生：儒家思想的内在维度》以「生生」理念为中心展开，这些文章展示了儒家思想义理的结构，首先阐述了「生生」理念要义即创生、养生、护生、成生、贵生、圆生进行了展示，最后对儒家「生生」理念的特质给予了评论，认为儒学亦可谓之「生生之学」。《儒家思想中的自然主义》对儒家思想中的自然主义内容及其表现进行了揭示，并分析了儒家思想中的自然主义特点，儒家思想中的自然主义是积极的自然主义，与道家的自然主义完全异趣。《〈易传〉中的人文智慧与〈自然〉关系》认为《易传》中的人文智慧源自自然，是古代中国思想家对大自然「行」与「事」觉悟的结晶，并对这种人文智慧特点进行了分析。《论杨简的儒学观》探讨了杨简关于儒学的理解与看法，认为杨简提出的「以「心」解经的新尝试」「以「一」摄德的新路径」「以「意」别「性」善恶的新方法」，在儒学史上具有创新意义，为儒学的发展开辟了新的方向。《颜钧的平实之学》对颜钧的儒学思想展开了研究，由「闭关悟道」「勉布道」「侠行践道」「奇解创道」进行了展示，认为颜钧的儒学思想奇特而又不与孔孟之道相悖，对儒家思想的创新性发展，对儒学的传播做出了积极贡献，并将儒学真精神做了淋漓尽致的体现。《性理与事理：宋明儒与清儒的分界》希望对宋明儒的「理」与清儒的「理」进行分疏，是事理，还是性理？是以「气」言理，还是以「性」言理？在此分析的基础上，对学界的两个疑难问题进行了回应。

一、生生：儒家思想的内在维度

所谓"生生"是儒家思想的内在维度，主要是说"生生"理念是儒家思想的中心，这个中心理念贯彻于儒家思想，儒家思想都是"生生"理念的诠释和落实。因此，如果我们能对儒家"生生"理念有全面而准确的理解和把握，自然有助于我们理解、应用、丰富和发展儒家思想。本文拟对"生生"何以是儒家思想的根本理念、儒家"生生"理念要义、儒家"生生"理念的特质等展开初步讨论。

（一）"生生"何以是儒家思想基本理念？

所谓根本理念，即核心理念，它是一种学说或一种思想体系的主轴或精神，是该学说或思想体系理解宇宙万物的根本方式，是该学说或思想体系解决问题的基本途径，是该学说或思想体系的自觉追求。

1. "生生"是儒家理解宇宙万物的根本方式。如果说我们生存的宇宙世界有个形成过程，那么这个形成过程就是"生生"的过程。为什么说是"生生"的过程？因为从太极到两仪、两仪到四象、四象到八卦、八卦到吉凶、吉凶到大业，没有"生生"是不可能的。"有天地然后有万物，有万物然后有男女，有男女然后有夫妇，有夫妇然后有父子，有父子然后有君臣，有君臣然后有上下，有上下然后礼义有所错。"（《周易·序卦传》）从天地生万物，万物生男女，男女生夫妇，夫妇生父子，父子生君臣，君臣生上下，直到上下生礼义，宇宙世界形成的每个阶段，都是"生生"的作品，因此可以说是"生生"的过程。那么，宇宙世界形成之后，宇宙世界中的万物是一个怎样的结构呢？儒家认为是一种"生生"的整体。为什么说是"生生"的整体呢？因为自然界的风雨、露雷、日月、星辰、禽兽、草木、山川、土石等，与人是一体的，而"为一体"的原因是都具有"仁"。如王阳明说：

> 大人之能以天地万物为一体也，非意之也，其心之仁本若是。其与天地万物而为一也。岂惟大人，虽小人之心亦莫不然，彼顾自小之耳。是故见孺子之入井，而必有怵惕恻隐之心焉，是其仁之与孺子而为一体也；孺子犹同类者也，见鸟兽之哀鸣觳觫，而必有不忍之心焉，是其仁之与鸟兽而为一体也；鸟兽犹有知觉者也，见草木之摧折而必有悯恤之心焉，是其仁之与草木而为一体也；草木犹有生意者也，见瓦石之毁坏而必有顾惜之心焉，是其仁之与瓦石而

为一体也。①

在王阳明看来，宇宙万物之所以是一个有机整体，因为万物都具"仁"，而"仁"是德，此"德"内涵即是"生生"，所以宇宙中的万物是"生生"的整体。虽然宇宙万物在结构上是"生生"的整体，但万物毕竟还是要运动、要工作、要忙碌的，那么，儒家是怎样看宇宙万物的运动变化的呢？简言之，"生生"地看待，即生命地、生机地、生态地看宇宙万事万物的变化。比如，孔子对礼义制度的损益、对革命运动形式的反对，孟子对政治制度改革的主张、对处理事件权变策略的肯定，都表明儒家关注的是事物变化中的先后相续的问题。对事物前后相续性的坚持，对暴风骤雨式革命的反对，充分说明儒家是从"生生"理念理解宇宙万物变化的。概言之，宇宙万物是个过程，但却是"生生"的过程；宇宙万物是个整体，但却是"生生"的整体；宇宙万物是变化的，但却是"生生"地变化。正如梁漱溟先生所说："在我的思想中的根本观念是'生命''自然'，看宇宙是活的，一切以自然为宗。"②这也就是儒家理解宇宙万物的根本方式。

2. "生生"是儒家解决问题的根本方法。宇宙万物千姿百态、瞬息万变，在自我化生的过程中，会遭遇各种各样的难题或困境，但按照儒家的理解，宇宙万物的形成、结构、变化都具有"生生"特性，这是否意味着，解决宇宙万物运行变化中的问题要遵循"生生"的原则？事实的确如此。《易》说：

> 易有太极，是生两仪，两仪生四象，四象生八卦，八卦定吉凶，吉凶生大业。是故法象莫大乎天地，变通莫大乎四时，悬象著明莫大乎日月，崇高莫大乎富贵。备物致用，立成器以为天下利，莫大乎圣人。探赜索隐，钩深致远，以定天下之吉凶、成天下之亹亹者，莫大乎蓍龟。是故天生神物，圣人则之；天地变化，圣人效之；天垂象见吉凶，圣人象之；河出图，洛出书，圣人则之。（《周易·系辞上》）

这段文献前半段是讲宇宙万物因"生生"而成，也就是以"生生"解决问题、

---

① 〔明〕王守仁：《大学问》，《王阳明全集》卷二十六，吴光等编校，上海古籍出版社2011年版，第1066页。
② 梁漱溟：《朝话》，《梁漱溟全集》（第2卷），山东人民出版社1989年版，第125页。

疏通路径，因为宇宙万物"生生"过程中只有克服各种困难才能"生生"。儒家认为，既然宇宙万物是依靠"生生"而成，那么，圣人"备物致用、立成器以为天下利"之"生生"事业，当然需要仿效天地"生生"之法，"生生"地去处理问题、去解决问题。人与自然万物为一体，人是自然世界的一分子，但人的生存必须从自然界获取资源。可是，人应该怎样从自然界获取资源呢？儒家所提倡的是"生生地获取"。什么叫"生生地获取"？比如"子钓而不纲，弋不射宿"（《论语·述而》），由于以网捕鱼会导致鱼的绝迹、射杀栖息巢中的鸟会导致鸟的绝种，因此，即便你有吃鱼鸟肉的嗜好，也必须阻止这种斩尽杀绝的行为。再如"断一树，杀一兽，不以其时，非孝也"（《礼记·祭义》），认为砍一棵树木、杀一只野兽，都必须根据时令而为，否则都属于不"孝"。这都是强调获取自然资源应"生生地获取"。回到个体生命问题的解决上，儒家所提倡的也是"生生"的方式。就个人事业的开展而言，儒家认为应"自强不息"，努力发明创新；就个人事业的经营而言，儒家认为应"厚德载物"，以德养生；就个人的身体而言，如遭遇了疾病，儒家认为应"滋养进补"，以恢复元气。所以，儒家对个体生命中遭遇的问题，也主张用"生生"的方式解决。生活在社会中的人，难免发生各种各样的矛盾，但儒家所主张的解决这些矛盾的根本方式，还是"生生"。如孔子提倡的"中庸""和"，就是主张尽可能采取避免牺牲生命的方式解决问题。张载提出"仇必和而解"①，非常清楚地表达了儒家在解决矛盾上的主张。虽然儒家的主流主张是人性本善，但这并不意味着现实生活中就是秩序井然、民德纯厚，相反，生活中总是表现出各种反道德现象，成为儒家必须应对的课题。不过，儒家回应这类课题也是"生生"的方式。因为在儒家看来，人性本善是没有问题的，但这个本善之性表现于生活是有过程的，是需要努力的，而当人的感性欲望占据主导时，人的本善之性便会被遮蔽，因而只有将那些遮蔽之物去除，人的本善之性才可以彰显，而去除遮蔽因素的力量是将内在的善性发挥出来。如朱子言"心统性情"，性情本是一体，性体情用，性是未发，情是已发，但"情"在已发过程中，可能出现正、邪两个方向，如果是"邪"的方向，就与"性"相悖了。这个时候如果以"道心"监督、统帅、滋养"情"，就可能使"情"回到与"性"一致的场景。可见，儒家解决人性问题也是"生生"的方式。

3."生生"是儒家自觉的学说追求。一般而言，任何一种成体系的学说或思想

---

① 〔宋〕张载：《太和》，《正蒙》，《张载集》，章锡琛点校，中华书局1978年版，第10页。

都有其明确目标，或者说基本追求，而"生生"可以说是儒家思想的基本追求。为什么这样说呢？

其一，儒家思想以"生生"为大德。"德"是儒家所追求的，在儒家看来，一个人想得到官位、俸禄、名誉、长寿，只有具备了大德才行，所谓"大德必得其位，必得其禄，必得其名，必得其寿"（《礼记·中庸》），那么，什么是大德呢？《周易·系辞下》说："天地之大德曰生。"此言"生生"就是大德。那什么是"生生"呢？《尚书·大禹谟》说："好生之德，洽于民心。"老百姓为什么不会触犯刑法？因为政府宁可放过一个不守常法的人，也不愿误杀一个无罪的人。此即是生生之德，它当然符合民心。《诗经·烝民》说："天生烝民，有物有则。民之秉彝，好是懿德。"天生万民有它的法则，这是一种美德，人应该学习具有好生之德的"天"，以"好生"为自己的德性、德行。可见，儒家所推崇的大德就是"生生"。

其二，儒家思想以"生生"为大旨。儒家思想的宗旨是什么？这是个见仁见智的问题，不过我认为儒家思想的宗旨就是"生生"。为什么这样说？《尚书·大禹谟》说："德惟善政，政在养民。水、火、金、木、土、谷，惟修，正德、利用、厚生，惟和。"前面说了，"生生"是儒家的大德，而大德就是使政治美善，美善的政治应该是养育万民的，换言之，养生是《尚书》所追求的目标。《易》说："生生之谓易。"（《周易·系辞上》）"生生"就是《易》的内容与宗旨。孔子说："民之所由生，礼为大。"（《礼记·哀公问》）就是说，如果没有"礼"，就没有办法祭祀天地之神，就无法规定君臣上下长幼之序，就无法辨别男女父子兄弟之亲，就无法分清婚姻、亲疏之别，质言之，民众生命、生活的保护是"礼"的目标。《礼记·乐记》说："生民之道，乐为大焉。"就是说，"乐"是为万民而创设的，生民养民，是创制"乐"的目的。可见，儒家的书、易、礼、乐都以"生生"为大旨，"生生"是儒家的不懈追求。

其三，儒家思想以"生生"为大事。儒家的"大事"是什么？就《尚书》言，其记载的无论是远古君王的言论、事迹，还是治国的政策、方略，所关心的都是生民、养民的问题，"正德、利用、厚生"是《尚书》的大事。《诗经》是一部诗歌总集，内容涉及面非常广，无论是对周代兴起的歌颂，还是对剥削阶级的批评，无论是对百姓日常生活的描述，还是对美好爱情的向往，都体现了"载生载育"（《诗经·生民》）的关怀和"敬德保民"的理想。《礼记》的大事是：选用品德优良的人才，崇尚诚信，和睦族群，爱己爱人，人尽其才，鳏、寡、孤、独、废疾者都能得到很好的安置，珍惜货物但不据为己有，尽力奉献但不为自己，让阴谋诡计失效，叫盗窃乱贼逃亡，人民安居乐业。《周易》的大事是"开物成务，冒天下之道"（《周易·系辞上》）。《孟子》的大事是"省刑罚，薄税敛，深耕易耨，壮者以暇日，修其孝弟忠信，入以事其父兄，出以事其长上"（《孟子·梁惠王上》），是"必使仰足以事父母，俯足以畜妻子，乐岁终身饱，凶年免于死亡"（《孟子·梁惠王上》）。因此说，"生生"就是儒家的"大事"，儒家思想的全部努力，都是为了"生生"，为了更好地"生生"，为了更高质量地"生生"。这里所谓大德、大旨、大事，就是儒家的最高理想："大上有立德，其次有立功，其次有立言，虽久不废，此之谓不朽。"（《左传·襄公二十四年》）

综上，儒家思想既然以"生生"作为理解宇宙万物的基本方式，以"生生"作为解决问题的根本方法，以"生生"作为学说的最高追求，那么，"生生"自然可以认为是儒家思想的根本理念。

（二）儒家"生生"理念要义

"生生"之为儒家思想的内在维度，不仅因为它是儒家思想的根本理念，更因为它具有伸展儒家主张与思想的要义，这些要义不仅是儒家"生生"理念的清晰化呈现，而且使"生生"意义得到淋漓尽致的落实。

1.创生。这是儒家"生生"理念的第一要义。所谓"创生"，即创造生命，就是通过各种有效的方式与途径创造生命，"变无为有"，"变死的为活的"。儒家将生命视为宇宙间伟大而神圣的作品，儒家对天地的尽情赞美，对男女的倾情歌颂，就是因为天地创生万物、男女繁衍人类，就是因为它们具有创造生命的性能和美德。

在儒家看来，创造生命是伟大的品德，所谓"天地之大德曰生"，而天地正以大生万物、广生万物为目标——"夫乾，其静也专，其动也直，是以大生焉。夫坤，其静也翕，其动也辟，是以广生焉"（《周易·系辞上》）。且天地生物专心致志，所以创生出的万物无穷无尽、不可数计——"天地之道，可壹言而尽也：其为物不贰，则其生物不测"（《礼记·中庸》）。因此，儒家思想之于"好生之德"是一种内在要求。比如，朱熹认为"理"生万物，他说："天地以生物为心，天包着地，别无所作为，只是生物而已。亘古亘今，生生不穷。人物则得此生物之心以为心，所以个个肖他，本不须说以生物为心。"①天地以生物为心，但"未有天地之先，毕竟也只是理"②。再如，王阳明认为"心生万物"，良知是造化的精灵，所谓"良知是造化的精灵，这些精灵，生天生地，成鬼成帝，皆从此出，真是与物无对"③。而王夫之表现出强烈的创生愿望和旺盛的创生精神——"天之所死，犹将生之；天之所愚，犹将哲之；天之所无，犹将有之；天之所乱，犹将治之。"④但是，生命创造出来之后，其存在形式是生活，也就是说，创造生活是生命存续的必要条件。因此，儒家要求君子应该以天地为榜样，自强不息，努力创造生命、开创生活，所谓"天行健，君子以自强不息"（《周易·乾·象传》）。儒家教导人们如何趋利避害、如何改善自己的生存方式，所谓"往哉！生生！今予将试以汝迁，永建乃家"（《尚书·盘庚中》）。而创造生活要以事业的创造为前提，所谓"夫易，圣人所以崇德而广业也"（《周易·系辞上》）。生活基于事业，所以要创造事业，而创造事业又需要各种因缘和条件，所以儒学鼓励人们充分发挥自己的聪明才智，积极投身社会实践。有事业的创造，才可能有高品质的生活，有了高品质的生活，才会有高品质的生命。

总之，儒学"创生"的根本义就是创造生命，以创造生命为伟大品质，宇宙世界因为有了生命，才有它的灵气，才有它的丰富多彩，才有所谓文化文明，才有所谓价值和意义，儒家正是站在这样的人文高度将自己的主张与宇宙世界实现了全面对接，这也是儒家思想值得珍惜、值得重视所在。既然以"生生"为大德，那么，顺此生生，必须创造生活、创造事业，而要创造事业，就必须积极参与竞争，占据事业制高点；就必须努力创新，开辟新天地；就必须坚持不懈，无惧挫折与失败！因此，"创生"是儒家"生生"的源泉，儒学的精彩与魅力就在于它完全与生命相合相融，它所体现的不仅是儒家对生命的赞美和珍爱，不仅是儒家自强不息的豪迈精神，更是儒家思想的深切关怀。因此，对那些不愿创生的人们，虽然应该尊重他（她）们的权利，但不能说他（她）们具有伟大的创生德性；而对那些抑制、妨碍创生的社会组织或个人，应先给予警醒，如无悔改，则必须给予严厉批判。

2.养生。所谓"养生"，即养育生命，就是借助各种有效的方法将现有的生命

---

① 〔宋〕黎靖德编：《朱子语类》卷五十三，王星贤点校，中华书局1986年版，第1280页。
② 〔宋〕黎靖德编：《朱子语类》卷一，王星贤点校，第1页。
③ 〔明〕王守仁：《传习录下》，《王阳明全集》卷三，吴光等编校，第119页。
④ 〔清〕王夫之：《吴征百年》，《续春秋左氏传博议》卷下，《船山全书》（第5册），岳麓书社2011年版，第617页。

养育好，使其得到充足的养料以健康成长。一般而言，生命可分为肉体生命与精神生命两部分，儒家"养生"，自然包括这两个部分。

就肉体生命而言，需要衣食住行，而衣食住行的获得，需要开展生产，发展经济，创造物质财富。如《尚书·大禹谟》所说："德惟善政，政在养民。水、火、金、木、土、谷，惟修；正德、利用、厚生，惟和。"道德的任务是使政治清廉、高效，清廉、高效的政治是为了养育万民，而养育万民的前提是发展生产，方便人民的日用，丰厚人民的生活。亦如孟子所说："五亩之宅，树之以桑，五十者可以衣帛矣。鸡豚狗彘之畜，无失其时，七十者可以食肉矣。百亩之田，勿夺其时，八口之家可以无饥矣。"（《孟子·梁惠王上》）儒家的理想就是使老百姓衣食无忧、安居乐业、休养生息。亦如《礼记·缁衣》所说："昔吾有先正，其言明且清。国家以宁，都邑以成，庶民以生。"为老百姓提供安身立命之所。强调对老年人生命的保护："是月也，养衰老，授几杖，行糜粥饮食。"（《礼记·月令》）肉体生命之养还有另一层内涵，就是修身养性之养，即让人们的肉体生命活得有质量。具体而言，就是身体健康，尽可能长寿。如《礼记·月令》说："（仲冬）是月也，日短至，阴阳争，诸生荡。君子齐戒，处必掩身，身欲宁，去声色，禁耆欲，安形性，事欲静，以待阴阳之所定。"这是说进入冬至，阴阳相争，万物生机萌动。君子此时应当斋戒，同时遮掩好身体，让身体保持宁静，远离声色，克制欲望，安宁自己的身心，以根据阴阳争斗的消长来做出选择。

就精神生命而言，需要创造精神文化作品，需要开展教育事业，需要道德品质的培育，需要文化设施建设。儒家一直在努力创造精神文化作品，儒家经书及相关的注释著作，都是儒家所创造的精神文化作品，都是养育人精神生命的作品。儒家非常重视教育教化，以安顿人的精神生命，如孟子说："谨庠序之教，申之以孝悌之义，颁白者不负戴于道路矣。"（《孟子·梁惠王上》）在道德品质培育上，儒家要求人们努力做有仁德的人，做个君子，这当然也是对精神生命的养育。儒家认为，娱乐休闲是养育生命的一种方式。如《礼记·乐记》说："生民之道，乐为大焉。"什么是"乐"？"比音而乐之，及干戚羽旄，谓之乐。"（《礼记·乐记》）就是说，按照歌曲进行演唱，并拿着干（盾牌）、戚（斧头）、羽（野鸡毛）、旄（旄牛尾）进行舞蹈，便是乐。当然，儒家对精神生命的养育还提出了其他方法，如孟子说："养心莫善于寡欲。"（《孟子·尽心下》）这种方法还为后代儒者所继承，如陆九渊强调"剥落物欲"才能使本心澄明，以显豁精神生命。总之，为人民的生存提供物质基础，满足人民的生活条件，健全社会福利，将关怀送达所有人，丰收的年份衣食无忧，灾荒的年份无人死亡，鳏、寡、孤、独的人都能得到妥善安置，精神上的享受与慰藉都能得到满足，这就是儒家"养生"的内涵。

儒家养生的主张，一方面要开展生产、发展经济，另一方面要开展思想文化建设。因此，那些创造了生命却将其丢弃而不履行养育义务的人，以及那些不顾老百姓的死活、对挣扎在贫困线上的人们视而不见的政府，都是不符合儒家"养生"理念的。

3.护生。所谓"护生"，即保护生命，就是借助各种有效的方法对现有的生命进行保护，避免其遭受危害，使之正常、顺利、健康地存活下去，并大放异彩。人、物的生命既是坚强的，也是脆弱的。人、物任何时候都可能遭受伤害，甚至灭亡，其中有的伤害或灭亡是无法预料的，属"自然伤害"，有的则是人为的，属"社会伤害"。但不管是意外还是人为，儒家认为都应该尽可能避免，最大限度地保护人、物的生命安全。

首先看对动物生命的保护。"是月也，命乐正入学习舞，乃修祭典，命祀山林川泽，牺牲毋用牝。禁止伐木，毋覆巢，毋杀孩虫、胎夭飞鸟，毋麛毋卵，毋聚大众，毋置城郭，掩骼埋胔。"（《礼记·月令》）即便是祭祀大典，也要关爱生命，祭祀时不能用雌性动物，不能乱砍树木，不能倾覆鸟巢，不能杀害幼虫、幼鸟、幼兽，不能掏取鸟卵，遇见尸体要虔诚地掩埋。

其次看对人生命的保护。儒家反对人祭，所谓"'始作俑者，其无后乎！'为其象人而用之也"（《孟子·梁惠王上》）。儒家反对战争，认为战争只会残害生命，有百害而无一益。比如"子曰：'桓公九合诸侯，不以兵车，管仲之力也。如其仁！如其仁！'"（《论语·宪问》）孔子将多次阻止战争的管仲赞赏为有仁德之人，可见孔子对战争的厌恶。

最后看儒学对人生命权利的保护。"帝德罔愆，临下以简，御众以宽；罚弗及嗣，赏延于世。宥过无大，刑故无小；罪疑惟轻，功疑惟重；与其杀不辜，宁失不经；好生之德，洽于民心，兹用不犯于有司"（《尚书·大禹谟》）。在这里，"好生之德"就是（舜帝）待臣下和善，治民宽容，惩罚不株连家族子孙，奖赏则泽及家族后代，对过失犯罪予以宽恕，对故意犯罪则施于刑罚，与其误杀无罪之人，宁可放过不守常法之人。概言之，对当下的鲜活生命给予细心的关怀和保护，就是"好生之德"的表现。此外，儒学也注意通过修行工夫保护人的生命。如孔子说："君子有三戒：少之时，血气未定，戒之在色；及其壮也，血气方刚，戒之在斗；及其老也，血气既衰，戒之在得。"（《论语·季氏》）孔子认为，人的一生可分三个阶段，而每个阶段都应根据其特点进行保养，年少时血气正在成长之中，不能肆意挥霍精气，所以要"戒色"；中年时血气方刚，容易动怒、好斗，所以要

"戒斗";年老时血气已衰,容易骄傲自满、倚老卖老,所以要"戒得"。无疑,孔子提出的"三戒",也体现了儒家对人生命的保护。

可见,儒家所提出的保护生命的主张是比较全面的,正所谓"始生之者,天也,养成之者,人也,能养天之所生而勿撄之谓天子。天子之动也,以全天为故者也,此官之所自立也,立官者,以全生也"(《吕氏春秋·本生》)[①]。"立官者以全生",就是说要建立健全的社会制度以保护生命。因此,按照儒学"护生"理念,必须推进法律制度、政治制度、经济制度的建设,使人的生命安全、财产安全都有相关的制度保障。因此,如果社会组织对人的生命安全、财产安全漠不关心,或者明知人的生命遭受侵害却不作为,那这样的行为肯定是不符合儒家"生生"理念而应遭到谴责的。

4.成生。所谓"成生",即成就生命,就是借助各种有效的方式与途径使现有的生命更加灿烂、辉煌和精彩,成就人所想所愿,实现人生价值。周敦颐认为,万物化生过程中会遭遇各种问题或困境,只有疏通了这些困境,万物才能顺利化生、才能成就生命,他说:"五行之生也,各一其性。……无极之真,二五之精,妙合而凝。'乾道成男,坤道成女。'二气交感,化生万物。万物生生,而变化无穷焉。……惟人也,得其秀而最灵。形既生矣,神发知矣。五性感动,而善恶分,万事出矣。……圣人定之以中正仁义,而主静,立人极焉。"[②]所谓"善恶分,万事出",就是讲事物的"生生"过程中出了问题,因而相应地需要提出解决、疏通的方式,"中正、仁义、主静"即是周敦颐提出的疏通生生的方式,也就是成就人、物化生的方式。这可以认为是儒家成就生命的本体论表述,而"中正、仁义、主静"可以具体化为诸多"成生"的途径。

第一,创办教育,成就人才。儒家对教育十分重视,因为教育可以发掘人的潜能,培养人的智慧,使人成为对社会有用的人才。孔子致力于教育事业,有教无类,广收门徒,使许多年轻人成为对社会有贡献的人才,所谓"弟子三千,贤者七十二",像子路、子贡、颜回等都是孔子的学生中的杰出代表。朱熹也重视教育,认为教育是成就他人的基本途径,他说:"国家建立学校之官,遍于郡国,盖所以幸教天下之士,使之知所以修身、齐家、治国、平天下之道,而待朝廷之用

[①]《吕氏春秋》一般认为是以道家思想为主轴的作品,但其特点是"兼儒墨,合名法",故其中具有儒家思想性质的材料当可采用之。
[②]〔宋〕周敦颐:《太极图说》,《周敦颐集》卷一,陈克明点校,中华书局1990年版,第5—6页。

也。"① 无疑，儒家对教育是提倡和重视的，或者建言国家兴教育、建学校，或者身体力行培养学生，都是成就人生的努力。

第二，尽己之力，成就他人。儒家"成生"也表现为以自己的力量帮助他人。孔子主张，如果自己在经济上站立起来了，也应帮助他人站起来；如果自己在事业上发达了，也要帮助他人发达；所谓"己欲立而立人，己欲达而达人"（《论语·雍也》），一位真正的儒者，应努力帮助所有需要帮助的人，物质财富以能分给他人为乐，气力才华以能为他人服务为荣，所谓"货恶其弃于地也，不必藏于己；力恶其不出于身也，不必为己"（《礼记·礼运》）。概言之，儒学将成就人生视为个体相互关联的事业，每个个体都有义务关怀、成就其他个体，而这是君子应有的美德："君子成人之美，不成人之恶，小人反是。"（《论语·颜渊》）

第三，创造机会，成就人生。儒家主张国家、政府应为所有人创造条件和机会，以成就每个人的人生。儒家将国家制度的建立视为天的意志，而天的意志以人民的意志为根据，因此，国君及其领导的政府必须根据人民的意志进行工作和改革，以满足人民的要求和欲望。《尚书·泰誓上》说："天佑下民，作之君，作之师……天矜于民，民之所欲，天必从之。"国君及其领导的政府必须想人民之所想、利人民之所利，将天下老百姓安置好，为他们发挥自己的能力、实现自己的价值提供条件和机会，让所有人在他们的岗位上充分展示自己的才华，做出自己的贡献。孟子说："今王发政施仁，使天下仕者皆欲立于王之朝，耕者皆欲耕于王之野，商贾皆欲藏于王之市，行旅皆欲出于王之涂，天下之欲疾其君者皆欲赴愬于王。其若是，孰能御之？"（《孟子·梁惠王上》）一个国家能够充分地让国民发挥自己的能力、彰显自己的才华、展示自己的性情，那么，这个国家肯定强大而无人能敌。可见，在儒家的思想中，国君及所领导的政府只不过是成就人生价值的工具而已。

总之，对个人而言，每个人都应有成就人的美德，对国家而言，则要建立起帮助人民实现价值的理想制度。如果一个人不但缺乏成人之美的品性，反而阻碍他人成就自我；如果一个国家的存在对人的价值、能力的实现等形成抑制、控制，那么，这个人和这个国家制度是不符合儒家"生生"理念而应该遭受批判的。

5.贵生。所谓"贵生"，对现有的生命给予全部尊重，不能践踏生命，应肯

---

① 〔宋〕朱熹：《送李伯谏序》，《晦庵先生朱文公文集》卷七十五，朱杰人、严佐之、刘永翔主编：《朱子全书》（第24册），上海古籍出版社2002年版，第3637页。

定、保护生命权利。

儒家"贵生",就是以肉体生命为贵,珍惜每个个体生命的存在。所以,儒家反对所有草菅人命、随意杀人的行为。比如:"无罪而杀士,则大夫可以去;无罪而戮民,则士可以徙。"(《孟子·离娄下》)再如:"行一不义,杀一无罪,而得天下,仁者不为也。"(《荀子·王霸》)这里所显示的就是对人的生命的尊重和保护。战争,不管是正义的还是非正义的,都必然导致生命的丧失,所以儒家反对战争:"争地以战,杀人盈野;争城以战,杀人盈城;此所谓率土地而食人肉,罪不容于死。"(《孟子·离娄上》)为争夺土地而战,被杀死的人遍地都是;为争夺城池而战,被杀死的人满城都是;这就是为了领土而食人肉、吞噬生命。孟子认为,对待这些好战的人,就是判处他们死刑都不足以赎出他们的罪过。

儒家"贵生",就是以人格生命为尊,肯定个体生命的尊严。《礼记》中"不食嗟来之食"的故事,就是强调气节、人格的重要:"齐大饥。黔敖为食于路,以待饿者而食之。有饿者蒙袂辑屦,贸贸然来。黔敖左奉食,右执饮,曰:'嗟!来食!'扬其目而视之,曰:'予惟不食嗟来之食,以至于斯也!'从而谢焉,终不食而死。"(《礼记·檀弓下》)这种对人格的崇尚,在孟子那里也被高扬:"一箪食,一豆羹,得之则生,弗得则死。嘑尔而与之,行道之人弗受;蹴尔而与之,乞人不屑也。"(《孟子·告子上》)如果为了生命得到延续而吃让人格遭受侮辱的食物,孟子主张宁可饿死。这里强调的就是人活得要有尊严,不能苟且偷生。

儒家"贵生",就是以生命权利为上,肯定并努力保护个体生命权利。对儒家而言,生命权利是人生命的重要组成部分,人的各种权利应该得到充分的尊重、肯定和实现。孟子说:"君之视臣如手足,则臣视君如腹心。君之视臣如犬马,则臣视君如国人。君之视臣如土芥,则臣视君如寇雠。"(《孟子·离娄下》)其中所强调的就是君臣之间的权利平等意识。孟子说:"民之为道也,有恒产者有恒心,无恒产者无恒心。"(《孟子·滕文公上》)其中所强调的就是私有财产的权利,并将其与责任意识实现关联。孔子说:"君子和而不同,小人同而不和。"(《论语·子路》)其中所强调的就是言论自由的价值,反对鹦鹉学舌、人云亦云。应该说,这里所涉及的政治、财产、言论等方面的权利,儒家都是持肯定与保护的态度。人权是人生命宝贵的主要标志,如果一个人没有言论自由,没有平等待遇,没有人格的被尊重,没有私有财产,那他生不如死,因为构成他生命权利的基本要素都不具备,就意味着他生命的质量存在问题。而没有质量的生命,就是没有意义的生命。

总之,珍爱所有人的生命,尊重所有人的人格,政治上肯定、保护人的尊严,允许、宽容言论自由,充分肯定、尊重人的各种权利,让人感受到生活在这个社会中的幸福,这就是儒家"贵生"的本质意涵,如果不是这样,那就是对儒家"生生"理念的违背而必须遭到批判。

6.圆生。所谓"圆生",即圆融生命,就是借助各种有效的方式对已逝去的人的终极关怀,让逝者得到如同他在世时的尊严,对已逝去的人要有怀念、崇敬、追思之心。

儒家将生、死视为一个整体,对活着的人要以"礼"来事奉,对死去的人则要以"礼"来安葬和祭祀。孔子说:"生,事之以礼;死,葬之以礼,祭之以礼。"(《论语·为政》)可见,儒家对生命的结束与生命的开始同样关怀。《礼记》亦有类似的观念:"孝子之事亲也,有三道焉:生则养,没则丧,丧毕则祭。"(《礼记·祭统》)可以说,儒家的"礼"以其特殊的关怀贯通人之生命的终始。所以荀子认为,对人生命的关怀,只有做到善始善终,才叫真正完成人道,他说:"礼者,谨于治生死者也。生,人之始也;死,人之终也。终始俱善,人道毕矣。"(《荀子·礼论》)事实上,儒家重视丧葬实际上就是出于对人生命的尊重,所谓"故马免人于难者,其死也葬之;牛其死也,葬以大车为荐。牛马有功,犹不可忘,又况于人乎?"(《淮南子·氾论训》)①在儒家看来,牛马死了之后都可以得到合理的安葬,何况是万物之灵的人?那么,儒家"圆生"究竟是怎样表达对死者的关怀呢?

其一,表现在为刚逝世者举办的葬礼上。人在离开人世之后,儒家会安排一些人性化的仪式,让离世者走得安详、死得有尊严。比如,为逝去的人沐浴,所谓"曾子之丧,浴于爨室"(《礼记·檀弓上》)。再如,对尸体的完整性保护,所谓"身体发肤,受之父母,不敢毁伤,孝之始也"(《孝经·开宗明义》),认为身体的所有器官都是父母的精血所赐,作为后代是不可以丢弃的,头发也不例外,反对将人的尸体进行分解,主张"全尸而葬"。在安葬仪式上,儒家非常讲究。《礼记》中对布置灵堂、摆放祭品、入殓、丧服,及如何奔丧、问丧,都有详尽的说明;对赴丧的人也有严格要求,比如,参加丧仪要有哀伤的表情,不能说与哀伤无关的话,进入丧仪现场不能张开双臂走路,等等;而作为旁人,适逢人家丧事,也应表示同情伤感之心:"子食于有丧者之侧,未尝饱也。"(《论语·述而》)

---

① 《淮南子》的宗旨属于道家,但又"糅合了阴阳、墨、法和儒家思想",故其中具有儒家思想性质的材料本文同样采用。

其二，表现在为已逝者举办的祭礼上。儒家对已逝去的人，怀有一种深沉的追思追慕之情。《礼记·祭统》说："夫祭有三重焉：献之属莫重于祼，声莫重于升歌，舞莫重于《武宿夜》。"就是说，祭祀逝者，如果是献酒，就得献尸行祼礼，如果是奏乐，就得上堂唱歌，如果是舞蹈，就得跳《武宿夜》①。可见，儒家对于逝者的祭祀仪式是极为重视的，这种重视体现了儒家对死者的追念和崇敬。儒家对逝者的祭祀不仅表现在形式上，也表现在内容上。由于儒家视生死为生命的整体，不厚生薄死，所以以"养生"的态度和规格来"送死"。如《礼记·礼运》说："后圣有作，然后修火之利，范金、合土，以为台榭、宫室、牖户，以炮，以燔，以亨，以炙，以为醴酪。治其麻丝，以为布帛，以养生送死，以事鬼神上帝，皆从其朔。"就是说，铸造铁器，烧制砖瓦，建造台榭、宫室，染丝麻、织布帛，烧制食物，酿造米酒，这些用来养生的"物质资料"，同样可以用来祭祀死者。这就是所谓"祭者，所以追养继孝也"（《礼记·祭统》）。

可见，儒家对"死"的确是非同寻常的关怀，甚至认为只有根据"送死"的行为，才能判断一个人能不能担当大事，孟子说："养生者不足以当大事，惟送死可以当大事。"（《孟子·离娄下》）为什么这样说？因为对逝者的所作所为不会产生某种功利效应，这能反映一个人的道德高度；因为对逝者怀有一种追慕之情、一颗崇敬之心，这能反映一个人的人性厚度。因此说，儒家"圆生"的意义不仅仅在于对死者的追思、尊敬，也不仅仅在于赋予"死"以生的内涵和意义，让死者的自我生命得到延续，让死者与生者能够"生生"地贯通，而且在于验证生者品质的厚薄级次。

（三）儒家"生生"理念特质

如上列述的"生生"要义，即是儒家"生生"理念的纲架，儒家思想正是通过此纲架逐步向外张开和伸展的。而在张开与伸展过程中，"生生"理念的特质也就逐渐清晰起来。

1.自生性。所谓"自生性"，即儒家"生生"是万物的自生自长，自开自合，自成自融，它不需要上帝、神灵的帮助，从创生、养生、护生、成生、贵生，直到圆生，都是万物的自我主张、自我行为。如孔子说："天何言哉？四时行焉，百物

---

① 武王伐纣，至于商郊，止宿，士卒欢乐歌舞以旦，即《武宿夜》。

生焉。天何言哉？"（《论语·阳货》）所强调的就是万物自我运行，自我展开，自行解决问题。再如，《中庸》说："天之生物，必因其材而笃焉。故栽者培之，倾者覆之。"因材施种，也是自然而然。戴震提出"物各遂其生"的观点："人之生也，莫病于无以遂其生，欲遂其生，亦遂人之生，仁也。欲遂其生，至于戕人之生而不顾者，不仁也。"①因此，"自生"不是说儒家的"生生"不主动积极，消极懈怠，创生、养生、护生、成生、贵生、圆生，都需要主体的积极努力，可是主体的积极作为，都是自我主张和行为，并非外力强迫。所以，儒家"生生"具有自生特质，而这个特质约有两个内涵：自为和主体。周敦颐说"生生"是一个自生无穷的过程："无极之真，二五之精，妙合而凝。'乾道成男，坤道成女'，二气交感，化生万物。万物生生，而变化无穷焉。"②大凡儒家"生生"之源如"太极""理""心""良知"等，都蕴藏无限的生机，正如熊十力先生所说：

> 孔门之学于用而识体，即于万化万变万物，而皆见为实体呈现。易言之，实体即是吾人或一切物之自性，元非超脱吾人或一切物而独在。大化无穷德用，即是吾人自性固有。吾人或一切物之变化创新，即是人与物各各自变自化，自创自新，未有离吾人或一切物而独在之化源也。然则我之臂与尻（屁股），何至不能操之自我，谁谓有外力化之以为鸡为弹为轮耶？而况我之神，讵有外力化之以为马耶？又复应知，吾人或一切物各各皆得一源以为其自性，譬如众沤，各各皆得大海水为其自体。是故人各足于其性分，至大无匹。③

这里所强调的正是"生生"的本体自我转化、自我解决问题，而后现代主义似乎亦有类似的识见："一切东西都是创造性的体现。……创造性不是超乎自然之上的，而是自然的本质。"④

2.生态性。所谓"生态性"，就是指儒家"生生"是以"优化生物生存环境"为目标，使生物的生存环境健康、和谐、适宜，它包括生命的良性繁衍、生命环境的保护、人人关系的和谐、天人关系的协调等内容。比如，"创生"不接受破坏性行为，注重生命的生机性；"养生"需注重结构性满足，即对人的生命的全方位需

---

① 〔清〕戴震：《孟子字义疏证》卷上，何文光整理，中华书局1982年版，第8页。
② 〔宋〕周敦颐：《太极图说》，《周敦颐集》卷一，陈克明点校，第5页。
③ 熊十力：《原儒》，《熊十力全集》（第6卷），湖北教育出版社2001年版，第354—355页。
④ 〔美〕格里芬：《后现代宗教》，孙慕天译，中国城市出版社2003年版，第62—63页。

求都要关切;"护生"就是努力使生命得以健康地维持;"成生"需要全方位发展,以帮助人们实现自我价值;"贵生"是对人诸种权利的肯定和尊重,生存、自由、平等、民主等权利都能得到合理落实;"圆生"是将生死视为一体,对死者应与对生者一样关怀和敬畏。因此,儒家"生生"的生态性,就是指其生命性、有机性、整体性。儒家关注生命的繁衍及其质量,强调对生命环境的保护,努力建构和谐的人际关系,概言之,"生态性"是儒家"生生"理念的内在追求。值得注意的是,儒家"生生"的生态性,并不绝对禁止杀生,这和佛教不同。儒家只是强调杀生的条件性,对于"适时"的杀生,儒家非但不反对,反而是支持的。比如,"子钓而不纲,弋不射宿"(《论语·述而》),再如,"不违农时,谷不可胜食也;数罟不入洿池,鱼鳖不可胜食也;斧斤以时入山林,材木不可胜用也。谷与鱼鳖不可胜食,材木不可胜用,是使民养生丧死无憾也"(《孟子·梁惠王上》)。由此看出,儒家"生生"之生态性,具有以人的生命为中心、以物之生命熟生程度为考量、以维持宇宙生命平衡为最高追求之特质。

3.无邪性。所谓"无邪性",就是指儒家"生生"理念的本质是善的,所谓"生生之为大德"。创生即创造生命,养生即养育生命,护生即保护生命,成生即成就生命,贵生即尊重生命,圆生即关怀生命的结束,因此,"生生"是无邪的。在具体表现上,比如,"孝"可以表现为生命、生活、生意。就生命言,"不孝有三,无后为大"(《孟子·离娄上》);就生活言,养育父母;就生意言,精神情感的慰藉。但在行"孝"的过程中,会出现"不孝"的行为,不过这"不孝"的行为,与"孝"之为善德没有关系。再如儒家认为人性本善,人之善恶不是性本身的原因,而是"情"的原因,因此,只要在"情"处下手解决即可。而解决"情"的问题,儒家认为要以"道心"为武器,"道心"有知觉、主宰等能力,更关键的是"道心"是善体,即"道心"与本善之性是一。可见,儒家"生生"在心性问题上的表现,也是无邪的。朱熹曾说:"天地之气,运转无已,只管层层生出人物。其中有粗有细,故人物有偏有正,有精有粗。"①即言万物的"生生",无穷无尽,"生生"即创生万物,是大德,即便是生出的人、物有粗细不同、偏正之异,但没有善恶之分,所以是无邪的。

4.开放性。所谓"开放性",就是儒家"生生"是面向万物、面向未来的,是兼容并包、百花齐放的。"生生"即持续地创造生命,同时要求养育、保护、成

---

① 〔宋〕黎靖德编:《朱子语类》卷九十八,王星贤点校,第2507页。

就、尊重、圆融生命,这所有"生生"的环节,都是开放的。"创生"即生生无穷,无穷地生,当然不可能是封闭的,不可能是有终点的,而是永远向前、不断开拓的。"养生"是要让生命获得养育,而要使生命养育好,就必须广取资源,而要广取资源就必须是开放的。"护生"当然不是关在笼子里保护起来,而是创造更多的机会以吸收养料使生命自强。"成生"只有提供尽可能多的学习、锻炼、提升的机会,才能更好地成就生命的价值。"贵生"尤其需要开放的空间或环境,让人的生命在人格、权利、平等、自由等方面都能得到肯定、尊重和释放。可见,儒家"生生"是开放的,因为"生生"是大德,所以,如果一切都以创造生命、养育生命、保护生命、成就生命、尊重生命、圆融生命为目的,那么,任何阻碍"生生"的藩篱都将被拆除,任何阻碍"生生"的观念都将被化解。总之,"生生"的本性就是动态的、开放的,"生生"不断地扩展空间,不断地延长时间,而"开放"使"生生"更加顺利,继而使生命更加强大、更加多彩!

徐复观先生曾说:"此种人文主义(儒家人文主义),外可以突破社会阶级的限制,内可以突破个人生理的制约,为人类自己开辟出无限的生机、无限的境界,这是孔子在文化上继承周公之后而超过了周公制礼作乐的最大勋业。"[①]我们借用这段话接着说,儒家"生生"理念可以开辟出无限的生机、无限的境界,顺此"生生",即需创造生命,即需创造事业;顺此"生生",即需养育生命,即需开展生产、发展经济;顺此"生生",即需保护生命,即需建立健全法律等制度;顺此"生生",即需成就生命,即需建立各种有利于人生价值实现的条件;顺此"生生",即需尊重生命,即需建立并真正贯彻让人在平等、自由、人格、权利等方面得到肯定和实现的社会制度;顺此"生生",即需关怀逝去的生命,即需给逝去的生命予尊严与敬意;顺此"生生",即须清除所有堵塞、损害"生生"的藩篱与障碍!因此说,儒家"生生"理念是儒家全部思想的中心,只有从"生生"理念出发,依其要义加以展开,诚实而锲而不舍地贯彻、落实这一理念,儒家思想才能实现自我更新,才能扎根于人心,在实现自我价值的同时,得到传播和开展。

(原载《学术研究》2012年第5期)

---

① 徐复观:《学术与政治之间》,华东师范大学出版社2009年版,第135页。

二、儒家思想中的自然主义

"自然主义"是西方现代哲学中曾经存在过的一种哲学思潮,根据中国学者的介绍,西方"自然主义"的基本观点是:"认为自然是一切存在的总和,是全部的实在;超自然的领域、超验的领域是不存在的;自然界的各个方面、自然界中所发生的变化,可以通过科学的方法去认识和把握,不需要用某种超自然、非自然的力量来解释自然。"[1]而且告诉我们,现代西方哲学中的"自然主义"各个代表人物的思想倾向不尽相同。那么,儒家思想中有无"自然主义"?如果有,这种"自然主义"又有什么特质?

(一)儒家思想中的"自然主义"

我们在阅读儒家相关文献时,有一种非常强烈而清晰的感觉,那就是"自然主义"像个幽灵一样活跃在儒家思想中,并影响着儒家思想的方方面面。概括来讲,儒家思想中的"自然主义"约有如下几方面表现:思维模式上的自然主义、生死观上的自然主义、行事处世上的自然主义、人生境界上的自然主义、智慧来源上的自然主义。

1.思维模式上的自然主义。儒家思想中的"自然主义"首先表现在思维模式上,儒家思想的思维模式有一重要特点,就是以"自然"为中心,从而形成一种"自然主义"的思维模式。其主要表现为:

其一,儒家表达其思想时,以"自然"作为思想陈述的基础。比如,《易传》向人们讲述物极必反、否极泰来的思想时说:"天地交,泰。后以财成天地之道,辅相天地之宜,以左右民。"(《周易·泰·象传》)"天地不交,否。君子以俭德辟难,不可荣以禄。"(《周易·否·象传》)而事实上,《易传》中的"自强不息""厚德载物""反身修德""迁善改过"等思想智慧,也都是以"自然"为中心而展开陈述的。概而言之,"自然"是儒学陈述其思想的原点。

其二,儒家表达其思想时,其陈述的形式为"直述型"。所谓"直述型"是指

---

[1] 刘放桐等:《现代西方哲学》,人民出版社1981年版,第334页。

儒家在陈述其思想时表现为一种"自然而然"的气质，不做作、不矫饰，也不故弄玄虚。比如，《易》陈述各卦思想的方式是："仰则观象于天，俯则观法与地，观鸟兽之文，与地之宜。近取诸身，远取诸物，于是始作八卦，以通神明之德，以类万物之情。"（《易传·系辞下》）可见，儒学所展开的思想陈述，大都具有平直性特点。

其三，儒学论证其思想观点时，以"类推、类比"为基本方法。比如，孟子讲人性本善时说："人性之善也，犹水之就下也。人无有不善，水无有不下。"（《孟子·告子上》）孟子以"水由高而下"的特性来推论人性本善，尽管这种结论的可靠性尚可商榷，而人性与水能否算"类"亦存在问题，但在思维方式上却是一种典型的"类推式"。又如，董仲舒认为，人间有所谓君臣、父子、夫妇三纲，乃是因为自然界有阴阳；而人间之所以君为臣纲、父为子纲、夫为妻纲，乃是因为自然界阳在阴上："君臣父子夫妇之义，皆取诸阴阳之道。君为阳，臣为阴；父为阳，子为阴；夫为阳，妻为阴。"（《春秋繁露·基义》）可见，儒学在论证其思想观点时，"类推、类比"的确是一种基本方法。

综上，儒学思维的中心是"自然"，陈述思想的方式是"直述型"，论证方法是"直观类推型"，因而我们大体上可以认为，儒学的思维模式是"自然主义"的。

2.生死观上的自然主义。儒家思想中的"自然主义"也表现在生死观上，儒学对待生死的态度是一种"自然主义"的态度。儒学思考人的生命时，习惯从"自然"出发，就是说，儒学从来就是把人的生命看成是"自然"的延续，是"自然生命"的组成部分。《易传》曰："天地絪缊，万物化醇；男女构精，万物化生。"（《易传·系辞下》）这是说，天地（阳阴）二"气"之交感，万物化育而醇，男女构精交合，万物化育而生。而天地交感、男女构精都是以"气"为前提的，也就是说，由天地到万物，由万物到男女，由男女到社会，乃是"一气"之贯通者。故有所谓"有天地然后有万物，有万物然后有男女，有男女然后有夫妇，有夫妇然后有父子，有父子然后有君臣，有君臣然后有上下，有上下然后礼义有所错"（《周易·序卦传》）。王充因此倡导"异气相亲而不相贼"，他说："天自当以一行之气生万物，令之相亲爱，不当令五行之气，反使相贼害也。"（《论衡·物势》）朱熹认为，人之层出不穷，且有精粗之异，都是以"气"为基础的，他说:"天地之气,运转无已,只管层层生出人物,其中有粗有细。"①杨简说得更为清楚明白:"吾之血气形骸,乃清浊阴阳之气合而成之者也,吾未见夫天与地与人之有三也。"②就是说,天、地、人之所以不能分为"三",乃是因为此三者皆由"气"合而成。因此,在儒家思想中,人与天地万物因"气"而为一体。由这样的立场、态度去理解人的生死,所表现出来的便是"自然主义"态度。比如,孔子对待学生颜回的态度:"颜渊死,门人欲厚葬之。子曰'不可。'门人厚葬之。子曰:'回也视予犹父也,予不得视犹子也。非我也,夫二三子也。'"(《论语·先进》)颜回家穷,但同学们喜爱他、尊敬他,要求厚葬,可遭到老师孔子的反对。在孔子看来,人死都死了,厚葬并不能增加什么;或者,颜回既然家穷没有条件厚葬,就没有必要厚葬。无论从哪方面看,都说明孔子对待死是一种"自然主义"的态度。二程也把人的生死看成自然之相。二程说:"圣人以生死为常事,无可惧者。佛者之学,本于畏死,故言之不已。下愚之人,故易以其说自恐。至于学禅,虽异于是,然终归于此,盖皆利心也。"③认为佛家之所以怕死,就在于没能理解人之死与大自然中的万物之死一样,乃是自然之事。陆象山批评佛家之涅槃说、轮回说,实际上是执着于生死:"如来书所举爱涅槃,憎生死,正是未免生死,未出轮回;不了四相者,正是未免生死,未出轮回。"④"四相"指生、死、异、灭四种有为相,"四相"中生死之相,即寿相,寿相即我相,既然以寿相为执,所以说佛家未免生死,未出轮回。而之所以如此,在于佛家未能将生死视为"自然之事"。再如叶适说:"生固无所来,而死亦焉有往哉?然自怪奇诞谩之说行于中国,聪明豪杰之士畔而从之,以彼分别影事之心醉梦沈酣于其间。"⑤

3.行事处世上的自然主义。儒学中的"自然主义"也表现在行事处世上。行事处世以"自然为法"是儒学的基本要求。孔子说:"巍巍乎,唯天为大,唯尧则之。"(《论语·泰伯》)《礼记·礼运》说:"故圣人作则,必以天地为本,以阴阳为端,以四时为柄,以日星为纪。"《易传》说:"是故天生神物,圣人则

---

① 〔宋〕黎靖德编:《朱子语类》卷九十八,王星贤点校,中华书局1986年版,第2507页。
② 〔宋〕杨简:《己易》,《慈湖先生遗书》卷七,《杨简全集》(第7册),董平校点,浙江大学出版社2015年版,第1973页。
③ 〔宋〕程颢、〔宋〕程颐:《河南程氏粹言》卷一,《二程集》,王孝鱼点校,中华书局1981年版,第1171页。
④ 〔宋〕陆九渊:《与王顺伯二》,《陆九渊集》卷二,钟哲点校,中华书局1980年版,第19页。
⑤ 〔宋〕叶适:《赵孺人墓铭》,《叶适集》卷二十二,刘公纯、王孝鱼、李哲夫点校,中华书局2010年版,第424页。

之;天地变化,圣人效之;天垂象,见吉凶,圣人象之。"(《易传·系辞上》)具体而言,"改造"自然、"征服"自然,要顺应自然本有的运行规则,所谓"使民以时"(《论语·学而》)。而且,只有让老百姓"顺应时令"地实施农活,自然资源才能取之不尽、用之不绝。孟子说:"不违农时,谷不可胜食也;数罟不入洿池,鱼鳖不可胜食也;斧斤以时入山林,材木不可胜用也。"(《孟子·梁惠王上》)儒学的这种主张,在《礼记》的《月令》篇中被发挥得淋漓尽致。儒学对身边"事象"也大多持一种自然主义的态度。孔子说:"成事不说,遂事不谏,既往不咎。"(《论语·八佾》)就是说,做过了的事即便没有弄清楚也不再解释,完成了的事即便不完善也不再修补,已去的往事即便留有遗憾也不再追究。儒学对待知识的态度也具有典型的"自然主义"特色,孔子说:"知之为知之,不知为不知,是知也。"(《论语·为政》)而且提倡按照事物本貌去认识事物,邵雍说:"以物观物,性也;以我观物,情也。性公而明,情偏而暗。"①"以自然为法",不要强物就我、师心自用,如此才能全面、正确地认识事物。如上分析表明,儒学在农业生产、物事处理、知识态度等方面所表现出来的智慧都有鲜明的"自然主义"倾向。

4.人生境界上的自然主义。儒学中的"自然主义"也表现在人生境界上。表现在人生境界上的"自然主义",绝不说人生的目标就是衣食住行,而是指"与天地参"的气象,是人生的一种超越,这种超越是去物、去我、去私的,是对人与自然关系做了深切而健康的体悟之后确立起来的。孔子的人生境界通常被确定为道德境界,所谓"孔颜乐处",所乐者"道"也、"仁"也,所谓"君子谋道不谋食",所谓"杀身成仁"。然而,孟子及其后来的儒家对"仁"的阐述,让我们领悟到,"仁"的境界实际上是"人与万物为一体"的境界。孟子说:"万物皆备于我矣。反身而诚,乐莫大焉。强恕而行,求仁莫近焉。"(《孟子·尽心上》)万物即我,我即万物;悟此而诚,是为大乐;行此道而不息,"仁"即在身。孟子以"与万物为一体"为乐,而且,领悟"人与天地万物为一体"之道,亦即是"仁";换言之,"成仁"的根据是"人与天地万物不二",所以,"仁"的境界就是"我与万物为一体"的境界。程颢对"仁"何以为"人与万物为一体"的境界做过发挥,他说:

---

① 〔宋〕邵雍:《观物外篇下之中》,《邵雍集》,郭彧整理,中华书局2010年版,第152页。

> 仁者，以天地万物为一体，莫非己也。认得为己，何所不至？若不有诸己，自不与己相干。如手足不仁，气已不贯，皆不属己。①

在程颢看来，人与万物为一体，好比人身上的手足与整个身体之关系，如果手足麻木，人就不能意识到手或足的存在，这就叫"不仁"；反言之，"仁"则必然意识到手或足的存在、并与整个身体是一体的。所以，"仁"便意味着"人与万物为一体"。"诚"是儒学中的另一重要范畴，也是儒学境界的表达方式之一。那么，"诚"所表达的是一种什么样的境界呢？《中庸》说："惟天下之至诚，为能尽其性；能尽其性，则能尽人之性；能尽人之性，则能尽物之性；能尽物之性，则可以赞天地之化育；可以赞天地之化育，则可以与天地参矣。"何为"诚"？《中庸》说："诚者，天之道也；诚之者，人之道也。"所谓"人之道"，即通过人为而"诚"，就是说，"诚之者"之"诚"是通过人的主观努力实现的。与此对应，"天之道"则是自然之道，就是说，"诚者"之"诚"是不需要通过人的主观努力即可实现的，用王夫之的话讲便是"天理之实然，无人为之伪也"②。所以，"诚"便是"真实无妄"，便是"尽其实"。《中庸》认为，将此"诚"修到极致，便可尽显其性；因人、物相通，故可进而尽显他人之性、尽显万物之性；而能尽显万物之性，便可欣赏、赞颂并引导万物化生繁育，从而达到与天地万物融为一体之气象。可见，"诚"既是一种工夫，也是一种境界，此工夫是"尽心无遗"，此境界是"天人一体"，所以，"诚"的工夫与境界是同一的。可见，"诚"的境界也就是"人与万物为一体"的境界。由"仁"及"诚"的境界内容看，儒学的"境界"具有深厚的"自然主义"特色。

5.智慧来源上的自然主义。所谓"智慧来源上的自然主义"，是指儒学中的智慧有相当部分是根源于中国古代儒家对于自然之"行"与"事"的体悟。所谓"天不言，以行与事示之而已矣"（《孟子·万章上》），中国古代儒家正是通过对大自然的"行"与"事"的体悟，创造出了丰富多彩且寓意深刻的思想和精神。我们常说"自强不息"是儒学的精神，而这种精神实在是先哲对大自然运行不辍、生机蓬勃"气象"之体悟："天行健，君子以自强不息。"（《周易·乾·象传》）儒学在处理天人关系问题时，所提倡、所信奉的是生态智慧。孔子不反对钓鱼，但反

---

① 〔宋〕程颢、〔宋〕程颐：《河南程氏遗书》卷二上，《二程集》，王孝鱼点校，第15页。
② 〔清〕王夫之：《张子正蒙注》卷三，王孝鱼点校，中华书局1975年版，第116页。

对用断水的方法取鱼；不反对射鸟，但反对射杀归巢的鸟，即所谓"子钓而不纲，弋不射宿"（《论语·述而》）。儒学何以如此重视与自然和谐相处，何以如此尊重自然呢？因为儒家认识到，只有善待自然、尊重自然，人类才能善待自己、尊重自己，也才能保护自己。所以《易传》说："夫'大人'者，与天地合其德，与日月合其明，与四时合其序，与鬼神合其吉凶。先天而天弗违，后天而奉天时。"（《周易·乾·文言传》）儒学追求"公平、无私、博爱"的理想，而这种理想与儒家们对大自然"行"与"事"的体悟也密切相关。孔子认为，人之所以应该秉持公正无私的精神，乃是因为有大自然"行"与"事"的示范："天无私覆，地无私载，日月无私照。奉斯三者以劳天下，此之谓三无私。"（《礼记·孔子闲居》）可见，儒学中的许多智慧，的确与大自然的"行"与"事"密切关联着，表现为一种"自然主义"特色。

如果儒学可分为宇宙论、人生思想、教育思想、政治思想、道德思想等门类的话，那么如上讨论表明，"自然主义"的确渗透并影响着儒学的多个方面，如世界观、思维方法、人生境界、行事处世、生死态度等，因而我们基本上可以说，"自然主义"是中国儒学的一个重要特质。

（二）儒家思想中的自然主义之特点

现在我们可以说：儒家思想中存在着"自然主义"。不过接下来的问题是，儒学中的"自然主义"是一种什么样的"自然主义"？它有什么特点？对我们把握、理解、体悟儒学有什么样的启示？如下的讨论或许能为回答这些问题提供某种帮助。

1.儒学中的"自然主义"是一种生机的自然主义。所谓儒学中"自然主义"是一种生机的自然主义是指：

第一，儒学中的"自然主义"秉持主客一体。儒学中的"自然主义"认为，人与天地万物的共同根基是"气"，天地万物都是"气"的表现形式，是"殊"，因而由"气"观天地万物人，实为一体，此"气"即"诚"、即"仁"。"诚"是由"自然、真实"之品质表现"气"，故"诚"可打通天道和人道，所谓"反身而诚，乐莫大焉"，此莫大之乐，就是因为"诚"而实现了"人与天地万物为一体"。"仁"是由"生生、生命"之品质表现"气"，而万物皆为生，故"仁者以天地万物为一体"。如此看来，儒学中的"自然主义"是以"气"为根基、以"诚"为脉道、以"仁"为生命而构建起的天人一体观，从而与主客二分的自然主义区别开来。

第二，儒学中的"自然主义"主张变化革新。儒学中的"自然主义"认为，作为万物根基的"气"，有阴气、阳气之分，而阴、阳二气永远是矛盾的、互动的，如此，以"气"为根基的天地万物不能不处于不停息的变化之中。《易传》曰："乾坤，其易之缊邪？乾坤成列，而易立乎其中矣。"（《易传·系辞上》）就是说，阴（坤）阳（乾）二气蕴含着变化，二者的矛盾、斗争，变化也就开始了。儒学中的"自然主义"以大自然为中心展示自己的思考，而大自然时时刻刻在变，日新月异、四时更替、山川变迁、江河涨枯、人之生死，所展示给中国古代智者的最直接印象，就是一个字：变。《诗》曰："维天之命，於穆不已。"（《诗经·维天之命》）所以，儒学中的"自然主义"是内具变化革新气质的，从而与故步自封的自然主义区别开来。

第三，儒学中的"自然主义"之生机性还表现为生命流行。将大自然看成是活的、生命的，是儒学中的"自然主义"生机性的最根本表现。正如梁漱溟先生所说："在我的思想中的根本观念是'生命''自然'，看宇宙是活的，一切以自然为宗。"①"生命"与"自然"对儒学中的"自然主义"而言是一体的。大自然的本质就是生生不息，就是不断创造生命，所谓"天地之大德曰生"（《周易·系辞下》）。大自然的变化也就是生生的过程，所谓"生生之谓易"（《周易·系辞上》）。而"仁"是大自然创造生命之源泉，周敦颐说："生，仁也。"②朱熹说："生底意思是仁。"③由此，人的生命与大自然生命打通而融为一体，整个宇宙充满着无穷无尽的生机，整个世界洋溢着大化流行。

概言之，儒学中的"自然主义"是一种整体的、一元的、变化的、流行的、生意的、生命的"自然主义"，而不是支离的、二元的、静止的、停滞的、沉寂的、机械的"自然主义"。

2.儒学中的"自然主义"是一种积极的自然主义。过去有一种观点，认为儒学中的"自然主义"是消极的，这种观点显然没有把握儒学中"自然主义"的真正内涵。为什么说儒学中的"自然主义"是积极的呢？

第一，儒学中的"自然主义"是有作为的。儒学中的"自然主义"显然是积极

---

① 梁漱溟：《朝话》，《梁漱溟全集》（第2卷），山东人民出版社1989年版，第125页。
② 〔宋〕周敦颐：《通书》，《周敦颐集》卷二，陈克明点校，中华书局1990年版，第23页。
③ 〔宋〕黎靖德编：《朱子语类》卷六，王星贤点校，第107页。

的。儒家由"天行健"之自然之道所引申出来的道理是"君子以自强不息";儒家提倡"使民以时",是要求人们按照大自然的规律而劳作,而不是放弃对自然的"改造和征服"。所以,儒家的"自然主义"是积极的、有为的。

第二,儒学中的"自然主义"是求通的。儒学中的"自然主义"以大自然为思考起点,而大自然时时在动、刻刻在变、万物并生、大化流行,因而儒学中的"自然主义"必然是求通的。《易传》曰:"易,穷则变,变则通。"(《周易·系辞下》)又曰:"天地交而万物通。"(《周易·泰·象传》)因为"天地交"而有万物的通畅、化生,所以"求通"是《易传》的基本思想。《中庸》说:"诚者,天之道也;诚之者,人之道也。"故"诚"即通天人,故"诚"即交往、开放,故"至诚"能"赞天地之化育,与天地参"。"仁"即"爱人"(《论语·颜渊》),而"爱人"意味着上下左右相亲,故为通;相反,如果气血不畅、淤积堵塞,则为不仁。正是因为求通是"仁"本有义,所以谭嗣同明确释"仁"为"通":"仁不仁之辨,于其通与塞。通塞之本,惟其仁不仁……苟仁,自无不通。亦惟通,而仁之量乃可完,由是自利利他,而永以贞固。"①

第三,儒学中的"自然主义"是包容的。儒学中的"自然主义"以"自然"为中心,而大自然的胸怀是博大而宽广的,所以有内在的包容性。《国语·郑语》曰:"夫和实生物,同则不继。以他平他谓之和,故能丰长而物归之;若以同裨同,尽乃弃矣。故先王以土与金、木、水、火杂,以成百物。"在这里,"和"与"同"相对,也就说,"和"是"多"、是"杂"、是丰富多彩、是包容百物,故只有"和"才能生物,因而孔子以"和"的持守与否区分君子、小人:"君子和而不同,小人同而不合。"(《论语·子路》)《易传》曰:"地中有水,师。君子以容民畜众。"(《周易·师·象传》)地可以容纳各种不同的水,百流千川、江河湖泊、清浊洁污,大地无所不容,由此而转换为人的品质便是"宽和容异"的气度。《中庸》曰:"万物并育而不相害,道并行而不相悖。"也是让万物并生而不相残,互荣互盛。可见,儒学中的"自然主义"也具有包容的品质。

既然儒学中的"自然主义"是有作为的、求通的、包容的,那么我们可以说,儒学中的"自然主义"是积极的而非消极的。因此,以往那种将消极、封闭、专制视为儒学主要特征的观点显然是因为其对儒学的理解存在很大的隔膜。

3.儒学中的"自然主义"是一种精神的自然主义。有人谓儒学中的"自然主

---

① 〔清〕谭嗣同:《仁学》,蔡尚思、方行编:《谭嗣同全集》,中华书局1981年版,第296页。

义"就是一种"唯物质主义",没有理想、没有追求、没有超越性关怀。事实恰恰相反,儒学中的"自然主义"具有远大的理想和伟大的精神。儒学中的"自然主义"精神性主要表现在:

第一,儒学中的"自然主义"是大自然"行"与"事"的创造性转化。大自然固然生生不息、万化流行,是儒学"自然主义"智慧之源泉,但大自然不言语,所以,要将大自然"行"与"事"所蕴含的象征意义转化成人类的智慧和精神,只有靠哲学家们去体悟、去提升,也就是说,"自然"的"行"与"事"之所以成了儒学智慧,在于中国古代智者的点化。比如,大地广袤无边、负载万物,这叫"地势坤",但经过中国古代智者头脑之后便成了"君子以厚德载物"的品质和精神。再如,在自然界,日月普照万物,不厚此薄彼,这叫"日月无私照",但经过中国古代智者头脑之后便成了"公正无私"的品质。可见,儒学中的"自然主义"并非对自然原貌的简单复制,而是在思想上的创造性转化。

第二,儒学中的"自然主义"所追求的是精神、是理想。孔子曰:"无求生以害仁,有杀身以成仁。"(《论语·卫灵公》)孟子说:"生亦我所欲也,义亦我所欲也;二者不可得兼,舍生而取义者也。生亦我所欲,所欲有甚于生者,故不为苟得也。"(《孟子·告子上》)生命,对任何人而言都只有一次,故人人想养生,个个想长生。可是儒家认为,仁义比个体生命更重要、更珍贵,所以在个体生命与仁义之间做出选择时,必须舍去个体生命以成就仁义。儒家之所以能置仁义于个体生命之上,并不是儒家故意扮演成道德主义者,而是因为儒家"自然主义"的生命观。在儒家看来,"仁"即生,故以生命成"仁",并不意味着生命的完结;"仁"者与万物为一体,也就是说,实践"仁"即是意味个体生命与宇宙生命融为一体,所以,"杀身成仁"只是将"小生命"升化、转化为"大生命",从而使有限生命转向无限生命。因此,"仁"不仅是"饮食男女"之生命,更是超越了"饮食男女"的精神生命,"杀身成仁"是成就了更高境界的生命。也正是因为建立起了这种与大自然为一体的生命观,儒家无须执着于"我",因为有"大我";无须执着于"私",因为有"大私"(公)。可见,儒家思想中的"自然主义"是富有超越性和理想性的。

第三,儒学中的"自然主义"具有终极关怀性。所谓"终极关怀",就是对人的生命状态的根本性观照,是对人生幸福、人生价值、人的死亡等问题给予"终极性"疏导和慰藉。因此,"终极关怀"无疑是精神性的。那么,儒学中的"自然主义"的"终极关怀"表现在何处呢?每个人都有权力追求自己的幸福,但对于幸福的把握却因人而异。孔子认为,幸福并不在于拥有无数的财富、诱人的声名,而在于"道"的获得、在于"仁"的实践。"贤哉,回也!一箪食,一瓢饮,在陋巷,人不堪其忧,回也不改其乐。贤哉,回也!"(《论语·雍也》)也就是说,求"仁"是孔子对人生幸福的一种理解;而"仁"有何可乐?"仁"之乐在于"人与天地万物为一体"之境界。人必有一死,可是如果做到"生不足喜、死不足悲",还需要寻找思想精神上的根据。儒学"自然主义"认为,人之生死乃"气"之聚散,是一自然而然的过程,这无疑是对"死"的一种终极性关怀。可见,儒学中的"自然主义"确实蕴含着"终极关怀"的理念。

现在我们可以说,儒学中的"自然主义"是生机的而非机械的、积极的而非消极的、精神的而非物质的。儒学中的"自然主义"表明,儒学是一门充满智慧的学问,是一种健康向上的思想。而之所以如此,在于它的根基是大自然。然而我们发现,儒学的积极因素、健康基因,并不能"一以贯之",甚至在很多情境下被滥用,致使人们对儒学的价值产生误解。但就儒学"自然主义"而言,这只不过是"气血不通"所致,因而我们的责任就是厘清思路、疏通血脉,使儒家思想及其精神在新的时代得到弘扬和释放。

〔原载《江南大学学报(人文社会科学版)》2009年第4期〕

三、《易传》中的人文智慧与"自然"关系

此处的"人文智慧"指关乎人类的精神品质、道德修养、日常行为、处事方式及制度礼仪等人文事象的智慧;而"自然"指山河大地、星云风雨、花草树木等与人类相对的自然世界及其现象。《易·象辞》说:"观天之神道,而四时不忒。圣人以神道设教,而天下服矣。"(《周易·观·象传》)所谓"天之神道"即指天地自然及其难以捉摸的变化,既然圣人设教取法于天地之道,那么这实际上给了解读《易传》者一个明确揭示:《易传》及内含其中的人文智慧与自然及其现象存在着密切关系。然而,在过去浩如烟海的易学研究成果中,对这一问题的关注极为有限,但我以为这可能是丰富、深化我们对《易传》理解的一个独到视角。由于《象辞》对卦爻的解释较充分地体现了人文智慧与自然现象的密切关系,因而本文将以《象辞》为基本研究资料。

(一)人文与自然的相互观照

《象辞》对卦爻含义的解释简短精要,其对每一卦爻都作了人文的解释与引申,使卦爻所蕴含的人文意义显露出来。《象辞》所引申的人文智慧涉及很多方面,如果把《象辞》所涉及的人文智慧作一个归纳,大概可为精神品质、道德修养、处事方式、日常生活行为和制度礼仪五个方面。我们即由此五个方面探究其与自然及其现象的关系。

精神品质与自然及其现象的关系。《象辞》中有许多关于君子精神品质的描述,如自强不息、宽厚忠爱、锐意进取、公正不阿、独立容异、居德不傲等,这些精神品质与自然及其现象是一种什么关系呢?我们可列举一些案例进行考察。我们知道,"自强不息"已经成了中华民族精神品质的一个象征,不管是对学生还是运动员,不管是军人还是残疾人,"自强不息"常常是鼓励他们向上进取的精神品质。那么,这种精神品质与自然及其现象是一种什么关系呢?《象辞》说:"天行健,君子以自强不息。"(《乾·象传》)在这里,天(自然)不仅是刚健有力的,而且是运行不辍的,君子应仿效大自然的"健"之精神,做到自强不息。在生活中,如果谁想在人生中承负大事且百行无碍,那么其道德品行必须宽厚如地,这叫"厚德载物"。"厚德载物"也已是中华民族的一种精神象征。那么它与自然又有什么关系呢?《象辞》说:"地势坤,君子以厚德载物。"(《坤·象传》)

这样，君子之所以要具备"厚德载物"之精神品质，被认为是因为有大地广阔宽厚、滋养万物之榜样。在处理社会财富的态度上，君子应该是去有余补不足，主持平等，这叫"裒多益寡，称物平施"。那么，大自然中是否亦有引以为教者呢？回答是肯定的，所谓"地中有山，谦。君子以裒多益寡，称物平施"（《谦·象传》）。山本来高出地面，如今屈居山中，故为自谦之象，这种品质正是君子所需学习的。在处理与他人的关系方面，君子应有宽容兼蓄之品德，这叫作"容民畜众"。这种品德亦为大自然所有，所谓"地中有水，师。君子以容民畜众"（《师·象传》）。水，按类型可分为咸水、淡水等；按来源可分为雨水、地下水等；另外还有江水、湖水、海水之分——但不管它是什么水，都为地所容纳。因此"地中有水"有容众纳异之气度，此亦正可为君子所效仿。对待平民百姓，君子应有安抚关怀之德，因为君子虽然高高在上，但其根基在民众之中。在这方面，大自然也给君子树立了榜样——"山附于地，剥。上以厚下安宅。"（《剥·象传》）山虽然高大雄伟，但它是以地为根基的，因而要"附于地"。君子是民众中的"山"，民众是君子的"地"，因而君子若要永远立于民众之上，就必须有"附于地"之德，"厚下安宅"，施惠于百姓，使百姓安居乐业。君子的言行，一方面要诚实有据，另一方面要持之以恒，这是基本的德性。这种德性也可以从自然中获得启示，所谓"风自火出，家人。君子以言有物，而行有恒"（《家人·象传》）。火旺得益于风助，故由火威可观风势，换言之，有其火必有其风。因此，有物之言方是真言，有恒之行方是正行，君子于此德不可弃也。赐恩泽于民众，汲汲于民众的福祉，乃君子之职责，因此君子有恩于民众，不应居德自傲，而应向自然学习，为而不恃，长而不宰，功成弗居——"泽上于天，夬。君子以施禄及下，居德则忌。"（《夬·象传》）君子做事，应持之以恒而不懈，遭遇挫折而不动摇，直至最后成功，这叫作"致命遂志"。这种精神品质亦可从大自然中获得启示，所谓"泽无水，困。君子以致命遂志"（《困·象传》）。泽无水，水在下而泽枯，因而是危困之象。君子不能因此而退缩，而应该奋发向上。君子做人，应有独立不阿的品格、自由无羁的精神，这叫"独立不惧，遁世无闷"。这种精神品质也可从大自然中获得启示——"泽灭木，大过。君子以独立不惧，遁世无闷。"（《大过·象传》）水泽淹没了树顶，对树的生命构成威胁，但树在水里依然独立不惧，被水淹没却悠然自得，君子所学的正是这样一种精神品质。总而言之，被《象辞》称为君子之精神品质的东西，基本上都可以从卦爻中引申出来，而卦爻表征着自然现象，因而自然是这些精神品质的实际源头。因而君子的精神品质与自然及其现象在《象辞》中具有不可分离性。

道德修养与自然及其现象的关系。在先秦哲学中，君子是一种优秀的人格表征，因而君子的道德修养亦是《易传》关注的重要议题之一。君子何以需要道德修养？应怎样进行道德修养？《象辞》认为都可从自然及其环境中找到依据。在《象辞》看来，君子之所以需要进行道德修养，主要有两个原因。其一是君子会碰到危境，所谓"山上有水，蹇。君子以反身修德"（《蹇·象传》）。山上有水，沟壑纵横，荆棘丛生，行走困难，面对危险困境，君子遇难而退是不行的，而应自修其德，培养坚强的意志品质以克服困境。其二是君子会受到自然的警告，所谓"洊雷，震。君子以恐惧修省"（《震·象传》）。洊雷，即内外都是雷，雷声轰鸣不断，有对君子的警告之意。君子对雷声抱敬畏之心，不做违背良心之事，谨慎小心地自修其德，以至君子境界。至于君子该如何进行道德修养，自然及其现象依然是君子的老师。其一，要像天在山中一样，以蓄其德。君子应该永远牢记并不断检讨自己以往的言行，合乎道德者保持并发扬光大，不合乎道德者必须断然弃去，由此不断积蓄自己的德性，使之日臻完善。在这方面，自然中正可有引以为鉴者——"天在山中，大畜。君子以多识前言往行，以畜其德。"（《大畜·象传》）天广袤无际，可包容所有山川，因而天在山中，表征天德宏厚，君子应学习此。其二，应像地中长出树木一样，不断滋养自己的德性——"地中生木，升。君子以顺德，积小以高大。"（《升·象传》）这是说，君子培养自己的德性，不急不躁，持之以恒，其德便会如地中生出之木，由小到大，由矮到高，直至成材。其三，应像风吹散天上的乌云一样，把自己心中的杂念尘埃清扫干净，养育自己的美德——"风行天上，小畜。君子以懿文德。"（《小畜·象传》）风行天上，意指浮在天上的乌云被风扫荡而去，蔚蓝洁净的天空呈现在人们面前，使人赏心悦目。君子由此获得启示，应不断清扫自己心中的尘埃，护养自己的品德，以向世人展现君子的光辉。其四，应如阳光照彻大地，使自己的品德光明无垢，如太阳冉冉升起于地上，上升前进，不断检修自己的品德，使之达到完善之境界——"明出地上，晋。君子以自昭明德。"（《晋·象传》）可见，《象辞》也把君子何以需要道德修养及如何进行道德修养这一人文现象与卦爻联系起来，也就是与自然现象联系起来，相关的自然现象为君子道德修养的必要性乃至方式方法提供了根据。

　　处事方式与自然及其现象的关系。在《象辞》中，有许多关于君子应如何处理事务的观念或智慧，而这些智慧都有其自然的根据。君子应如何处理与小人的关系，这是先秦各主要哲学流派共同关注的问题。《象辞》认为，君子应远离小人，不厌恶他，但又必须在其面前显示出威严来，使之改过迁善。这种方法也有其自然现象的启示——"天下有山，遁。君子以远小人，不恶而严。"（《遁·象传》）

天大山小，天上山下，在天观山，星星点点，在山中观天，茫茫无际，君子从中获得启示，既要远离小人，又要显示威严。怎样处理与邻国的关系，对君子也是一个考验。和睦共处、友好往来是君子处理与邻国关系的基本原则。这一原则也有自然启示："地上有水，比。先王以建万国，亲诸侯。"（《比·象传》）水性润下而使大地连为一体、亲密无间，君子由此获得启示，与邻国诸侯关系既要亲和相处又要相互帮助。在处理上下级关系上，君子需要弄清等级名分，使人人各得其所，这样才能安定民众心态。这有无自然现象的提示呢？当然有。所谓"上天下泽，履。君子以辨上下，定民志"（《履·象传》）。因为大自然中，天在上，水在下，两极分别，就不会有倒天为水、认水为天之现象。审断刑狱，是一件十分严肃的工作，君子对此所表现的品质应是明察秋毫，不可随意。这种处事态度也有自然启示："山下有火，贲。君子以明庶政，无敢折狱。"（《贲·象传》）山下有火，山下灯火通明彻照，微瑕无匿，君子处理刑事案件时，就应仿效此，明察众政，认真慎重裁判讼狱，以取得民众的信任。"礼仪"是儒家最为看重的一套社会规范，遵守"礼"之状况也是反映君子素质的一种基本标准。一般而言，君子对待礼仪，不仅要有敬畏之心，还需努力实践，非礼不行，因为这也是雷在天上轰鸣之结果。所谓"雷在天上，大壮。君子以非礼弗履"（《大壮·象传》）。君子做了不合礼之事，雷就可能劈开他的脑袋。君子在事情办得已完善的情况下，也应时刻警惕以防万一。所谓"水在火上，既济。君子以思患而豫防之"（《既济·象传》）。水在火上，火被扑灭指时可待，但就在这种情况下，君子也不能有一丝麻痹思想，要居安思危。无疑，君子的处事方式、态度，在《象辞》中也被认为是受相关自然现象启示之结果。

　　日常生活行为与自然及其现象的关系。君子何时休息，怎样调节饮食，什么情况下设宴取乐等，《象辞》认为，亦都可由自然及其现象中获得启示。君子平常应在天黑之前入室卧寝休息，之所以这样，《象辞》由随卦获得启示。因为随卦是上泽下雷，雷声只有顺随泽波冲出，这是自然而然之象，所谓"泽中有雷，随。君子以向晦入宴息"（《随·象传》）。君子何以需要饮食、宴乐，并成为一种生理需要，这与需卦意旨相似。需卦上云下天，天下雨必须有乌云聚集，否则雨下不了，所谓"云上于天，需。君子以饮食宴乐"（《需·象传》）。君子在日常生活中要注意自己的言语，调节自己的饮食，以养身无恙，这又是受颐卦的启示。颐卦山在上、雷在下，山下有雷动，为乐声养生之义，所谓"山下有雷，颐。君子以慎言语，节饮食"（《颐·象传》）。日常生活中，君子待人接物应恭敬有加，居丧应悲哀有加，日用花销应节俭有加，这是由小过卦中的启示，所谓"山上有雷，小过。君子以行过乎恭,丧过乎哀,用过乎俭"(《小过·象传》)。雷在上、山在下,雷过于山,虽传声不远,但依然亨通。君子考虑问题不能超出自己职位以外,胡思乱想,这又是艮卦的含义:"兼山,艮。君子以思不出其位。"(《艮·象传》)兼山意指内外皆山,不能行动,故为"止"。君子之位正如"兼山",所思所想不出其位。由此可以看出,君子的生活习惯、生活需要、生活规范,在《象辞》中都被与卦爻联系起来,并把卦爻所显示的自然现象当作君子日常生活行为的实体依据,从而使日常生活行为智慧有了自然的依据。

制度礼仪与自然及其现象的关系。在《象辞》中,制度礼仪、历法等人文现象也被看成是有自然依据的。有民众有社会有等级,就有相关的政教设施。《象辞》认为,先王设立政治教化制度有其卦象的根据。"风行地上,观。先王以省方观民设教。"(《观·象传》)风行地上,观风可认识、把握四时变化,先王仿效这一自然行为,就应当巡视四方,体察民情,以设立政教礼仪制度,以教化万民。具体来看,建设宗庙以祭祀天帝,以凝聚广大民众之心,有其自然现象的提示。"风行水上,涣。先王以享于帝立庙。"(《涣·象传》)风行水上,会导致水解散分离。先王从中受到启示,如果不使民心涣散,就必须与"风行水上"意趣相反,建立庙堂,以统一人心。制定历法,以把握四时变化,从而引导百姓休养生息,也可由自然现象中获得启示。"泽中有火,革。君子以治历明时。"(《革·象传》)泽火乃相克之两物,泽中有火,意指斗争激烈,或火熄灭或水枯竭。君子由此获得启示把握事物的各自特性与常态,才不至火水相拼。因此,制定历法以明确时令是很有必要的。制礼作乐,享祭祖先,也可由自然现象中获得启示。"雷出地奋,豫。先王以作乐崇德,殷荐之上帝,以配祖考"(《豫·象传》)。雷出地奋,雷鸣地动,上雷下地,为大事做准备之象。君子仿效此现象,应制作音乐以增聚优良品德,用盛大祭礼敬献上帝并配享祖先。可见,制度、礼仪、历法等人文现象的建设,在《象辞》中也被认为有卦象的指引,是自然及其现象的启示之结果。

(二)几点相关的结论

通过对《象辞》中人文智慧与自然现象关系的考察,《易传》中人文智慧与自然现象究竟是一种什么关系,现在我们应该是有资格尝试回答了。由于《象辞》所展示的人文智慧与自然现象的关系,是立足《易传》作者自己对《易经》的解读中展示出来的,因而我们当可进一步透视和把握《易传》与《易经》的关系。《象辞》在解读卦象时,较全面、较集中地运用了先秦各家尤其是儒道两家的思想资源，这又可能让我们对《易传》的思想特色进行一些新的有趣的推论。

1. 自然与人文互证，自然优先。由《象辞》展开的对《易经》的解读中不难看出，那些属于人文的因素如精神品质、道德修养、制度礼仪等，都被分别与不同的卦爻相对应，而每一卦爻都是由两种现象（如山、泽或水、火）及其相互关系来表示，因而《象辞》将人文智慧比附在卦象上，实际上也就是比附在自然上。而《易经》中的自然现象乃是由无数的古人亲身体验而总结出来的，也就是说，卦爻所代表的自然现象既具有实体性又具有经验性。由此我们获得结论，其一，在《易传》中，人文智慧与自然现象具有互证性。卦爻所表征的自然现象是相关人文智慧的源泉，而人文智慧是对卦爻所隐含意义的生发与提升。其二，在《易传》中，自然及其现象优先于人文智慧。既然《象辞》将人文智慧寄附其上的卦爻具有实体性，自然及其现象优先于人文智慧；既然《象辞》将人文智慧寄附其上的卦爻具有实体性，即人文智慧出于对宇宙的体悟，那么，有的教科书把《易传》中"观象制器"（人文智慧取诸卦象）视为唯心主义的观点则是错误的，准确的说法应是自然优先。这种优先还基于这样两个条件：一是人文智慧与自然现象在《象辞》陈述中的先后次序不同，二是早期人类获得知识的习惯和基本步骤（即先物象、后观念）所决定。因此，《易传》中的人文智慧与自然现象是一种互证的关系，而自然居优先地位。"是故天生神物，圣人则之；天地变化，圣人效之；天垂象，见吉凶，圣人象之；河出图，洛出书，圣人则之"（《系辞上》）。改用成中英先生的一句话则是，《易传》基于自然变化的普遍性，以及事物相关属性的"感应统一"，把卦爻象征宇宙的自然意义，引申到人类经验的多项领域。①

2. 理解与文本互动，理解居中。《象辞》所展示的对《易经》的解读，方便了我们把握这种解读特征。根据笔者的考察，如果把《象辞》中所列人文智慧看成是由卦爻（自然现象）引申出来的话，那么主要有这样几种基本类型：

一是顺推型，即直接由自然现象推出相关人文智慧。如"天行健，君子以自强不息"，"自强不息"之精神品质就是直接从"天行健"推论出来的；又如"地中有山，谦。君子以裒多益寡，称物平施"，其中寓有的"劫富济贫公正平等"之品质也是直接由"地中有山"推论而来的。

二是逆推型，即所述人文智慧在含义上是由相反的自然现象逆推而来。如"泽

---

① 参见 [美] 成中英：《世纪之交的抉择：论中西哲学的会通与融合》，知识出版社1991年版，第236页。

无水，困。君子以致命遂志"，"致命遂志"之精神是由"泽无水"困顿现象逆推而来，因为"泽无水"表示情形危困，但正是在这种危困情况下，需要"致命遂志"的精神。又如"山在火上，即济。君子以思患而预防之"，"居安思危"之处事态度由"水在火上"情境形成。"水在火上"，大火扑灭指时可待，但就是在这种大功告成的情况下，却要"思患而豫防之"，这显然是一种逆推。

三是暗示型，即所述人文智慧是在某种自然现象的暗示下得到的。"如洊雷，震。君子以恐惧修身"。"恐惧修身"之修养行为源自对雷声的敬畏，本来雷声与修身毫无关联，但在古代的文化氛围中，雷的出现往往是对作恶之人的警告。所以，当天空中雷鸣不断，君子惊恐进而修养德性乃十分正常之事。又如"风行水上，涣。先王以享于帝，立庙"，先王何以要立庙祭天帝？因为"风行水上"，使水破碎离散，由此先王应该想到如何收拾、聚集民心的问题，于是便有了立庙祭帝之为。

由这些类型可以看出，《易传》对《易经》的解读是十分灵活且富有创造性的。也正是有了这种灵活且富创造性的解读，《易经》的思想才见丰富多彩，才见深邃。但从《易传》角度看，《易传》中的人文智慧与自然现象绝不是实然的因果关系，也就是说，并不是因为有了自然现象，才有了相应的人文智慧。这些人文智慧是以对大自然的深切体悟为基础，参之于丰富的生活经验，经由《易传》作者理论综合创造之成果。由此看出，《易传》对《易经》的解读没有拘泥于《易经》文本，而是作了很多富有想象力的发挥。

3.儒道与易理互融，儒道为主。《象辞》所展示的与卦爻对应的人文智慧，大多可在儒家或道家经典中找到。

有些人文智慧是《论语》与《道德经》共有的，如《象辞》的中"裒多益寡，称物平施"主张，我们不仅在《论语》中似曾相识，所谓"不患寡而患不均"（《论语·季氏》），在《道德经》中亦耳熟能详，所谓"天之道，损有余而补不足，人之道则不然，损不足以奉有余。孰能有余以奉天下，唯有道者"（《道德经》第七十七章）。又如《象辞》中"施禄及下，居德则忌"的精神，《论语》则有"博施于民而能济众"（《论语·雍也》），与之对应，而《道德经》中"为而不恃，功成而弗居"（《道德经》第二章）之观念，也应是其思想源头之一。再如《象辞》中有"惩忿窒欲"（《损·象传》）的思想，《道德经》提倡"少私寡欲"（《道德经》第十九章）的修养方法，《孟子》则有"养心莫善于寡欲"（《孟子·尽心下》）的教诲。如上比较说明，《象辞》中的很多思想主张都为《道德经》和《论语》所共有，也就是说，《易传》在解读《易经》的过程中，对

《道德经》和《论语》中共有的积极性智慧进行了继承。

有些人文智慧则分属儒家或道家。比如，《象辞》中有"言有物，行必恒"之思想，《论语》则有"言必信，行必果"（《论语·子路》）之观念。《象辞》中有"容民畜众"之品质，《道德经》则有"江海所以能为百谷王者，以其善下之，故能为百谷王"（《道德经》第六十六章）之教导。《象辞》中有"非礼弗履"之戒言，《论语》则有"非礼勿视，非礼勿听，非礼勿言，非礼勿动"（《论语·颜渊》）之要求。《象辞》中有"独立不惧，遁世无闷"之境界，《庄子》则有"乘天地之正"（《庄子·逍遥游》）之气概和"乘物以游心"（《庄子·人间世》）之逍遥。《象辞》中的"思不出其位"观念，则是《论语》"君子思不出其位"（《论语·宪问》）的照搬。《象辞》主张对过错宽赦，《论语》则有"君子之过也，如日月之食焉；过也，人皆见之；更也，人皆仰之"（《论语·子张》）的教导，等等。

可见，《象辞》中的人文智慧，大都来自儒家或道家经典。有的是儒道共有的思想、观念或主张，有的思想或主张则为儒家或道家所自有。因此我们可以说，其一，由作为一种思想文本的解释实践看，《易传》实际上是借助先秦已经流行的儒家道家的主张，然后根据自身的价值要求进行一定的筛选，再把这些思想分配到不同的卦爻下，最后进行互证互融的一种思想活动。其二，由于这种互证是儒道思想与易理的互证，而在这种互证过程中，《易传》作者充分借用了《易》之卦爻等符号，努力宣传符合他们价值取向的儒道经典中的思想。因此，从思想内容结构看，《易传》实际上是儒、道、易三种思想的融合，而儒、道尤其是儒家思想居主导地位。其三，《易传》作者在思想内容和价值倾向上，明显地支持儒家的主张，从而使《易传》对《易经》的解读一开始便具足了儒家色彩，亦由此使《易经》在性质上成为儒家经典。这可否成为解释学需要关注的一个新课题："解读可能主宰或改变文本的性质？"其四，由思想史角度看，《易传》对《易经》的解读，不仅是对被解释对象《易经》意义的生发、消化、理解、提升和继承，还综合选择吸收了儒道思想，因而对易理及儒道思想的延承产生了积极作用，并因此在思想史上成为先秦向两汉过渡的重要桥梁。

（原载《江西社会科学》2002年第2期）

四、论杨简的儒学观

作为象山弟子之冠的杨简,虽被视为象山之后的心学代表——"象山既殁之后,而自得之学,始大兴于慈湖(杨简)。其初虽有得于象山,而日用其力,超然独见,开明人心,大有功于后学,可不谓自得乎?"①但心学究竟如何大兴于杨简,却从没有一个系统的说明。实际上,说心学大兴于杨简,主要是因为杨简在解释、把握儒学精神上更全面、更彻底地使用、贯彻了心学方法与智慧,具体表现为:以"心"解经的新尝试,以"一"摄德的新路径,以"意"别性善恶的新方法,并由此为儒学的发展提示了新思路。

(一)以"心"解经的新尝试

"自孔子之死也,有子张之儒,有子思之儒,有颜氏之儒,有孟氏之儒,有漆雕氏之儒,有仲良氏之儒,有孙氏之儒,有乐正氏之儒。"(《韩非子·显学》)这就是人们耳熟能详的"儒分为八"。这种分裂,实际上隐含着这样一个课题:儒学之精神,由谁去体现?孔子独特的生命智慧,由谁去接承与呼应?而这一课题的解答又必须落实到对儒学精神本质、孔子生命智慧的理解与探索之上。司马谈认为,秦至汉初,并没有哪位儒生真正把握了儒学精神,并与孔子生命智慧相呼应,他说:

> 夫儒者以六艺为法。六艺经传以千万数,累世不能通其学,当年不能究其礼,故曰"博而寡要,劳而少功"。(《史记·太史公自序》)

孔子删"六经",虽为某些人所质疑,但"六经"与孔子有联系则是毫无疑问的。后儒仿照孔子的做法,以传经为儒,这样,经愈传愈丰,反而淹没了"六经"之真精神,更难领悟孔子的生命智慧。用牟宗三的说法,就是这些人仍是绕开孔子而传孔子之精神。董仲舒似乎意识到儒术分裂之危机,特别是这种分裂造成人心不

---

① 〔宋〕袁洁斋:《书赠傅正夫》,张寿镛:《新增附录》,〔宋〕杨简:《慈湖先生遗书》卷二十三,《杨简全集》(第10册),董平校点,浙江大学出版社2015年版,第2492页。

一而引起的社会危机。他力倡一统学术,提出"罢黜百家,独尊儒术"的主张,这为分裂已久的儒学创造了统一的环境。董仲舒也以传经为儒,但他不仅将儒学杂以阴阳、迷信等,使儒学神学化,而且将儒学政治化,建立以"三纲五常"为核心的政治道德。在这种情况下,董仲舒对儒学精神的承继,对孔子生命智慧的呼应只能是外在的:

> 君子知在位者之不能以恶服人也,是故简六艺以赡养之。《诗》《书》序其志,《礼》《乐》纯其美,《易》《春秋》明其知,六学皆大,而各有所长。《诗》道志,故长于质;《礼》制节,故长于文;《乐》咏德,故长于风;《书》著功,故长于事;《易》本天地,故长于数;《春秋》正是非,故长于治人。(《春秋繁露·玉杯》)

董仲舒这种传经就是所谓"列君臣父子之礼,序夫妇长幼之别,虽百家弗能易也"(《史记·太史公自序》),但不仅不能由此呼应孔子的生命智慧、把握儒学之真精神,甚至对"六经"也是一种拙劣的解释。

以何晏、王弼开先河的魏晋玄学家以老庄自然主义言经书,认为经书所讲之理均与人自然之性相悖,因而他们提出超越名教的要求,而由儒家立场去释"六经"更是不可能。阮籍说:

> 六经以抑引为主,人性以从欲为欢。抑引则违其愿,从欲则得自然。然则自然之得,不由抑引之六经;全性之本,不须犯情之礼律。故仁义务于理伪,非养真之要术;廉让生于争夺,非自然之所出也。①

对"六经"采取一种批评态度,将"六经"等同于"名教",实由董仲舒开始,魏晋玄学家所执着的自然主义精神,面临的恰恰是经由董仲舒改装过的儒学,"六经"受批评是很自然的事。

唐代的韩愈、李翱在释"六经"及其他儒家经典方面有了一个转向,他们对"六经"及其他儒家经典的解释有了一个接近儒家精神的说法,或者不同于以往传

---

① 〔三国魏〕嵇康:《难自然好学论》,《嵇康集校注》卷七,戴明扬校注,中华书局2014年版,第447页。

经的方法与态度。李翱说：

> 性命之书虽存，学者莫能明，是故皆入于庄、列、老、释。不知者谓夫子之徒不足以穷性命之道，信之者皆是也。有问于我，我以吾之所知而传焉，遂书于书，以开诚明之源，而缺绝废弃不扬之道，几可以传于时，命曰《复性书》，以理其心，以传乎其人。①

李翱认为学者没能明性命之书，这与前文司马谈之评述密切相关；但李翱指出了人们是因为不能明儒学之道、孔子之精神，才误入老、庄、释教的，这实际上提出了恢复儒学之真精神的任务。因此李翱表示自己能"开诚明之源，理其心，传之于人"。李翱以"心性"解经别开生面，而且他所谓的"经"，已不限于"六经"，还包括了《中庸》《大学》《论语》《孟子》。

> 问曰："昔之注解《中庸》者，与生之言皆不同，何也？"曰："彼以事解者也，我以心通者也。"②

以心性解经逐渐被宋初儒者如周敦颐、邵雍、张载、程颢所接受。邵雍言：

> 先天学，心法也，故图皆自中起，万化万事生乎心也。③

程明道的弟子张九成则表述出心性解经的较完整观念，在他看来，"六经"作为纸的存在，可以荡然无存；但"六经"中的精神，却并不因此而失去，这是典型的"得意而忘象"的思路。

> 或问："六经与人心所得如何？"曰："六经之书焚燃无余，而出于人心

---

① 〔唐〕李翱：《复性书上》，〔清〕董诰等编：《全唐文》卷六百三十七，中华书局1983年版，第6424—6435页。
② 〔唐〕李翱：《复性书中》，〔清〕董诰等编：《全唐文》卷六百三十七，第6436页。
③ 〔宋〕邵雍：《观物外篇》下之中，《邵雍集》，郭彧整理，中华书局2010年版，第159页。

者常在。则经非纸上语,乃人心中理耳。"①

心学大师陆象山讲得很是直截了当:

> 学苟知本,六经皆我注脚。②

自韩愈、李翱以来,由心性诠释经书已成了一股潮流,且带有明显的由经书体悟先圣智慧,从而恢复埋藏在经书中的儒学之真精神的动机。但陆象山没有用更多的精力去研究:何以"六经皆我注脚?"何以"六经""四书"仅明一旨?所谓"天降大任于斯人",虽然杨简由象山而承继了心学学统,但却是偶然受到一次古训之启发,才确立以心立说的:"慈湖杨公简,参象山学犹未大悟,忽读《孔丛子》至'心之精神是谓圣'一句,豁然顿解,自此酬酢门人,叙述碑记,讲说经义,未尝舍心以立说。"③

杨简不仅以心释"六经",更以心释"四书"等所有他能接触到的儒学经典。

《易》讲的是"《易》道不在远,在乎人心不放逸而已矣"④。

《书》讲的是帝王治理天下的一些"德",如克艰、舍己从人、养民三事和慎厥身修等。在杨简看来,这些"德"所贯彻的精神也不过"一心":"尧之所以为尧……岂非以此心而已乎?戒谨恐惧,此心存乎?放逸慢易,此心存乎?知放逸慢易,此心易失,则戒谨恐惧,此心之存,可知矣!惟得此心者,方知此心之出入;惟识此心者,方知此心之存不存。"⑤

《诗》之旨也在"一心":"呜呼!三百篇,一旨也,有能达是,则至正至善之心,人所自有,喜怒哀乐无所不通,而非放逸邪辟,是谓寂然不动,感而遂通天下之故。"⑥

---

① 〔宋〕张九成:《横浦心传》,〔清〕黄宗羲原撰,〔清〕全祖望补修:《横浦学案》,《宋元学案》卷四十,陈金生、梁运华点校,中华书局1986年版,第1305页。
② 〔宋〕陆九渊:《语录》,《陆九渊集》卷三十四,钟哲点校,中华书局1980年版,第395页。
③ 〔宋〕叶绍翁:《心之精神是谓圣》,《四朝闻见录》甲集,冯惠民、沈锡麟点校,中华书局1989年版,第41页。
④ 〔宋〕杨简:《杨氏易传》卷四,《杨简全集》(第1册),董平校点,第64页。
⑤ 〔宋〕杨简:《论〈书〉》,《慈湖先生遗书》卷八,《杨简全集》(第8册),董平校点,第2005—2006页。
⑥ 〔宋〕杨简:《慈湖诗传》卷三,《杨简全集》(第2册),董平校点,第485页。

《礼》之旨也是"一心":"礼、乐无二道。吾心发于恭敬、品节、应酬、文为者,人名之曰礼;其恭敬、文为之间有和顺乐易之情,人名之曰乐。……形殊而体同,名殊而实同,而《乐记》谆谆言礼乐之异,分裂太甚,由乎其本心之未明。"①

《春秋》也不过明心性之"道":"《春秋》为明道而作,所以使天下后世知是者是道,非者非道,而诸儒作传,不胜异说,或以为尊王贱霸,或以为谨华夷之辨,或以为正名分,或以为诛心,凡此固《春秋》所有,然皆指其一端,大旨终不明白。"②

《孝经》也是明心性之"道":"孔子曰:'夫孝,天之经,地之义,民之行。'此道通明,无可疑者。人坚执其形,牢执其名,而意始分裂不一矣。意虽不一,其实未始不一。人心无体,无所不通,无所限量。是故事亲之道……即天地生成之道,即日月四时之道,即鬼神之道。"③

由《慈湖遗书》卷十到卷十五可以看到,杨简释《论语》《孟子》《大学》《中庸》,所明的也是心性之道,是先哲之旨,是先贤之生命智慧。因而杨简要求人们应由至善之心去悟经书。

> 善学《易》者求诸己,不求诸书。古圣作《易》,凡以开吾心之明而已,不求诸己而求诸书,其不明古圣之所指也甚矣!④

杨简确立的心性释经书之方法,进行心性解经之实践,既可视为韩愈、李翱开始的以心释经书脉络的逻辑结果,同时又是对两汉以来沉溺经书却不明其旨之习气的否定。杨简直指本心,所有经书不过是说明一个道理:人心本善。并由此打通了一己之心与古圣贤之心的隔阂,用一己之生命智慧呼应先哲之生命智慧。这就是全祖望指出的:

---

① 〔宋〕杨简:《论礼乐》,《慈湖先生遗书》卷九,《杨简全集》(第8册),董平校点,第2056页。
② 〔宋〕杨简:《论〈春秋〉》,《慈湖先生遗书》卷九,《杨简全集》(第8册),董平校点,第2034页。
③ 〔宋〕杨简:《论〈孝经〉》,《慈湖先生遗书》卷十二,《杨简全集》(第8册),董平校点,第2149页。
④ 〔宋〕杨简:《己易》,《慈湖先生遗书》卷七,《杨简全集》(第7册),董平校点,第1977页。

> 文元之学，先儒论之多矣。或疑发明本心，陆氏但以为入门，而文元遂以为究竟，故文元为陆氏功臣，而失其传者亦自之。愚以为未尽然。夫论人之学，当观其行，不徒以其言。文元之斋明严恪，其生平践履，盖涑水、横渠一辈人，曰诚，曰明，曰孝弟，曰忠信，圣学之全，无以加矣。特以当时学者沈溺于章句之学，而不知所以自拔，故为本心之说以提醒之。盖诚欲导其迷途而使之悟，而非谓此一悟之外，更无余事也。①

此外，杨简以心性释经典，异于玄学自然主义方法，也异于程朱的义理方法，自成一派：

> 简为陆九渊之弟子，故其说易，略象数而谈心性，多入于禅，录存其书，见以佛理诂易，自斯人始，著经学别派之由也。②
>
> 然其（杨简）于一名一物一字一句，必斟酌去取，旁征远引，曲畅其说。其考核六书，则自《说文》《尔雅》《释文》以及史传之音注，无不悉搜；其订正训诂，则自齐鲁毛韩以下，以至方言杂说，无不博引，可谓折衷同异，自成一家之言。③

（二）以"一"摄德的新路径

先儒如孔子、孟子提出了多项道德条目，如仁、义、礼、智、孝、悌、忠、信、恭、宽、惠、敏、温、良、俭、让等。在孔子那里，道德条目虽然多项，其宗旨却只有一个，所谓"吾道一以贯之……忠恕而已"（《论语·里仁》）。但这并没有阻止后来的儒生扩增道德条目的努力，也没有阻止后来儒生对道德条目给予多种解释的企图。贾谊将儒家道德范畴扩增归纳为56对；董仲舒则将每个道德范畴都附比于自然现象，他们拘泥于不胜其烦的道德条目，却忘记了道德条目所涵具的深刻而浅显的"道"。用自然主义方法观道德的魏晋玄学家，虽然没有扩增道德范畴

---

① 〔清〕全祖望：《碧沚杨文元公书院记》，《鲒埼亭集外编》卷十六，《全祖望集汇校集注》，朱铸禹汇校集注，上海古籍出版社2018年版，第1047页。
② 〔清〕永瑢等：《四库全书简明目录》卷一，上海古籍出版社1985年版，第9页。
③ 〔清〕永瑢等：《四库全书总目》卷十五，中华书局1965年版，第123页。

条目，但却采取一种虚无主义态度，将儒家道德规范视为"下德"，所谓"凡不能无为而为之者，皆下德也，仁义礼节是也"①。

这自然导引不出对道德诸条目一贯之旨的理解。韩愈、李翱面临的不仅是使人眼花缭乱的道德范畴条目，同时面临着玄学对道德范畴不求甚解的贬抑，而佛教盛行，致使本来已模糊不清的道德范畴更加难以辨认，难以把握其真精神。韩愈承继董仲舒的性三品说，但他对于仁、礼、义、智、信的解释，却是较接近孔孟之真精神的。

> 性之品有上、中、下三。上焉者，善焉而已矣；中焉者，可导而上下也；下焉者，恶焉而已矣。其所以为性者五：曰仁，曰义，曰礼，曰信，曰智。上焉者之于五也，主于一而行于四；中焉者之于五，一也不少有焉则少反焉，其于四也混。下焉者之于五也，反于一而悖于四。②

具有上品之德，主于一（仁）而行于四；具有中品之德，一不少有，但四者混；具有下品之德，反于一而悖于四。其根本意义是，只有贯彻了"一"，才是上品之德，即至美至善之德。虽然韩愈性三品说显得呆板，但对于"主一"为至德的论述却符合孔孟"夫道，一而已矣"（《孟子·滕文公上》）之教言。不在道德条目之外寻找意义，所有道德条目都是相互贯通而真切易行之道德行为。宋初思想家显然继承了这一努力方向。程颢说：

> 道即性也，若道外寻性，性外寻道，便不是。圣贤论天德，盖谓自家元是天然完全自足之物，若无所污坏，即当直而行之；若小有污坏，即敬以治之，使复如旧。所以能使如旧者，盖为自家本质元是完足之物，若合修治而修治之，是义也；若不消修治而不修治，亦是义也；故常简易明白而易行。③

道外无性，性外无道，人心本善，乃是此心由污坏而复旧的先验根据，程颢由

---

① 〔三国魏〕王弼注：《老子道德经注校释》下，楼宇烈校释，中华书局2008年版，第94页。
② 〔唐〕韩愈：《原性》，《韩愈文集汇校笺注》，刘真伦、岳珍校注，中华书局2010年版，第47页。
③ 〔宋〕程颢、〔宋〕程颐：《河南程氏遗书》卷一，《二程集》，王孝鱼点校，中华书局1981年版，第1页。

此提出"穷理尽性以至于命"为一:"穷理尽性以至于命,三事一时并了,元无次序,不可将穷理作知之事。"①

由程颢始,扩增道德条目的行为被视为不能体会先圣之教之旨;歧出道德条目之含义的做法也受到儒生们的广泛关注与批评,在气象上显出与孔孟先儒之生命智慧遥相呼应之态势。

心学创始人陆象山,经过多年的思考与觉悟,认为所有千变万化的道德范畴,千姿万态的道德条目,不过此心,不过此理:

> 仁,即此心也,此理也。……爱其亲者,此理也;敬其兄者,此理也;见孺子将入井而有怵惕恻隐之心者,此理也;可羞之事则羞之,可恶之事则恶之者,此理也;是知其为是,非知其为非,此理也;宜辞而辞,宜逊而逊者,此理也;敬此理也,义亦此理也,内此理也,外亦此理也。②

象山提出了"一道德"的精要语,不过象山言"万理归一"似存在一些困境:其一,归心、归理,依然并着走;其二,其"万理归一"没有言及诸般道德归一;其三,如是"归一"与先圣道德之真精神似略有距离。看来,"精一之学"之振兴仍需后来者的努力。这样,杨简既有解象山之痴的义务,更有竟先生之绪的责任。悟性卓众的杨简开首便发出感叹:

> 自孔子殁而大道不明,自曾子殁而道滋不明,孟子正矣而犹疏,荀卿勤矣而愈远,董仲舒号汉儒宗,而曰:"道者,所繇适于治之路也,仁、义、礼、乐皆其具也。"又曰:"仁、义、礼、智、信,五常之道,王者所当修饬也,五者修饬,故受天之佑。"呜呼!异乎孔子之言道矣!自知道者观之,惟有嗟悯!而自汉以来,士大夫学识略同。孔子曰:"谁能出不由户?何莫由斯道也!""由户",为喻尔。"何莫由斯",正实无瑕。仲舒支离屈曲,不知仁、义、礼、乐乃道之异名,而以具言,则离之矣!③

---

① 〔宋〕程颢、〔宋〕程颐:《河南程氏遗书》卷二上,《二程集》,王孝鱼点校,第15页。
② 〔宋〕陆九渊:《与曾宅之》,《陆九渊集》卷一,钟哲点校,第5页。
③ 〔宋〕杨简:《论诸子》,《慈湖先生遗书》卷十四,《杨简全集》(第8册),董平校点,第2174页。

杨简显然将败坏儒学道术的责任归咎于董仲舒，之所以如此在于仲舒没有真切理解先儒的道德精神；而自孔子死后至杨简，离道分德愈演愈烈，先儒之精神将至湮灭。杨简深感正本清源任务之重大和紧迫。他的确在这方面施展了自己的才华，做出了艰苦努力。

> 曰道，曰德，曰仁，曰义，曰礼，曰乐，悉而数之，奚有穷尽？所谓道者，圣人特将以言夫人所共由，无所不通之妙，故假借道路之名以明之，非有其体之可执也。所谓惪（德）者，特以言夫直心而行者，即道之在我者也，非道之外复有惪（德）也。所谓直心而行，亦非有实体之可执也。仁者，知觉之称，疾者以四体不觉为不仁。所谓仁者，何思何虑？此心虚明，如日月之照尔，亦非有实体也。礼者，特理而不乱之名。乐者，特和乐而不淫之名。以是观上数名者，则不为名所惑。不为名所惑，则上数名者，乃所以发明本无名言之妙，而非有数者之异也。①

由杨简的解释可以看出，言万理归一、诸般道德归一，乃是说诸道德条目不过是对应某项道德事实的符号，而且这种符合是虚明无体的，虚明无体故能贯注本善本神本灵也是无体的"心"。因此，人应该自觉去体认这种"归一"，把握这种"归一"，只有这样，才能尽一己之善，成一己之德，也才能领悟"日用庸常是谓教"的真切内涵。杨简反复强调"一道德"之教，不仅出于"续往圣之绝学"的学术追求，更主要的是，他希望由此呼唤出先验地存于芸芸众生心中的善性善德，将这种善性光辉普洒到忿欲纷乱、是非难一的人间。从哲学上讲，则是希望由道德的形上意义开出道德的世俗意义来。杨简"一道德"的努力，是"心性"解经的延伸与深化，将"经典"一统于"心"意义落实到千万个道德条目共同精神的提炼，从而创发出心学独特的道德模式。这一模式秉承了先儒的生命智慧，是杨简的生命智慧与先儒的生命智慧之呼应的产物。而"一心以贯之"的道德觉悟，意味着自孔子殁后道德条目无限扩大，道德范畴解释含义歧出倾向的结束。杨简"一道德"由此获得了特殊的学理价值。正所谓：

---

① 〔宋〕杨简：《论礼乐》，《慈湖先生遗书》卷九，《杨简全集》（第8册），董平校点，第2061—2062页。

> 简出陆九渊之门，故所注多牵合圣言，抒发心学。然秦、汉以来，百家诡诞之谈，往往依托孔子。简能刊削伪妄，归于醇正，异同舛互，亦多所厘订，其搜罗澄汰之功，也未可没焉。①

（三）以"意"别"性"善恶的新方法

由心性解儒家经典的学术旨趣和一道德的方法追求，可以感受到杨简建构世俗意义体系的努力。但他也遇到了本体与方法不一致的矛盾，这种矛盾在儒学发展史上也是由来已久。

孟子认为，人性本善，寡欲是保存善性的前提。所谓"养心莫善于寡欲"（《孟子·尽心下》）。既然是"寡欲"，那么，在一定限度上肯定"欲"的存在，且"欲"之限度要么靠道德自律，要么靠制度约束。但这与性本善学说出现了矛盾，用杨简的话说是因为孟子心性论含有"裂心性为二"的企图。

董仲舒的解答更为粗暴简单，他将人性分为三品，并认为只有中品的性才是可以教化的。他这种做法第一个错误在于缩小了善性存在的范围：上品之性；从而也缩小了通过善性教化的范围：中品之性。董仲舒甚至将性与善分别开来，从而倡导他的帝王教化。人性不善，自然不可能提出从心性上解决"恶"的方法，因而董仲舒只能提出一系列道德规范。这与先儒"性本善"学说相距甚远。董仲舒"性三品"说虽然在规范人的行为方面起到了特定作用，但由于他不是从形上意义去解释人性问题，他甚至没有意识到人之本性与本性的外在表现如何沟通的问题。

晚董仲舒数百年的玄学家王弼似乎意识到这一问题。他提出了一个"情"的概念，认为"情"应由"性"来规定，这样才能获得"情"之正，这隐含着王弼对"性善论"的坚持。

> 不性其情，焉能久行其正？此是情之正也。若心好流荡失真，此是情之邪也。若以情近性，故云性其情。情近性者，何妨是有欲！②

---

① 〔清〕永瑢等：《四库全书简明目录》卷九，第354页。
② 〔三国魏〕王弼：《论语释疑》，《王弼集校释》，楼宇烈校释，中华书局1980年版，第631—632页。

神童王弼确实是慧眼睿识，他在"欲"与"性"之间架了一座桥梁——"情"。这一架设意味着性本善，同时意味着去恶存性的工作只关注"情"即可。这一思路在唐代儒生李翱那里得到继承。

>   性与情不相无也。虽然，无性则情无所生矣。是情由性而生。情不自情，因性而情；性不自性，由情以明。①

这就是说，性与情有一种相互依赖关系，这种关系具体体现在，性是情的基础，有性则必然生情；性也不能自己彰显于外，借助情才能显现自己的灵性与光辉。然而谈到复性时，李翱却主张不能生情，唯不生情，方为正思，方可复性。"或问曰：'人之昏也久矣，将复其性者，必有渐也。敢问其方？'曰：'弗虑弗思，情则不生。情既不生，乃为正思。正思者，无虑无思也。'"②李翱希望将恶欲克抑于"情"中，但又言情性无相离，这实际上反映出李翱虽然意识到"情"之设置对保护"性"的特殊意义，却没有认识到"情"之生也可能导致"性"失去的危险（因为情已经是一个现实状态）。李翱似乎意识到这一矛盾，因此他又主张"弗虑弗思"。实际上，李翱这里有一个根本的问题没有解决：心本善，并且心本善之彰显乃是心体的自我行为，并非借助一种媒介来体现自我之"善"。但这种"善"却有遮蔽的可能性，之所以遮蔽，当由于外界声、色、名、利，然而如果要克倒千万个声、色、利、名之"情"，那不仅是不可能的，也是疲于应付，劳而无功，这就规定了"情"无法完成本善由形上到形下、由理想到世俗的任务。但很显然，在本性与现实之间架设一座桥梁及"弗思弗虑"观念的提出却启示了其后的儒生。

心学大师陆象山显然意识到了李翱的"情"处理善性与恶行的矛盾，他独言此心全善全神至灵，无须外求，圆润无碍，无须借助中介以彰显自我之"善"。

>   苟此心之存，则此理自明，当恻隐自恻隐……是非在前，自能辨之。③

---

① 〔唐〕李翱：《复性书上》，〔清〕董诰等编：《全唐文》卷六百三十七，第6433页。
② 〔唐〕李翱：《复性书中》，〔清〕董诰等编：《全唐文》卷六百三十七，第6435页。
③ 〔宋〕陆九渊：《语录》，《陆九渊集》卷三十四，钟哲点校，第396页。

但象山并没有根据他这种"善体自现"的思路去解释现世恶欲的问题。他知道欲多会导致我心之害,但剥落的方法却显得与其心学本体相矛盾。象山云:

> 夫所以害吾心者,何也?欲也。欲之多,则心之存者必寡;欲之寡,则心之存者必多……欲去则心自存矣。①

如何去欲?象山的方法显得拙劣,显得与其心学本体绝不协调:

> 人心有病,须是剥落。剥落得一番,即一番清明;后随起来,又剥落,又清明,须是剥落得净尽,方是。②

很难说象山的"剥落"与朱子的"格物"有什么本质差别,象山在本体之善与存在之恶的问题上存在既不能接受"性情"说,又苦于找不到一个与其本体精神一致的"中介",这个"中介"虽并不需要具有彰显心体善性的功能,却要求有保持心性之善并可除掉恶欲的功能,而这个"中介"本身又不能是"实体"或"工具"这样一种矛盾。

杨简特别领悟了万物一心、心性本善、善性自显的教导,所谓:"象山说颜子克己之学,非如常人克去一切忿欲利害之私,盖欲于意念所起处将来克去,故慈湖以不起意为宗,是师门之的传也。"③

不管这种说法有多少参考价值,但杨简在处理心学本体之善与现世之恶的关系,并企图消灭现世之恶方面,比象山提出的方案更具操作性。

> 人心至灵至神,虚明无体,如日如鉴,万物毕照,故日用平常不假思为,靡不中节,是为大道。微动意焉,为非为僻,始失其性。④

---

① 〔宋〕陆九渊:《养心莫善于寡欲》,《陆九渊集》卷三十二,钟哲点校,第380页。
② 〔宋〕陆九渊:《语录》,《陆九渊集》卷三十四,钟哲点校,第458页。
③ 〔清〕黄宗羲原撰,〔清〕全祖望补修:《慈湖学案》,《宋元学案》卷七十四,陈金生、梁运华点校,第2479页。
④ 〔宋〕杨简:《论礼乐》,《慈湖先生遗书》卷九,《杨简全集》(第8册),董平校点,第2070页。

"起意"才使心失其善性、失其光明；那么这种"意"究竟是个什么东西？

> 何谓意？微起焉皆谓之意，微止焉皆谓之意。……一则为心，二则为意；直则为心，支则为意；通则为心，阻则为意。①

"意"是一种心理动机，这种动机的出现，便与心为二，便是支而不直，便是阻而不通。因此，"意"的抑制使之不起，便可维护本心之善，便可灭去现世之恶，便可保善心之通万物，因而要"绝意""毋意"，所谓"孟子明心、孔子毋意，意毋则此心明矣！"②

"意"与"情"不同，它仅是一种心理状态，没有任何感性表现形式，不能用逻辑的方法去捕捉它。它静止时与心为一，但"意"有"起"的可能性，而"意起"实际上是声、色、利、欲、名的诱惑，这样就通过"意"把形上之善与形下之恶沟通起来，并通过"绝意""毋意"的方法，去除声、色、利、欲、名的诱惑，保持心的善性。

"意"范畴的引入，由杨简思想本身看，则与其以"心"解经的尝试、以"一"摄德的路径保持了一致性，因为不以"心"解经、不言诸般道德为"一"，则就是"支"了、"曲"了、"二"了，一句话，"意"了！而从其对中国心性学说的发展来看，则又与"性本善"的伦理本体论保持了一致，同时也为区别本体之善与现世之恶找到了根据，并克服了本体之善与现世之恶存在的理论矛盾。因此"意"概念的确立非但对心学，即便对中国哲学都是一个贡献。我们在明朝心学大师王阳明思想中发现，"意"成为其道德哲学体系中的一个基本术语和范畴：

> 指心之发动处谓之意，指意之灵明处谓之知，指意之涉着处谓之物，只是一件。③

---

① 〔宋〕杨简：《绝四记》，《慈湖先生遗书》卷二，《杨简全集》（第7册），董平校点，第1856—1857页。
② 〔宋〕杨简：《绝四记》，《慈湖先生遗书》卷二，《杨简全集》（第7册），董平校点，第1857页。
③ 〔明〕王守仁：《传习录下》，《王阳明全集》卷三，吴光等编校，上海古籍出版社2011年版，第103页。

这就是所谓:

> （慈湖）虽言不尽意，而意岂外言哉！吾明王文成公良知一脉，固毋起意鼓吹也。我慈湖见解，已悟无声无臭之妙。嗟，读是书者，能潜撇边见默证，其禅耶，非禅耶，亦当有会于声臭外。①

（四）几点检讨

以上研究表明，杨简的学问追求实在不是如朱熹弟子陈淳所指责的那样是"禅"，也不如某些学者所言是传统儒学的歧出，实际上它与理学一样，也是对传统儒学所际遇的困限作出回应的一种尝试，而且这种尝试提供了理学所不能提供的把握儒学精神的极富参考价值的思路。

第一，透过经书把握精神。杨简遍读儒家经书，但不为其所溺。他根据自身的体验与领悟，认为过分地解经、传经会有害于对儒家经典宗旨的把握。因为以解经、传经为事，一方面可能导致对经典精神的误读，另一方面则会耽搁对儒学精神的躬行实践。而孔孟一贯强调的是，经书讲说的不过是些修德做人的简单道理，因而主张对经书精神的践行，而反对拘泥于经书。因此，就儒学精神发展方向本身看，杨简以"心"解经显然是对孔孟学说生命的一种呼应，而对秦汉以降的解经、传经而不知经书之本旨的倾向则是一种严肃的批评。

第二，综归诸般道德以提其"一贯之旨"。杨简认为，诸般道德条目是异名同实，它们所指是一个精神，因而道德状况的好坏不在于道德条目的多寡，而在于能否理论上一以贯之地把握其意义，生活上一以贯之地躬行其精神。孔子曾言其道可一以贯之，并特别强调道德教化的大众性、普遍性，所谓"日用庸常是谓教"。因此，如果说，秦汉以降思想家扩增道德条目的努力是对孔孟道德精神一种背离的话，那么杨简"一道德"的努力既是对孔孟道德智慧的直承与呼应，也是对秦汉以降盲目扩增道德条目的行为的纠正。

第三，坚持性本善的"毋意"论。性本善是传统儒家道德学说的基石，但由于没有处理好形上本体之善与形下现世之恶的关系，使后世思想家在性善性恶问题上

---

① 〔明〕潘汝桢：《刻慈湖先生遗书序》，〔宋〕杨简：《慈湖先生遗书》卷二十四，《杨简全集》（第10册），董平校点，第2511页。

争论不休。朱熹指责孟子言性善、不言性恶是不完备。杨简则指出，孟子以"寡欲以存心养性"作为处理本体之善与现世之恶关系的方法与其"性本善"的伦理本体是矛盾的。因为，以制欲为养性的方法，就等于说善性可由"格物"而获得或由身外而获得，而"性本善"论的主旨在于提醒主体对自我善性的认同与把握，在于树立主体对彰显自我善性能力的信心。所以，维护"性本善"伦理本体学说的价值，必须由此本体引出相应的方法。杨简的确是悟性超群，他认为现世之恶并不影响"性本善"伦理本体的存在，因为现世之恶完全是"起意"的结果，因而除却现世之恶，做到"毋意"即可；而"毋意"同时意味着本体之善的保护，这样，"意"非但成为沟通本体之善与现世之恶的中介，而且"毋意"行为本质上是由善心把握的。因此，"意"范畴的提出为建构与"性本善"伦理本体论相一致的伦理方法论奠定了基础，这种以"意"为预设的伦理方法论，我们可从明朝儒学大师王阳明思想中洞其全貌。因此我们认为，如果说"性善论"是一种兼具本体与方法的道德学说的话，那么这种学说在杨简、王阳明手中才完成。

可见，杨简的学术立场是心学的，而所谓"心学立场"事实上来源于他对孔孟学术精神的觉悟；杨简的方法是价值还原式方法，而所谓"价值还原"是指他讲说其道顺应了孔孟精神。正是通过这种努力，杨简复活了孔孟所倡导的道德主体性，疏通了儒学向下开展的路子，这条路子一直延伸到明朝王阳明那里而衍为蔚为壮观的儒学气象。此外，杨简以"心"解经的尝试，以"一"摄德的路径，以"意"别性善恶的方法对现代的儒家经典研究、对现代的道德理论研究与道德建设，似也含有诸多启迪性信息。

〔原载《南昌大学学报（社会科学版）》1997年第1期〕

五、颜钧的平实之学

颜钧（1504—1596），字子和，自号山农，江西吉安府永新人，是泰州学派的一位重要思想家。由于《颜钧集》晚近才发掘编撰，目前的研究尚不充分，还存在一些误解。本文拟从"悟道""布道""践道""创道"四个方面，对颜钧思想的基本内容、主要倾向、与佛教的关系及其为人为学的性质等问题加以考察，力求对颜钧思想做一较为系统的介绍与评论。

（一）闭关悟道

颜钧的家学及师承都较为简单。其父颜应时曾任江南常熟训导，二兄颜钥中嘉靖甲午举人，三兄颜铸为邑廪膳生，五弟颜镗则恩受贡士。虽然颜氏家族至颜钧一代已十分凋敝，但仍深受儒家思想熏陶。正如颜钧所说："少承父兄蒙养，以正首训，承祖绳尺，孝友律身。及壮，引导崇信圣学，仁义养心，遂乐从事，誓以终身。"① 在师承方面，颜钧自认阳明为"道祖"，而亲聆教诲的两位业师则是徐樾、王艮。颜钧是否通读过阳明著作不得而知，但其学问开悟于诵读阳明"精神心思，凝聚融结，如猫捕鼠，如鸡覆卵"十六字诀。

> 仲兄钥以德著廪庠，举入白鹿洞，听传阳明致良知之学，手抄《传习录》，归示男子。男子诵味至"精神心思，凝聚融结，如猫捕鼠，如鸡覆卵"四语，遂自醉心启，津津溯穷，迸息耳目形躯之用，静坐七日夜，凝禽隐功，专致竭思，一旦豁然，心性仁智皎如也。②

颜钧虽学宗王阳明，并秉承了泰州一脉王艮、徐樾的心学方向，但学问上的创获却与其"七日闭关"的神秘觉悟密切相关。颜钧曾记述其24岁时"七日闭关"觉悟的经验如下：

---

① 〔明〕颜钧：《急救心火榜文》，《颜钧集》卷一，黄宣民点校，中国社会科学出版社1996年版，第1页。
② 〔明〕颜钧：《明羑八卦引》，《颜钧集》卷二，黄宣民点校，第11—12页。

二十四岁，际兄钥，廪员在学，宗主以孝行取入白鹿洞听讲，道祖阳明大倡良知之学，随抄示弟立志说四句，曰："精神心思，凝聚融结，如猫捕鼠，如鸡孵卵。"农见触心，即晚如旨，垂头澄思，闭关默坐，竟至七日七夜，衷心喜悦，忘食忘寝，如此专致，不忍放散其胸次，结聚洞快也。又逼激三日，后化为臭汗，滋流皮肤毛孔中，出体如洗，洗后襟次焕然豁达，孔昭显明，如化日悬中天，如龙泉趵江海。①

颜钧还在其他文章中反复提到这次觉悟，足见在其学问中的重要性。并且，颜钧此次闭关觉悟之后，便在家族邻里设坛开讲，施以教化。

何谓"闭关"？颜钧说：

必须择扫楼居一所，摊铺联榻，然后督置愿坐几人，各就榻上正坐，无纵偏倚，任我指点：收拾各人身子，以绢缚两目，昼夜不开；绵塞两耳，不纵外听；紧闭唇齿，不出一言；擎拳两手，不动一指；趺咖两足，不纵伸缩；直耸肩背，不肆惰慢；垂头若寻，回光内照。如此各各自加严束，此之谓闭关。夫然后又从而引发各各内照之功，将鼻中吸收满口阳气，津液漱噢，咽吞直送，下灌丹田，自运旋滚几转，即又吸噢津液，如样吞灌，百千轮转不停，二日三日，不自已已。如此自竭辛力作为，虽有汗流如洗，不许吩咐展拭，或至骨节疼痛，不许欠伸喘息。各各如此，忍捱咽吞，不能堪用，方许告知，解此缠缚，倒身鼾睡，任意自醒，或至沈睡，竟日夜尤好。……须自辗转，一意内顾深用，滋味精神，默识天性，造次不违不乱，必尽七日之静卧，无思无虑，如不识，如不知，如三月之运用，不忍轻自散涣。如此安恬周保，七日后方许起身，梳洗衣冠，礼拜天地、皇上、父母、孔孟、师尊之生育传教，直犹再造此生。②

"闭关"首先要有一间干净的房屋，其中各人挺胸直腰而坐，身体放松，眼、耳、口一律关闭，手脚不可动弹，心思凝集，向内观照。并且，"闭关"时还会引起一系列的生理反应，有"津液"漱噢，此"津液"由咽喉到丹田运旋不停，吞灌不断，有大汗淋漓，有骨节疼痛，有呼吸困难等，但都要顺其自然，日夜沉睡，如

---

① 〔明〕颜钧：《履历》，《颜钧集》卷四，黄宣民点校，第33页。
② 〔明〕颜钧：《引发九条之旨》，《颜钧集》卷五，黄宣民点校，第38页。

此七日七夜，醒后便会产生清明在身、形爽气顺的感觉。这种精神状态就叫"道体黜聪，脱胎换骨"。这样，"七日闭关"即完成，从而也就完成了自我生命的一次再造，当然要拜谢天地、皇上、父母、孔孟、师尊等的教恩。

"七日闭关"之说出自《易经》："《复》：亨，出入无疾，朋来无咎，反复其道，七日来复，利有攸往。"而《象辞》的解释是："雷在地中，复。先王以至日闭关，商旅不行，后不省方。"（《周易·复·象传》）雷由地中冲出，是地震之象，地震后一切恢复，故卦名复。先王在发生地震之日，闭塞关中，停止经商和旅行，君王也不省视四方之事。可见，在《易经》中，"七日闭关"是因自然灾害而采取的暂停经商和旅行的行为，有避害趋利之意，颜钧引申为修养功夫，与原意有很大距离，但颜钧借用了"闭关""利有攸往"等词汇所隐含的意义。而所谓"津液"在体内轮转，是道教修养方法的一种；七日静卧，无思无虑，默识天性，则有禅宗打坐之气味。颜钧自己也说："'一日克复，天下归仁'，印证'七日来复，利有攸往'之快心，即是敦敦打坐，默默无语。"①不过，颜钧所悟为儒家之道。在颜钧看来，由于受名利声色之诱惑、知识之遮蔽，人之善性难以彰显，只有靠自己澄思自我觉悟的方法，因而"七日闭关"不只是一种简单的神秘体验，而是一种修养成圣的方法。总之，"七日闭关"体现了颜钧的创新精神。在"七日闭关"之神秘觉悟过程中，颜钧巧妙地综合了儒、佛、道、易四种思想资源，具有丰富的文化意蕴。

（二）勤勉布道

颜钧认为，当时社会"人心槃欲，不仁已极"，而孔孟圣学则是"将以苏天下之瘵者"。②但圣学又呈式微之势，所谓"圣学不明，自孔孟至于今，不知几千余岁"③。因此，致力于讲学、布道，使圣学深入人心，从而救拔人心、匡扶社稷，这是颜钧的最高志向。

布道方所不定，随遇开讲。受阳明十六字教言启发之后，颜钧首先在族里讲道。"发引众儿媳、群孙、奴隶、家族、乡闾老壮男妇，几近七百余人，聚庆慈

---

① 〔明〕颜钧：《渔樵答问》，《颜钧集》卷六，黄宣民点校，第54页。
② 〔明〕颜钧：《告天下同志书》，《颜钧集》卷一，黄宣民点校，第5页。
③ 〔明〕颜钧：《告天下同志书》，《颜钧集》卷一，黄宣民点校，第4—5页。

帏，列坐两堂室，命铎讲耕读正好作人，讲作人先要孝弟，讲起俗急修诱善，急回良心。"①另外，颜钧身陷囹圄时还将监狱当作道场，对囚犯狱吏都产生了积极影响，令在狱囚犯深受感动和教诲。"先生被拷掠，囊三木人，谓死矣。罗公竭力周旋，囊橐之暇，问先生惫乎？先生笑曰：'嘻，是犹风之过，而揭吾衣也，吾何涉焉。'凡系狱三岁，日与诸囚论学不倦，诸囚有启悟者。……即出狱，诸囚百余人伏地哭，哀甚。司寇诃曰：'若囚旦暮死不哭，哭颜先生何为？'囚曰：'不然，颜先生在狱，吾身如在天宫，今先生去矣，吾无所闻，即不死犹死耳。'"②

可见，颜钧布道没有方所，只要有听众，随处都可讲学。这也体现了颜钧无拘无束、特立独行之风格。

布道方法多样，不拘一格。首先，发布告示。《急救心火榜文》《告天下同志书》都是颜钧发布的重要告示。如《急救心火榜文》开宗明义地讲"立学养心、立教养人"的意义，并提出"六急六救"之主张："一急救人心陷愒；二急救人身奔驰；三急救人有亲长；四急救人有君臣；五急救人有朋友；六急救世有游民。"③通过告示布道，有鼓动人心、影响广泛之功效，所谓"会讲豫章同仁祠，畅发《学》《庸》旨，士类景从"④。其次，集会结盟。颜钧很注意利用聚会结盟的方式宣传自己的思想，利用一切机会聚徒讲学，因为这不仅可以将求学者凝集在一起，而且可以通过聚会结盟达到"成物""达人"之目的。所以颜钧周流讲学，逢会即至，足迹遍中国。主要者有金溪东岳之会，有泰州、如皋、江都各盐厂之会，有扬州、仪真之会，有灵济宫三百五十员之会，所谓"时徐少湖名阶，为辅相，邀铎主会天下来觐宫三百五十员于灵济宫三日"⑤，有河北沧州之会讲，有山东茌平之会，有邗江书院之会，所谓"游寓邗江书院，为会十日，剧谈正学，直辟中道"⑥。最后，撰写诗歌也是颜钧布道的重要方式，如《劝忠歌》《劝孝歌》《歌修省》《歌修齐》《歌安止》《歌乐学》《歌经书》等等。这些诗歌，文字优美，朗朗上口，在儒家思想的民间推广方面产生了重要作用。

布道对象广泛，没有贫富贵贱智愚之限制。颜钧的布道对象包括三教九流，既

---

① 〔明〕颜钧：《自传》，《颜钧集》卷三，黄宣民点校，第24页。
② 〔清〕贺贻孙：《颜山农先生传》，〔明〕颜钧：《颜钧集》卷九，黄宣民点校，第83页。
③ 〔明〕颜钧：《急救心火榜文》，《颜钧集》卷一，黄宣民点校，第3页。
④ 〔明〕颜钧：《永新县志儒行传》，《颜钧集》卷九，黄宣民点校，第85页。
⑤ 〔明〕颜钧：《自传》，《颜钧集》卷三，黄宣民点校，第26页。
⑥ 〔明〕颜钧：《扬城同志会约》，《颜钧集》卷四，黄宣民点校，第29页。

有位居相国的高官,所谓"及游京师,相国华亭徐公首问学于先生。三公以下,望风咨学"①,也有科举考试落榜生,如罗汝芳、程学颜等。既有邻里族人,所谓"发引众儿媳、群孙、奴隶、家族,乡闾老壮男妇,几近七百余人,聚庆慈帏,列坐两堂室,命铎讲耕读正好作人,讲作人先要孝悌,讲起俗急修诱善,急回良心",也有非亲非故的窑夫、车夫、盐夫,如韩贞。既有和尚、尼姑,道士、道姑,所谓"沧州守曰胡政,号力庵,旧门人也,预受河间太守陈见吾名大宾会讲,急命迎铎,召州县官吏、师生、民庶近八千人,斋道、禅林亦聚数千"②,也有在狱囚犯。可见,颜钧布道没有固定对象,愿听者即可传授,真正实现了有教无类。并且,在这种教化方式中,颜钧还注意因材施教,所谓"志同者证心,心同者证命,珊佩而功名者征政"③。

无论是布道空间的"无方所"、对象的"无类别",还是方式的多样化,都表明颜钧是"率性而行"的布道者,但布道的最终目的是要求人们实践儒家的道理格式,希望人们成圣成贤,这在客观上有助于社会稳定。因材施教和以平民为主要对象的讲学特征,也使颜钧布道效果更佳,影响更大,而无方所、随遇而行,无固定对象、成员广泛,方法多样、不拘一格,都有利于儒家圣学的深入人心。在一定意义上,颜钧的布道是对传统儒家宣教方式的改革。

(三)侠行践道

颜钧是一位儒者,更是一位侠儒,自称"山农游侠,好急人之难"④。时人也指其为侠者:"借讲学而为豪侠之具,复借豪侠而为贪横之私。"⑤称颜钧为侠恰如其实,而称其借豪侠以谋贪横之私,则离事实太远。颜钧之侠行,实在于以侠行道,是一种为了"道"而甘愿牺牲的豪侠精神和行为。

坦诚无私的气度。颜钧传道有一重要特点,就是坦诚地把自己的低微出身、幼

---

① 〔清〕贺贻孙:《颜山农先生传》,〔明〕颜钧:《颜钧集》卷九,黄宣民点校,第83页。
② 〔明〕颜钧:《自传》,《颜钧集》卷三,黄宣民点校,第26页。
③ 〔清〕吴焕文:《纪游》,〔明〕颜钧:《颜钧集》卷九,黄宣民点校,第77页。
④ 〔清〕黄宗羲:《泰州学案一》,《明儒学案》卷三十二,沈芝盈点校,中华书局2008年版,第703页。
⑤ 王世贞:《嘉隆江湖大侠》,转引自杨鑫辉、李才栋主编:《江西古代教育家评传》,江西教育出版社1995年版,第342页。

时笨拙、缺乏学传等"家底"通告求学之人,所谓"钧,山中农夫也"①,"生质淳厐,十二岁始有知识……习时艺,穷年不通一窍"②。这对欲为人师并希望教化社会的人来说,是不易做到的,因为这样可能影响自己的形象和号召力。由此可见颜钧身上的豪侠之气。然后,把自己复兴圣学、救振社会、关爱穷民的学术主张毫无隐瞒地告诉求学之人,"愿望多士以道为志,以寰区为家,兴所会以联洽乎同志之士,兴所学以提挈乎未闻之人,俾世人咸归夫中正,正端心学"③。在此,既不哗众取宠,也不矫情邀幸,有的是复圣学之态、友同志之志、济民生之情,这无疑也是豪侠气概的体现。

急人所难的侠骨。颜钧谙兵法,曾帮助两位将军打胜仗。浙直总督胡宗宪在驱逐倭寇的战斗中计穷策尽,屡战屡败,最终在颜钧的帮助下,倒溺千百倭寇于海。而与颜钧是"同年同道友"的两广总兵俞大猷,在作战遇到困难时聘颜钧为军师,在颜钧的谋划下,先后俘获海寇曾一本、山寇韦银豹。此外,颜钧好友赵贞吉获罪遭贬,颜钧长途跋涉护送其至贬所,使赵氏感动得痛哭流涕:"赵大洲赴贬所,山农偕之行,大洲感之次骨。"④徐樾战死在滇南,颜钧千里迢迢,翻山越岭,行数十日夜,打捞老师尸体。这些行为,都不是一般的儒家书生可以做到的,颇有"杀身成仁"之气象。

轻财好施的豪气。贺贻孙《颜山农先生传》记载了颜钧轻财好施的豪气:

> 先生豪宕不羁,轻财好施,挥金如土,见人金帛辄诟曰:"此道障也。"索之,无问少多,尽以济人。罗公为东昌太守,先生来,呼之曰:"汝芳为余制棺,须百金。"尽取其俸钱出,即散与贫者。又命之曰:"汝芳为余制棺,须百金。"太守故廉,不能更具百金,则蚤起,瞯其尚寝,跪床下白之。先生诟怒,不得已,称贷以进。取之出,又散与贫者。罗公归旴江,先生至,罗公为制美材赠之。舟次金溪,见门人蔡制没,无棺,又以与之。⑤

颜钧视财利为障道之物,向人索要财物一是可使其人不为财障道,二是可以

---

① 〔明〕颜钧:《告天下同志书》,《颜钧集》卷一,黄宣民点校,第4页。
② 〔明〕颜钧:《自传》,《颜钧集》卷三,黄宣民点校,第23页。
③ 〔明〕颜钧:《急救心火榜文》,《颜钧集》卷一,黄宣民点校,第3页。
④ 〔清〕黄宗羲:《泰州学案一》,《明儒学案》卷三十二,沈芝盈点校,第703页。
⑤ 〔清〕贺贻孙:《颜山农先生传》,〔明〕颜钧:《颜钧集》卷九,黄宣民点校,第83页。

财物救济穷人。其学生罗汝芳孝敬老师为颜钧制棺,但颜钧都将用于制棺的现金分给穷人,门生去世,也把自己备用的上好木材送给他。这就是颜钧的"挥金如土"和"豪宕不羁",有时"侠"至背离常理。罗汝芳对其师的评价是:"其轻财尚义,视人犹己,鬻衣装以给生徒之费,忍饥寒以周骨肉之贫,求之古人,亦难多得。"①此言是矣。然而,这种在做人、为学及待财上的豪侠之气,当时被讥为"猖狂""好名""怪诞"。平心而论,颜钧那种对他人袒露自己"隐私"的行为,那种为师友排忧解难、奋不顾身的行为,那种轻财好施的行为,并不是一般人所能企及的,因而可以说,作为"侠儒"的颜钧使儒家之道得到了升华。

(四)奇解创道

颜钧对儒家经典及命题、范畴的解读,与其业师心斋的点拨有着密切关系。"孔子学止从心所欲不逾矩也。矩范《大学》《中庸》作心印,时运六龙变化为覆载持帱以遁世。子既有志有为,急宜钻研此个心印,为时运遁世之造,会通夫子大成之道。"②这段话至少给颜钧如下提示:其一,《大学》《中庸》是孔子思想精神的记录;其二,《大学》《中庸》与《易传》六爻变化有关;其三,颜钧应努力钻研,以会通孔子之道。我们会发现,颜钧对儒家经典的解读,深受此教言的影响。

关于《大学》《中庸》的题解。《大学》《中庸》作为儒家经典已千年相继,而《大学》《中庸》分别为孔门后学曾子、子思所著也为大多数人所认同。颜钧却认为《大学》《中庸》为孔子所作,而大学、中庸也不是书的篇目,而是孔子用于传道的口诀。他的学生程学颜对此做了这样的记录:

《大学》《中庸》书,名篇也。自汉以来皆诿视为书名,未有以为圣学精神,识达此四字作何用焉。我师颜山农独指判曰:"此尼父自造传心口诀也。两篇绪绪晢章,并出夫子手笔,非曾子、子思所撰也。不然,何于《大学》引曾子之言,《中庸》直以仲尼名祖哉?"③

---

① 〔明〕罗汝芳:《揭词》,〔明〕颜钧:《颜钧集》卷五,黄宣民点校,第44页。
② 〔明〕颜钧:《自传》,《颜钧集》卷三,黄宣民点校,第25页。
③ 〔明〕程学颜:《衍述大学中庸之义》,〔明〕颜钧:《颜钧集》卷九,黄宣民点校,第76页。

那么，作为传道口诀的大、学、中、庸各具什么含义呢？颜钧说：

> 夫大之方体也，曰明德，曰至善，曰知在格，曰意心身，曰家国天下也。夫中之主宰也，曰天命性，曰道睹闻，曰隐微独，曰天地万物也。……云何系学以大，以庸丽中，将焉取裁？盖有取于精金出矿，胚胎庞朴。据以市贾，难竟信用，遂入炉火，煅化镕煎，倾泻纹科，然后遍用贸易交通。所以，圣神识道识心，同乎矿金之胚胪，裁成辅相，翼以学、庸。①

"大"指方体之广，含明德、知、物、意心身、家国天下等，此"大"需系之以"学"则是止、致、格、诚、正、修、治、齐、平，因而"学"以助"大"成。"中"指主宰无偏，含天命、性、道、睹、闻、隐、微、独、天地、万物等，此"中"需丽之以"庸"则为率、修、戒、惧、见、显、慎、位、育等，因而"庸"乃辅"中"者也。可见，颜钧先将大、学、中、庸析为四个独立的概念，再将明明德、止于至善和率性、修道分别开来，最后将大、学、中、庸分别对应到相关内容，以错置其中而交互变化。这种解读显然是闻所未闻，为人们理解、研究《大学》《中庸》提供了一个崭新视角。而程学颜正是在这个基础上对大、学、中、庸四字含义作了进一步规定：

> 自我广远无外者，名为大；自我凝聚员神者，名为学；自我主宰无倚者，名为中；自我妙应无迹者，名为庸。②

也就是说，"大"指广远无外，"学"指凝集心思，"中"指主宰无倚，"庸"指妙应无迹，此四者皆由"我"为轴，故在内不在外，因而最终是"一"，所谓"合而存，存一神也"③。虽然很难把颜钧对《大学》《中庸》的悟解等同于王阳明的"良知发明"，但笔者认同程学颜的如是评价："此老亦操心弃身，神通不贰，所以毅乎直述其义为不刊，不啻阳明直指良知为真头面也。"④

关于《大学》《中庸》《易经》三者关系。《大学》《中庸》《易经》是儒家

---

① 〔明〕颜钧：《耕樵问答》，《颜钧集》卷六，黄宣民点校，第51页。
② 〔明〕程学颜：《衍述大学中庸之义》，〔明〕颜钧：《颜钧集》卷九，黄宣民点校，第76页。
③ 〔明〕程学颜：《衍述大学中庸之义》，〔明〕颜钧：《颜钧集》卷九，黄宣民点校，第76页。
④ 〔明〕程学颜：《衍述大学中庸之义》，〔明〕颜钧：《颜钧集》卷九，黄宣民点校，第76页。

的重要经典，但三者是一种什么关系，却少有论之。颜钧对此也有惊世之论。

> 是故学乎其大也，则曰在明明德，在亲民，在止于至善，知在格物，心不在焉，如此而曰五在。昭揭其大以为学，庸乎其中也，则曰率性，曰修道，曰慎独，曰致中和，如此晰四绪，绪扬其中为时庸。《易》乎其六龙也则曰潜见，曰惕跃，曰飞亢，如此而为时乘，即变适大中之《易》，以神乎其学庸精神者也。①

所谓大学，是说明明德、亲民、止于至善、格物，为立学之本，而虽为立学之大本，却又不能刻意去求它。所谓中庸，是说率性、修道、慎独、中和为日常不偏之道。而《易经》中的潜见、惕跃、飞亢六龙之变化，实际上与大、学、中、庸交互变化，并由此显示《大学》《中庸》精神之微妙。因此，《大学》《中庸》《易经》都是儒家圣学之体现，也都是简易之学。而在《耕樵问答》中，颜钧将《大学》《中庸》《易经》做了进一步的融合：

> 大中学庸，学大庸中，中学大庸，庸中学大，互发交乘乎心性，吻合造化乎时育，是故中也者，帝乎其大，主积万善，从《中孚》，夫子所谓天下之大本。是大本也，家乎万有为《大畜》，孟子所谓"万物皆备于我"。②

在《周易》中，《中孚》有"节而信"、正固而吉祥之意，《大畜》则有刚健笃实、日新其德而利贞之意，既然，大、学、中、庸，都是交乘于心性、造化于时育之象状，而"中"（庸）对应《中孚》、"大"（学）对应《大畜》，因而，《大学》《中庸》《易经》内涵一致："大学中庸，即易运时宜，无二道，无二学，无二教也。"③总之，《大学》《中庸》《周易》三者的关系，不仅有运行变化上的错综协调，也有内容精神上的相契，因而《大学》《中庸》《易经》皆为"一"，是平实之学，故易知简能，皆为"我"，是自修之学，故率性而行。唯有体认到学、庸、易为"一"，从心为学，方可入道成德，方可实现教化天下的"外

---

① 〔明〕颜钧：《论大学中庸大易》，《颜钧集》卷二，黄宣民点校，第18页。
② 〔明〕颜钧：《耕樵问答》，《颜钧集》卷六，黄宣民点校，第49页。
③ 〔明〕颜钧：《耕樵问答》，《颜钧集》卷六，黄宣民点校，第50页。

王"目标。

关于"放心"。孟子认为人性本善，但此先天善性，往往因为利欲而放失，因此便有"求放心"之说："仁，人心也，义，人路也。舍其路而弗由，放其心而不知求，哀哉！人有鸡犬放，则知求之；有放心而不知求。学问之道无他，求其放心而已矣。"（《孟子·告子上》）那么，颜钧是如何解释"放心"的呢？

> 始罗（汝芳）为诸生，慕道极笃，以习静婴病，遇先生（颜钧）在豫章，往谒之。先生一见即斥曰："子死矣，子有一物，据子心，为大病，除之益甚，幸遇吾，尚可活也。"罗公曰："弟子习澄湛数年，每日取明镜止水，相对无二，今于死生得失不复动念矣。"先生复斥曰："是乃子之所以大病也，子所为者，乃制欲，非体仁也。欲之病在肢体，制欲之病乃在心矣。心病不治，死矣。子不闻放心之说乎？人有沉疴者，心怔怔焉，求秦越人决脉，既诊，曰：'放心，尔无事矣。'其人素信越人之神也，闻言不待针砭而病霍然。已，有负官帑千金者，入狱，遽甚。其子忽自商持千金归，示父曰：'千金在，可放心矣。'父信其子之有千金，虽荷校负铰铛，不觉其身之轻也。夫人心有所系则不得放，有所系而强解之又不得放。夫何故？见不足以破之也。蛇师不畏蛇，信咒术足辟蛇也。幻师不畏水火，信幻术足辟水火也。子惟不敢自信其心，则心不放矣。不能自见其心，则不敢自信，而心不放矣。孔子曰：'朝闻道，夕死可矣。'放心之谓也。孟子曰：'学问之道无他，求其放心而已矣。'但放心则萧然若无事人矣。观子之心，其有不自信者耶！其有不得放者耶！子如放心，则火然而泉达矣。体仁之妙，即在放心。初未尝有病子者，又安得以死子者耶？"①

罗汝芳经过长年累月的不懈修炼，终至个动念于生死得失之境，但颜钧认为这是大病。在颜钧看来，罗汝芳劳其筋骨、抑制欲望的修炼，正说明罗汝芳仍然系念生死得失，仍然是"著相"，从而亦就没能"体仁"。那么怎样做才算"体仁"呢？"放心"。而"放心"就是将利欲之心一切放下。与孟子"求放心"说比较，颜钧"放心"说是有一定创造性的：孟子求放心，是把所丢失之心找回来，着眼于找；颜钧放心是将心放下，着眼于放。孟子所求之心是善，等同于性；颜钧所放之

---

① 〔清〕贺贻孙：《颜山农先生传》，〔明〕颜钧：《颜钧集》卷九，黄宣民点校，第82—83页。

心是恶，与性有别。孟子主性善却注重以外在措施养育之，颜钧亦言性善，并坚信性其（心）正，从而排斥一切外在修养方法或教化措施。孟子求放心，很迫切，故有紧张，颜钧放心，很自然，故显轻松。因此可以认为，颜钧对"放心"的解读是一种大胆的具有突破性的尝试。

关于"人心道心"。陆九渊、王阳明都对"人心惟危，道心惟微，惟精惟一，允执其中"十六字诀做过解释。陆九渊说："《书》云：'人心惟危，道心惟微。'解者多指人心为人欲，道心为天理，此说非是。心，一也，人安有二心？自人而言，则曰惟危；自道而言，则曰惟微。"①王阳明说："圣人之学，心学也。尧、舜、禹之相授受曰：'人心惟危，道心惟微，惟精惟一，允执厥中。'此心学之源也。中也者，道心之谓也，道心精一之谓仁，所谓中也。孔孟之学，惟务求仁，盖精一之传也。"②综合陆、王的解释则有：其一，心只有一个，杂于伪时是人心，得其正时是道心；其二，因此，由人心言，则"危"，由道心言则"微"；其三，"中"即道心，即仁，执"中"即执道心、执仁。颜钧继承了心学路线，但也有自己的发挥，他说：

> 先圣制"心"字，以一阳自下，而湾向上，包涵三点，为三阳，将开泰以帝天地人物之父母也。是父母心，本能自湾，而竖立湾中，为佐以佩圭，为"惟"者也。是"惟"宪心作人也，为视听言动之几，不时危厉乎其发用；是"惟"作人以宪道也，则又潜乎隐几莫测之微，自时以妙乎其危厉；是"惟"能纯乎其精也；是"惟"能精乎其一也，所以允信自执己心之中，以为人之道。自精其一者，是一心也。其善曰"惟"，其妙曰"微"，其深涵曰"中"，其中灵曰"精"，其精脆曰"一"。一之生人，有时出日用之严危，故以"惟"惟之，斯微妙乎其执中也。如此而曰人心道心之危微精一，执中之仁，覆天下唐虞者也。③

颜钧由"心"字结构展开解释，认为此心乃父母心。天下父母心皆恻隐，故可

---

① 〔宋〕陆九渊：《语录上》，《陆九渊集》卷三十四，钟哲点校，中华书局1980年版，第395—396页。
② 〔明〕王守仁：《象山文集序》，《王阳明全集》卷七，吴光等编校，上海古籍出版社2011年版，第273页。
③ 〔明〕颜钧：《人心道心而执中辨》，《颜钧集》卷二，黄宣民点校，第14—15页。

弯曲，而有一竖立此弯中，以作佩挂玉器之用，这就叫着"惟"。此"惟"显心于作人时，是人之视、听、言、动的隐微之状，故为危厉；此"惟"作人显于道时，则又潜藏在隐微之中而难以测度，故为神妙。"惟"能纯其精而又精其一，所以可执己心之中，以成人之道。由精一而言，是一心。此心为善时是"惟"，为妙时是"微"，为深涵时是"中"，为中灵时是"精"，为精肫时是"一"。"一"生人时，偶尔有严危之状，因此要以"惟"系之，这就是执中。执中也就是执中之仁，是对"心"之把握。与陆、王的解释比较，颜钧的解释显然更富独创性。

关于"日用"。在儒学的语境里，"日用"常与"庸常"联系，谓之"日用庸常"。"日用庸常是为道"之语很常见，意思是说"道"在日常生活中。而对"日用"二字的单独解释，笔者寡闻，目前尚未能见。颜钧的解读却别有意味。

> 夫日也，体曰阳精，运行为昼，亘古今而悬旋，为白日之明，曝丽天地，万象万形之生生化化也。夫用也，言在人身天性之运动也。是动，从心率性；是性，聪明灵觉，自不虑不学，无时无日，自明于视，自聪于听，自信于言，自动乎礼也，动乎喜怒哀乐之中节也，节乎孝弟慈让为子臣弟友之人也，故曰日用。①

"日"即太阳，乃自然之象，但为万物生化之源；"用"乃人身之象，此人身之象又主要指"从心率性"之德、孝弟慈让弟友之行。因此可以说，"日用"即是道，即是圣学，因而圣学也就可以不虑不学。颜钧的这一解释，说明了"日用"即是道的缘由，从而明示了生活即"道"而不是"道"在生活中；说明了圣学无须学习的原因，从而为简化儒学和当下体"道"提供了根据。这在儒学解释史上是前所未有的。

表面看去，颜钧对儒家经典的解释大都有"怪诞"之嫌。但将《大学》《中庸》解读为大、学、中、庸四字传道口诀，将《大学》《中庸》《易经》做一体的串解，将"放心"解释为"将私欲之心，一切放下"，从"心"的字体结构、从"惟"字着眼解释"人心道心"十六字诀，将"日用"直接等同于"道"，都显示出颜钧对儒学传统的突破，更是对儒家解释学的丰富和发展。

---

① 〔明〕颜钧：《日用不知辨》，《颜钧集》卷二，黄宣民点校，第14页。

（五）结语

《明儒学案·泰州学案》前的"序言"有这样一段评论：

> 泰州之后，其人多能以赤手搏龙蛇，传至颜山农、何心隐一派，遂复非名教之所能羁络矣。顾端文曰："心隐辈坐在利欲胶漆盆中，所以能鼓动得人，只缘他一种聪明，亦自有不可到处。"义以为非其聪明，正其学术也。所谓祖师禅者，以作用见性，诸公掀翻天地，前不见有古人，后不见有来者，释氏一棒一喝，当机横行，放下挂杖，便如愚人一般。诸公赤身担当，无有放下时节，故其害如是。①

这段话是并非针对颜钧个人，但在黄宗羲看来显然也适用于颜钧。这段评语大体涉及这样几个方面：其一，颜钧学行率性而行，无拘无束，是对儒家正统思想的叛逆。这涉及颜钧学问的基本倾向。其二，颜钧学问与禅同道。这涉及与禅宗的关系。其三，颜钧主张人性本善，无须睹闻和戒惧，放心即体仁。这涉及颜钧的修养方式。其四，颜钧讲学布道哗众取宠，为的是成一己之私。这涉及颜钧学行的性质。根据前文，结合其他相关资料，笔者讨论如下。

率性而行：儒家圣学的特殊实践。颜钧的学行思想之所以被看成是对儒学的蔑视和背离，主要在于某些士人接受不了他不同常人的行为与思考。他不参加科举考试，认为科举考试是约束人的枷锁；他随心所欲地解释经典，提倡思想解放；他在生活中不拘小节，疯疯癫癫。但他绝不是一位远离了儒家道理格式的人。恰恰相反，他是一位儒家圣学狂热的传播者和实践者。其一，他仍然是儒家道统领域中的人，他闭关悟道，悟的是儒家成圣成贤之道；他颠沛布道，宣传的是儒家教化伦理，如《劝忠歌》《劝孝歌》；他侠行践道，实践的也是儒家道德精神，如昼夜侍守病体之父三年，是为孝，如兄弟之间的友爱相助，是为悌；他奇解创道，丰富、发展的还是儒家圣学，如对《大学》《中庸》的解释，对"放心"的解释等，其宗旨都不背离儒家成圣成贤之目标。因而颜钧学行谈不上"非名教所羁络"。其二，颜钧对儒家学问的理解、践行又有自己的特色，这就是泰州学派的特色。他主张圣学应该面向大众，凡有生命之人，都有权力理解圣学，这种学术旨趣无疑会对官方

---

① 〔清〕黄宗羲：《泰州学案一》，《明儒学案》卷三十二，沈芝盈点校，第703页。

学者宣传圣学的动机构成冲击；既然圣学的宣传要面向大众，那就必须让它简单易懂，因而要简化儒家概念的烦琐和践行的框框，而要真正实行儒家理想，就应该身体力行，周济生灵，为千万民众的要求而奔走呼号。因而颜钧的学行思想不仅不是对儒家名教的叛离，反而是儒家圣学的虔诚守卫者和实践者。因此，颜钧之悟道、布道、践道和创道，说明其学行思想是儒家圣学的延承，而且在一定程度上是一种对儒家圣学有所升华的延承。之所以被认为对儒家圣学的叛离，不过是官方儒家学者的偏见，因为颜钧所宣传、实践儒家的圣学方式和内容，正好是官方儒家学者所反对的。因而颜钧学行思想被视为对儒家的叛离，也是思想史中话语权力之争的表现。而将颜钧学行思想与儒家最早最基本的理念对照，我们应接受颜钧弟子罗汝芳的评价："山农与相处，余三十年，其心髓精微，决难诈饰，不肖敢谓其学直接孔、孟，俟诸后圣，断断不惑。"①

儒禅兼济：儒家思想的新型构架。《明儒学案》指颜钧学派隶属禅宗："正其学术之所谓祖师禅者，以作用见性，诸公掀翻天地，前不见古人，后不见有来者，释氏一棒一喝，当机横行，放下拄杖，便如愚人一般。"②"钧诡怪猖狂，其学归释氏。"③但颜钧后学却以为颜学"不杂乎佛老"。到底如何理解颜钧思想与禅的关系呢？首先必须承认，颜钧学行思想显然深受禅宗影响。比如在讲学方式上，犹如禅宗的棒喝。"适戊午六月七日，颜（指学生程学颜）生辰，耕樵索轴，笔庆乐生，便便诱学，点缀'致知在格物'五字眼法。颜色改，神凝悚立，气春若跃如醉。耕樵侧目，试问曰：'子若何？'颜亦曰：'翁谓若何？'耕樵停笔，厉声策是者三。颜即以手举官帽置桌，就滚仓版上十转……没奈何之几，起舞蹈曰：'蚤知灯是火。'饭熟许时，如信美大圣神，只在此刻叩关，此一醒后，自深造自得止耳。"④又如"七日闭关"，俨然禅坐悟道；再如把儒家思想观念简化成大众易知易能之理，与禅宗简化佛教修养方式以方便僧众的做法类似等。所以言颜钧学问"不杂于佛"是说不过去的，但说完全归于禅亦难使人信服。因为颜钧所讲之道是儒家之道，是在世之道，不是佛教之道，出世之道；颜钧认为可以离妻别子而实践的"道"，并非为了进入涅槃境界，并非为了成佛，而是为了成圣成贤；颜钧对传统概念范畴的新解释，是对儒家之道的解释、发挥，而不是对佛教教义的发

---

① 〔清〕黄宗羲：《泰州学案一》，《明儒学案》卷三十二，沈芝盈点校，第704页。
② 〔清〕黄宗羲：《泰州学案一》，《明儒学案》卷三十二，沈芝盈点校，第703页。
③ 〔清〕张廷玉等：《罗汝芳传》，《明史》卷二百八十三，中华书局1974年版，第7275页。
④ 〔明〕颜钧：《程身道传》，《颜钧集》卷三，黄宣民点校，第22页。

展。因此，颜钧的学问不可归于禅。所以可以说，颜钧思想的"壳"是禅宗的，但"核"是儒家的。在这种"壳""核"互动之中，形成了以儒禅相济为构架的颜钧思想。

放心体仁：儒家修养的新方式。修身养性是儒家学说中的一个重大课题，因为个人的修养不仅仅是帮助自己成圣成贤的关键，也是儒家"外王"落实的基础。颜钧无疑注重个人的修养，他秉承了孟子性善的思路，认为人性天生如珠，没有尘染，因而反对感官睹闻，反对知识论的格物致知，反对静时动时系念人欲的戒惧心理，提倡当下即道，直认本心的修养，而在行为上则要求人们知晓本体即发用之理。这种修养方式可概括为两个字：放心。其主要特点是：自然性，心要做到无所系，而有所系了也不要天天想着要化解它，而要顺其自然；简单性，体仁成圣无须研读大量经典，也不需要面壁静修，只将一切利欲之心放下，便是仁，所谓"放下屠刀，立地成佛"；轻松性，放心即体仁，而放心也是率性而行，是将一切系念放下，使人轻松自如。事实上，放心即体仁所表现出的自然性、简单性、轻松性等特征，与颜钧主张的《大学》《中庸》《易经》皆为易知易能之学、日用即道的观点是一致的。不过，"放心体仁"的主张，显然由于过分坚信"性"对人行为的监督能力，而可能走向自然主义，甚至纵欲主义，因而放心即体仁的修养方式确实存在不严整之处。

自立无私：儒家人格的生动写照。《明儒学案》指颜钧讲学济私、坐在利欲胶漆盆中，事实是否如此呢？回答是否定的。颜钧面对胡宗宪、俞大猷赐封的官职，耻之不就，这在有私心的人是做不到的。颜钧挥金如土，经常向弟子罗汝芳索要金钱，是为了救济穷人，连学生为他购置的上好木材都可以送给他死去的学生做棺材。颜钧到处讲学，为的是使民众由愚变智，能理解圣学精神，为的是救拔社会，救民于水火。在颜钧这里，我们可以真正体验到"大公无私"的品行。而颜钧无私以求道的精神，更值得当今的学人反省。颜钧"自立宇宙，特立独行"之品质精神，常被时人诬为"畸行怪诞"。实际上，颜钧"自立宇宙，特立独行"的品格，既不畸，也不怪。他人对科举考试趋之若鹜，而颜钧视之为人的枷锁；他人讲学循规蹈矩，颜钧讲学却无固定方所、无确定对象；他人视财如命，颜钧则视之为障道之物，有之则施与贫民；他人蹲狱会心灰意冷，对人生丧失信心，颜钧却与囚友谈笑论道；他人对儒家经典，谨守尺度，颜钧却敢任意指点，随心讲解。因此，颜钧自立宇宙、无所傍依的人格和毫无拘束、勇于创新的精神，既是儒家人格积极面的生动体现，也为目前学界所需。

（原载《中国哲学史》2002年第1期）

六、性理与事理：宋明儒与清儒的分界

言及中国哲学史上的"理"，不能不想到王夫之鼓吹"理在气中"的壮观景象，不能不想到戴震对"以理杀人"的激情控诉。其结果是，被视为中国哲学最具创造力的时代之一、被视为儒学第二个发展高峰期的宋明，其新儒学因此倍受质疑，其优雅的形象、其超迈的理想遭受冲击。可是，清代儒者对"理"的指责究竟有多大程度的可信性？在很少有人对此提出疑问的情境下，唐君毅先生对清儒误解"理"的情形展开了分析和评判。唐君毅的这种分析和评判，对于重新认识和理解清儒豪情过度而理性不够的批评是非常具有启发意义的。

（一）事理，还是性理？

"理"是宋明理学学说体系的内核，是宋明理学的最高范畴，是宋明理学的意义世界，是宋明理学存在的根据。清儒也讲"理"，那么，清儒所讲"理"与宋明儒所讲"理"有什么不同呢？

唐君毅认为，清儒所言"理"与宋明儒所讲"理"完全不同，清儒所讲"理"是"事理"，所谓"事理之理，是历史事件之理"[①]。这种历史事件之理，就是清儒所讲的"理"。唐君毅说："自明末至清如王船山、颜习斋、戴东原、焦里堂、章实斋等之哲学思想，自其异于宋明理学之处而观之，则正在标明事之重要。"[②]即是说，"事理"的特点就是标明事之重要。那"标明事之重要"又是什么含义呢？唐君毅说："船山重史事，喜言'有即事以穷理，无立理以限事'。习斋言'六府''三事'，《存学篇》言'孔子只教人习事，治见理于事，已彻上彻下矣'。戴东原言理不离情欲与日用饮食之事。章实斋尤反对离事言理。故吾人可说清代思想史所重之理乃事理。一切论历史事件之理，及如何成就办理个人之事及社会人群之事之理，皆可称为事理。"[③]按照唐君毅的意思，清儒所言所重者，是一切论历史事件之理，及如何成就办理个人之事及社会人群之事之理，这就是"标

[①] 唐君毅：《中国哲学原论·导论篇》，中国社会科学出版社2005年版，第3页。
[②] 唐君毅：《中国哲学原论·导论篇》，第35页。
[③] 唐君毅：《中国哲学原论·导论篇》，第35页。

明事之重要",这就是"事理"的内涵。

不过,与此完全不同,宋明儒所言"理"是"性理"。唐君毅说:

> 宋明理学家中直将性与理连说,谓"性即理也",乃始于程子,畅发于朱子。……程明道言"天所付与之谓命",下文言"禀之在我之谓性,见于事业之谓理",又言"在义为理"。则此种理明为成人之正当之行为事业之当然之理,并与天性命相通贯为一者。程伊川谓"己与理为一",并言"性即理也",即将明道之言,凝聚于一语之中。此乃一划时代之语,而为朱子所加意发挥者。朱子讲理虽及于物理,然仍主要是仁义礼智之性理。朱子与程子之不同,只在其更由人及仁义礼智之理,以见其源自天之元亨利贞阴阳五行之理,遂再进而论及于其他万物之禀此元亨利贞、阴阳五行之理而存,遂附及物理之论而已。此外象山言心即理,亦决非直谓心即名理或物理、空理、礼仪之文理之谓,而是直谓各种当然之恻隐辞让羞恶是非之理,皆内在于"宇宙即吾心"之本心之谓。阳明以良知即天理,乃谓良知之好善恶恶是是非非,即是人心中之天理之流行。更不是说的外物之物理文理,亦非只是论名理物理或空理。是皆显而易见者也。①

在唐君毅看来,二程所讲的"理"是"成人之正当之行为事业之当然之理,并与天性命相通贯为一者"。朱子所言"理"虽然涉及物理,但朱子所及"物理",乃是在说明事物禀此元亨利贞、阴阳五行之理而存时所牵出,因而朱子所言"理"仍是仁义礼智之"性理"。至于象山所言"心即理",不过是说恻隐、辞让、羞恶、是非之理都内在于本心,而王阳明所说"良知即天理",也不过是说良知之好善恶恶、是是非非即是人心中之天理流行而已。概言之,理学、心学代表人物所言"理"都是"性理"。

既然是"性理",当有其特殊性。唐君毅说:

> 须知人心之性理之为性理,恒不只在其能直接显为通情之事上见,而兼在其能去除使吾人不能通情之各种意气习见私欲,以使去通情之事成为可能上见。性理之显于人心,则见于人自觉的成就此通情之事,同时自觉此所通之

---

① 唐君毅:《中国哲学原论·导论篇》,第32页。

情，在此心之所涵盖包覆之下。故此性理，恒必在人心自觉的施主宰之功于自己，并主宰其所做之事业而后见。舍自觉的主宰之义，而论通情，则人我之通情，即必平铺为一我所做之事与他人之事之相与顺成之关系。人我之事之相与顺成，可同时成就一社会之文理，然未必即足语于性理。①

就是说，"性理"之为性理，在于其具有贯通情性，去除意气、习见、私欲之功能，在于其具有自觉性、主宰性之特质，并且，这些功能与特质必须表现在事业上。如此看来，"性理"是生命的、灵动的，是可以创造生命的精神实体。也只有通过对"性理"的把握才能觉悟而至"天理"，从而才能做到统摄宇宙人生之大理。唐君毅说：

> 不以义断是非而论事理，罕不流于只重顺逆成败之功利之论，亦罕不流于为考证而考证者。人必须由知性理以达天理，乃能知统摄宇宙人生之大理。忽性理而重事理者，恒因见事与事之相互之独立性，乃归于重分理，而忽总持性条贯性之大理。此即清儒诸家学术之弊所由生。今试姑就戴东原之论性理之言，一析其义，以见其言之实无当于性理天理，而恒只是事理，亦不足以概中国先哲所谓之全。②

就是说，如果不是从"性理"立场去论大事，而是从"事理"立场去论大事，就可能只考虑成败，就可能只知道考证，就可能只沉迷于数字与材料，而无法超越功利的思维与价值，从而无法接近宇宙人生之大理，自然也就无法显豁壮阔气象和无私精神。概言之，"性理"是与"天理"相通之理，它彻上彻下；"性理"是仁爱之理，它充溢关怀；"性理"是生命之理，它是创生之源；"性理"是应然之理，它负载理想与意义。此即是"事理"所不具备而异于"性理"者。

（二）以"气"言理？以"性"言理？

唐君毅认为，清儒所言"事理"，是以"气"为基础的，而宋明儒所言"性

---

① 唐君毅：《中国哲学原论·导论篇》，第43页。
② 唐君毅：《中国哲学原论·导论篇》，第40—41页。

理",则以"性"为基础。正是因为有了如此不同的"基础",致使二者在诸多方面都表现出差异。

其一,由"性"说"理"与由"气"说"理"存在性质差别。唐君毅说:

> 生生即仁,生生而条理者即礼义,宋明儒者亦有类似之言。然宋儒大皆是透过人之性理以是看天理,然后作如是言。如只依人之血气心知,一直向外去察看自然之变化生生之现象,则此中未必真可说有仁有义。即在人类社会上说,人人之得遂其欲达其情,以至在达情遂欲时,并无一只达我一人之情、遂我一人之欲之私意,是否即算实现了仁义,亦是一问题。因仁义之所以为仁义,不只有消极之无私无蔽之意,而另有积极之意义。譬如仁之一积极意义,是在承认他人情欲之当由我助之达,助之遂。因而对人之情欲之未达,生一不忍之心,表一关切之情。此方是依性理而生之情。①

什么是"透过人之性理看天理"？在儒家,人与天是相通的,所谓"立天之道,曰阴与阳;立地之道,曰柔与刚;立人之道,曰仁与义"(《周易·说卦传》),人之"性理"通于天理,因为人从天而来,所谓"天命之谓性"(《礼记·中庸》),所以,透过"性理"看"天理",实际上是原路返回看,并且这种原路返回看,是以恻隐、羞恶、辞让、是非之心为根据,如此才可说"生生即是仁"。而由"血气心知"向外看自然界生生现象,并不一定有仁义,因为"血气心知"并非"性理",因而不能保证"生生即仁"。

其二,天理是公理,所谓"天无私覆,地无私载,日月无私照"(《礼记·孔子闲居》),而"性理"是仁义礼智,因而与"天理"本是贯通而为一,所以"透过性理看天理",所以其中当有仁义。即便从人类社会方面说,每个人都得遂其欲达其情,甚至在达情遂欲时,但并没有达我一人之情、遂我一人之欲的私意,也很难说实现了仁义,因为仁义除了去私欲之消极面外,还有积极面,即承认他人情欲之满足,并在人之情欲未满足时表达一种同情或不忍,此"同情"或"不忍"当然是仁义。这就说明,由"性"说"理"与由"气"说"理"所达结果是完全不同的。而且,由"性"说"理"与由"气"说"理"存在层级差别。唐君毅说:

---

① 唐君毅:《中国哲学原论·导论篇》,第41页。

然此理此情，与他人或自己之饮食男女之欲、隐曲之情，并不属于一类，亦不在同一之层次。说人之欲生恶死是欲，欲他人之顺其欲，亦是欲，固可说。然此毕竟是二类，而居上下二层次之欲。只从我欲生恶死之欲，不会使我杀生成仁。而为求天下人之得其生，则可使我杀身成仁。即明见二种欲之功效不同，作用不同。杀生成仁所足之欲，乃甚于生者。此唯是求慊足此仁心之欲，而尽此心之仁性之欲，亦即能超自然生命上之欲。在此，依超自然生命之欲，而"别出一意"，以对自然生命之欲，施以主宰强制之功，正是断然无可免者。若然则谓此杀身成仁之欲，不是一般之欲，而谓之为出于理而不出于欲者，即固不误。宋明儒之说，亦即分性理与一般之心理、生理、物理之别，此正是有见于性理之真者所必至之论。①

在唐君毅看来，依"性理"而生出的情，与饮食男女之欲、之情，不在一个层次，这两个层次之欲所导致结果完全不同，从"我欲生恶死之欲"不可"使我杀生成仁"，只有"为求天下人之得其生"，才可"使我杀身成仁"。这就是说，只有尽"仁性"之欲，才能超越自然生命之欲。并且，对自然生命之欲施以主宰强制之功，也是出于"性理"的杀身成仁之欲。可见，在宋明儒那里，心理、生理、物理与性理之所以分别得很清楚，就因为宋明儒能见得"性理"之真实内涵与意义。

其三，只有"性理"才能改变"人之遂欲"的性质。戴震批评宋明儒"天理人欲"之分，但唐君毅认为戴震的批评是无的放矢，他说："戴东原之所以欲泯除宋明儒人欲天理之分，除由其未能依名理而辨欲生欲义之分，亦不知性理之真外；其唯一所持而有力之理由，是'不思遂一己之欲，而思遂天下人之欲无是情也'之说。"②那么，戴震的观点是否合理呢？唐君毅说：

然此并不证明思遂天下人之欲，只是思遂己之欲之直接之延展。因思遂己之欲发展下去，正亦可不思遂天下人之欲而流于私。此"私"非由外来限制吾人之扩大遂己之欲为遂人之欲者，正是只思遂己之欲者之所必至。今欲扩大遂己之欲为兼遂人之欲，必须有一精神上之转折。即人必顺超越自己私欲之上，去平观自己与他人之欲，而生一俱加以成就之情意。而此转折之

---

① 唐君毅：《中国哲学原论·导论篇》，第41—42页。
② 唐君毅：《中国哲学原论·导论篇》，第42页。

所以可能，则只根于人有能超越自己之欲，以俱成人我之欲之性理。否则绝不能有此转折也。诚然，人如从来未尝思遂己之欲，则亦不会转出此遂天下人之欲之心。然此所证者，只是自己之感有欲，是欲足人欲之欲之必须的先行条件。即人如未尝先有"有欲之事"，"自足其欲之事"，则人不会有欲足他人之之"事"。后一事之成，必待前一事之曾为已成。而此所证者，只是一人之事之在后者，待先者之有而后有之历史之秩序。此自为可说者。然此正只是事理。若由一事之待另一先行之事而有，遂谓其同出于一欲一性，则悖于名理。因此二事，明是不同之事，前事只为后事之一缘，尚非后事之因。此中前事后事，各表现人之不同之心理动机，而有不同之功效作用，一可只归于自私自利，一则可归于杀生成仁。此二种归宿，则正是相反而相灭者。如何可谓其同出于一欲一性乎？①

根据唐君毅的分析，第一，思遂天下人之欲，不一定是思遂己欲之拓展，因为思遂己欲之发展，亦可发展为私欲；第二，因此，扩大己欲为人欲，必须有一种精神上的转折，而要实现精神上的转折，必须超越己私，在于有成人成己之欲之"性理"；第三，如果是先有己欲，才有天下人欲，后一事必以前一事为前提，此属于"事理"，而"事理"，自不可有超越己私之可能；第四，前事为"自私自利"，后事为"杀生成仁"，这二者心理不同，功效不同，不可能同出一欲一性。质言之，戴震所谓"不思遂一己之欲，而思遂天下人之欲无是情"之说，在唐君毅这里一是逻辑上说不通，二是缺失性理。而要将"遂己之欲与遂人之欲"统一起来，只有"性理"。"此形而上之统一，吾人可答曰：此只能在宋明理学家所谓'即人之性理即天理'之理那里，绝不在由人之自然的生理物理，而发出之情欲那里；个人之情欲本身，只是此即性理即天理之根，倒裁其枝叶之所在。"②就是说，"遂己之欲"与"遂人之欲"，就人之最高理想言，应该有统一它们的本原，这个本原只能是宋明儒"即人之性理即天理"之理，而"存天理，灭人欲"主张正是以此为本原的。

---

① 唐君毅：《中国哲学原论·导论篇》，第42页。
② 唐君毅：《中国哲学原论·导论篇》，第43页。

（三）对两个疑难的疏解

既然清代儒者对"性理"有误解，那么其"以理杀人"的判断是不是需要给予检讨？既然"性理"是不同于"事理"之"理"，这是不是意味着"事理"应有其独特性？这两个问题似乎是让唐君毅无法回避的。

1."理"，杀人乎？清代儒者特别是戴震，控诉宋明儒"以理杀人"，但唐君毅不以为然。为什么？唐君毅说：

> 宋明儒之于此言当存理去欲，又何得为非？戴氏名当然者为必然。此乃"必当"之必，非事实上之"必"，即不能废此当然之理也。至于谓理有在物，当格之穷之而后知之于心，则程朱早有是说。唯更进而言求知此物理，即所以显性理天理耳。故戴氏此类之论，进于宋儒者甚少，更不免于理之所见有偏。……戴氏之谓理在物，并求理之字原，于物上之文理条理，赖"心之察之几微，区以别之，然后见"者，则意在将此心知之活动，道向于外，以细察客观物理；更不由心之自具其性理天理，以专务自尊其心而自大。则亦可谓有一直往向于客观之科学精神，复可去人之"以主观之意见为天理，而更持此天理，由上而下以责人，致以理杀人"之祸。①

唐君毅认为，戴震所讲"当然"即是"必然"，而"必当"不是"实当"，自然不能废"当然"之理，这是一；其次，格物而知理于心，不能就此停止，应进一步使性理、天理显现出来，但戴震没有做到；第三，戴震所主张将心知活动向外，以观察客观之理，而不是由心自具的性理、天理，以自大其心，这当然具有积极意义，即可认为是科学精神，从而可以去除"以主观意见为天理，并以此理杀人"之祸。唐君毅肯定戴震所主张向外的"事理"，并认为可以生出科学精神，从而去除将"理"奉为专制而杀人。但这与宋明儒所言"性理"完全异趣，因为宋儒所倡"性理"，根本义就不在此。唐君毅说：

> 儒者之言义理，原重以之自责，以成贤成圣，而非重在责人。然人能以理自责，亦自可以理责人，而对天下人之事，为是是非非之论。此亦初未尝非合

---

① 唐君毅：《中国哲学原论·原教篇》，中国社会科学出版社2006年版，第461页。

理。然人自责难而责人易。则专尚理而重是非,亦恒导向于多责人。此则王学之末流,如李卓吾与东林学派人,即已有偏向在对人为是非毁誉,以至流于苛刻。故刘蕺山谓东林之弊可流为申韩。此依理为是非,在孟子乃属于四端之末之是非之心,其本乃在前三端之恻隐、羞恶、辞让之心。今以末为本,则与孔孟之旨先恻隐辞让,其羞恶皆先羞恶其己之所为之旨,亦有所不合。①

就是说,宋明儒所言"理",主要在于对自我要求,对自我的责任,并因此责备天下人或事,可是,生活中往往是责自己难、责别人易,所以专门崇尚"理"而且只看是非的话,就可能多责于人,阳明末学、李贽、东林学派都是这种现象之表现。这样以"理"为是非的做法,消解了"性理"的丰富内涵,不符合孟子的"四端"说,因为是非之心在孟子"四端"中乃是末,前面尚有恻隐、羞恶、辞让三心,所以是舍本求末,而与孔孟之旨不合。因而不能说宋明儒之"理"是杀人者。令唐君毅惊讶的是,清儒竟然将理学与专制等同起来,他说:

清帝崇尚理学,至于雍正,而集政教大权于一身,更依理以与禅宗之弘忍及儒者吕留良之弟子曾静辩;而于弘忍则绝其法嗣;于曾静,则使之叩首认罪,更戮留良尸。由康熙以至雍正之兴天下之文字狱,正东原所谓以理杀人也。东原言"死于法,犹有怜之者;死于理,其谁怜之"。近人章太炎检论《释戴》一文,谓其正暗指清帝兴文字狱之事,盖得其实。此清帝之据权位,而用理判罪;与昔儒之唯据理以抗势者,正相颠倒,亦昔所未有。东原见此以理杀人之事,本此以谓为政当先同民之欲,遂民之情,将理置于第二义,更谓人当先求客观之理,勿轻言理在吾心,致以吾一人之意见为理,以违之者为大罪,而有以理杀人之祸,则皆不为无见。②

就是说,戴震由清帝"以理杀人"而主张为政者应先满足民欲民情,并进而主张求索客观之理,避免以意见为理,是有积极意义的。但宋明儒之"性理",是用来对抗权势的,不能将其与雍正居位势而以理杀人等同起来,因为这样做完全是背离了宋明儒"理"的真实旨意,是颠倒妄用,正所谓"然宋明儒之言理,原重在内

---

① 唐君毅:《中国哲学原论·原教篇》,第461页。
② 唐君毅:《中国哲学原论·原教篇》,第461—462页。

用以自修，外用以折一时之权势。雍正居位势而以理杀人，此乃于理颠倒妄用，不可以此并理学而俱斥之"①。

2. "理"，轻物乎？清儒讲"事理"，主事功，倡外王之学，并以此为标准，批评宋明儒轻"事功"，缺"外王"之学，所以与孔孟儒学不合。不过，这种批评对唐君毅而言多少有些简单化，因为在他看来，宋明儒也是有事功之学的，如朱子学、阳明学，不能说没有外王学。唐君毅说：

> 然谓宋明儒者由周张至程朱陆王言心性之学，全不志在事功，不能治事，有内圣之学，全无外王之学，则非也。……此即宋明儒者虽亦志在事功，并能治事，然未必于其所讲之学中，言事功与治事之道；而后之学者，亦不重其事功与治事之道。如以王阳明而论，固能治事。然其《传习录》所记之言，则只及致良知之学，无一语及于如何立事功与治事之道。今存《王阳明全集》，除《传习录》三卷及若干论学之书信及文外，大部为与其所治之事有关之文。然试问于此诸文，今治王学者，有几人加以注意？……今吾人之论张程朱陆之学，亦同不重关于其如何应世治事之文也。此固由凡此有关诸贤应世治事之文，时易境迁，则后人更无兴趣。然亦由吾人之意谓：论此诸贤之学，不须更言其如何治事之道，此治事之道，原非其讲学之精华所在也。②

就是说，无论是程朱理学，还是阳明心学，都有外王学，只不过是学者较少关注理学家或心学家这方面的文本而已。当然，就宋明儒而言，外王学不是他们的重点，也不是他们学说的精华所在，从这个意义上讲，宋明儒所重"性理"自有其不足，而清儒所重"事理"自有其独特价值。唐君毅说：

> 然吾人固有理由以谓此事势事功之理以及物理等，对宋明儒者所言之天理、义理、性理，有一相对独立之意义。由北宋之王安石、苏氏父子至南宋之永康永嘉之学，以及明末之船山、亭林、梨洲，清代之颜习斋、戴东原等，则正皆有见于此事势、事功之理与物理等，有此相对之独立意义，而知于宋明儒所尚之学外，当另有一学术思想之方向，以补其所不足者也。唯其矫偏或又过

---

① 唐君毅：《中国哲学原论·原教篇》，第462页。
② 唐君毅：《中国哲学原论·原教篇》，第443页。

正，而或不免并宋明儒者之长，而并弃之耳。①

清儒所主"事理"的意义就在于可以沿着这个方向开出事功和外王。

但不管如何，"性理"的意义仍然是具有终结性的，无论事功怎么开展，无论外王怎么现代化，"性理"的作用是不可替代的。唐君毅说：

> 然谓此三百年之学者，疑于宋明儒之忽事功之学，亦未离于此本源中之道是一事，至其所疑是否皆当，又是一事。吾人固可谓中国学术文化之本源中之道，初只表现于平水土、建邦国、树礼乐、成风教之立皇极、格三物之事。然此道之流行，则固不止于此，亦不当止于此。孔子之言仁道、颜曾思孟之言内圣之学，以及于性与天道，正是为此立皇极、格三物之事，奠立内圣之根据，为其事功之可能的基础。无此根据与基础，则事功亦终不能长保。②

就是说，"外王"的开展，"事功"的建立，都必须有根据和基础，这个根据和基础，就是孔子的"仁道"，就是颜、曾、思、孟的"内圣之学"，就是"性理"。如无此根据，外王、事功终不能保持长期增长。

如上即是对唐君毅关于"性理"与"事理"比较性讨论的简要梳理与分析，但我以为这样几个问题似乎值得进一步关注和思考：第一，揭示了"性理"的真实内涵，批评了清代儒者对"性理"的误解。唐君毅认为，清儒以"事理"的标准来看待"性理"，自然看不到"性理"的真精神。"性理"是仁义礼智，是人内在的善性，是良知良能，是道德本体，是人的内在规定性。这样，唐君毅不仅将清代儒者对"性理"的误读化解了，而且警示人们如何认知"性理"。第二，肯定"事理"的独特性及其开出外王的价值。唐君毅虽然情感上偏重"性理"，但他对"事理"的独特性有清楚的认识和判断，认为"事理"以其客观向外、开出事功和外王的特质，与"性理"形成互补，从而使儒学内圣与外王重新统一起来，并为这种统一提供了形而上之基础："性理"。第三，尤为可贵的是，唐君毅在分辨"性理"与"事理"的同时，对"理"的特性与专制杀人进行了区分，以及对"己欲与人欲"关系所作的精到分析，都显示了唐君毅见识之微之深。唐君毅认为，"性理"乃是

---

① 唐君毅：《中国哲学原论·原教篇》，第444页。
② 唐君毅：《中国哲学原论·原教篇》，第442—443页。

儒者用以抗势的武器，是正义的象征，与皇帝借专制杀人完全不可同日而语。而"个人的私欲"虽有转向"天下人公欲"的可能性，但这中间需要超越和转折的根据，这个根据就是"性理"。

〔原载《福建论坛（人文社会科学版）》2012年第1期〕

第二章 儒佛关系辨析

本章共七篇文章，集中讨论儒学与佛教关系。《儒士佛教观研究的学术价值》试图论证儒士佛教观在儒佛关系研究领域的特殊价值，从「选题上的开创性」「阳儒阴释」「佛教禅宗化走向的评价」「误读佛教」「宋代新儒学」「儒学与佛教关系」「佛教中国化方式、范围和程度」等六个方面展开了全面、深入的讨论。《宋明新儒学「儒佛合一」说之检讨》集中探讨了宋明新儒学中的「儒佛合一」问题，一是对「思想的兼容与思想的创新」话题提出了一些想法，认为思想传承表现为载体兼容、补位兼容和诠释兼容三种形式，其中诠释兼容具有创新性，宋明新儒学「儒佛合一」说加以略述，二是对「儒佛合一」说例案进行了分析，在这种讨论基础上，对「儒宗与朱熹理学的离合》，探讨了朱熹对禅宗理解的佛教，既有载体兼容，补位兼容，更有诠释兼容。《禅宗对禅宗伦理的理解」「对禅宗工夫的理解」「对禅宗语言的理解」「对禅宗义理的理解」四个方面呈现了朱熹对禅宗理解的情况，认为朱熹对禅宗存在误读与发展的情形，但也有吸收的部分，朱熹对禅宗理解的实践对于佛教的传播与发展，对于中国哲学的传播与发展都具有积极性启示。《王阳明思想世界中的佛教》通过「道体」：一抑或二？」「不著相，还是著了相？」「出家：是修行还是自私？」「心性：是「自得」还是空疏？」「毫厘之差，还是天壤之别？」「修已明道以应对」六个方面，全面、深入地呈现了王阳明的佛教观，并揭示了其特点，评价其得失。《高攀龙的佛教观及其儒学本色》由「佛教义理之失」「佛儒不是一家」「佛教之害」「儒学本色」四个方面呈现了高攀龙佛教观内容，认为高攀龙对佛教是持批评、否定的态度，虽然也有对佛教的吸收，但其思想本色是儒学的。《论宋儒重构儒学利用佛教的诸种方式》探讨了宋儒在理论上利用佛教复兴儒学的方式，认为宋儒大致采用了这么四种范式：否定肯定式、诠释赋义式、改造更新式、直接移用式。这四种方式基本上代表了宋儒利用佛教复兴儒学的努力和方式，同时揭示了其中的解释学启示，指出解释主体思想的创新或成就，并不与解释主体对解释文本的理解成正比。《儒佛道三教关系探微》认为，既相融相摄又相拒相斥是两晋南北朝时期儒佛道三教关系的基本形式。内容的广泛性，主体的不确定性，策略的迂回性和义理的互补性，是儒佛道三教关系的基本特征，这些特征不仅为儒佛道的进一步融合创造了条件，而且预制了儒佛道三教融合的模式。

一、儒士佛教观研究的学术价值

近年来,我集中精力对宋代儒士关于佛教的认知、理解和评价方面的文献进行了较为系统的搜集、整理和研究。经过对文献的反复阅读和深入研究,感觉到儒士佛教观是一个具有重要学术价值的课题。我也希望我的这份心得能与学界同仁分享,并希望得到高明的指教,故权将我的一些想法略陈于此。

(一)选题上的开创性

所谓儒士佛教观,是指儒士对佛教的认知、理解和评价。具体而言,是指儒士对佛教常识的认知、佛教教义的理解和佛教功用的评价。在以往的佛教与儒学关系研究中,主要涉及这样两个方面:第一,以高僧为中心的佛教与儒学关系的研究。就是研究高僧对儒学的吸收、改造和对佛教与儒学展开互释互融的情况,如对宗密、契嵩、宗杲、真可的研究。第二,以范畴、命题为中心的佛教与儒学关系的研究。就是研究儒学思想体系中与佛教思想体系中相关范畴、命题之间的关系,以获得佛教与儒学互为影响的认识,比如周敦颐的"无欲故静"与禅宗的"离相无念"、张载的"天地之性"与佛教的"真如佛性"、陆九渊的"发明本性"与佛教的"明心见性"等。无疑,上述两项研究,对深化我们关于佛教与儒学关系的认识有着十分积极的意义。但我们知道,自佛教进入中土之后,中国的儒家学者就开始了对佛教认知、理解和评价的历程。而且,儒家学者对佛教的认知、理解和评价在空间上复杂而有厚度,在时间上曲折而有深度。从王通到王阳明,中国儒士的佛教观并没有一成不变,而就某个儒士(如朱熹)而言,其佛教观亦是屡有启发。所以,儒士佛教观研究的展开不仅是开采出新的研究文献,而且为佛教与儒学关系的研究开辟了新天地。由于选题上的创新性,亦使本课题的研究具有一些独到的学术价值。

(二)关于"阳儒阴释"问题

众所周知,在两宋时期,有所谓"阳儒阴释"说,而且,这个"阳儒阴释"主要是对张九成之学、陆象山之学而言的。这种观念至今依然流行于学术界。那么,"阳儒阴释"究竟是什么意思呢?朱熹说:"张公始学于龟山之门,而逃儒以归于释。既自以为有得矣,而其释之师语之曰:'左右既得把柄入手,开导之际,当改头换面,随宜说法,使殊涂同归,则世出、世间两无遗恨矣。然此语亦不可使俗辈知,将谓实有恁么事也。'用此之故,凡张氏所论著,皆阳儒而阴释。"①朱熹弟子陈建说:"有宋象山陆氏者出,假其似以乱吾儒之真,援儒言以掩佛学之实,于是改头换面,阳儒阴释之蔀炽矣。"②为了更好地把握"阳儒阴释"的含义,让我们再见识朱熹的一个比喻:"陆子静之学,自是胸中无奈许多禅何。看是甚文字,不过假借以说其胸中所见者耳。据其所见,本不须圣人文字得,他却须要以圣人文字说者,此正如贩盐者,上面须得数片鲞鱼遮盖,方过得关津,不被人捉了耳。"③在这个比喻中,鱼是"阳"是"儒",盐是"阴"是"释",因而,所谓"阳儒阴释"就是指九成之学、象山之学的核心内容是佛禅、表面内容是儒学,或曰"儒表佛里"(与后来的一些学者将"阳儒阴释"理解为佛教思维方式与儒学内容的结合完全是两回事)。然而在我们考察了张九成、陆象山佛教观之后,所谓"阳儒阴释"说便经不起推敲了。

其一,从张九成方面看,张九成虽然与佛教高僧"如胶似漆",对禅宗一往情深,但我们绝不如朱熹般见识,判张九成之学为"阳儒阴释"。因为张九成不仅对佛教有深刻的批评④,而且明确表示过他与佛僧交往、喜爱禅宗完全是因为"佛教阴有助于吾学":"佛氏一法,阴有以助吾教甚深,特未可遽薄之。吾与杲和尚游,以其议论超卓可喜故也。"⑤至于张九成因为得罪了秦桧被贬江西南安(今赣州)十四年,其所系念、所弘扬者是孔孟之学,所谓"不以形骸废功夫"⑥。如此看来,将九成之学归为"阳儒阴释"不是对张九成之学的无知,便是存心排斥异己。

---

① 〔宋〕朱熹:《张无垢中庸解》,《晦庵先生朱文公文集》卷七十二,朱杰人、严佐之、刘永翔主编:《朱子全书》(第24册),上海古籍出版社2002年版,第3473页。
② 〔宋〕陈建:《学蔀通辨总序》,吴长庚主编:《朱陆学术考辨五种》,江西高校出版社2000年版,第110页。
③ 〔宋〕黎靖德编:《朱子语类》卷一百二十四,杨绳其、周娴君校点,岳麓书社1997年版,第2687页。
④ 参见李承贵:《张九成佛教观论析——兼论佛教中国化的路径及特点》,《中山大学学报(社会科学版)》2005年第5期。
⑤ 〔清〕黄宗羲原撰,〔清〕全祖望补修:《横浦学案》,《宋元学案》卷四十,陈金生、梁运华点校,中华书局1986年版,第1327页。
⑥ 李承贵:《张九成佛教观论析——兼论佛教中国化的路径及特点》,《中山大学学报(社会科学版)》2005年第5期。

其二，从陆九渊方面看，陆象山虽然比朱熹对佛教更有好感，但并没有放弃对佛教的批评。"释氏谓此一物，非他物故也，然与吾儒不同。吾儒无不该备，无不管摄，释氏了此一身，皆无余事。公私义利于此而分矣。"①尤为重要的是，陆九渊的学问是孟子之学的延承，是尊德性的学问，象山所期望者就是要弘扬孔孟之学，就是要用孔孟之学培养人才，而象山本人所作所为，也都是为济世治国而努力，所以，无论如何也不能将象山之学划到佛教阵营中去。

综上所述，我们似乎没有充分的理由相信朱熹及其弟子对九成之学和象山之学"阳儒阴释"的评判。所以，当今的学者不应该无分析地接受"阳儒阴释"说，更不应该在没有对"阳儒阴释"说进行认真考察的前提下随意传播这一观念。相反，我们应以此为训，努力于求实、平等、宽松学术空间的建造。

（三）关于佛教禅宗化走向的评价问题

"禅宗是宋代以后中国佛教的代表"已普遍成为人们的共识，而佛教禅宗化走向也得到了绝大多数宗教界、学界人士的肯定。何谓禅宗化？禅宗化有几个标志性要素：其一是在修养方法上由静坐到心悟；其二是在传教方式上由依经传道到不立文字；其三是在解脱路径上由出世解脱到即世解脱，而且呵佛骂祖、粪土佛经、放纵人性。这对于传统佛教而言，确是一场深刻的"革命"。

然而，中国儒士对佛教禅宗化走向进行了严肃检讨。如李觏说："始传佛之道以来，其道无怪谲，无刓饰，不离寻常，自有正觉。……诸祖既没，其大弟子各以所闻分化海内，自源而渎，一本千支。群居之仪，率从其素。故崇山广野，通都大城，院称禅者，往往而是。庸俾邪妄无识洗心从学，王臣好事稽首承教。盖与夫老氏之无为，庄周之自然，义虽或近，我其盛哉！然末俗多敝，护其法者有非其人。"②朱熹对禅宗的批评最深刻、最系统。其一言禅宗"混迹"，佛家而"九分乱道"："禅家已是九分乱道了，他又把佛家言语参杂在里面。如佛经本自远方外国来，故语音差异，有许多差异字，人却理会不得；他便撰许多符咒，千

---

① 〔宋〕陆九渊：《荆州日录》，《陆九渊集》卷三十五，钟哲点校，中华书局1980年版，第474页。
② 〔宋〕李觏：《太平兴国禅院什方住持记》，《李觏集》卷二十四，王国轩点校，中华书局1981年版，第258页。

般万样，教人理会不得，极是陋。"①其二言禅宗丢失了佛家的细密，却平添了粗暴："禅学炽则佛氏之说大坏。缘他本来是大段著工夫收拾这心性，今禅说只恁地容易做去。佛法固是本不见大底道理，只就他本法中是大段细密，今禅说只一向粗暴。"②其三言禅学害道："禅学最害道。庄老于义理绝灭犹未尽。佛则人伦已坏。至禅，则又从头将许多义理埽灭无馀。以此言之，禅最为害之深者。"③因此，禅宗的兴盛不是佛教之喜，而是佛教之忧，不是佛教的新途，而是佛教的挽歌，概言之，是佛教的衰败之象征。既然历史上的儒家学者对佛教、禅宗有所区分，而且这种区分以批评、否定禅宗为特征，那么，对于佛教禅宗化走向，以及那种肯定佛教禅宗化走向是为佛教开辟了新方向的观念，可能是有必要静下心来予以检讨的时候了。我甚至认为，颇为当今佛学界、佛教界津津乐道的由太虚大师开辟的佛教人生化、人间化走向，似乎亦有认真反思之必要。钱穆先生有句话可配合我们对此问题的理解："陆王犹如禅宗，禅宗以后可以不复有佛学，陆王以下将更不能有儒学。"④

（四）关于误读佛教的问题

中国儒士对佛教究竟存不存在误读的情况呢？有的学者认为思想史就是解释的历史，而解释的过程在一定程度上就是误读的过程，所以儒家学者对佛教的解释不存在真正的误读。

何谓误读？"误读是指人们与他种文化接触时，很难摆脱自身文化传统、思维方式，往往只能按照自己熟悉的一切来理解别人。"⑤根据这个理解，中国儒家学者对佛教的误读不仅是客观存在的，而且是极为严重的。比如，儒家学者将"万法为幻"的观念解读成"空无一物"的本体观。但佛教"万法为幻"观念是否如此简单呢？一般而论，佛家本体论有四种类型，即业感缘起、赖耶缘起、如来藏缘起和法界缘起。业感缘起言惑、业、苦三者转展而因果相续；赖耶缘起言宇宙万有，有

---

① 〔宋〕黎靖德编：《朱子语类》卷一百二十六，杨绳其、周娴君校点，第2700页。
② 〔宋〕黎靖德编：《朱子语类》卷一百二十四，杨绳其、周娴君校点，第2686页。
③ 〔宋〕黎靖德编：《朱子语类》卷一百二十六，杨绳其、周娴君校点，第2719页。
④ 钱穆：《三论禅宗与理学》，《中国学术思想史论丛》（第4卷），安徽教育出版社2004年版，第257页。
⑤ 乐黛云：《独角兽与龙——在寻找中西文化普遍性中误读·序言》，北京大学出版社1995年版，第1页。

情无情,皆由识体变现出来;如来藏缘起言一切众生烦恼心中,具足无量边不可思议无漏清净之业;法界缘起言一法成一切法、一切法成一法。所以,不能简单地谓佛教本体论乃"空无一切"。而且,儒士所批评佛氏之道"空"乃"断灭空","断灭空"即"执世间法皆悉断灭无常",佛家谓之"断见",被视为"外道"。概言之,佛教本体乃实相,即无相无不相,无相者,真空,真谛,无不相者,妙有,俗谛,因而佛家本体论绝非儒家学者"一向归空寂去"所能尽释。对于佛教伦理,中国儒士亦存在误读。如二程说:"其术大概且是绝伦类,世上不容有此理。又其言待要出世,出那里去?又其迹须要出家,然则家者,不过君臣、父子、夫妇、兄弟,处此等事,皆以为寄寓,故其为忠孝仁义者,皆以为不得已尔。"①那么佛家是否真的不讲伦理呢?佛经中的内容可以回答这个问题:《四十二章经》中有"大孝"之说——"凡人事天地鬼神,不如孝其亲矣;二亲最神也。"《长阿含经》中有夫妇伦理——"夫之敬妻,亦有五事。云何为五?一者相待以礼。二者威严不阙。三者依食随时。四者庄严以时。五者委付家内。"《无量寿经》中有兄弟之伦理——"世间兄弟,当相敬爱,无相憎嫉,有无相通,无得贪吝,言色常和,莫相违戾。"等等。而且,佛家以慈悲为怀,普度众生,一人不成佛、誓不成佛等也都是大大的伦理,何言佛家无伦理?

由此看来,中国儒士对佛教的误读不可谓不深!那么这种误读的原因是什么呢?因为儒士们所秉持的是儒家经世致用之学,因为儒士们所信奉的是儒家等级伦理、秩序伦理,还因为儒士们主观上对佛教拒之不学的心态。也就说,中国儒士之所以误读佛教,就是因为"很难摆脱自身文化传统、思维方式,往往只能按照自己熟悉的一切来理解他人(文化)"。所以,中国儒士对佛教的误读所传达给我们的不仅仅是"误读佛教"之表层信息,而且有"这种误读深刻影响了佛教在中国的生存和发展之情状"这一深层信息。

(五)关于宋代新儒学与佛教关系的问题

宋代新儒学与佛教的关系,有一个概括性的定论,即"儒佛合一"说。我认为,要准确把握宋代儒学与佛教的真实关系,不能不考虑如下几个属于"佛教观"

---

① 〔宋〕程颢、〔宋〕程颐:《河南程氏遗书》卷二上,《二程集》,王孝鱼点校,中华书局1981年版,第24页。

方面的因素：

第一，宋儒对佛教的排斥态度。可以这样说，宋儒所表现出来的对佛教的排斥态度是令人难以想象的。如二程说："所谓迹者，果不出于道乎？然吾所攻，其迹耳；其道，则吾不知也。使其道不合于先王，固不愿学也。如其合于先王，则求之'六经'足矣，奚必佛？"①如朱熹说："吾儒广大精微，本末备具，不必它求。"②

第二，宋儒对佛教教义的片面、肤浅理解。我们这样说的根据在于：宋儒很少讨论佛教的教义教理问题，在他们关于佛教的认知、理解和评价的文献中，几乎找不到关于佛教教义教理的内容。另外，宋儒对佛教的评论也表现得较为肤浅，比如，指佛教"生死轮回"的本质是贪生怕死、执着生死，认为佛教"万法皆幻"说即是空无一物，③等等。所以方东美先生说："宋人讲佛学，可以说是肤浅——主张佛学理论是肤浅，反对佛学的理论也没有抓住重心，依然是肤浅。"④当然还有一个重要原因，那就是宋儒自觉地把思想领域的工作重心放在"反经"和"固本"上，即以振兴儒学为首要任务，认为儒学的恢复与振兴即是佛教的熄灭，所谓"自唐以来名士如韩、欧辈攻异端者非不多，而卒不能屈之者，以诸君子犹未能进夫反经之学也"⑤。亦正如钱穆先生所说："北宋诸儒，只重在阐孔子，扬儒学，比较似置老释于一旁，认为昌于此而息于彼。"⑥也许正是基于这样一个背景，才有了牟宗三先生精辟之论："人皆谓宋明儒受佛老之影响，是阳儒阴释，儒释混杂。实则宋明儒对于佛老了解实粗略，受其影响盖甚小。彼等自有儒家义理智慧之规范。……故儒自是儒，道自是道，佛自是佛，虽有其共通之形态，而宗义之殊异不可泯。故动辄谓宋明儒受佛老影响者甚无谓也。"⑦

然而，我们显然不能因此说宋代新儒学与佛教没有任何关系，但确实有必要搞清楚究竟是个什么关系。我们认为，如果是以宋代新儒学为中心谈佛教与儒学"合

---

① 〔宋〕程颢、〔宋〕程颐：《河南程氏遗书》卷四，《二程集》，王孝鱼点校，第69页。
② 〔宋〕黎靖德编：《朱子语类》卷一百二十六，杨绳其、周娴君校点，第2723页。
③ 参见李承贵：《张载的佛教观及其启示》，《厦门大学学报（哲学社会科学版）》2004年第6期。
④ 方东美：《新儒家哲学绪论》，蒋国保、周亚洲编：《生命理想与文化类型：方东美新儒学论著辑要》，中国广播电视出版社1992年版，第484页。
⑤ 〔宋〕张栻：《答朱元晦》，《新刊南轩先生文集》卷三十，《张栻集》，杨世文点校，中华书局2015年版，第1217页。
⑥ 钱穆：《朱子学提纲》，生活·读书·新知三联书店2002年版，第16页。
⑦ 牟宗三：《心体与性体》（上），上海古籍出版社1999年版，第497—498页。

一"关系的话，那么可以说是"同质"和"形式"的关系。所谓"同质"，是说宋代儒者对佛教中与儒学中相同相似的因素，非常慷慨地予以肯定和吸收，比如朱熹肯定和吸收佛教的因素有"自得之学"，"放下屠刀、立地成佛"等；而相应的，儒家有"独善其身"之说，而《论语》中有"君子之过也，如日月之食焉。过也，人皆见之；更也，人皆仰之"（《论语·子张》）的教导，所以，对于宋儒而言，其容受于佛教者是与儒学相似相同的因素，故是"同质"的关系。所谓"形式"，是说宋儒对于佛教的讲学方式、思维方式、修养功夫等工具技术层面的因素并不排斥。如此看来，宋代新儒学中佛教与儒学的关系绝不是某些学者想象的那样亲密无间、血浓于水的；而那种关于宋代新儒学具有包容性、综合性、开放性的判断，显然是将宋代新儒学的学术品质过于抬高了。

（六）关于佛教中国化方式、范围和程度问题

"佛教中国化问题"是中国佛教研究中必然面对的重大课题之一，也是难题之一。在以往的讨论中，学者们比较集中在佛教中国化的"结果"上，即认为佛教中国化就是儒学化，就是心性化。这种探讨无疑是极有价值的。然而，佛教为什么走上中国化道路？佛教是怎样被儒学化的？佛教中国化、儒学化有没有一个范围和程度问题？佛教中国化、儒学化的特质是怎样获得的？……这些也许是研究"佛教中国化"不应回避的问题。而儒士佛教观的研究，或许能为我们解释此类问题提供一些启示。为什么这样说呢？

首先，佛教中国化得益于中国儒士的传播和介绍。佛教中国化或儒学化的前提，是使佛教为中国儒士所接受和使佛教教义与儒学义理接触与沟通，而这个工作的完成除了本土高僧之外，主要是儒家学者。试想，如果没有柳宗元、李翱、王安石、苏轼、张九成等儒士对佛教的介绍和宣传，佛教何以为儒士们接受？儒家思想又何以影响佛教？试想，如果没有韩愈、程颐、朱熹、陆九渊、叶适等历代儒士的批评，佛教又何以"有限度"地被儒学化？所以，佛教中国化，在相当程度上就是佛教为儒士所认知化、所理解化、所编制化。

其次，儒士对佛教知识的掌握程度和对佛教教义的理解程度在很大程度上影响了佛教中国化、儒学化的程度和范围。佛教中国化或儒学化，并不是所有佛教的东西都中国化了，就是说佛教中国化或儒学化有一个程度和范围问题，而佛教中国化程度和范围在很大程度上与儒家学者在佛教方面的知识和对佛教的理解能力有关。比如，佛教的基本主张如"万法皆幻""因果报应""出世离家"等从来就没有

被儒学化，因为这些主张或观念在"儒士佛教观"中都是遭到否定和排斥的。①可见，儒士关于佛教的认知和理解，在很大程度上影响了佛教中国化的范围和程度。那些在儒士佛教观中被列为批评对象的，是不可能为儒家学者所接受的，也就是不可能被儒学化的；而那些在儒士佛教观中没有被列为批评对象的，则是可能为儒家学者所接受的，并进而被儒学化的。

再次，儒士对佛教功用的评价，影响了佛教中国化的特质。所谓佛教中国化的特质，是指佛教在中国发展过程中的走向，而佛教在中国的走向就是禅宗化，就是人间化。说得再具体一点，就是使佛教在理论上儒学化，在操作上简易化，在目标上人生化、世俗化。那么，佛教在中国的发展，为什么走的是人生化路子呢？其实这与中国儒士对佛教功用的认识和评价有很大关系。在中国儒士看来，佛教"万法皆空"观念是与儒家经世致用之学相悖的，佛教"离家出世"的行为是与儒家家族伦理的理念相悖的，佛教"因果报应"说是与儒家"生死本分事"观念相悖的。概言之，佛教"万法皆空""离家出世""因果报应"等主张或观念都是有害于个人、社会、国家健康发展的，从而是需要否定和排斥的，佛教中国化走向意味着这些思想或主张将逐渐被消解；但另一方面，佛教的思维方式、修身养性方法、某些伦理规范等，则是可以服务儒家思想、补充儒家学说之不足、并对社会稳定有所帮助的，因而是可以接受的，因而中国化了的佛教中是有这些内容的。所以，"儒士佛教观"在很大程度上可以帮助我们认清佛教中国化的特质。需要做进一步说明的是，儒士们对佛教认知、理解和评价所表现出来的价值取向，还通过与高僧的互动而直接影响佛教在中国的走势。

总之，"儒士佛教观"研究，是试图由儒士们对佛教的"自我表述"来考察、研判佛教与儒学的关系，如果儒士们的"自我表述"并不能排斥在其思想之外，那么我们没有理由不重视儒士们对佛教"自我表述"的研究价值。事实上，由于过去在佛教与儒学关系研究上的视野过于偏狭，致使我们的研究结论往往经不起历史的考验。而在这个意义上，"儒士佛教观"研究之价值已超出本课题之外。

（原载《哲学动态》2007年第1期）

---

① 参见李承贵：《张载的佛教观及其启示》，《厦门大学学报（哲学社会科学版）》2004年第6期；《陆九渊佛教观考论》，《现代哲学》2004年第4期；《二程的佛教观及其思想史意义》，《南京大学学报（哲学·人文科学·社会科学）》2005年第3期；《陈亮视域中的佛教——陈亮佛教观的双重结构及其检讨》，《浙江社会科学》2005年第3期；《张九成佛教观论析——兼论佛教中国化的路径及特点》，《中山大学学报（社会科学版）》2005年第5期。

二、宋明新儒学"儒佛合一"说之检讨

在中国哲学思想史界,有一种"共识"已经流行了很长时间,这个"共识"就是:宋明新儒学(理学)是儒、释、道三教合流的产物,或者宋明新儒学是儒、释、道三教的合一。以往对这一"共识"不曾有怀疑的念头,近年来在以"宋代儒士佛教观"为题研读宋代儒士思想文本时,笔者认为这个"共识"似有商榷的余地。本文拟由儒学与佛教关系角度对所谓"三教合一"说展开讨论。

(一)"儒佛道三教合一"说述略

虽然"儒佛合一"说已是多数学者的共识,但具体表述并不完全一致。由我们所涉及的资料看,"宋明新儒学是儒、佛、道三教合一"说的代表性表述主要有:

表述一:"宋明理学这种成熟了的儒教,是儒、释、道三教合一的产物。它以儒家的封建伦理纲常名教为中心,吸取了佛教、道教的一些宗教修行方法,加上烦琐的思辨形式的论证,形成了一个体系严密、规模宏大的宗教神学结构。"①

表述二:"历史发展的客观进程,是通过三教互黜,较量其得失,在新的理论基础上加以熔铸改造,达到三教合流。这就是吸取佛、老思想营养而建立起来的、以儒家的纲常伦理为核心内容、以精巧的哲学思辨为理论基础的唯心主义道学。"②

表述三:"儒家凭借着自己在中华民族的心理习惯、思维方式、宗法伦理等方面根深蒂固的影响,以及王道政治与宗法制度的优势,自觉或不自觉地、暗地里或公开地把佛、道二教的思维模式和有关思想内容纳入自己的学说体系之中,经过唐朝五代之酝酿孕育,至宋明时期终于吞并了佛、道二教,建立了一个治儒、释、道三教于一炉、以心性义理为纲骨的理学体系。"③

表述四:"(理学)以儒学的内容为主,同时吸收了佛教和道教思想,是在唐

---

① 任继愈:《儒教的再评价》,《社会科学战线》1982年第2期。
② 肖萐父、李锦全主编:《中国哲学史·序言》(下卷),人民出版社1997年版,第9页。
③ 赖永海:《中国佛教文化论》,中国青年出版社1999年版,第157—158页。

代三教融合、渗透的基础上孕育、发展起来的。"①

表述五:"宋代所谓三教合流,儒家并没有成为宗教,它只是吸收了佛、道两家的思辨哲学,将孔、孟儒学政治伦理思想提到世界观高度,用哲学思辨的形式来教化人民,为中国传统文化提高理论思维水平作出了贡献。"②

表述六:"新儒家的主要来源可以追溯到三条思想路线。第一,当然是儒家本身。第二,是佛家,包括以禅宗为中介的道家,因为在佛家各宗之中,禅宗在新儒家形成时期是最有影响的。在新儒家看来,禅与佛是同义语……在某种意义上,可以说新儒家是禅宗的合乎逻辑的发展。最后,第三是道教,道教有一个重要成分是阴阳家的宇宙发生论……这三条思想路线是异质的,在许多方面甚至是矛盾的。所以,哲学家要把它们统一起来,这种统一并不是简单的折中,而是形成一个同质的整体的真正系统,这当然就需要时间。因此,新儒家的开端虽然可以上溯到韩愈、李翱,可是它的思想系统直到十一世纪才明确地形成。"③

表述七:"宋学派的产生,一方面因由于训诂学末流的反动,一方面实被佛学'本体论'所引起。宋儒虽表面说是继承孔孟的道统,其骨子里并不然,孔孟讲伦理社会,宋儒讲养理气,这理气的功夫就是偷了佛学禅功。"④

透过这些表述,我们不难获得如下推论:第一,所谓儒、佛、道三教的"合

---

① 张岂之主编:《中国儒学思想史》,陕西人民出版社1990年版,第364页。
② 李锦全:《试论宋代哲学在中国传统文化中的地位和作用》,《李锦全自选二集》,中国文联出版社2000年版,第145页。
③ 冯友兰:《中国哲学简史》,涂又光译,北京大学出版社1996年版,第229页。冯先生的这段话有两点是需要加以纠正的:一是新儒家将禅宗和佛教看成同义语的问题。二程说:"佛之学为怕死生,故只管说不休。下俗之人固多惧,易以利动。至如禅学者,虽自曰异此,然要之只是此个意见,皆利心也。"([宋]程颢、[宋]程颐:《河南程氏遗书》卷一,《二程集》,王孝鱼点校,中华书局1981年版,第3页)朱熹说:"禅家已是九分乱道了,他又把佛家言语参杂在里面。如佛经本自远方外国来,故语音差异,有许多差异字,人都理会不得;他便撰许多符咒,千般万样,教人理会不得,极是陋。"([宋]黎靖德编:《朱子语类》卷一百二十五,王星贤点校,中华书局1986年版,第2991页)可见,禅宗与佛教在宋儒那里是有所区别的,而且,这种区别主要表现为对佛教稍加宽容和友好,对禅宗更显排斥与敌意。所以,佛教与禅宗对宋明新儒家而言不是什么"同义语"。二是宋明新儒家是禅宗的逻辑发展问题。所谓逻辑,有历史的逻辑、思想的逻辑或逻辑学中的各种推理逻辑。宋明新儒学是思想,所以,冯友兰先生所指应是"思想逻辑的发展"。然而就思想逻辑言,宋明新儒学除了在思维方式的某些方面类似禅宗外,其价值取向(齐家、治国、平天下)、思想内容(格物致知、正心诚意修身),以及那种以"此在"为中心的存在形式等方面,都是与禅宗有着根本性差别的。所以,新儒学是不能简单地说成是禅宗的合乎逻辑的发展的。
④ 法舫:《佛学与中国社会》,《佛教与中国思想及社会》,(台湾)大乘出版社1978年版,第66页。

一"，是指以儒家伦理纲常为中心的"合一"；第二，由于儒、佛、道三教具有异质性，这种"合一"不是一蹴而就的，而是经过长期的酝酿、较量优劣之工作而走向"合一"的；第三，"合一"的形式有两种：一是吸收，一是吞并；第四，"合一"的内容包括本体论思维方式（或哲学思辨）、修养方法及其他思想内容（如心性论）等。现在需要我们进一步弄清的问题是：佛教与儒学在这些方面是否真正"合一"了呢？或者"合一"的程度究竟怎样呢？

（二）"儒佛合一"说例案分析

一些学者之所以持守"宋明理学是儒、佛、道三教合一"的观念，就在于他们能在宋明理学中轻而易举地拿出可以当作佛教与儒学"合一"的例子。因此，要弄清佛教与儒学是否"合一"及"合一"的程度，有必要对某些学者指认的"儒佛合一"的例子进行认真的考察与分辨。

1.关于本体论思维。前文提到的法舫认为，宋代新儒学的产生，一方面由于训诂学末流的反动，另一方面则由于佛学的本体论。而张岱年也说："宋明理学接受了佛、老的一些影响，这是事实。理学家在建立本体论之时，参照了佛老的学说，有所择取，有所批判。"①那么，究竟如何理解宋明新儒学对佛教本体论的吸收呢？朱熹的"理一分殊"说是被持"儒佛合一"论者经常宣扬的例子。朱熹曾说："本只是一太极，而万物各有禀受，又各自全具一太极尔。如月在天，只是一而已；及散在江湖，则随处而见，不可谓月已分也。"②正是这段话被许多学者指认是来自华严宗："一月普现一切水（月），一切水（月）一月摄。"③可是朱熹随后有这样的补充："释氏云：'一月普现一切水（月），一切水（月）一月摄。'这是那释氏也窥见得这些道理。"④

"理一分殊"自然是一种本体论思维方式，但并不能成为"宋明理学是佛教与儒学合一"的根据。因为，第一，就本体论思维来说，"理一分殊"式的表达，并不是佛教专利，在佛教以前的中国哲学史中，已有类似的表达方式。如《管子》中

---

① 张岱年：《论宋明理学的基本性质》，《哲学研究》1981年第9期。
② 〔宋〕黎靖德编：《朱子语类》卷九十四，王星贤点校，第2409页。
③ 参见李锦全：《从孔、孟到程、朱——兼论儒学发展历程中的双重价值效应》，《孔子研究》1998年第2期。
④ 〔宋〕黎靖德编：《朱子语类》卷十八，王星贤点校，第399页。

有"德者,道之舍,物得以生,生知得以职道之精。故德者,得也者,其谓所得以然也。以无为之谓道,舍之之谓德,故道之与德无间"(《管子·心术上》)。在这里,"道"是"一","德"是多,舍(含)"道"者为"德",故千万个"德"就有千万个"道","道"与"德"无间,这与"理一分殊"在思维方式上基本上是一致的。又如韩非说:"万物各异理,而道尽稽万物之理。"(《韩非子·解老》)"道"是"总","理"是"别","道"分之以为"理","理"合之以为"道",可见,这里的"道""理"的关系跟"理一分殊"说也没什么特别的不同。因此,仅就本体论思维方式言,"理一分殊"说在中国哲学思想史中也是有其传统的,不必取自佛家。第二,朱熹的说法是"释氏也识得这些道理",这个"也"已十分传神地表明,释氏的这种认识只是朱熹拿来作为佐证而已,从而表明释氏的这种见识与朱熹的"理一分殊"说不是因果关系。因此,如果说宋明新儒学受到佛教本体论的刺激和启示是可以的,但以本体论思维推言"儒佛合一"则是缺乏根据的。

2.关于修养方法。虽然自先秦至隋唐的中国伦理思想史中,并不缺乏修养思想、修养方法、修养智慧,但我们还是不幸地发现,中国现代学术思想史上的某些学者仍然热衷于宣称儒家的修养方法取自佛家。张岱年说:"理学吸取了道教和佛教的一些修养方法,如周敦颐讲'主静无欲',二程经常静坐。"[①]任继愈说:"儒教中无论程朱派还是陆王派,都吸收了佛教的禅定方法,他们提倡的'主敬''慎独',都无异于坐禅。像朱熹即教人半日静坐,半日读书。"[②]按照这些说法,宋明儒吸取了禅宗的坐禅、慎独、无欲等修养方法。佛教尤其是禅宗的修养方法,确有其特点而且十分诱人,那么,宋明新儒家对禅宗修养方法的吸取情况究竟如何呢?它能否成为"宋明理学是儒佛合一"的根据呢?回答应是否定的。

从宋明新儒家自身的评判看,对禅宗修养方法主要持否定态度。二程的批评是:"只是一个不动心,释氏平生只学这个事,将这个做一件大事。学者不必学他,但烛理明,自能之。"[③]禅定就是不动心,在二程看来不是新鲜花样,根本就无须学习。又如朱熹批评道:"明道教人静坐,盖为是时诸人相从,只在学中,无甚外事,故教之如此。今若无事,固是只得静坐,若特地将静坐做一件功夫,则

[①] 张岱年:《论宋明理学的基本性质》,《哲学研究》1981年第9期。
[②] 任继愈:《儒教的再评价》,《社会科学战线》1982年第2期。
[③] 〔宋〕程颢、〔宋〕程颐:《河南程氏遗书》卷十八,《二程集》,王孝鱼点校,第197页。

却是释子坐禅矣！但只着一敬字，通贯动静，则于二者之间，自无间断处，不须如此分别也。"①这段话再明白不过地表明了朱熹对佛教修养方法的否定态度。谈到有人以程明道习禅法为榜样时，朱熹则提醒习禅者：明道坐禅只不过是当作一种闲来无事的消遣而已；如果特地把静坐当作一种功夫，那就如同坐禅了，这是不可取的；而明道静坐如要获得积极效果，必须有"敬"贯通其中。以此对待禅宗修养方法的态度而说宋明新儒学实现了"儒佛合一"是荒唐的。而就所谓静坐、无欲、慎独而言，也不是佛禅的发明。"无欲"方法在《老子》那儿已有之："常使民无知无欲，使夫智者不敢为也。"（《道德经》第三章）"静坐"方法在《庄子》中也有提倡："隳肢体，黜聪明，离形去知，同于大通，此谓坐忘。"（《庄子·大宗师》）。而"坐忘"的境界似乎比禅宗静坐还高一个层次；"慎独"方法在先秦已是儒家的重要修养方法："是故君子戒慎乎其所不睹，恐惧乎其所不闻。莫见乎隐，莫显乎微。故君子慎其独也。"（《礼记·中庸》）为什么上述学者无视这些在先秦典籍中唾手可得的例子而坚持己见呢？还是张东荪先生说过一句平实的话："反身、思诚等，在孔孟本人或有此种体验，但当时并未厘为固定之修养方法。自宋明诸儒出，有见于禅修，乃应用印度传统之瑜伽方法，从事于内省，遂得一种境界。此境界虽同为明心见性，然与佛家不同。"②可见，所谓无欲、静坐、慎独等修养方法在先秦诸子思想中已经存在，并非佛教独创，因而即便宋明新儒家吸取了无欲、静坐、慎独等修养方法，也不足以证明"儒佛合一"。

就修养方法的内容看，也与佛教有较大的差别。佛教修养方法受其本体论影响，被宋明新儒家批评为神秘怪诞、空洞无物。程明道说："施之养生则可，于道则有害。习忘可以养生者，以其不留情也。学道则异于是。必有事焉而勿正，何谓乎？且出入起居，宁无事者？正心待之，则先事而迎，忘则涉乎去念，助则近于留情。故圣人心如鉴，孟子所以异于释氏，此也。"③就是说，习忘坐禅在明道看来是有益于养身的，但对养道则无益。朱子不仅对佛教"修后世"的主张质疑："今世不修，却修后世，何也？"④而且对佛禅修养方法进行了嘲弄："以敬为主，则

---

① 〔宋〕朱熹：《答张元德》，《晦庵先生朱文公文集》卷六十二，朱杰人、严佐之、刘永翔主编：《朱子全书》（第23册），上海古籍出版社2002年版，第2988页。
② 参见熊十力：《论科学真理与玄学真理》，郭齐勇编：《现代新儒学的根基：熊十力新儒学论著辑要》，中国广播电视出版社1996年版，第261页。
③ 〔宋〕程颢、〔宋〕程颐：《河南程氏外书》卷十二，《二程集》，王孝鱼点校，第426页。
④ 〔宋〕黎靖德编：《朱子语类》卷一百二十六，王星贤点校，第3033页。

内外肃然，不忘不助而心自存。不知以敬为主而欲存心，则不免将一个心把捉一个心，外面未有一事时，里面已是三头两绪，不胜其扰扰矣！就使实能把捉得住，只此已是大病，况未必真能把捉得住乎！儒释之异，亦只于此便分了。"①禅宗的修养方法在朱熹那里被斥为捉迷藏的游戏，而且是有害的游戏。既然被某些主张"儒佛合一"的人所寄予厚望的修养方法不是佛家所独有，既然宋明新儒家对佛教修养方法采取的是一种否定态度，既然宋明新儒学的修养方法与佛教的修养方法具有本质上的不同，那么，修养方法怎么可能成为"儒佛合一"的根据呢？

3.关于心性论。心性论是儒家思想的根荄，内容丰富且具独创性。那么，心性论是如何被当作"儒佛合一"说之根据的呢？在历史上便有高僧或居士言宋明儒学偷了佛教的心性论："伊川诸儒，虽号深明性理，发扬六经圣人心学，然皆窃吾佛书者也。"②又如："心性之学，莫精邃于佛书，宋儒千言万语，或录全文，或括大旨，皆本于此。"③现代一些学者也深受此观点的影响，熊琬对二程人性论受佛教影响有更具体的指认："'生之谓性'者，盖即佛氏论性，'本自具足'，'法尔如是'之谓也。'善固性也，然恶亦不可不谓之性也。'此说与天台宗所谓'性具善恶'之义，岂不同揆乎？'才说性时，便已不是性也。'佛氏言性乃重自悟，盖非思议言语所及，故有'言语道断，心行处灭'之语。"④事实上，有相当一部分学者将宋儒的本心视为佛教的本性或真如、将宋儒的明心等同于佛教的见性。⑤那么，应如何理解宋明新儒家对佛教心性论的"吸收"呢？首先必须指出，心性论本是儒家的看家法宝，孔子虽没有对心性论做展开的讨论，但一句"性相近，习相远"足以成为儒家心性学说的滥觞。孟子则是儒家心性学说的奠基人，荀子的性恶论则使儒家心性学说得到了拓展。汉代的董仲舒、唐代的李翱在心性论上都有出色的发挥。所以，宋明儒家心性论是此前儒家心性思想的继承和发展，也正如梁启超所说：

---

① 〔宋〕朱熹：《答张敬夫》，《晦庵先生朱文公文集》卷三十一，朱杰人、严佐之、刘永翔主编：《朱子全书》（第21册），第1345—1346页。
② 〔清〕黄宗羲原撰，〔清〕全祖望补修：《屏山鸣道集说略》，《宋元学案》卷一百，陈金生、梁运华点校，中华书局1986年版，第3319页。
③ 〔清〕沈善登：《报恩论》，转引自张岱年：《论宋明理学的基本性质》，《张岱年全集》（第5卷），河北人民出版社1996年版，第383页。
④ 熊琬：《宋代理学与佛学之探讨》，（台湾）文津出版社1985年版，第109页。
⑤ 关于这方面的观点，还可参阅黄公伟《佛教思想在中国传统文化中的地位》《佛教与中国思想及社会》，赖永海《中国佛教文化论》，崔大华《南宋陆学》等著作。

佛法输入以后，一半由儒家的自卫，一半由时代人心的要求，总觉得把孔门学说找补些玄学的作料才能满足。于是从"七十子后学者所记"的《礼记》里头抬出《大学》《中庸》两篇出来，再加上含有神秘性的《易经》作为根据，来和印度思想对抗。"道学"最主要的精神实在于此。所以在"道学"总旗帜底下，虽然有吕伯恭、朱晦庵、陈龙川各派，不专以谈玄为主，然而大势所趋，总是倾向到明心见性一路，结果自然要向陆子静、王阳明的讲法，才能彻底地成一片段。所以到明的中叶，姚江（王阳明）学派，奄袭全国，和佛门的禅宗混为一家。①

而就心性论的内容看，也不好说是佛教的变成了理学的，因为宋明儒家的心性论与佛家心性论是有着根本性差别的。在宋明儒家那里，性即理即仁，在佛家那里，性即空即无；在宋明儒家那里，性由情显，在佛家那里，绝情存性；在宋明儒家那里，性是实理实事，在佛家那里，性是梦幻泡影……崔大华先生说得好："陆九渊心学和禅宗在根本精神上是不同的，这就是禅宗的'性'（或心）和陆九渊的'心'（或性或理）的内容是不同的。概言之，禅宗的心性是一种无任何规定性的、无善无恶的、本然的存在（禅宗名之曰'空'），而陆九渊的心性是一种具有伦理道德内容的、本质是善的、具体的存在（他名之曰'理'）。"②这个论断也是适用于整个宋明新儒学心性论与佛教心性论关系的。

尤为值得注意的是，宋明新儒家对佛教心性论还进行了尖锐的批评：第一，批评佛教所言"性"无实质性内容是"空"。二程说："今之学禅者，平居高谈性命之际，至于世事，往往直有都不晓者，此只是实无所得也。"③第二，批评佛教"无情有性"说，主张异物异性。二程说："释氏说蠢动含灵，皆有佛性，如此则不可。'天命之谓性，率性之谓道'者，天降是于下，万物流形，各正性命者，是所谓性也。循其性而不失，是所谓道也。此小遍人物而言。循性者，马则为马之性，又不做牛底性；牛则为牛之性，又不为马底性。此所谓率性也。"④第三，批

---

① 梁启超：《中国近三百年学术史》，东方出版社1996年版，第3页。梁启超这段话实际上是对儒佛关系的总体概括：新儒学受佛教刺激而生，故是外因；新儒学的基本内容包括本体论（玄学）、修养方法和心性论等都来自先秦诸子经籍。
② 崔大华：《南宋陆学》，中国社会科学出版社1984年版，第57—58页。
③〔宋〕程颢、〔宋〕程颐：《河南程氏遗书》卷十八，《二程集》，王孝鱼点校，第196页。
④〔宋〕程颢、〔宋〕程颐：《河南程氏遗书》卷二上，《二程集》，王孝鱼点校，第29—30页。

评佛教"知觉为性"说。张载说:"释氏之说所以陷为小人者,以其待天下万物之性为一。犹告子'生之谓性',今之言性者,污漫无所执守,所以临事不精。学者先须立本。"①朱熹说:"'作用是性',盖谓目之视,耳之听,手之捉执,足之运奔,皆性也。说来说去,只说得个形而下者。"②既然宋明新儒学的心性论自先秦到隋唐已有丰富的思想资源;既然宋明新儒学的心性论内容与佛教有根本性差异;既然宋明新儒家对佛教心性论所采取的主要是一种批判排斥态度,那么,将心性论之吸收作为佛教与儒学走向了"合一"的根据显然是不可取的。

(三)思想的兼容与思想的创新

应该说,如上检讨对"宋明新儒学实现了儒佛合一"的主张是个致命的否定,而那些持此主张的学者或许会因此感到一丝尴尬。然而我们的目的并不在此,我们只是希望通过对这一在中国学术思想史上已经产生了广泛而深刻影响的,却与事实相悖的观点的检讨,吸取一些思维方式上的教训,从而避免以后犯同样的错误。因而,我们不能不做进一步的推论:

首先,宋明新儒学"儒佛合一"说是不确切的。本体论思维、修养方法和心性论三个方面的检讨已充分说明了此推论的正确性,这里有必要将此推论的根据进行浓缩和提升。就宋明时代的学术格局看,佛教与儒学并没有达到合一。在宋明学术格局中,虽然儒学的发展为应付佛教和道教的挑战而显得强势,但当时的佛教、道教发展也是朝气蓬勃,并没有进入中国佛教的"末法"时代,更没有被"收编"到新儒学之中,儒、佛、道三教仍然是并驾齐驱的。就佛教的中心价值和主要内容看,佛教并没有融入新儒学之中。佛教的中心价值是"万法皆空",无意建树事功,新儒学中找不到属于佛教中心价值的内容。因而新儒学与佛教的关系主要是一种形式上的外在的关系。熊十力先生说:"宋明儒本偏于玄学一途,其玄学方法仍承孔孟,虽有所资于禅,要非纯取之印度。"③就逻辑上看,宋明儒学所吸取的只是佛教的某些因素,而佛教的某些因素是不能与整个佛教相提并论的,因而即便宋

---

① 〔宋〕张载:《张子语录》,《张载集》,章锡琛点校,中华书局1978年版,第324页。
② 〔宋〕黎靖德编:《朱子语类》卷五十九,王星贤点校,第1376页。
③ 熊十力:《论科学真理与玄学真理》,郭齐勇编:《现代新儒学的根基:熊十力新儒学论著辑要》,第260页。

明新儒学吸取了佛教的某些因素，也不能以偏概全地得出"佛教与儒学合一"的结论。就主客观条件看，宋明新儒家不具备统摄佛教的才性，其客观上也缺乏吸收、消化佛学的能力。虽然宋儒多"出入于佛老"，而且，佛教禅宗也是他们不离嘴边的话题，但就佛学方面的造诣看，很少有真正吃透佛教的，正如方东美先生所说："宋人讲佛学，可以说是肤浅——主张佛学的理论是肤浅，反对佛学的理论也没抓住重心，依然是肤浅。"①宋明新儒家主观上不愿吸收佛教，而是一种排斥态度。如二程说："释氏之学，更不消对圣人之学比较，要之必不同，便可置之。"②又如朱熹说："幸然无所得。吾儒广大精微，本末备具，不必它求！"③再如象山说："虽然，诚使能大进其（佛）道，出得阴界，犹为常人之私利不细，政恐阴界亦未易出耳。如淳叟正己辈，恐时僧牢笼诱掖，来作渠法门外护耳。若着实理会，虽渠亦未必知其非，所敢望于公等也。"④有了这样的前提，很难想象新儒学是如何"变成""儒佛合一"的。在这样的知识背景下，牟宗三先生的话确实显示了大哲的睿智："宋明儒能相应而契悟之，通而一之，是宋明儒之生命能与此两诗（《大雅·丞民》《周颂·维天之命》）以及《论》《孟》《中庸》《易传》之智慧方向相呼应，故能通而一之也。此种生命之相呼应，智慧之相承续，亦可谓'本有者若是'矣！此与佛老有何关哉？"⑤这一平实而深邃的话警示我们，长期积累下来的与"宋明新儒学"相关的"学案"确乎到了需要花工夫厘清的时候了。

其次，"儒佛合一"说形成之原因。那么，为什么会出现这种不符合事实的"共识"呢？一是道统观念的影响。宋明新儒学的兴起，与应付佛教、道教的挑战紧密关联。换言之，宋明新儒学具有鲜明的自觉的道统意识，对于佛教在中国的迅猛发展，儒士们不仅感到脸上毫无光彩，而且对儒学的命运深为担忧。而把佛教说成是被儒学所消化所吸收，至少在心理上是一种安慰。所以，后来多数儒者都自觉或不自觉地大肆宣扬佛教被儒学消化吸收了。就现代儒学研究者言，儒学乃本土之学，亦是根基之学，儒学消化佛教而为己有，也是一件很有面子的事情。因此，

---

① 方东美：《新儒家哲学绪论》，蒋国保、周亚洲编：《生命理想与文化类型：方东美新儒学论著辑要》，中国广播电视出版社1992年版，第484页。
② 〔宋〕程颢、〔宋〕程颐：《河南程氏遗书》卷十五，《二程集》，王孝鱼点校，第149页。
③ 〔宋〕黎靖德编：《朱子语类》卷一百二十六，王星贤点校，第3018页。
④ 〔宋〕陆九渊：《与陈正己二》，《陆九渊集》卷十二，钟哲点校，中华书局1980年版，第163页。
⑤ 牟宗三：《心体与性体（节选）》，黄克剑、林少敏编：《牟宗三集》，群言出版社1993年版，第335页。

"儒佛合一"说反映的是一种固守道统的学术歧视，是"夷夏之辨"在学术研究中的反映。二是原则主义思维模式的影响。在现代中国学术研究中，有一种原则主义思维方式，这种原则主义思维方式有两个表现：一个表现是在众多的事物中，一定要找出一个主要的矛盾或矛盾的主要方面；另一表现是认为思想发展是一个不断向上、不断壮大直至最大最全的过程。这种原则主义思维模式表现在学术研究中，就是总要在学术思潮中找"主流"，在学派中找"山王"，在无序中找"规律"，总要凸显一个他们承认接受的学派或观念。就是要声明某种思想是最好的，而且，这种思想可以无休无止地吸收其他思想以使自己丰满起来，进而成为最大最完美的思想体系，如是才会获得学术研究上的无穷快感。所以，即便找不出来，他们的思维定式也要求假想一个，"儒佛合一"说在很大程度上就是这种原则主义思维模式的结果。三是历史上错误观念的影响。在历史上，佛家高僧及一些居士，无不喋喋不休地讥讽宋明新儒家"偷"了他们的宝贝，而这种讥讽主要出自抑人扬己的动机，当然很难作为真正的凭据。而新儒家的"子孙们"又以胜利者的姿态宣称，通过他们祖辈的努力，佛教顺理成章地成了他们的手下败将而缴械投降了。正是这两个动机不纯的主张，却加固了一个共同的错误结论：儒、佛相融而合一，并"合法"地将此错误的观念传输给后来的学者。四是学者们浅尝辄止的学风。面对司空见惯的"儒佛合一"说，多数学者的态度都是"原样"接受，没有任何怀疑，更不愿去做具体的考证研究，自然是一错再错了。

最后，对于理解思想创新的启示。显然，宋明新儒学不能简单被称为"儒佛道三教合一"，但宋明新儒学是儒学在新的历史条件下的丰富和发展则是没有问题的，不过这种丰富和发展也并不能完全等同于创新，因为思想发展的形式是复杂的、多层面的。我们认为，在人类思想史上，思想的发展形式大体上表现为载体兼容、补位兼容和诠释兼容三种具体形式。（1）载体兼容是指不同思想借助图书、文物、软件、头脑（记忆）等载体而获得共存或组合。如思想史上不同思想家的思想、不同内容的思想、不同性质的思想之所以共存或组合于我们面前，正在于它们寄附于某种载体上。其主要特征是无选择的包容性，思想之间没有较量和冲突，是保护思想遗产的基本环节，也是思想发展的初级形式。（2）补位兼容是指某种思想因其解释能力的限制，而需要寻找其他思想资源以补之不足而实现的思想组合或融合，这是思想发展的中级形式。（3）诠释兼容是指主体通过对不同思想文本的解读与诠释而实现的思想的组合或融合。这种兼容又因主体差异而分为两个类型：一是拥有话语权力的主体（包括服从话语权力的主体），从而有以话语权力为中心的诠释兼容；二是游离话语权力之外的自由主体，因而有自由的诠释兼容。前者表现为对被兼容思想的一种蛮横收编、改造、融化倾向,从而消解其独立性价值。自由诠释兼容当然不是说诠释过程中价值的缺席,而是说这种兼容能较充分地体现诠释主体的独立性格,从而使被兼容的思想获得改造和更新,因而这种兼容是思想获得新的进境的一个重要途径,这是思想发展的高级形式。一般来说,有而且只有在诠释兼容中,思想的创新才有可能。根据这个理解模式,宋明新儒学主要属于载体兼容、补位兼容,所以,宋明新儒学真正"新"的地方并不多。换言之,属于载体兼容、补位兼容的宋明新儒学,自然也就不能说成是儒、佛、道三教的合一。

综上所述,"宋明新儒学即儒、佛、道三教合一"之主张启示我们必须认真考量的问题是:思想兼容不应当使被兼容的思想价值的独立性消失。虽然通过各种兼容,尤其是诠释兼容的形式,思想的边界可能十分模糊,并且可能实现思想功能与价值上的重大突破,但也不应成为取消被兼容思想独立性价值的工具,因为任何一种思想的产生都有其客观性基础,并由此获得其独立性价值,思想价值特征具有独立性、唯一性。所以,一种思想价值不仅要在载体兼容、补位兼容中得到尊重与肯定,而且在诠释兼容中也应得到尊重与肯定。因此,儒学虽然受到佛教本体论思维方式的启发,使儒学形而上性增强,但这并不影响佛教本体论思想的依然故我。这好比从硬盘中复制文件,并不影响该文件价值的"原来性存在",它仍然完好无损地存在于硬盘中。所以,宋明新儒学是"儒、佛、道三教合一"说与思想兼容形式的划分原则是有矛盾的,它在很大程度上具有取消被兼容思想价值的企图。

思想兼容不承诺可以建造大全且万能的思想体系。思想兼容虽然具有储存思想资源的功能,也具有创新思想的功能,但思想兼容并不意味着可以建造庞大而万能的思想体系,因为思想兼容并不是一种直线递增的几何级数,实际上在兼容的同时也在流失或者遗弃。对一个思想体系而言,兼容新思想的同时也是对旧思想的否弃,因而思想兼容是一种动态的、无止境的流程。比如,唐代佛教,如果站在佛教的立场,它是对中土儒家思想和道家思想的兼容,但这种兼容在兼容儒家、道家相关思想的同时,也意味着对印度佛教中某些思想的否弃。而到了理学阶段,如果站在儒家立场,那么它又是对佛教思想和道教思想的兼容,这又意味着对儒家某些思想的否弃。并且,人类连续性、开拓性的实践,也将会无情地否认大全且万能思想体系存在的可能性。正因如此,任何思想兼容行为都不可能最终兼容成一个万能的思想体系,思想兼容必然不等于思想创新。

以往有一种思路认为,思想的增多、补位便是思想的创新,由思想兼容的观点看,显然不是那么简单。载体兼容仅是对思想资源贮存的一种形式,而补位兼容亦只是通过补充本思想系统所缺者而增强原有思想能力的方式,因而这两种思想兼容的形式与思想创新不可等视。但它们一方面储存着思想资源，另一方面可以凸显某种思想质量状况，因而，载体兼容、补位兼容可以成为思想创新的一个基础，由此宋明新儒学对佛、道的兼容不是毫无意义的。而就诠释兼容言，则有可能出现思想创新，尤其是自由诠释兼容，本身可能就是一次重要的思想创新。宋明新儒学是否创新或创新的程度怎样，实际上取决于宋明新儒家诠释实践在多大程度上获得了诠释学所指认的"解释自由"。因此，我们必须时刻关注思想兼容的状况，一方面防止混淆思想兼容与思想创新的边界，另一方面应充分利用、借助思想兼容，以随时在思想兼容的基础上进行思想创新。

（原载《天津社会科学》2005年第3期；《光明日报》2005年6月7日）

三、禅宗与朱熹理学的离合
——以朱熹对禅宗的理解为视角

隋唐以降，禅宗成了中国佛教的代表，这意味着宋明时期的中国知识人不能不受禅宗影响。有记载称朱熹准备科举考试期间，书包里仅有一本宗杲语录——"年十八，从刘屏山游，山意其留心举业，搜之箧中。惟《大慧语录》一帙而已。"[①]不过，随着见识的增长，朱熹逐渐发现禅宗不是他心中所爱："某遂将那禅来权倚阁起，意中道禅亦自在，且将圣人书来读。读来读去，一日复一日，觉得圣贤言语渐渐有味。却回头看释氏之说，渐渐破绽罅漏百出！"[②]更要命的是，这种心灵情趣的转移，后来演变为文化优劣的比较，对禅宗的批评代替了对禅宗的好奇与欣赏。那么，朱熹对禅宗做过怎样的批评呢？本文选择部分案例加以考察，以展示朱熹批评禅宗之情形，进而判断禅宗与朱熹理学之关系。

（一）对禅宗语言的理解

禅宗语言是禅宗之所为禅宗的重要标志之一，而对多数禅宗语言研究者而言，禅宗语言无论在语言艺术，还是在佛旨传递，抑或在佛教中国化等方面，都具有特殊的价值。那么，理学集大成者朱熹对禅宗语言有怎样的认识呢？朱熹说：

> 至于禅者之言，则其始也，盖亦出于晋宋清谈论议之余习，而稍务反求静养以默证之，或能颇出神怪，以衒流俗而已，如一叶五花之谶，只履西归之说，虽未必实有是事，然亦可见当时所尚者，止于如此也。其后传之既久，聪明才智之士或颇出于其间而自觉其陋，于是更出己意，益求前人之所不及者以阴佐之，而尽讳其怪幻鄙俚之谈，于是其说一旦超然，真若出乎道德性命之上，而惑之者遂以为果非尧舜周孔之所能及矣。然其虚夸诡谲之情、险巧

[①]〔明〕朱时恩辑：《居士分灯录》卷下，《新纂大藏卍续藏经》（第86册），河北省佛教协会2006年印行版，第609页。
[②]〔宋〕黎靖德编：《朱子语类》卷一百〇四，朱杰人、严佐之、刘永翔主编：《朱子全书》（第17册），上海古籍出版社2002年版，第3438页。

儇浮之态，展转相高，日以益甚，则又反不若其初清虚静默之说犹为彼善于此也。①

朱熹的意思是，禅宗早期，其语言虽然"出神怪、衔流俗"，但还有朴实、可爱的一面，依然可以接受，所谓"至达磨以来，始一切扫除。然其初答问，亦只分明说"②。但在以后的发展过程中，由于某些高僧觉其语言粗陋，便着手改造、修饰，将其怪幻鄙俚之特点发展到极致，以求超越圣人道德性命之说。不过物极必反，其虚夸诡谲之情、险巧儇浮之态反而变本加厉，与其早年的"清虚静默"之朴实风格愈来愈远。因而不能不予以批评。朱熹说："到其后又穷，故一向说无头话，如'干矢橛''柏树子'之类，只是胡鹘突人。既曰不得无语，又曰不得有语，道也不是，不道也不是。如此，则使之东亦不可，西亦不可。置此心于危急之地，悟者为禅，不悟者为颠。虽为禅，亦是蹉了蹊径，置此心于别处，和一身皆不管，故喜怒任意。然细观之，只是于精神上发用。"③所谓"干矢橛""柏树子"都是禅师传授佛法的公案。禅师在接引参禅学徒时所作的问答，往往贯穿一些具有特殊启迪作用的行为举止，这种接引参禅学徒的实践，大都可资后人作为判定迷悟之准绳，好比古代官府之文书成例，所以谓之公案。比如："问：'如何是祖师西来意？'师曰：'庭前柏树子。'曰：'和尚莫将境示人？'师曰：'我不将境示人。'曰：'如何是祖师西来意？'师曰：'庭前柏树子。'"④在这个公案中，赵州启发求学者眼前即是，以切断他们另求佛法之念，亦即以超越"人""境"相对等分解的觉性，领悟公案要旨，感受达摩真风。但朱熹似乎未能明其意。朱熹认为，所谓"公案"，在形式上是矛盾的，讲也不是，不讲也不是，往东不可，往西也不可，好比胡鹘那样凶猛袭击人，弄得问道之人手足无措、目瞪口呆。应该说，朱熹对禅宗语言的特点之把握还是比较准确的，特别是对禅宗那种惊悚的言道方式特别敏感——"他又爱说一般最险绝底话，如引取人到千仞之崖边，猛推一推

---

① 〔宋〕朱熹：《释氏论下》，《晦庵先生朱文公别集》卷八，朱杰人、严佐之、刘永翔主编：《朱子全书》（第25册），第4992页。
② 〔宋〕黎靖德编：《朱子语类》卷一百二十六，朱杰人、严佐之、刘永翔主编：《朱子全书》（第18册），第3949页。
③ 〔宋〕黎靖德编：《朱子语类》卷一百二十六，朱杰人、严佐之、刘永翔主编：《朱子全书》（第18册），第3949页。
④ 〔宋〕普济：《五灯会元》卷四，苏渊雷点校，中华书局1984年版，第202页。

下去。人于此猛省得，便了。"①禅宗通常是趁你不注意的时候提出一个"不着边际"的问题，突然要求你立即回答，就好比将人引到万丈悬崖，突然猛推一把，使人猝不及防、惊心动魄。所以在朱熹眼中，禅宗语言在形式上虽然精致、灵巧，有光彩，能蛊惑人心，但其内容粗陋、诡谲、支离、轻浮，所以谓之"无头之语"。

不难看出，朱熹对禅宗语言基本上是持否定态度的。但是，一种语言形式的产生和特点的形成，无不有其特殊的历史文化背景，禅宗语言尤其如此。朱熹显然没有注意到这方面的问题，没有对禅宗语言发生的历史文化背景展开深入的思考。作为一种特殊语言形式的禅宗语言，其艺术性也有其特殊之处，是需要给予肯定并认真欣赏的，朱熹显然没有兴致去欣赏禅宗语言的艺术性。禅宗语言是佛教语言的重大变化，其中国特色十分鲜明，也就是说，禅宗语言的出现，在很大程度上反映了佛教中国化的过程，也是佛教中国化的结果，朱熹显然也没有从这个角度去思考禅宗在佛教中国化演变脉络中的特殊地位。因此，如果从朱熹对禅宗语言的批评看禅宗与朱熹理学的关系，那么禅宗在朱熹理学中的位置是比较尴尬的。

（二）对禅宗义理的理解

事实上，禅宗义理是在佛教义理基础上发展起来的，只是有些义理在禅宗这里更具特色。禅宗义理富厚深幽，朱子所及禅宗义理非常有限，这里仅以朱子所及较多的"作用见性"考察朱熹理解禅宗义理的情形。

> 王怒而问曰："何者是佛？"（波罗）提曰："见性是佛。"王曰："师见性否？"提曰："我见佛性。"王曰："性在何处？"提曰："性在作用。"王曰："是何作用，我今不见？"提曰："今现作用，王自不见。"王曰："于我有否？"提曰："王若作用，无有不是；王若不用，体亦难见。"王曰："若当用时，几处出现？"提曰："若出现时，当有其八。"王曰："其八出现，当为我说。"波罗提即说偈曰："在胎为身，处世为人，在眼曰见，在耳曰闻，在鼻辨香，在口谈论，在手执捉，在足运奔。遍现俱该沙界，

---

① 〔宋〕黎靖德编：《朱子语类》卷一百二十六，朱杰人、严佐之、刘永翔主编：《朱子全书》（第18册），第3950页。

收摄在一微尘。识者知是佛性，不识唤作精魂。"①

对佛教而言，成佛是根本的追求。可是，"佛在何处"？答案是"见性是佛"；而"性在何处"？答案是"性在作用"。既然"见性是佛"，而"性在作用"，意味着"在作用处可成佛"；而"作用"的具体表现是"在胎为身，处世名人，在眼曰见，在耳曰闻，在鼻辨香，在口谈论，在手执捉，在足运奔"等八种相状。那么，朱熹是怎样理解的呢？

其一，"作用见性"即"形下为性"。朱熹说："他合下便错了。他只是说生处，精神魂魄，凡动用处是也。正如禅家说：'如何是佛？'曰：'见性成佛。''如何是性？'曰：'作用是性。'盖谓目之视、耳之听、手之捉执、足之运奔，皆性也。说来说去，只说得个形而下者。"②在朱熹看来，告子以"生"为"性"，就是以"气"为"性"，而"气"属"形下"，所以是以"形下"为"性"；禅宗"作用见性"，而其"作用"为"目之视、耳之听、手之捉执、足之运奔"等，因而与告子一样，都是以"形下"为"性"。

其二，"作用见性"即"知觉为性"。朱熹说："心只是该得这理。佛氏元不曾识得这理一节，便认知觉运动做性。如视、听、言、貌，圣人则视有视之理，听有听之理，言有言之理，动有动之理，思有思之理，如箕子所谓'明、聪、从、恭、睿'是也。佛氏则只认那能视、能听、能言、能思、能动底，便是性。"③朱熹认为，在"心"与"理"之间，"心"是主观性存在，"理"是客观性存在，所以"心"可以认识、把握"理"，但不能代替"理"。"性"是"理"故非主观性，是"作用"或"现象"的根据。因此，"作用见性"意味着"知觉运动"是"理"，意味着"知觉运动"与"所以知觉运动"混淆为一，即将现象与现象的根据混为一谈。

其三，"作用见性"即"无情为性"。朱熹说："释氏云：'作用是性。'或问：'如何是作用？'云：'在眼曰见，在耳曰闻，在鼻辨香，在口谈论，在手执捉，在足运奔。遍现俱该沙界，收摄在一微尘。'此是说其与禽兽同者耳。人之异

---

① 〔宋〕普济：《五灯会元》卷一，苏渊雷点校，第41—42页。
② 〔宋〕黎靖德编：《朱子语类》卷五十九，朱杰人、严佐之、刘永翔主编：《朱子全书》（第16册），第1875—1876页。
③ 〔宋〕黎靖德编：《朱子语类》卷一百二十六，朱杰人、严佐之、刘永翔主编：《朱子全书》（第18册），第3939页。

于禽兽，是'父子有亲，君臣有义，夫妇有别，长幼有序，朋友有信'。释氏元不曾存得。"①在朱熹看来，既然"作用"也为动物所能，也就是认同动物的"知觉运动"是"性"，而"性"在儒家系统中，是父子有亲、君臣有义、夫妇有别、长幼有序、朋友有信等伦理纲常，如此一来，"作用见性"必致"无情者有性"。那么，朱熹对于"作用见性"的理解是否合乎本义呢？

佛教中国化过程中，也是佛教基本义理不断被调整和发展的过程，而其基本趋势是：修行简约化、成佛便捷化。这种精神必在佛教心性论中有所体现。禅宗心性论则是这一趋势的典型代表，所谓"明心见性""见性成佛"等。"作用见性"集中表现了禅宗对于成佛便捷的诉求。这应该成为理解"作用见性"的内在逻辑。因此，强调无处不佛性，无时不佛性，从而提醒僧众觉悟佛性不难，成佛也不难，因而不能借口缺乏悟性以推托提升自己的修行。从结构上看，"作用见性"属于由"用"见"体"模式，即在"作用"或发用流行处见"性"，也就意味着佛性不能停留于口舌上，而应在僧众的行为中得到体现，佛性实践化。从价值诉求上看，"作用见性"即要求"作用"处有佛性，也就是对僧众言行举止的要求，从而表现为对僧众言行的规范，无论怎样"作用"，佛念念在心，这就是所谓"青青翠竹，尽是法身；郁郁黄花，无非般若"。因此，朱熹将"作用见性"理解为"形下为性""知觉为性""无情为性"而予以批评，是与其本义有距离的。朱熹以儒学立场进行分析、判断，又极度放大此命题的负面作用，自然会影响其准确把握此命题的意涵。牟宗三说："朱子不解禅家'作用是性'之义，将此诡辞之指点语视作实然之陈述，以告子'生之谓性'之义说之，此皆非是。"②这个评论确有参考价值。

（三）对禅宗伦理的理解

禅宗伦理就是佛教伦理，但在朱熹看来，禅宗伦理是佛教伦理的否定。朱熹为什么有这样的理解呢？这里选择几个案例考察。

其一，无礼害道。即认为禅宗伦理无视礼仪、伤害伦理。朱熹说："若如禅者

---

① 〔宋〕黎靖德编：《朱子语类》卷五十七，朱杰人、严佐之、刘永翔主编：《朱子全书》（第15册），第1839页。
② 牟宗三：《心体与性体》（中），上海古籍出版社1999年版，第150页。

所见，只看得个主人翁便了，其动而不中理者都不管矣。且如父子天性也，父被他人无礼，子须当去救，他却不然。子若有救之之心，便是被爱牵动了心，便是昏了主人翁处。若如此惺惺，成甚道理！向曾览《四家录》，有些说话极好笑，亦可骇！说若父母为人所杀，无一举心动念，方始名为'初发心菩萨'。他所以叫'主人翁惺惺着'，正要如此。'惺惺'字则同，所作工夫则异，岂可同日而语！"①目睹"父母"被无礼，甚至被杀害，作为子孙的禅僧竟然丝毫不举心动念，还美其名曰"初发心菩萨"。所谓"初发心菩萨"，本意是指初发心时便成正觉，知一切法真实之性，具足慧身不由他悟。而依朱熹的判断，禅宗的主张是，即便父母被人无礼，儿子亦可袖手旁观，足见禅家伦理之虚伪，根本没有资格谈什么"初发心菩萨"了，反而是"乱礼害道"。

其二，无缘之爱。朱熹说："禅家以父子兄弟相亲爱处为有缘之慈。如虎狼与我非类，我却有爱及他，如以身饲虎，便是无缘之慈，以此为真慈。"②在朱熹看来，佛教之"慈"分两种，一是有缘之"慈"，一为无缘之"慈"，而以无缘之"慈"为真慈。因而从根本上说，佛教之"慈"是不需要缘由的。朱熹说："释氏说'无缘慈'，记得甚处说'融性起无缘之大慈'，盖佛氏之所谓'慈'并无缘由，只是无所不爱。若如爱亲之爱，渠便以为有缘，故父母弃而不养，而遇虎之饥饿，则舍身以食之，此何义理耶？"③所谓"无缘大慈"，是指虽是无缘众生，但是也发大慈心，以种种方便令种善根而救渡之。而朱熹理解为"抛弃血亲之爱"，因而是对建立在血亲基础上儒家伦理的根本颠覆，所以无义理可言。

其三，举止无常。朱熹说："释氏只知坐底是，行底是。如坐，交胫坐也得，叠足坐也得，邪坐也得，正坐也得。将见喜所不当喜，怒所不当怒，为所不当为。他只是直冲去，更不理会理。吾儒必要理会坐之理当如尸、立之理当如齐、如头容便要直。所以释氏无理。"④朱熹认为，佛家只在意"坐""行"动作本身，怎么舒服怎么坐，所以正坐也行、斜坐也行、交胫坐也行、叠足坐也行，根本就不考虑

---

① 〔宋〕黎靖德编：《朱子语类》卷一百二十六，朱杰人、严佐之、刘永翔主编：《朱子全书》（第18册），第3938页。
② 〔宋〕黎靖德编：《朱子语类》卷一百二十六，朱杰人、严佐之、刘永翔主编：《朱子全书》（第18册），第3953页。
③ 〔宋〕黎靖德编：《朱子语类》卷一百二十六，朱杰人、严佐之、刘永翔主编：《朱子全书》（第18册），第3953页。
④ 〔宋〕黎靖德编：《朱子语类》卷一百二十六，朱杰人、严佐之、刘永翔主编：《朱子全书》（第18册），第3940—3941页。

同坐对象和周围环境；而且，遇见不当喜之事，僧徒却以之为喜，遇见不当怒之人，僧徒却以之为怒，遇不当为之事，僧徒却欣然而为之，根本就不考虑所以喜之理、所以怒之理、所以为之理。因而朱熹得出结论说，庄老之学固然绝仁弃义，但毕竟未绝，佛教固然有背伦理之操作，但尚有慈悲，而禅宗彻头彻尾将道德伦理扫荡除尽，朱熹说："禅学最害道，庄老于义理绝灭犹未尽，佛则人伦已坏。至禅，则又从头将许多义理扫灭无余。以此言之，禅最为害之深者。"①对朱熹而言，禅宗在言谈举止上的无拘无束、放荡不羁，不仅是对儒家伦理的冲击，亦是对佛教伦理的荡涤。那么，朱熹对禅宗伦理的理解是否合乎实际呢？

朱子言禅宗"若父母为人所杀，无一举心动念"，言禅宗"弃父母而不养"，言禅宗"坐立无常"，等等。可以说，朱熹的这些理解和批评都是有失偏颇的。《楞伽经》云：

> 佛告大慧：云何五无间业？所谓杀父母，及害罗汉，破坏众僧，恶心出佛身血。大慧，云何众生母，谓爱更受生，贪喜俱，如缘母立。无明为父，生入处聚落。断二根本，名害父母。彼诸使不现，如鼠毒发，诸法究竟断彼，名害罗汉。云何破僧？谓异相诸阴和合积聚，究竟断彼，名为破僧。大慧，不觉外自共相自心现量七识身，以三解脱无漏恶想，究竟断彼七种识佛，名为恶心出佛身血。若男子女人行此无间事者，名五无间，亦名无间等。②

所谓"五无间业"，是指杀父、杀母、杀阿罗汉、破和合僧、恶心出佛身血。此五种行为能招感无间地狱（五无间狱）之苦果，故以名之。按佛祖的旨意，杀害父母，必须下地狱受惩罚。但这里所谓"母"是指"内在的爱心引发情欲和贪著喜爱的感觉"，所谓"父"是指"内在的一念无明"，因而禅宗所谓"杀父母"，是断"贪痴""无明"二根本。而且，所谓"逢佛杀佛、逢罗汉杀罗汉、逢父母杀母"，是禅宗境界的特殊表达，因为一般说来，没有人能做到"逢父母杀父母"，如果连见到父母都能起其杀心，还有什么困难不能克服呢？还有什么境界不能达到呢？所以"逢父母杀父母"纯粹是一种诡辞。既然佛祖断定杀父母者下地狱，既然

---

① 〔宋〕黎靖德编：《朱子语类》卷一百二十六，朱杰人、严佐之、刘永翔主编：《朱子全书》（第18册），第3932页。
② 〔南朝宋〕求那跋陀罗译，〔宋〕释正受集注：《楞伽经》卷三，释普明点校，上海古籍出版社2017年版，第131—132页。

禅宗所谓"杀父母"只是断"贪痴""无明"二根,既然禅宗"杀父母"是表达最高境界的诡辞,因此说,禅宗"杀父母"绝不是世俗意义上的杀父母。《四家录》为马祖道一、百丈怀海、黄檗希运、临济义玄等四高僧语录汇编,其中的思想应该与《楞伽经》一脉相承。因而所谓"逢父母杀父母",绝不是朱子所理解"无礼害道"。《楞严经》云:"若有男子,乐持五戒,我于彼前,现优婆塞身,而为说法,令其成就。若有女人,内政立身,以修家国,我于彼前,现女主身,而为说法,令其成就。"①这是说,那些遵守戒律、践行伦理的人,不分男女、老幼,都会获得奖励,所以不能简单地将禅宗言谈举止斥为"坐立无常、放荡不羁"。《维摩诘经》云:"从痴有爱,则我病生。以一切众生病,是故我病。若一切众生得不病者,则我病灭。所以者何?菩萨为众生而入生死,有生死,则有病。若众生得离病者,则菩萨无复病。比如长者,唯有一子,其子得病,父母亦病;若子病愈,父母亦愈。菩萨如是,于诸众生,爱之若子。众生病。则菩萨病;众生病愈,菩萨亦愈。又言疾何所起因?菩萨疾者,以大悲起。"②这是说,菩萨与众生一体,众生乐,菩萨乐;众生苦,菩萨苦,与天下人同苦共痛,而父母与子女同苦共痛,何来"弃父母而不养"?

可见,禅宗伦理既具有超越性,又不否定血亲之爱。如此说来,朱熹关于禅宗伦理的理解和批评,表明朱熹未能对禅宗相关思想的传承脉络有清晰的认识,亦未能对禅宗经文中义理意蕴有准确的理解。事实上,自佛教而禅宗,无论其形式如何变化,其根深蒂固的悲天悯人的大爱精神从未丧失。《坛经》云:"譬如其雨水,不从天有,元是龙王于江海中,将身引此水,令一切众生、一切草木、一切有情无情,悉皆蒙润。"③这就是"使有一物失所便是吾慈有未尽处"的大爱!这就是普度众生的胸怀!既然宇宙万物无不为其所爱,怎么可能会有伤害自己父母的念想呢?因此,既然对禅宗伦理的理解和批评如此片面,朱熹理学怎么可能为禅宗留有空间呢?

---

① 李富华释译:《楞严经》,(台湾)佛光文化事业有限公司1998年版,第170页。
② 赖永海释译:《维摩诘经》,(台湾)佛光文化事业有限公司1997年版,第124页。
③〔唐〕慧能:《坛经校释》,郭朋校释,中华书局1997年版,第54页。

（四）对禅宗工夫的理解

禅宗工夫是禅宗的重要组成部分，与对禅宗语言、义理、伦理主要持批评态度不同，朱熹对禅宗工夫表现出更多的欣赏与肯定。

先看对"坐禅"或静坐的理解。所谓"坐禅"，梵语dhyana，音译"禅那"，简称"禅"，意谓思维修或静虑。进而言之，外于一切善恶境界心念不起，名为"坐"，内见自性不动名为"禅"，因此，所谓"坐禅"就是跌坐而修禅，是佛教修持的主要方法之一。"坐禅"贵在"明心见性"，以明心见性为修道的大前提，坐禅不见性，纵得坐禅百千劫，亦与外道坐禅无异。慧能大师云："此法门中，一切无碍。外于一切境界上念不起为坐，见本性不乱为禅。"①可见，坐禅是见性的工夫，而非静修的工夫。那么，朱熹是怎样理解"坐禅"的呢？朱熹说："禅只是一个呆守法，如'麻三斤''干屎橛'，他道理初不在这上，只是教他麻了心，只思量这一路，专一积久，忽有见处，便是悟。大要只是把定一心，不令散乱，久后光明自发。"②在朱熹看来，"坐禅"就是头脑迟钝地静修，专一沉着，定心不乱，久而忽然大悟；而且，由于"坐禅"所悟非"天地正学"，所以是枉费工夫："只惜他所学非所学，枉了工夫！若吾儒边人下得这工夫，是甚次第！如今学者有二病：好高，欲速。这都是志向好底如此。一则是所以学者失其旨，二则是所学者多端，所以纷纷扰扰，终于无所归止。"③但朱熹对坐禅工夫仍然是很佩服的。朱熹说："看他（释氏之徒）下工夫，直是自日至夜，无一念走作别处。学者一时一日之间是多少闲杂念虑，如何得似他！"④所以他也教导学生"静坐"，他说："人若逐日无事，有见成饭吃，用半日静坐，半日读书，如此一二年，何患不进？"⑤当然，这并不意味着禅宗静坐与儒家静坐无差别，他说："明道教人静坐，盖为是时诸人相从，只在学中，无甚外事，故教之如此。今若无事，固是只得

---

① 〔唐〕慧能：《坛经校释》，郭朋校释，第37页。
② 〔宋〕黎靖德编：《朱子语类》卷一百二十六，朱杰人、严佐之、刘永翔主编：《朱子全书》（第18册），第3950页。
③ 〔宋〕黎靖德编：《朱子语类》卷一百二十六，朱杰人、严佐之、刘永翔主编：《朱子全书》（第18册），第3937页。
④ 〔宋〕黎靖德编：《朱子语类》卷一百二十六，朱杰人、严佐之、刘永翔主编：《朱子全书》（第18册），第3937页。
⑤ 〔宋〕黎靖德编：《朱子语类》卷一百一十六，朱杰人、严佐之、刘永翔主编：《朱子全书》（第18册），第3674页。

静坐，若特地将静坐做一件功夫，则却是释子坐禅矣！但只着一敬字，通贯动静，则于二者之间自无间断处，不须如此分别也。"①差别就在于儒家静坐有"敬"的工夫，而禅宗静坐没有"敬"的工夫。因而朱熹称自己所主张的"静坐"不是要"断绝思虑"，而是要收敛此心、莫令走作，所以不能归为禅宗入定。

然后看对"顿悟"的理解。"顿悟"是指顿然领悟，是相对于渐悟法门而言的，也就是六祖慧能提倡的"明心见性"法门。它通过正确的修行方法，迅速地领悟佛法要领，从而指导正确的实践而获得成就。朱熹是怎样理解"顿悟"的呢？一是"顿悟"没有次第。朱熹说："尝窃病近世学者不知圣门实学之根本次第，而溺于老、佛之说，无致知之功，无力行之实，而常妄意天地万物、人伦日用之外别有一物空虚玄妙，不可测度，其心悬悬然，惟侥幸于一见此物，以为极致。"②二是"顿悟"不可依靠。学生时举问朱熹："释氏有'豁然顿悟'之说，不知使得否？不知倚靠得否？"朱熹的回答是："某也曾见丛林中有言'顿悟'者，后来看这人也只寻常。如陆子静门人，初见他时，常云有所悟，后来所为却更颠倒错乱。看来所谓'豁然顿悟'者，乃是当时略有所见，觉得果是净洁快活，然稍久则却渐渐淡去了，何尝倚靠得？"③三是"顿悟"省去了读书求索。朱熹说："夫读书不求文义，玩索都无意见，此正近年释氏所谓看话头者。"④既然禅宗顿悟"删了次第""不可依靠""省去了读书求索"，从而无助于求学问道，那还要它干什么呢？

虽然朱熹对禅宗工夫有所肯定，但基本上还是持批评态度的。朱熹的批评是否合乎情理？朱熹认为"坐禅"内容是空寂无物，自然更无儒家圣人之道，但"坐禅"修行是为了成佛，所以朱熹的批评属于"强物就我"。朱熹认为"坐禅"的方式呆板、神秘、荒诞，但"坐禅"是一套独特的工夫，甚至是修行成佛的最佳方式。就"顿悟"言，朱熹认为，若从认识事物方法上说，"顿悟"是不可靠的，因为对事物的认识都有步骤和过程，"顿悟"取消了"渐悟"是不符合认识规律的。

---

① 〔宋〕朱熹：《答张元德》，《晦庵先生朱文公文集》卷六十二，朱杰人、严佐之、刘永翔主编：《朱子全书》（第23册），第2988页。
② 〔宋〕朱熹：《答汪太初》，《晦庵先生朱文公文集》卷四十六，朱杰人、严佐之、刘永翔主编：《朱子全书》（第22册），第2118页。
③ 〔宋〕黎靖德编：《朱子语类》卷一百一十四，朱杰人、严佐之、刘永翔主编：《朱子全书》（第18册），第3619页。
④ 〔宋〕朱熹：《答许生》，《晦庵先生朱文公文集》卷六十，朱杰人、严佐之、刘永翔主编：《朱子全书》（第23册），第2876页。

同时，由于"顿悟"不以儒家圣人之道为内容，因而是浪费时间和精力，而且"顿悟"诱导僧众不努力、不用功、不读书，这对僧众的成长也是不利的。可见，朱熹虽然部分地肯定了禅宗工夫，但基本上还是持批评态度的。不过，"坐禅"是禅宗修行的工夫，要求做到心念不起、自性不动，从而"除邪积善"以成佛；而"顿悟"则是禅宗悟道的工夫，主要通过灵感来完成，具有突发性、诱发性、偶然性、豁然开朗等特点。因此，朱熹简单地将"坐禅"理解为"呆守法"，将"顿悟"理解为"空虚玄妙"，既未能理解其在成佛中的重要作用，更没有从心理学、精神学层面去理解其在塑造人格方面的意义。因此，朱熹虽然也不排斥"顿悟"，但更倾情"渐悟"。

（五）延伸的思考

如上四个维度的考察表明，朱熹对禅宗语言、义理、伦理和工夫都是持批评和否定态度的。而朱熹对禅宗的批评和否定表现出这样几个特点：

一是以儒学为绝对参照。朱熹批评禅宗语言，因为禅宗语言既不规范，也不严肃，这与儒家对言说的要求完全相悖。孔子提倡言说要做到："义以为质，礼以行之，孙以出之，信以成之。"（《论语·卫灵公》）必须遵循规范："人而无信，不知其可也。大车无輗，小车无軏，其何以行之哉？"（《论语·为政》）孟子好辩，但讲究遵守规则："离娄之明，公输子之巧，不以规矩，不能成方圆。"（《孟子·离娄上》）与此比较，禅宗语言似乎就不那么在乎规矩了。朱熹批评禅宗"作用见性"，因为儒家的"性"是"理"，是仁、义、礼、智、信诸般道德，而"作用见性"意味着视、听、言、动是"性"，意味着嬉、笑、怒、骂是"性"，如此必然导致对儒家"理"的否定。朱熹批评禅宗伦理，因为儒家伦理重视纲常、推崇血亲、讲究秩序，而禅宗伦理将这些全都否弃了。朱熹批评"坐禅"，乃是因为与儒家的"静坐"比较，不仅没有"天地正学"，而且缺失了"敬"的工夫；朱熹批评"顿悟"，乃是因为其与儒家求学问道方式完全相悖，儒学为学秩序是格物致知，由此及彼、由表及里，强调对知识把握的渐进性。可见，朱熹对禅宗的批评与否定完全是以儒学为参照的。

二是以禅宗的"极端表现"为批评对象。朱熹批评禅宗语言，抓住其玄妙性、突兀性、模糊性等"缺点"，从而否定整个禅宗语言的作用和意义；朱熹批评禅宗义理，抓住"作用见性"之"作用"二字大做文章，将其实体化、广泛化，再将"由用显性"理解为由形下取代形上、由庸常取代神圣，进而导致对"性""理"

至上性的否定；朱熹批评禅宗伦理，则是盯住禅宗伦理中的"偏激现象"方面，所谓"伤害父母而不顾"，所谓"坐立无常"，并将这些"偏激现象"的负面效应加以放大，危言耸听地宣告禅宗已将一切伦理扫荡无遗，从而否定禅宗伦理存在的价值；朱熹批评禅宗工夫，将"坐禅"的空寂特性加以放大，指其为"呆守法"，又将"顿悟"的神秘特性加以放大，指其不能成为获得知识的正确方法。可见，朱熹批评禅宗具有明显的选择性，即都是针对语言、义理、伦理、工夫等方面的"极端现象"而开火的。以儒学为参照，那些被认定与儒学相悖的内容，自然被挡在朱熹理学之外；以禅宗"极端现象"为批评对象，以偏概全，且夸大消极面的危害，从而不能全面、正确认识禅宗、学习禅宗。二程曾说："使其道不合于先王，固不愿学也；如其合于先王，则求之'六经'足矣，奚必佛？"①这样就从认知坐标和方法两个方面构筑起阻碍禅宗进入朱熹理学的藩篱。因而就这个角度言，禅宗与朱子理学的关系呈现的是"离相"。

但对致力建构博大精深体系的朱熹而言，完全对禅宗视而不见既是不可能的，也是不应该的。事实上，对于能为其所用的元素，朱熹都是来者不拒的。

在禅宗语言方面，朱熹不仅明确指出禅宗语言出自老庄："老子先唱说，后来佛氏又做得脱洒广阔，然考其语多本庄、列。"②是在老庄语言基础上改造而来："凡彼言之精者，皆窃取庄、列之说以为之。"③而且对心、太极、理、性等范畴的论述，也常常不自觉地表现为禅宗语言的形式，比如朱熹说："凡物有心而其中必虚，如饮食中鸡心、猪心之属，切开可见，人心亦然。只这些虚处，便包藏许多道理，弥纶天地，该括古今，推广得来，盖天盖地，莫不由此，此所以为人心之妙欤！"④不过，这种论述在禅宗那里似曾相识——"心量广大，犹如虚空，若空心坐，即落无记空。虚空能含日月星辰、大地山河，一切草木、恶人善人、恶法善法、天堂地狱，尽在空中，世人性空，亦复如是。"⑤而禅宗"语录体"普遍为宋

---

① 〔宋〕程颢、〔宋〕程颐：《河南程氏遗书》卷四，《二程集》，王孝鱼点校，中华书局1981年版，第69页。
② 〔宋〕黎靖德编：《朱子语类》卷一百二十六，朱杰人、严佐之、刘永翔主编：《朱子全书》（第18册），第3929页。
③ 〔宋〕朱熹：《释氏论下》，《晦庵先生朱文公别集》卷八，朱杰人、严佐之、刘永翔主编：《朱子全书》（第25册），第4991页。
④ 〔宋〕黎靖德编：《朱子语类》卷九十八，朱杰人、严佐之、刘永翔主编：《朱子全书》（第17册），第3305页。
⑤ 〔唐〕慧能：《坛经校释》，郭朋校释，第49页。

代儒者所效仿，朱子自然不能例外，《朱子语类》即是杰出代表。因此，虽然朱熹对禅宗语言的理解存在片面之处，而且基本上持批评态度，但他并没有完全排斥禅宗的语言形式。

在禅宗义理方面，朱熹也有吸收。就心物关系言，朱熹说："盖天下万事，本于一心，而仁者，此心之存之谓也。"①即认为世界万物无不在心中。但禅宗已有同样的观念："外无一物而能建立，皆是本心生万种法。"②朱熹说："心虽是一物，却虚，故能包含万理。"③禅宗则有："故知一切万法，尽在自身中，何不从于自心顿现真如本性。"④可见，朱熹对禅宗心物关系观念也是有吸收的。概言之，在朱熹，无物不在心中，在禅宗，心外无一物；在朱熹，心包万理，在禅宗，万法尽在心中。就"性悟性迷"言，朱熹说："人性本善，只为嗜欲所迷，利害所逐，一齐昏了。"⑤禅宗则有："人性本净，为妄念故，盖复真如，离妄念，本性净。"⑥可见，朱熹在"性悟性迷"观念上与禅宗也是基本一致的。朱熹在禅宗工夫面前表现得更为热情开放，朱熹说："僧家尊宿得道，便入深山中，草衣木食，养数十年。及其出来，是甚次第！自然光明俊伟！世上人所以只得叉手看他自动。"⑦又说："重处不在怒与过上，只在不迁、不贰上。今不必问过之大小、怒之深浅。只不迁、不贰，是甚力量！便见工夫。佛家所谓'放下屠刀，立地成佛'，若有过能不贰，直是难。"⑧可见，朱熹对禅宗工夫的确是发自内心的钦佩。从这个意义上看，禅宗与朱熹理学的关系又表现出一定程度的亲近性，所呈现的是一种"合相"。

特别需要关注的，是朱熹对禅宗消极面解析与批评所具有的学术价值。朱熹揭

---

① 〔宋〕朱熹：《送张仲隆序》，《晦庵先生朱文公文集》卷七十五，朱杰人、严佐之、刘永翔主编：《朱子全书》（第24册），第3623页。
② 〔宋〕普济：《五灯会元》卷一，苏渊雷点校，第55—56页。
③ 〔宋〕黎靖德编：《朱子语类》卷五，朱杰人、严佐之、刘永翔主编：《朱子全书》（第14册），第223页。
④ 〔唐〕慧能：《坛经校释》，郭朋校释，第57页。
⑤ 〔宋〕黎靖德编：《朱子语类》卷八，朱杰人、严佐之、刘永翔主编：《朱子全书》（第14册），第280页。
⑥ 〔唐〕慧能：《坛经校释》，郭朋校释，第36页。
⑦ 〔宋〕黎靖德编：《朱子语类》卷一百二十六，朱杰人、严佐之、刘永翔主编：《朱子全书》（第18册），第3939页。
⑧ 〔宋〕黎靖德编：《朱子语类》卷三十，朱杰人、严佐之、刘永翔主编：《朱子全书》（第15册），第1090页。

示了禅宗语言的反逻辑、反定义特征，指出其含糊性、无规定性对学术表达造成的伤害，从而提示学者警惕禅宗语言的陷阱。① 就这个意义上看，朱熹的判断是敏锐而正确的。

朱熹对"作用见性"的解析和批评，深刻觉悟到这一命题内含的张力，认识到"形上"因为过度依赖"形下"而走向瓦解的可能性，从而警示佛教界正确处理体用关系的必要性。朱熹对禅宗伦理的解析和批评，敏锐地意识到禅宗伦理的消极偏向，将基本人伦物理完全悬置，视伦理为累赘、为约束，言谈举止正滑向不可控的状态，伦理被颠覆的风险越来越大。朱熹对禅宗工夫虽然有所肯定，并做了选择性吸收，但他显然意识到禅宗工夫潜在的危险性，除去"空寂无理"之外，更令他忧虑的是演变为目无章法、肆无忌惮之放荡，"无工夫便是工夫"成为时尚，直至走向虚妄。因此，就朱熹理学而言，朱熹对禅宗的吸收是经过认真思考和过滤的（尽管这种思考与过滤为认识水平所限），那些能进入并在朱熹理学中存活下去的元素，是因为朱熹颁发了"通行许可证"。而朱熹理解和批评禅宗的实践之特殊而重大的学术意义在于：对佛教、禅宗而言，应该以朱熹的批评为训，理性地传播、发展佛教；对儒学而言，应该以朱熹的批评为参照，对禅宗必须择优汰劣；对中国哲学而言，则需要在语言、义理、伦理、工夫等方面以禅宗为镜子，去短补长，有效地推动中国哲学的发展与完善。因此说，朱熹对禅宗理解和批评的实践，无论是对佛教还是对儒学，抑或对中国哲学，都具有特殊的学术价值。

（原载《社会科学战线》2020年第10期，《新华文摘》（网络版）2021年第8期转载）

---

① 这就是后来冯友兰先生所指出的："佛家和道家都用负的方法。……负的方法，试图消除区别，告诉我们它的对象不是什么。"但中国哲学必须做出调整，将正的方法引入，他说："逻辑分析方法正和这种负的方法相反，所以可以叫做正的方法。……正的方法，则试图作出区别，告诉我们它的对象是什么。对于中国人来说，传入佛家的负的方法，并无关紧要，因为道家早已有负的方法，当然佛家的确加强了它。可是，正的方法的传入，就真正是极其重要的大事了。它给予中国人一个新的思想方法，使其整个思想为之一变。"［冯友兰：《三松堂全集》（第6卷），河南人民出版社2001年版，第277页］

四、王阳明思想世界中的佛教

王阳明心学,向来被认为具有鲜明的佛禅特色;我们也不否认王阳明心学的佛教影响。不过,王阳明理解佛教的准确性如何?王阳明真实的佛教态度如何?王阳明观念中的儒佛关系究竟怎样?这应该是研判阳明心学与佛教关系必须回答的课题。故此,本文尝试从"道体"的判断、"著相"的理解、"出家"的评论、"心性"的分析、"儒佛"的定位,以及"排佛"策略的提出等角度,以考察王阳明在上述三个方面的真实表现。本文考察的结论是:王阳明对佛教诸多教义的理解是片面的,王阳明对儒、佛关系的安排是"儒体佛用"的,王阳明应对佛教的策略是抑制的、排斥的,而完成这些观念活动的根本依据是儒家的基本观念、基本价值。因此,或许我们可以对王阳明心学中的佛教与儒学关系做更完整的理解。

(一)"道体":一抑或二?

在《近思录》中,朱熹断以己意,把周敦颐、张载、二程等涉及"道体"的语录加以编辑,形成了自己关于"道体"的认识。被列入其中的"无极而太极、诚、中、和、心、性、仁、理"等,当属"道体"范畴,而引起我们关注的是对于"道体"的描述。比如,讲到"中",是"天下之大本,天地之间,亭亭当当,直上直下之正理"①;讲到"仁",是"天体物不遗,犹仁体事而无不在也,'礼仪三百,威仪三千',无一物而非仁也"②;讲到"性",是"万物之一源,非有我之得私也,惟大人为能尽其道,是故立必俱立,知必周知,爱必兼爱,成不独成"③。总起来看,则是"凡物有本末,不可分本末为两段事,'洒扫应对',

---

① 〔宋〕朱熹、〔宋〕吕祖谦编,〔宋〕叶采等注:《道体》,《近思录》卷一,程水龙整理,上海古籍出版社2016年版,第23页。
② 〔宋〕朱熹、〔宋〕吕祖谦编,〔宋〕叶采等注:《道体》,《近思录》卷一,程水龙整理,第35页。
③ 〔宋〕朱熹、〔宋〕吕祖谦编,〔宋〕叶采等注:《道体》,《近思录》卷一,程水龙整理,第36页。

是其然，必有所以然"①，则是"冲漠无朕，万象森然已具，未应不是先，已应不是后，如百尺之木，自根本至枝叶，皆是一贯"②。朱熹心中的"道体"是本末一体、上下贯通、内外兼备，这其实也是所有儒家学者对"道体"性质的理解。由于儒家学者对"道体"结构特性有了基本的定位，因而面对佛教时，很自然地会将佛教放在儒学这台显微镜下加以观察。对此，王阳明有没有例外呢？

王阳明的学生王嘉秀曾经说，佛教以出离生死诱人入道，道教以长生久视诱人入道，他们的初衷也不是要人作恶，如果真要刨根问底的话，佛、道二家也见得圣人之学的上一截，所以在极点处，佛、道二家与儒学可以说是略有相同，那与圣人之学相似的上一截，还是不可否定的。对此，王阳明的回答是：

> 所论大略亦是。但谓上一截、下一截，亦是人见偏了如此。若论圣人大中至正之道，彻上彻下，只是一贯，更有甚上一截、下一截？"一阴一阳之谓道"，但仁者见之便谓之仁，知者见之便谓之智，百姓又日用而不知，故君子之道鲜矣。仁、智岂可不谓之道？但见得偏了，便有弊病。③

王阳明基本上赞同学生的说法。但同时认为，所谓"上一截""下一截"，也是人们主观上的偏见所致而已。因为圣人之学是彻上彻下、一以贯之的，无所谓"上一截""下一截"。比如，阴阳交替变化即是"道"，可是，仁者见这个道就叫"仁"，智者见这个道就叫"智"，而老百姓天天实践这个道却不认识它。可见，"道"无所谓上下，只是人们认识上的偏颇所致。值得注意的是，王阳明所讲完整而无上下之分的"道"，是圣人之"道"，是儒家大中至正之"道"，而非佛教之"道"。这就意味着，王阳明理论上强调"道"的完整性并不是肯定佛教的"道"是完整的。如下文献即是具体的证据。

"佛氏着在无善无恶上，便一切都不管，不可以治天下。圣人无善无恶，只是'无有作好'，'无有作恶'，不动于气，然'遵王之道'，'会其有极'，便自

---

① 〔宋〕朱熹、〔宋〕吕祖谦编，〔宋〕叶采等注：《道体》，《近思录》卷一，程水龙整理，第24页。
② 〔宋〕朱熹、〔宋〕吕祖谦编，〔宋〕叶采等注：《道体》，《近思录》卷一，程水龙整理，第26页。
③ 〔明〕王守仁：《传习录上》，《王阳明全集》卷一，吴光等编校，上海古籍出版社2011年版，第21页。

'一循天理',便有个'裁成辅相'。"①佛教、儒学虽然都主张本体之"无善无恶",但佛教只就本体上言,本体之外的事情概无兴趣,所以不能治理天下;而儒学不仅主张本体之"无善无恶",其本体之"无善无恶"还要表现为遵循王道,掌握大自然的规律,顺应大自然实际情形,以开物成务,治理天下百姓。这是说佛教在"道体"上本末不一。

"吾儒养心,未尝离却事物,只顺其天则自然,就是功夫。释氏却要尽绝事物,把心看做幻相,渐入虚寂去了。与世间若无些子交涉,所以不可治天下。"②佛、儒两家虽然都注重"养心",但差别甚大。儒家"养心",不是养空心,而是"着物而养",也就是顺天道而为,它与现实生活密切关联着,因而儒家的修行是生活中的修行,是有内容的修行。而佛教"养心"是离事物而养,是空寂的,它与人间物事毫无关系,所以佛教不可以治天下。这是说佛教在道体上"上下不一"。

"昨论儒释之异,明道所谓'敬以直内'则有之,'义以方外'则未。毕竟连'敬以直内'亦不是者,已说到八九分矣。"③对于程颢说佛教有"敬以直内"、无"义以方外",王阳明的回应是"已说到八九分",为什么只说到"八九分"呢?因为实际上佛教"连'敬以直内'亦不是"。如此说来,王阳明不仅认为佛教在道体上是"内外不一",而且连佛教引以自豪的"敬以直内"也"不是"。可是,做这种判断的根据是什么呢?"彼释氏之外人伦,遗物理,而堕于空寂者,固不得谓之明其心矣。"④在儒学语境中,"心"即理,"心"即人伦物理,所以"尽心"就是穷尽事物之理,"养心"就是即物即事以纯洁心灵;但佛教不是这样,佛教是离却事物而"养心",是遗弃人伦物理而"尽心"。这是说佛教在道体上"内外不一"。

佛教之所以在"道体"上表现为"本末不一、上下不一、内外不一",就是因为"遗物事、弃伦理":"佛、老之空虚,遗弃其人伦事物之常,以求明其所谓吾心者,而不知物理即吾心,不可得而遗也。至宋周、程二子,始复追录孔、颜之宗,而有'无极而太极''定之以仁义中正而主静'之说,'动亦定,静亦定,无内外,无将迎'之论,庶几精一之旨矣。"⑤在周敦颐、二程那里,"道"并无动

---

① 〔明〕王守仁:《传习录上》,《王阳明全集》卷一,吴光等编校,第33页。
② 〔明〕王守仁:《传习录下》,《王阳明全集》卷三,吴光等编校,第121页。
③ 〔明〕王守仁:《答黄宗贤应原忠》,《王阳明全集》卷四,吴光等编校,第164页。
④ 〔明〕王守仁:《与夏敦夫》,《王阳明全集》卷五,吴光等编校,第200页。
⑤ 〔明〕王守仁:《象山文集序》,《王阳明全集》卷七,吴光等编校,第273页。

静、内外、本末、上下之分，正是因为没有"遗物事、弃伦理"，所以说他们恢复了孔颜精一之学。

可见，王阳明的确认为佛教之道是支离的、断裂的，而他作如此判断的原因是佛教"外人伦，遗物理"。也就是说，他是将儒学的"道即一"（心性之学必须表现为经世致用）观念作为判定佛教道体的根据。可是，本体上的"无善无恶"并非只有落实在末用上才体现出它的价值，道德上的"养心"并非离开了事物就毫无价值，"内心正直"并非表现在"无意外王"上才有意义，这是其一。其二，就佛教"道体"而言，虽然不像儒学"道体"上下、内外、本末统一，但它有自己的统一，佛教的"道"事实上也是完满自足的，不能因为缺了"人伦物理"，就判定它是断裂的、支离的。因此，王阳明的判断不仅错误地估计了佛教"道"的特质，也显示了其儒学实用主义情结的膨胀。

（二）不著相，还是著了相？

佛教认为，世间所有"相"都是虚妄，但是，凡夫俗子心念执着、意想住相，因而只有做到破执、扫相、无念，才能信心清净，才能见得诸相非相，才能见得如来。所以，"不著相"是建基于佛教"万法皆空"本体观念之上不住声、色、欲的修为方法和心理状态。王阳明对佛教"不著相"是怎样理解的呢？

> 先生尝言："佛氏不著相，其实著了相。吾儒著相，其实不著相。"请问。曰："佛怕父子累，却逃了父子；怕君臣累，却逃了君臣；怕夫妇累，却逃了夫妇，都是为个君臣、父子、夫妇著了相，便须逃避。如吾儒有个父子，还他以仁；有个君臣，还他以义；有个夫妇，还他以别。何曾著父子、君臣、夫妇的相？"[①]

在阳明看来，佛教说它"不著相"，实际上著了相，不仅著了相，而且"著相很深"。为什么？生活在现实社会中的人，不仅处于父子、君臣、夫妇等人伦关系之中，而且要为美好的生活打拼、奋斗，如果佛教"不著相"，就应该积极面对并解决这些问题，但恰恰相反，佛教要人们出家离世，逃离父子、君臣、夫妇之

[①] 〔明〕王守仁：《传习录下》，《王阳明全集》卷三，吴光等编校，第112页。

伦，逃避生产、生活之苦，放弃对社会的责任。如果不是"著相"，怎么会有这么激烈的反应呢？怎么会有这样消极的行为呢？与佛教比较，儒家反而做到了"不著相"。为什么？因为儒家对君臣、父子、夫妇分别还他以"仁"、还他以"义"、还他以"别"，而且，儒家主张经世致用、利用厚生，积极为美好的物质生活、精神生活而努力奋斗。概言之，儒学并不以生活为累为苦，而是积极勇敢地面对。这就是"不著相"。

如此看来，阳明说佛教"著相"，就是说佛教"身已离心未去"，就是说佛教"心"仍然有住于现世、有住于名利、有住于声色，就是说佛教逃避现世生活，以之为累为苦。阳明说佛教怕苦怕累，真正的深山老林修行究竟是甜还是苦呢？是轻松还是劳累呢？阳明说佛教不顾世事，放弃责任，远离功名利禄，是"著相"，那么执着于尘世的功名利禄、泡在声色利欲之中是什么呢？佛教所谓"不著相"明明是要求"破执扫相""离相无念"，它要破的正是人们对生死的执着，正是人们对功名利禄的执着，怎么在阳明这里变成了"有念""住相"呢？这就使得我们不得不去探求一下阳明判断佛教"著相"的究竟。阳明判佛教为"著相"的根据是佛教害怕尘世之苦之累，从而出家离世，从而放弃了作为一个伦理人的责任。而不以尘世为苦，该工作就工作，该休息就休息，遭遇痛苦不回避，碰上幸福不拒绝，在家尽孝养之责，遵守伦理，正是儒学的处事原则，正是儒学的价值要求。因此，佛教究竟"著相""不著相"便变得不重要了，重要的是佛教的教义、教规、行为是否符合儒家的价值，符合即是"不著相"，不符合便是"著相"。

王阳明对佛教"不著相"的判断，还可以根据他对《金刚经》中"应无所住而生其心"的理解来考察：

> 圣人致知之功至诚无息，其良知之体皦如明镜，略无纤翳。妍媸之来，随物见形，而明镜曾无留染，所谓"情顺万事而无情"也。"无所住而生其心"，佛氏曾有是言，未为非也。明镜之应物，妍者妍，媸者媸，一照而皆真，即是生其心处。妍者妍，媸者媸，一过而不留，即是无所住处。①

"良知"好比一面明亮的镜子，晶莹剔透，无论是人还是物，只要来到"良知"面前，美丑自然呈现，但"良知"不曾留下任何痕迹。佛教"无所住而生其

---

① 〔明〕王守仁：《传习录中》，《王阳明全集》卷二，吴光等编校，第79页。

心"说的就是这个意思。明镜照物,美者自美,丑者自丑,没有任何虚假,这就是"生其心处";明镜照物,美也好,丑也罢,各物自有,不会在镜子上留下任何痕迹,这就是"无住处"。由此看来,王阳明所理解的"无所住处",就是像镜子照物那样不留任何痕迹,而"生其心处"就是像镜子照物那样"物如其故"。

这样,我们可以如是分析:第一,阳明肯定"无所住而生其心",是在证明"良知"特质情况下发生的,所以不能因此认为阳明支持佛教,而应认为佛教是阳明用于诠释、论证儒家思想的工具。第二,阳明说"无所住"是"一物不留",注意到佛教不住物、"不著相"之内容,但不是说"无所住"就像镜子照物那样没有任何主体的投入就"一物不留",因为要做到"无所住"并不是件容易的事,而是需要主体的努力,比如,出家、修行、守戒等。所以,阳明对佛教"无所住"的理解省去了许多"工夫"。第三,在阳明这里,"良知"是本体,"一物不留"与"一照皆真"只是"良知"的功用,这就等于说,"无所住"与"生其心"也被视为"良知"的功用,二者是并行的"用用"关系;而在佛教,"无所住"是体,"生其心"是用,用不离体,体不离用,体用并显;没有"无所住",就没有"生其心",有什么样的"无所住",就有什么样的"生其心"。第四,阳明说"生其心"就是"一照皆真"。"良知"如同一面镜子,人物美丑,一照自现,这就是"一照皆真",其所内含的是"良知"的功能和使命。也就是说,"良知"是事功的、"著相"的,如果将"生其心"等同于"良知"的发用,就是暗地里将"应无所住而生其心"看成是"著相"的。

由此看来,王阳明对佛教"不著相"的判断,虽然为许多人津津乐道,甚至成为某些人贬低佛教思维方式的依据,但我们必须认识到,它显然是存在误读之处的,之所以如此,在于阳明完全是拿儒家的基本思想、基本价值作为审视佛教的坐标。

(三)出家:是修行还是自私?

"出家",是佛教基本教规之一,通俗地讲就是离开家庭到庙宇里去做僧尼;而且,"出家"不是出两片大门之家,而是出三界(欲界、色界、无色界)之家,不仅自己出三界之家,还须与众生同出三界之家。可见,"出家"并不是件轻松简单的事,不是"剃发染衣"就"出家"了,它含有牺牲、责任和理想。

王阳明认为,佛教"出家"即是去人伦、遗物理,就是放弃责任。"夫禅之说，弃人伦，遗物理，而要其归极，不可以为天下国家。"①可是，人伦物理怎么能去得？社会责任怎么能抛弃？所以，王阳明对于"出家"是非常反对的。比如，王阳明曾成功地劝说一位僧人离寺回家：

> 往来南屏、虎跑诸刹，有禅僧坐关三年，不语不视，先生喝之曰："这和尚终日口巴巴说甚么！终日眼睁睁看甚么！"僧惊起，即开视对语。先生问其家。对曰："有母在。"问："起念否？"对曰："不能不起。"先生即指爱亲本性谕之，僧涕泣谢。明日问之，僧已去矣。②

对一位修行三年的和尚大声呵斥，责问对方想念不想念自己的母亲，并成功地说服僧人归尘还俗，尽人间责任。不难想象，王阳明对"出家"行为是极不尊重的，而他成功说服僧人的武器是"爱亲本性"，即儒家血亲伦理。王阳明为什么如此痛恨"出家"呢？

第一，佛教"出家"表现的是"自私"品性。"又问：'释氏于世间一切情欲之私都不染着，似无私心，但外弃人伦，却似未当理。'（阳明）曰：'亦只是一统事，都只是成就他的一个私己的心。'"③王阳明认为，佛教所谓不染世间一切情欲，正是其远离尘世、放弃责任的结果，因而还是"自私"之表现，"外伦理"就是超出伦理之外，不受规范和约束，"遗物事"就是对人间之事毫无兴趣，置之不理；可是，伦理规范是使社会秩序稳定和谐的保障；而"物事"是社会中所有人必须面对、处理的任务；因此，"遵守伦理"就是积极面对现实生活中的问题，"勤于物事"就是积极地解决生活中的问题，佛教不愿遵守伦理、不愿勤于物事，而是"出家"以远离俗世，成一己之好，当然是"私己"。王阳明既然认为佛教"出家"是"自私"的行为，其肯定陆九渊以"义利"辨儒、佛的主张自在情理之中，他说："而象山辨义利之分，立人本，求放心，以示后学笃实为己之道，其功亦宁可得而尽诬之！而世之儒者，附和雷同，不究其实，而概目之以禅学，则诚可冤也已！"④佛禅才是"自私"，竟然有人将陆九渊心学等同于"自私"的禅学，

---

① 〔明〕王守仁：《象山文集序》，《王阳明全集》卷七，吴光等编校，第274页。
② 〔明〕钱德洪：《年谱一》，〔明〕王守仁：《王阳明全集》卷三十三，吴光等编校，第1351—1352页。
③ 〔明〕王守仁：《传习录上》，《王阳明全集》卷一，吴光等编校，第30页。
④ 〔明〕王守仁：《答徐成之二》，《王阳明全集》卷二十一，吴光等编校，第891页。

当然是对陆九渊心学的最大冤枉，之所以出现这种偏见，可能与某些人分不清儒家"为己"之学与佛教"出家"的差别有关系。王阳明说：

> 君子之学，为己之学也。为己故必克己，克己则无己。无己者，无我也。世之学者执其自私自利之心，而自任以为为己；浮焉入于隳堕断灭之中，而自任以为无我者，吾见亦多矣。呜呼！自以为有志圣人之学，乃堕于末世佛、老邪僻之见而弗觉，亦可衰也夫！①

儒家"为己"之学实际上是为公之学，因为它是无己的，这与佛教醉心于修身自好完全不同；而佛教是私己的，也是"无人"的，与君子"为己"之学、无我之学是完全相悖的。

第二，佛教"出家"表现为对人性的残害。王阳明说：

> 人之生，入而父子、夫妇、兄弟，出而君臣、长幼、朋友，岂非顺其性以全其天而已耶？圣人立之以纪纲，行之以礼乐，使天下之过弗及焉者，皆于是乎取中，曰"此天之所以与我，我之所以为性"云耳。不如是，不足以为人，是谓丧其性而失其天。而况于绝父子、屏夫妇，逸而去之耶？吾儒之所谓性与天者，如是而已矣。②

人生在世，在家有父子、夫妇、兄弟等亲情伦理，出外则有君臣、长幼、朋友等社群伦理，而且，人生而求美食华服，这都是人之天性。儒家圣人立教，就是使人顺其天性而已，如果不能顺人之性而全人之天，那就是丧失人之天性。可是，佛教要求俗人远离世俗生活，绝父子，弃夫妇，自是背离人之常情；佛教要求僧人衣衲服、吃粗食、喝生水，自是戕杀人的天性。

王阳明对佛教"出家"的定性是"自私"和"害性"。判"出家"为"自私"，是因为他认为"出家"带来的后果是遗人伦物理、弃人间物事，这些都是"天下大公"，而"出家"意味着这些全被抛诸脑后；判"出家"为"害性"，因为阳明认为"出家"带来的后果是弃绝君臣、父子、夫妇、朋友等人伦关系，是去

---

① 〔明〕王守仁：《书王嘉秀请益卷》，《王阳明全集》卷八，吴光等编校，第303页。
② 〔明〕王守仁：《性天卷诗序》，《王阳明全集》卷二十九，吴光等编校，第1153页。

除人追求声、色、欲、味之天性。所谓"人伦物理"就是以君臣、父子、夫妇、兄弟为中心的儒家礼制系统；所谓"人间物事"，就是儒家崇尚的立功、立德、立言之"三不朽"，就是开物成务。可以说，判"出家"为"自私"、为"害性"的根据，是儒家的基本观念和基本价值。因此，王阳明对"出家"所持的态度是批评、否定的。不过，这并不意味着王阳明对佛教"出家"的理解和判断是正确的。

佛教"出家"的根本原因是基于佛教对世界人生的看法。佛教认为，世间所有的物事都是空幻的，是没有规定的，所谓"缘起性空"，所谓"万法皆幻"，众生因为不能觉悟到这种智慧，才陷于苦痛之中，而要超脱这种苦痛，就必须修行，而修行最直接的办法之一就是"出家"。因此，佛教"出家"教规完全出于它的世界观、出于它的人生哲学。而这是王阳明所没有涉及的。如此便可进一步分析王阳明判"出家"为"自私"、为"害性"的不合理性。

就"自私"而言，约可分为两种形式：一是利益上的自私自利，属于伦理学范畴；二是心智上的自私自利，属于心理学范畴。佛教"出家"，不存在利益方面的争夺，因而阳明讲的"自私"只能是后者。而就后者言，也不能说佛教"出家"完全是为了自己，洁身自好。因为佛教"出家"还有"渡人"的任务，还有"出得三界"的使命，这显然是不能以"自私"来定义的，而佛教"出家"的使命和责任，在今天已由人间佛教淋漓尽致地展示出来。所以，无论在哪个层面上，王阳明判"出家"为"自私"都是不符合实际的。

那么，"出家"能否判为"害性"？如上所言，王阳明讲佛教"出家"残害人性，无非是说，"出家"就弃置了君臣、父子、夫妇等人伦关系，就穿得破旧、吃得粗劣、住得简陋、行得辛苦等。然而，"出家"是一种修行方式，这个行为本身的确是悬置君臣、父子、夫妇等人伦关系的，的确是穿得破旧、吃得粗劣、住得简陋、行得辛苦的。可是，第一，"出家"主要出于个体自愿，它并不会成为君臣、父子、夫妇人伦关系实际上的否弃者，而且，佛教还规劝那些没有"出家"的人们遵守人伦关系；第二，"出家"对人性的完善与提升具有积极作用，人性的完善不能仅仅体现在物质生活、感官欲望上，还应体现在精神生活上，因而不能说"出家"就是残害人性的；第三，从事实上看，佛教"出家"只是对物质生活的淡漠，而不是完全绝去；只是对人伦关系的悬置，并不表示彻底颠覆；而真正的出家人，身体上并未遭到损害，精神上丰富而高尚。所以，王阳明判佛教"出家"是残害人性，也是失之片面的。

（四）心性：是"自得"还是空疏？

佛教所言"心"，是菩提心、如来藏心、清静心，也是三界的根源、万法的本体；佛教所言"性"，是本体、本根之"性"，是诸法诸相之"性"，是灵明之"性"，是成佛的根据。佛教认为，自心清净，心即真如，而且，"心生种种法生，心灭种种法灭"，所以反对于"心"外去寻讨、于"心"外去摸索，而应"即心见性"。所以，佛教心、性为一体，并且，它们既是本体又是方法，强调在"自心"中体证、在"自心"中觉悟。王阳明没有专门讨论过佛教心性论，但他的文字中常有对佛教"心"和"性"的理解和评论。

首先，他认为佛教可算是"自得"之学：

> 今世学者，皆知宗孔、孟，贱杨、墨，摈释、老，圣人之道，若大明于世。然吾从而求之，圣人不得而见之矣。其能有若墨氏之兼爱者乎？其能有若杨氏之为我者乎？其能有若老氏之清净自守、释氏之究心性命者乎？吾何以杨、墨、老、释之思哉？彼于圣人之道异，然犹有自得也。①

王阳明告诉我们，他之所以对杨、墨、老、释有所吸取，乃是因为它们有自己独到的东西。墨氏之兼爱、杨氏之为我、老氏之清净自守、释氏之究心性命等，都是这些学派专有的东西。这些学派虽然都是"异端"，但又都是"自得"之学。正是因为都是"自得"之学，有其特殊性，所以值得尊敬。阳明说："居今之时而有学仁义、求性命，外记诵辞章而不为者，虽其陷于杨、墨、老、释之偏，吾犹且以为贤，彼其心犹求以自得也。夫求以自得，而后可与之言学圣人之道。某幼不问学，陷溺于邪僻者二十年，而始究心于老、释。赖天之灵，因有所觉，始乃沿周、程之说求之，而若有得焉。"②一个人如果抛弃了记诵辞章之学，那么即便陷于释、老，它还算"自得"之学；而领悟了"自得"之学，就可以继续学习圣人之道；而佛教"自得"之学即是"究心性命"之学。可见，王阳明对佛教心性论是有所了解、有所肯定的。

不过，王阳明并不认为佛教心性理论及其工夫是可以接受的：

---

① 〔明〕王守仁：《别湛甘泉序》，《王阳明全集》卷七，吴光等编校，第257页。
② 〔明〕王守仁：《别湛甘泉序》，《王阳明全集》卷七，吴光等编校，第257页。

夫禅之学与圣人之学，皆求尽其心也，亦相去毫厘耳。圣人之求尽其心也，以天地万物为一体也。吾之父子亲矣，而天下有未亲者焉，吾心未尽也；吾之君臣义矣，而天下有未义者焉，吾心未尽也；吾之夫妇别矣，长幼序矣，朋友信矣，而天下有未别、未序、未信者焉，吾心未尽也；吾之一家饱暖逸乐矣，而天下有未饱暖逸乐者焉，其能以亲乎？义乎？别、序、信乎？吾心未尽也。故于是有纪纲政事之设焉，有礼乐教化之施焉，凡以裁成辅相、成己成物，而求尽吾心焉耳。心尽而家以齐，国以治，天下以平。故圣人之学不出乎尽心。禅之学非不以心为说，然其意以为是达道也者，固吾之心也，吾惟不昧吾心于其中则亦已矣，而亦岂必屑屑于其外；其外有未当也，则亦岂必屑屑于其中。斯亦其所谓尽心者矣，而不知已陷于自私自利之偏。是以外人伦，遗事物，以之独善或能之，而要之不可以治家国天下。①

在阳明看来，佛教与圣人之学都以"求尽显其心"为事，但是，二者是有差别的，那就是圣人之学"尽其心"是以天地万物为一体，所谓以天地万物为一体，就是亲父母还亲他人，否则就是心未尽；由于心未尽，所以，为了使"心尽"，圣人之学就有纪纲政事之设，有礼乐教化之施，加以裁成辅相、成己成物。佛教尽心与儒学尽心是完全不同的，佛教虽然也以"心"为说，但佛教所谓"尽心"，只停留于"心"而已；佛教认为，不昧于吾心就不错了，怎么还能劳困于"心"外的事情，而"心"外之事又未必相当，难道就一定要劳困于"心"吗？这就是佛教所谓"尽心"，实际上已陷入自私自利之偏。因此，像佛教这样外人伦、遗物事之学，独善其身或许还可以，但要它齐家治国平天下是不可能的。

比如，佛教号称可以使人清心绝欲、求全性命，那为什么它对当时社会民众之困苦毫无办法呢？王阳明说："以为其道能使人清心绝欲，求全性命，以出离生死；又能慈悲普爱，济度群生，去其苦恼而跻之快乐。今灾害日兴，盗贼日炽，财力日竭，天下之民困苦已极。使诚身得佛氏之道而拯救之，岂徒息精养气，保全性命？岂徒一身之乐？将天下万民之困苦，亦可因是而苏息！"②再如，佛教自称明心见性，但既不见其实地用功，也不见其实际成效。王阳明说："区区'格致诚正'之说，是就学者本心日用事为间，体究践履，实地用功，是

---

① 〔明〕王守仁：《重修山阴县学记》，《王阳明全集》卷七，吴光等编校，第286—287页。
② 〔明〕王守仁：《谏迎佛疏》，《王阳明全集》卷九，吴光等编校，第326页。

多少次第、多少积累在，正与空虚顿悟之说相反。"①与儒家"格致诚正"之说比较，佛家"明心见性"就是空疏之学。

概言之，王阳明肯定佛教心性之学是"自得"之学，是独善其身之学，而且，这种"自得"之学对于他进入圣人之学产生过积极作用。但是，他仍然认为，佛教心性之学是空疏而不究实用的，对于齐家治国平天下毫无积极意义。不过，王阳明的这种理解和判断还是存在很大问题。问题就在于，他将佛教心性之学放在现实层面拷问，见的是什么"心"？明的是什么"性"？其中有无"理"？是不是遵守伦理？是不是履行责任？是不是能解决现实中的难题？很遗憾，王阳明没有找到想要的答案。这样，佛教心性之学在阳明的心里就从"自得"之学转变成了"空疏"之学、无用之学。然而，佛教就是佛教，它不能做、也无法做不属于它做的事情，就是说，王阳明从儒家经世致用之学去认识、进而否定佛教心性之学的价值，是以马之用要求牛之体，是不符合佛教本身特质的。

（五）毫厘之差，还是天壤之别？

佛教、儒学关系是宋明儒家学者必须面对且必须回答的课题，王阳明自然不能例外："大抵二氏之学，其妙与圣人只有毫厘之间。"②"毫厘"之间，也就是一个小小的差别，这个小的差别在哪里呢？请看王阳明的回答。

就"动静"言，佛、儒各有其"动静"，二者的差别在何处呢？这正是王阳明一位学生的疑问："儒者到三更时分，扫荡胸中思虑，空空静静，与释氏之静只一般，两下皆不用，此时何所分别？"③儒者静坐到三更时分，心中便空无一切，与佛教没有了差别。王阳明不同意这个说法："动静只是一个。那三更时分，空空静静的，只是存天理，即是如今应事接物的心。如今应事接物的心，亦是循此天理，便是那三更时分空空静静的心。故动静只是一个，分别不得。知得动静合一，释氏毫厘差处，亦自莫掩矣。"④王阳明认为，在儒学这里，动也是静，静也是动，动静一体，为什么？因为儒者在静的时候还是应物接事，还是存天理，所以儒学的

---

① 〔明〕王守仁：《传习录中》，《王阳明全集》卷二，吴光等编校，第46页。
② 〔明〕王守仁：《传习录上》，《王阳明全集》卷一，吴光等编校，第42页。
③ 〔明〕王守仁：《传习录下》，《王阳明全集》卷三，吴光等编校，第111页。
④ 〔明〕王守仁：《传习录下》，《王阳明全集》卷三，吴光等编校，第111页。

"动静"是一。换言之，儒学不存在不应事接物的静，不存在空洞的静，而佛教静时没有"天理"，所以是不应事接物，所以是空洞无物，所以它的动静是分离的。这就是儒佛差之毫厘处。

就"觉悟"言，佛、儒各有其"觉悟"，二者有无差别呢？王阳明作了肯定回答，他说："'觉悟'之说虽有同于释氏，然释氏之说亦自有同于吾儒，而不害其为异者，惟在于几微毫忽之间而已。"①"觉悟"对于儒学、佛教言，虽有相同，但这并不能掩饰它们的差别。曾有人认为象山的"觉悟"与佛教的"觉悟"没有差别，从而指责象山心学为禅。王阳明回应说，象山之"觉悟"虽然在形式上类似禅宗之"觉悟"，但在内容上仍然是孔孟之学，仍然有"理"，所以不是空虚。从王阳明自己的"觉悟"看，他悟的是"格物致知"之旨，悟的是"圣人之道，吾性自足，向之求理于事物者误也"，也就是说，王阳明"觉悟"的对象是"理"。因此，在王阳明这里，儒佛在"觉悟"上的差别，就是儒者悟的是"理"，佛教悟的是"空"。

就"养心"而言，佛、儒各有其"养心"，但二者还是不同的。"吾儒养心，未尝离却事物，只顺其天则自然，就是功夫。释氏却要尽绝事物，把心看做幻相，渐入虚寂去了。与世间若无些子交涉，所以不可治天下。"②差别就在儒学"养心"，是不离事物而养，是顺天则自然而为，是以治天下为目的；佛教"养心"不是如此，佛教是离事物而养，把"心"看成幻相，所以陷于空寂。"盖圣人之学无人己，无内外，一天地万物以为心，而禅之学起于自私自利，而未免于内外之分；斯其所以为异也。今之为心性之学者，而果外人伦，遗事物，则诚所谓禅矣；使其未尝外人伦，遗物事，而专以存心养性为事，则固圣门精一之学也，而可谓之禅乎哉！"③佛教心性之学"外人伦、遗物事"，儒家心性之学"守人伦、尽物事"，二者的差别还是"理"之有无。

由上可以看出，在动静、觉悟、养心等方面，佛教与儒学存在相似的地方，但差别也是显著的，那就是佛教遗弃物事，没有"理"，不可以治天下。所以，儒学、佛教主要的不是异同问题，而是是非问题：

---

① 〔明〕王守仁：《答徐成之二》，《王阳明全集》卷二十一，吴光等编校，第890页。
② 〔明〕王守仁：《传习录下》，《王阳明全集》卷三，吴光等编校，第121页。
③ 〔明〕王守仁：《重修山阴县学记》，《王阳明全集》卷七，吴光等编校，第287页。

（郑德夫）问于阳明子曰："释与儒孰异乎？"阳明子曰："子无求其异同于儒、释，求其是者而学焉可矣。"曰："是与非孰辨乎？"曰："子无求其是非于讲说，求诸心而安焉者是矣。"曰："心又何以能定是非乎？"曰："无是非之心，非人也。口之于甘苦也，与易牙同；目之于妍媸也，与离娄同；心之于是非也，与圣人同。其有昧焉者，其心之于道，不能如口之于味、目之于色之诚切也，然后私得而蔽之。子务立其诚而已。子惟虑夫心之于道，不能如口之于味、目之于色之诚切也，而何虑夫甘苦妍媸之无辨也乎？"曰："然则'五经'之所载，'四书'之所传，其皆无所用乎？"曰："孰为而无所用乎？是甘苦妍媸之所在也。使无诚心以求之，是谈味论色而已也，又孰从而得甘苦妍媸之真乎？"①

佛儒不在同异，而在是非，但是非由"心"而定，"心"诚而与圣人同。经书只是甘苦妍媸，诚心求之方得其正。在这里，王阳明强调"心"诚是一个人能够真切地识得"道"的根本，"心"诚，甘苦美丑自然呈现于眼前。"心"诚是本体，"心"诚才能辨是非，但"心"有昧的话，就不如口、目来得真切，就是求之经书，也只是谈味论色而已。因此，佛儒之间有同者并不能说明佛教怎么好，有异者也不能说明佛教怎么坏；重要的是观其"是"，察其"非"。这样，"几微毫忽"之间，虽差之毫厘，可能谬以千里。

儒佛之间，不仅有同异，更有是非。在异同、是非之间，怎么安置它们的关系？王阳明提出了个"三间共为一厅"的比喻：

说兼取便不是。圣人尽性至命，何物不具？何待兼取？二氏之用，皆我之用。即吾尽性至命中完养此身，谓之仙；即吾尽性至命中不染世累，谓之佛。但后世儒者不见圣学之全，故与二氏成二见耳。譬之厅堂，三间共为一厅，儒者不知皆我所用，见佛氏则割左边一间与之，见老氏则割右边一间与之，而己则自处中间，皆举一而废百也。圣人与天地民物同体；儒、佛、老、庄皆吾之用，是之谓大道。二氏自私其身，是之谓小道。②

---

① 〔明〕王守仁：《赠郑德夫归省序》，《王阳明全集》卷七，吴光等编校，第266页。
② 〔明〕王守仁：《传习录拾遗》，《王阳明全集》卷三十二，吴光等编校，第1301页。

在阳明看来，圣人之学完备不缺，所以不能说"兼取"佛教、仙家中有益的东西，因为佛教、仙家中有益者，完全可从圣学中推演出来，如在尽性至命中完善此身，即为仙，在尽性至命中不染世界，即为佛，也就是说，佛教所有的，完全可从儒学中获得，因而无须"兼取"。因此，那种把儒、佛、仙分成一房三厅的观念是错误的，因为这样做就会导致"举一废百"之后果。事实上，只有儒、佛、仙都为儒者所用时，才叫作"大道"。不难看出，在王阳明的观念中，佛教的功能及其效果，完全可以在儒学的展开中实现，因而佛教在王阳明思想世界并没有独立的主体地位。

王阳明甚至认为，仙家之"虚"、佛教之"无"，不能加进儒学的"实"和"有"，如果勉强加入，就会丧失它们的本色，他说：

> 仙家说到虚，圣人岂能虚上加得一毫实？佛氏说到无，圣人岂能无上加得一毫有？但仙家说虚，从养生上来；佛氏说无，从出离生死苦海上来：却于本体上加却这些子意思在，便不是他虚无的本色了，便于本体有障碍。圣人只是还他良知的本色，更不着些子意在。良知之虚，便是天之太虚；良知之无，便是太虚之无形。日月风雷山川民物，凡有貌象形色，皆在太虚无形中发用流行，未尝作得天的障碍。圣人只是顺其良知之发用，天地万物，俱在我良知的发用流行中，何尝又有一物超于良知之外，能作得障碍？①

"太虚无形"，是张载用于批判佛教的概念。在张载看来，世界上根本不存在佛教所讲的绝对的"空虚"，即便被人们看成是"空虚"的东西，其实还是"有"（物），这个"有"（物）就是细微的"气"。我们可以说，王阳明在这里以"太虚无形"形容良知，而拒绝等同于佛教的虚无，无非是说，"良知"之为本体，虽有虚无之象，但它仍然是"造化的精灵"，山间所有"貌象形色"之物无不在良知的发用流行中，而且各得其所，然其所然。可见，"良知"之为本体与佛教是有着根本性差别的，而佛教在其思想世界中的位置也就一目了然。

---

① 〔明〕王守仁：《传习录下》，《王阳明全集》卷三，吴光等编校，第121页。

（六）修己明道以应对

对于王阳明而言，佛教是不理物事之学，是遗弃伦理之学，是偏执之学，是空疏之学。然而，就是这种违背常理的"异端邪说"，竟然吸引了无数人的心。这不能不让王阳明忧虑。不过，化解这种忧虑还是需要拿出具体的办法来。王阳明非等闲之辈，在应对佛教的挑战上，既继承了前辈儒者的智慧，也有自己的创造发明。

其一，占据阵地。佛教的发展和传播，需要寺庙；儒学的发展和传播，需要学堂。可是，自佛教进入中国之后，传播儒学的学堂一个接一个地消失，传播佛教的寺庙一个接一个地兴起，真所谓"此消彼长"，这委实让王阳明气愤和担忧。事实上，北宋初年的欧阳修就大力将寺庙改为学堂，随后，李觏、张载、胡宏、张栻都提出过类似主张。①王阳明继承了这一优良传统，极力主张恢复学堂、书院：

> 夫龟山没，使有若先生者相继讲明其间，龟山之学，邑之人将必有传，岂遂沦入于老佛词章而莫之知！求当时从龟山游不无人矣，使有如华氏者相继修葺之，纵其学未即明，其间必有因迹以求道者，则亦何至沦没于四百年之久！又使其时有司有若高君者，以风励士习为己任，书院将无因而圮，又何至化为浮屠之居而荡为草莽之野！②

东林书院如果能继承杨时的讲学传统，这里的人们怎么可能陷于佛老词章呢？如果有人像高氏那样以教化百姓为己任，东林书院怎么会成为佛教僧人住宿、传教的场所呢？不难看出，王阳明对儒家书院变成佛教寺庙非常郁闷，因为书院变成了寺庙，不仅意味着儒家学者没有传道的场所，也意味着普通百姓没有学习礼仪制度的场所，更意味着僧人可以随心所欲地传播佛法，意味着越来越多的百姓将皈依佛门。这种景象是阳明所不能容忍的。可见，"占据阵地"是其应对佛教的策略之一。

其二，自修其身。怎么样占据阵地？王阳明认为，主体素质的提升是关键：

---

① 参见李承贵：《儒士视域中的佛教：宋代儒士佛教观研究》，宗教文化出版社2007年版，第111—238页。
② 〔明〕王守仁：《东林书院记》，《王阳明全集》卷二十三，吴光等编校，第990页。

> 孟子曰:"经正则庶民兴,庶民兴,斯无邪慝矣。"今不皇皇焉自攻其弊,以求明吾夫子之道,而徒以攻二氏为心,亦见其不知本也夫!生复言之,执事以攻二氏为问,而生切切于自攻者,夫岂不喻执事之旨哉?《春秋》之道,责己严而待人恕;吾夫子之训,先自治而后治人也。①

所谓"经正则庶民兴",就是把老百姓兴旺的前提归于"经正",而"经正"实际上是要求人正,要求领导者正;所谓"自攻其弊",就是检讨自己,通过检讨自己,克服自身缺点,发展自身优点;所谓"先自治后治人",就是强调先把自己的素质提高、完善,才谈得上战胜他人。相反,如果主体素质不高,不仅陷于异端而不自知,而且还会使好的学说导致坏的结果。王阳明指出:

> 今夫二氏之说,其始亦非欲以乱天下也;而卒以乱天下,则是为之徒者之罪也。夫子之道,其始固亦欲以治天下也,而未免于二氏之惑,则亦为之徒者之罪也。……今夫夫子之道,过者可以俯而就,不肖者可以企而及,是诚行之万世而无弊矣;然而子夏之后有田子方,子方之后为庄周,子弓之后有荀况,荀况之后为李斯,盖亦不能以无弊,则亦岂吾夫子之道使然哉?故夫善学之,则虽老氏之说无益于天下,而亦可以无害于天下;不善学之,则虽吾夫子之道,而亦不能以无弊也。②

为什么有人会陷于佛老?就在于人们不能认识佛老的问题出在"专于为己而无意于天下国家",自己做到仁义就可以了,天下人做不做得到仁义就不管了,是"置其心于都无较计之地",致使稀里糊涂地陷于佛老而不自知。就儒学言,由子夏到田子方,由田子方到庄周,由子弓到荀子,由荀子到李斯,儒学名声逐渐变坏,其原因就在于主体素质不高。可见,一种学说有益无益于天下,完全取决于主体善不善于学习,完全取决于主体善不善于应用,完全取决于主体素质之状况。

其三,明了圣道。朱熹曾经说,要战胜佛教,首先要把自家的东西搞明白,如果能把圣人之学搞明白,使其内化于心,佛教是侵袭不进来的。王阳明继承了这一观念:

---

① 〔明〕王守仁:《(附)山东乡试录》,《王阳明全集》卷二十二,吴光等编校,第950—951页。
② 〔明〕王守仁:《(附)山东乡试录》,《王阳明全集》卷二十二,吴光等编校,第950页。

> 然则天下之攻异端者，亦先明夫子之道而已耳。夫子之道明，彼将不攻而自破，不然，我以彼为异端，而彼亦将以我为异端，譬之穴中之斗鼠，是非孰从而辨之？今夫吾夫子之道，始之于存养慎独之微，而终之以化育参赞之大；行之于日用常行之间，而达之于国家天下之远。人不得焉，不可以为人，而物不得焉，不可以为物，犹之水火菽帛而不可一日缺焉者也。然而异端者，乃至与之抗立而为三，则亦道之不明者之罪矣。道苟不明，苟不过焉，即不及焉。过与不及，皆不得夫中道者也，则亦异端而已矣。而何以攻彼为哉？①

既然异端之产生在于人的识见上的问题，那么一种学说本身价值的消极与积极不在自身，而在主体；而主体对圣人之道的"无明"，才是无法与佛教对抗的根本原因。因此，攻击异端，应该掌握圣人之学，使圣人之学了然于心，使自己的思想得到充实强大，如是，佛教不仅无法侵袭进来，而且将不攻自破。

其四，儒佛优劣。有明一代，信奉佛教者比比皆是，其中也包括高高在上的皇帝，原因在于他们认为佛教有许多优点，有许多让他们着迷的地方。王阳明为了让人们远离佛教，回归圣人之学，不得不对佛教的"缺陷"予以揭露：

> 夫西方之佛，以释迦为最；中国之圣人，以尧、舜为最。臣请以释迦与尧、舜比而论之。夫世之最所崇慕释迦者，莫尚于脱离生死，超然独存于世。今佛氏之书具载始末，谓释迦住世说法四十余年，寿八十二岁而没，则其寿亦诚可谓高矣；然舜年百有十岁，尧年一百二十岁，其寿比之释迦则又高也。佛能慈悲施舍，不惜头目脑髓以救人之急难，则其仁爱及物，亦诚可谓至矣；然必苦行于雪山，奔走于道路，而后能有所济。若尧、舜则端拱无为，而天下各得其所。惟"克明峻德，以亲九族"，则九族既睦；平章百姓，则百姓昭明；协和万邦，则黎民于变时雍；极而至于上下草木鸟兽，无不咸若。其仁爱及物，比之释迦则又至也。佛能方便说法，开悟群迷，戒人之酒，止人之杀，去人之贪，绝人之嗔，其神通妙用，亦诚可谓大矣，然必耳提面诲而后能。若在尧、舜，则光被四表，格于上下，其至诚所运，自然不言而信，不动而变，无为而成。盖"与天地合其德，与日月合其明，与四时合其序，与鬼神合其吉

---

① 〔明〕王守仁：《（附）山东乡试录》，《王阳明全集》卷二十二，吴光等编校，第949—950页。

凶",其神化无方而妙用无体,比之释迦则又大也。①

佛教虽然也有它的长处,但与圣人之学比较,还是全面落于下风:第一,佛不如尧、舜寿命长,不值得羡慕;第二,在慈爱施舍的方法和内容上,儒学比佛教更高一筹;第三,在觉悟群生、规范众生行为、教化方法和效果等方面,儒学也优胜于佛教。既然佛的寿命不如尧舜,既然佛教施舍方法与内容不如圣人之学,既然在教化民众、觉悟群生方面,佛教并不比圣人之学高明,那么,上至皇帝,下至百姓,还有什么必要皈依佛门呢?

王阳明判佛教"道体"为支离,判佛教"无念"为著相,判佛教"出家"为自私,判佛教"心性"为空疏,并提出了"占据阵地""自修其身""明了圣道""儒长佛短"等一系列抑制、排斥佛教的策略,其对佛教之态度已是昭然若揭;而在分辨、处理儒学与佛教关系上,王阳明一句"佛儒不在异同,而在是非",即将佛教降为异端邪说,即便其尚有"自得"之处,还是连占据"一厅"的资格都没有。而在这些"判定"和"分辨"之中,所呈现的是王阳明对佛教义理理解的肤浅和片面。尽管在王阳明心学体系中,似乎处处都可以找到佛教禅宗的印记,以致使人们千篇一律而又毫无迟疑地认为,心学是佛教禅宗的藏身之地,阳明心学与佛教禅宗不过半斤八两。然而本文的初步探讨及所显示的问题,或许提醒我们需要有检讨进而纠正俗见的勇气,以求得对阳明心学与佛教关系之完整认识。

〔原载《中山大学学报(社会科学版)》2010年第5期〕

---

① 〔明〕王守仁:《谏迎佛疏》,《王阳明全集》卷九,吴光等编校,第327—328页。

五、高攀龙的佛教观及其儒学本色

高攀龙（1562—1626），江苏无锡人，明代思想家，东林学派代表人物之一。就思想的深度与广度言，东林学子中无出其右者。诚如黄宗羲所说："东林之说，泾阳导其源，景逸始入细。"①事实上，在对佛教的认知、理解和评价方面，高攀龙也有自己的特色。本文拟对高氏佛教观做一初步探讨，并由此观其思想的儒学特色。

（一）佛教义理之失

在历史上，认同佛教教义繁富而精深的儒士是大有人在的，如柳宗元、王通、陆象山、王阳明等；但另一方面，对佛教教义进行猛烈批评的儒士也不在少数，如韩愈、李觏、张载、朱熹等。那么，高攀龙是如何认知、理解、评价佛教义理的呢？

1.佛家所言"性"空而无实。在高攀龙看来，儒家所谓"气"为道义之气，所谓"心"乃仁义之心，因而在儒家语境中，"气""心"与"性"是一物之不同表现形式。那么佛家所谓"性"与此有何不同呢？高攀龙说：

> 老氏气也，佛氏心也。圣人之学，乃所谓性学。老氏之所谓心，所谓性，则气而已。佛氏之所谓性，则心而已。非气、心、性有二，其习异也。性者，天理也，外此以为气，故气为老氏之气；外此以为心，故心为佛氏之心。圣人气则养其道义之气，心则存其仁义之心。气亦性，心亦性也。或者以二氏言虚无，遂讳虚无，非也。虚之与实，有之与无，同义而异名，至虚乃至实，至无乃至有。二氏之异，非异于此也。性，形而上者也；心与气，形而下者也。老氏之气，极于不可名不可道；佛氏之心，极于不可思不可议，皆形而上者也。二氏之异，又非异于道器也，其端绪之异天理而已。②

---

① 〔清〕黄宗羲：《东林学案二》，《明儒学案》卷五十九，沈芝盈点校，中华书局2008年版，第1450页。
② 〔明〕高攀龙：《说》，〔清〕黄宗羲：《东林学案一》，《明儒学案》卷五十八，沈芝盈点校，第1411页。

这就是说，佛教与儒学的差别，不在于谈不谈虚无，也不在于有无道器的区分，而是因为佛家所言"心"，与老学所言"气"一样，既不可被指称也不可被言说，皆属形而上者，从而使佛家所言"性"，不能有具体的落实，不能表现为具体的道德教化。因此，佛家所言"性"，不是"天理"之"性"。高攀龙说："圣人之学，所以异于释氏者，只一性字。圣人言性，所以异于释氏言性者，只一理字。理者，天理也。天理者，天然自有之条理也。故曰天叙、天秩、天命、天讨。此处差不得针芒。先圣后圣，其揆一也。"①就是说，儒家所言"性"，实有其物，这个"物"就是天理，就是仁、义、礼、智、信、忠、孝、悌、节等道德品质或道德规范，这些东西是佛教之"性"所不能包括的。

佛家所言"性"与儒家所言"性"的另一区别在于：佛家指"作用"为"性"。所谓"作用是性"，就是将人的视、听、言、动、嘻、笑、怒、骂规定为"性"。"心一也，粘于躯壳者为人心，即为识；发于义理者为道心，即为觉。非果有两心，然一转则天地悬隔，谓之觉矣。犹以为形而下者，乘于气机也。视听持行皆物也，其则乃性也。佛氏以擎拳竖拂、运水搬柴，总是神通妙用。盖以纵横竖直，无非是性，而毫厘之差，则于则上辨之，凡事稍不合则，必有不安。此见天然自有之中，毫发差池不得。若观佛氏于彝伦之际，多所未安，彼却不顾也。"②高攀龙认为，视、听、言、动者乃具体的物事，而贯注于视、听、言、动中的"理则"才是"性"。如若以视、听、言、动为"性"，则必混淆"理则"与"庸常"之差别，从而使"理则"丧失其引导之意义；如若以视、听、言、动为"性"，则视、听、言、动的恶性表现可能因为规定为"性"而得到错误的保护。所以，佛家所言"性"，不仅于彝伦之际没有实际的关怀，而且可能添乱、添害于彝伦之秩序。

2.佛家所言"善"虚而无体。何谓"善"体？儒家言"善"为本有，即言"善"就是"性"，此"善"无声无臭无文无饰。那么，佛家所言"善"为何物？高攀龙分析道："道性善者，以无声无臭为善之体，阳明以无善无恶为心之体。一以善即性也，一以善为意也，故曰'有善有恶者意之动'。佛氏亦曰'不思善，不

---

① 〔明〕高攀龙：《说》，〔清〕黄宗羲：《东林学案一》，《明儒学案》卷五十八，沈芝盈点校，第1411页。
② 〔明〕高攀龙：《论学书》，〔清〕黄宗羲：《东林学案一》，《明儒学案》卷五十八，沈芝盈点校，第1416页。

思恶'，以善为善事，以恶为恶事也。以善为意，以善为事者，不可曰明善。"①在高攀龙看来，佛家指"善"为"意"、指"善"为"事"。阳明受佛教影响，视"无恶无善"为"心"之体，实际上也是指"善"为"意"、指"善"为"事"，从而与传统儒家所言的"善体"区别开来，而与佛家一致。因而高攀龙认为，佛家虽言"善"却未必懂得"善"。

那么，儒家所言"善"是指什么呢？是天理。高攀龙说："佛氏所为善，念中善事也，与圣人言善，绝不相干。韩子曰：'彼以煦煦为仁，孑孑为义，其小之也，固宜。'如佛氏所谓善，其无之也，亦宜。"②佛家虽也言"善"，主张不杀生、不偷盗、不邪淫、不妄语、不饮酒，但充其量是独善其身。儒家则不同，儒家不仅有"内圣"的要求，还有"外王"的期盼，即不仅对个人有较高的道德要求，还有将道德普世的义务，还有把社会建设好以改善人民生活的义务，所谓正德、利用、厚生，三者缺一非儒学也。此也即是儒家的"天理"。所以高攀龙认为，佛家根本就不懂儒家之道的真谛，他说："佛说多端，约其大义，只'无声无臭'四字，足以蔽之。圣人在人伦庶物中，物还其则，而我无与焉？终日酬酢万变，实无一事也。畏天命，悲人穷，汲汲皇皇，那有闲工夫在深山浚谷、大家团圞头共说无生话也。谓孔孟为才人，谓佛经皆孔孟不及道，其小视孔孟甚矣！吾以为孔孟道及处，学佛者不能知；其不肯道及处，学佛者不能知；其不屑道及处，学佛者不能知。"③儒家圣人一生劳碌奔波，四处游说，遇险不惧，遇危不退，为了天下的太平而不辞辛劳，哪有工夫像佛教的高僧大德那样端坐在庙宇里念念有词地优哉游哉呢？所以，等孔孟为一般才人，以为佛经是孔孟难及之道，是大错特错了。事实上，孔孟之道所达到的境界，所不欲达到的境界，所不屑达到的境界，都是那些痴迷于佛教的人所不能领悟到的。

不过，人可能有时会丧失本有善性，孟子认为一旦有这种情况发生，人应主动将本有善性寻找回来，这就是儒家"致良知"之说基本内容。而如何将本有善性寻找回来，却是大有学问。《大学》言"致知在格物"，也就是说，"致知"是通过"格物"而实现的。高攀龙据此认为，王阳明所言"致良知"，并不在于穷究事物

---

① 〔明〕高攀龙：《说》，〔清〕黄宗羲：《东林学案一》，《明儒学案》卷五十八，沈芝盈点校，第1406页。
② 〔明〕高攀龙：《论学书》，〔清〕黄宗羲：《东林学案一》，《明儒学案》卷五十八，沈芝盈点校，第1414页。
③ 〔明〕高攀龙：《异端辨》，《高子遗书》卷三，凤凰出版社2011年版，第59—60页。

之理，而是像佛教那样以"知"本身为目的，从而陷于无聊的争论游戏中，当然也就偏离了儒家致知在于求善的目标。"谈良知者，致知不在格物，故虚灵之用，多为情识，而非天则之自然，去至善远矣！吾辈格物，格至善也。以善为宗，不以知为宗也。故'致知在格物'一语，而儒禅判矣。"①因此，在通向"善"的途径与手段上，佛教与儒学也是大相径庭的。

（二）佛儒不是一家

佛儒能否视为一家？不少佛教高僧为了开拓佛教在中国的"销售"市场，对此问题不仅给予了肯定回答，而且进行了广泛的论证，如慧远就竭力论证佛教儒学的一致性。但"佛儒一家"作为处理佛儒关系的一种说法，其支持者毕竟不是占大多数。高攀龙就对"佛儒一家"说持否定态度。

在高攀龙看来，无论是从历史经验，还是从佛教、儒学在中国历史上出现时间的先后，抑或从佛、儒互动的内容看，佛教与儒学都不可能是一家。高攀龙说：

> 自有开辟以来，圣帝明王相继为治，地平天成，民安物阜，不闻有所谓佛也，不待有所谓佛也。圣人之道不明不行，而后二氏乘隙而惑人。昔之惑人也，立于吾道之外，以似是而乱真；今之惑人也，据于吾道之中，以真非而灭是。昔之为佛氏者，尚援儒以重佛；今之为儒者，且轩佛以轻儒。其始为三教之说，以为与吾道列而为三，幸矣！其后为一家之说，以为与吾道混而为一，幸矣！今且摈之为凡，摈之为外，而幼之、而卑之、而疏之，然则天下孰肯舍圣人而甘为凡夫，舍尊长而甘为卑小，舍亲而就其疏也。呜呼！用夷变夏，至此极矣！斯言不出于夷狄而出于中国，不出于释氏之徒而出于圣人之徒，是可忍也，孰不可忍也？②

从历史上看，自天地开辟以后，继有圣明君主为治，国泰民安，财丰物阜，根本就没有什么佛教，在先秦时期，有儒家之学，有道家之学，有墨家之学，有名家

---

① 〔明〕高攀龙：《论学书》，〔清〕黄宗羲：《东林学案一》，《明儒学案》卷五十八，沈芝盈点校，第1420页。
② 〔明〕高攀龙：《异端辨》，《高子遗书》卷三，第60页。

之学等，佛家之学正是乘儒学式微之机而进入中国的。从实际的较量上看，佛教迷惑民众的形式，由道外到道内，由援儒重佛到轩佛轻儒；由对儒学的态度上看，开始与儒学并列为三，后有与儒学混而为一，再后来则喧宾夺主，反而视儒学为凡俗、为外道，鄙视它，疏远它。何以能说佛儒是一家呢？

当时有一种观点，认为儒释道三教都以"一"为宗，故三教是一家。但高攀龙不这样看，他说："此说鄙陋之极，不必为剖。吾且据其说佛者问之：一者何耶？以为有物耶？无物耶？以为有物，则不识一；以为无物，既无物矣，又有何物超乎一之外乎？所见如此，而徒为张大之说，以诳惑后生，罪可胜诛也耶？"①在高攀龙看来，如果视"一"为有物，那就是不知道"一"何以为"一"；如果视"一"为无物，"一"既然是无，那么"一"之外就别无他物了。因此，佛家热衷于谈"一"，本质上是以"一"为话源而展开玄不可测、无休无止而毫无内容的辩论。这与儒家所言"一"当然是相差十万八千里了。

高攀龙还对那种将佛教与儒学随意比附的行为进行了揭露和批评，他说：

> 此翁（管东溟）一生命脉只在统合三教，其种种开阖不过欲成就此局。拈出一个周元公，是欲就道理上和合；拈出一个高皇帝，是欲在时势上和合；拈出"群龙无首"，则欲暗夺素王道统，而使佛氏阴篡飞龙之位；拈出"敦化川流"，则欲单显毗庐性海，而使儒宗退就川流之列。其他尊儒者不过局面上调停，引儒者之言不过疑似上附合。故无极太极近于虚空法界，则宗之；朝闻夕死近于生死大事，则宗之。然其所谓太极，所谓道，即所谓毗庐遮那者是也。至于阳尊程朱，阳贬狂禅，而究竟则以程朱之中庸、五宗之佛性并斥，更是其苦心勤力处，欲使辟佛者更开口不得也。然举要而言，则枉却一生，劳攘到底，三教殊科耳。②

周元公即周敦颐，周敦颐有"无极而太极"③之说，高攀龙认为管东溟是将"无极而太极"比附佛家的"虽无而非无，无者不绝虚；虽有而非有，有者非真有"，这是从道理上和合佛教与儒学。高皇帝即朱元璋，朱元璋不仅与佛僧友善，

---

① 〔明〕高攀龙：《异端辨》，《高子遗书》卷三，第60页。
② 〔明〕高攀龙：《答泾阳论管东溟》，《高子遗书》卷八上，第155页。
③ 〔宋〕周敦颐：《太极图》，《周敦颐集》卷一，陈克明点校，中华书局1990年版，第1页。

而且提出过"佛仙之幽灵，暗助王纲"①的主张，所以高攀龙认为管东溟是从事务上和合佛教与儒学。"群龙无首"乃《易》乾卦用九之爻辞，管东溟将"群龙无首"与佛教"我当于一切众生中为首为胜"比附，这是在价值追求上的和合佛教与儒学。将《中庸》"敦化川流"与佛教"毗庐性海"加以比附，这是在义理功能上的和合佛教与儒学。高攀龙认为，管东溟所做的一切，都在于抬高佛教而抑制儒学。然而这是不能得逞的，因为儒学毕竟与佛教不同，它们成为一家的可能性是不存在的。所以高攀龙好心相劝那些痴迷于使儒佛成一家的学者，不要做无为的工夫："足下（刘直州）契禅独深，而好观《程氏遗书》，先入之言，主张于内，为力甚难，倘于高明未合，愿姑舍之。万勿援释合儒，为孔门大罪业。今之阳崇儒而阴从释，借儒名以文释行者大炽，足下才高力强，尤太可虑。与其似是乱真，则不若静守禅宗。"②

（三）佛教之害

佛教在义理上的特点，规定了佛教的盛行可能给社会带来危害。对于佛教的危害，在高攀龙以前，已有不少儒士进行了批评和揭露。高攀龙继承了前人的思想，对佛教的危害给予了揭示与批评。

其一，不理是非。由儒学的主张看，世俗生活中即有是是非非，这是不以人的主观愿望而转移的，因而人要做的不是回避它、诅咒它，而是应积极主动地面对它、解决它。佛教的态度可不是这样，佛教对世俗生活及其是非的态度是：皆是幻妄。所以在实际行动上便表现为离妻去子、遁迹隐形、不谴是非。正如高攀龙所说："佛氏最忌分别是非，如何纪纲得世界？纪纲世界，只是非两字，亘古亘今，塞天塞地，只是一生机流行，所谓易也。"③因而在高攀龙看来，指望佛教对社会秩序有所贡献是不可能的。

其二，蔑视礼法。儒家隆"礼"，重视"礼"的社会教化作用，但儒家从来就

---

① 〔明〕朱元璋：《三教论》，石峻等编：《中国佛教思想资料选编·宋元明清卷》，中华书局2014年版，第231页。
② 〔明〕高攀龙：《论学书》，〔清〕黄宗羲：《东林学案一》，《明儒学案》卷五十八，沈芝盈点校，第1420页。
③ 〔明〕高攀龙：《语》，〔清〕黄宗羲：《东林学案一》，《明儒学案》卷五十八，沈芝盈点校，第1406页。

没有否定"法"对改造社会的作用。换言之，儒家事实上把"礼"与"法"看成治理社会缺一不可的两翼，只是有轻重缓急之不同而已。但佛教不仅不重视礼制和法制，而且视其为累赘多余，视为负担视为牢笼。高攀龙说："一日克己复礼，无我也。佛氏曰'悬崖撒手'，近儒亦曰'拼'，皆似之而实非。何者？以非圣人所谓复礼也。或曰：'真为性命，人被恶名埋没一世，更无出头，亦无分毫挂带。'此是欲率天下入于无忌惮，其流之弊，弑父与君，无所不至。"①可见，佛教徒只图个人的轻松快活，无拘无束，放荡不羁，而将社会的责任抛到九霄云外。

其三，汲汲私利。儒家主张大公无私，提倡为社会为公众服务，表彰为他人牺牲的奉献精神。与此相比，佛教的境界就低多了。何出此言呢？高攀龙认为，佛教所谓生死轮回说，名义上是引导众生超生脱死，事实上是执着于生死、贪生怕死，是汲汲私利的表现。"感应所以为鬼神，非有鬼神以司感应。圣人以天理如是，一循其自然之理，所以为义；佛氏以因果如是，慑人以果报之说，所以为利。"②佛教的自私特征由此可见一斑了。

其四，薄情无义。儒家注重世俗社会中的人伦关系，主张敬长爱幼，父慈子孝，使人们过着一种温情生活是儒家的基本追求。佛教不然，佛教以万法为妄，以人生为幻，从而对世俗生活中人与人之间本有的伦理关系极为蔑视。高攀龙说："尧舜之道，孝弟而已，孟子指出孩提爱敬是最初最真处，以是为妄，何所不妄？仁义智礼乐，其实只事亲、从兄二者，二者既妄，五者皆伪人道尽灭矣！几何而不胥为禽兽也，真常寂照，将焉用之？"③就是说，佛教连起码的孝敬父母、友爱兄弟都做不到，这若不是将自己矮为禽兽，又能作何理解呢？

（四）儒学本色

与传统的温和的儒家相比，东林学派对社会问题的看法和解决方式都表现得较为偏激，也对传统儒学某些方面进行了修正和批评，以致使某些学者对东林学派的儒家本色提出了质疑。那么，东林学派是否真的丧失了儒家本色呢？本文以高攀龙

---

① 〔明〕高攀龙：《语》，〔清〕黄宗羲：《东林学案一》，《明儒学案》卷五十八，沈芝盈点校，第1407页。
② 〔明〕高攀龙：《杂说》，〔清〕黄宗羲：《东林学案一》，《明儒学案》卷五十八，沈芝盈点校，第1424页。
③ 〔明〕高攀龙：《异端辨》，《高子遗书》卷三，第59页。

的佛教观为例,对此问题予以简要的应答。

拒排佛法,力护儒道。高攀龙思想儒学本色的第一鲜明表现,就是坚持儒家的道统立场,呵护儒学,排斥佛教。在高攀龙看来,佛教不仅在义理上存在不足,在实践上更是有害于社会、有害于人生,他说:"乙巳仲夏,余游武林,寓居西湖,见彼中士人半从异教,心窃忧之。问其所从,皆曰'莲池',问其教出所著书数种,多抑儒扬释之语,此僧厚禀于学宫,一旦叛入异教,已为名教所不容,而又操戈反攻,不知圣人之教何负于彼庠序之养育,何负于彼,而身自叛之,又欲胥天下而叛之,如此之亟也。因摘取其言,各剖破之,又有竭力专诋朱夫子者,另为一书尚未得也。"①这段话描述的是余杭一带人们纷纷皈依佛教的景象,其中还有出身儒门却反讥儒学的名士。高攀龙对此,一者窃忧之,二者憎恨之,三者批驳之,足见其护儒拒佛立场之坚定与执着。

斥佛学之空,挺儒学之实。高攀龙思想儒学本色的第二鲜明表现是坚守儒学实用特征。我们知道,儒学的最大特征也是最大优点,就是不尚空谈,既要求内圣,也不放弃外王,为学的动力是正德、利用、厚生,为学的目标是齐家、治国、平天下。高攀龙认为,佛教视万法为空,以万物为幻。所言"性"不是天理,没有道德伦理的内容,故为空;所言"善"不是天理,也没有实际的内容,故为虚。所以,佛教经籍虽浩如烟海,但却无一实理;大小僧尼虽忙忙碌碌,却两手空空。

竭力儒典,开辟新途。高攀龙思想儒学本色的第三表现是潜心儒家经典,对儒家经典进行新的诠释,为儒学发展开辟新的天地。"学问并无别法,只依古圣贤成法做去,体贴得身上来。"②那么,高攀龙在哪些方面为儒学发展做出了积极贡献呢?

第一,提出"心物合一"论,以综合心学、理学之长。我们知道,心学主张"心"为本体,在工夫上提倡尊德性;理学主张以"理"为本体,在工夫上提倡道问学。二者各有所长也各有所偏。因此,"心物合一"论的提出,一方面有助于克服心学、理学的弊端而综合它们的长处,另一方面则将内圣工夫与外王实践融为一体,使儒学实用价值理念得以落实。

---

① 〔明〕高攀龙:《异端辨》,《高子遗书》卷三,第59页。
② 〔明〕高攀龙:《会语》,〔清〕黄宗羲:《东林学案一》,《明儒学案》卷五十八,沈芝盈点校,第1434页。

第二，提出"本体工夫合一"论，但又强调工夫的层次性，这使得其工夫论与佛教的工夫论、心学的工夫论区别开来。从而使得本体不再是光秃秃的"孤家寡人"，而工夫也不再是一念的神秘觉悟。以上两点也许在儒学发展史上不具有特别重大意义，但它足以说明高攀龙思想的儒学特质。

黄宗羲有一评价较准确地反映了高攀龙在诠解儒学义理上的努力："乙未春，自揭阳归。取释、老二家参之，释典与圣人所争毫发。其精微处，吾儒具有之，总不出'无极'二字；弊病处，先儒具言之，总不出'无理'二字。观二氏而益知圣道之高，若无圣人之道，便无生民之类，即二氏亦饮食衣被其中而不觉也。"①高攀龙将佛教与儒学进行比较，结果发现，所谓佛教精微之义理，仅表现在对"太极"的论述上，而这在儒学中毫无欠缺；凡属佛教弊病处，则表现在对"天理"的认知上，而这在儒学中俱无。不仅如此，高攀龙对那种为了回避佛教之弊而损害儒学主张的行为也提出了批评："伊川说游魂为变，曰：'既是变，则存者亡，坚者腐，更无物也。'此殆不然，只说得形质耳。游魂如何灭得？但其变化不可测识也。圣人即天地也，不可以存亡言，自古忠臣义士，何曾亡灭？避佛氏之说，而谓贤愚善恶，同归于尽，非所以教也。况幽明之事，昭昭于耳目者，终不可掩乎？张子曰：'《大易》不言有无，言有无，诸子之陋也。'"②佛教有轮回转世说，伊川为了回避佛教这一主张而言"游魂"可变可灭。高攀龙则认为这是违背儒家理念的，因为圣人的精神、忠诚义士的精神是不会变灭的。

对佛教的误读。如上讨论表明，高攀龙思想的儒学本色是毋庸置疑的，不过也许正因为高攀龙过多地信赖儒学，把儒学奉为至上的真理，而忽略了对佛教同情的了解，从而导致他对佛教的误读。

高攀龙对佛教的误读主要有以下几个方面的表现：其一是对佛教"性"论的误读。佛教讨论的是佛性，认为人皆有佛性，甚至提出无情有性，就是说，人成佛的根据是自足的。所以佛家所言"性"是一种先验的"善"。因而简单地言佛教之"性"为空是欠妥的。而就"作用是性"而言，尽管将视、听、言、动看成"性"，确有把"性"降为形而下之物的嫌疑，从而使性的"天理"内容空泛化。但如果换一个角度，所谓"作用是性"是对人的形下行为做"天理"的规定与要

---

① 〔清〕黄宗羲：《东林学案一》，《明儒学案》卷五十八，沈芝盈点校，第1401页。
② 〔明〕高攀龙：《语》，〔清〕黄宗羲：《东林学案一》，《明儒学案》卷五十八，沈芝盈点校，第1407页。

求，似乎也是可以接受的一种解释。其二是对佛教伦理观的误读。高攀龙指责佛教迫害伦理，将世俗生活中的伦理关系视为累赘，离妻弃子，不尽赡养双亲的义务。然而，在佛教的诸多经籍中，并不缺乏对世俗伦理的关心与强调；而就佛教的价值追求看，也不完全与儒家伦理构成本质性矛盾。其三是对佛教私利观的误读。高攀龙认为佛教是自私的，只顾自我修身养性，不能拿出一点实际的行动关心社会、帮助社会。佛教确实主张僧徒出家，以修炼为目标，实践内圣之学。但佛教对自然、对社会、对他人没有任何非分的索求，不置房产，不积敛财物，至于声、色、情、欲则皆在禁戒之列，谈何自私自利？至少，佛教的自私不能与道德生活中的自私混为一谈。应当说，高攀龙对佛教的误读，在相当程度上是有助于人们树立正确的对佛教的态度。

〔原载《江南大学学报（人文社会科学版）》2004年第4期〕

六、论宋儒重构儒学利用佛教的诸种方式

"儒学在宋代的复兴与佛教有着密切关联"已成为学界的共识,然而,对于宋儒在恢复、重构儒学时利用佛教的具体方式和路径却少有人探究,而这却是回答"佛教在宋代新儒学复兴过程中的作用"问题的关键。故此,本文拟对宋代儒家学者利用佛教的诸种方式展开探讨,并由此解释相关问题。

(一) 否定肯定式

所谓"否定肯定式",就是通过对佛教某种思想或观念的否定,直接将儒学中与之对立的思想或观念加以凸显和恢复。在宋儒看来,儒家思想的式微乃是由于佛教的盛行,而佛教中某些观念正是与儒家思想相悖的。因此,要恢复儒家思想即意味着对佛教思想观念的批判和否定。正如朱熹所说:"异端之害道,如释氏者极矣。以身任道者,安得不辨之乎!如孟子之辨杨、墨,正道不明,而异端肆行,周孔之教将遂绝矣。譬如火之焚将及身,任道君子岂可不拯救也?"①朱熹认为,佛教盛行,圣道不明;佛教绝灭,圣道复兴。因此,批判、否定佛教思想观念便成为宋儒复兴儒学的一个途径。

1.否定佛教"私利"观念,凸显儒学"公义"理念。"崇公尚义"是儒学核心理念之一,儒学若无"公义",便已不是儒学。所以,宋儒在复兴儒学过程中,"公义"这个核心理念是必须恢复的;而这种恢复正是通过对佛教"私利"观念的否定来实现的。二程认为,儒学以"公义"为追求目标,佛家则以一己之私为目标,所以是不同的:"圣人致公,心尽天地万物之理,各当其分。佛氏总为一己之私,是安得同乎?"②而且,儒学以"义安处"为利,即主张用"义"的手段获得利;佛教则与此相反。"圣人以义为利,义安处便为利。如释氏之学,皆本于利,故便不是。"③胡宏认为,佛教具有私利之特质,这与儒家圣学是相悖的,必须给

---

① 〔宋〕黎靖德编:《朱子语类》卷一百二十六,王星贤点校,中华书局1986年版,第3039—3040页。
② 〔宋〕程颢、〔宋〕程颐:《河南程氏遗书》卷十四,《二程集》,王孝鱼点校,中华书局1981年版,第142页。
③ 〔宋〕程颢、〔宋〕程颐:《河南程氏遗书》卷十六,《二程集》,王孝鱼点校,第173页。

予否定,他说:"释氏之学,必欲出死生者,盖以身为己私也。天道有消息,故人理有始终。不私其身,以公于天下,四大和合,无非至理。"①陆九渊同样认为佛教是"偏私"的,儒学是"尚公"的,他说:"儒者以人生天地之间,灵于万物,贵于万物,与天地并而为三极。天有天道,地有地道,人有人道。人而不尽人道,不足与天地并……其教之所从立者如此,故曰义、曰公。释氏以人生天地间,有生死,有轮回,有烦恼,以为甚苦,而求所以免之……其教之所从立者如此,故曰利、曰私。"②就是说,佛教的"偏私"表现为执着于生死而超脱生死,从而放弃天所赋予的"公事",只求自我的修身养性,所以是"私利"。可见,批判、否定佛教"自私自利"是宋儒的共识。值得注意的是,宋儒批判、否定的佛教"私利",并不仅仅指伦理意义上的"私利",也指佛教以世界为幻妄而离家出世以修身养性的自我行为。因此,宋儒的批判与否定具有两层含义,即:由对佛教"私利"的否定达到对儒学"公义"的恢复;由对佛教"出世"的否定达到对儒学"经世"的肯定。

2.否定佛教教规,恢复儒学伦理。伦理秩序是儒学中的核心内容,君臣、父子、夫妇之伦理秩序被儒家视为"天理"。在宋儒看来,佛教的教规和行为动摇、颠覆着这个"天理",因而应通过否定佛教重新确立这个"天理"。二程说:"其(佛教)术,大概且是绝伦类,世上不容有此理。又其言待要出世,出那里去?又其迹须要出家,然则家者,不过君臣、父子、夫妇、兄弟,处此等事,皆以为寄寓,故其为忠孝仁义者,皆以为不得已尔。"③就是说,根据佛教教规,信徒都应出家,不能娶妻生子,而人人出家离世,谁来履行君臣、父子、夫妇、兄弟之道?不娶妻生子,哪有君臣、父子、夫妇、兄弟之伦?如此,佛教必然导致人伦之理的灭绝。所以,要恢复儒家伦理秩序,就必须否定佛教出家离世之教规。朱熹认为,佛教只不过是皮壳之类的东西,没有内涵,人伦物理在佛教中全被抛弃,他说:"释氏只见得个皮壳,里面许多道理,他却不见。他皆以君臣父子为幻妄。"④君臣、父子、夫妇、兄弟之人伦,忠、孝、仁、义之义理,这些在儒学看来是天理,而在佛教看来是累赘,所以说佛教将人伦义理一起灭尽了。朱

---

① 〔宋〕胡宏:《知言》,《胡宏集》,吴仁华点校,中华书局1987年版,第4页。
② 〔宋〕陆九渊:《与王顺伯》,《陆九渊集》卷二,钟哲点校,中华书局1980年版,第17页。
③ 〔宋〕程颢、〔宋〕程颐:《河南程氏遗书》卷二上,《二程集》,王孝鱼点校,第24页。
④ 〔宋〕黎靖德编:《朱子语类》卷九十四,王星贤点校,第2367页。

熹说:"庄老绝灭义理,未尽至。佛则人伦灭尽,至禅则义理灭尽。"①因此,要恢复儒家伦理,批判、否定佛教相关教规是一直接途径。

3.否定佛教"离物谈真"方法,恢复儒学"格物致知"。宋儒认为,在认识事物、获得真知的方法上,儒学主张通过接触事物获得知识和真理。佛教则不同,认为获得知识和真理可以通过冥思苦想而突然觉悟。因此在宋儒看来,佛教"顿悟"方法是对儒学认识方法的颠覆,因而要恢复儒学"格物致知"的方法,就要否定佛教"顿悟"的方法。胡宏认为,佛教离开事物求索真理的行为,与圣人"即物穷理"之方法是完全相悖的,他说:"即物而真者,圣人之道也;谈真离物者,释氏之幻也。"②张栻指出,儒学认识事物、求得真知,需遵循认识规律和程序,并且有始有终;而佛教却认为可以"直接悟出",他说:"盖圣门实学,循循有序,有始有卒者,其惟圣人乎!非若异端惊夸笼罩,自谓一超径诣,而卒为穷大,而无所据也。"③不读书、不积累,便可直接领悟佛教的真谛,这在张栻看来不过是虚妄之说。叶适认为,求"仁"必有方法、有步骤,而得"道"也有快慢、先后之别,所以,达到"仁道"的境界不是一蹴而就的,他说:"仁必有方,道必有等,未有一造而尽获也;一造而尽获,庄、佛氏之妄也。"④可见,所谓"一超径诣",就是舍去对事物的接触,不要学习,不要步骤,要知识可得知识,要"仁道"可获"仁道"。而这在宋儒看来是不可能的,因为要获得知识和真理,都需要通过接触事物,都需要身体力行,都需要有步骤地学习,如此才能达到目的。

概言之,宋儒通过对佛教"私利"的否定,直接凸显了儒学的"公义";通过对佛教离家出世等教规的否定,凸显了儒家伦理;通过对佛教"离物谈真"方法的否定,凸显了"格物致知"方法。因此可以说,宋儒对佛教某个观念的批判和否定,就是对儒学相关观念的呈现与恢复,宋儒批判、否定佛教观念的过程,也就是儒学观念恢复、重构的过程。

---

① 〔宋〕黎靖德编:《朱子语类》卷一百二十六,王星贤点校,第3014页。
② 〔宋〕胡宏:《知言》,《胡宏集》,吴仁华点校,第13页。
③ 〔宋〕张栻:《答周允升》,《新刊南轩先生文集》卷二十六,《张栻集》,杨世文点校,中华书局2015年版,第1154页。
④ 〔宋〕叶適:《陈叔向墓志铭》,《叶適集》卷十七,刘公纯、王孝鱼、李哲夫点校,中华书局2010年版,第326页。

（二）诠释赋义式

所谓"诠释赋义式"，就是通过对佛教概念或范畴的诠释，以融入儒学思想，化佛教概念或范畴为儒学概念或范畴。正如朱熹所说："君子观浮屠者，仰首注视而高谈，不若俯首历阶而渐进。盖观于外者，虽足以识其崇高巨丽之为美，孰若入于其中者，能使真为我有，而又可以深察其层累结架之所由哉？"①宋儒为了使佛教"真为我有"，的确在解释佛教范畴或概念上动了不少脑筋。

1.对"空"的诠释。人所共知，佛教之"空"不是"断灭空"，但宋儒基本上都是作"断灭空"解，并由他们所理解的佛教之"空"提出自己的思想。比如，王安石对"空"的解释："空：无土以为穴，则空无相；无工以穴之，则空无作；无相无作，则空名不立。"②"无土"为穴，则空无相，换言之，"空"不能离"土"；"无工"以空之，则空无作，换言之，"空"不能离"工"。也就是说，佛教"空"的成立是以有"土"、有"工"为前提的，即是以"实有"为前提。可见，王安石对佛教"空"的理解是有悖佛教本意的，然而正是通过这种"背离的理解"，王安石在佛教之"空"中融入了儒家"实"的思想和精神。

与王安石比较，张载以"气"释"空"。张载指出，世界上根本不存在佛教所讲的空幻，因为佛教所讲的"空"实际上都是"气"。第一，"气"的聚散乃是"气"运行变化之不同状态，"气"聚为"气"，"气"散仍不失为"气"。"太虚无形，气之本体，其聚其散，变化之客形尔。"③第二，真正说来，"虚"才是真正的"实"、根本的"实"。"天地之道无非以至虚为实，人须于虚中求出实。圣人虚之至，故择善自精。心之不能虚，由有物榛碍。金铁有时而腐，山岳有时而摧，凡有形之物即易坏，惟太虚无动摇，故为至实。"④之所以言"太虚"是天下之至实，因为那些有硬性、体积的物如金铁、山岳或腐或坏，只有"太虚"不会有变化，故为至实。不过，"至实"的太虚是以"气"为基础的："气之聚散于太

---

① 〔宋〕朱熹：《答林正夫》，《晦庵先生朱文公文集》卷三十八，朱杰人、严佐之、刘永翔主编：《朱子全书》（第21册），上海古籍出版社2002年版，第1719页。
② 〔宋〕杨时：《王氏字说辨一》，《杨时集》卷七，林海权整理，中华书局2018年版，第143页。
③ 〔宋〕张载：《太和》，《正蒙》，《张载集》，章锡琛点校，中华书局1978年版，第7页。
④ 〔宋〕张载：《张子语录》，《张载集》，章锡琛点校，第325页。

虚，犹冰凝释于水，知太虚即气，则无'无'。"①因此，只看到"太虚""空"的一面，而看不到"太虚""实"的一面，从而以世界为"空"、为"幻"的观点是错误的。张载同样是将佛教的"空"当作世俗之空来处理，并在这个基础上建立起了"气为本"的本体论；这个"气"的价值指向不是别的东西，就是儒家的"实学"，是儒家经世致用之学。

与张载比较，朱熹以"理"释"空"。朱熹认为，佛教之"空"是空无一物之"空"，是"以天地为幻妄，以四大为假合"之"空"，他说："若佛家之说都是无，已前也是无，如今眼下也是无，'色即是空，空即是色'。大而万事万物，细而百骸九窍，一齐都归于无。"②在朱熹看来，"空"应该是"兼有无之名"的，而"空"中的"有"就是"理"，朱熹说："释氏说空，不是便不是，但空里面须有道理始得。若只说道我见个空，而不知有个实底道理，却做甚用得？譬如一渊清水，清泠彻底，看来一如无水相似。它便道此渊只是空底，不曾将手去探是冷是温，不知道有水在里面。佛氏之见正如此。"③就是说，"空"是兼"有"和"无"的，所以，不能将"空"简单地归于"无"，而佛教的"空"就是"无"；那个"有"就是"理"，佛教根本不能觉悟到"空"中的"理"。显然，朱熹通过对佛教"空"的解释，将儒学之"理"融入进去。

概言之，从王安石的以"作""相"释"空"到张载的以"气"释"空"，再到朱熹的以"理"释"空"，不仅可清晰地看到宋儒诠释佛教之"空"的儒学化特征，也可看到宋代新儒学哲学本体论的建构过程。

2.对"心"的诠释。"心"是佛教的核心概念之一，也是儒学的核心概念，但在宋儒看来，佛教之"心"与儒家之"心"有着完全不同的旨趣和内涵，而儒学之"心"的丧失与佛教之"心"的侵蚀有着直接的关联。因此，通过对佛教之"心"的诠释，融入儒家思想内容，便成为恢复儒学之"心"的重要工作之一。

一来，宋儒通过对佛教"心""物"关系的诠释，更换"心"的内涵，使佛教之"心"转换成儒学之"心"。张载说："释氏不知天命，而以心法起灭天地，以小缘大，以末缘本，其不能穷而谓之幻妄。"④胡宏说："（释氏）以心为

---

① 〔宋〕张载：《太和》，《正蒙》，《张载集》，章锡琛点校，第8页。
② 〔宋〕黎靖德编：《朱子语类》卷一百二十六，王星贤点校，第3012页。
③ 〔宋〕黎靖德编：《朱子语类》卷一百二十六，王星贤点校，第3015页。
④ 〔宋〕张载：《大心》，《正蒙》，《张载集》，章锡琛点校，第26页。

宗，心生万法，万法皆心，自灭天命。"①在张载、胡宏看来，在"心""物"关系上，佛教将"心"视为万物生灭的主宰者，"心"是万物之本原，这是"以小缘大""自灭天命"。那么，为什么作这样的批评呢？因为在他们看来，就"心"与"物"而言，"物"在先、"心"在后，张载说："人本无心，因物为心。"②"心"是以"物"为内容的：如果没有"物"作为内容，"心"将是空寂寂的，"心"也就无从认识"物"及其"理"。又如朱熹说："儒者之学，大要以穷理为先。盖凡一物有一理，须先明此，然后心之所发，轻重长短，各有准则。"③就是说，"心"若要发挥它的作用，就要有认识对象，有客体，有"理"。换言之，"心"是认识能力、理性能力，不是本体。这样，通过张载、朱熹等的诠释，佛教之"心"便从先验之心转换为后天之心，从本体之心转换为主体之心了。

二来，通过对佛教"心"内涵的诠释，融入儒家思想的内涵，使佛教之"心"转换为儒学之"心"。如前所述，宋儒言"心"，是以"物"为"心"，那么这个"物"是指什么呢？张栻说："若释氏之见，则以为万法皆吾心所造，皆自吾心生者，是昧夫太极本然之全体，而返为自利自私，天命不流通也，故其所谓心者是亦人心而已，而非识道心者也。"④就是说，佛教以"心"生物的主张，否定了"太极"这一万物的本体，因此佛教之"心"是"人心"，不是"道心"，因为只有"道心"才能成为万物的本体。而所谓"道心"，就是天序、天秩、天命、天讨之"四理"，是恻隐、羞恶、是非、辞让之"四德"。朱熹说："若圣门所谓心，则天序、天秩、天命、天讨、恻隐、羞恶、是非、辞让，莫不该备，而无心外之法。"⑤这就是说，"道心"即是诸般道德，即"理"，与佛教的空幻之"心"不同。所以朱熹说："吾以心与理为一，彼以心与理为二。亦非固欲如此，乃是见处不同，彼见得心空而无理，此见得心虽空而万理咸备也。"⑥这样，儒家之"心"

---

① 〔宋〕胡宏：《知言》，《胡宏集》，吴仁华点校，第9页。
② 〔宋〕张载：《张子语录》，《张载集》，章锡琛点校，第333页。
③ 〔宋〕朱熹：《答张钦夫》，《晦庵先生朱文公文集》卷三十，朱杰人、严佐之、刘永翔主编：《朱子全书》（第21册），第1314页。
④ 〔宋〕张栻：《答胡季立》，《新刊南轩先生文集》卷二十五，《张栻集》，杨世文点校，第1144页。
⑤ 〔宋〕朱熹：《答张钦夫》，《晦庵先生朱文公文集》卷三十，朱杰人、严佐之、刘永翔主编：《朱子全书》（第21册），第1328页。
⑥ 〔宋〕黎靖德编：《朱子语类》卷一百二十六，王星贤点校，第3015—3016页。

便由"理"规定,即为"心体";佛教之"心"无"理",所以不能入尧舜之道。朱熹说:"(佛教)岂不见此心?岂不识此心?而卒不可入尧舜之道者,正为不见天理,而专认此心以为主宰,故不免流于自私耳。前辈有言,圣人本天,释氏本心,盖谓此也。"①可见,通过张栻、朱熹等的诠释,佛教之"心"便从"空寂之心"转换为"实有之心"。

概言之,宋儒对佛教"心"的诠释,具有鲜明的儒学走向。从佛教"生物之心"到儒学认知之"心",从而理顺了心、物关系,复活了儒学的"格物致知"之学;从佛教"空寂之心"到儒学"实理之心",从而规定了"心"的内容和性质,重新确立起儒家伦理。这样,经由宋儒的诠释,"心"在内容上是"理",在功能上是"知",是认知能力与"理本体"的合一。这也是宋代新儒学本体论的基本理论架构之一。

(三)改造更新式

所谓"改造更新式",就是通过对佛教范畴或概念的改造,以输入儒学思想,将佛教范畴或概念转换为儒学范畴或概念。宋儒认为,佛教中的某些概念或范畴与儒学是完全对立的,而佛教概念或范畴的流行必使儒学受到伤害。因此,对那些为佛教与儒学所共有、但内涵决然有别的概念或范畴,必须进行改造,以正视听。如胡宏所说:"大本既明,知言如孟子,权度在我,则虽引用其言,变腐坏为神奇,可矣。"②那么,宋儒是怎样"变腐坏为神奇"的呢?

1.对"性"的改造。宋儒认为,佛教所言"性"与儒学所言"性"存在很大不同,这种不同主要表现在两个方面:

其一,佛教所言"性"在内容上为"空"。张载说:"释氏元无用,故不取理。彼以性(有)为无,吾儒以参为性,故先穷理而后尽性。"③"参两"即天参地两,"参"即三为奇,"两"即二为偶;从实处看,乃化生万物之源,从虚处看,乃万物化生之数理。张载言以"参"为"性",即言以太极、阴阳为性,以理

---

① [宋]朱熹:《答张钦夫》,《晦庵先生朱文公文集》卷三十,朱杰人、严佐之、刘永翔主编:《朱子全书》(第21册),第1314页。
② [宋]胡宏:《与原仲兄书二首》,《胡宏集》,吴仁华点校,第122页。
③ [宋]张载:《横渠易说》,《张载集》,章锡琛点校,第234页。

为性，正如程颐说："性即理也。所谓理，性是也。"①所以佛教不以"太极"为性，其性即"空"。朱熹也认为，佛教所言"性"是空，儒学所言"性"是理，他说："性中所有道理，只是仁义礼智，便是实理。吾儒以性为实，释氏以性为空。"②在朱熹看来，确定了"性即理"，就可以避免以佛教之"性"乱儒学之"性"，他说："性之为体，正以仁、义、礼、智之未发者而言，不但为视听作用之本而已也。明乎此，则吾之所谓性者，彼佛氏固未尝得窥其仿佛，而何足以乱吾之真哉！"③可见，宋儒根据他们对佛教之"性"没有内容、空无一物的判断，对"性"的内容进行了儒学方向的改造和规定。

其二，对"泛性说"的改造。佛教有"无情有性"说和"作用是性"说，虽然这不是佛教性论主流，但由于这两种主张容易对儒学"性论"产生混淆，宋儒认为必须对其进行改造。

关于佛教的"无情有性"说。二程说："释氏说蠢动含灵，皆有佛性，如此则不可。"④为什么不可呢？这是因为："'天命之谓性，率性之谓道'者，天降是于下，万物流形，各正性命者，是所谓性也。循其性而不失，是所谓道也。此亦通人物而言……'修道之谓教'，此则专在人事，以失其本性，故修而求复之，则入于学。若元不失，则何修之有？是由仁义行也。则是性已失，故修之。"⑤就是说，就"天命之谓性"言，万物皆有性；但就"修道之谓教"言，则主要对人而言，即人之本性（善性）丧失了，才有所谓"修道"工夫，"修道"正是为了恢复那本性。所以在这个意义上，不能讲"无情有性"。朱熹认为，儒家所言"性"就是"理"，尽性就是尽三纲五常之理而无余，养性便是养三纲五常之理而不尽，因而不可说凡物皆有"性"，他说："性只是理，以其在人所禀，故谓之性，非有块然一物可命为性而不生不灭也。盖尝譬之，命字如朝廷差除，性字如官守职业，故伊川先生言：'天所赋为命，物所受为性。'其理甚明。故凡古圣贤说性命，皆是就实事上说，如言尽性，便是尽得此君臣父子、三纲五常之道而无余，言养性，便

---

① 〔宋〕程颢、〔宋〕程颐：《河南程氏遗书》卷二十二上，《二程集》，王孝鱼点校，第292页。
② 〔宋〕黎靖德编：《朱子语类》卷四，王星贤点校，第64页。
③ 〔宋〕朱熹：《孟子纲领》，《晦庵先生朱文公文集》卷七十四，朱杰人、严佐之、刘永翔主编：《朱子全书》（第24册），第3584页。
④ 〔宋〕程颢、〔宋〕程颐：《河南程氏遗书》卷二上，《二程集》，王孝鱼点校，第29页。
⑤ 〔宋〕程颢、〔宋〕程颐：《河南程氏遗书》卷二上，《二程集》，王孝鱼点校，第29—30页。

是养得此道而不害。"①

关于佛教的"作用是性"说。佛教所谓"作用是性",就是将目视、耳闻、鼻嗅、口说、手脚运动等言语行为都视为"性"。但朱熹批评道:"此是说其与禽兽同者耳。人之异于禽兽,是'父子有亲,君臣有义,夫妇有别,长幼有序,朋友有信'。释氏元不曾存得。"②就是说,儒家所谓"性"是指父子有亲、君臣有义、夫妇有别、长幼有序、朋友有信等伦理道德,就是"天理",而如果按照佛教的"作用是性"说,它必然混淆善行与恶行、邪恶与正义的差别。所以朱熹说:"其于作用,则不分真妄而皆以真,其于感物,则不分真妄而皆以为妄,儒者则于其中分真妄云耳,此其大不同也。"③所谓在作用处不分真妄,就是说一个人的言语行动被定义为"性",那就可能导致错误的判断。比如,甲袭击了乙一拳,按照"作用是性"说,打人一拳也是"性",而"性"在儒学中是"天理",是诸般道德,这样就可能肯定了打人的行为。因而"作用是性"完全可能导致朱熹所担忧的后果:"他只见得个浑沦底物事,无分别,无是非,横底也是,竖底也是,直底也是,曲底也是,非理而视也是此性,以理而视也是此性。少间用处都差,所以七颠八倒,无有是处。"④而根本说来,还是因为佛教所言"性"无"理",如果佛家认得"性"就是"理",就不会有善恶不分的"作用是性"说。概言之,言"无情有性",则混淆了人兽之性,言"作用是性",则舍去了"义理"之性;反对言"无情有性",是澄清人性与物性的差别,反对言"作用是性",是表示"义理"的至上地位,以判行为善恶之别。在宋代新儒学中,既反对物性、人性混一,又强调义理之性的独立至上性。由此可见,宋儒的人性论建构与改造佛教之"性论"有密切关联。

2.对"道体"的改造。宋儒认为,儒学"道体"是上下、本末、内外一如的:"盖上下、本末、内外,都是一理也,方是道"⑤,否则就是"道体不贯",就不是真正的"道",佛教的"道体"正是如此。因此,为了消除佛教"道体"支离对

---

① 〔宋〕朱熹:《答陈卫道》,《晦庵先生朱文公文集》卷五十九,朱杰人、严佐之、刘永翔主编:《朱子全书》(第23册),第2843页。
② 〔宋〕黎靖德编:《朱子语类》卷五十七,王星贤点校,第1348页。
③ 〔宋〕朱熹:《答赵致道》,《晦庵先生朱文公文集》卷五十九,朱杰人、严佐之、刘永翔主编:《朱子全书》(第23册),第2865页。
④ 〔宋〕黎靖德编:《朱子语类》卷一百二十六,王星贤点校,第3022页。
⑤ 〔宋〕程颢、〔宋〕程颐:《河南程氏遗书》卷一,《二程集》,王孝鱼点校,第3页。

儒学产生的消极影响，对佛教"道体"分裂状况给予揭示，并从学术上进行改造，是很有必要的。

一来，宋儒针对的是佛教有"上达"无"下学"。儒学所谓"上达"，即上达于天命；"下学"，即下学于人事。宋儒认为，"下学"是实做其事，"下学"做好了，便是"上达"，所以说"下学""上达"是一。反观佛教，虽然在论说层面佛教之"道"有时也能表现为上达、下学的连贯性，但施诸实践便脱节了。二程说："佛氏之道，一务上达而无下学，本末间断，非道也。"①而在儒学，则是做足"下学"工夫；"下学"工夫愈细，"上达"愈深，所以不是"下学"之外还有个"上达"。张栻说："圣人教人以下学之事，下学工夫浸密，则所为上达者愈深，非下学之外又别为上达之功也。致知力行皆是下学，此其意味深远而无穷，非惊怪恍惚者比也。"②朱熹则指出，虽然说有"下学"便有"上达"，但并不是有了"下学"便能"上达"，他说："须是下学，方能上达。然人亦有下学而不能上达者，只缘下学得不是当。若下学得是当，未有不能上达。释氏只说上达，更不理会下学。然不理会下学，如何上达？"③

二来，是佛教有"内圣"无"外王"。儒学所谓"内圣"，是指通过道德修养成就圣人品德；所谓"外王"，是指将内在的圣人品德向外推行以成就王道功业。在儒家看来，内圣外王是一体的，所谓"修其身而天下平"。宋儒认为，佛教在"内圣"方面是有独到之处的，但在"外王"方面却毫无建树。二程说："'敬以直内，义以方外'，合内外之道也。释氏，内外之道不备者也。"④佛教内外之道断裂的结果是：一方面可能导致受教者拘泥佛经而僵化不变，另一方面可能导致受教者蔽于身外之事而狂妄自大。儒学则不然，主张率性而为，既有敬以直内、修身养性之学，亦有义以方外、治国平天下之学，是内外兼备的完整之"道"。二程说："彼释氏之学，于'敬以直内'则有之矣，'义以方外'则未之有也，故滞固者入于枯槁，疏通者归于肆恣，此佛之教所以为隘也。吾道则不然，率性而已。斯理也，圣人于《易》备言之。"⑤胡宏认为，佛教之学有内圣无外王，虽然可修身

---

① 〔宋〕程颢、〔宋〕程颐：《河南程氏粹言》卷一，《二程集》，王孝鱼点校，第1179页。
② 〔宋〕张栻：《答周允升二》，《新刊南轩先生文集》卷二十六，《张栻集》，杨世文点校，第1155页。
③ 〔宋〕黎靖德编：《朱子语类》卷四十四，王星贤点校，第1140页。
④ 〔宋〕程颢、〔宋〕程颐：《河南程氏遗书》卷十一，《二程集》，王孝鱼点校，第118页。
⑤ 〔宋〕程颢、〔宋〕程颐：《河南程氏遗书》卷四，《二程集》，王孝鱼点校，第74页。

自好，却不足以为民生计，他说："夫释氏之道，上焉者以寂灭为宗，以明死生为大，行之足以洁其身，不足以开物成务。"①朱熹指出，佛教所谓"内圣"，实际上空洞无物，怎么可能向外开展事业呢？他说："释氏所谓'敬以直内'，只是空豁豁地，更无一物，却不会'方外'。圣人所谓'敬以直内'，则湛然虚明，万理具足，方能'义以方外'。"②可见，宋儒正是通过对佛教"道体"分离的批评、改造，重建了儒学"道体"的完整性。所谓"道体"的完整，就是要求上达与下学、内圣与外王的统一，此正是宋代新儒学的标志性内容。

（四）直接移用式

所谓"直接移用式"，是指宋儒通过对佛教思维方式、表述方法的吸收、移植，以提升、装备儒学。宋儒虽然对佛教持普遍的排斥心态，但对佛教中有助于完善儒家思想体系、提升儒学理论品质的因素，却普遍地表现出接纳、吸收的态度和行为。正如张九成所说："佛氏一法，阴有以助吾教甚深，特未可遽薄之。"③那么，宋儒又是怎样使佛教"阴助其教"的呢？

1.思维方式的引用。宋儒对佛教思维方式从不掩饰羡慕之情。朱熹说："佛氏最有精微动得人处。"④所谓"精微处"正是指佛教的思维方式。可见，宋儒对佛教思维方式是向往的，这种向往之情表现在行为上就是对佛教思维方式的吸收。在程朱理学那里，"理"是客观的、永恒的、绝对的（"不为尧存，不为桀亡"），"事"因"理"而生，没有这"事"也有这"理"（"未有这事，先有这理"），"理"是万事万物之根源。这种表述本体的思维方式便是从佛教那里吸收过来的，比如："事既揽理成，遂令事相皆尽，唯一真理平等显现。"（《华严发菩提心章》）这就是说，"事"因"理"而成，"事"虽消失殆尽，此"理"仍然存在，这与程朱对"理"的规定完全一致。程朱理学"理本论"最为典型的表述是"理一分殊"。"本只是一太极，而万物各有禀受，又自各全具一太极尔。如月在天，只一而

---

① 〔宋〕胡宏：《上光尧皇帝书》，《胡宏集》，吴仁华点校，第97页。
② 〔宋〕黎靖德编：《朱子语类》卷一百二十六，王星贤点校，第3015页。
③ 〔宋〕张九成：《记梦》，《心传录》卷中，《张九成集》（第4册），杨新勋整理，浙江古籍出版社2013年版，第1197页。
④ 〔宋〕黎靖德编：《朱子语类》卷二十四，王星贤点校，第587页。

已；及散在江湖，则随处而见，不可谓月已分也。"①就是说，"理"只是"一"，但万物各各禀受此"理"，这样，万物即具有了自己的"理"，而且"理"仍然是完整的、不可分离的。这种思维方式亦完全是从佛教那里移植过来的："能遍之理，性无限分，所遍之事，分位差别，一一事中，理皆全遍，非是分遍。何以故？以彼真理不可分故，是故一一纤尘，皆摄无边真理，无不圆足。"（《华严发菩提心章》）就是说，"理"是完满的，不可分的，每件"事"所获"理"都是完满的。可见，程朱之论"理"与万物关系，其思维方式完全取自佛教。

程朱"理本论"而外，陆九渊的"心本论"思维方式亦得自佛教。陆九渊"心本论"的代表性表述有："万物森然于方寸之间，满心而发，充塞宇宙，无非此理。"②这是讲万物、万理皆由"心"生。既然万物皆由"心"生，所以说"宇宙便是吾心，吾心即是宇宙"③，这是讲"心即万物，万物即心"。既然"理"从"心"中出，所以说"人皆有是心，心皆具是理，心即理也"④。陆九渊的这一"心本论"思维方式完全可以在佛教那里找到原本："夫一心具十法界，一法界又具十法界、百法界。一界具三十种世间，百法界即具三千种世间。此三千在一念心。"（《法华玄义》）"心是道，心是理，则是心外无理，理外无心。"（《大乘开心显性顿悟真宗论》）

2.表述方法的移植。宋儒除了在建构儒学本体论上直接移用佛教资源之外，在思想表达方式上也大量引用佛教的资源。比如，张载认为，"天地之性"之所以不能彰显，乃是因为掉入了"气质之性"中。其表述方法则是："形而后有气质之性，善反之则天地之性存焉，故气质之性，君子有弗性者也。"⑤这种表述方式来自佛教："如来藏藏识本性清净，客尘所染而为不净。"（《楞伽经·刹那品第六》）朱熹对性、情关系有这样的表述："盖孟子所谓性善者，以其本体言之，仁、义、礼、智之未发者是也。所谓可以为善者，以其用处言之，四端之情发而中节者是也。盖性之与情，虽有未发已发之不同，然其所谓善者，则血脉贯通，初未尝有不同也。"⑥这种表述在佛教那里清晰可见："今体为用本，用依体

---

① 〔宋〕黎靖德编：《朱子语类》卷九十四，王星贤点校，第2409页。
② 〔宋〕陆九渊：《语录》，《陆九渊集》卷三十四，钟哲点校，第423页。
③ 〔宋〕陆九渊：《杂说》，《陆九渊集》卷二十二，钟哲点校，第273页。
④ 〔宋〕陆九渊：《与李宰二》，《陆九渊集》卷十一，钟哲点校，第149页。
⑤ 〔宋〕张载：《诚明》，《正蒙》，《张载集》，章锡琛点校，第23页。
⑥ 〔宋〕朱熹：《答胡伯逢》，《晦庵先生朱文公文集》卷四十六，朱杰人、严佐之、刘永翔主编：《朱子全书》（第22册），第2151页。

起。"(《华严经义海百门》)就是说,性情一物,但性是"体"、情是"用",情因性起。陆九渊在陈述"本心"本善无染、圆满无缺之特性时说:"汝耳自聪,目自明,事父自能孝,事兄自能弟,本无少缺,不必他求,在乎自立而已。"①这种表述在佛教那里极为常见:"自性本自清净,自性本不生灭,自性本自具足。"(《坛经·行由品第一》)可见,在宋代新儒学中,其思想的表达方式——句式、语气、结构等,绝大多数可在佛教那里找到所本。总之,正是因为宋儒在思维方式和表述方法上对佛教的吸收和移植,才使儒学成为哲学意义上的儒学。

(五)几点启示

透过上述宋儒利用佛教的诸种方式,可以清楚地看到,宋儒借助对佛教的批判、诠释、改造和吸收,不仅建构起儒学本体论,而且开始自觉地用哲学思维来驾驭儒学思想,不仅恢复、再现了儒学的一系列基本理念和思想,而且继承、维护了儒学的基本价值取向。那么,这些给我们带来了哪些学术上的启示呢?

1.宋代新儒学重构与佛教的关联性是直接的、全面的。所谓"直接",就是说新儒学的每项内容的恢复或重构,与佛教都有直接关联:这种直接关联或者表现为否定、批判,或者表现为解释、改造或移用;所谓"全面",是指宋代新儒学每个领域的恢复或更新都受佛教的影响:从基本义理到思想架构,从思维方式到语言表达,宋代新儒学都与佛教发生着关系。换言之,如果没有佛教的影响和刺激,没有佛教在内容上与儒学的差异与对立,没有佛教在思辨上的高深精微,就不会有我们今天看到的新儒学。这正如张君劢先生所说:"佛教给中国人的最大刺激,是使中国学者回到儒家的基础上,并从儒家基础上创立他们的系统。当他们发现佛教为一巨大体系时,便立刻产生了一种想法,认为儒家也应有其宇宙论、人性论以及对人生、家庭和国家的态度。换句话说,儒家应有自己的形上学、伦理学、智识论等等。"②

2.佛教对于宋代新儒学复兴主要表现为三种作用。一是刺激、豁醒作用,即言佛教是宋代新儒学复兴的刺激因素。这表现在两方面:一方面是作为外来思想文化的佛教竟然在中国那么受欢迎,逼使儒学边缘化,这种现状深深地刺激着儒家学者们;另一方面是佛教的精致思辨方法和巧妙表述方式,让宋儒羡慕不已。用牟

---

① [宋]陆九渊:《语录》,《陆九渊集》卷三十四,钟哲点校,第408页。
② 张君劢:《新儒家思想史》,中国人民大学出版社2006年版,第85页。

宗三先生的话说，就是佛教对宋儒起到了"豁醒"作用："宋、明儒能相应而契悟之，通而一之，是宋、明儒之生命能与此两诗以及《论》《孟》《中庸》《易传》之智慧方向相呼应，故能通而一之也。此种生命之相呼应，智慧之相承续，亦可谓'有本者若是'矣！此与佛、老有何关哉？只因秦、汉后无人理解此等经典，遂淡忘之矣。至宋儒起，开始能相应而契悟之，人久昏重蔽，遂以为来自佛、老矣。若谓因受佛教之刺激而豁醒可，若谓其所讲之内容乃阳儒阴释，或儒、释混杂，非先秦儒家经典所固有，则大诬枉。"①

二是坐标、桥梁作用，即言宋儒把佛教当作一种坐标或桥梁，而且是被批判、否定的坐标或桥梁。宋儒通过对佛教某个思想内容的否定，以达到对儒学相关思想观念的肯定、回忆、凸显之目的。比如，批判、否定佛教的"私利"观念，以肯定、恢复儒学的"公义"理念；批判、否定佛教的"离物谈真"认识方法，以肯定、恢复儒学"格物致知"认识方法。而且，在将佛教当作坐标或桥梁时，宋儒很少考虑佛教自身内容或形式上的价值，仅仅将佛教看成被否定的对象，通过这种否定达到肯定的目的。正如钱穆先生所说："理学家之主要对象与其重大用意，则正在于辟禅辟佛，余锋及于老氏道家。……理学诸儒则在针对释老而求发扬孔子之大道与儒学之正统。"②

三是装备、完善作用。宋代新儒学之所以有了与先秦儒学不同的气象，之所以成为哲学性的儒学，与宋代新儒家积极吸收佛教思维方式、语言表述方法、范畴概念、应用技巧等是密切相关的。正是因为宋儒将佛教本体论思维方式、佛教语言表述方法、佛教概念范畴应用技巧等移植到儒家思想中，使儒家思想体系由支离的转为整体的，由阻隔的转为贯通的，由无序的转为逻辑的，由形下的转为形上的，并最终使儒学成为"妙道"。

3.宋代新儒学中的佛教定位。佛教之于宋代新儒学中的位置这一颇具敏感性的课题，尽管已有"定论"式的观点，但这丝毫不能减少人们对它的兴趣，各式主张与观点仍然层出不穷。这里根据宋儒重构儒学利用佛教的诸种方式，对这个问题提供一种思考的角度。在宋儒重构儒学利用佛教的诸种方式中，第一种是通过否定佛教某个思想或观念，以肯定、恢复儒家某个思想或观念；第二种是通过对佛教某个范畴或概念的诠释，以融入儒家某个思想或观念；第三种是通过对佛教某个观念或命题的

---

① 牟宗三：《心体与性体》（上），上海古籍出版社1999年版，第32页。
② 钱穆：《朱子学提纲》，生活·读书·新知三联书店2002年版，第17页。

改造，以使之转换为儒学的观念或命题；第四种是对佛教思维方式、表述方法的直接移植，以提升儒学的理论品质。前三种方式的基调是一致的，就是都对佛教观念或思想持否定态度，这就意味着佛教的基本教理教义是被宋儒排除在外的。但第四种方式表明，宋儒对于佛教的哲学思维方式、思想表述方法，乃至某些概念、范畴、语言应用的技巧等，是积极吸取并乐于应用的。因此，对于宋代新儒学而言，佛教作为一种资源主要是形式上的，而不是内容上的，更不是价值上的；佛教的作用基本上表现在使儒学完整化、贯通化、思辨化和逻辑化，从而提升儒学的理论品质。这应该是宋代新儒学中佛教与儒学的基本关系。正如张君劢先生所说："新儒家思想体系是受佛教影响而建立的。但是，尽管如此，却从未失中国人对世界及其肯定人生的基本态度。中国人不接受佛家空的观念，坚持其肯定道德价值的立场。"①

4.文本理解状况与思想创新的关系是极为复杂的。通过对宋儒重构儒学、利用佛教诸种方式的考察，可以发现，宋儒对佛教的阅读、理解是存在偏差的，有时甚至是错误的。比如，对佛教"空"的理解，宋儒基本上理解为"断灭空"，而这种理解并不符合佛教"空"的本意；再如，对佛教"私利"的判断，宋儒认为佛教是汲汲"私利"的，但这种判断也是不符佛教实际情况的。然而，宋儒正是因为误读了佛教的"空"而恢复、挺立起儒家的"实"，正是因为错误地判断佛教为"私利"而恢复、挺立起儒学的"公义"。这表明：思想的重构或创造，与思想重构或创造之主体对文本了解、把握的情况并不成正比。也就是说，文本对思想创造者而言，其意义并不仅仅表现在可吸收的资源上，而且还表现在作为参照的媒介上，体现为一种创造灵感的刺激。这正如胡适先生所说的佛教对宋儒的"反动的影响"："佛家见解尽管玄妙，终究是出世的，是'非伦理的'。宋明的儒家，攻击佛家的出世主义，故极力提倡'伦理的'入世主义。明心见性，以成佛果，终是自私自利；正心诚意，以至于齐家、治国、平天下，便是伦理的人生哲学了。这是反动的影响。"②可见，我们不能完全根据主体理解文本的状况来判定主体思想创造的成就，而就宋儒成功地重构儒学而言，则发生了一种耐人寻味的"歪打正着"的效用。

（原载《哲学研究》2009年第7期，《文史知识》2009年第10期转载）

---

①张君劢：《新儒家思想史》，第86页。
②胡适：《中国哲学史大纲·导言》，《胡适学术文集·中国哲学史》，中华书局1998年版，第12—13页。

七、儒佛道三教关系探微——以两晋南北朝为例

既相融相摄又相拒相斥，基本上是当今学界对两晋南北朝时期儒佛道三教关系的共同指认。然而，这种指认并不意味着如下问题有了较满意的回答：儒佛道三教的相融相摄涉及哪些领域？这种相融相摄有些什么特征？儒佛道三教的相拒相斥又涉及哪些领域？这种相拒相斥又有些什么特征？两晋南北朝时期儒佛道三教所呈现的既相融相摄又相拒相斥关系，在中国哲学思想史上具有什么样的意义指向？本文愿对上述问题展开讨论，希望有助于儒佛道三教关系研究的深化。

（一）相融相摄：儒佛道关系的顺向开展

相融相摄，一般被认为两晋南北朝时期儒佛道三教关系的主要形式，但这种相融相摄涉及哪些领域，又有些什么特征，仍然是值得我们仔细琢磨的题目。以下分别以儒佛道三教为中心看它们是如何相融相摄的。

1.儒学对佛教思想的吸摄

在中国哲学思想史上，儒学是最具入世精神的思潮，儒学所有学术主张的旨归是"修齐治平"，并因此构筑起为"修齐治平"服务的庞大的伦理道德观念体系。但儒学在推动其精神世俗化过程中，在与非儒学思潮的互动过程中，如下不足便逐渐暴露出来：精深的伦理道德思想缺乏哲学本体论根据；丰富的伦理道德概念和范畴及其关系缺乏思辨性论证；对境界的追求极为执着但不具有宗教超越性。这些不足，通过对佛、道相关思想的吸摄，得到较大程度的改善。考之儒学发生史便知，儒学思想不是没有本体，"天"即是儒学思想的本体，所谓"王道之二纲，可求于天"（《春秋繁露·基义》）。但"天"的自然性、直观性特征使其容易遭到经验的否定。东汉王充认为"天"即气，"天"乃玉石之类，这样，"天"作为儒家思想的根据便发生动摇，从而提出了寻找新的本体的任务。魏晋南北朝时期，由于儒学式微，佛教兴盛，使得为儒学建构本体的思想家往往不是儒学大师，而是当时的中国高僧。比如，支道林把佛教确定为儒家仁义之本体——"夫立人之道，曰仁与

义。然则仁义有本,道德之谓也。"①此处"道德"即佛教。

在支道林看来,佛教可以成为儒家伦理道德所以然的支撑。慧远认为,儒家君君臣臣父父子子之伦理,如果不以因果报应说为前提,将失去效用,而因果报应论是以"法性——神"为其本体的。"神也者,圆应无生,妙尽无名,感物而动,假数而行。感物而非物,故物化而不灭;假数而非数,故数尽而不穷。"②在这里,"神"一方面是"非物""非数",从而与具体之物区别开来;另一方面又能"感物""假数",从而又与具体之物联系起来。在"非有"和"非无"之间,"神"显然具有了本体的意义。这种建构本体的努力在僧肇那里有了更充分的表现。"是以圣心不有,不可谓之无;圣心不无,不可谓之有。不有,故心想都灭;不无,故理无不契。理无不契,故万德斯弘;心想都灭,故功成非我。所以应化无方,未尝有为;寂然不动,未尝不为。"③亦就是说,"圣心"是成佛之本体,或者是佛教道德现实化根据,但作为佛教道德根据之圣心,必须同时具有"不有""不灭"之特征,因为"不有","圣心"本体才区别于具体事物,以为万物之根;因为"不无","圣心"本体才不至空洞无物,以为万化之根。唯此,"圣心"才可成为心想都灭的佛教伦理境界和万理斯弘的佛教伦理实践的本体。由支道林至慧远,再到僧肇,一种寻找、建构本体论的努力清晰地展现在我们面前。由于他们都推崇儒家道德,而且在思维方法上具有一致性,因此,尽管这种本体论建构主要是在佛教语境中展开的,但客观上已成为儒家伦理思想的根据。而且,这一本体论表述直接影响了宋明时期儒家伦理本体表述的形式,如周敦颐之"无极而太极",朱熹之"理一分殊",其思维上、思想上的相承性是十分明晰的。

同样,儒学也不是没有境界,所谓"仁",所谓"诚",都是儒学追求的境界,但儒学的境界以立功、立德、立名为旨归,换言之,儒学是以世俗生活圆满为境界,我称之为"实体"境界。这种境界从根本上来说不是超越的,即不是宗教境界,因而古典儒学面对人之生死困顿是缺乏形而上学层面考量的。佛教以涅槃为境界,以成佛为境界,以超越世俗所有生象为境界,我称之为"空体"境界,这种境界正好可以弥补儒学实体境界之不足。所以至两晋南北朝,一些名士高僧都倾向于

---

① 〔晋〕支遁:《释迦文佛像赞》,石峻等编:《中国佛教思想资料选编》(第1卷),中华书局1981年版,第66页。
② 〔晋〕慧远:《形尽神不灭》,《沙门不敬王者论》,石峻等编:《中国佛教思想资料选编》(第1卷),第85页。
③ 〔晋〕僧肇:《涅槃无名论》,石峻等编:《中国佛教思想资料选编》(第1卷),第165页。

对佛教境界的宣传与吸收。谢灵运认为，儒家学说以济世俗为职志，如要在心灵境界上获得提升，佛教才可提供真正意义上的帮助。"六经典文，本在济俗为治耳，必求性灵真奥，岂得不以佛经为指南邪？"①颜之推也表达了同样的意思，认为佛教对世俗情状的分析解读，并由此达到的境界，远非儒学所及，他说："原夫四尘五荫，剖析形有；六舟三驾，运载群生，万行归空，千门入善，辩才智惠，岂徒'七经'、百氏之博哉？明非尧、舜、周、孔所及也。"②

在讲经、注经方式上，儒学也受到佛教影响。③根据牟润孙先生研究的成果，儒士讲经在东晋时发生了很大变化。两汉时期，经师讲学，问难的人是诸生，答辩的人是经师，但到东晋时，所有人都可参加辩论。"经师讲学，人咸可入坐与之辩，非如两汉时太学，问难者为诸生，辩者为经师。"④其详情则是：周末隋初，元善讲《春秋》，"初发题，诸儒毕集。善私谓（何）妥曰：'名望已定，幸无相苦。'妥然之。及就讲肆，妥遂引古今滞义以难，善多不能对"⑤。这种讲经先发题，再就讲肆的形式，并非儒士传统讲经之形式，而是佛教高僧讲经的形式。儒士注经形式在南北朝时期也发生了重大变化。牟润孙先生认为："讲经而著为义疏，以释氏为先。"⑥讲儒家经典而撰为义疏，正是由佛教注经形式而来，义疏之形式由此在南北朝时期成为一种时尚。如果说讲经形式的佛教化有助于儒学学术空气的活跃，那么，注经解经的义疏形式的形成，则对儒学义理的衍化与丰富发展产生了深远影响。

2.佛教对儒道思想的吸摄

佛教是外来思潮，在它传入中国的早期，就采取了一些较聪明的策略，与儒、道思想进行比附，以便较顺畅地进入中国思想领域。到两晋南北朝时期，道教作为中国本土宗教已成规模，而儒学仍然是占统治地位的思想。儒学的统治地位必然影响佛教的传播，佛教必须靠近儒学，并吸取它的价值观念；道教是本土宗教，尽管佛教徒瞧不起道教，但也不敢直面顶撞，甚至要讨好道教。而且道教思想有较精

---

① 〔南朝宋〕何尚之：《列叙元嘉赞扬佛教事》，〔清〕严可均编：《全宋文》卷二十八，《全上古三代秦汉三国六朝文》，中华书局1958年版，第2590b页。
② 〔北齐〕颜之推：《归心第十六》，王利器：《颜氏家训集解》卷五，中华书局1993年版，第368页。
③ 参见王晓卫：《论佛教对北朝儒学的影响》，《贵州大学学报（社会科学版）》1998年第6期。
④ 牟润孙：《注史斋丛稿》，中华书局1987年版，第328页。
⑤ 〔唐〕魏徵、〔唐〕令狐德棻：《元善传》，《隋书》卷七十五，中华书局1973年版，第328页。
⑥ 牟润孙：《注史斋丛稿》，第248页。

密的思辨性，在表述运动、本体方面，有自己的特长。所以，佛教进入中国，向儒、道学习，不仅是一种外来文化入境取得"护照"的必然态度，也因为儒、道思想中有佛教所需要的因素。首先，我们看佛教对道家、道教思想的吸摄。佛教对道家、道教思想的吸摄主要表现为借用道家的命题、范畴和运思方法。比如即色宗代表人物支道林，在谈到理想人格时指出："夫至人也，览通群妙，凝神玄冥，灵虚响应，感通无方。……故千变万化，莫非理外，神何动哉？以之不动，故应变无穷。"①无疑，"至人"范畴出于《庄子》，而其对"至人"的描述也显然深受《庄子》运思方式的影响，尽管支道林所追求的是佛教境界。再如僧肇，他在《肇论》中大面积地借用了《道德经》《庄子》中的思想资源。在《涅槃无名论》中，僧肇描述涅槃就是借用《道德经》中描述"道"的语言手法进行的——"夫涅槃之为道也，寂寥虚旷，不可以形名得；微妙无相，不可以有心知。超群有以幽升，量太虚而永久。随之弗得其踪，迎之罔眺其首，六趣不能摄其生，力负无以化其体。潢漭惚恍，若存若往。"②而在《道德经》第二十一章中则有"道之为物，惟恍惟惚。惚兮恍兮，其中有象；恍兮惚兮，其中有物"。在《般若无知论》中，僧肇对"一切知"的叙述是这样的："圣心无知，故无所不知。不知之知，乃曰一切知。"③这一思想的摹本显然也出自《道德经》第四十七章："不出户，知天下，不窥牖，见天道。其出弥远，其知弥少。"可见，中国佛教在阐发其思想过程中，确实大量吸摄了道家的概念、命题和运思方法等思想资源。

再看佛教对儒家思想的吸摄。佛教对儒家思想的吸摄主要表现在两个方面：一是儒家的入世精神，二是儒家的伦理思想。从"入世"精神方面看来，佛教高僧大多把儒家齐家治国平天下的"外王"思想纳入佛教教义中。比如支道林认为，佛教彤淳反朴、绝欲归宗，为的是辅助王道，显外王之功，他说："盖沙门之义，法出佛圣，彤淳反朴，绝欲归宗。游虚玄之肆，守内圣之则，佩五戒之贞，毗外王之化。"④慧远则把帮助君王治理国家视为佛教本有之义："是故悦释迦之风者，辄先奉亲而敬君，变俗投簪者，必待命而顺动。若君亲有疑，则退求其志，以俟同

---

① 〔晋〕支遁：《大小品对比要钞序》，石峻等编：《中国佛教思想资料选编》（第1卷），第60页。
② 〔晋〕僧肇：《涅槃无名论》，石峻等编：《中国佛教思想资料选编》（第1卷），第158页。
③ 〔晋〕僧肇：《涅槃无名论》，石峻等编：《中国佛教思想资料选编》（第1卷），第147页。
④ 〔南朝梁〕释慧皎：《晋剡沃洲山支遁传》，《高僧传》卷四，汤用彤校注，汤一玄整理，中华书局1992年版，第161—162页。

悟。斯乃佛教之所以重资生，助王化于治道者也。"①就连主张万物为假为空的僧肇，其根本精神并不主张脱离社会、远离俗世，他说："圣人乘真心而理顺，则无滞而不通；审一气以观化，故所遇而顺适。"②可见，儒家入世精神确实被融入佛教思想中。从伦理观念思想上看，儒家伦理的价值指向是现世的、济世的、忧世的、振世的，也就是说，佛教对儒家伦理观念的吸摄，在一定程度上是对儒家"入世"精神的吸摄的具体表现。慧远认为，佛教教义就有入世、出世之说，入世佛教徒正可实践儒家伦理，而出世佛徒也有助于社会风俗的净化，他说："佛经所明，凡有二科：一者处俗弘教；二者出家修道。处俗则奉上之礼、尊亲之敬、忠孝之义表于经文，在三之训彰于圣典，斯与王制同命，有若符契。……凡在出家，皆隐居以求其志，变俗以达其道。变俗服章不得与世典同礼，隐居则宜高尚其迹。夫然，故能拯溺族（俗）于沈流，拔幽根于重劫，远通三乘之津，广开人天之路。是故内乖天属之重，而不违其孝；外阙奉主之恭，而不失其敬。"③慧远借用佛经的规定，而且把佛教出世规定为对风俗净化有意义的行为，从而把儒家伦理道德轻松地纳入佛教思想中。《提谓波利经》是北朝时期在家信徒遵奉的一部佛教经典，这部经典也把儒家伦理道德置放其中："人不持五戒者为无五行，煞（杀）者为无仁，饮酒为无礼，淫者为无义，盗者为无知（智），两舌者（妄语）为无信，罪属三千。先能行忠孝乃能持五戒，不能行忠孝者终不能持五戒，不忠不义不孝不至（智），非佛弟子。"④在这里，儒家道德伦理被当作是佛非佛的标准。可见，佛教对儒家思想的吸摄，是通过中国佛教僧人阐释佛教典籍过程中，自觉且广泛地贯注了儒家伦理道德思想完成的，这实际上也是佛教中国化的一个表现和基础。

3.道教对儒佛思想的吸摄

道教虽为本土所产，且以道家思想为根，但道教思想之理论性和丰富性是欠缺的。在思想内容上，道教贫乏得不足以与佛教抗衡，因而它必须吸摄儒家伦理思想以充实自身；在修养方式上，也较为简单，因而它又不得不向佛教讨教。

其一，道教对儒家入世精神与伦理思想的吸摄。我们知道，道家、道教是具有"在世"倾向的，但同时必须指出，道家、道教的"在世"与儒家那种强烈的"入

---

① 〔晋〕慧远：《在家》，《沙门不敬王者论》，石峻等编：《中国佛教思想资料选编》（第1卷），第82页。
② 〔晋〕僧肇：《不真空论》，石峻等编：《中国佛教思想资料选编》（第1卷），第144页。
③ 〔晋〕慧远：《答桓太尉书》，石峻等编：《中国佛教思想资料选编》（第1卷），第99页。
④ 转引自任继愈：《中国佛教史》（第3卷），中国社会科学出版社1988年版，第559页。

世"精神是有差别的,即儒家是直接参与社会,以济世救民为己任,道教则主要是一种肉体的关怀,且以个体为重。但至葛洪时代,道教的"在世"明显表现出向儒家"入世"靠拢。葛洪说:"内宝养生之道,外则和光于世。治身而身长修,治国而国太平。以六经训俗士,以方术授知音。欲少留则且止而佐时,欲升腾则凌霄而轻举者,上士也。"①不难看出,在葛洪思想中,参与社会、济助人间是十分重要的内容。道教对儒家伦理思想的吸摄则是不遗余力。比如《正一法文天师教戒科经》中云:"事师不可不敬,事亲不可不孝,事君不可不忠……仁义不可不行,施惠不可不作。"②又云:"其能壮事守善,能如要言,臣忠,子孝,夫信,妇贞,兄敬,弟顺,内无二心,便可为善得种民矣。"③可见,儒家的敬、孝、忠、仁、义、信、贞等德目被吸收为道教基本内容,并规定,履行持守儒家伦理道德,才可成为真正的道教徒。在道家经典中,像这样关于儒家伦理道德的引述,极为普遍。又如葛洪指出,道家不唯养生一事,应兼济社会,儒家也不唯济世一事,应关注人生。"所以贵儒者,以其移风易俗,不唯揖让与盘旋也。所以尊道者,以其不言而化行,匪独养生之一事也。"④儒家伦理道德就在葛洪的这种宽容中大摇大摆地坐进了道堂。此外,道教还把儒家的礼转化为道教戒律。如《灵宝智慧罪根上品大戒经》中云:"与人君言则惠于国,与人父言则慈于子,与人师言则爱于众,与人兄言则悌于行,与人臣言则忠于君,与人子言则孝于亲,与人友言则信于交,与人妇言则贞于夫,与人夫言则和于室,与人弟子言则恭于礼,与野人言则劝于农,与道士言则正于道,与异国人言则各守其域,与奴婢言则慎于事。"⑤在这里,儒家的礼被融于道教之中,成为道教戒律的基本纲架。

其二,道教对佛教伦理戒律思想的吸摄。道教有斋醮科仪,斋醮科仪中又有坛场转经,设法师、都讲等职,这些都是仿照佛教相关仪式而来。如陆修静提出"斋有九等",即金斋、黄斋、明真斋、元斋、八节斋、自然斋、洞神三里之斋、太一斋、指教之斋等,并强调斋戒为立德之本。而且,陆修静还认为,履行斋戒不是外在的,而要在心灵上做到"心行精至""洗心净行","身为杀盗淫动,故役之以礼拜;口有恶言,绮妄两舌,故课之以诵经;心有贪欲,嗔恚之念,故使以

---

① 〔晋〕葛洪:《释滞》,《抱朴子内篇校释》卷八,王明校释,中华书局1985年版,第148页。
② 《正一法文天师教戒科经》,《道藏》(第18册),文物出版社1988年版,第232页。
③ 《正一法文天师教戒科经》,《道藏》(第18册),第237页。
④ 〔晋〕葛洪:《塞难》,《抱朴子内篇校释》卷七,王明校释,第138页。
⑤ 《太上洞玄灵宝智慧罪根上品大戒经》卷上,《道藏》(第6册),第887页。

思神。"①而所谓"杀盗淫动,恶言绮两舌,贪欲嗔恚",正来自佛教"十恶"之戒。难怪释道宣说他是"广制斋仪"以改造五斗米道。另外,道教还把佛教的诵经、持戒修养方法吸收进来,这在《太上洞渊神咒经》中有详细记载:"若不受此经,不名道士不得救治万病,但受此经,家中供养一切,鬼伏生死蒙恩,道不虚言。汝等信之,坐中大小各各求之,太上哀念一切,悉受之戒之,汝等受此经,不得轻师,不得慢经,终身奉行,思神念道,后得升仙。"②这段话大致是说,只要道教徒能诵经、持戒,什么疾病、官事、邪恶统统可以避免,并可由此"成仙"。此见道教受佛教影响之重之深。著名道士陶弘景更是在融摄佛教教理上身体力行——"在茅山中立佛道二堂,隔日朝礼。佛堂有像,道堂无像"③。总之,道教在吸摄儒、佛思想方面是积极而自觉的,也因此使较为贫乏的道教思想逐渐丰满起来。

(二)相拒相斥:儒佛道关系的逆向开展

从对立统一关系讲,相摄必有相斥;由儒佛道三教各有不同特征的情形看,相斥也属正常。由于佛教是外来思想,而儒道为本土所生,故两晋南北朝时期相斥主要表现在儒佛相斥、道佛相斥。这里我们对之略为讨论,以使对这个时期三教关系的认识与把握更为完整。

1.伦理价值取向之冲突

虽然儒佛道三教在伦理道德思想上有互摄互融的一面,但并不意味着它们在伦理价值上不存在冲突。事实上,在伦理价值取向上,佛教与儒学之间存在着深刻的矛盾。这里我们仅以"孝"道为例。儒家的"孝"具有事实性、感受性、亲情性特征,即从衣食住行、伦理辈分等方面,以尽晚辈对长辈之义务。佛教提倡出家,但站在儒家的立场上看,出家意味着儒家孝道的瓦解。因此当时有人批评道:"周、孔之教,以孝为首,孝德之至,百行之本,本立道生,通于神明。故子之事亲,生则致其养,没则奉其祀。三千之责,莫大无后。体之父母,不敢夷毁,是以乐正伤足,终身含愧也。而沙门之道,委离所生,弃亲即疏,刬剔须发,残其天貌,生废

---

① 〔南朝宋〕陆修静:《洞玄灵宝斋说光烛戒罚灯祝愿仪》,《道藏》(第9册),第821页。
② 《太上洞渊神咒经》,《道藏》(第6册),第19页。
③ 〔唐〕贾嵩:《陶隐居内传》,转引自孙述圻:《六朝思想史》,南京出版社1992年版,第256页。

色养，终绝血食，骨肉之亲，等之行路，背理伤情，莫此之甚。而云弘道敦仁，广济群生，斯何异斩刈根本而修枝干，而言不殒硕茂，未之闻见。皮之不存，毛将安附？此大乖于世教，子将何以祛之？"①然而，这种批评，在佛教徒看来是对佛教的误会。孙绰认为，"孝"不能仅停留在肉身之赡养上，还要体现在儿女能否立行修道上，因为，如果儿女可以立身修道，可永远光宗耀祖，这自然也是尽"孝"。"父隆则子贵，子贵则父尊，故孝之为贵贵，能立身行道，永光厥亲。"②慧远更是认为出家与守"孝"道毫不矛盾，他说："凡在出家，皆遁世以求其志，变俗以达其道。变俗则服章不得与世典同礼，遁世则宜高尚其迹。夫然者，故能拯溺俗于沈流，拔幽根于重劫。远通三乘之津，广开天人之路。如令一夫全德，则道洽六亲，泽流天下，虽不处王侯之位，亦已协契皇极，在宥生民矣。是故内乖（乘）天属之重，而不违其孝；外阙奉主之恭，而不失其敬。"③在慧远看来，佛教虽然没有行孝的具体仪式，甚至与儒家天道观有冲突，但佛教徒都以静修其身为尚，佛教徒的宗教实践有助于社会风俗的净化，有助于人心的提升，因此，佛教徒所为都是有裨于国家民生的，这不仅不背离孝，反而是更高境界的孝。慧远的这种解释并没有真正解决佛教伦理与儒家伦理价值之冲突，但他这种解释较巧妙地使佛教的宗教实践与儒家伦理成为一种互补关系，从而起到了缓和冲突的作用。

2.社会功能之冲突

儒家主张入世、济世，个人价值或思想价值都应该体现在对现实社会的实际功效上，因而儒家的整套思想都富有强烈的济世倾向。但佛教不同，佛教主张出家、弃世，不仅不能履行儒家制定的基本伦理义务，反而是对儒家基本伦理义务的背叛。其实际行为不仅不能给社会国家带来实际的好处，反而给社会国家带来负担，因为寺院、僧侣集团都需要大量的物资供养。所以，这种于社会功能上的差异，非常容易导致两者的冲突。当时就有士人批评道："何其栖托高远，而业尚鄙近，至于营求孜汲，无暂宁息；或垦殖田圃，与农夫齐流；或商旅博易，与众人竞利；或矜恃医道，轻作寒暑；或机巧异端，以济生业；或占相孤虚，妄论吉凶；或诡道假权，要射时意；或聚畜委积，颐养有余；或指掌空谈，坐食百姓……此皆无益于

---

① 〔晋〕孙绰：《喻道论》，石峻等编：《中国佛教思想资料选编》（第1卷），第27页。
② 〔晋〕孙绰：《喻道论》，石峻等编：《中国佛教思想资料选编》（第1卷），第27页。
③ 〔晋〕慧远：《出家》，《沙门不敬王者论》，石峻等编：《中国佛教思想资料选编》（第1卷），第82页。

时政，有损于治道，是执法者之所深疾，有国者之所大患。"①对于这种批评，佛教徒也给予了回击。佛教徒认为，佛教并不是无助于社会国家，反而是可以弥补其他思想之不足，有自己的特殊功用。慧远说："出家之人，凡有四科，其弘教通物，则功侔帝王，化兼治道。至于感俗悟时，亦无世不有。"②因此佛教徒虽不居王侯之位，也是有利于生民的。而孙绰说："周、孔即佛，佛即周、孔。盖外内之名耳。故在皇为皇，在王为王。佛者梵语，晋训觉也。觉之为义，悟物之谓，犹孟轲以圣人为先觉，其旨一也。应世轨物，盖亦随时。周、孔救极弊，佛教明其本耳。"③在佛教徒看来，佛教虽然不能为社会国家做直接的物质贡献，但对人的精神、心灵的培养却有积极作用。

3.文化地位之冲突

魏晋之际，玄学居主，东晋之时，佛教渐盛。佛教发展的强劲势头不仅引起了儒生、道士对社会前途的担忧和对道德伦理前途的担忧，而且引起对自我前途的担忧，因为儒生、道士的切身利益受到损害。这样，以争取文化上的主导地位的争论便不可避免地发生了。具有悠久历史的夷夏之辨带有歧视性的文化差异观，恰好成为一些反佛人士的武器。南齐道士顾欢就是利用夷夏论贬佛排佛的代表。顾欢在《夷夏论》中表述了贬佛的如下几个观点：老子在释迦之前，道教涵盖佛教，佛教归属于道教；佛教属蛮夷之法，道教是"东华之道"，道教优于佛教，因而不能让佛教兴于夏。由第一点，佛教被列为中国正统之外，是一种异端；由第二点，佛教是中国之外野蛮民族的教理，是一种落后文化，没有资格在中国传播。顾欢的排佛论，遭到了佛教徒的猛烈批评。先后有明僧绍的《正二教论》、谢镇之的《折夷夏论》、朱昭之的《难顾道士夷夏论》、惠通的《驳顾道士夷夏论》、僧敏的《戎夏论折顾道士夷夏论》等等。上述驳论文章主要在如下几个方面对排佛观点进行了辩斥：老子先于释迦说，没有事实根据；佛教有其特殊的思想理论，而且是高于道教的，所谓"老子是一方之哲，佛陀是万神之宗"；在地理上不存在中国中心之说，反而印度（戎）应是世界中心；佛教、道教的优劣不在其地理位置，而在其是否真的有好的"道"。所以，佛教作为一种思想在文化上的地位应有其特殊之处，在很

---

① 〔晋〕释道恒：《释驳论》，〔清〕严可均编：《全晋文》卷一百六十三，《全上古三代秦汉三国六朝文》，第2406b页。
② 〔晋〕慧远：《在家》，《沙门不敬王者论》，石峻等编：《中国佛教思想资料选编》（第1卷），第81页。
③ 〔晋〕孙绰：《喻道论》，石峻等编：《中国佛教思想资料选编》（第1卷），第27页。

大范围上，它与道教应是可以平起平坐甚至超越道教的。

以上我们由伦理价值、社会功能和文化地位三个方面简要地考察了儒佛、道佛之间的相拒相斥关系。与相摄相融关系比较，相拒相斥关系虽然看起来十分紧张，但对儒佛道三教的良性互动、优化融合是极为有价值的。通过这种论战，儒佛道三教不仅更为明确地了解到彼此的不足，也更为明确地了解到彼此的长处，从而培育出一种谦逊的文化态度。

（三）几点检讨

可见，既相融相摄又相拒相斥的确是两晋南北朝时期儒佛道三教关系的基本形式。然而，对此既相融相摄又相拒相斥的关系似应有进一步的思想史意义解读。

1.儒佛道三教相融相拒中的内容广泛性

所谓内容广泛性，是指在儒佛道三教相融相拒过程中，涉及领域极为广泛。概而言之，两晋南北朝时期儒佛道相摄相斥所及领域，既有形上本体的建构，也有"入世"精神的援引；既有伦理道德范畴的互摄，亦有修身养性方式的借鉴；既有戒律的互用，亦有讲经、解经方法的模仿；既有社会功能上的不同指认，又有文化地位上的激烈争吵等等。因此可以说，儒佛道的相融相拒是全方位的。在这样一种全方位的相摄相斥关系中，儒佛道三教都接受了一次以彼此为坐标的检阅，从而暴露了儒佛道思想中各自需要充实、补充的空当，使得儒佛道三教在这种相对自由的氛围中，实现了较充分的接触，从而为它们在中国文化思想史上的进一步互动与融合铺垫了一条平坦之路。

2.儒佛道三教相融相拒中的主体无界性

所谓主体无界性，是指在儒佛道三教互融互拒过程中，使儒学本体化的并不一定是儒学大家，可能是佛教高僧；使佛教入世化的也不一定是佛教高僧，也可能是儒学大师。指责儒学之不足的既有佛教高僧，也有儒学名士；检讨佛教之局限的既有著名道士，也有佛教高僧。这一重要现象为过去研究儒佛道三教关系的学者所忽略，但又是必须值得重视的现象。这种现象说明，儒佛道三教思想已成为两晋南北朝时期道士、高僧和儒学名士共有的资源。有了这样一个知识背景，当他们认为需要对自身思想的某些局限进行改造的时候，儒佛道三教思想在他们头脑中的明确界线就不复存在，他们会自觉地汲取任何一种他们认为有积极意义的思想。这种现象还说明，儒学思想的完善、佛教教义的丰富、道教观念的提升，很难说是对应主体的贡献。这意味着儒佛道三教的进一步交叉融合有了主体性基础。

3.儒佛道三教相融相拒中的策略迂回性

所谓策略迂回性是指儒佛道处理彼此关系时，在策略上都表现得较为迂回，较为温和。从相融相摄角度看，佛教高僧大都愿意从佛教教义或儒学义理的诠释上，寻找儒、佛共处的条件。比如慧远对在世、出世目标的共同性解释，很自然地把儒学与佛教黏合起来。又如葛洪那种毫无戒心地融儒、佛、道于一体的做法，也极大地消除了佛教与道教的紧张。从相拒相斥角度看，其策略的迂回性特征更为显见。佛教主张出家，直接冲击了儒家的"孝"道观念。但在佛教高僧看来，出世非但不会构成对"孝"道的冲击，反而有助于"孝"道的光大。在社会功能上，佛教被儒学名士和道教徒视为不利于社会经济发展的思潮，但孙绰认为，儒学是济救世弊的学问，佛教是拯救灵魂的学问，二者皆为治理社会国家所需。这种解释也许不全符合儒、佛之真情，但它显然创造了一种宽松的氛围，使儒佛二教的关系获得了相契。因此，我们有理由认为，儒佛道三教的相融相拒具有迂回性特征，而这一特征为儒佛道三教的互动和融合营造了一个难得的空间。

4.儒佛道三教相融相拒中的义理互补性

所谓义理互补性是指儒佛道三教在教义或思想主张上具有互补性。无论是相融相摄还是相拒相斥，儒佛道三教各自的义理都得以较充分地显露，从而为彼此义理之间的互补性提供了参照。就相融相摄方面看，儒学的长处因为佛教的吸摄而愈加显露出来，而佛教的长处因为儒家的吸摄而显露出来；就相拒相斥方面看，儒学的不足因为佛教的批评攻击而显露出来，而佛教的不足，也因为儒学和道教的批评而显露出来。也就是说，在整个相融相摄、相拒相斥的互动过程中，儒佛道三教义理的长处与不足都被充分地展示出来，从而为彼此的吸摄创造了条件。如儒学吸取了佛、道之本体及本体论思维，佛教吸取了儒学"入世"精神，道教则吸取了儒佛二教之伦理道德观念和修养方法。这种互摄，对儒佛道三教自身而言，是丰富发展；对中国思想文化史而言，则显示了儒佛道三教一体化走向，显示了中国思想文化的提升。

因此，我们可以说，影响和规定隋唐以降儒、佛、道三教关系形式和内容的，不仅有两晋南北朝时期的相融相斥关系，而且有贯注于相融相斥关系中的内容上的广泛性、主体的无界性、策略上的迂回性和义理上的互补性四大特征。这四大特征不仅为儒、佛、道三教的进一步融合提供了充分的条件，而且在很大程度上规定了儒、佛、道三教融合的基本形式。

〔原载《南昌大学学报（人文社会科学版）》2001年第4期，人大复印报刊资料《中国哲学》2002年第1期转载〕

第三章 儒学形态述论

本章共六篇文章，集中讨论了儒学形态问题。《试析当代儒学流派的基本格局及其走向》将当代儒学群体分为「保守主义儒学」「马克思主义儒学」「自由主义儒学」「理性主义儒学」四大流派，其中「理性主义儒学」是新的提法，并对此四大儒学流派的内容、特点及其相互影响进行了评论。《百年来儒学开展方向主要论说及评论》对20世纪关于儒学开展方向的主要主张与论说进行了梳理和评述，并由此尝试性地提出了儒学开展方向的设想。《当代儒学的五种形态》主要从学科的角度将当代儒学分为「宗教儒学」「政治儒学」「哲学儒学」「伦理儒学」「生活儒学」五种形态，其中「生活儒学」并不在「学科儒学」范围之内，乃是因为「生活儒学」为多数学者所推崇，并且是儒学开展的基本方向。文章对五种形态的内容、特点、意义展开了深入分析与昭示。《人文儒学：儒学的本体形态》由「人文儒学是儒家思想根本内容」「人文儒学是儒家思想生长之源」「人文儒学是儒家思想开掘之匙」「人文儒学是儒家思想应对挑战之法」五个向度全面地、深入地阐述了「人文儒学」何以成为儒学的本体形态。《「人文儒学」何以可能？》进一步从「如何超越「以西释中」的是与非？」「怎样走出理解儒学的困惑？」「飘浮在夏文中的朵朵疑云」三个方面说明「人文儒学」何以可能。《人文认知范式与中国传统人文思想的豁显》则是以人文认知范式为参照，发掘、豁显了「道德性命」「生机整体」「直觉主义」「相融相济」等中国传统人文思想内容。

一、试析当代儒学流派的基本格局及其走向

儒学作为中国传统思想的主体部分，作为塑造中华民族性格的重要学说，作为建构现代文明的重要精神文化资源，当代学者不能不给予关注，不能不给予思考，不能不给予主张，但在这种关注、思考和主张过程中，学者们会自觉地将他们的价值立场、思想观念与儒家思想产生化学反应并融合，从而形成新的儒学流派及主张。由于学者群体在价值立场、思想观念等方面存在差异，因而所形成的儒学流派及主张便呈现多样面孔，由此便有了保守主义儒学、马克思主义儒学、自由主义儒学、理性主义儒学四大派别，即所谓"保""马""自""理"。本文即对活跃于当今学术领域的四大流派做一扼要梳理。

（一）保守主义儒学

保守主义儒学在中国有其传统，从产生的根源看，应该理解为应对西方思想文化挑战而形成的一种文化思潮。就是说，如果不是西方思想文化的强势进入，也许不会出现这种对儒学持保守立场的学派。从历史渊源看，晚年的康有为、严复都属于保守主义儒学派，后又有新儒家梁漱溟、熊十力、马一浮等，至少他们是部分的保守主义者。前者主张以儒教为国教，后者则主张"返本开新，守常应变"。而当今对于儒学持保守立场较为鲜明的学者有蒋庆、康晓光、盛洪、张祥龙、陈明，以及海外的杜维明等。这些学者的主张比起前辈来虽然相对复杂，但大体上没有逸出保守主义阵营之外。保守主义在西方是一种思想文化思潮，其基本主张包括：第一，认同传统、坚持传统、弘扬传统；第二，主张有超越性的道德秩序；第二，主张社会发展连续性、改良性；第四，奉行审慎原则，对任何观点、文化抱着审慎的态度。当代中国保守主义儒学派中的人物，或许并不完全了解西方思想文化中的保守主义，但他们对于儒学的主张大体上与这些理念相同；而且，他们不仅对这些基本理念有较全面的贯彻，还有出色的发挥，使他们在精神上、理念上成为一个引人瞩目的儒学团体。

与此相应，当代保守主义儒学派基本主张是：儒学是优秀的思想文化，是有价值的思想文化资源，儒学的基本思想无须改变、无须改造，儒家思想可以直接服务于现代社会。如康晓光说："所谓'复兴'是对文化的核心精神的保守、继承、发扬光大。文化的枝节可以抛弃，形式可以改变，但核心精神不能丢掉。……儒家文

化的复兴,对于我们的道德重建,对于社会秩序的重建,对于中国人的国家认同和民族认同,对于政治正当性重建都是非常重要的。"①以此信念为基础,保守主义儒学派提出了一套系统的应用、开展、升格、复兴、解释儒学的主张。

第一,"儒学意识形态化"是保守主义儒学派的根本主张。他们呼吁将"尧舜孔孟之道"作为国家的立国之本写进宪法,上升为国家意识形态,恢复儒教古代"王官学"的地位,把儒教的义理价值尊奉为中国占主导地位的统治思想,从而将儒学理念作为国家制度的根据。②

第二,"儒学宗教化、制度化"是保守主义儒学派的基本诉求。他们提倡公祭孔子、广建孔庙,将儒学确立为中华民族的信仰。如蒋庆认为儒教的生命形态就是"上帝信仰、天道性理信仰、祖宗鬼神信仰、良知信仰以及符合儒教义理的民间信仰",并要求"制定并主持各种国家祭祀礼仪与民间祭祀礼仪、开展全民性的'中国道德振兴运动'等"。③忧心如果不把儒学当作宗教,中华民族就会丧失立身之本、立国之本,国家也将灭亡。

第三,"建立文化保护区"是保守主义儒学派主要策略。在保守主义儒学派看来,近世以来,儒学面临各种严峻的冲击和挑战,建立文化保护区是复兴儒学的重要道路之一。而所谓"文化保护区"设计是:"它的面积、地点、人口、体制、风俗、经济、教育等,应大到和特异到足够使儒家能作为一个文化活体而延续,就如同让大熊猫和东北虎能野生生存的条件考虑方式一样。比如,以曲阜为中心而划定一方圆百里或百公里的保护区。在这个区域中,'使服其服,行其礼乐',尽可能采纳儒家的经国治世之策,培育愿终生乃至世代承传儒家的道统和生活方式的儒者和维持这样一个社会所需要的三教九流,最后达到任其自行而无碍,与世无争而潜润世间的境地。"④这样才能"保存较纯粹的古朴活种"。

第四,"用儒学教化国民"是保守主义儒学派的努力目标。他们主张全面复兴儒学、普及儒学,在普通百姓中进行传播,将儒学的基本思想灌输给全民。如蒋庆说:"由儒教出资在全国兴办幼儿园、小学、中学,并在非儒教兴办的幼儿园、小学、中学、大学推广读经,在社会中开展成人讲经、书院讲学,在政治中建立'四

---

① 康晓光:《软力量建设与儒家文化复兴》,《天涯》2007年第1期。
② 参见蒋庆:《关于重建中国儒教的构想》,《中国儒教研究通讯》2005年第1期。
③ 蒋庆:《关于重建中国儒教的构想》,《中国儒教研究通讯》2005年第1期。
④ 张祥龙:《给中国古代濒危文化一个避难所——成立儒家文化保护区的建议》,《现代教育报》2001年7月20日。

书''五经'考试获得从政资格的'新科举制',对军人进行儒教精神道德的忠义爱国教育,开展'全民读经'运动等。"①

第五,"肯定、保护性解释儒学文本"是保守主义儒学派的基本特征。面对儒学文本,保守主义儒学派更愿意从肯定、保护性的方向做出解释,而不愿做否定、破坏性解释,所以在保守主义儒学派解释儒学文本的体系中,较少看到对儒家思想不足的揭示,较少看到对儒家思想的批评与否定。比如,《论语·阳货》有云:"唯女子与小人为难养也。近之则不逊,远之则怨。"杜维明的解释让人耳目一新:不是性别论说而是政治论说,包括了男人与女人。意即政治领导人对于没有受过教育的男女,在相处时要特别小心,不能太亲近,又不能太疏远,否则他们就会无礼或怨恨。怎样处理这种复杂关系,不被他们所蛊惑,又要他们帮助你维持行政运作,这是政治艺术。因此,孔子这句话不是歧视妇女的性别论说。②尽管杜氏的创造性解释遭到了许多学者的质疑,但这种解释无疑属于肯定、保护性的,这正体现了保守主义儒学派解释儒家思想的特征。再如蒋庆认为,心性儒学天人合一的自然观,大化流行的宇宙观,尽物之性的物与观,阴阳交合的生成观,以物观物的方法论,对解决人类现代困境都有重要作用,只要人类觉悟了心性的重要性,回到心性,便可以解决人类所有问题。③儒家心性之学固然特殊、固然重要,但毕竟只是儒家提出的一种修养教化理论而已,并不是万能的灵丹妙药,蒋庆这种夸大其词的解释,正显示了保守主义儒学派对儒家思想解释的肯定性、保护性特点。但这种解释表明,保守主义儒学派在解释儒家经典方面,比较少从消极方面去思考问题,所表现的是一种解释上的乐观主义。

概言之,在保守主义儒学派视域中,儒学的地位是"意识形态",儒学的存在形式是"宗教",儒学的传承复兴方法是"保护区建设",儒学的开展方向"是教化民众",儒学的解释倾向是"肯定性、保护性",等等,这些主张与观点,都显示了鲜明的保守主义特质。

---

① 蒋庆:《关于重建中国儒教的构想》,《中国儒教研究通讯》2005年第1期。
② 参见杜维明:《武汉大学访谈》,郭齐勇、郑文龙编:《杜维明文集》(第5卷),武汉出版社2002年版,第695页。
③ 参见蒋庆:《心性儒学与未来世纪》,《中国文化》1995年第1期。

（二）马克思主义儒学

马克思主义儒学的产生，是马克思主义理论进入学术领域并对学术研究指导、渗透之结果，特别是由其指导的社会革命运动取得成功后，马克思主义便以最高真理的身份对学术思想进行指导。如果将马克思主义儒学理解为以马克思主义方法理解、研究、评价儒学的话，那么陈独秀、李大钊、郭沫若等可以认为是马克思主义儒学的早期代表，而当今对儒学持马克思主义立场坚定且鲜明的学者有张岱年、张岂之、萧萐父、方克立、李维武、黎红雷等。马克思主义儒学派的理论根据是马克思主义基本理论，主要是马克思主义哲学，它包括：世界的统一性在于它的物质性，物质第一性，意识第二性，物质决定意识，意识对物质具有反作用；万事万物是普遍联系的，矛盾是事物发展的动力，辩证法是理解事物、各种关系的基本方法；认识从实践中产生，随实践而发展，认识的根本目的是实践，认识的真理性只有在实践中得到检验；社会存在决定社会意识，社会意识反作用于社会存在，生产力和生产关系之间的矛盾、经济基础与上层建筑之间的矛盾，是推动社会发展的基本矛盾；在阶级社会中，社会基本矛盾表现为阶级斗争，人的思想意识都由其阶级属性决定的。

那么，与此相应的马克思主义儒学派关于儒学的主张是怎样的呢？

第一，强调用马克思主义理论指导儒学研究。在马克思主义儒学派看来，儒学研究只有贯彻马克思主义思想方法，才不会迷失方向，才能获得积极效果。如张岱年说："中国的文化传统也必须与马克思主义的普遍真理密切结合，才能提升到更高的水平。"[1]又如方克立说："不论是中国特色社会主义理论还是社会主义核心价值体系，都从包括儒学在内的中国传统文化中吸取了不少思想资源作为古为今用的支援意识。不过这里有一个重要前提，就是必须坚持以马克思主义为指导。马克思主义与儒学的关系是主导意识与支援意识的关系。"[2]

第二，认为马克思主义理论与儒家思想虽然有相适的部分，但对立是它们的基本关系。如张岱年说："儒学中有一部分与马克思主义是矛盾的、不相合的，但

---

[1] 张岱年：《我为什么信持辩证唯物主义？》，《高校理论战线》1999年第6期。
[2] 方克立：《关于马克思主义与儒学关系的三点看法》，《高校理论战线》2008年第11期。

也有一部分内容与马克思主义并不矛盾,可以相合和互相补充。"①再如方克立说:"马克思主义与儒学有相容相通之处,并不能否定二者还各有其本质的规定性,不能抹煞二者之间的本质区别和界限。马克思主义中国化不等于马克思主义儒学化,马克思主义要是儒学化了就不是马克思主义,就失去了其本真面目。同样,儒学也不可能马克思主义化。"②

第三,以马克思主义作为评价儒学是非得失的标准。如要对儒家思想是非得失进行评价,马克思主义儒学派认为最可靠的标准就是马克思主义理论。如方克立说:"用马克思主义观点研究儒学是分析儒学,解构儒学,取其精华,古为今用,同时也要批判其中的封建主义糟粕。大概不能把这叫作儒学马克思主义化。"③

第四,必须用马克思主义方法引导马克思主义与儒学会通。对于马克思主义儒学派而言,马克思主义与儒学会通是毫无疑问的,问题是如何会通,会通的方法与路径是什么。冯俊说:"中国化马克思主义是马克思主义的最新发展,它本身不是一个儒学的理论体系。我们要杜绝不加分析、不加区别地对以儒学为代表的传统文化盲目崇拜,而是以科学辩证的态度对儒学进行批判性继承,真正吸收儒学文化中的思想精华和优秀品质,以马克思主义的理论视角作出新的诠释。"④就是说,如果要实现儒家思想与马克思主义会通,必须以马克思主义理论为指导。在这里,马克思主义既是"运动员",又是"裁判员"。

第五,必须以马克思哲学方法对儒学展开解释。可以说,马克思主义儒学派对儒家思想展开了全方位的解释,而马克思主义理论贯注于所有解释实践之中。比如张岱年对陆王心学"心外无理""心外无物"的解释:"象山只讲无心外之理,阳明则更讲心外无物、心外无事;一切皆在心中,无心便无一切;个人的心知没有了,其宇宙亦即消逝。在阳明,颇有承认人人各有其各自的宇宙之倾向,他常是从知识的能所关系立论。他的学说,可以说接近于西方的主观唯心论。"⑤比如张岂之对《孟子·公孙丑上》"夫志,气之帅也;气,体之充也。夫志至焉,气次

---

① 张岱年:《21世纪中国哲学的一个重要课题——〈中国文化与马克思主义〉序言》,《中国社会科学院研究生院学报》1996年第1期。
② 方克立:《关于马克思主义与儒学关系的三点看法》,《高校理论战线》2008年第11期。
③ 方克立:《关于马克思主义与儒学关系的三点看法》,《高校理论战线》2008年第11期。
④ 冯俊:《中国化马克思主义的儒学因素》,《理论视野》2008年第12期。
⑤ 张岱年:《中国哲学大纲·宇宙论》,《张岱年全集》(第2卷),河北人民出版社1996年版,第104页。

也"的解释:"对于人来说,'志'是主要的,是'气之帅'。'气'是次要的,是'体之充'。这两方面是相互作用的,一方变化必然引起另一方的变化。所以他说:'志壹则动气,气壹则动志也。今夫蹶者趋者,是气也,而反动其心。'(《孟子·公孙丑上》)这既看到了矛盾主要方面对次要方面的决定作用,又看到了次要方面对主要方面的反作用。"①比如张岱年对张载"为天地立心"之解释:"'为天地立心',即达到天地的正确认识。人是天地所产生的,是天地的一部分;人对于天地的认识也就是天地的自我认识而可称为天地之心。"②比如萧萐父主编的《中国哲学史》对"古之时,人之害多矣。有圣人者立,然后教之以相生相养之道。为之君,为之师。驱其虫蛇禽兽而处之中土。寒,然后为之衣,饥,然后为之食。木处而颠,土处而病也,然后为之宫室。为之工以赡其器用,为之贾以通其有无,为之医药以济其夭死,为之葬埋祭祀以长其恩爱……如古之无圣人,人之类灭久矣"③的解释:"人类社会的历史,全是圣人安排造就的。人们在生产劳动中的一切发明创造以及国家的各种制度,都是圣人意志的产物。由于有了圣人,才有今天的人类社会;如果没有圣人,人类早就被毁灭了。在韩愈看来,不是人民群众养活了剥削阶级,而是剥削阶级养活了人民群众;不是人民群众创造了历史,而是圣人创造了历史。他的这种所谓圣人创制立法的唯心史观,是对历史的根本颠倒。"④不难看出,在上述解释实践中,马克思主义哲学的唯物论、辩证法、认识论、历史观都发挥了它们的功能,显示了它们的威力,儒家思想史在这里被改造成了马克思主义儒学史。

概言之,在马克思主义儒学派这里,儒家思想尽管被开掘出许多符合马克思主义哲学的元素,从而使儒家思想被赋予新的活力与气息,但也存在诸多被误读误解之处,也就是说,马克思主义儒学虽然赋予儒家思想以新的形式,但却在很大程度上与本来的"自我"渐行渐远。

---

① 张岂之主编:《中国儒学思想史》,陕西人民出版社1990年版,第96页。
② 张岱年:《张载哲学的理论贡献》,《张岱年全集》(第7卷),第173页。
③ 〔唐〕韩愈:《原道》,《韩愈文集汇校笺注》卷一,刘真伦、岳珍校注,中华书局2010年版,第2页。
④ 萧萐父等主编:《中国哲学史》(上),人民出版社1987年版,第470页。

（三）自由主义儒学

在现代中国思想史上，无疑存在一个自由主义传统，但自由主义儒学能不能说有一传统尚须讨论。不过，这并不妨碍我们可以找到在儒学立场上具有自由主义特征的群体。像张君劢、徐复观、方东美、唐君毅等大体上都可归为自由主义儒学阵营。当今对于儒学持较鲜明自由主义立场的代表主要有袁伟时、刘军宁、徐友渔、刘泽华等。自由主义也是来自西方的思潮，流派众多，内容十分复杂。一般而言，自由主义是一种意识形态，是以自由作为主要政治价值的一系列思想流派的集合。自由主义追求保护个人思想自由的社会、以法律限制政府对权力的运用、保障自由贸易、支持私人经济、透明的政治体制以保障少数人的权利。自由主义基本人权主张是生命的权利、自由的权利、财产的权利。这基本上是国内自由主义派对于儒学主张的依据。与上述主张相适应，自由主义儒学派对于儒学的主要观点有：

第一，儒学是专制主义思想，王道政治不适合现代社会。在自由主义者看来，儒家思想是封建社会的产物，与封建专制制度相适应，所以是不可能适应现代政治的。比如刘泽华认为，儒学是一种封建专制主义的政治思想体系，儒家所设计的理想国模式，提出的实现理想政治的途径，以及指导现实政治的基本原则，构成了其政治学说的主体，即使儒家的设计全部原原本本地付诸实践，其基本导向和归宿必然是专制主义。①

第二，儒学不可能成为建设国家的政治文化制度的基本原则。针对保守主义儒学派"儒学宪法化"的主张，自由主义者认为儒学根本不可能成为建设国家政治制度的基本原则。比如袁伟时说："现代国家，不论儒学是不是宗教，但是你以它为国家的指导思想，要建什么儒家社会主义共和国，对有独立思想、自由精神的现代公民，都是无法接受的。现代人拒绝思想牢笼。现代国家应该建立多元的、自由的思想文化体制。各种各样的思想流派应该自由竞争，独尊儒术会带来国家的灾难。这个图谋也蕴含着那些自命为儒家信徒之辈，冀图利用行政权力，取得高人一等的思想垄断地位。"②

第三，对儒学教化功能持怀疑态度或否定态度。与保守主义儒学派肯定并宣扬

---

① 参见刘泽华、张分田：《论儒家的理想国》，《天津社会科学》1990年第4期。
② 袁伟时：《传统儒家宗法文化无法完成社会的近代化转型》，"腾讯历史" 2011年10月3日，http://www.xinfajia.net/9248.html。

儒学教化功能不同,自由主义儒学派对儒学教化功能持怀疑与否定态度。比如徐友渔说:"我不相信,把我们的儒家文明打出去,可以解决基督教文明的问题;我也不相信,把西方基督教文明请进来,会使我们中国人脱胎换骨,走向新生。我们的文人学者论证自己传统的高明,对于解决当前的问题,是一条错误的思路。"①不过,在自由主义阵营中,也存在对儒学相对温和的主张与态度。比如刘军宁认为,儒学与自由是完全可以融通、结合的,儒教自由主义就是自由主义在儒教传统文化的土壤中安家落户后对儒教加以融合,形成的带有浓厚儒教色彩的自由主义,他说:"当我们在论证儒教如何构成障碍,甚至扬言要阻断儒学的时候,儒教却被悄悄地转化成现代化的动力。当我们发誓要把儒教烧为灰烬的时候,儒教却早已被'点滴'进了我们的血液。当我们拿儒教直接面对民主却屡试屡败而扼腕时,由于在实践中插入了市场经济,儒教和民主却已经'兼容'。当我们对儒教与自由主义的结合将信将疑、吹毛求疵的时候,两者结合所创造的奇迹就已形成了巨大的挑战。"②而儒学与自由主义之所能相通就在于方式不同而目的一致:"儒家追求的是通过道德修养来约束个人的行为,而自由主义则致力于用法律规则制衡政府的权力,两者的目的都是旨在克服(个人与政府)行为的任意性。"③与保守主义儒学派、自由主义儒学派从自身立场解释儒学一样,自由主义儒学派对儒家思想的解释也完全是从自由主义立场出发的。比如袁伟时指出"仁者,人也,亲亲为大"(《礼记·大学》)即是崇尚等级——"'仁者,人也,亲亲为大。'原意是仁也要按亲疏分等级,何来平等?至于孔子和后来的儒家坚持等级、排斥平等的言行俯拾皆是。"④"仁者,亲亲为大","仁"乃是道德情感,是爱,亲亲为大,是说"仁"这种爱基于血缘亲属,所以儒家主张"亲亲、仁民、爱物",有先后,但内容一致,这种亲情上的先后与政治上的等级可能不好完全等同起来。又如刘泽华对"天理"的解释,他说:"朱熹说:'天分即天理也。'又说:'君臣父子,皆定分也。'这就是说,等级差别出于天命,出于天然,人不得有任何非分之想,更不能有非分之举。……等级制度、贵贱有别是君主专制制度赖以存在的社会基础。"⑤将朱熹的"天理"解释为"没有任何非分之想",应该是将朱熹的思想太

---

① 徐友渔:《社会转型期的精神文化定位》,《社会科学论坛》2002年第1期。
② 刘军宁:《新加坡:儒教自由主义的挑战》,《读书》1993年第2期。
③ 刘军宁:《新加坡:儒教自由主义的挑战》,《读书》1993年第2期。
④ 袁伟时:《儒家是宪政主义吗?——简评秋风的孔子观》,《南方周末》2011年6月23日。
⑤ 刘泽华:《天人合一与王权主义》,《天津社会科学》1996年第4期。

简单化、太肤浅化处理了。无论袁伟时的解释，还是刘泽华的解释，都是过于自信自由主义立场而疏于对儒家思想的同情体贴。

可见，在对待儒学的态度上，自由主义儒学大体上可分为两股：一股是以自由主义为基本价值立场对儒学的批评与否定，在这个方向上，自由主义儒学并不成为儒学发展的一种途径或模式；另一股是自由主义者根据自由主义立场，将儒家思想中具有自由主义内容的元素进行发掘、解释并加以吸收，或者将自由主义与儒学中的某些内容结合起来，以形成一种具有某些儒学色彩的自由主义。因此，无论是极端的自由主义派，还是温和的自由主义派，严格意义上都不能构成所谓以发展弘扬儒学为目的的自由主义儒学。

（四）理性主义儒学

与保守主义儒学、马克思主义儒学、自由主义儒学不同，理性主义儒学是个特例。根据我多年的阅读与观察，发现有一种既不能归为保守主义也不能归为自由主义，更不能归为马克思主义，却客观存在于当今儒学研究领域中的儒学主张，我称为理性主义儒学派。当今对于儒学持理性主义立场较为鲜明的代表人物有汤一介、蒙培元、张立文、郭齐勇、陈来、李存山等。理性主义作为一种思潮也来自西方，理性主义可分为知识论上的理性主义和经济利益上的理性主义，前者强调客观的态度，与感性相对应，后者强调公正的精神，追求经济利益最大化。相应地，理性主义儒学群体，更多是知识论上的理性主义，对儒学持客观、全面的态度，不是偏激、片面的态度，当然也有利益、价值最大化的诉求隐含在他们关于儒学的主张中。以理性主义的立场、精神、观念与方法去解释、评价和发展儒学而形成的关于儒学主张的群体，是为理性主义儒学派。

理性主义儒学的特征之一就是对自由主义儒学派、保守主义儒学派和马克思主义儒学派都有批评，这种批评就在于认为这三大群体对儒学都不持理性客观的态度。比如陈来指出：

> 在现代中国，长期以来，妨碍正确理解儒家的历史价值与现代意义的力量，不仅来自于自由主义对儒学的激进否定，教条主义和极"左"的假马克思主义在近几十年的批判儒学的运动中扮演重要角色。……如果说二十年代全盘反儒思潮主要来自于以自由主义为背景的文化激进主义，而晚近的批儒呼声主要来自教条主义。他们把儒学仅仅看成一种维护封建专制统治的地主阶级的意

识形态，为了把马克思主义与中国文化对立起来，用虚幻的手法把国学与社会主义新文化对立起来。教条主义无视中华民族的历史主体性，无视民族利益和民族前途，无视历史转型中的现实困难，却假意识形态的威权，把赞成正确理解儒学和要求善用传统资源以对政治现实问题的主张扣以"复古主义"的帽子，企图以政治化的话语打击不同的学术意见。①

因此，全面、客观、理性地理解儒学是他们的基本原则。他们反对情绪化论说、评价儒学。如汤一介说：

> 中国文化有一些它的优点，但也有一些缺点。像杜维明先生他们有些解释我不是很同意。比方说"唯女子与小人为难养也"，当时那个社会就是这个样子，有这种问题存在，你不能歪曲掩饰它。还有"子为父隐、父为子隐"，也不必为它做过多的辩解。不是儒学的每一个说法都是好的。"三纲六纪"并不好，有些学者把所有的都解释为好的。②

他们认为儒学是一种值得积极发掘的学说思想体系，但从不讳言儒学存在的问题。比如李存山认为，既不能将儒家的民本理念的积极价值加以否定，也不能抬得太高，应做实事求是的分析，他说：

> 先秦儒家的民本思想虽然包含着人民的利益构成君主权力的基础的意思，但并没有赋予人民以监督、节制和罢免君主的权利，而是把这种权利寄托于"天"，这也就是后世君主纷纷以"符命""谶纬""奉天承运"来建立自己权力的合法性的原因。秦王朝以暴力取得天下，而自谓承受了天的"水德"。汉承秦制，是"居马上得之"，但也以承受了天的"水德"或"土德"自居。当汉武帝"独尊儒术，罢黜百家"时，儒家的"五伦"已渗入法家的因素而成为"三纲"，君主对于臣、民的权力被绝对化、神圣化，尽管董仲舒仍有"天之生民，非为王也；而天立王，以为民也"（《春秋繁露·尧舜不擅移、汤武不专杀》）和"屈君以伸天"（《春秋繁露·玉杯》）用"天人相与之际"来

---

① 陈来：《二十世纪中国文化中的儒学困境》，《浙江社会科学》1998年第3期。
② 汤一介：《理性看待全球化中的中西文化教育》，《中国社会科学报》2010年4月20日。

儆戒人君的思想。在"三纲"的原则下，君、臣、民的关系是："君者出令者也，臣者行君之令而致之民者也，民者出粟米麻丝、作器皿、通货财以事其上者也。"（《韩昌黎集·原道》）显然，在君主集权的体制下，人民是没有"公民和政治权利"可言的。①

他们认为儒学与现代社会、现代政治具有相融性，不是相克相斥的，比如郭齐勇说：

> 儒学，特别是它的形上本体论、"仁"与"诚"的宇宙观、心性论、人伦关系论、理想人格论、身心修养论、人生价值论等等，是我们走向21世纪的重要精神依据。它可以开阔我们的精神空间，避免价值的单元化和平面化，避免现代化所预设的价值目标的片面性和负面性，批判工具理性的恶性膨胀。儒学安身立命之道可以丰富我们的人生，提升我们的人格，活化性灵，解脱烦恼，缓冲内心的紧张，超越生死的系缚和对功名利禄的执着，复活人的理想追求，使人真正过着人的生活。②

在郭齐勇看来，儒学精神对21世纪社会人生之负面的治疗和拯救，肯定会起着愈来愈大的作用。但儒学要发挥其积极作用，也需要调整和改进，如陈来说：

> 儒学并未死亡，它在离散之后作为文化心理的传统仍不自觉地以隐性的方式存寓于文化和人的行为之中。但也正因为它是支离的、隐性的，其表现便不能整全和健康，当前中国世态与文化的病症多由于此。只有在去除儒学不合时代的内容的同时，理直气壮地正面肯定其对于现代社会生活价值的精神和原理，使之合法化地作用于国民教育和文化建设，才能重建统一的国民道德与稳健的国民精神，走向合理的现代社会。③

在解释实践上，他们坚持客观理性的态度，主张对儒家进行具体的分析、公允

---

① 李存山：《儒家的民本与人权》，《孔子研究》2001年第6期。
② 郭齐勇：《从孔学的"人论"看儒学的现代价值》，《开放时代》1995年第2期。
③ 陈来：《二十世纪中国文化中的儒学困境》，《浙江社会科学》1998年第3期。

的评判。比如有人认为，儒学是不追究经验背后的"所以然"的，张立文则用事实否定了这种偏见，他说："儒学并非完全不注意所以然的探索，孔子说：'朝闻道，夕死可矣。'而见他求道的迫切和重视。"[①]因而不能说儒学没有对"所以然"的探索。再如有人认为"民胞物与"否定差别、否定等级的"礼"，张立文同样以客观的分析进行了回应：

> "大君者，吾父母宗子；其大臣，宗子之家相也。"这里把自然、社会、人生浓缩到家族之中，宗子即嫡长子，在宗法制社会中，嫡长子继承大宗，为宗族、兄弟所共尊；大臣是辅佐宗子的家臣。在宗法制度的家国同构下，自然生活、社会生活、人生生活都赋予了礼的形式，换言之，天、地、人都染上礼的色彩，受礼的制约。[②]

因此，张载的"民胞物与"并非否定讲差别的"礼"，而实蕴含着等级、亲疏的礼。可见，理性主义儒学解释儒家思想实践中所贯彻的正是理性的精神、客观的态度。值得指出的是，理性主义儒学派还努力于儒家思想中公平、正义、平等、权利等具有普世价值的思想元素的开掘和发扬。他们将儒家的"博施济众""由义而利""民贵君轻""立己立人"等命题进行诠释和转换，从而彰显经济上的利益最大化理想、伦理上的利他精神、政治上的权利意识、法律上的平等观念，等等，也就说，理性主义儒学派除了在知识论上提倡理性客观对待儒家思想之外，对于儒家思想品质上的提升，也是有深切期许的。

可见，理性主义儒学派更多的是以学术的态度而不是宗教的态度来对待儒学，更不是以政治的态度对待儒学。理性主义儒学秉持两个理念：一个是经济上的公正，一个是认识上的客观，理性主义儒学派将自己的主张贯注于儒学的理解、思考、研究和判断之中，形成所谓理性主义儒学。理性主义与儒学的结合，对儒学的丰富、发展与更新具有非常积极的意义。

---

① 张立文：《儒学意蕴新析》，《现代哲学》2001年第1期。
② 张立文：《儒学意蕴新析》，《现代哲学》2001年第1期。

（五）论评

可见，保守主义儒学、马克思主义儒学、自由主义儒学、理性主义儒学的确是活跃在当今学术界对儒学持有不同主张的四大流派，它们秉持自己的价值与原则，对儒家思想的义理、功用、意义、前途等展开了各具特点而精彩的论说。然而，透过那些充满期许而又令人眼花缭乱的论争，似乎还是可以寻找到一些加以引申的有趣而严肃的话题。

1.多元走向是当今儒学发展的主打色调。与有些对"儒分为八"悲观评论不同，我们觉得，孔子儒学正是从"儒分为八"走出来的，走出了一片光明的前景，特别是有了孟子、荀子的疏通与开拓，孔子儒学才得以张开它的义理构架。董仲舒"独尊儒术"的主张，虽然儒学获得了与权力结合的机会，虽然为儒学争得了绝对的话语权，但却极大地压缩、封闭了儒学活动、发展的空间，以致汉唐时期，儒学的创造力极度萎缩。可见，给不同儒者以宽松的思考空间、在儒者之间允许张力的存在，是儒学开展的基本条件。《中庸》所说"万物并育而不相害，道并行而相悖"，就是憧憬儒家思想异彩纷呈的气象。而如今，保守主义儒学、马克思主义儒学、自由主义儒学、理性主义儒学四大流派站在各自立场上，对儒学的义理进行着开采、对儒学的功用进行着探讨、对儒学价值进行着评估、对儒学的前途进行着展望，并各自提出了成体系的理解儒学、发展儒学、应用儒学的主张，从而为如何发展儒学、应用儒学提供了有价值的参考，从而为强盛、延续儒学的生命产生了创造性影响。这正是儒学多元开展所带来的利好。毫无疑问的是，儒学开展的多元走向已是客观存在，而这种客观存在为儒学所带来的异彩纷呈之景观，正成为当今儒学发展的主色调。

2.取长补短是儒学四大流派的内在义务。儒学四大流派的存在，虽然在规模上为儒学的开展拓宽了空间，但具体到四大流派对于儒学的具体主张与态度，则是智慧陋识并存的。比如，保守主义儒学派之于儒学过分情感化，将儒学视为十全十美、无须任何雕琢的璧玉，从而难以发现儒学的瑕疵，而且过分夸大儒学的功能，好像人类世界缺了儒学就无法运转。自由主义者又自视甚高，以一种居高临下的心理俯视儒学，儒学的身份与价值需要它来提升，以一种莫名其妙的优越感对儒学进行评头论足，完全否定儒学的自由主义极端派姑且不论，自由主义温和派也不过是施舍似的安慰儒学：你身上有我们认同的东西，你应该感到自豪。马克思主义儒学派则完全将儒学当作自己理论的注脚，儒家思想中不符合马克思主义观念的，统统遭到否定和批判，而符合马克思主义观念的，则被作为论证、说明马克思主义理论的资料,也就是说,在马克思主义儒学派观念中,儒学事实上很难有独立地位,只是马克思主义说明自己正确的证据或工具而已。可见,保守主义儒学、马克思主义儒学、自由主义儒学都程度不同地存在这样那样的局限,因此,如果它们要真正丰富和发展儒学,必须去除各自的不足,吸收对方长处,是非常必要的。而对理性主义儒学派言,或许在主体意识方面应有所加强,即在强化自身的学派意识上尚需努力,既然想为儒学的发展出谋划策、做出贡献,就不能弱化自我的立场,这是理性主义儒学派必须自觉到并努力解决的课题。

3.对立重叠是儒学四大流派的奇特景观。所谓"对立重叠",是指在保守主义儒学、马克思主义儒学、自由主义儒学、理性主义儒学四大流派中,存在许多既对立又重叠的现象。就"对立"方面看,马克思主义儒学派不能容忍自由主义儒学派和保守主义儒学派的某些观点,自由主义儒学派不能容忍保守主义儒学派和马克思主义儒学派的某些观点,而保守主义儒学派也不能容忍自由主义儒学派和马克思主义儒学派的某些观点,在它们之间,存在基本主张上的对立与紧张。而理性主义儒学派对保守主义、马克思主义、自由主义派都有批评,认为它们在儒学态度上都存在偏颇。具体到某个儒学派别言,自由主义儒学派中,有彻底否定儒学价值的自由主义者,也有相对肯定儒学价值的自由主义者;马克思主义儒学派中,有否定儒学价值的马克思主义者,也有肯定儒学价值的马克思主义者。就重叠方面看,在自由主义儒学派中,既有类似理性主义儒学派的观点,也有类似马克思主义儒学派的观点;在保守主义儒学派中,既有类似自由主义儒学派的观点,也有类似理性主义儒学派的观点;在马克思主义儒学派中,既有类似保守主义儒学派的观点,也有类似理性主义儒学派的观点;在理性主义儒学派中,既有类似马克思主义儒学派的观点,也有类似自由主义儒学派的观点。具体言之,保守主义阵营中的陈明就强调自己与刘军宁在思想观念上的交集,自由主义阵营中的刘军宁则部分地认同保守主义的观点,而马克思主义儒学派中的张岱年、萧萐父、张岂之等,对于自由主义儒学派的某些理念也是欣赏赞同的。理性主义儒学派最为宽容,它对自由主义儒学派、保守主义儒学派、马克思主义儒学派的某些儒学主张,都是表示谨慎的欢迎与接受。可见,在当今儒学四大流派之间的确存在"对立重叠"的奇特景观。但"对立"并不意味着它们分庭抗礼,而是在辩论中为儒学谋划未来,"重叠"也不意味着它们一团和气,而是表明经过彼此的论辩而获得了许多交集,而当今儒学的生命正是在此"对立重叠"中从容展开。

4.更新弘扬是儒学四大流派的共同理想。虽然保守主义儒学派、马克思主义儒学派、自由主义儒学派、理性主义儒学派各务其事、各张其道,它们有充分的理由强调自我独立存在的价值，但它们在更新儒学、弘扬儒学、实现儒学的价值等主张上的趋同也是不争的事实：第一，都努力于儒家思想资源的开掘。无论是保守主义儒学派、马克思主义儒学派、自由主义儒学派还是理性主义儒学派，都按照自己的方式对儒家思想资源进行了开掘，它们开掘的具体企图虽然不尽相同，但对儒家思想的更新却是具有积极意义的。第二，都努力于儒家思想中对人类普世价值的寻找。无论是保守主义儒学派、马克思主义儒学派、自由主义儒学派还是理性主义儒学派，它们对民主、人权、平等、自由等人类普世价值有基本的认同，因而它们或者因发现儒家思想中的人类普世价值元素而倡扬，或者因发现儒家思想中缺乏人类普世价值元素而更新。第三，都努力于儒家思想价值的落实。儒家思想的更新与弘扬，只有基于实践才能进行，因此，无论是保守主义儒学派、马克思主义儒学派、自由主义儒学派还是理性主义儒学派，无不强调儒家思想的生命就在生活实践中，只有将儒家思想融入生活实践，其是非优劣才得以呈现，才可着手更新或弘扬。可见，儒学四大流派虽然各自独立、各行其道，但它们基本的目标和理想具有一致性，这就是希望儒学的价值与智慧在人类的生活实践中得到最大限度的释放，并在这种释放过程中得到更新与弘扬。

5.各得其所决定了儒学四大流派与儒学的真实关系。虽然说儒学四大流派存有共同诉求，但这并不意味着它们与儒学的关系完全一致。事实上，由于儒学四大流派在政治、经济、文化上的主张不尽相同，使得它们对儒学的认知与取舍不同，使得它们处理与儒学关系的方式也不同，正是通过它们认知与取舍儒学的实践，正是透过它们处理与儒学关系的方式，即所谓的"得其所是"，才可以清晰、准确地把握儒学四大流派与儒学的真实关系。具体言之，则是：保守主义儒学派虽然有些情绪化，但它极力推崇儒学，服膺儒学，视儒学为生命，全面肯定儒学价值，保护性诠释儒学义理，所以，保守主义儒学派在情感上与儒学是亲密无间的，而在理性上仍存有隔阂。马克思主义儒学派视儒学为工具、为材料，研究儒学以其为原则方法，评价儒学以其为标准，虽然在发掘儒学中类似马克思主义思想元素方面不乏建树，但主观上并不是为了儒学，而是为了马克思主义理论自身，因而马克思主义儒学派与儒学的关系是需要完善的。自由主义儒学派站在自由主义立场发掘、理解、评判、选择儒学，它也是以自己的主张作为标尺，对儒学进行剪裁、取舍，儒学中符合自由主义理念的思想元素被发掘、被肯定、被吸收，反之，则遭到批评与否定。因此，自由主义儒学派对儒家思想资源的发掘虽有积极意义，但它对儒学只是利用关系，因而自由主义儒学派与儒学的关系也是需要完善的。理性主义儒学派认识论上的理性主义主张，可以最大限度地避免对儒家思想理解、评价上的偏见，而经济上的利益最大化诉求,则与儒学的基本观念完全一致。因此,理性主义儒学派对于儒家思想的发掘、理解、评论,都是有益于儒家思想增厚与提升的。进言之,理性主义儒学派与儒学的基本诉求是一致的,理性主义儒学派是当今中国儒学健康发展的主力军。

  总之,儒学四大流派构成了当今中国儒学发展的基本格局,它们搭建了当代儒学发展的张力,营造了当代儒学蒸蒸日上的气象,对儒学的发展、完善以及现代转型做出了各自的独特贡献。尽管在行政组织上,它们本质上是一相对松散的群体,但在谋划儒学的生存与发展的事业上,展示了它们的杰出工作与智慧,并且,它们会根据时机的变化而对工作进行有效的调整。因此,仅从学术角度看儒学的前景,当代儒学四大流派格局的存在及其开展,或许在不久的将来能够给我们带来意外的惊喜。

(原载《天津社会科学》2012年第4期)

二、百年来儒学开展方向主要论说及评论

近百年来,面对欧风美雨的冲击,中国儒家学者以"继往圣之绝学"自命,为化解儒学开展中的困境而上下求索,绞尽脑汁,提出了风格各异的儒学开展方向主张。这些主张本身即是儒学现代开展之形式,也为寻找更合理有效的儒学开展方向提供了重要启示。这些启示是:在开展儒学新方向过程中,必须处理好儒学与西学、儒学多极化走向与儒学基本走向、儒学的学术立场与意识形态助力三种关系。

(一)百余年来儒学开展方向的主要论说

19世纪中后期,当儒学正承受着内发性解体危机的时候,①西方思潮的到来不仅加速了这一解体的步伐,而且由于其与儒家思想的异质性,主导着这一解体的方向和性质。而以儒家自命或以儒学为依归的思想家们,思考、谋划儒学的出路便成了他们无法回避且必须担当的思想使命。正是在这样一种无奈的背景下,许多关于儒学开展方向的论说或主张,纷纷亮相于百年来的思想舞台。如下所辑,应该属于较有代表性,富于启发性,同时也是值得进一步推敲、完善的主张。

贺麟是中国现代儒学史上最早明确提出"儒学新的开展方向"的学者。贺麟认为,中国的问题,本质上是文化的问题,是儒学的问题,所以,儒学开展新方向是一件刻不容缓的大事。那么,儒学开展的方向又在哪里呢?贺麟说,儒学本来包括三个方面:有理学以格物穷理,寻求智慧;有礼教以磨炼意志,规范行为;有诗教以陶冶性灵,美化生活。所以儒学思想新开展的方向应该是:第一,必须以西洋的哲学发挥儒家的理学。儒家理学为中国正宗的哲学,亦应以西洋的正宗哲学发挥中国的正宗哲学。因为东西圣贤,心同理同,只要加以会合融通,就能产生发扬民族精神的新哲学,从而使儒家的哲学内容更为丰富,体系更为严谨,条理更为清楚,不仅可以作为道德可能的理论基础,而且可以奠定科学可能的理论基础,此乃新儒家思想发展所必须遵循的途径。第二,必须吸收基督教的精华以充实儒家的礼教。基督教的精诚信仰、坚贞不二、博爱慈悲、服务人类、襟怀广大、超脱尘世之精

---

① 李承贵:《德性源流:中国传统道德转型研究》,江西教育出版社2004年版,第26—102页。

神，有助于强有力的新儒学产生。第三，必须领略西洋的艺术以发扬儒家的诗教，即以西洋的艺术发展出新儒家的新诗教、新乐教、新艺术。因此，新儒家思想的展开，大约将循艺术化、宗教化、哲学化的途径迈进。此就文化学术方面言之。就生活修养方面言，新儒家思想目的在于使每个中国人都具有典型的中国人气味，都能代表一点纯粹的中国文化，希望每个人都具有一点儒者气象。①在这里，贺麟将理学、礼教和诗教视为儒学的基本内容，而且这个基本内容被确定为儒学开出新方向的起点；但又认为，儒学自身是不能开出新方向的，只有与西学的哲学、基督教、艺术"结婚"，才能使理学在内容上更丰富，在体系上更完整，在条理上更清楚；才能使礼教得到充实，使儒学获得新生；才能使儒家的诗教转变为新诗教、新乐学、新艺术。在贺麟看来，开展儒学新方向仅仅停留在思想文化层面是不够的，在生活层面也有开展新方向的任务，这个任务就是使每个人都要有一点儒者气象，都要有典型的中国人气味。

  曾在20世纪20年代的"科学玄学论战"中大出风头的张君劢，对儒学的现代命运也表示了极大关注，他为儒学新开展提示的路径是：一是博学，而所谓博学就是指由书籍而得来的知识，及通达人情物理；二是审问，而所谓审问就是发现问题、提出问题；三是慎思，而所谓慎思就是多用脑力，想得比别人周到，使自己思路有条理，并使之立于不败之地；四是明辨，而所谓明辨就是辨明各种思想学说、名辞、概念的相异之意义，及辨明是非善恶；五是笃行，而所谓笃行就是由知到行，知之必行，践笃履实。但张君劢同时指出，由于时代的变迁，对此五者应重新认识，扩大应用，以求能在物理、逻辑、形上、政治、法律等各方面来解释儒学，这样，儒学才能真正复兴。②"博学"既然是"从书本中获得知识和通达人情物理"，那么它作为儒学开展的方向就是扩增、丰富儒学知识内容。"审问"既然是发现问题、提出问题，那么它作为儒学开展的方向就是以不断发现问题、提出问题为儒学致思的源头和动力。"慎思"既然是"想得周到并使自己的思路有条理"，那么它作为儒学开展的方向就是要在逻辑和思维方式上保证儒学严谨和畅通。"明辨"既然是"辨明学说、名辞、概念相异之意义及辨明是非善恶"，那么它作为儒学开展的方向，就是要使儒学在不同学说之间存异取同、去粗取精，并在价值上坚

---

① 参见贺麟：《儒家思想的新开展》，汤一介等编：《百年中国哲学经典：三四十年代卷》，海天出版社1998年版，第321页。
② 张君劢：《儒学之复兴》，黄克剑、吴小龙编：《张君劢集》，群言出版社1993年版，第485页。

持"护善"的立场。"笃行"既然是"由知到行、践笃履实",那么它作为儒学开展的方向,就是要将儒学的思想、理念和价值诉诸生活、诉诸实践,而以研究儒学为职志的学者则要身体力行。可见,张君劢所提出的儒学开展方向,包括知识的扩增、问题的发现、思维的规范、是非的把握和价值的践行等方面,是一种多向性诉求。值得注意的是,张君劢特别强调了时代变迁给儒学的开展所带的新情况,就是要在物理、逻辑、哲学、政治、法律五个方面,赋予博学、审问、慎思、明辨、笃行以新的解释、新的内涵。

  牟宗三指出,儒家第三期之发扬,必须在予以特殊之决定。此特殊之决定,概而言之有二义:一、以往之儒学,乃纯以道德形式而表现,今则复须其转进至以国家形式而表现;二、以往之道德形式与天下观念相应和,今则复需一形式以与国家观念相应和。唯有此特殊之认识与决定,乃能尽创建国之责任。政制既创,国家既建,然后政治之现代化可期。政治之现代化可期,而后社会经济方面可充实而生动,而风俗文物亦可与其根本之文化相应而为本末一贯之表现。所以,充实(儒学)之道,只有依赖西方文化之特质之足以补吾之短者之吸纳与融摄,于此也有二义:一、在学术上名数之学之足以贯彻终始,而为极高极低之媒介,正吾人之所缺,亦正西方之所长。儒学在以往有极高之境地,而无足一贯彻之者,正因名数之学不立。故能上升而不能下贯,能侔于天而不能侔于人。二、在现实历史社会上,国家政制之建立,亦正与名数之学之地位与作用相类比,此亦为中国之所缺,西方之所长。国家政制不能建立,高明之道即不能客观实现于历史。高明之道只表现为道德形式,亦如普世之宗教,只有个人精神与绝对精神。人人可以天地精神相往来,而不能有客观精神作集团之表现。^①在牟宗三看来,传统儒学的表现形式是纯道德的,而纯道德的形式的儒学是难有实际的表现的;作为道德形式的儒学又是与天下观念相应的,而"天下"观念与现代国家观念是完全不同的,所以要建立与国家相应的儒学形式。也就是说,传统儒学应以适应现代国家而进行调整,而完成这种调整必须做两件事:一是在学术上,引入名数之学;二是在现实社会中,建立国家政制。这样,儒学一方面借助"国家形式"以落实其高明之道,另一方面借助"名数之学",使儒学从个人精神、绝对精神转为有"集团之表现"的客观精神。如此,儒学才获得新生,才有光明的未来。

---

① 参见牟宗三:《儒家学术之发展及其使命》,黄克剑、林少敏编:《牟宗三集》,群言出版社1993年版,第141—142页。

作为牟宗三先生著名弟子的蔡仁厚先生，对儒学开展的方向做了更具体的探索。他认为儒学当代开展的精神方向有三：一是重开生命的学问。所谓重开生命的学问，就是开显生活的原理，决定生命的途径。生活的原理就是将人当人看而不是当物看，生命的途径就是本乎生命原理决定出来的道德实践的轨辙和人生努力的方向，具体表现为成就德性人格和成就家国天下。二是完成民主建国。民主建国是2000年来儒家"由内圣通外王"的理想。中国的现代化正是以民主建国为骨干，而科学的发展以及经济等的建设，亦同样需要民主政治的轨道，才能获得坚实稳定的基础。三是转出知识之学。知识之学在中国古代虽有表现，但名家墨辩并不能视为逻辑，而且没有顺承名家墨辩发展出逻辑学传统；数学也有较高水平，但也没有发展出数学传统；精微巧妙的科学技术也相当发达，但欠缺纯学理的探索。所以必须在中国文化中透显出知性主体，以真正转出知识之学。①蔡仁厚所提出的儒学开展方向包括三方面内容：一是安身立命方向，二是政制建设方向，三是科学知识方向。而这三方面与儒学的关系是互为存在前提的，生命的学问既是儒学的本色，也是儒学得以延承的基础；民主政制既是儒学理念的落实，也是儒学发展的重要条件；科学知识既是儒学现代意义成为可能的一个基础，也是儒学作为一种知识体系完善的需要。

余英时先生几乎在所有场合都声明自己不是新儒家，但从他对儒学命运关切之笃之真看，将他归为儒家学者应不是一件让他尴尬的事情。余英时认为，在历史上，儒家思想之所以成为主流，在于它的建制化。而儒学的"建制"自明清以降便走向解体，至晚清则基本上不复存在，所以儒学的现代出路恰恰在于"日用常行"领域，在于日常人生化，因为只有这样，儒家就可以避免建制而重新产生的精神价值方面的影响力。而且，儒家必须对自身的智慧落实有所交代，也必须面对现代社会所提出的问题。②在余英时看来，儒学不再可能建制化，所以儒学的出路只有在"建制"外去寻找，"建制"外所寻找的结果就是日常生活化，而且儒学由主流走向大众是正常的，也是必然的，所以，如果希望儒学未来还有所用，那么就应该考虑它的形式，何种路径是儒学继续走下去的希望，而情绪化、不实事求是地弘扬儒学，是没有效果的。

与余英时主张极为相近的是香港学者霍韬晦先生。霍先生认为，第三代新儒学

---

① 参见蔡仁厚：《新儒家的精神方向》，台湾学生书局1984年版，第20—28页。
② 参见余英时：《现代儒学论》，上海人民出版社1998年版，第441、244页。

如果真的要突破前人，有自己的建树，他们的工作便不能以学院自限，或单从事观念层面的建构，而要走出学院，走向社会，走向生活，寻求体验，从生命和时代的存在感受中发掘资源，这样将会有更大的生存空间，对历史文化有更大的贡献。儒学的智慧，就是以知识来指导行动，以行动来成长生命，进而体会生命自身的要求。①

如果说余英时、霍韬晦两先生的儒学生活化主张还是一种逻辑论证的话，那么龚鹏程先生就是一种事实的说明。龚鹏程先生指出，儒家之学本来是上下一贯的，故孔子论仁，辄在视听言动合礼处说。但后世儒家越来越强调形而上谓之道部分，忽略了视听言动、衣食住行等形而下谓之器部分。孟子所谓大体、小体之别，并不是教人只修大体而歧视小体（养形），养形也很重要，明清以降，社会上出现的反礼教、反道学的言论，也是由于后世儒者能在生活上体现礼乐之美。因此，现今应将"生命的儒学"转向"生活的儒学"。儒家政治哲学重在政，政者，正也，讲的是君风主化教养百姓，以使其安居乐俗。②在龚鹏程的视域中，生活儒学的应该性可由两方面得到说明：第一，儒学的本来结构就是上下一贯的，就是说，儒学既有形而上的部分，也有形而下的部分，既有"道"的部分，也有"器"的部分，既有精神部分，也有生活部分；第二，由儒学发展历史看，明清以降，之所以出现反道学、反礼教的言论，正说明儒学关注生活、走向生活之必要。

杜维明先生对儒学发展前景作过专门的讨论，他认为儒学要想获得新发展，至少要做好这几方面的事情：第一，需要有较高的理论水平。因为许多研究儒学的人，对世俗俚语和儒学精义都分不清，而把儒学精义与"乡愿"混为一谈，是很难发展儒学的。第二，努力摆脱政治枷锁和狭隘的实用观点，站在较高的思想水平、比较广泛的文化视野来探究儒学传统价值取向是儒学能否进一步发展的先决条件。儒学研究必须从不探求价值、不深扣哲理、不研究宗教的传统汉学的实证和实用主义里解脱出来，和西方的社会学家、哲学家、神学家和比较宗教学家进行长期而全面的对话，严格地说，儒学能否对今天国际思潮中提出的大问题有创建性的反应是决定其能否在欧美学术界做出贡献的重大因素。第三，儒学要有进一步的发展，必须接受西化的考验，但我们既然想以不亢不卑的气度走向世界并且以兼容并包的心

---

① 参见霍韬晦：《世纪之思：中国文化的开新》，（香港）法住出版社1998年版，第69、89页。
② 参见龚鹏程：《迈向生活儒学的重建》，吴光主编：《当代新儒学探索》，上海古籍出版社2003年版，第201—203页。

胸让世界走向我们,就不得不做一番掘井及泉的工夫,让儒家传统的源头活水涌到自觉的层面。只有通过知识分子群体的、批判的自我意识,儒学才有创新和进一步发展的可能。①杜维明的这段表述发表于20世纪80年代中期,换言之,这些话主要是针对当时中国大陆的学界状况而言的。历经了"文化大革命"浩劫的中国大陆学术界对儒学理解、把握的水平确实存在很大问题,而因政治干扰对儒学产生的误解、歪曲更是让人担忧,长期的自我封闭也使儒学与世界其他主要学术流派、学术思潮的距离越来越远,所以,杜维明先生十分中肯地提出,儒学要在中国大陆获得新开展,就应该提高知识分子群体的理论水平,就应该摆脱政治对儒学研究的干扰,就应该努力走向世界,参与国际学术交流,特别是要与先进的西方学术进行对话,而且儒学应有所创见,提出其他学术思潮所缺乏的东西。概而言之,杜维明在这里主要是就儒学当代开展的基本条件、前提作了较完整的说明,以西学为坐标展开对儒学价值的开采显然是杜维明所设想的儒学开展方向。

郑家栋近年一直致力于儒学开展方向问题的探索。在郑家栋看来,当代儒学发展所要解决的主要问题是,如何处理儒学与生活的关系,或者说如何重建儒学与实际的生活世界的联系问题。当代儒学必须真正面对已经大大改变了的社会历史环境,面对当下生活中诸种矛盾和问题,在与种种现代思潮的相互影响、相互作用中,积极谋求自我调整、转化和充实,并进而寻求切入实际生活的现实途径。儒学必须切实面对现实生活和时代发展中的诸种矛盾和问题,来谋求提升、转化和发展之道。而且,儒学的生命力或许并不在于一般地适应社会历史的发展,而在于基于某种人性、人道、人文的立场对社会历史的发展进行某种理想性的批判。正是此种思想与历史之间的张力为儒家提供了存活和发挥作用的空间。②

蒋庆认为,政治儒学应成为当代儒学发展的一个方向,这是因为,政治儒学是儒学本有的传统,但以往人们注意的、用心的是心性儒学。而政治儒学的基本内容是:关注社会的完善和谐;关注当下变化着的活生生的历史存在;重视社会的政治实践;由经验角度看人性,生之谓性,性本非善,善乃后起;用制度批判人性和政治;有明确的政治理想;可以开出外王。儒学通过对政治的参与、关注、批判、建构而拓展自我生存、发展的空间。因此,政治儒学应成为当代儒学发展的方

---

① 参见杜维明:《儒学第三期发展前景问题》,汤一介等编:《百年中国哲学经典:八十年代以来卷》,海天出版社1998年版,第498—501页。
② 参见郑家栋:《断裂中的传统》,中国社会科学出版社2001年版,第625、651页。

向。①应该说，关注并阐述儒学的政治特征是颇有创见的，而且将儒学的开展方向落实到对政治的干预，也是极富胆识的，重视社会生活实践，强调制度的作用，从性恶的角度去考虑人。然而，就当今的情势言，儒学通过政治使自己得到传播和实现价值的可能性极少，因为当今的政治与儒学的价值存在诸多不协调的地方，而儒学的价值往往是对现存政治修正或否定，探讨儒学与政治的最佳合作模式可能也是当今儒学开展的重要前提之一。

（二）确定儒学开展方向的智慧

可见，从20世纪上半叶至今的近百年时间里，"儒学开展方向"一直是困扰现代儒学研究者的一个重大课题；他们的求索不仅是儒学发展的真实而卓越的表现，也为儒学确定怎样的开展方向提供了极具参考价值的智慧。

1.儒学开展的三大路径：（1）坚持从儒学传统出发。贺麟将儒学的理学、礼教和诗教视为儒学开展的始点；张君劢把博学、审问、慎思、明辨、笃行作为儒学开展的基点；牟宗三认为儒家的"高明之道"应是儒学开展的前提；蔡仁厚开出的"生命学问""民主建国"和"科学知识"，都是以传统儒学为原点，所谓"反本以开新"；龚鹏程则认为儒学本来就关心"小体"，关心感性生活，对形下之器也十分倾心，儒学的生活形态是儒学本有之义；蒋庆提倡政治儒学，而所谓政治儒学也是传统儒学本有的内容。（2）西学是儒学得以开出新方向的必要前提。在风格各异的主张中，几乎没有一种主张不提到西学对开展儒学新方向的价值的。贺麟要求以西方的哲学发挥儒家的理学，以基督教精神发挥儒家礼教的精神，以西方的艺术发挥儒家的诗教；张君劢所提出的博学、审问、慎思、明辨、笃行，分别包括了物理、逻辑、哲学、政治和法律，皆为西学之内容；杜维明则强调与西方哲学家、政治家、神学家、比较宗教学家的对话，是儒学新开展的必要条件；在牟宗三看来，儒学如要开展出新的方向，就必须引入西方的名数之学，而且要仿照西方建立国家政制。概而言之，以儒学为基点的主张，也都强调引入西学，只有接纳、吸收、消化西学，以西学为发掘、陶炼儒学的机器，才能真正开出儒学的新方向。（3）主张与生活结合，反对书院儒学。贺麟认为，儒学必须体现为生活修养，要

---

① 参见蒋庆：《政治儒学：当代儒学的转向、特质与发展》，生活·读书·新知三联书店2003年版，第29—37页。

表现出儒学味、中国味;余英时明确提出儒学的现代出路就是在于它的日常生活化。霍韬晦主张儒学的生命在于走出书斋、走出学院,走向生活;龚鹏程则申明儒学应该坚持其本有的生活儒学方向,儒学也只有表现为对生活的落实,才能显示其生命力;蒋庆则看好儒学在政治生活中的前景,坚信儒学必将在政治生活中有所作为,儒学的价值可以通过对政治生活的影响而发挥出来;在郑家栋看来,儒学必须通过对生活的问题、矛盾的解决来体现自身价值,并由此开出新路。

2.儒学开展的四大模式:将上述观点加以总结,其所显示的儒学开展方向模式主要有:(1)政治儒学模式,以牟宗三、徐复观、蔡仁厚、蒋庆为代表。在牟宗三看来,儒学传播的主要路径在政治,而儒学的理想也是使政治接纳并吸收儒学,以达到改善政治的目的,所以儒学要积极参与到政治中去,建立现代政制正是使儒学价值得以实现、得以对象化,从而使现代政治具有儒学价值特征。蔡仁厚继承了牟宗三关于"内圣开出新外王"的主张,认为开出民主政制是儒学基本方向和使命。蒋庆则明确提出了"政治儒学"主张,在他看来,传统儒学就是政治学说,儒学的中心任务是政治;而就当今看,儒学应更积极、更适时地为中国现代政治服务。(2)哲学儒学模式,以牟宗三、杜维明、郑家栋为代表。牟宗三以康德哲学诠释儒学,在提升儒学的形而上学品格,在促使儒学在逻辑、范畴、概念的现代性方面做出了卓越贡献,儒学只是在牟宗三那里才具有了真正的现代哲学形式;杜维明也强调儒学必须与西学对话,而对话的前提之一就是理论水平、文化视野和儒学概念、范畴的改造。郑家栋主张提升儒学的批评品质,认为儒学应在不断反思自我与社会历史的张力过程中,彰显出自身的批判力,在审判、否定现状中寻找自己的生成和发展空间。这显然是对儒学的一种哲学要求。(3)生活儒学模式,以余英时、霍韬晦、龚鹏程为代表。余英时明确主张,儒学的出路就在日用庸常化,儒学不再可能存在于建制中,儒学只有走向生活,才能兑现自己对生活的承诺。霍韬晦认为,儒学如果要摆脱困境,必须从书院走出去,必须走向生活。龚鹏程认为生活儒学才是儒学的真精神所在,历史上,儒学就是以丰富物质生活、建设文化生活和提升精神生活为目的的。(4)知识儒学模式。以贺麟、张君劢为代表。贺麟所提出的儒学开展方向包括三方面内容,即理学、礼教和诗教,而西方的哲学知识体系、基督教知识体系和西方的艺术知识体系,是丰富儒家的理学、礼教和诗教的基本内容,也是儒学所追求的方向。张君劢则将儒学开展的方向规划为博学、审问、慎思、明辨、笃行五个方面,与之相应的是物理学、逻辑学、哲学、政治学、法学五个学科。也就是说,在博学、审问、慎思、明辨、笃行这五个命题中,赋予、充实了物理学知识、逻辑学知识、哲学知识、政治学知识和法学知识,儒学即会显出新的气象。

3.儒学新开展应注意的问题。开拓儒学新的发展方向并使儒学的思想、精神得以薪火相传，应该是当代中国儒学研究者的共同愿望。但如何开拓出儒学新方向，则因人的才性、角色和价值取向的不同而各显其异。然而，考诸以往有关开展儒学新方向的各种论说，如下几个问题或许是必须认真考量的：（1）儒学与西学的关系。诚如前述，百年来几乎所有讨论儒学开展方向的著述，都不约而同地预设了一个原则：以儒学（某种）内容为开起的始点，以西学为开起的前提。就前者言，所谓反本、守常，所谓博学、审问、慎思、明辨、笃行，所谓理学、礼教、诗学等；就后者言，所谓哲学、基督教、文学艺术，所谓民主、科学，所谓政治、法律等。这也就是先后为严复、梁启超、蔡元培等思想家所强调的"西学是开掘中国传统思想文化价值之机器"的主张。然而，近百年来西学在为儒学开出新方向上究竟起到了什么作用呢？是使儒学得到了丰富发展，还是使儒学面目全非而远离了自我？好像所听到的、所了解的都不全是好消息，甚至是坏消息更多。比如，儒学的本有话语丧失了、儒学的自我价值丧失了、儒学的原始立场丧失了等。就是说，在西学观照下所开出的儒学"新方向"，已经出现了与我们开出儒学新方向初衷相悖的现象，西学对儒学进行了全方位的渗透，西学过多地将"自己的内容"强加给儒学，一方面使儒学离自身愈来愈远，另一方面又被误读和肢解。而这种现象当然不是西学的责任，而是我们这些"引狼入室"的人的责任。因此，如果我们要真正为儒学开出真正的新方向，就有必要对以往开展儒学新方向的工作进行检讨。而这些问题或许是值得我思考的：西学的角色究竟应定在一个什么层面上？西学在什么样的情况下才能有助于儒学的新进展，而不仅仅是停留在观念层面的框架的搭建和没有实际意义的指认？

（2）儒学的多极化走向与儒学基本走向的关系。儒学开展方向呈多极化已是不争的事实，而且儒学本身的发展也应有多角度的走向。但必须指出的是，不管哪种走向，都必须是有益于儒学开展的新方向，有益于儒学基本思想的延承和发展，有益于儒学的价值得到实现。这样，就有必要对不同的开展方向给予规定，不能因为多极化而彼此背道而驰，不能因为多极化而互不理睬，不能因为多极化而各怀打算，不能因为多极化而消解儒学的生命。所以，儒学发展的多极化绝不意味着"儒分为八"，绝不意味着儒学的分崩离析，而应是儒学最具生命力的表现。就是说，儒学的发展方向可能是多向度的，但应有一个基本方向，其他方向是这一个方向的补充。我们主张的儒学基本方向是生活化方向，不管哲学儒学、生命儒学，还是知识儒学、政治儒学，都是在自己的那个视角为儒学开出新的方向做贡献，或者说为生活儒学做贡献。

（3）学术儒学立场与意识形态助力之间的关系。在历史上，儒学确实因借助政治资源而使自己获得不少好处，如儒家的礼制、儒家的伦理道德、儒家的价值观念等，在历代朝廷的鼓励或强压下，经过长期的教化熏陶，使儒学整套的思想、价值、伦理规范成为中国人的习惯和基本的精神。当今开展儒学新方向，也欢迎政策政治的帮忙，但绝不像传统社会中那样，与政治同流合污，甚至成为政治的帮手，儒学必须坚持学术儒学的立场。所谓学术儒学的立场，就是要儒学保持自己的独立品格，坚持话语的自我性；就是要儒学代表社会的良心，关怀众生的利益；就是要儒学彰显其批判功能，提升社会品质。也只有这样，儒学才能亲近民众，才能为广大民众接受，才能有真正的感召力，才能不被投机者所利用。所以，我们主张，儒学应该成为知识分子的武器，在更新儒学的同时也改变自己，进而改变社会。

总之，在儒学开展方向上，应坚持儒学的学术品格，而不应奢望于意识形态的助力而获得发展。儒学在历史上被利用、被歪曲，甚至有儒者将儒学政治化，这是对儒学的践踏，也曾给儒学的发展带来极大损害。所以，学术儒学的立场是必须在儒学开展新方向上得到坚持的。

（原载《江西社会科学》2005年第1期）

三、当代儒学的五种形态

20世纪初以来,作为中国传统思想主导的儒学,为了对人类所遭遇的困境有所应答、有所作为,从而表现出对自我思想内容及价值的开掘和检讨;为了对新的社会际遇有所适应,从而在思想、内容和价值上进行自我调整,以寻找新的存活、发展的途径;为了适应学科分类的要求而对自身思想内容进行学科分类和规定,从而使儒学内部生长出价值有别的学科。对于这样包含了儒家思想内容的分类、儒学价值的开掘和落实、儒学存活和发展途径的寻找,且具有时间上的持续性、空间上的规模性、主体上的群众性的儒学更新运动和存在形式,我们称之为"儒学的形态"。根据我们的考察,宗教儒学、政治儒学、哲学儒学、伦理儒学、生活儒学即是值得我们关注的五种形态。

(一)宗教儒学

考之当代中国儒学史,以"宗教"为主题研究或发展儒学的约有三个向度:

其一是制度儒教向度,以康有为、汤恩佳、蒋庆为代表。早在1912年,康有为发表《中华救国论》称:"今者保救中国之亟图,在整纪纲。"[①]以尊孔救国立论,倡导各地设孔教会。1913年,康氏又发表《以孔教为国教配天议》,建议国会将孔教认作国教,并在全国各地孔庙作每周性的宗教仪式。同年8月,孔教会陈焕章、严复、夏曾佑、梁启超等,向北京政府呈送《请定孔教为国教》书,主张奉孔教为国教,主张中国"一切典章制度、政治法律,皆以孔子之经义为根据;一切义理、学术、礼俗、习惯,皆以孔子之教化为依归","中国当仍奉孔教为国教",[②]推孔子为教主;声称提倡儒教的目的是保种保国、整顿纲纪。

与康有为类似主张的当今代表有香港的汤恩佳和大陆的蒋庆。汤恩佳1992年出任香港孔教学院院长,此后长期投身于立孔教为国教的活动:每年提交一份《关于

---

① 康有为:《中华救国论》,《康有为全集》(第9集),中国人民大学出版社2007年版,第313页。
② 陈焕章等:《孔教会请愿书》,中国社会科学院近代史研究所编:《孔教会资料》,中华书局1974年版,第33页。

请求将孔教、儒教正式恢复为中国人民宗教一事的提案》；出资赞助修建孔庙和研究儒学；理论上肯定祖先崇拜、祭祀孔庙、三纲五常等是儒教的表现形式，并认为恢复孔教为宗教对国家有利无害：第一，能争取更多的大众。因为宗教是以感性因素为主导的，有纯朴的感情、虔诚的信仰、严明的纪律等因素，其中信仰是首要的，只要具有简单的信仰，就可以叫"信教"，所以易争取更多的大众。第二，更能维持社会的稳定。因为使儒学成为"儒教"，以"劝人向善"引导人们，并以教义、教规约束之，势必使人们把"行善"作为人伦的标准和价值尺度，作为对自己心灵的慰藉，这样既有利于约束人们的行为，又利于人心的稳定，有利于整个社会的统一、平稳、安定。第三，更能增强中华民族的凝聚力。如果中华民族中的上层知识分子理智地信仰儒教，一般百姓感性地信仰儒教，使整个中华民族有一个坚强的精神支柱则可以形成强大的凝聚力。[①]

　　蒋庆是近年大陆极力提倡复兴儒教的主要代表，他提出了儒教开展的所谓"上行路线"和"下行路线"两条路径。所谓"上行路线"就是"儒化"当代中国的政治秩序，有两个要点：一、通过儒者的学术活动与政治实践，将"尧舜孔孟之道"作为国家的立国之本即国家的宪法原则写进宪法，上升为国家的意识形态；二、建立新的科举制度与经典教育制度：即国家成立各级政治考试中心，有志从政者必须通过"四书""五经"的考试才能获得做官资格。所谓"下行路线"，就是在民间社会中建立儒教社团法人，成立类似于中国佛教协会的"中国儒教协会"，以儒教协会的组织形式来从事儒教复兴的事业。而儒教复兴的十大内容为：儒教的政治形态——仁政、王道政治与大同理想；儒教的社会形态——礼乐教化；儒教的生命形态——神道信仰；儒教的教育形态——由儒教出资在全国兴办各类启蒙学校；儒教的慈善形态——救济所有需要帮助的人；儒教的财产形态——历代与儒学有关联的建筑与地产；儒教的教义形态——建立国家级"中国儒教大学"与地方各级儒学院；儒教的传播形态——成立儒教出版社等传播实体，儒教的聚会形态——建立全国各级"讲经堂"；儒教的组织形态——"中国儒教协会"及各级儒教协会。提出复兴儒教的目的：解决政治秩序的合法性问题，为政治权力确立超越神圣的价值基础；解决社会的行为规范问题，以礼乐制度确立国人的日常生活轨则；解决国人的

[①] 参见汤恩佳：《儒教及其意义》，《汤恩佳尊孔之旅环球演讲集》（第6卷），香港孔教学院2004年版，第189—190页。

生命信仰问题，以上帝神祇、天道性理安顿国人的精神生命。①

其二是学科儒教向度，以任继愈、李申为代表。任继愈先生认为，宗教之所以为宗教，有它的本质部分和外壳部分。外壳部分，是它的组织形式，信奉的对象、诵读的经典、宗教活动的仪式等；本质部分是指它的信仰、追求的领域是人与神的关系或交涉。而儒学具备了宗教所应具备的条件：儒教信仰的是"天"及其诸般道德，此是本质部分；外壳部分则是信奉天地君亲师，"四书""五经""十三经"是儒教经典，祭天、祭孔、祭祖是儒教仪式，孔庙是儒教展开宗教活动的场所，征忿、窒欲是儒教修养方法。②我们注意到，任先生判儒学为儒教是具有贬义倾向的，他说："历史事实已告诉人们，儒教带给我们的是灾难、是桎梏、是毒瘤，而不是优良传统。它是封建宗法专制主义的精神支柱，它是使中国人民长期愚昧落后、思想僵化的总根源。有了儒教的地位，就没有现代化的地位。为了中华民族的生存，就要让儒教早日消亡。"③不过，任先生将儒教与孔子做了切割，他说："说孔子必须打倒，这是不对的；如果说儒教应当废除，这是应该的，它已成为阻碍我国现代化的极大思想障碍。"④耐人寻味的是，任先生1997年在给李申的《中国儒教史》写的序中，对儒教的看法发生了很大变化：一是不再主要从负面的角度评论、批评儒教，二是强调从宗教角度研究儒教的重要性，三是肯定儒教的历史作用等。⑤任先生之后，对儒学之宗教身份进行学科性论证的要数他的弟子李申了。李申在《关于儒教的几个问题》一文中，对儒教进行了较为系统的论证。在他看来，儒学是信天命、信鬼神的，因而有信仰；儒学是有彼岸世界的，儒学是有组织的，儒学是有祭祀仪式的。⑥而在其巨著《中国儒教史》⑦中，对儒教的合法性进行了全面、系统、细致的论证。而且，李申判儒学为儒教的目的与任先生基本上是一致的，即一方面肯定儒教在历史中的作用："揭示儒教的存在，仅是确认客观已存在的历史事实。而只有弄清历史本貌，才能正确利用传统文化资源。指出儒教的作

---

① 参见蒋庆：《关于重建中国儒教的构想》，《中国儒教研究通讯》2005年第1期。
② 参见任继愈：《具有中国民族形式的宗教——儒教》，任继愈主编：《儒教问题争论集》，宗教文化出版社2000年版，第173页。
③ 任继愈：《论儒教的形成》，任继愈主编：《儒教问题争论集》，第21页。
④ 任继愈：《儒家与儒教》，任继愈主编：《儒教问题争论集》，第34页。
⑤ 参见任继愈：《〈中国儒教史〉序》，任继愈主编：《儒教问题争论集》，第403页。
⑥ 参见李申：《关于儒教的几个问题》，任继愈主编：《儒教问题争论集》，第333—349页。
⑦ 李申：《中国儒教史》，上海人民出版社2000年版。

用，也决不否定任何一种传统文化的优秀成果。"①另一方面认为儒教整体上是要衰亡的：儒教文化是中国封建文化的主体；儒教没有了，封建制度没有了。因此，在总体上，儒教文化不可能适用于现代的社会生活和社会制度。它的君臣父子之论、三纲五常之说、天命鬼神信仰及祭祀制度等，都与现代社会不相适应。而儒教为人们制定的行为原则和为确定这些原则所获得认识成果——智慧，都将成为后人继续前进的基础和借鉴。②也就是说，从儒教的角度去研究儒学才能真正认清、把握它的优点和不足。

其三是人文儒教向度，以唐君毅、牟宗三为代表。现代新儒家对儒教说也有所主张，但与上述两个向度有所不同。唐君毅认为，儒学之宗教性，既表现为儒者杀身成仁、舍生取义的教言，也表现为气节之士的心志与行为。就是说，儒者崇尚气节，以从容就义为最高理想，如无绝对的信仰是不可能的。不过，儒学之为宗教有自己特点，那就是人文宗教，他说："儒家骨髓，实唯是上所谓'融宗教于人文，合天人之道而知其同为仁道，乃以人承天，而使人知人德可同于天德，人性即天命，而皆至善，于人之仁心与善性，见天心神性之所存，人至诚而皆可成圣如神如帝'之人文宗教也。"③牟宗三认为，文化生命之基本动力当在宗教，所以儒学必须具有宗教性，但儒学只是在"尽日常生活轨道之责任和作为精神生活之途径"两方面满足其作为宗教的要求，而且儒教的重点在于"人如何体现天道"，儒教"落下来为日常生活之轨道，提上去肯定超越而普遍之道德精神实体"，此实体通过祭天、祭祖、祭圣贤而成为一有宗教意义之"神性之实""价值之源"，所以与人文世界没有隔阂，故可称为人文教，而肯定儒学为人文教，乃是面对国家之艰难，生民之疾苦，欲为国家立根本。④刘述先指出："儒化家庭祭祖，历代帝王祭天，似也不乏其宗教层面。吾人自当更进一步追问，由纯哲学的观点省察，依据儒家内在的义理结构，究竟是否必须肯定'超越'之存在。如果答案是肯定的，则儒家祭祀固不止只有实用或教化的意义，而自有其深刻的宗教理趣。"⑤就是说，儒学不仅

---

① 李申：《儒教是宗教》，《儒学与儒教》，四川大学出版社2005年版，第116页。
② 李申：《〈中国儒教论〉后语》，《儒学与儒教》，第549页。
③ 唐君毅：《中国文化之精神价值》，黄克剑、钟小霖编：《唐君毅集》，群言出版社1993年版，第273页。
④ 参见牟宗三：《人文主义与宗教》，《中国哲学的特质》，上海古籍出版社2007年版，第129—134页。
⑤ 刘述先：《儒家宗教哲学的现代意义》，景海峰编：《儒家思想与现代化：刘述先新儒学论著辑要》，中国广播电视出版社1992年版，第51页。

在技术操作层面具有宗教性，在精神超越层面同样有宗教性。

综合观之，儒教三个向度的具体内容可以概括为：第一，从宗教角度诠释、展示儒学。任继愈、李申根据宗教学科所具备的要素对儒学的宗教内容进行了较为全面的呈现；唐君毅、牟宗三等根据宗教的主要特点对儒学的宗教性进行了诠释和分析，指出儒教是一种人文教；康有为、汤恩佳、蒋庆则主要从宗教制度上对儒学进行解读和强调，使儒学中的宗教式制度呈现出来。第二，从宗教角度肯定或否定儒学价值。制度儒教派康有为、汤恩佳、蒋庆和人文儒教派唐君毅、牟宗三、刘述先，言儒学为儒教，基本上都是持积极、肯定的态度，表彰儒教的历史作用和未来价值；但任继愈、李申言儒学为儒教主要是从消极、否定的角度出发的。第三，从宗教角度实现儒学的价值。汤恩佳认为只有从宗教的角度，儒学价值才能得到更好地实现；而蒋庆认为只有儒教的形式才能使儒学价值在解决政治问题、社会问题和人生问题上得到实现。第四，将宗教的方向确定为儒学的存活、开展方向。由于任继愈、李申将儒教视为封建宗法社会意识形态，所以儒教在他们那里不可能成为儒学存活、发展的方向；但在制度儒教派康有为、汤恩佳、蒋庆和人文儒教派唐君毅、牟宗三、刘述先那里，儒教必然亦应该成为儒学存活、发展的一种方向。

如此，我们将20世纪初以来诠释并证明儒学为宗教、以宗教为坐标开掘儒学的宗教价值、主张通过宗教的形式发挥儒学的作用和价值、将宗教视为儒学存活和开展的方式与路径，并在时间上具有持续性、在空间上具有规模性、在主体上具有群众性的由宗教角度定位儒学的主张，称为"宗教儒学"。

（二）政治儒学

考之当代中国儒学史，从政治角度研究、发展儒学者也是不乏其人。儒家思想在政治方面有些什么特点，又有什么样的缺陷，也是儒家学者关注的问题。徐复观指出，儒家政治思想，从其最高原则来说，可称之为德治主义，从其基本努力的对象来说，可称之为民本主义；而把原则落到对象上面，则以"礼"经纬于其间。这就构成了儒家政治思想的三大内容——德治思想、民本思想、礼治思想。而儒家政治思想的特点是，对人的尊重和信赖，治者必先尽其在己之德，从而使人人各尽其秉彝之德；治者与被治者间，是德相与的关系，而非以权力相加相迫之关系；很少着重于国家观念的建立，而特着重于确定以民为政治的唯一对象，把民升到神的地位。因此，由德治思想，否定了政治是一种权力的观点，更否定了国家纯是压迫工具的谰言；由民本思想，而否定了统治者自身有特殊权益的观点，更否定了统治与被统治乃严格阶级对立的谰言。指出儒家政治思想的作用在于：第一，可把由势逼成的公与不争推上道德的自觉，民主主义至此才有其根基；第二，具有减轻暴君污吏的毒素的作用，但并不曾真正解决暴君污吏的问题，更不能逃出一治一乱的历史上的循环悲剧。而儒家政治思想的不足在于：总是居于统治者的地位来为被统治者想办法，总是居于统治者的地位以求解决政治问题，而很少以被统治者的地位，去规定统治者的政治行动。这便与近代民主政治由下向上去争的发生发展的情形，成一极显明的对照。①

对于儒家政道治道之改造，牟宗三有自己的构想。他认为，先儒于治道治权方面皆有所作为，但在政道政权上却始终未及，清初大儒对于君之限制与政权之更替仍不出传统观念之范围；而政权之不能常，政道之不能立，皆来自具体生命之具体动机，儒家道德教化、礼乐纲维却不能想出一套办法消弭之。②所以，牟宗三相应地提出了解决办法：改变以往儒学单纯以道德形式表现的局面，代之以国家形式表现；改变以往儒学以道德形式与天下观念相应和的局面，代之以与国家观念相应和。只有这样，才能尽到创建现代国家之责任。这样，政制既创，国家既建，然后政治之现代化可期。然而，怎样实现这两项转变呢？牟宗三认为：第一，在学术上应引入名数之学，因为它足以贯彻终始，而为极高极低之媒介，从而解决儒学在以往有极高之境地而无足一贯彻之困境；第二，在现实历史社会上建立国家民主政制，国家民主政制的建立，儒学高明之道才能客观实现于历史，才能有客观精神作集团之表现，而儒学高明之道就不再只表现为道德形式，不再只有个人精神与绝对精神。③因此，儒家在政道方面的不足，虽可用"德化的治道"来补救，这"德化的治道"就是"顺存在的生命个体所固有的人性、人情、人道而成全之"，即"理性之内容表现"，但仁者可遇而不可求，所以"德化的治道"也是不容易实现的，因而还是需要西方近代民主制度，此谓"理性之外延表现"。唯有"理性之外延表现"，即建立民主政治，儒家仁政才可容易实现。④概言之，牟宗三给儒家政

---

① 参见徐复观：《儒家政治思想的构造及其转进》，王曰美主编：《20世纪儒学研究大系·儒家政治思想研究》，中华书局2003年版，第186—189页。
② 参见牟宗三：《政道与治道》，《道德理想主义的重建：牟宗三新儒学论著辑要》，中国广播电视出版社1993年版，第115—127页。
③ 参见牟宗三：《儒家学术之发展及其使命》，黄克剑、林少敏编：《牟宗三集》，群言出版社1993年版，第141—142页。
④ 参见牟宗三：《中西哲学之会通十四讲》，上海古籍出版社2007年版，第227—228页。

道政权开的药方就是两个:一是名数之学,二是现代民主制度。

政治儒学是否应成为儒学发展的一个方向,蒋庆对此作了肯定回答。他认为,政治儒学是儒学本有的传统,政治儒学的基本内容是:关注社会的完善和谐;关注当下变化着的活生生的历史存在;重视社会的政治实践;由经验角度看人性,生之谓性,性本非善,善乃后起;用制度批判人性和政治;有明确的政治理想;可以开出外王。儒学通过对政治的参与、关注、批判、建构而拓展自我生存、发展的空间。因此,政治儒学应成为当代儒学发展的方向。[①]而政治儒学的核心内容是"王道的三重合法性":"天"的合法性即超越神圣的合法性;"地"的合法性即历史文化的合法性;"人"的合法性即人心民意的合法性。认为王道政治代表了天道、历史、民意,能够最大限度地把统治的权力变成统治的权利,把国民的服从变成应尽的义务。王道政治要使"三重合法性"在"政道"上相互制衡。就是说,三重合法性任何一重合法性独大,都会带来政治的偏颇和弊端。而王道政治可以全面而完整地解决政治权力的合法性问题,构建起一个长期稳定的和谐的政治秩序。[②]

由政治角度考察儒学思想的不足及其成为现代社会积极资源的路径也为儒家学者所讨论。有学者认为,儒家长期致力于"内圣"之道,期望通过培养道德来建立权力运作的内在约束机制,儒家相信人性至善的无限可能性,认为肯定人的善良本性以及人格完善的无限可能性,鼓励人们通过后天道德工夫使自己达到万善无缺的人格境地,对中国两千多年的政治文化、政治制度产生深刻影响。但由于儒家是一元权力格局下的政治思维,其对于政治权力的制约受到根本性限制。因此,儒家传统的"内圣外王"政治哲学无法为建立现代民主和法治条件下的政治秩序提供思路。[③]有学者则对儒学如何成为现代社会的积极资源进行了独特的探讨,提出只有与共和政体结合起来,实现由道德统治到道德治理的转换,才可充当现代社会的组织资源。[④]当然,也有学者对儒家民本思想做否定性思考的,认为"民本"是专制权力的题中应有之义,是专制权力与生俱来的自我制约机制,它使作为一种资源组织方式的专制制度得以克服个人本能冲动导致的溢出和过度,从而维持其基本的现

---

① 参见蒋庆:《政治儒学:当代儒学的转向、特质与发展》,生活·读书·新知三联书店2003年版,第29—37页。
② 参见蒋庆:《政治儒学:当代儒学的转向、特质与发展》,第202—210页。
③ 参见何显明:《儒家政治哲学的内在理路及其限制》,《哲学研究》2004年第5期。
④ 参见梁晓杰:《德治及其中国路径的比较与反思——兼论原始儒学现代化的一种选择》,《孔子研究》2002年第3期。

实把握能力。儒家"重民""保民"的治国主张,首先是设身处地为君主进行政治策动,它不可能走到君主的对立面而成为现代民主的生发者,但对儒家而言有一积极作用,就是通过"民本"增强了自己对君主说话的分量,扩充了参与权力的资本。①

可见,"政治向度"显然是20世纪初以来儒家学者们疏通儒学的另一条重要路径。具体表现为:

第一,从政治角度诠释、展示儒家思想。徐复观所展示的是德治思想、民本思想、礼治思想三大内容;蒋庆则通过天、地、人三重合法性结构将儒家政治思想呈现出来。

第二,从政治角度发掘儒家思想的价值。徐复观认为儒家政治思想具有"将由势逼成的公与不争推上道德的自觉、从而成为民主主义的根基,以及减轻暴君污吏的毒素"之价值。蒋庆认为儒家王道政治是具有普遍价值的智慧,按照这种智慧完全可以创造出新政治和新制度,因而儒家政治哲学不仅继续存在,而且还继续有效并能够不断与时俱进而得到永生。

第三,从政治角度对儒家思想的缺陷进行了揭示和批判。徐复观认为儒家总是居于统治者的地位以求解决政治问题,所以与近代民主政治是有差别的;牟宗三认为,儒学在政道政权方面缺乏建设,即缺乏"理性之外延表现"(现代民主制度);何显明认为,儒家传统的"内圣外王"政治哲学无法为建立现代民主和法治条件下的政治秩序提供思路。李宪堂甚至认为,儒家民本思想是专制权力应有之义,是为专制权力服务的。

第四,从政治角度揭示儒家思想的特点。徐复观将儒家政治思想的特点理解为"治者与被治者间,是德相与的关系"。牟宗三将儒家政治思想特点概括为"德化的治道"。

第五,通过政治的方式实现儒学的价值。蒋庆指出,儒学通过对政治的参与、关注、批判、建构而拓展自我生存、发展的空间。梁晓杰认为儒学如果能与共和政体结合起来,就可以实现由道德统治到道德治理的转换,才可充当现代社会的组织资源。

如此,我们将20世纪初以来从政治角度对儒家思想进行阅读并呈现,对儒家思想的价值进行评估,揭示儒家思想的特点,实现儒家思想的价值,作为儒家思想存

---

① 参见李宪堂:《试论儒家民本思想的专制主义实质》,《历史教学》2003年第5期。

活、开展的方向，并在时间上具有持续性、在空间上具有规模性、在主体上具有群众性的由政治角度定位儒学的主张，称为"政治儒学"。

（三）哲学儒学

考之当代中国儒学史，"儒学哲学化"是儒学发展中的一股强劲的思潮。在绝大多数场合，儒学界似乎都是以哲学的形式叙述儒学、讨论儒学、评论儒学，儒学史基本上被描述为哲学史。

冯友兰是把儒学哲学化的开创人之一。在冯友兰的中国哲学史研究中，儒家思想都被系统地进行了哲学的诠释。冯友兰认为，哲学可分为宇宙论、人生论及方法论三部分，进而认为《论语·公冶长》中的"夫子之言性与天道"，即言及哲学之宇宙论（天道）和人生论（性），而方法论部分只在宋明儒那里有所谓"为学之方"，但此"为学之方"，乃修养之方法，非求知识之方法。[①]具体而言，冯友兰写孔子哲学、孟子哲学、荀子哲学，都是以宇宙论、人生论及方法论这样的格局来写，冯友兰写中国哲学史的儒家部分，也就是将儒家思想哲学化的实践。冯友兰称其"新理学"为最哲学的哲学，他将儒家思想中主要范畴都以哲学来规定、来讨论，如太极、理、气、道、性、心、势等，而且用哲学的特性对儒家思想进行要求和诠释，因而所谓新理学，在很大程度上就是现代哲学化的宋明理学。冯友兰还很注重揭示儒家思想的哲学特性，比如他非常关注儒家哲学的境界论，将儒家哲学境界论进行系统开掘并加以哲学提升。因此可以说，冯友兰的儒家思想研究的实践，就是用哲学叙述儒学、整合儒学、提升儒学的实践，哲学不仅是儒学存活、发展的方式或路径，也是儒学价值实现之方式。

贺麟提出的儒家思想开展的三个方向之一就是"以西洋哲学发挥儒家的理学"——"苏格拉底、柏拉图、亚里士多德、康德、黑格尔的哲学与中国孔孟、老庄、程朱、陆王的哲学会通融贯，而能产生发扬民族精神的新哲学，解除民族文化的新危机，是即新儒家思想发展所必循的途径。使儒家的哲学内容更为丰富，体系更为严谨，条理更为清楚，不仅可以作道德可能的基础，且可奠定科学可能的理

[①] 参见冯友兰：《中国哲学史·绪论》，华东师范大学出版社2000年版，第6页。

论基础。"①他并对"仁"做出"哲学"的解释:"从哲学看,仁乃仁体。仁乃天地之心,仁为天地生生不已之生机,仁为自然万物的本性。仁乃万物一体、生意一般的有机关系和神契境界。简言之,哲学上可言有仁的宇宙观,仁的本体论。"②

熊十力认为中国古代著述虽无系统,但不能说没有哲学,他说:"此土著述,向无系统……而浅见者流,不承认此土之哲学或形而上学得成为一种学。"③熊先生在20世纪50年代与梁漱溟先生的信中还提到,他著书就是要建构一套宇宙论,因为宇宙论建构起来后才好谈身心性命之切实工夫,并认为他的这种作为,同时也是受西方发达哲学的刺激。④而在实践上,熊十力建立起即体即用的本体论,并用即体即用的本体论哲学诠释孔孟儒学和宋明新儒学。

牟宗三之儒学,其哲学形态更完整、更细密、更精巧。牟宗三以其熟稔西方哲学的优势,对儒家思想进行了全面的哲学化诠释。他指出:"儒家惟因通过道德性的性体心体之本体宇宙论的意义,把这性体心体转而为寂感真几之'生化之理',而寂感真几这生化之理又通过道德性的性体心体之支持而贞定住其道德性的真正创造之意义,它始打通了道德界与自然界之隔绝。这是儒家'道德的形上学'之彻底完成。"⑤换言之,儒家哲学就是道德的形上学。实际上,牟宗三不仅用哲学对儒学进行全面的诠释,使儒家思想系统成为哲学系统,而且使儒学的形上水平提升到一个新的高度。在牟宗三手中,儒家思想不再是零碎的、无序的、缺乏逻辑的,而是整体的、有序的、具有严密逻辑体系的,是一现代形而上学。

成中英、杜维明等似乎更感到儒学哲学化的紧迫性,他们分别用各自熟悉的西方哲学理论学说来诠释、架构儒学,使儒学哲学的形式多样化。成中英提到中国哲学有资格与世界哲学对话的条件时认为,中国哲学应具有西方哲学素养,并能以现代形式陈述出来,⑥认为通过西方哲学使中国哲学在本质上更显丰富,在内容上更为充实,在形式上更为现代。成氏还对怀德海的哲学对宋明儒学进行了比较研究,

---

① 贺麟:《儒家思想的新开展》,张学智编:《贺麟选集》,吉林人民出版社2005年版,第133页。
② 贺麟:《儒家思想的新开展》,张学智编:《贺麟选集》,第134页。
③ 熊十力:《答君毅》,《十力语要》,《熊十力全集》(第4卷),湖北教育出版社2001年版,第178页。
④ 熊十力:《论中国文化书简》,郭齐勇编:《现代新儒学的根基:熊十力新儒学论著辑要》,中国广播电视出版社1996年版,第348页。
⑤ 牟宗三:《心体与性体》(上册),上海古籍出版社1999年版,第155页。
⑥ 参见成中英:《中国文化的现代化与世界化》,中国和平出版社1988年版,第14—16页。

使宋明儒学的哲学内容和特性以怀德海方式呈现出来,当然同时呈现的也有差异。而杜维明所提出的儒学发展前景之一,就是儒学研究必须从不探求价值、不深扣哲理、不研究宗教的传统汉学的实证和实用主义里解脱出来,和西方的社会学家、哲学家、神学家和比较宗教学家进行长期而全面的对话,使儒学能对今天国际思潮中提出的大问题有创建性的反应,能在欧美学术界做出自己的贡献。①所谓探求哲理就是探求儒学的哲学性,所谓接受西化的考验,其中也包括接受西方哲学的考验,因此,杜氏所强调儒学现代化自然包括哲学化;而形上性理论建构、以西学为坐标展开对儒学价值的开采则是杜维明所追求的儒学开展方向之一。

有学者对儒学发展的路径提出了看法,认为儒学必须面对已经大大改变了的社会历史环境,面对当下生活中诸种矛盾和问题,在与种种现代思潮的相互影响、相互作用中,积极谋求自我调整、转化和充实,并进而寻求切入实际生活的现实途径。儒学必须切实面对现实生活和时代发展中的诸种矛盾和问题,来谋求提升、转化和发展之道。②而且,儒学的生命力或许并不在于一般地适应社会历史的发展,而在于基于某种人性、人道、人文的立场对社会历史的发展进行某种理性的批判,正是此种思想与历史之间的张力为儒家提供了存活和发挥作用的空间。③这是非常典型的儒学哲学化诉求。也有学者根据"哲学"要求,对儒家思想"哲学元素"进行了讨论。如认为《易传》中有儒家道德形上学体系,"生生之为易"之易道是儒家道德的根据,《易传》是儒家形而上学体系的建立。④如认为中国哲学的形而上学在孔子以前就有,孔子对中国哲学形而上学的构建和系统化起到了关键作用。认为通过孔子对《周易》的编辑、对其思想的继承、对《易传》思想体系的影响,可以看出孔子对中国哲学的贡献。认为《易传》的道论就是儒家的道论,就是儒家形而上学。⑤还有学者对儒家哲学特点进行了独到研究,认为儒家哲学关注世界之"在"与人自身存在的关系,所展开的是一种存在与价值、本体论与价值论统一的形而上学路向,这种进路不同于思辨的形而上学,其中蕴含着实践意义。⑥此外,

---

① 参见杜维明:《儒学第三期发展的前景》,《现代精神与儒家传统》,生活·读书·新知三联书店1997年版,第408—425页。
② 参见郑家栋:《断裂中的传统:信念与理性之间》,中国社会科学出版社2001年版,第625页。
③ 参见郑家栋:《断裂中的传统:信念与理性之间》,第51页。
④ 参见朱翔飞:《孔子与〈易传〉——论儒家形上学体系的建立》,《周易研究》2002年第1期。
⑤ 参见贾海涛:《孔子形而上学新探》,《哲学研究》2006年第3期。
⑥ 参见杨国荣:《儒家的形上之思》,《浙江学刊》2004年第4期。

在通常研究儒学的文章中，基本上都是按照本体论、宇宙论、人生哲学、变易观、社会哲学、历史哲学、认识哲学、道德哲学门类等进行探讨，这无疑都是哲学模式的探讨。而另外一个事实是，当今儒学研究群体绝大多数在大学哲学系和社会科学院哲学研究所，这也说明，"哲学形式"是当今儒学的基本表现形式之一。

可见，儒学哲学化的确也是20世纪初以来儒学自我诉求之一。具体表现为：第一，以哲学的形式诠释儒学、呈现儒学。冯友兰将儒学史写成哲学史，按照哲学的要素将儒家思想的哲学因素呈现出来；牟宗三对儒学的哲学性进行较深入的探讨，其所呈现的儒学是典型的现代哲学化的儒学；贾海涛将孔子思想所具有的哲学性微观地进行了呈现。第二，以哲学评估儒学、探讨儒家思想的哲学特征。冯友兰认为，由形式看，中国可以说没有哲学，由内容看，中国则有丰富的哲学；杨国荣认为儒学形上学所展开的是存在与价值、本体论与价值论统一的形而上学。第三，强调儒学通过哲学的形式发挥作用、落实价值。郑家栋认为儒学应该通过哲学化的反思检讨体现它的社会价值；牟宗三将儒学做哲学的改造，使之成为哲学式体系；熊十力、冯友兰整理儒学哲学化的历史，探索儒学哲学化的历史和规律。第四，将哲学视为儒学存活和发展的途径。熊十力、贺麟、成中英、郑家栋等都将哲学看成儒学存活、发展的重要途径。

如此，我们将20世纪初以来从哲学角度对儒家思想进行诠释并呈现、对儒家思想的价值进行开掘和评估、揭示儒家思想的特点、实现儒学的价值，将哲学作为儒家思想存活、开展的方向，并在时间上具有持续性、在空间上具有规模性、在主体上具有群众性的由哲学角度定位儒学的主张，称为"哲学儒学"。

（四）伦理儒学

儒学本来就是以伦理为核心的学说。这个特点面对现代化、全球化、经济化浪潮时表现得更为突出。现代儒学学者对儒家思想重大贡献之一，就是对儒家思想中的伦理元素及其价值的不遗余力阐发和创新。虽说伦理本来就是儒家思想的固有元素，但学者们还是对此问题进行了规定。梁漱溟认为，中国是以道德代宗教的社会，他说："宗教在中国卒于被替代下来之故，大约由于二者：安排伦理名分以组织社会；设计礼乐揖让以涵养理性。……此二者，在古时原可摄于一'礼'字之内。在中国代替宗教者，实是周孔之'礼'。不过其归趣，则在使人走上道德之路。"①根据梁氏的观点，周孔之"礼"代替宗教，周孔之礼即道德。所以伦理道德即是儒家核心内容，而"行仁义"乃儒家之真精神。唐君毅认为，儒家思想的归属就是道德，他说："儒家近理想主义，而性即理、心即理，尽心知性以成己成物，即知天事天，则归宿于道德。"②张君劢指出，一种学说能否称为伦理学的根据是要用四项基本观念：善、己、人性、心，儒学有此四者，故儒学亦为伦理学。③李书有指出，儒学的伦理特征主要表现在：第一，孔子少言天道，重视人道，建立"仁"与"礼"相结合包括孝悌、忠恕、智、勇、信、义等道德范畴体系，并从道德论引导出"为政以德"的德政论；第二，孟子继承、发展了孔子关于"仁"的思想，提出仁、义、礼、智是人生而具有的"良知""良能"，建立起性善论，为孔子仁学提供了人性论根据，继而提出仁政论，以性善论为基础，提出了存心、知性、知天的反省内求修养论；第三，荀子研究的中心问题也是人道理论，继承了孔子关于"礼"的思想，注重道德规范的探求，提出性恶论，提出"化性起伪"的复性方法，建立了学、思、行并重的修养论。而且，汉以后的儒家思想，仍然是以伦理为特征。④可见，将儒学视为具有伦理特色的思想已是一种共识。

既然儒家思想是一种具有伦理特色的思想，那么，儒家伦理思想的内容究竟怎样呢？首先，那些原理式中国伦理学史、儒家伦理思想史、中国传统道德研究之类的著作，都是对儒家伦理思想系统性的呈现。比如，张岱年将儒家伦理思想由"八个问题"呈现出来：一是意识人性问题（道德起源问题）；二是道德最高原则与道德规范问题；三是道德与经济关系问题；四是公利与私利、道德理想与物质利益关系问题；五是客观必然性与主观意志自由关系问题；六是动机与效果问题；七是伦理学与本体论关系问题；八是修养方法问题。⑤此外，学者们还从政治伦理、军事伦理、生命伦理、经济伦理、生态伦理、公共伦理、家庭伦理、婚姻伦理、人口伦理、科技伦理等角度对儒家伦理思想展开整理、诠释和呈现。有学者就从"行为规范""支持精神"和"相关思想"三个方面来发掘、诠释并呈现儒家生态伦理思想

---

① 梁漱溟：《以道德代宗教》，陈来编：《梁漱溟选集》，吉林人民出版社2005年版，第207页。
② 唐君毅：《中西文化精神之比较》，黄克剑、钟小霖编：《唐君毅集》，第367页。
③ 参见张君劢：《儒家伦理学之复兴》，曾振宇主编：《20世纪儒学研究大系·儒家伦理思想研究》，中华书局2003年版，第113—121页。
④ 李书有主编：《中国儒家伦理思想发展史》，江苏古籍出版社1992年版，第9页。
⑤ 参见张岱年：《中国伦理思想研究》，李存山编：《张岱年选集》，吉林人民出版社2005年版，第355—365页。

资源，指出在"行为规范"方面，儒家所主张的规范可以归纳为一种"时禁"，支持的精神主要是一种"天人合一"与自然和谐的精神，另有两个对环境保护起了重要的积极作用的思想：一是涉及对经济及物欲的看法，即限度和节欲的观念；二是涉及对人和事物的一种基本态度，即一种中和、宽容、不走极端，"不为己甚"的态度。①也有学者对儒家经济伦理思想进行了较为系统的开掘、整理、叙述和呈现，认为儒家经济伦理主要内容有：强国富民思想（包括"治国平天下、利民惠民、减税薄赋"等）、重义轻利思想（包含"义利并求、以义导利、义而富贵"等）、天人合一思想（包括"天人相分、天人合一、顺应自然"等）、农本商用思想、诚信谦和思想、公平合理思想、勤俭廉洁思想等，将儒家经济伦理精华概括为："仁"为经济动因论、"和"为经济关系论、"中"为经济方法论、"稳"为经济状态论、"实"为经济效能论、"俭"为经济品格论。②这样，儒家思想就从多个伦理角度展示出来。

儒学内含丰富伦理思想已不是问题，那么，儒家伦理思想有些什么特点呢？张君劢揭示的特点是："（一）善恶是非之辨存于一心；（二）所以辨之者为良心之觉察；（三）辨别是非，在乎行其所当为，而免其所不当为，乃有人心道心之分；（四）存养省察，就自己之意、情、知三方面，去其不善以存其善，而尤贵乎动机之微处克治之；（五）视自己为负责之人，本良心以审判之……不独知之，又贵乎行。"③张岱年认为儒家伦理有三大特点：肯定人在天地之间的重要地位；承认人与自然的统一关系；注重道德实践。④李书有指出儒家伦理具有三大特征：宗法性、政治性、实践性。⑤李承贵认为，儒家伦理道德有三个特点：德性乐观主义、德性实用主义、德性必然主义。⑥

既然儒家思想是一种具有伦理特质的思想，那么由伦理角度发掘、诠释儒家思想的价值便成为一种内在需要。刘述先认为，儒家伦理中有些超越性原则，比

---

① 参见何怀宏：《儒家生态伦理思想述略》，《中国人民大学学报》2000年第2期。
② 参见戢斗勇：《儒家经济伦理精华》，中国文联出版社2000年版，第13、98页。
③ 张君劢：《儒家伦理学之复兴》，曾振宇主编：《20世纪儒学研究大系·儒家伦理思想研究》，第120—121页。
④ 参见张岱年：《中国伦理思想研究》，李存山编：《张岱年选集》，第355—365页。
⑤ 参见李书有：《中国儒家伦理思想发展史》，第1—9页。
⑥ 参见李承贵：《中国传统德性智慧的三个来源及其当代审视》，《福建论坛（人文社会科学版）》2005年第2期。

如"仁心"、处理义利关系的智慧等在今天仍具现实意义。①陈来认为,儒家伦理可在个人工作伦理、共同体内伦理、共同体间伦理三个层次上表现出它的价值。就个体的生活伦理来说,儒家提倡的勤劳、俭约、忍耐都可成为经济生活中的重要伦理规范;就共同体内伦理来说,儒家注重的家族主义及个人服从整体的"和"原则将产生积极作用;就共同体间伦理来说,儒家的"信""诚"可以成为共同体之间的依赖环境。所以,儒家伦理在规范、整合上对于市场经济而言无疑是非常有价值的精神资源。②有学者认为,儒家思想——天下归仁、世界大同、义利统一、待人如己、执两用中、天人合一、和而不同、以直报怨、诚实守信、扶贫济弱等,都具有"全球伦理资源"价值。③有学者认为,儒家伦理中的"忠""恕""孝""悌""信""义""礼""让",都是最为重要的伦理观念,它们都可以与时俱进,可以实践于当代而不受时间影响。④当然,也有学者从伦理角度讨论了儒家思想的消极面问题。刘清平对儒家伦理的道德理性说提出怀疑,认为儒家伦理本质上是情理精神,即特殊主义的血亲情理精神,因此,儒家伦理往往依据血缘亲情的本根至上性,将特殊性血亲关系凌驾于普遍人际关系之上,允许人们在特殊性的血情伦常中拒斥那些普遍性的道德理性原则,奉行"内外有别"的道德原则,在现实上就可能导致忽视普遍性公德的现象,诱发奉行多种道德标准现象。⑤

毫无疑问,伦理显然是20世纪初以来儒学学者对儒家思想的开掘、整理、诠释和呈现的一个向度。具体表现在:第一,从伦理角度对儒家思想展开诠释和呈现。张岱年将儒家思想用"八大伦理"问题呈现出来,何怀宏则从"行为规范""支持精神"和"相关思想"三个方面呈现儒家伦理思想。第二,从"伦理"的角度开掘、评估儒家思想中的伦理资源和伦理智慧。刘述先认为儒家处利关系的智慧对于现代社会仍有其独到价值,陈来认为儒家伦理在个人工作伦理、共同体内伦理、共同体间伦理方面可发挥积极作用。第三,从"伦理"的角度对儒家思想的特征或缺

---

① 参见刘述先:《儒家伦理哲学的现代意义》,景海峰编:《儒家思想与现代化:刘述先新儒学论著辑要》,中国广播电视出版社1993年版,第41页。
② 参见陈来:《传统与现代:人文主义的视界》,北京大学出版社2006年版,第202页。
③ 参见戢斗勇:《儒家全球伦理》,甘肃人民出版社2004年版,第82—279页。
④ 参见胡楚生:《弘扬儒家伦理思想的精蕴——迈向21世纪的道德观念》,曾振宇主编:《20世纪儒学研究大系·儒家伦理思想研究》,第487页。
⑤ 参见刘清平:《儒家伦理:道德理性还是血亲情理?》,曾振宇主编:《20世纪儒学研究大系·儒家伦理思想研究》,第468页。

点进行揭示和检讨。张君劢认为儒家伦理是反省的、自责的、贵行的，李承贵认为儒家伦理具有德性乐观主义、德性实用主义、德性必然主义三大特点。刘清平认为儒家伦理的本质是血亲情理。第四，将"伦理"视为儒家思想存活、开展的路径。梁漱溟所谓以道德代宗教，张君劢、唐君毅所谓儒学可归为伦理学，以及刘述先、陈来、戢斗勇等从伦理角度对儒家思想的现代价值的诉求，都显示出将伦理作为儒家思想开展路径的思考和认同。

如此，我们将20世纪初以来从伦理角度对儒家思想进行阅读并呈现、对儒家思想的价值进行评估、揭示儒家思想的特点、实现儒家思想的价值，将伦理作为儒家思想存活、开展的方向，并在时间上具有持续性、在空间上具有规模性、在主体上具有群众性的由伦理角度定位儒学的主张，称为"伦理儒学"。

（五）生活儒学

考之当代中国儒学发展史，主张儒学关注生活、走向生活的诉求越来越强烈。儒学学者们在不同时间、不同场合都对儒学提出了生活化的要求。余英时认为，在历史上，儒家思想之所以成为主流，在于它的建制化。而儒学的"建制"自明清以降便走向解体，至晚清则基本上不复存在，所以儒学的现代出路恰恰在于"日用常行"领域，在于日常人生化，因为只有这样，儒家就可以避免建制而重新产生的精神价值方面的影响力问题。而且，儒家如要对自身的智慧落实有所交代，也必须面对现代社会所提出的问题。[1]在余英时看来，儒学不再可能建制化，所以儒学的出路只有在"建制"外去寻找，"建制"外所寻找的结果就是日常生活化，而且儒学由精英走向大众是正常的，也是必然的，所以，如果希望儒学未来还有所作为，那么就应该考虑它的形式，何种路径才是儒学继续走下去的希望，而情绪化、不实事求是地弘扬儒学，是没有效果的。霍韬晦认为，第三代新儒学如果真的要突破前人，有自己的建树，他们的工作便不能以学院自限，或单从事观念层面的建构，而要走出学院，走向社会，走向生活，寻求体检，从生命和时代的存在感受中发掘资源，这样将会有更大的生存空间，对历史文化有更大的贡献。儒学的智慧，就是以知识来指导行动，以行动来成长生命，进而体会生命自身的要求。[2]

---

[1] 参见余英时：《现代儒学论》，上海人民出版社1998年版，第441页。
[2] 参见霍韬晦：《世纪之思：中国文化的开新》，（香港）法住出版社1998年版，第69页。

儒学生活化看来是不可避免，那么儒家思想自身有无"生活化"元素呢？龚鹏程认为这是肯定的。他指出，儒家之学本来是上下一贯的，故孔子论仁，辄在视听言动合礼处说。但后世儒家越来越强调形而上谓之道部分，忽略了视听言动衣食住行等形而下谓之器部分。孟子所谓大体、小体之别，并不是教人只修大体而歧视小体（养形），养形也很重要。明清以降，社会上出现的反礼教、反道学的言论，也是由于后世儒者能在生活上体现礼乐之美。因此，现今应将"生命的儒学"转向"生活的儒学"。儒家政治哲学重在政，政者，正也，讲的是君主风化教养百姓，以使其安居乐俗。①在龚鹏程看来，生活儒学的应该性可由两方面得到说明：第一，儒学的本来结构就是上下一贯的，就是说，儒学既有形而上的部分，也有形而下的部分，既有"道"的部分，也有"器"的部分，既有精神部分，也有物质部分。第二，由儒学发展历史看，明清以降，之所以出现反道学、反礼教的言论，正说明儒学关注生活、走向生活之必要。而且，生活儒学不仅是儒学本有特质，对于儒学的现代开展也有价值："现今应将'生命的儒学'，转向'生活的儒学'。扩大儒学的实践性，由道德实践及于生活实践、社会实践。除了讲德行美之外，还要讲生活美、社会人文风俗美。修六礼、齐八政、养耆老恤孤独、恢复古儒家治平之学，让儒家从社会生活中全面活起来，而非仅一二人慎独于荒斋老屋之间，自尽其心、自知其性而自谓能上达于天也。"②

有学者指出，生活儒学实际上是儒学的一种内在性要求。这是因为：其一，儒学主要属于生活类型的学问。儒家对公共生活极为重视，致力于协和生活，使生活秩序井然，所谓"君令臣共、父慈子孝、兄爱弟敬、夫和妻柔"（《左传·昭公二十六年》）；儒家也重视物质生活的丰盈，强调物质生活的基础地位，所谓"闰以正时，时以作事，事以厚生"（《左传·文公六年》）；儒家还重视精神、情感生活的提升，追求生活的多姿多彩，所谓"今之孝者，是谓能养。至于犬马，皆能有养；不敬，何以别乎？"（《论语·为政》）可见，精神生活的质量也是儒家所追寻的。总之，公共生活、物质生活和精神生活都是儒家所关注所追求的，儒学是一门不折不扣的生活型学问。其二，儒学的风格也是极生活化的。儒学的语言极为朴实无华，从不矫揉造作；儒学对事物的态度也极生活化，儒家认为生和死都是自

---

① 参见龚鹏程：《迈向生活儒学的重建》，吴光主编：《当代新儒学探索》，上海古籍出版2003年版，第201页。
② 龚鹏程：《迈向生活儒学的重建》，吴光主编：《当代新儒学探索》，第203页。

然之象。儒家也强调学问的生活化,认为生活是学问之源,没有脱离生活的学问。儒学所讨论的是"宜兄宜弟",所关心的是"人情、人义、人利、人患",皆为饮食男女之事;儒家所追求的理想人格也是生活化的,主张圣人就在生活中,人人皆可成圣人,所谓"人皆可以为尧舜"(《孟子·告子下》)。其三,儒学的最高追求是生活。孔子追求的是一个有秩序而无战争、富裕而无贫穷、文明而远离愚昧的社会,在这种社会里,百姓安居乐业,喜气洋洋;儒家注重个人道德修养和公共道德建设,主张建构德性生活;儒学的所有政治主张都不是以政治本身为目的,而是以生活的富足和提升为目的的。所以,儒学的最高追求是使理想生活化,使生活理想化。儒学就是使人们在生活中表现出一种精神,一种价值,生活与儒学是相互滋润的。所以,由学问类型、为学风格和最高追求看,生活是经典儒学的真爱,生活儒学是经典儒学的一种内在性。而且,生活儒学对于儒家思想的开展具有特别意义:一、儒家思想资源能获得更积极、更健康的更新;二、儒学生存、发展的空间会得到空前提升和扩展;三、儒学的价值才有真正的落实。①

不难看出,儒学生活化也是20世纪初以来儒家学者们的主要诉求之一。具体表现为:第一,根据"生活化"要求对儒家思想中关心生活、建构生活、提升生活的理念和智慧进行开掘、整理和呈现。如龚鹏程对儒家思想中有关"生活原则""生活要求""生活行为"等方面的文献进行的开掘和整理;如李承贵认为无论从学问类型、为学风格和根本追求看,儒学都表现出生活化的特质,因而是儒学的内在性。第二,根据"生活化"要求对儒家思想的价值进行诠释和评估。霍韬晦认为儒学离生活太遥远,儒学应该从贵族化走向草根化、从精英化走向大众化;龚鹏程认为,儒学本来就具有关心生活、营养生活、建构生活的功能。第三,根据"生活化"揭示儒家思想的特点。龚鹏程指儒学是精神生活与物质生活兼顾的学说,李承贵认为儒学作为生活类型的学问表现其在精神生活、公共生活、物质生活三大领域的特殊作为。第四,将"生活化"作为儒家思想价值落实的方式。余英时认为,儒学若要在现代社会落实其价值,日常生活化是唯一途径。霍韬晦认为,儒学只有走向社会,走向生活,才会有更大的生存空间,才能对历史文化有更大的贡献。龚鹏程认为,只有生活儒学才能扩大儒学的实践性,使儒学由道德实践走向生活实践、社会实践,从而拓宽儒学开展的路径。李承贵认为,儒学生活化不仅有助于儒学价

---

① 参见李承贵:《生活儒学:当代儒学开展的基本方向》,《福建论坛(人文社会科学版)》2004年第8期。

值的实现，而且可为儒学的生长开辟广阔路径。

如此，我们将20世纪初以来从生活角度对儒家思想进行阅读并呈现、对儒家思想的价值进行评估、揭示儒家思想的特点、实现儒家思想的价值，将生活作为儒家思想存活、开展的方向，并在时间上具有持续性，在空间上具有规模性，在主体上具有群众性的由生活角度定位儒学的主张，称为"生活儒学"。

（六）五种形态的意蕴

如果说儒学在当代中国的发展有什么主要特点，那么这个特点就是由宗教儒学、政治儒学、哲学儒学、伦理儒学、生活儒学等五种形态构成了儒学生存、发展的基本格局。儒学正是通过这些形态展示着自身的魅力，实现着自身的价值，发挥着自身的影响，延伸着自身的生命。现在我们想知道的是，此五种形态是否内含着值得进一步显发的意蕴呢？

其一，五种形态所反映的是时代实践对儒学价值的多元要求。儒学何以在当代中国出现内容、作用明显不同的五种形态？最合理的回答可能是时代实践的要求。翻开一百年余年的中国史，在西方文明的冲击下，在传统与现代的交锋中，中国人的心灵一直被敲打和撞击着，人无所依，心无所安，精神世界一片迷惘。个人精神的寄托和民族精神的凝集，宗教的需求自然提了出来。"宗教儒学"就是这样背景下的产物。儒学的政治诉求本来就内在于传统儒学中，所谓"外王"就是要有所作为，就是要齐家治国平天下。20世纪初以来，西方政治文明进入，中国政治在理念和制度上相形见绌，所以"政治儒学"的提出，一方面是对儒学"外王"的现代期盼，另一方面是对政治理念和制度的现代化诉求。在与西学交锋的一百余年中，儒家学者逐渐明白一个道理，那就是儒学若要与西学交流、对话，让儒学进入西方学术思想界，必须在话语形式上进行改变和调整，也就是使儒学哲学化，而且这是必由之路。因此，"哲学儒学"主要是对儒学的哲学理论形式、思辨性提升的渴望，以求得与西方学术平等对话的方式和资格。20世纪初以来，一方面，伦理秩序混乱，道德水准滑坡；另一方面，西方道德伦理又在中国尽显风采。如此，对儒学的伦理价值诉求，一方面来自社会历史实践的需要，另一方面来自身价值独特性论证之需求，"伦理儒学"也就应运而生了。然而，宗教儒学、政治儒学、哲学儒学、伦理儒学，无一能离开生活，因为儒学的宗旨是服务生活、提升生活。然而，在过去一百多年的时间里，儒学却离生活越来越远，与普通百姓越来越陌生，而儒学要在现代社会发挥它的作用、体现它的价值，就应该回到广大群众中，与生活融为一体。由此,"生活儒学"则是希望儒学在生活中有所作为,将儒学价值体现于生活中。可见,儒学之所以呈现为五种形态,本质上是时代实践对儒学的价值要求使然。

其二,五种形态所反映的是儒学发展的多元化走向。既然儒学的五种形态的形成根源于时代实践的要求,也就是说,宗教儒学、政治儒学、哲学儒学、伦理儒学、生活儒学的出现,并不是空穴来风,而是有时代实践根据的,是时代实践对儒家思想价值多样性要求使然,这就意味着儒学多元化走向已是儒学开展的必然趋势。而且,儒学的五种形态本质上也是儒学在当代背景下寻找出路以求得新开展的努力和方式,并实在地承担起了传承、发展儒家思想和实现儒家思想价值的使命,因而儒学多元化走向不是儒学生命的衰竭,而是儒学生命力的复苏,对儒学的现代开展而言是有利的。再次,儒学五种形态既然是为了适应变化着的社会历史环境而对儒家思想展开的多种诠释之结果,这就意味着儒家思想通过这种诠释会在价值上表现出更强、更普遍的适应性;既然儒家思想可以通过宗教儒学、政治儒学、哲学儒学、伦理儒学、生活儒学等形态将自身价值的丰富性表现出来,而且可以使儒家思想实现由特殊到普遍的转换,那么,儒学开展的多元化走向实在是儒学自我生存的重要路径。如此,儒学五种形态也就警示着当今的儒学研究者们:不宜将不同儒学形态的主张者视为狭隘的民族主义,不应将不同儒学形态的主张者视为别有用心、自封为王,不应将不同儒学形态的主张者视为痴心妄想,更不应简单地将他人发展儒学的努力判为某种政治阴谋。《中庸》说:"万物并育而不相害,道并行而不相悖。"儒学五种形态的形成正是儒学这种宽容、平等、和谐、共生思想的现代体现。因此,我们应该以一种平等、包容、肯定之积极健康的心态,将儒学五种形态视为儒学生生精神的体现、视为儒家学者对儒学发展的热情和智慧。

其三,五种形态所反映的儒学发展的基本原则是继承创新。儒学的开展是与传统决裂,还是回归传统,抑或立足传统、开创未来?儒学五种形态明白无误地告诉我们,继承传统、开创未来是儒学开展所必须坚持的基本原则。这是因为:五种形态都遵循了从古典儒学中寻找根据的路径。宗教儒学为了证明自身的合理性,自觉地回到古典儒学中寻找"宗教"元素;政治儒学为了证明自身的合理性,自觉地回到古典儒学中寻找"政治"元素;哲学儒学为了证明自身的合理性,自觉地回到古典儒学中寻找"哲学"元素;伦理儒学为了证明自身的合理性,自觉地回到古典儒学中寻找"伦理"元素;生活儒学为了证明自身的合理性,自觉地回到古典儒学中寻找"服务生活"元素,由此,古典儒学中的宗教、政治、哲学、伦理、"服务生活"等方面的资源、智慧和价值被开掘、被继承下来。但是,五种形态都是面对现代社会挑战才形成的,也就是说,五种形态的儒学都是立足现代社会的各种问题和要求而对古典儒学进行的开掘、改造、创新,宗教儒学包含了对古典儒学中宗教元素的继承、整合和创新;政治儒学包含了对古典儒学中政治元素的继承、整合和创新;哲学儒学包含了对古典儒学中哲学元素的继承、整合和创新;伦理儒学包含了对古典儒学中伦理元素的继承、整合和创新;生活儒学包含了对古典儒学中服务生活元素的继承、整合和创新。所以我们说,五种儒学形态向我们展示的儒学发展原则是:继承传统的儒家思想,在继承的基础上开创儒学的未来。

其四,五种形态使儒学的价值、特点及不足的多样性呈现出来。儒学五种形态从宗教、政治、哲学、伦理、生活等角度将儒学的价值、特点及不足呈现出来。首先,五种形态的形成和开展,使儒家思想在宗教、政治、哲学、伦理、服务生活等方面的价值凸显出来,这些价值包括儒家思想中本有的价值和根据五种形态各自特点引申出来的价值。比如,儒学在宗教上具有安顿生命和凝集心力的价值,在伦理上有协调个人之间、个人与社会、个人与自然关系的价值;在政治上则有"将历史必然趋势造成的公与不争推上道德的自觉,从而成为民主主义的根基"之价值。其次,五种形态的形成和开展,使儒家思想在宗教、政治、哲学、伦理、生活等方面的特点凸显出来。比如,儒学在政治上的特点是"德化的治道",或"治者与被治者是德相与关系",而在伦理上的特点有乐观性、实用性和必然性。最后,五种形态的形成和开展,也使儒家思想的缺点由宗教、政治、哲学、伦理、生活等角度显露出来。比如,儒学在政治上有"解决问题由上而下思考"之不足,在哲学上有"缺乏现代哲学表述形式"之不足,在伦理道德上则有"诱发奉行多种道德标准"之不足,并在此基础上提出了相应的纠正、补救方式。因此,当代儒学的五种形态,既是对儒家思想的价值、特点和缺点的全方位的凸显,也是对儒家思想的新的整合和完善,是儒家思想的新发展。

其五,五种形态对儒学由古代向现代转换做出了历史性贡献。古代儒学内含有丰富的思想资源,这种资源只有转换成现代形式,才能服务于现代社会。儒学五种形态在这方面无疑是做出了杰出贡献的。首先,儒学的五种形态使儒学在知识形态上实现着由古代到现代的转换。宗教儒学是根据宗教学知识对古代儒家思想中的宗教知识元素进行分类和整理,使之转换成现代宗教知识;政治儒学是根据政治学知识对古代思想家中的政治知识元素进行分类和整理,使之转换成现代政治知识;哲学儒学是根据哲学知识对古代儒家思想中的哲学知识元素进行分类和整理,使之转换成现代哲学知识;伦理儒学是根据伦理学知识对古代儒家思想中的伦理知识元素进行分类和整理,使之转换成现代伦理知识;生活儒学是根据服务现代生活的要求对古代儒家思想中的生活知识元素进行分类和整理，使之转换成服务生活的知识。因此，宗教儒学、政治儒学、哲学儒学、伦理儒学、生活儒学的形成，实际上在知识形态上实现着古代儒学向现代儒学的转换。其次，儒学的五种形态使儒学在思想上实现了由古代到现代的转换。我们看到，儒学五种形态中，无不渗透着儒家学者对古代儒家思想进行诠释、创造的智慧，而儒家学者的诠释、创造活动无一不是以现代人类实践为背景的。也就是说，正是现代儒家学者立足于现代人类实践所展开的对古代儒家思想的诠释、创造活动，使儒家思想实现着由古代向现代的转换。比如，在宗教儒学中，将儒家思想中的宗教元素诠释、改造为"人文宗教"；在政治儒学中，将儒家思想中的政治元素诠释、改造为"民主政治"；在伦理儒学中，将儒家思想中的伦理元素诠释、改造为"公民伦理"。因此我们可以说，儒学五种形态的形成，也意味着儒家思想实现着由古代向现代的转换。最后，儒学的五种形态为儒学实现由古代向现代的转换提供了可资参考的范式。既然儒学五种形态在知识形态上、在思想上都使儒学实现着由古代向现代的转换，那么，这种转换实践本身及其所积累的经验和教训，都将成为儒学未来开展的参考，使儒学在未来的开展更为顺利、更富成效。

总之，当代儒学的五种形态，不仅反映了儒家学者对儒学自身命运的深切忧虑，也体现了儒家学者对中华民族命运的深沉关怀，而对中国现代性价值资源的探寻是他们释放这种忧虑和落实这种关怀的具体实践。在这种波澜壮阔而又艰难困苦的实践中，儒学在被赋予全新、重大而庄严使命的同时，也被注入了新的内涵和价值，这并不是一种所谓的儒学普遍主义的追求，而是一种在思想逻辑与历史逻辑张力之间儒学的自我调适和对儒学的创新、对生命的安顿、对民族的铸魂之伟大实践。

（原载《天津社会科学》2008年第6期，人大复印报刊资料《中国哲学》2009年第2期转载）

四、人文儒学：儒学的本体形态

对于儒学而言，可以算为形态的，的确为数不少，比如政治儒学、宗教儒学、哲学儒学、知识儒学、生活儒学等。然而，这些形态虽然可以成为儒学开展的一种方向，但它们并不能周全地回应某些关于儒学的质疑，并不能稳妥地解释当今儒学发展中所遭遇的问题，尤其不能创造性地为儒学的开展确立一种充满活力的根基。那么，有无一种形态可以满足这些要求呢？我们认为有，这就是"人文儒学"。换言之，儒学的本体形态应该是人文儒学。

（一）人文儒学是儒家思想根本内容

儒学的本体形态之所以为人文儒学，其首要原因就在于儒学的特质是人文主义，儒学是由人文主义精神、人文主义思想和人文主义方法构成的学说。换言之，人文儒学之所以为儒学的本体形态，乃是因为人文主义是儒家思想体系中的根本内容。

1.人文主义思想界定。既然讨论的是儒家人文思想，那么就有必要对人文主义内涵做个规定。人文主义之名来自西方，既指自古希腊开始的人文主义传统，也指文艺复兴时期的人文思潮。学者根据西方人文主义历史，对人文主义内涵作过各自独到的解释。英国思想家阿伦·布洛克（Alan Bullock）认为，西方思想是用三种不同模式看待人和宇宙的，其中第三种模式就是人文主义，这种模式的焦点就是人，以人的经验作为人对自己、对上帝、对自然了解的出发点。①唐君毅认为："人文的思想，即指对于人性、人伦、人道、人格、人之文化及其历史之存在与其价值，愿意全副加以肯定尊重，不有意加以忽略，更决不加以抹杀曲解，以免人同于人以外、人以下之自然物等的思想。"②而张岱年将人文主义定义为："肯定现世人生的意义，要求享受人世的欢乐；提倡个性解放，要求个性自由；相信人力的伟大，称颂人性的完美和崇高；推重人的感性经验和理性思维，主张运用人的

---

① 参见［英］阿伦·布洛克：《西方人文主义传统》，董东山译，生活·读书·新知三联书店1998年版，第12页。
② 唐君毅：《中国人文精神之发展》，黄克剑、钟小霖编：《唐君毅集》，群言出版社1993年版，第401页。

知识来造福人生。"①根据这些表述，人文主义内容大体可以归纳为：以人为中心或出发点，否定以神或自然为中心；高扬人的主体性，肯定人生的意义与价值，崇尚人格尊严，追求个性自由和解放；肯定人类的生活创造活动及其成果，鼓励对现世幸福的追求；反对封建专制，提倡民主；反对等级、奴役，主张平等；反对神秘主义，高扬理性；推崇人的创造力和科学知识。根据这样的内涵，我们又可大致地将人文主义分为人文精神、人文思想、人文方法、人文成果四个层次。

2.儒家思想中的人文主义。那么，这种人文主义是否存在于儒家思想之中呢？儒家思想是不是肯定、高扬人的主体性？我想，孔子提出的"仁"足以说明之。孔子说："我欲仁，斯仁至矣。"（《论语·述而》）又说："为仁由己，而由人乎哉？"（《论语·颜渊》）在孔子看来，"仁德"的落实完全是主体人自我主宰、自我把握之事，作为人而言，也应该自觉、积极地去实践"仁"。可见，在孔子这里，"仁"即意味着对人的主体性的肯定。儒家思想是不是以人为中心？这应该不是问题。儒家对鬼神没兴趣，对自然没兴趣，六合之外存而不论，剩下的只有对人发生兴趣了。孔子曾说："未能事人，焉能事鬼？"（《论语·先进》）表明儒家拒绝讨论怪力乱神，而把人放在首要地位。如此看来，儒家思想的确是以人为中心的。儒家思想是不是肯定人生的意义和价值？孔子有"杀身成仁"之说，孟子有"舍生取义"之说，认为人活着并不仅仅是肉体生命的完满，更应有精神生命的超越，儒家号召人们立德、立功、立言，既然活着，就应活得有意义。这不是对人生意义与价值的肯定吗？儒家思想是不是鼓励人对现世生活的追求？《尚书·大禹谟》提出"正德、利用、厚生"。"利用"就是利于人民所用，即方便人民用其所用；"厚生"就是使人民生活丰厚，即以富裕人民生活为目的。孟子提出"制民之产"，认为好的君主应该以富足百姓生活为己任，让老百姓"仰足以事父母，俯足以畜妻子，乐岁终身饱，凶年免于死亡"。这些无疑是对追求幸福生活的肯定。儒家思想是不是崇尚人格尊严、追求个性自由和解放？孔子说："三军可夺帅也，匹夫不可夺志也。"（《论语·子罕》）孟子说："一箪食，一豆羹，得之则生，弗得则死。嘑尔而与之，行道之人弗受；蹴尔而与之，乞人不屑也。"（《孟子·告子上》）作为战士，可杀可戮，但气节不可无；作为人，活着固然重要，但如果受辱于人而活着，还不如去死。儒家将人格的受辱视为比死还让人讨厌的事件，这不是对"人格"的充分肯定吗？而且，个人自由也是儒家思想的本有内涵。比如，

---

① 张岱年、程宜山：《中国文化与文化论争》，中国人民大学出版社1990年版，第233—234页。

"为仁由己"不是强调主体人的自由吗?再如,"尽性"不是强调人认识自我、发展自我、实现自我的本性吗?这当然也是对个性自由的肯定和追求。儒家思想是不是推崇科学和理性、反对神秘主义?儒家主张"道问学",主张"格物致知",对科学和理性基本上是肯定的,但对神秘的现象不感兴趣。如上叙述足以说明,人文主义毫无疑问是儒家思想中的内容,换言之,人文儒学的称谓是实至名归的。

3.人文主义在儒家思想中的地位。现在的问题是,这种人文主义在儒家思想中究竟处于什么样的地位?我的回答是"根本"地位。这是因为:第一,人文主义是儒家思想体系中的价值部分。就是说,上述所列举的人文主义内容,处于儒家思想的根部,或者说是核心部位。我们知道,儒家思想是一庞大思想体系,举凡哲学、伦理学、宗教学、文学、史学、政治学、法学、管理学、教育学、经济学、社会学,乃至自然科学诸学科的思想应有尽有,不过,相对于人文主义思想而言,这些学科的思想属于表层,属于"用"的层面。也就是说,哲学思想也好,文学思想也好,政治思想也好,法律思想也好,经济思想也好,都只是人文主义思想的延伸和实践。比如,孟子提出的政治主张,置恒产、定赋税、轻刑罚、济穷人等,其根据都是人文主义精神和思想。正如孟子所讲"有不忍人之心,斯有不忍人之政"(《孟子·公孙丑上》)。所以,孟子的政治主张,不过是人文主义思想的体现而已。第二,与先秦其他学派相比,只有儒家才把人文主义作为核心内容。根据唐君毅先生的研究,墨、道、法这三大与儒家思想并立的学派,将他们的思想特质与儒家思想比较,便可看出儒家思想的根本内容是人文主义,他说:"儒家明明白白反对法家之极权主义,如何会成极权主义?儒家明明以社会教化为本,以人民为本,如何会成为反民主?儒家明明尊重个人之人格,重视自得之自由,如何会成反自由?说儒家于民主自由之义,多所未备,诚然诚然。但人之有此误会,亦可由儒家精神在原则上,实较今狭义之个人自由主义、狭义之社会主义或过度着重政治政府之思想更为广远,故人不易加以认识。"①换言之,儒学与道、墨、法的差别,就在于它的核心思想是人文主义。

(二)人文儒学是儒家思想生长之源

人文儒学之为儒学的本体形态,还在于那处于儒家思想根部的人文主义,是儒

---

① 唐君毅:《人文精神之重建》,广西师范大学出版社2005年版,第153页。

家思想生长的源头。就是说,儒家思想的发芽、开花、结果,都以它的人文主义为种子,都以它的人文主义为源头。它的性质是人文主义的,它的成果是人文主义的,最终成长为一棵人文主义的儒学大树。那么,如何理解人文主义是儒家思想的生生之源呢?

1. "仁"是儒家人文主义思想生长的源头。在儒家思想体系中,"仁"是最具生命力、最具创造力,也是最具人文关怀的观念,儒家思想的生长无一不是从"仁"开始。《易》曰:"天地之大德曰生。"(《周易·系辞下》)而"仁"是大自然创造生命之源泉,周敦颐说:"生,仁也。"①朱熹说:"生底意思是仁。"②可见,"仁"之为生生力量,对于儒家而言是内在的,而其所生者,正是人文主义思想。

孟子认为,夏、商、周三代丧失天下或得到天下都是因为"仁"。如果天子不具有"仁德",四海难以得到保护;如果诸侯不具有"仁德",国家难以得到保护;如果卿大夫不具有"仁德",宗庙难以得到保护;如果士庶不具有"仁德",四体难以得到保护。为什么缺乏了"仁德",干什么都不行了呢?因为拥有了"仁",才能生出义、礼、智、信、诚、孝、慈、忠诸德,才能生发仁爱之心。换言之,就是因为"仁"的人文主义精神,才生出关怀生命、肯定人生的人文主义思想,正如孟子所说:"凡有四端于我者,知皆扩而充之矣,若火之始然,泉之始达,苟能充之,足以保四海;苟不充之,不足以事父母。"(《孟子·公孙丑上》)

二程指出,"仁"具有生物之性——"阳气所发,犹之情也。心犹种焉。其生之德,是为仁也。"③朱熹继承了这一思想,认为如果没有"仁",是不可能有生物之结果的,他说:"仁者心之德,程子所谓心如谷种,仁则其生之性,是也。"④所以,"仁"是天地生物之心,是众善的源头。朱熹说:"盖仁之为道,乃天地生物之心,即物而在,情之未发而此体已具,情之既发而其用不穷,诚能体

---

① 〔宋〕周敦颐:《通书》,《周敦颐集》卷二,陈克明点校,中华书局1990年版,第23页。
② 〔宋〕黎靖德编:《朱子语类》卷六,王星贤点校,中华书局1986年版,第107页。
③ 〔宋〕程颢、〔宋〕程颐:《河南程氏粹言》卷一,《二程集》,王孝鱼点校,中华书局1981年版,第1174页。
④ 〔宋〕朱熹:《孟子集注》卷十一,《四书章句集注》,中华书局1983年版,第333页。

而存之，则众善之源、百行之本，莫不在是。"①既然"仁"是生生之源、生物之源、生德之源，那么，千行万善，无不出自"仁"。朱熹说："百行万善，固是都合着力，然如何件件去理会得？百行万善总于五常，五常又总于仁。所以孔孟只教人求仁。"②因此，求得"仁"，也就求得万善。

王阳明认为，"万化根源总在心"③，而这个"心"即天理、即良知，所谓"夫心之本体，即天理也，天理之昭明灵觉，所谓良知也"④。而良知是有生生之能的，他说："良知是造化的精灵，这些精灵，生天生地，成鬼成帝，皆从此出，真是与物无对。"⑤这个"良知"可以发散到事事物物之中，而使之人文化、道德化，创生具有人文精神的世界，他说："吾心之良知，即所谓天理也。致吾心身知之天理于事事物物，则事事物物皆得其理矣。"⑥"理"也是人文精神、道德品质的源头，他说："理也者，心之条理也。是理也，发之于亲则为孝，发之于君则为忠，发之于朋友则为信。千变万化，至不可穷竭，而莫非发于吾之一心。"⑦由此可见，在王阳明这里，"仁""理""心"的人文精神，或表现于人文世界的建造，或表现于人类道德的实践。正如王阳明的一个比喻，"心"是根，"心"之所发对象是叶，他说："譬之树木，这诚孝的心便是根，许多条件便是枝叶。须先有根，然后有枝叶；不是先寻了枝叶，然后去种根。"⑧

熊十力也认为，"仁"是人文思想生长之源，他说："一曰仁以为体。天地万物之体原，谓之道，亦谓之仁。仁者，言其生生不息也。道者由义，言其为天地万物所由之而成也。圣人言治，必根于仁。易言之，即仁是治之体也。本仁以立治体，则宏天地万物一体之量，可以节物竞之私，游互助之宇，塞利害之门，建中和之极。行之一群而群固，行之一国而国治，行之天下而天下大同。……然则，化民以仁，使之反识自性，与其物我同体，自然恻怛不容已之几，而后有真治可言。人

---

① 〔宋〕朱熹：《仁说》，《晦庵先生朱文公文集》卷六十七，朱杰人、严佐之、刘永翔主编：《朱子全书》（第23册），上海古籍出版社2002年版，第3280页。
② 〔宋〕黎靖德编：《朱子语类》卷六，王星贤点校，中华书局1986年版，第113页。
③ 〔明〕王守仁：《咏良知四首示诸生》，《王阳明全集》卷二十，吴光等编校，上海古籍出版社2011年版，第870页。
④ 〔明〕王守仁：《与舒国用》，《王阳明全集》卷五，吴光等编校，第212页。
⑤ 〔明〕王守仁：《传习录下》，《王阳明全集》卷三，吴光等编校，第119页。
⑥ 〔明〕王守仁：《传习录中》，《王阳明全集》卷二，吴光等编校，第51页。
⑦ 〔明〕王守仁：《书诸阳伯卷》，《王阳明全集》卷八，吴光等编校，第308页。
⑧ 〔明〕王守仁：《传习录上》，《王阳明全集》卷一，吴光等编校，第3页。

类前途之希望，实在乎是。"①就是说，无论教化社会，还是治理国家，抑或陶冶民情，都可由"仁"去完成。换言之，"仁"是儒家人文思想之根源。

2.儒家思想的丰富和发展概以人文主义为中心。儒家思想在不同历史时期都有丰富和发展，不同历史时期的儒家学者都程度不同地做出了贡献，而儒家思想的丰富和发展，在很大程度上就是人文思想的丰富和发展。

孟子曾说，他的愿望就是继承、发展孔子的思想。那么，孟子继承、发展孔子思想有什么样的特点呢？孟子认为，人性本善，善是内在于人心的，行善与否完全由自己主宰，这当然是对人的道德自觉的肯定，也就是对人的主体性的肯定；孟子提出"路途之人皆可为尧舜"，尧舜自然是圣人，是道德的楷模，但尧舜也是权力和智慧的象征，就是说，孟子这个命题无疑包含着对人在道德、政治和文化方面的平等诉求。孟子提出"富贵不能淫，贫贱不能移，威武不能屈"（《孟子·滕文公下》），提出"舍生取义"，这都是对人格的肯定和赞颂。孟子提出"仁政"，主张改善老百姓生活，提升他们的生活质量，这无疑是对人的生活和生命的肯定和关心。孟子提出"民为贵，社稷次之，君为轻"（《孟子·尽心下》），这虽然不能等同现代民主思想，但这无疑是以肯定普通人地位、尊重普通人价值为中心的民本思想。可见，孟子对于孔子思想的丰富和发展，其特点就是以人文主义为中心。

《易传》对《易经》思想的发展，也是以人文主义为中心的。可以说，如果没有《易传》将《易经》中的人文精神、人文思想加以阐发与播扬，《易》在学术上就不会有今天的影响。《易传》提出"天行健，君子以自强不息；地势坤，君子以厚德载物"，所体现的就是一种人文主义精神，因为君子之所以应该自强不息、之所以应该厚德载物，在于大自然给他们做出了榜样；而自强不息所象征的是奋发向上、永不停息的精神，厚德载物所象征的是忍辱负重、积蓄德行的品质，这当然是一种人文主义精神。《易传》不仅有创造生命的思想，而且肯定生命的价值，所谓"天地之大德曰生"（《易传·系辞下》），所谓"生生之谓易"（《易传·系辞上》）。《易》以生生为最高使命，乾坤相合而万物化生，从无机到有机，从动物到人，从人到社会制度，乃为《易》所生、所肯定、所关怀。《易传》对"观象制器"加以赞颂，提倡"开物成务"，认为工具、住宅、服饰、器械、制度等都是人类的伟大创造，对提升人类生活质量具有重大意义，并肯定从野处到宫室是一种进步："上古穴居而野处，后世圣人易之以宫室，上栋下宇，以待风雨，盖取诸

---

① 熊十力：《读经示要》，《熊十力全集》（第3卷），湖北教育出版社2001年版，第581页。

'大壮'。"(《易传·系辞下》)《易传》既要"大业",又要"盛德",对物质人文与精神人文给予同样的期待和赞美,所谓"夫易,圣人所以崇德而广业也"(《易传·系辞上》)。应该说,《易传》从生生思想到自强精神,从厚德意识到制器主张,无不充溢着人文主义精神。

张载提出"太虚即气则无'无'"①的命题,因为在他看来,佛家视世界为污浊,视"万有"为累赘,以人生为幻妄,就可能导致"人伦不察,庶物不明",导致对整个人文世界的否定。因而张载标举"气"实际上就是肯定人事,肯定人生,肯定"开物成务",肯定人文世界的价值。张载担心人性沉没于污浊之中而不能自拔,提出"天地之性"说,告诉人们应该回到"天地之性"意义和回到"天地之性"的方法,这是肯定人应有超越的精神。张载认为,饮食男女都是人之天性,是不可灭的,这是肯定人的自然欲望。张载提出"民胞物与"的命题,就是要肯定人的地位和价值,就是要关怀天地万物,就是要博爱鳏寡孤独,就是要尊老爱幼,"视天下无一物非我"②。无疑,张载对儒家思想的丰富和发展也是以人文主义为核心的。

王阳明肯定人的地位,肯定人的主体性,他说:"人者,天地万物之心也;心者,天地万物之主也。心即天,言心,则天地万物皆举之矣。"③他提倡思想解放,提倡怀疑精神,反对学术专制主义,他说:"夫道,天下之公道也;学,天下之公学也。非朱子可得而私也,非孔子可得而私也,天下之公也。"④他主张人人平等,认为"满街都是圣人",鼓励人们向善;他提出"仁"的关怀,万物因"仁"为一体,宇宙间的所有物是生机的、生命的,万物是生命共同体,因而要相互关怀关爱,他说:"大人之能以天地万物为一体也,非意之也,其心之仁本若是。其与天地万物为一也,岂惟大人,虽小人之心亦莫不然。"⑤他提出"致良知",是要恢复人的善性,去除邪恶;他提出"知行合一",是要求人们关注动机的重要性,将邪念扼杀在未发作之前。王阳明的人文主义思想具有反专制性、道德关怀性等特点。可见,王阳明对儒家思想的丰富和发展也是以人文主义中心的。

---

① 〔宋〕张载:《太和》,《正蒙》,《张载集》,章锡琛点校,中华书局1978年版,第8页。
② 〔宋〕张载:《大心》,《正蒙》,《张载集》,章锡琛点校,第24页。
③ 〔明〕王守仁:《答季明德》,《王阳明全集》卷六,吴光等编校,第238页。
④ 〔明〕王守仁:《传习录中》,《王阳明全集》卷二,吴光等编校,第88页。
⑤ 〔明〕王守仁:《大学问》,《王阳明全集》卷二十六,吴光等编校,第1066页。

（三）人文儒学是儒家思想开掘之匙

严复曾经提出"自他之耀，回照故林"的主张，就是讲开采中国传统文化这座宝藏，需要借助西学。可是，西学方法丰富多彩，而中国传统文化也有自己的特性。这样，"自他之耀"指什么，就要根据被"回照"的对象而定了。我们说，"回照"儒家思想最好的"自他之耀"，就是人文主义。就百年来中国学者认知、理解、解释儒家思想的实践看，只有人文主义的解释是最相应的。

1.人文主义切近儒学本有特色。如前文所讨论的，儒家思想最大特点、最本质内涵，就是它的人文主义。而这也是近世以来中国绝大多数学者的共识。

熊十力认为，儒学的特质是反己向内而求得本体，是超越理智的，这与西方哲学那种把真理当着客观存在，进而通过理智或知识去认识并表现它的方式是完全不同的，他说："西学向外求体，故偏任理智与思辨。儒学在反己而实得本体，故有特殊修养工夫，卒以超越理智，而得证量。吾尝言，世之从事于哲学者，大抵曰：探求真理而已。儒学，则非仅事探求，而必归趣实现。……易言之，即己身已超脱小我，而直与真理为一。若乃把真理当作客观存在的，而凭理智或知识，以推度构画，且组成一套理论以表出之。以此自鸣哲学，则非儒者之所谓学也。前引《大易》尽性至命之文，是其征也。吾以儒学为哲学之极旨。"①既然儒学真理不是认识论意义上的"公则"，而是实践意义上的体证，只有反身向内得本体，那么，认知、理解和解释儒学的方法，自然不能是科学方法和逻辑方法，而应是证悟、体悟的方法。

方东美认为，在儒学中，宇宙就是生命的流行，是充满生机的，他说："整个宇宙，无论它被分割成多少领域——自然界或超自然界，现实界或理想界，世俗界或神性界，在中国人文主义看来，都是普遍生命流行的境界，这种大化流衍，范围天地而不过，曲成万物而不遗，而人类承天地之中以立，身为万物之灵，所以在本质上便是充满生机，真力弥漫，足以驰骤扬厉，创进不已。换言之，中国的人文主义，乃是精巧而纯正的哲学系统，它明确宣称'人'乃是宇宙间各种活动的创造者及参与者，其生命气象顶天立地，足以浩然与宇宙同流，进而参赞化育，止于至善。"②可见，儒学对宇宙的理解是人文主义的，儒学就是人文主义思想系统，是一套生命哲学。他说：

---

① 熊十力：《读经示要》，《熊十力全集》（第3卷），第752页。
② 方东美：《中国人生哲学》，（台湾）黎明文化事业股份有限公司2006年版，第141页。

"中国的哲学从春秋时代便集中在一个以生命为中心的哲学上,是一套生命哲学,这生命不仅是动植物和人类所有,甚至于在中国人的幻想中不曾承认有死的物质的机械秩序。所谓的原初存在,乃是生命的存在。如果用抽象法将生命中高级的宗教道德艺术精神化除的话,所余只是一个赤裸裸的物质存在而已。"①

唐君毅认为,儒家思想的根本特质就是人文主义,他说:"儒家骨髓,实唯是上所谓'融宗教于人文,合天人之道而知其同为仁道,乃以人承天,而使人知人德可同于天德,人性即天命,而皆至善,于人之仁心与善性,见天心神性之所存,人至诚而皆可成圣如神如帝'之人文宗教也。"②就是说,儒家思想就是一种人文宗教,这种人文宗教是彻透人文精神的。

牟宗三认为,儒家的"仁"不是科学概念,不是知识概念,而是道德概念,是人文概念,他说:"可见仁不是个知识的概念,不是科学上的观念。这不是很深刻吗?这样一指点,你要了解仁这个观念,照孔子的方法,就要培养如何使我们的心不麻木,不要没有感觉。这和现代人不同,现在的学问多是使人对自己的生命没有感觉。从上面所讲的,我们可以知道虽然苏格拉底也和孔子一样重视德性,可是在不同的文化背景的开端下,即使是像苏格拉底这样的大哲学家,他拿知识的态度来讲仁,结果是不中肯。所以西方讲道德,就在这个地方差。希腊的贡献不在这方面,而是在哲学、在科学。"③

2.以人文主义方法开掘儒家思想的实践。既然儒家思想的特质是人文主义的,那么对于儒学的理解、解释和评论,当然需要用人文主义方法。巧合的是,许多学者都不约而同地进行了这种实践,使儒家人文主义思想逐步展示出来。

熊十力认为,儒家思想中有"平等"观念,他说:"平等者,非谓无尊卑上下也。天伦之地,亲尊而子卑,兄尊而弟卑。社会上有先觉先进与后觉后进之分,其尊卑亦秩然也。政界上有上级下级,其统属亦不容紊也。然则平等之义安在耶?曰:以法治言之,在法律上一切平等,国家不得以非法侵犯其人民之思想、言论等自由,而况其他乎?以性分言之,人类天性本无差别,故佛说一切众生皆得成佛,孔子曰'当仁不让于师',孟子曰'人皆可以为尧舜',此皆平等义也。而今人迷妄,不解平等真义,愿乃以灭理犯分为平等,人道于是乎大苦矣。"④"平等"不

---

① 方东美:《原始儒家道家哲学》,(台湾)黎明文化事业股份有限公司2006年版,第208页。
② 唐君毅:《中国文化之精神价值》,广西师范大学出版社2005年版,第39页。
③ 牟宗三:《中国哲学十九讲》,上海古籍出版社1997年版,第47页。
④ 熊十力:《十力语要》,《熊十力全集》(第4卷),第367页。

是讲没有等级，而是讲国家不得以非法侵犯人民之思想、言论等自由，而是讲人的天性是平等的，这就是儒家思想中的平等观念。

胡适认为，孔子、孟子思想中具有独立、自由、怀疑精神，他说："对于真理的追求，使中国思想本身得以自由。孔子说：'君子不忧不惧。'又说：'内省不疚，夫何忧何惧！'讲到他自己时，他又说：'饭疏食，饮水，曲肱而枕之，乐亦在其中矣。不义而富且贵，于我如浮云。'在中国道德与理智力量仅次于孔子的孟子，也曾经更有力地表示过这个自由的精神。他说：'富贵不能淫，贫贱不能移，威武不能屈，此之谓大丈夫。'这种人文的、合理的及自由的精神，就是古典时代对于理智生活留传下来的最大的遗产。"①

贺麟对"仁"给予了人文主义的解释："仁乃儒家思想的中心概念。固不仅是'相人偶为仁'的文字学名词，如从诗教或艺术方面看来，仁即温柔敦厚的诗教，仁亦诗三百篇之宗旨，所谓'思无邪'是也。'思无邪'或'无邪思'，即纯爱真情，乃诗教的泉源，亦即是仁。仁即天真纯朴之情，自然流露之情。……从宗教观点来看，则仁即是救世济物、民胞物与的宗教热诚。……儒家以仁为'天德'，耶教以至仁或无上的爱为上帝的本性。足见仁之富于宗教意义，是可以从宗教方面大加发挥的。从哲学看来，仁乃仁体。仁为天地之心，仁为天地生生不已之生机，仁为自然万物的本性。仁为万物一体、生意一般的有机关系和神契境界。简言之，哲学上可以说是有仁的宇宙观，仁的本体论。离仁而言本体，离仁而言宇宙，非陷于死气沉沉的机械论，即流于漆黑一团的虚无论。"②在这里，贺麟将"仁"放在艺术（诗教）、宗教、哲学三个语境里面进行解释。艺术的"仁"是一种天真纯朴的情感，这种情感是自然的流露，所以它必然是自由的而不受任何拘束的。宗教的"仁"是救世济物的决心和意志，是一种天德。哲学的"仁"是一种本体，是天地之心，有了"仁"，天地才有生生不已之生机。换言之，"仁"是生命的、生意的、生机的，是纯朴的情感，是济物的意志，是道德的关怀。这当然是典型的人文主义的解释。

张岱年认为，儒家思想中具有肯定生命价值的观念。他举出《孟子》一段话："一箪食，一豆羹，得之则生，弗得则死。嘑尔而与之，行道之人弗受；蹴尔而

---

① 胡适：《中国思想史纲要》，《胡适学术文集·中国哲学史》，中华书局1998年版，第517页。
② 贺麟：《儒家思想的新开展》，张学智编：《贺麟选集》，吉林人民出版社2005年版，第134—135页。

与之,乞人不屑也。"(《孟子·告子上》)继而分析说:"所谓'嘑尔而与之''蹴尔而与之',即是不尊重对方的人格,不把人当人看待。所谓'所恶有甚于死者',即是人格的屈辱。而所谓'所欲有甚于生者',即是人格的尊严。这比生命更高的价值,孟子称之为'义'(道德)。所谓义即人与人相互尊重,既坚持自己的独立人格,也承认别人的独立人格。"①不仅如此,张岱年还认为儒家具有无神的思想,他说:"宋代理学家张载著《西铭》,其中最重要的四句是:'民吾同胞,物吾与也。''存吾顺事,没吾宁也。'意谓应有广大的胸怀,既爱民,亦爱物;在生存之时应努力有所作为,而以死为安息。……既已衰老,则愿安然死去,无所留恋。这是宋明理学对于生死问题的基本观点。儒家重视现实生活,不肯定灵魂的不灭,否认所谓来世幸福的宗教信仰,确实表现了人文主义的精神。"②

可见,近世以来的中国学者,不仅认为儒家思想的特质是人文主义的,而且展开了以人文主义方法认知、理解、解释儒家思想的实践。儒家思想中肯定人的独立意志、肯定人格尊严、肯定人的理性、肯定人生价值、重视现实生活、否定灵魂不灭等人文主义思想因素,都被发掘和整理出来。因此,人文主义方法是最适合儒家思想的。正如方东美所说:"实在说来,人文主义便形成哲学思想中唯一可以积健为雄的途径,至少对中国思想家来说,它至今仍是不折不扣的'哲学',诚如美国哲学家罗易士(Royce)所说,'哲学乃是一种向往,促使日渐严重的人生问题走向合理价值,当你对现世切实反省时,便已在从事哲学思考,当然,你的工作,第一步是求生存,然而生命另外还包括了激情、信仰、怀疑与勇气等等,极其复杂诡谲。所谓哲学,就是对所有这些事体的意义与应用,从事批判性的探讨。'"③既然只有人文主义解释最符合儒家思想内容和特性,那么儒学的本体形态自然是人文儒学。

(四)人文儒学是儒家思想学科化之果

人文儒学之所以应该是现代儒学的本体形态,在一定程度上也是学科发展使然。在历史上,儒家经典内含有丰富的知识与思想,俨然一部百科全书。不过,随

---

①张岱年:《儒家人文思想与现代化》,《张岱年全集》(第6卷),河北人民出版社1996年版,第549页。
②张岱年:《儒家人文思想与现代化》,《张岱年全集》(第6卷),第553页。
③方东美:《中国人生哲学》,第140—141页。

着知识分类越来越细，新的学科不断衍生，儒学的地位与功能也随之发生变化。这种变化就儒学自身而言，就是从百科全书式儒学走向人文儒学。

我们先对近代以来大学课程设置之变化过程略加展示。1902年，在清政府《奏定高等学堂章程》中，规定高等学堂学科分三类。第一类为经学科、法学科、文学科、商学科；第二类为格致科、工科、农科；第三类为医科。而大学堂分八科：经学科大学、政治科大学、文学科大学、医科大学、格致科大学、农科大学、工科大学、商科大学。①教育宗旨是："均以忠孝为本，以中国经史之学为基，俾学生心术一归于纯正，而后以西学瀹其智识，练其艺能，务期他日成才，各适实用，以仰副国家造就通才、慎防流弊之意。"②在三类学科中，第一类的经学科、文学科包含了儒家经典、先秦诸子、经学等课程，而教育宗旨是忠君、尊孔、尚公、尚武、尚实等。可见，这时的大学课程与儒学的关系还是相当密切的。

1913年的《教育部公布大学规程》中，大学学科分文、理、法、商、医、农、工七科，其中文科科目分哲学、文学、历史学、地理学四门。在哲学门有中国哲学类，包括：1.中国哲学：《周礼》《毛诗》《仪礼》《礼记》《春秋公羊传》《春秋榖梁传》《论语》《孟子》以及周秦诸子、宋明理学；2.中国哲学史；3.宗教学；4.心理学；5.伦理学；6.论理学；7.认识论；8.社会学；9.西洋哲学概论；10.印度哲学概论；11.教育学；12.美学及美学史；13.生物学；14.人类及人种学；15.精神病学；16.言语学概论。③在16门课程中，有两门——"中国哲学"和"中国哲学史"涉及儒学。其中的"中国哲学"，包括了较多的儒学内容；在文学门和历史学门中，仍有中国史、《尚书》、《春秋左氏传》、中国哲学概论、《说文解字》、尔雅学、词章学等课程，与儒学有较大关系。而教育的宗旨于1912年改为："大学以教授高深学术、养成硕学宏材，应国家需要为宗旨。"④这个教育宗旨显示了新的方向。

1934年，当时的教育部所规定的大学课程科目有国文科，包括中国文学史、伦理学等；历史科，包括本国史、外国史、政治史、经济史、思想史、文化史等；数学科，包括普通数学、立体几何等；生物科，包括植物学、动物学等；生理科，包括生理学、病理学等；化学科，包括有机化学、无机化学、理论化学等；物理科，

---

① 参见王炳照等编：《简明中国教育史》，北京师范大学出版社1985年版，第323页。
② 〔清〕张之洞：《厘定学堂章程折》，苑书义、孙华峰、李秉新主编：《张之洞全集》卷六十一，河北人民出版社1998年版，第1591页。
③ 舒新城编：《中国近代教育史资料》，人民出版社1981年版，第645页。
④ 舒新城编：《中国近代教育史资料》，第663页。

包括力学、光学、电学、热学等。在这些课程中，只有中国文学史、伦理学、思想史、文化史等与儒学有程度不同的关联。

1977年，高考制度恢复，大学重新招生。大学学科门类分理、工、农、医和文科两大类，文科分哲学、中国语言文学、历史学、经济学、法学、外国语言文学等，有条件的还有政治学、教育学、心理学等。其中哲学、中文、历史与儒学有关联，而其他学科与儒学基本上没有关联。哲学系的课程有哲学原理、马克思主义哲学史、马列原著选读、列宁笔记、西方哲学史、现代西方哲学、中国哲学史、中国哲学原著选读、中国现代哲学、形式逻辑、心理学、美学概论、社会学概论、法学概论、生物学、高等数学等。其中只有中国哲学史、中国哲学原著、中国现代哲学等课程与儒学有关联。

2000年，大学文科分得更细，约有文学、哲学、史学、经济学、政治学、法学、管理学、商学、行政学、社会学、心理学、新闻学、外国语言文学等。在这种学科体系中，只有哲学、史学、中文三系有涉及儒学的课程，而专门研究儒学的课程只有在哲学系找得到，不过，儒学在哲学系也只是中国哲学这个二级学科中的一个研究方向而已，即三级学科。如上即是近世以来中国高等学堂课程设置的大致变迁，它非常客观地传递了也许是我们不太愿意接受的信息：一个世纪以来，儒学内容在大学课程体系中比重越来越少，地盘逐渐缩小，边缘化已是不可逆转的命运。那么，它给我们以怎样的启示呢？

1.从百科全书儒学到人文儒学。以"六经""四书"为经典依据的儒学，毫无疑问可以认为是百科全书，因为在"六经""四书"中，按照现代学科知识来划分，什么内容都具备，从自然科学到社会科学，再到人文科学，一应俱全。即是说，传统儒学所涉及的学科内容，遍及今天绝大部分学科。然而，随着人类生产劳动的深化，知识分工越来越细，不同领域的知识被组成新的学科。在这样的背景下，原来"存活"在儒学这个大家族中不同领域的思想内容，都在新的小家（分支学科）诱惑下，纷纷走出儒学这个大家族，自立门户。那些属于自然科学的知识和思想，分别被组入天文学、物理学、数学、光学、力学、化学等学科中（主要在相关史学科中，如科学史）；那些属于社会科学的知识和思想，分别被组入政治学、法学、社会学、教育学、心理学、经济学等学科中（主要也在相关史学科中，如政治思想史）；那些属于人文科学内容的知识和思想，分别被组入哲学、文学、史学、伦理学、宗教学、美学等学科中去。这样，百科全书的儒学不复存在，但人文儒学因此而凸显。因为，那些被分化出去的知识和思想，被视为与儒学有密切关联的，只有人文学科部分。因此，儒学从百科全书分化为各具体专业学科的过程，实际上也是儒学人文知识与思想凸显的过程。

2.人文儒学是被分化出来的儒学学科体系之核心。从儒学大家族中分化出来的分支学科，并不意味着它们完全与儒学分离开来，甚至与儒学对立，相反，在从百科全书儒学分化出的学科体系中，人文儒学是它们的核心。因为，第一，那些从儒学中分离出去的学科，毕竟是由儒学娘胎里孵化出来，它们有共同的基因，因此，那些学科都有人文儒学精神的投射，人文儒学在学科体系中仍然居本体地位。第二，既然分化出去的学科只不过自立门户、独力经营而已，因而它们仍然分担着自己的责任，这个责任就是将它那个部分做好，也就是体现儒学的人文精神与价值，为儒学"分忧解愁"。这种关系的具体情形就是：政治儒学就是要从政治学领域体现儒学的人文精神和思想，哲学儒学就是要从哲学领域体现儒学的人文精神和思想，宗教儒学就是要从宗教学领域体现儒学的人文精神和思想，伦理儒学就是要从伦理学领域体现儒学的人文精神和思想，经济儒学就是要从经济学领域体现儒学的人文精神和思想，管理儒学就是要从管理学领域体现儒学的人文精神和思想，等等。可见，人文主义思想是儒学其他学科的维系，其他学科都是人文儒学精神的具体表现或者延伸，人文儒学必然是那些从百科全书儒学中分离出的学科的中心。

3.被边缘化中显示人文儒学的本体地位。诚如上述，儒学在百年来中国最高学府课程设置中的变迁，非常清晰地向我们展示了儒学作为大学课程内容，是如何地从多到少、从重视到轻视、从中心到边缘的过程。儒学包医百病的时代一去不复返了，"半部《论语》治天下"成了永远的故事。尽管如此，我们并不认为这个过程对儒学而言是完全消极的，因为在一定意义上讲，儒学这种边缘化过程，正是逐渐使儒学归位的过程，正是儒学真正身份的确立过程。就是说，在这种被边缘化的过程中，从身份上看，儒学从百科全书的身份转变为人文学科的身份，儒学获得它的"真身"；从内容上看，儒学从多学科的思想精简为人文主义思想，儒学确立其"真精神"；从价值和功能上看，儒学从多样性价值与功能转换为比较单一的人文价值与功能，儒学终于觉悟其"真功夫"；因此，儒学边缘化过程正是儒学人文精神、人文思想凸显的过程。换言之，儒学边缘化过程，实际上就是儒学现代形态的呈现过程，而被呈现的儒学现代形态就是人文儒学。因此说，在现代学科分化过程中，在儒学被边缘化过程中，我们所把握到的儒学形态，正是人文儒学。

（五）人文儒学是儒家思想应对挑战之法

人文儒学之为儒学的本体形态，还在于它能够回应某些重大挑战。人所共知，近世以来，儒学可谓四面楚歌，面对着各种严峻的挑战。其中有些挑战并非来自儒学自身，儒学可以不加理会。对于那些与儒学自身密切相关的挑战，我们试着由人文儒学的角度予以解释和回应。

1. 儒学功能诉求过多所形成的挑战。传统儒学在功能方面就有非常宽泛的诉求，它的百科全书性质决定了它是人间秩序的全面设计者，对于个人的生老病死，对于社会的人伦秩序，对于国家的运作程序，儒学都是直接参与者和决定者。但是，随着社会制度的变迁，随着学术思想的发达，随着各种专业学科的兴起，专业化解决问题的方式越来越成为必然。就个人而言，其人生规划并不一定需要儒学来安排；就社会而言，其人伦秩序并不一定需要儒学来协调；就国家而言，其运作程序并不一定需要儒学来设计……儒学突然间"失业"了。儒学虽然很委屈、很受伤，但这对儒学而言的确是一次很大的挑战，因为这无异于被抛弃。那么，儒学如何应对这个挑战？我们需要理性的态度和认真的分析。比如，人拒绝儒学表现在哪方面？社会拒绝儒学表现在哪方面？国家拒绝儒学又表现哪方面？过去，人之生老病死，都有与儒学相关的礼制观照，社会的人伦秩序，都有儒学相关的礼制约束，国家运作程序，都有与儒学相关的礼制规定。也就是说，儒学被拒绝的，主要是那些制度化的、不再适合变化了的关系的内容与功能。而这种被拒绝在很大程度上是任何学说、宗教都会遭遇到的。因此，这种被拒绝并不是对儒学的全盘否定，而是对儒学提出的调整意见。在我们看来，如果从儒学自身角度看，人文儒学可以对这种挑战作出积极性回应。一来，人文儒学将儒学的作用范围做了大幅度的缩小，即将儒学从百科全书范围缩小到人文范围。自然科学、社会科学的事情一概不去直接管理，这样，因为功能诉求过多形成的挑战即被化解。二来，人文儒学发生作用的方式，是人文的方式，即它对个人、社会、国家的作用，主要表现在精神层面和价值层面，而不是技术层面和制度层面。人文儒学可以其人文精神、人文思想、人文方法为个人、社会乃至国家提供精神的支援，比如，唤醒人的意识，肯定人的价值，高扬人的生命等。这种回应可能被认为这是消极的，但却是有效的。

2. 儒学开出"新外王"所形成的挑战。从儒学中开出科学与民主即所谓"新外王"，是现代新儒家集体性诉求。比如牟宗三认为，现代新儒学的主要任务就是开出"新外王"，而讲"外王"必须含有近代化国家政治、法律和自然科学，这是儒学第三期发展的使命。①然而，在"能否开出民主与科学"问题上，并不是所有人都像牟宗三那样坚信和乐观。林毓生就认为，儒学根本就开不出科学与民主。如果

---

① 参见牟宗三：《道德的理想主义》，台湾学生书局2000年版，第155—156页。

承认儒学能开出民主与科学，就得回答：为什么到现在还没有任何开出科学与民主的迹象？如果否认儒学能开出民主与科学，就得回答：儒学第三期发展的任务是什么？这样，能否开出科学与民主对儒学而言就变成一种挑战。我们认为这种挑战也可从人文儒学的立场给予解释和回应。第一，从儒学的现代发展和儒学的内在关怀而言，儒学应该将对科学与民主的追求置于自身思想体系中。但从学科分化的角度看，科学与民主都跟随政治学、法学、自然科学从百科全书的儒学中分离出去，因此，从儒学中开出科学与民主的诉求，并不符合现代学科分化的趋势，更多的是显示儒学发展过程对自我使命的设计和期待。第二，儒学对于自然科学与民主政治的期盼，并不一定要从自身开出来，因为人文儒学即含有对人的生命与价值的肯定，对人的权利与自由的肯定，对理性、独立、怀疑等精神的肯定，这都是民主政治和自然科学的种子。因此，不直接开出自然科学与民主政治，并不等于儒学漠视科学的与民主，并不等于儒学毫无作为。第三，如上所言，人文儒学与由儒学分化出来的社会科学、自然科学各学科之间的关系是体用关系，人文儒学的精神和思想完全可以透过那些具体学科表现出来。具体说来，人文儒学完全可以透过政治学、法学等学科表现其对民主政治的追求，人文儒学也可以透过自然科学各学科落实其对自然科学的追求。第四，根据人文儒学的立场，对科学理性的肯定，对人的权利的尊重，对人的自由的保护，是人类的普遍价值。因此我们看到，那些没有儒学的国家或民族，他们照样发展了自然科学，照样建设了民主政治。这也就是说，民主政治和自然科学并不必然地要从儒学中开出来。或者说，难道不是从儒学中开出的民主政治就不是我们想要的民主政治，不是从儒学中开出的自然科学就不是我们想要的自然科学？因此，对于开出民主和科学与开不出民主和科学两种相反的主张而言，以人文儒学的角度都是可以解释的。对人文儒学而言，开出科学与民主，是内在的诉求；开不出科学与民主，也是它的特性所规定。

3.儒学价值遭受质疑所形成的挑战。百余年来，从五四运动到"文化大革命"，从假马克思主义到自由主义，批判儒学的声音不绝于耳。概括起来，主要有这么几点：第一，儒学就是封建礼教，与自由、民主、平等、科学等价值是相悖的。第二，儒学是落后的、封建意识形态，因此不能让儒学成为主流思想，而应进行整顿和围剿。第三，儒学就是"三纲五常"，儒学礼制系统是扼杀人性的，儒家的伦理道德是培养奴性的。根据这几点批评，儒学就无须存活于现代社会，就无须丰富和发展，就无需研究和宣传，一句话，儒学根本就没有存在的必要！这对儒学而言自然是非常严重的挑战，因为它涉及儒学是否应该生存下去的问题。对于这种挑战，我们是不能置之不理的。我们还是以人文儒学的立场来回应。首先，儒学的价值是不是与自由、民主、平等、科学等价值相悖？根据我的理解，儒家思想的核心是"生生",即创造生命、养育生命、保护生命、成就生命是儒家思想中心内容。既然以创造生命、养育生命、保护生命、成就生命为追求,那么它就应该肯定人的权利和自由,维护人的平等和尊严,弘扬理性与科学。事实上,在儒家思想体系中,既有孔子批评以俑人殉葬不人道的尊重生命之思想,也有孟子"路途之人皆可以为尧舜"的平等观念,既有孔子"为仁由己"的自由思想,也有《大学》的"格物致知"的科学思想。可见,儒家思想的核心是人文主义思想,因而我们不仅不能说儒家思想与自由、民主、平等、科学等价值是相悖的,而应该说是相顺、相适的。其次,儒学绝不可等同于封建的、落后的意识形态。的确,儒家思想体系基本上是在封建社会形成的,是不是因为此就判定儒家思想是落后,是阻碍社会进步的呢?这种观点显然太肤浅。事实上,在儒家思想中,"生生"的观念,"仁"的思想,"诚"的品质,"制天命"的精神,都是充满着人文主义精神的,都不仅不是落后的,反而是先进的、积极向上的、反封建的,怎么可以将儒学简单地等同于封建意识形态而限制它的发展呢?只有假马克思主义者和肤浅的自由主义者才会有这种粗陋的识见。最后,至于那些认为儒学是毒品,"三纲五常"是杀人的工具,儒家伦理是培养奴性的观点,虽然充分暴露了持论者的无知,我们还是要晓之以理。孔子讲"仁者爱人",而"仁者爱人"的表现就是让人民有"恒产",让人民上下有所养,让人民读得起书,让人民安居乐业,怎么会成为杀人的工具?儒学激励人们"自强不息",教导人们"厚德载物",告诫人们要"诚实无欺",又怎么会是培养奴性的工具?显然,那些盲目否定儒家思想价值的观点,是因没有静下心来理解儒家人文思想的精神所在。

4.儒学价值难于落实所形成的挑战。随着社会的变迁,儒学意义的落实似乎也碰到了一些难题。这些难题是:儒学不能像过去一样,普遍地为人们接受,儒学的接受群体越来越少;经由西方文化的洗礼,经由商业浪潮的冲刷,经由现代生活方式的编码,儒学的接受心理被改变;在专业化要求极高的今天,儒学不能像过去那样,直接地影响政治策略、经济措施,直接地影响人民的生活。这些难题综合起来,就是儒学在接受范围、接受基础、影响方式上遭遇到挑战。我们仍然要以人文儒学的方式,解释并回应此挑战。为什么儒学的接受群体会减少?就儒学自身来讲,可能是没有将自身的本质内容真正呈现出来,或者没有以更恰当的方式呈现儒学。人们习惯于将儒学视为古老的学说、封建的意识形态、腐朽的思想、过时的理论等,或者视为艰涩的哲学、沉闷的史学、枯燥的经学、发黄的古籍等,就是说,人们对儒学的认识是混乱的、错误的,对儒学缺乏准确的认识和定位。解决这个问题的办法,就是要让儒学完全以人文学科身份出现。具体言之,将儒学中的人文思想融于现代通识教育、素质教育系统,不仅让它成为教育制度体系中的教材内容，而且将其编成普及性、通俗性读物，让人们知道，儒学是由人文精神、人文思想、人文方法、人文知识构成的思想体系或学说，使人们接受人文知识的同时，接受人文价值。这样，人文儒学形态的确定，不但不会减少儒学的接受群体，而且会扩增儒学的接受群体。也就是说，人文儒学可以解释并化解接受群体减少所带来的挑战。

  至于接受心理的变化，也可以通过人文儒学的形式加以应对。就是说，儒学应该充分体现它的人文关怀意识，将儒学体系中那些最具人性，且有普世性的理念、思想（如创造生命、爱护生命、肯定人的价值、尊重人的权利、保护人的自由等）加以凸显。虽然生活在不同时代、不同地区的人们可能有这样那样的差别，但对于人类的普遍性价值的接受与消费应该是共同的。所以，儒学如以人文儒学的形式呈现，就可能化解那种不利于儒学传播的心理，使儒学的传播顺利展开。因为，不管他们的心理如何，没有人会拒绝人文关怀，没有人会拒绝充满着人性、人情、人道的儒学。居今观之，儒学的确不能像在传统社会那样对政治、经济乃至人的生活发生直接的影响，这是不是意味着儒学的价值就无法落实了呢？肯定不是这样。儒学价值的落实仍然可以通过人文儒学形式来完成。其一，儒学可以通过它的人文作品，即将儒学人文精神、人文思想、人文方法等写成作品，进行推广，普及大众，使大众在潜移默化中受其熏陶。其二，儒学可以通过儒者（可以是历史上的大儒，也可以是现代大儒）的身体力行，使其人文精神、人文思想以生动活泼的形式呈现出来，以感染大众。其三，儒学也可将其人文精神、人文关怀诉诸笔端，通过文章、评论批判现实或建构理想，来表现儒学的价值追求。所以，儒学传统的价值实现方式虽然风光不再，但我们完全可以人文儒学的方式让儒学的价值得到充分的实现。

  概言之，儒学虽然是一庞大的思想体系，但它的核心是人文主义；儒家思想随着社会的演进和主体的持续性诠释而得到丰富和发展，但丰富和发展的核心内容是人文主义；儒家思想的诠释方法多种多样，而最适应的方法只有人文主义方法；儒家思想在现代学科化过程中，虽然遭受着被边缘化的命运，但人文儒学的特质却益加凸显；进入现代社会，儒家思想面对各种各样的挑战，而人文儒学对于某些挑战的解释和回应可以说是得心应手。因此可以说，只有人文儒学才能担当起儒学的现代使命，人文儒学是儒学当之无愧的本体形态。

（原载《学术月刊》2009年第12期）

五、"人文儒学"何以可能?

拙作《人文儒学：儒学的本体形态》发表后，夏锦乾先生提出质疑。①拙作为夏先生所关注，诚表谢意。通观夏先生大著（以下称"夏文"），其疑惑主要集中在两个方面：一是研究范式问题，认为"人文儒学"就是"西方人文主义加儒学"；二是如何理解儒学问题，认为儒学只有从"巫性化家族血缘制度"中才能解释清楚，并由此两个问题引发其他方面的误读误解。为了答谢夏先生的关注，也为了进一步阐明我对于"人文儒学"的主张，感到有必要给予回应。

（一）如何超越"以西释中"的是与非？

夏文认为，拙作对"人文儒学即儒学本体形态"的论证，在研究范式上属于"西学加中学"，具体而言，就是"西方人文主义加中国儒学"而成为"人文儒学"。并进一步将拙作所讲的"人文儒学"等同于夏文所理解的"以个体'人'的日益觉悟进而起来争取自身的权利为中心的西方人文主义"，由于夏文认为儒学中根本不存在"以个体'人'的日益觉悟进而起来争取自身的权利为中心的西方人文主义"，因而判定拙作所讲"人文儒学"即是简单的"西学加中学"的范式。因而这里需要回应的就是两个问题：一是拙作所讲"人文主义"内涵；二是如何理解"以西释中"范式。

1.关于人文主义内涵。夏文认为，拙作所讲"人文儒学"等于"西方人文主义加中国儒学"。事实上，夏文理解的"人文主义"与拙作所讲的人文主义在内涵上是存在很大差别的。拙作核心任务是论证"人文儒学应该成为儒学的本体形态"，而不是夏文所理解的"应用西方人文主义解释儒学而使儒学成为人文儒学"，所以需要对"人文主义"内涵进行说明。拙作"人文主义"内涵是从这样几个方面考虑的：第一，古希腊人文主义、西方文艺复兴时期的人文主义；第二，西方人文主义的历史；第三，中国学者如唐君毅先生、张岱年先生关于人文主义的观念；第四，拙作在具体论述中所涉及人文主义思想内涵，如《尚书》中的人文思想，如《周

---

① 参见夏锦乾：《"人文儒学"质疑——兼论如何正确认识儒学》，《学术月刊》2010年7月号。

易》中的人文思想，如孟子的人文思想，如朱熹的人文思想，等等。也就是说，拙作所讲的"人文主义"——"以'人'为中心或出发点，否定以神或自然为中心；高扬人的主体性，肯定人生的意义与价值，崇尚人格尊严，追求个性自由和解放；肯定人类的生活创造活动及其成果，鼓励对现世幸福的追求；反对封建专制，提倡民主；反对等级、奴役，主张平等；反对神秘主义，高扬理性；推崇人的创造力和科学知识"是一综合性概念，而且，对"人文儒学"而言，包括"应然"与"实然"两方面内涵。因此，我们所使用的"人文主义"绝不是单纯的西方人文主义，也绝不是单纯的文艺复兴时期的人文主义，尤其不是夏文通篇所提及的单纯的"个人对权利的自觉和争取"式人文主义。再用牟宗三先生的话加以补充就是："吾人之所以讲人文主义，而不如俗辈之只注意于科学与民主，正因为这个时代的问题是已接触到根本的整个文化问题，不能不上下贯彻通到本源。道德宗教方面的道统之不断，正是人文主义所必通彻的本源形态。僵化的理智主义者是根本不能了解这一点的。"①因此，夏先生将拙作的"人文主义"加以狭隘地理解，再通过他灵光的大脑将其所理解的"人文主义"错误地加以放大，然后强加在拙作身上，这种自导自演的技巧不能不谓高明。

2.应该如何评价"以西释中"范式？虽然"人文儒学"不能荣幸地划为夏文所定义的"西学加中学"范式，但由于夏文矫枉过正，由担忧以西学比附、肢解、剪裁中国传统思想所引发的错误而走向否定西学对中国传统思想研究的意义，这就意味着正确理解"以西释中"范式显得很有必要。那究竟应该怎样理解这种范式呢？

第一，"以西学解释中学"是百余年来中国学者理解、研究中国传统思想的基本范式之一。自从西学传入中国之后，西学便很快成为中国学者理解、研究中国传统思想的主要方法。比如，王国维以"动机论、结果论"解释"仁"，他说："就人间行为之判断，于西洋有动机论、结果论二派。动机论者，行为之善惟在动机之纯正耳，结果之如何，非所顾也。结果论者，曰曰行为之结果善，则其行为亦善，动机之如何，可不问也。前者为直觉派，后者为功利派。儒学直觉派也。然自今日之伦理学上观之，则前二说皆有所偏倚，即非动机、结果二者皆善，不足为完全无缺之行为。然东洋之伦理说，惟取动机不顾结果之处亦不少，如'杀身成仁'等

---

① 牟宗三：《道德的理想主义》，台湾学生书局2000年版，第154页。

是也。"①又如，熊十力以"自由"解释"仁"，他说："西人有言，人得自由，而必以他人之自由为界，此当然之理也。然最精之义，则莫如吾夫子所谓'我欲仁，斯仁至矣'。言自由者，至此而极矣。夫人而不仁，即非人也；欲仁而仁斯至，自由孰大于是，而人顾不争此自由何耶？"②再如，张岱年以"尊重人格"解释"舍生取义"，他说："'一箪食，一豆羹，得之则生，弗得则死。嘑尔而与之，行道之人弗受；蹴尔而与之，乞人不屑也。'（《孟子·告子上》）这'所欲有甚于生者'，孟子称之为'义'。'义'的内容就是坚持自己的人格尊严，也承认别人的人格尊严。"③对于这样的"以西释中"实践范式，夏先生是否可以一概斥之为"西学加中学"之数学题而否定它的价值呢？并且，夏文所担忧"以西释中"范式可能引发的错误早已为思想家们所关注。比如，王国维认为，中国传统哲学特质是注重实行、注重伦理，所以不宜用逻辑的方法、自然科学方法来研究；熊十力认为，中国传统哲学特别是儒学，讲的是性命问题，数理逻辑是无用武之地的；方东美认为，中国儒学具有生机、生命特质，自然科学方法是无法探到儒学秘密的；等等。这也是我们应该对前辈表示敬佩的地方。如果夏先生对这种事实有所了解，就不会在这个问题上大伤脑筋了。

第二，作为坐标的"西学"，并不意味着被解释的"中学"在内容上与其完全等同。夏文之所以想象"人文儒学"是"西方人文主义加儒学"，还在于他将作为坐标的思想和学说完全等同于被理解、解释的思想或学说之结果。就中国现代学术史而言，以西学为坐标而展开的学术研究随处可见，但在任何具体的比较研究实践中，从来就没有出现过被理解、解释的学说、思想，与作为坐标的学说、思想是完全等同的现象。具体而言，即便以"西方人文主义"为坐标，并不意味着被理解、解释的儒家思想就拥有与作为坐标的"西方人文主义"同样的内容，而是"有即是有，无即是无"。还需要说明的是，这个坐标的功能包括检测、比较、理解、解释等，即它并不像夏文所想象的"加进"被理解的思想中，而是一种复杂的研究行为，可以检测被比较思想或学说的特点、优点、缺点，可以作为比较、理解的坐标，可以作为解释的方法，等等，因此，以西学理解中国传统思想，只是一种学术

---

① 王国维：《孔子之学说》，《王国维哲学美学论文辑佚》，佛雏校辑，华东师范大学出版社1993年版，第41页。
② 熊十力：《十力语要》，《熊十力全集》（第4卷），湖北教育出版社2001年版，第367页。
③ 张岱年：《中国哲学关于终极关怀的思考》，《张岱年全集》（第7卷），河北人民出版社1996年版，第269页。

实践而已。这也就是为什么贺麟通过比较认识到儒学拥有"自由"的原因——"尽性就是《中庸》所谓尽人之性,尽物之性,也就是现在所谓'自我实现'。认识自我,发展自我,实现自己的本性,就是自由。"[①]为什么熊十力通过比较认识到儒学"孝"与"博爱"存在差异的原因——"西洋人谈博爱,是外铄之爱,此方圣哲谈孝乃出乎本心,为内发之爱。自东西接触以来,名彦都无此之见,独贤者与吾心有同然。常谓西洋伦理由男女之恋爱发端,吾人伦理由亲子之慈孝发端,此是东西根本异处。"[②]从而其也是夏先生发现儒学中没有"人权、自由、个人主义"的原因。因此,对于作为学术实践的"以西释中"范式,应该先用"心"去理解它的特性,才不至于产生那种令人匪夷所思的判断。夏文之所以判"人文儒学"为"西方人文主义加儒学",就是将被解释的思想或学说等同于作为"坐标"的学说或思想,这显然是没有弄清比较研究中的"坐标"的特性所致。

第三,"以西释中"范式,是丰富、发展中国传统思想的途径之一。考之中国思想史,以一种思想或学说诠释另一种思想或学说,无疑是中国思想史丰富、发展的模式之一。汉代大儒董仲舒虽然提出"罢黜百家,独尊儒术"的主张,但他的"儒术"是在参照法家、道家、阴阳家等学派思想的基础上建立的;魏晋玄学家对《老子》《庄子》的理解与解释,儒学成为他们的基本参照物;隋唐佛教在很大程度上是用儒学、老学对佛教进行改造而成的,是佛教的中国化;宋明新儒学则是以佛教、老学理解、解释儒学的产物,而成为儒学的又一座高峰;现代新儒学则是以西学为参照并吸收西学内容而成为儒学新形态的。由此可以说,借助某种学说作为参照,对另一种学说、思想进行理解、解释,是思想学说丰富发展的基本路径之一。如果我们承认思想之间存在这样的继承、发展关系,那么,儒学为什么不可以接纳、吸收西方的人文主义?更何况就人文主义而言,儒学虽然内含有人文主义思想,但并不完善自足,"人文儒学"概念的提出,即含有在观念层面丰富和发展儒学人文主义思想的目的。况且,这种吸收是需要经过一系列学术上比较、研究才能完成的。正如唐君毅先生所说:"我们现在讲人文思想,是要直接承继中国的人文思想,而加以开拓,以摄受西方的思想。而此中所要摄受的,却并非以西方的人文主义思想为主,而是以西方之超人文、非人文的思想为主。这样才截长补短。所以我们现在讲人文思想,决不只是跟着西方文艺复兴以来之人文主义走,亦许是

[①]贺麟:《论意志自由》,张学智编:《贺麟选集》,吉林人民出版社2005年版,第115页。
[②]熊十力:《十力语要》,《熊十力全集》(第4卷),第368—369页。

'五四'时代留下的人之愿望,但不是我们的愿望。专就接受西方人文思想方面说,我们这时所需要的,乃是对其发展之全程,先求有一整个的了解,而对其发展至现阶段所遇之问题,亦需加以注意。因为他们之问题所在的地方,即我们能贡献我们的智慧的地方,使我们能自觉我们之传统的人文思想之价值的地方。亦即我们能用我们的智慧,来开拓我们之传统的人文思想的地方。"①这个话可以用于表达"人文儒学"的基本想法。而按照夏文的意思,儒学因为背上了"巫性血缘家族制"的原罪,它不能与西方人文主义发生任何关系,可是这样一来,夏文又怎样帮助儒学摆脱困境呢?因为夏文认为,儒学摆脱困境只有"让人从族群变成个人,让人有了对权利的自觉"。因此,如果儒学不能在现实上"让人从族群变成个人,让人有了对权利的自觉",只有通过理论工作使西方人文主义融于儒家思想之中,再经由历史积淀,使之成为儒家思想内容的一部分。事实上,现代新儒家思想体系中普遍吸纳了夏文所说的"西方人文主义"。因此,如果理论上吸收、消化是思想、学说发展的一种形式,那么我们当然没有理由将儒家思想的大门向西方人文主义关闭。王国维曾说:"余谓中西二学,盛则俱盛,衰则俱衰,风气既开,互相推助。且居今日之世,讲今日之学,未有西学不兴,而中学能兴者;亦未有中学不兴,而西学能兴者。"②看来,在丰富、发展儒学人文主义方面,我们还真不能像鸵鸟埋首于沙那样,闭门造车,自欺欺人。因此,既然"以西释中"范式有助于丰富和发展中国传统思想,那么,我们显然不能简单地否定"以西释中"范式的价值,从而不能简单地否定"人文儒学"思想逻辑上的合理性。

(二)怎样走出理解儒学的困惑?

夏文认为,理解儒学必须从"巫术化血缘家族制度"出发,并由此可以判定儒学缺乏夏文所谓的"人文主义"。这实际上提出了怎样理解儒学的问题,其实也是学术界共同关注的问题,因而这里就着夏文的意见,谈谈我对理解儒学问题的看法。

1.唯物史观是理解思想、学说的基本原则,但绝不能庸俗化使用。社会存在决

---

① 唐君毅:《中国人文精神之发展》,广西师范大学出版社2005年版,第25页。
② 王国维:《国学丛刊序》,胡道静主编:《国学大师论国学》(上),东方出版中心1998年版,第43页。

定社会意识是夏文主张理解儒学必须从"巫性血缘家族制"出发的理论根据,因而还得费些口舌对这个问题作些说明,尽管这是个常识性问题。

第一,"社会存在"与思想学说不是直接同一的关系。夏文说:"中国文化统绪(巫性血缘家族制),是认识、诠释儒学乃至一切中国古代学术的根本所在。"这句话的摹本应该是"每一个历史时期由法律设施和政治设施以及宗教的、哲学的和其他观点所构成的全部上层建筑,归根到底都是应由这个基础来说明的"①。也就是说,归根到底,夏文所谓"中国文化统绪"可以理解为"社会存在"(尽管与"社会存在"还是存在差异),因而其所坚持的方法论就是唯物史观。那么,唯物史观作为学术研究上的方法又该怎样理解和应用呢?毫无疑义,任何思想、学说都可以从它的社会存在进行解释。不过,这只是说,理解、解释一种学说、思想所坚持的基本方向,并不意味着解释结果的性质。因为在"社会存在"基础上,会产生不同性质的思想、学说,这就是为什么在春秋时期既有儒学、法家,又有道家、墨家的道理,这就是为什么在南宋时期既有崇尚道义的理学,又有崇尚功利的事功学的道理,这就说明,坚持"社会存在"的解释方向,并不意味着被解释的思想都是消极的或积极的,还得去对思想、学说本身进行分析。

第二,社会存在决定社会意识,并不能取消思想、学说的独立性。列宁曾热情地肯定思想意识的伟大作用:"人的意识不仅反映客观世界,并且创造客观世界。"②事实上,由于思想、学说的独立传承性,由于思想、学说的超越性和批判性,要求我们在应用唯物史观分析思想、学说时,必须关注这一特质。而根据夏文对儒学人文思想的理解,将其完全视为"巫性血缘家族制"的产物,其任何思想内容,在性质上都与"巫性血缘家族制"完全一致,这在很大程度上是对思想、学说的独立性的抹杀,是对思想、学说批判性特质的消解。而之所以如此,显然是不能辩证地理解和应用唯物史观所致,不能正确理解思想、学说与社会存在关系的复杂性所致。因此,我们既要坚持历史唯物主义原则,又要尊重思想学说的独立性、超越性和批判性,这样才可能对思想、学说的理解更全面、更准确,否则,就可能让我们手中的"金砖变成废铁"。

2. "巫术化家族血缘制度"与儒学的关系。夏文将唯物史观作为分析儒学的方

---

① 中共中央马克思恩格斯列宁斯大林著作编译局编译:《马克思恩格斯选集》(第4卷),人民出版社1977年版,第423页。
② 中共中央马克思恩格斯列宁斯大林著作编译局编译:《列宁全集》(第38卷),人民出版社1959年版,第228页。

法也是我所认同的，我不能认同的是，夏文将儒家思想贴在"巫术化的家族血缘制度"上，从而对儒家思想的性质做出片面的判断。为讨论方便，我们分"巫术与儒学的关系"和"家族血缘制度与儒学的关系"两个方面来进行。

第一，儒家思想的形成正是"去巫祛魅"的过程。什么是"巫术"？"巫术"是通过一定的仪式表演以利用和操纵某种超人的力量来影响人类生活或自然界的事件，以满足一定的目的之行为（如祈雨、招魂、诅咒、驱鬼、避邪等）。可见，在巫术活动中，既有超自然力观念、鬼神观念，也有超经验性、神秘性等特点。那么，应该怎样理解孔子儒学与巫术的关系呢？首先要说明的是，我并不认为春秋战国时期的儒学完全告别了天命观念、鬼神观念，然而正是这种现象的存在，才让我们更清楚地观察到孔子儒学的人文主义走向，更肯定地确认孔子儒学的产生及其发展正是"去巫祛魅"的过程。为什么这样说呢？儒学不信超自然力量，所谓"子不语怪、力、乱、神"（《论语·述而》）。儒学注重现实的事情，对虚无缥缈的事情不感兴趣，所谓"未能事人，焉能事鬼？……未知生，焉知死？"（《论语·先进》）儒学肯定怀疑的价值，所谓"多闻阙疑"（《论语·为政》）。儒学信奉道德的力量，所谓"不恒其德，或承之羞"（《周易·恒》）。儒学崇尚理性，所谓"学而不思则罔，思而不学则殆"（《论语·为政》）。事实上，在以孔子、孟子、荀子为代表的先秦儒学中，充实而光芒四射的是主体的力量、现世的追求和理性的精神。因此可以说："（儒家的）理性化不仅具有对巫觋文化的排斥的一面，而且它的理性化更带有一种人文的理性化倾向。"[①]"而把儒家的起源直接归于巫觋文化，不仅不能认识儒家理性主义与巫觋神秘主义的区别，和二者之间存在的紧张，而且根本无从说明文化史和宗教史的历史演化。"[②]因此，将充分体现着人文精神、人文思想的儒学与巫术混为一谈是违背事实的。

第二，儒家思想具有对"血缘家族制度"的超越特性。什么是"血缘家族制"？尽管它的历史、特征等都可讨论，但把它视为一种兼有经济与政治内涵的制度是没有问题的。也就是说，儒学与血缘家族制的关系本质上就是思想学说与政经制度之间的关系。夏文根据这个"巫术家族血缘制度"做了一系列过于偏执的推论。比如，"诸子之学的兴起，直接与制度的内部'调整'相关，诸子的各派意见貌似对立，说到底，也不过是对制度调整的不同方案。"因此，儒学中的所谓仁、

---

① 陈来：《古代宗教与伦理：儒家思想的根源》，生活·读书·新知三联书店1996年版，第10页。
② 陈来：《古代宗教与伦理：儒家思想的根源》，第11页。

义、礼、智、信等观念都是这个制度的产物，都是为这个制度服务的，从而都只有从这个家族血缘制度得到说明。这个话也不算全错。可是怎样服务呢？按照夏文的逻辑一以贯之，儒学自然是家族血缘制度的"帮凶"。但这个结论显然是不符合儒家思想实际的，原因就在于将儒学看成是没有任何自我独立价值的学说，没有任何创造力的思想，从而也没有关怀生命的人文主义精神。然而实际说来，儒家思想与血缘家族制度是无法等同的。为什么？首先，儒学对君主或帝王有系统的制约主张。这种制约主张包括柔性与刚性两种，但无论哪一种都意味着儒学与血缘家族制度不是夏文所讲的"一体"，更不仅仅是"服务工具"。所谓柔性制约就是指儒学中含有"以天制君、以师训君"等理念；所谓刚性制约就是指儒学中含有"合则留，不合则去"之理念。其次，儒学所主张的君臣关系、君民关系是相对民主、相对平等的关系。这说明并不能像夏文那样简单地断言：儒学是维护血缘家族专制制度的工具。所谓"君使臣以礼，臣事君以忠"（《论语·八佾》），所谓"君之视臣如土芥，则臣之视君如寇雠"（《孟子·离娄下》），可见，在儒家的思想中，人君绝不是"恣肆于群生之上的绝对体"①。最后，儒学提出了一系列改造、提升现状的主张。这种主张都表现为对血缘家族制度的超越。比如，儒学的"仁爱"不限制在血缘家族成员之内，尽管它是由近及远的"推爱"；再如，儒学讲"舍生取义"，主张人格比生命还重要，这种观念显然超出血缘家族制度之外，而儒家丰富先进的教育理念、伦理道德规范等也都远远超出血缘家族制度之外。因此，正如牟宗三先生所说："儒家思想本非造成某一特殊时代之特殊思想，事过即完者。此义，自孔子起即如此。孔子虽为春秋时人，而其所贡献之真理，并不为春秋时代所限。彼虽谓'郁郁乎文哉，吾从周，'然其思想之含义，并不单就周之贵族政治而言，亦不为贵族政治所限。周之贵族政治往矣，而孔子思想并不随之而俱往。此即表示儒家思想并非造成某一特殊时代之特殊思想也。"②既然儒学的产生即是"去巫祛魅"的过程，既然儒家思想在许多方面是对"血缘家族制度"的超越，那么，简单地将儒学判定为"巫术化血缘家族制"的产物和工具，从而断言儒学缺乏人文主义精神和思想，显然是幼稚可笑的。

3.儒家思想是一独特的人文主义思想体系。毫无疑问，儒学人文主义与西方人

---

① 徐复观：《儒家对中国历史运命挣扎之一例——西汉政治与董仲舒》，《中国思想史论集》，上海书店出版社2004年版，第254页。
② 牟宗三：《道德的理想主义》，第5页。

文主义存在差异，这似乎并不需要夏先生告知，但却不能像夏先生那样将儒学人文主义否定得一无是处。因为按照夏文的逻辑，儒学人文主义只是"巫术家族血缘制度"的服务工具。不过，我对这种逻辑是无法认同的。因为在我看来，儒学是一种独特的人文主义思想体系，由于篇幅关系，这里只做简要说明。

第一，不仅爱护物质生命，而且尊重精神生命。对于人而言，"生"是第一价值，没有"生"，其他无从谈起，而儒学全面肯定"生"的合理性，所谓"天命之谓性"（《礼记·中庸》）。因此，"生"是不能剥夺的，而要"遂其生"："人之生也，莫病于无以遂其生。欲遂其生，亦遂人之生，仁也。欲遂其生，至于戕人之生而不顾者，不仁也。"①否则，就是"不仁"。不过，物质的"生"固然重要，但精神生命更能体现人的价值，因此，儒学强调对人格的尊重，所谓"志士仁人，无求生以害仁，有杀身以成仁"（《论语·卫灵公》），所谓"生，亦我所欲也；义，亦我所欲也。二者不可得兼，舍生而取义者也。生亦我所欲，所欲有甚于生者，故不为苟得也；死亦我所恶，所恶有甚于死者，故患有所不辟也"（《孟子·告子上》）。人应该崇尚精神，不能与时事俯仰，不能为名利苟活。可见，儒学的"尊生"由物质生命而精神生命，乃一体以贯之。

第二，不仅主张满足生活的需求，而且主张对生活欲求的节制。儒学既然肯定"生"的当然性，那么沿着满足"生"的要求伸展出的对物质生活的追求，儒学自然也是肯定的，所谓"能保惠于庶民，不敢侮鳏寡"（《尚书·无逸》），所谓"博施于民而能济众"（《论语·雍也》），所谓"制民之产，必使仰足以事父母，俯足以畜妻子，乐岁终身饱，凶年免于死亡"（《孟子·梁惠王上》）。不过，儒学对于满足生活欲求却是有原则的，如孔子说："富与贵，是人之所欲也，不以其道得之，不处也。"（《论语·里仁》）即要求通过正当手段满足自己的生活欲求；如荀子说："人生而有欲；欲而不得，则不能无求；求而无度量分界，则不能不争；争则乱，乱则穷。先王恶其乱也，故制礼义以分之，以养人之欲、给人之求，使欲必不穷于物，物必不屈于欲，两者相持而长，是礼之所起也。"（《荀子·礼论》）即要求对生活欲求进行合理限制，加以引导。可见，儒学的"养生"由肯定生活的欲求到对这种欲求的引导，也是一体以贯之。

第三，不仅关爱己亲，而且关爱他人。儒学关爱自己、亲人，但绝不以此为界，因为如果以血亲为界，那就不是儒学的"仁爱"，就不能体现儒学人文主义精

---

① 〔清〕戴震：《孟子字义疏证》卷上，何文光整理，中华书局1982年版，第8页。

神,所谓"修己以安百姓"(《论语·宪问》),所谓"己欲立而立人,己欲达而达人"(《论语·雍也》),所谓"亲亲、仁民、爱物"(《孟子·尽心上》),所谓"老吾老以及人之老,幼吾幼以及人之幼"(《孟子·梁惠王上》)。董仲舒说得更为明白:"仁之法,在爱人,不在爱我……人不被其爱,虽厚自爱,不予为仁。"(《春秋繁露·仁义法》)这就是说,"仁爱"并不局限于血亲,真正的"仁爱"要施及他人,如果做不到这点,就不合乎"仁爱"原则,这就是所谓"以爱己之心爱人则尽仁"①。具体而言则是:"亲吾之父,以及人之父,以及天下人之父,而后吾之仁实与吾之父、人之父,与天下人之父而为一体矣;实与之为一体,而后孝之明德始明矣。亲吾之兄,以及人之兄,以及天下人之兄,而后吾之仁实与吾之兄、人之兄与天下人之兄而为一体矣;实与之为一体,而后弟之明德始明矣。"②可见,儒学的"仁爱"尽管是以血亲为中心,但并不局限于"血缘家族",对于"血缘家族"之外的人照样给予关怀。因此,完全将儒家思想看成血缘家族制度的产物和工具是不符合事实的。正如徐复观先生所说:"此种人文主义,外可以突破社会阶级的限制,内可以突破个人生理的制约,为人类自己开辟出无限的生机、无限的境界,这是孔子在文化上继承周公之后而超过了周公制礼作乐的勋业。"③可见,儒学的"护生"也是一体以贯之。

第四,不仅主张个人的权利,也强调对个人权利的限制。儒家思想中有无对个人权利的主张?回答这个问题只有通过具体的考察来实现。人民的意志是"天"作任何决定的根据,所谓"天视自我民视,天听自我民听"(《尚书·泰誓中》)。臣与君的关系是对等的,孟子说:"君之视臣如手足,则臣视君如腹心。君之视臣为犬马,则臣视君如国人。君之视臣如土芥,则臣视君如寇雠。"(《孟子·离娄下》)而这被视为"人文主义的精神、合理的精神以及自由政治批判的精神"④。允许拥有私有财产,人民才会有责任意识,所谓"民之为道也,有恒产者有恒心,无恒产者无恒心"(《孟子·滕文公上》)。肯定言论自由的价值,所谓"君子和而不同,小人同而不和"(《论语·子路》)。鼓励每个人的自由发展但要相互宽容,所谓"万物并育而不相害,道并行而不相悖"(《礼记·中庸》)。如上涉及

---

① 〔宋〕张载:《中正》,《正蒙》,《张载集》,章锡琛点校,中华书局1978年版,第32页。
② 〔明〕王守仁:《大学问》,《王阳明全集》卷二十六,吴光等编校,上海古籍出版社2011年版,第1067页。
③ 徐复观:《学术与政治之间》,华东师范大学出版社2009年版,第135页。
④ 胡适:《中国思想史纲要》,《胡适学术文集·中国哲学史》,中华书局1998年版,第518页。

政治、财产、言论、行为等方面的权利，可以说，儒学都是肯定与保护的态度。也就是说，那种完全否认儒学具有个人权利的观点是不符合事实的。不过，儒学个人权利观念确有其特殊性，那就是将个人权利置于整体背景下考量，它的具体表现主要是：个人权利源自群体，没有孤立的个人权利；个人权利只有与群体意志一致，才能被肯定和保护；个人权利是群体的部分，个人权利只有融于群体并滋润、升华群体，才是个人权利的最高表现。可见，儒学的权利意识是建基于个体与群体贯通之上的，因而表现出生机的、和谐的气象，也是一体以贯之的。

由此可见，儒学人文主义是一体通透的人文主义，这种一体通透的人文主义的根核就是"生生"。因为"生生"而尊重生命，因为"生生"而富裕生活，因为"生生"而博爱万民，因为"生生"而肯定权利，因为"生生"而疏导欲望，因为"生生"而规范权利，因为"生生"而拥有容纳其他人文主义的气度和胸怀。因此，儒学人文主义虽然是独特的，但并不意味着是完善的，它仍然有需要充实的空间。正如徐复观先生所说："儒家精神、人文精神不是以概念为主的学问，它需要知识，至少是不反对知识，但主要的是成就人格而不是成就知识。人格表现为动机、气象、局量、风采，这四者是表现一种人生价值之全的，所以不仅可以提挈政治，而且也是提挈人生一切的活动，包括学术的活动，而予一切活动以活力，并端正一切活动的方向的。民主自由是一种态度，而儒家精神、人文精神，从某角度说，主要便是成就人生从性情中流露出一副良好态度。这是对整个人生负责的，因之，也是民主自由的根源。而民主自由，也正是儒家精神、人文精神在政治方面的客观化，必如此而始成其全体大用。"①亦如唐君毅先生所说："只有充实儒家重视全面之人文世界之发展，重政治而又超政治之精神，可以为建立国家与民主政治之基础。"②这也就是为什么我肯定儒学为人文主义思想体系的同时，又将"人文儒学"确定为儒学本体形态的原因。

（三）飘浮在夏文中的朵朵疑云

尽管夏文的质疑最终说来都算不上什么"疑"，但我还是怀着感恩的心感激夏先生，而且，希望这份感恩的心能够厚重些，因而这部分就从矛盾重重的夏文中选

---

①徐复观：《学术与政治之间》，第66页。
②唐君毅：《人文精神之重建》，广西师范大学出版社2005年版，第154页。

择几个代表性问题，以前面讨论为基础，展开进一步说明。

问题一：夏文说："儒学的时代难题就是儒学的人文主义的难题，即一个类属的群体的'人'如何应对随着时代的进步，个体'人'的日益觉悟进而起来争取自身的权利的问题。"夏文这个断言的逻辑是：儒学之所以不能称为人文主义，就是因为它缺失"个体'人'的日益觉悟进而起来争取自身的权利"这一核心内涵；而儒学缺失这一核心内涵的原因是"儒学乃是巫术血缘家族制的产物"。这也就意味着，儒学缺失夏先生所喜爱的"人文主义"，乃是因为儒学所依附的"巫术血缘家族制度"；从而意味着，"巫术血缘家族制度"不瓦解，儒学就永远成不了夏先生所向往的人文主义；因此，儒学的当代困境便是推翻并瓦解"巫术血缘家族制度"。由此便可进一步向夏先生请教：当今中国是不是还处于"巫术血缘家族制度"时代？如果是，儒学便不配拥有这个核心内涵，自然也就还算不上夏先生所期望的人文主义；如果不是，儒学就应该可以拥有这个核心内涵（怎样拥有另当别论），自然也就算得上夏先生所期望的人文主义。然而根据夏文的逻辑，当今儒学还是不配拥有这个核心内涵，因此，当今中国社会应该属于"巫术血缘家族制"时代。可是，生活在现代化大都市上海的夏先生可能是不会接受他仍然生活在"巫术血缘家族制"这种荒谬事实的吧？既然夏先生的逻辑行不通，而儒学必定还是要摆脱它的困境（儒学的困境很多，这里只就夏先生所讲的困境言）的，那应该怎么办？我们认为只有通过学术研究、理论创造工作，在观念层面给予疏通。正如徐复观先生所说："儒家思想为政治提供了道德的最高根据，而在观念上也已突破了专制政治，但如上所述，却又被专制政治压回了头，遂使儒家人格人文主义没有完全客观的建构，以致仅能缓和专制政治而不能解决专制政治。这是留给我们今日所应努力的一大问题。……西方民主政治只有和儒家的基本精神接上了头，才算真正得到精神上的保障，安稳了它自身的基础。"①这也就是说，儒学完全有资格迎接并消化它所需要的人文主义精神和思想，而不需要等到已融入某种思想理念的制度的建立，如是那样，儒学的思想魅力就不复存在了。

问题二：夏文说："中国文化中'生命'的本质含义是权力对权利的剥夺。"将中国文化生命的本质断定为"权力对权利的剥夺"，这个结论貌似深刻，实则荒谬绝伦，只能说是"无知者无畏"。夏先生的这个断言显然是冲着儒学来的，因此我们把这个断言稍作修改为"儒学中'生命'的本质是权力对权利的剥夺"。那

---

①徐复观：《学术与政治之间》，第189—190页。

么，这种断言的无知表现在什么地方呢？

首先，不能将政治制度与思想学说的社会功能混为一谈。由于夏文认为"儒学是巫性化血缘家族制度的产物"，进而偏执地认为儒学所有观念、主张都是为这个政治制度服务的，而这个制度就是血缘家族整体，所以儒学是通过剥夺个体的权利维护家族权力或政治集团权力。这种观点无视儒学的独立性，无视儒学对于政治制度的超越性和批判性。事实上，作为思想、学说的儒学的生命力就在于它的批判精神、超越气象和建构力量，因而儒学对社会的责任主要还是学术性的，其所追求的是超越某个集体或集团的价值，因而它对真理的立场与政治是不同的（徐复观语），夏文将儒学的本质视为"权力对权利的剥夺"，显然是将儒学与政治混为一谈的结果，而这样做必会导致严重后果："不把握儒家的真正精神及其遭际，而反为专制政治作辩护，这和许多人把专制政治一笔写在儒家身上同样的是对于中国历史的曲解。而前者所发生的坏影响更为严重。"①

其次，儒学对侵害人的权利的政治制度、政治行为是持批评态度的。儒学行政的根据和标准是道德，所谓"为政以德，譬如北辰，居其所而众星共之"（《论语·为政》）。因此，不管是皇帝臣相，抑或普通官吏，拥护或反对只是看他们有"德"无"德"，而有"德"无"德"的标准，就是看对老百姓的生命是否关爱，肆意残害人的生命，与儒学仁爱原则是相悖。比如，"无罪而杀士，则大夫可以去；无罪而戮民，则士可以徙"（《孟子·离娄下》）；再如，"行一不义，杀一无罪，而得天下，仁者不为也"（《荀子·王霸》）。这里所显示的应该是对人的生命尊重和保护，而不是对人的生命权利的剥夺吧？

最后，儒学对人的权利基本上是肯定和保护的。诚如本文前面所讨论的，儒学在生命权、生活权、财产权、言论权等方面，都有积极性态度与安排，虽然不能说达到了对人权利的完全肯定和保护，但在那个时代，已经做得不错了。综上所述，将中华文化的本质或儒学的本质断定为"权力对权利的剥夺"显然是言过其实了。难怪徐复观先生会说："中国人文主义长期受专制政治所磨折，受到很多的阻折、歪曲和误解。"②

问题三：夏文说："既然把家族血缘等同于生命，那么在家族血缘之外，就无

---

① 徐复观：《学术与政治之间》，第183页。
② 徐复观：《中国人文精神与世界危机》，李维武编：《徐复观文集》，湖北人民出版社2002年版，第174—175页。

生命可言。在这样的生命观念中,既可以把生命推向极致,又可将'非我族类'的生命贬为草芥。其表现往往是用战争解决一切争端。"如果客观地阅读、理解儒学文本,那么这种推论只能停留在夏先生自己的幻想中。

首先,在儒学中,"家族血缘之外无生命可言"?那怎么理解孔子"修己以安人以安百姓"的关怀之念?怎么理解孟子"老吾以老以及人之老,幼吾幼以及人之幼"的推爱?又怎么理解儒学"修身齐家治国平天下"的理想?虽然这种爱、这种关怀是从血缘家族开始,但显然不局限于家族血缘,如何说对儒学而言,"家族血缘之外,就无生命可言"?其次,儒学把"非我族类的生命贬为草芥"?"非我族类"也就是所谓"非我血缘家族"。儒学"亲亲、仁民、爱物",连"物"都要施一份爱心,这是把"非我族类的生命贬为草芥"?儒学认为"天地万物为一体",而"气""仁"是一体的根基,因而"仁爱"必贯通天地万物,此"仁爱"亦远远超出了"非我族类",怎么说儒学把"非我族类的生命贬为草芥"呢?最后,儒家主张"用战争解决一切争端"?这是夏文将儒学看成"巫术家族血缘"产物的推论。只要稍懂点儒学常识的人都知道,儒家是痛恨战争、反对战争的。比如,"子曰:'桓公九合诸侯,不以兵车,管仲之力也。如其仁!如其仁!'"(《论语·宪问》)孔子将多次阻止战争的管仲赞赏为有仁德之人,足见孔子对战争的态度。再如:"争地以战,杀人盈野;争城以战,杀人盈城;此所谓率土地而食人肉,罪不容于死。"(《孟子·离娄上》)为争夺土地而战,被杀死的人遍地都是;为争夺城池而战,被杀死的人满城都是,这就是为了领土而吃人肉。孟子认为,对这些好战的人而言,就是判处他们的死刑都不足以赎他们的罪过!孟子对战争可谓恨之入骨啊!由此可知,断言儒家主张"用战争解决一切争端"确实是很冤枉啊!概言之,夏文谓儒学"家族血缘之外,无生命可言、非我族类的生命贬为草芥、用战争解决一切争端"之说,如果不是故意以儒学为仇,就只能理解为头脑发热了。如上即是我对"人文儒学之为儒学本体形态"的进一步说明,以及对夏文主要质疑的回应,希望能帮助夏先生明白"人文儒学"提出的究竟与意图。当然,"村学究所谈的中国文化,和马路政客所谈的民主自由,其两相扞格而难通,是意料中事"①。

(原载《学术月刊》2010年第7期)

---

① 徐复观:《学术与政治之间》,第67页。

六、人文认知范式与中国传统人文思想的豁显

几乎与马克思主义思潮、科学主义思潮进入中国的同时,人文主义思潮也进入中国,并且,人文主义同样成为中国学者认知、理解中国传统哲学的坐标与方法。那么,作为认知、理解中国传统哲学的坐标与方法的人文认知范式①对中国传统哲学中的人文主义思想有怎样的理解和定位呢?本文拟就此问题展开讨论。

(一)道德性命:研究内容上的豁显

大凡哲学都有其思考对象、研究内容,中国传统哲学当然不能例外。那么,中国传统哲学思考对象与研究内容是什么呢?

在熊十力看来,相比于科学关注自然世界、研究宇宙奥秘,中国哲学非常鲜明地以人的精神生命为研究对象,他说:

> 吾国先哲,重在向里用功,虽不废格物,而毕竟以反己为本。如孟子所谓"君子深造之以道,欲其自得之也",又言"万物皆备于我";程子言"学要鞭辟近里切着己",此皆承孔子"古之学者为己"之精神而来。老庄虚静之旨,其为用力于内不待言,此皆与西人异趣者。西人远在希腊时代即猛力向外追求,虽于穷神知化有所未及,而科学上种种发明,非此无以得之也。今谓中西人生态度须及时予以调和,始得免于缺憾。中土圣哲反己之学,足以尽性至命,斯道如日月经天,何容轻议?至于物理世界,则格物之学,西人所发皇者,正吾人今日所当把取,又何可忽乎?②

就是说,中国哲学虽然也讲"格物",但其所谓"格物"是反身向内的,是"万物皆备于我",是在道德性命上用功。这与西方哲学向外求索、以自然界奥秘和规律为研究对象的取向完全不同。西方哲学是以物理世界为思考对象的"格物"

---

① 关于"人文认知范式"定义,可参见李承贵:《人文认知范式的形成及其检讨——以作为中国传统哲学研究方法为中心》,《天津社会科学》2013年第6期。
② 熊十力:《十力语要》,《熊十力全集》(第4卷),湖北教育出版社2001年版,第439页。

之学，正是中国哲学所欠缺而需要学习的。

方东美将中国的人文主义理解为精巧而纯正的哲学系统，他说："中国的人文主义，乃是精巧而纯正的哲学系统，它明确宣称'人'乃是宇宙间各种活动的创造者及参与者，其生命气象顶天立地，足以浩然与宇宙同流，进而参赞化育，止于至善。"①那么，这种精巧而纯正的人文主义哲学以什么为研究内容呢？方东美认为是以生命作为研究内容，他说：

> 在东方的哲学里面，尤其在中国哲学，如宋儒小程子说："有有德之言，有造道之言。"换句话说，有德之言是圣人之言，造道之言是贤人之言。在中国哲学不是只把思想与观念系统表达出来就达到它的目的。中国哲学的中心是集中在生命，任何思想体系都是生命精神的发泄。这一个生命精神一定根据这位思想家的性情品格，才能把他的真象全盘揭露出来！这主要的固然是中国各家的哲学，从大体上看，多多少少地带有人本主义。而一个学术的思想系统离不掉人在生活上面所显现的精神！假使这一个观点是正确的话，在中国各派哲学中，后面都有一个活生生的人格在那儿呼之欲出！道家、儒家、佛家、新儒家均如此。因为他们的立言都要把他们的生命精神忠实地表达出来，把那个支配生命精神方面的人格显现出来。所以在中国思想上面，一字一句都要引归身心，他不是说空话的！这同西方哲学对比起来是一个很大的差别。②

为什么说中国哲学的中心都集中在生命上？因为中国哲学中的所有思想体系都是生命精神的发泄，每个哲学学派的哲学中都站着活生生的人，每位哲学家著书立说都忠实地表达他们的生命精神，因此可以断定中国的任何哲学思想体系都是生命精神的浓缩与释放。因此，中国哲学当然可定义为生命哲学。方东美说：

> 中国的哲学从春秋时代便集中在一个以生命为中心的哲学上，是一套生命哲学，这生命不仅是动植物和人类所有，甚至于在中国人的幻想中不曾承认有死的物质的机械秩序。所谓的原初存在，乃是生命的存在。如果用抽象法将生

---

① 方东美：《中国人的智慧》，《中国人生哲学》，（台湾）黎明文化事业有限公司2006年版，第141页。
② 方东美：《方东美先生演讲集》，（台湾）黎明文化事业有限公司2006年版，第127页。

命中高级的宗教道德艺术精神化除的话，所余只是一个赤裸裸的物质存在而已。因此从中国人看来，希腊哲学的发展，是一个抽象法的结果。而中国向来是从人的生命来体验物的生命，再体验整个宇宙的生命。则中国的本体论是一个以生命为中心的本体论，把一切集中在生命上，而生命的活动依据道德的理想，艺术的理想，价值的理想，持以完成在生命的创造活动中，因此《周易》的《系辞大传》中，不仅仅形成一个本体论系统，而更形成以价值为中心的本体论系统。①

在方东美看来，中国哲学之所以为生命哲学，也因为中国哲学通过人的生命体验物的生命，并扩至宇宙生命，将宇宙万物视为生命的有机体，进而使中国哲学本体论成为以生命为中心的本体论，中国哲学的创造性也正源于其生命性。徐复观则通过对"礼"的分析以判断中国哲学的人文特性，他说：

> 人文精神，是通过"礼"而实现。礼的重要作用之一，便是把人的生命、生活加以庄严化。人出生时、成年时、结婚时，有各种礼节。每一样重要的行为，都有一种礼节，目的在把行为的意义通过一种形式表达出来，而使行为庄严化。行为之庄严化就是表示生命的庄严化。中国很早便有"尊生"的思想，所以王船山便以"尊生""大有""率性"，说明中国文化的特色。西方的宗教思想中、哲学思想中，很长的时间，没有尊生的观念。②

就是说，根据"礼"的形式与内容，人的生命在人生的各个阶段都有恰当的"礼遇"，都能表现其庄严，因而由"礼"便可看出中国哲学是肯定、赞美生命的，即中国哲学是思考、研究、关怀生命的学问。

牟宗三将人文主义的基本精神归纳为："消极方面是反物化反僵化，积极方面便是价值观念之开发。"③根据这样的理念，牟宗三对中国传统哲学特点做了深刻的讨论，提出了非常精辟的见解，他说：

---

① 方东美：《原始儒家道家哲学》，（台湾）黎明文化事业有限公司2006年版，第158—159页。
② 徐复观：《中国人文精神与世界危机》，李维武编：《徐复观文集》（第1卷），湖北人民出版社2002年版，第175页。
③ 牟宗三：《道德的理想主义》，台湾学生书局2000年版，第152页。

它（中国哲学）是以"生命"为中心，由此展开他们的教训、智慧、学问与修行。这是独立的一套，很难吞没消解于西方式的独立哲学中，亦很难吞没消解于西方式的独立宗教中。但是它有一种智慧，它可以消融西方式的宗教而不见其有碍，它亦可以消融西方式的哲学而不见其有碍。①

就是说，由于中国哲学以"生命"为开端、为中心，因而其教训、智慧、学问与修行等工作也都围绕"生命"展开；而且西方哲学不能消融它，但它可以消融西方哲学与宗教。也由于中国哲学的开端是"生命"，主要课题是"生命"，因而中国哲学的工作就是运转人的生命、安顿人的生命。牟宗三说："中国哲学，从它那个通孔所发展出来的主要课题是生命，就是我们所说的生命的学问。它是以生命为它的对象，主要的用心在于如何来调节我们的生命，来运转我们的生命、安顿我们的生命。这就不同于希腊那些自然哲学家，他们的对象是自然，是以自然界作为主要课题。"②而且，中国哲学将"生命"作为思考、研究中心的特点也体现在哲学概念与命题的内容与性质上。牟宗三将真理分为内容真理和外延真理两种，这两种真理都具有普遍性，但它们是有差别的，内容真理是具体的普遍性，外延真理是抽象的普遍性，他说：

内容真理和外延真理都是真理，都具有普遍性。内容真理具有内容的普遍性，外延真理具有外延的普遍性。两者虽然都有普遍性，但这两种普遍性还是有差别的。否则为何同是普遍性却一个叫内容的普遍性而另一个叫外延的普遍性呢？那到底区别在哪里呢？我们可以说，外延的普遍性是抽象的普遍性（abstract universality），而内容的普遍性是具体的普遍性（concrete universality）。就用这两个名词把它们分别开来。③

牟宗三如此区分的意思是，概念都有普遍性，但不是所有概念的普遍性都是抽象的，只有科学的概念才是抽象的普遍性。西方哲学以科学为开端，所以西方哲学的概念应该是抽象的普遍性。中国哲学恰恰相反。牟宗三说："诗都已经如此，更

---

① 牟宗三：《中国哲学的特质》，上海古籍出版社2007年版，第5页。
② 牟宗三：《中国哲学十九讲》，上海古籍出版社1997年版，第14页。
③ 牟宗三：《中国哲学十九讲》，第31页。

何况是佛家、道家以及儒家孔、孟、《中庸》、《易传》所讲的那些话，那就更有普遍性了。但是虽然更有普遍性，它这种普遍性还是内容的普遍性，而不是外延的普遍性，不是科学。"①即谓中国哲学中的概念或命题虽有普遍性却不是外延的普遍性，也即说中国哲学中的概念或命题不是科学的形式。在牟宗三看来，通过生命表现的"内容的普遍性"是哲学真理，即所谓普遍性在特殊性的限制中表现出来，而无须通过生命表现的"外延的普遍性"是科学真理，它不需要在特殊性的限制中表现自己。牟宗三说：

> 普遍性是由观念、概念来了解，但观念是要表现的，要通过生命来表现的，这就是普遍性在特殊性的限制中体现或表现出来，这种真理是哲学的真理。而科学的真理则不管由什么人皆可以研究，研究科学的人虽然不同，但我们不能说科学的普遍真理通过特殊的生命来表现而有不同。②

牟宗三将真理分为哲学真理和科学真理，并认为哲学真理的普遍性只在特殊性的限制中表现出来，中国哲学即是这样的"内容的普遍性"，而西方哲学真理是科学真理，它是"外延的普遍性"。可见，牟宗三通过对真理类型的划分，将中国哲学判定为"内容的真理"，这一方面深刻揭示了中国传统哲学反物化、开发价值观之特质，另一方面极大地深化了对中国传统哲学人文特质的理解，同时是牟宗三对中国传统哲学人文精神、人文思想的丰富与发展，而透过其关于中国哲学概念或命题属"内容的普遍性"分析，使关于中国哲学生命特性的理解走向深入。

概言之，中国学者的确从人文主义角度发掘、认知、解释了中国传统哲学特点，而这种认知和解释表现为逐步深化的过程，即由人到生命、到道德性命，再到内容真理；由于中国传统哲学关注、思考的对象是道德性命，从而规定着此思考所获得认识成果的真理性质，即"内容真理"的判断完全是基于中国传统哲学深耕道德性命的特质使然。而且，中国传统哲学在思考道德性命实践中所表现出的对生命肯定、礼赞之价值取向，可与人文主义主张交相辉映。

---

① 牟宗三：《中国哲学十九讲》，第26页。
② 牟宗三：《中西哲学之会通十四讲》，上海古籍出版社1997年版，第4页。

（二）生机整体：宇宙观上的豁显

如果说中国传统哲学关注的是人的生命、研究的是道德性命，那么其所形成的宇宙观应该具有生机性、生态性和整体性。中国学者的思考逻辑正是如此。

方东美认为，机体主义是中国传统哲学根本特点，他说：

> 余尝以"机体主义"一辞，解说中国哲学之主流及其精神特色，视为一切思想形态之核心。此思想型态，就其发挥为种种旁通统贯之整体，或表现为种种完整立体式之结构统一而言，恒深蕴乎中国各派第一流哲人之胸中，可谓千圣一脉，久远传承。其说摒弃截然二分法为方法，更否认硬性二元论为真理，同时，更进而否认：一、可将人物相互对峙，视为绝对孤立之系统；二、可将刚健活跃之人性与宇宙全体化作停滞不前而又意蕴贫乏之封闭系统。机体主义，积极言之，旨在融贯万有，囊括一切，使举凡有关实有、存在、生命与价值等之丰富性与充实性皆相与浃而俱化，悉统摄于一，在本质上彼是相因、交融互摄，价值交流之广大和谐系统，而一以贯之。①

根据方东美的理解，中国哲学的机体主义否定以二分法为方法、否定以硬性二元论为真理，视人与物为相互流动的统一体，视刚健活跃之人性与宇宙全体为开放的系统，它融贯万有，囊括一切，广大和谐。而且，这种机体主义存在于中国哲学各派第一流哲人之胸中，千圣一脉，久远传承。比如程颢的哲学就是一种机体主义哲学，方东美说：

> 明道旨在建立一套机体主义哲学，故力避掉入任何穷索致伪之陷阱耳。其哲学枢要，厥为万物一体论，倡"天人无间断"。所持理由如次：（一）民受天地之中以生，其性禀则受命于天。（二）"中者、天下之大本，天地之间，亭亭当当、直上直下正理；出则不是，唯敬而无失最尽。"（三）"圣人致公心，尽天地万物之理，各当其分。"（四）"圣人之神化，上下与天地同

---

① 方东美：《中国哲学精神及其发展》（下册），（台湾）黎明文化事业有限公司2006年版，第135页。

流。"①

王阳明心学更是一种机体主义哲学。方东美说：

> 此种机体主义之哲学观，早期中国思想家往往视为哲学推理之结论，然却成为王阳明思想所凭借之重要起点。由于"身、心、意、知、物，只是一件"，浑然一体，而不可分，"机体主义"遂成为一极复杂之概念，容有种种不同角度、不同层次之解释，诸如实有之统一、存在之统一、生命之统一、价值之统一等，均需凭借种种本体论、宇宙论、与哲学人性论等诸理论系统始能一一阐释妥当。②

方东美还以"价值之统一"为例阐述阳明心学的机体主义特色，他说：

> 西方大哲柏拉图（Plato）在了解真、善、美之绝对本质之后，其所寤寐以求者，厥为价值理想之最高统会，借以解决"本体与现象、睿智与感官、上下两界间之"分离问题（The Problem of Chorismos），而苦于百思不得其解，至为困惑。然而，阳明却由于确信良知直观睿见之普遍妥当有效性，真实无妄，对此问题，便能当下明白，了然于心。对阳明而言，价值之最高统会，实内在于心灵本觉，不假外求。阳明此处，自是专就圣人而为言。盖借良知发用，圣人遂能在精神上超脱任何障碍。"圣人只是顺乎良知之发用流行。""天地万物，俱在我的良知发用流行之中，何尝又有一物作得障碍？"③

在方东美看来，柏拉图不仅不能解决本体与现象、睿智与感官、上下两界等的融通问题，而且是隔断的，但阳明心学却可以解决此问题，因为阳明心学将价值的最高统会处安排在心灵本觉，如此只需发明本心，圣人便可在精神上实现超脱，达到本体与现象、睿智与感官、上下两界浑然一体之妙境，他说：

---

① 方东美：《中国哲学精神及其发展》（下册），第65页。
② 方东美：《中国哲学精神及其发展》（下册），第135页。
③ 方东美：《中国哲学精神及其发展》（下册），第136页。

> 中国先哲所观照的宇宙不是物质的机械系统，而是一个大生机。在这种宇宙里面，我们可以发现旁通统贯的生命，它的意义是精神的，它的价值是向善的，惟其是精神的，所以生命本身自有创造才能，不致为他力所迫胁而沉沦，惟其是向善的，所以生命前途自有远大希望，不致为魔障所锢蔽而陷溺。我们的宇宙是广大悉备的生命领域，我们的环境是浑浩周遍的价值园地。①

可见，在方东美观念中，中国哲学中的宇宙是个生命系统，这个生命系统的意义是精神的、价值是向善的，因此，在人生领域是创造的、开放的，是积健为雄的，是以追求德业为目标的，而且，这种生命是日新又新、生生相续、于穆不已的。概言之，中国哲学的生机性不仅是横向、空间的宇宙生命与人类生命的统一，更是纵向的、时间的万物生命的生生不已。

蒙培元对中国哲学的"生机整体"特征是完全认同的，他以《易经》哲学为例进行了深入分析，他说：

> 在《易经》中，六十四卦作为象征性符号，从不同方面体现了这种生命意义，并且构成一个包括人与自然在内的有机整体。而每一卦不过是有机整体中的一个要素，同时却包含着人和自然界的两个方面，二者不仅是对应的，而且是统一的。这种思想从原始八卦中已经看得很清楚。乾、坤、震、巽、坎、离、艮、兑八个卦，分别代表自然界的八种事物或现象，这八种现象与人的生命有密切联系，在某种意义上被看作是生命的来源或不可缺少的条件，实际上代表着生命整体。②

根据蒙培元的分析，《易经》六十四卦作为象征性符号，所构成的就是一个包括人与自然在内的有机整体，每卦是这个有机整体的要素，每卦所包含的人与自然两方面既是对应的，也是统一的。因此，无论是卦还是爻，所内含的都是宇宙万物的有机联系，都是"天人合一"的有机整体，而卦爻的演绎，所反映的是宇宙生命的变化过程。蒙培元说：

---

① 方东美：《中国人生哲学》，（台湾）黎明文化事业有限公司2006年版，第86页。
② 蒙培元：《心灵超越与境界》，人民出版社1998年版，第113页。

无论何卦，也无论何爻，都从不同角度、不同方面表现出天与人之间的有机联系及生命过程，整个《易经》六十四卦，及其三百八十四爻，便构成了"天人合一"的有机整体，成为中国哲学"天人合一"论的源头。在这一整体中，自然界是一个不断变化着的生命过程，人则是这一过程的生命主体。人与自然界在双向交流和互相感应的过程中，既是互相对应的，又是和谐统一的。这种和谐，就是生命的重要原则。因此，从根本上讲，《易经》思想不是本体论的，而是整体论的，不是机械论的，而是生机论的。①

因此，"有机整体"正是中国哲学的人文主义特色，蒙培元说：

人既是社会主体、历史主体，又是自身存在的价值主体。它可以分为内在性与外在性两方面，前者指人的自我实现、自我完成的内在的潜力及其价值取向，后者指人的社会角色及其活动等，二者互为条件、互相作用。就人的根本存在而言，其核心则是内在方面。如果丢弃了内在方面，只限于外在化甚至工具化的方面，那么，更深层的问题就被忽视了，人本身的问题就被忽视了，甚至变成一般的"物"，同一般的对象没有区别，一句话，人的存在、价值和尊严被遗忘了。中国文化启示于今人的，恰恰是在这个方面。②

就是说，中国哲学的"有机整体"虽然包括内在性与外在性两方面，但其更注重人的内在性，就是希望通过对人素养的提升，避免物化，成就人格，而这正是中国哲学的根本任务。

吴怡认为，中国传统哲学对宇宙世界的看法，就是生命的、生机的、整体的，他说：

在《易经》"系辞上"虽然曾说："形而上者谓之道，形而下者谓之器。"但在中国思想里，形上形下却不是断然的两截；而是道中有器，器中有道。不过道和器如何能相含相摄，这里面却有一个媒介，就是人。由于人的上达与下注，便沟通了道和器。而这个上达与下注的作用，便是中国哲学里天人

---

① 蒙培元：《心灵超越与境界》，第116—117页。
② 蒙培元：《心灵超越与境界》，第431页。

合一、物我同体的境界了。①

这就是说,《易》所谓形上形下不是分离的,而是你中有我、我中有你的,而人是实现这一境界的关键,有了人的上下贯通,才能实现物我同体。但需要注意的是,中国哲学中的"物"不是无生命的质料,而是有灵性的、有精神的生命。他说:

> 中国哲学家眼中的"物",绝不是一个粗糙的质料,一个没有生命的形体;而是有精神,有性灵的。道生眼中的顽石能点头,濂溪不除庭前杂草,是为了"与自家意思一般",可见他们并没有轻贱物,舍弃物,而是把物提升上来,与人活在一个境界中。所以庄子高唱:"天地与我并生,而万物与我为一",而要齐物,而要物化。至于儒家们,也是口口声声"仁民爱物""民胞物与",要我们把物看成同类,看成同体。既然天人合一,物我同体,因此天、人、物便不是相互对立,彼此排斥的。因为天有天道,即天命;人有人道,即人性;物有物道,即物理。由于这个道的作用,便使他们连成了一贯,浑然成了一体,而洋溢出境界之美。②

因而中国哲学就是要求将物看成同类,在天、地、人之间贯注着"道",所以是有机的整体。

郭齐勇认为,儒家思想中的人文精神即表现为与自然的和睦相处,他说:

> 儒家人文精神强调天地人"三才之道"并行不悖,并育而不相害,且成就了一个人与宇宙的大系统。"《易》之为书也,广大悉备。有天道焉,有人道焉,有地道焉。"(《周易·系辞下传》)《周易》称天、地、人或天道、地道、人道为"三才",其"三才共建"和"三才之道",就是把宇宙万物归纳成不同层次而互相制约的三大系统,三大系统构成为一个统一的整体。也就是说,天、地、人不是各自独立、相互对峙的,它们彼此之间有着不可分割的联系,同处于一个"生生不息"的变化之流中。……这表明,中国的人文精神不

---

① 吴怡:《中国哲学的生命和方法》,(台湾)东大图书公司1984年版,第5页。
② 吴怡:《中国哲学的生命和方法》,第6—7页。

与自然相对立，不会导致一种人类中心主义以及对自然的宰制、占有或无视动物、植物的存在；相反，它讲求的是与自然的协调。①

郭齐勇通过对儒家天人关系观的分析与解释，认为儒家强调天、地、人三才的一体，三者循环互动，生生不已，将人视为自然的一分子，人与自然生命攸关，所以儒家的人文主义不主张人与自然的对立，而是互为存在基础的有机统一体。总体上看，以人文认知范式理解中国传统哲学的宇宙观必然是生机整体，而这种生机整体性又具体表现为万物一体的、刚健活泼的、开放流行的、和谐有序的、融贯万有的、精神而非物化的等特质。

（三）直觉主义：思维方法上的豁显

随着人文主义思潮进入中国思想领域的脚步逐渐加快，中国学者对直觉方法的认识也逐渐全面、准确。梁漱溟说："宇宙的本体不是固定的静体，是'生命'、是'绵延'，宇宙现象则在生活中之所现，为感觉与理智所认取而有似静体的，要认识本体非感觉理智所能办，必方生活的直觉才行，直觉时即生活时，浑融为一个，没有主客观的，可以称绝对。直觉所得自不能不用语音文字表出来，然一纳入理智的形式即全不对，所以讲形而上学要用流动的观念，不要用明晰固定的概念。……直觉是主观的，情感的，绝不是无私的、离却主观的，如何能得真呢？所以直觉实为非量如前已说。我们必要静观无私的才敢信任。"②此谓"直觉"具有当下的、泯灭主客的、主观的、流动的等特性。

贺麟说："所谓直觉是一种经验，广义言之，生活的态度，精神的境界，神契的经验，灵感的启示，知识方面突然的当下的顿悟或触机，均包括在内。所谓直觉是一种方法，意思是谓直觉是一种帮助我们认识真理，把握实在的功能或技术。"③此谓"直觉"具有生活的态度、精神的境界、神契的经验、灵感的启示、知识方面突然的当下顿悟等面相。

---

①郭齐勇：《中国儒学之精神》，复旦大学出版社2009年版，第78—79页。
②梁漱溟：《东西文化及其哲学》，《梁漱溟全集》（第1卷），山东人民出版社1989年版，第406页。
③贺麟：《宋儒的思想方法》，张学智编：《贺麟选集》，吉林人民出版社2005年版，第63页。

张岱年说:"直觉法即直接冥会实体,或谓入于实体中而觉之,不假耳目,不假推论,而直会实体之真相。"①此谓"直觉"内超越感官、理性之冥会。那么,中国传统哲学在思维上是否属于直觉方法呢?答案是肯定的。

梁漱溟深受柏格森影响,他说:"给我启发最大,使我得门而入的,是明儒王心斋先生;他最称颂自然,我便是由此而对儒家的意思有所理会。开始理会甚粗浅,但无粗浅则不能入门。后来再与西洋思想印证,觉得最能发挥尽致,使我深感兴趣的是生命派哲学,其主要代表者为柏格森。……柏氏说理最痛快、透彻、聪明。"②这就是说,让他对儒家思想产生觉悟的是柏格森生命哲学,而其所觉悟到的内容便是直觉方法。梁漱溟说:"东方学术的根本,就在拿人的聪明回头来用在生命的本身上。此功夫则以儒家为最彻底,他就是专门去开发你当下的自觉,并无另外的反观内观,他让当下自觉更开大。当下自觉,就是当下的是非好恶痛痒,让这些在当下更切实明白开朗有力,喜欢这个就喜欢这个,不喜欢这个就不喜欢这个,如恶恶臭,如好好色,毫无半点虚假。道家有所观的东西,儒家则只教你当下不马虎,此即王阳明先生之所谓致良知,亦即真诚之诚,此非反观,而实是反观之最彻底最深者。"③就是说,依柏格森生命哲学看,中国哲学的方法即是当下如此、非理智思辨、无主客之别的直觉方法。

王国维也以人文认知范式为参照对中国传统哲学思维方式展开了考察与分析。王国维认为儒家学说属于直觉论,他说:"就人间行为之判断,于西洋有动机论、结果论二派。动机论者,行为之善惟在动机之纯正耳,结果之如何,非所顾也。结果论者,曰曰行为之结果善,则其行为亦善,动机之如何,可不问也。前者为直觉派,后者为功利派。儒学直觉派也。"④为什么说孔子是直觉论者呢?王国维说:"故孔子恰如康德为动机论者,动机纯正则其结果之善恶如何可不顾。故《论语》曰:'志士仁人,无求生以害仁,有杀身以成仁。'(按,《卫灵公》)又'殷有三仁'。(按,《微子》)仁,动机也。苟能行仁,则其结果如何可不顾。是所

---

① 张岱年:《天人五论》,《张岱年全集》(第3卷),河北人民出版社1996年版,第29页。
② 梁漱溟:《中西学术之不同》,《梁漱溟先生论儒佛道》,广西师范大学出版社2004年版,第12页。
③ 梁漱溟:《中西学术之根本》,《梁漱溟先生论儒佛道》,第23页。
④ 王国维:《孔子之学说》,《王国维哲学美学论文辑佚》,佛雏校辑,华东师范大学出版社1993年版,第41页。

以谓直觉说也。"①并且，孔子的直觉是理性之直觉，他说："更进一步，则《季氏》'生而知之者上也'，《雍也》'人之生也直，而罔之生也幸而免'之说，皆可以证明。第一条，备言人能直觉辨别是非善恶；但是非谓常人，谓睿智之圣人也。第二条，程子解'直'为'理'，而杨龟山以之为'情'。但孔子以为理与情并重，又因时与地而异。其'直'之解释，如'斯民也，三代之所以直道而行也'（按，《卫灵公》）之解'直'为理，答叶公之问之'直'，则情也。故'人之生也直'之'直'，解之为'理'，或稍妥也。以上可知孔子为'贵理性之直觉派'也。"②就是说，孔子虽然重动机轻结果，但其直觉辨是非善恶由睿智的圣人把握，而且有注家将"直"释为"理"，因此，孔子的直觉属于"贵理性之直觉"。王国维通过对孟子"义"的分析，断定孟子的思维方式也是直觉的，他说：

> 孟子以义为直觉的，即离却一切理由条件，而绝对的督责吾人之命令。以此点言，则孟子之于伦理上似有直觉论派之面目焉。曰："行一不义，杀一不辜，而得天下，皆不为也。"（按，《公孙丑》上）"古之人未尝不欲仕也，又恶不由其道，不由其道而住［往］者，与钻穴隙之类也。"（按，《滕文公》下）"非礼之礼，非义之义，大人弗为。"（按，《离娄》下）……由此等思想考之，则孟子之所谓"义"，其视为直觉的，绝对的，而强人以实行之之道德上规则或义务，益昭然无可疑已。③

就是说，孟子的"义"是不讲条件的、绝对的，其强迫人践行的特质使其"直觉主义"愈为鲜明。不过，由于孟子常常需要处理仁、义、忠、孝等独立直觉原理的关系，而需要确立一个最高且适时标准，从而影响其直觉主义的品质，王国维说："孟子于大体上似属直觉说，然亦稍加以立极论之思想。（立极论者谓立一究竟之标准以为一切义务之根据）彼以不杀人为仁，然有时亦以杀人为合于天理者，则彼之非严义之直觉论者，不可争也。"④即孟子的"直觉"不是典型意义上的直觉。

贺麟考察、分析了心学家陆九渊与理学家朱熹在哲学思维方式上的异同。贺麟

---

① 王国维：《孔子之学说》，《王国维哲学美学论文辑佚》，佛雏校辑，第47页。
② 王国维：《孔子之学说》，《王国维哲学美学论文辑佚》，佛雏校辑，第47页。
③ 王国维：《孟子之伦理思想一斑》，《王国维哲学美学论文辑佚》，佛雏校辑，第83—84页。
④ 王国维：《孟子之伦理思想一斑》，《王国维哲学美学论文辑佚》，佛雏校辑，第86页。

认为，由于陆九渊认识到沉湎书籍、迷于文字对于悟道的障碍，因而他的"不读书"非但不能被批评，反而是一种特殊的悟道方法。这种悟道方法就是"回复本心"法，贺麟说：

> 象山也未尝不读书，不过他读书是看古人是否先得我心之已然，契合自己的本心。他未尝不著书，但著书只是出于自然，并非勉强，且不以传注为业。他亦未尝不讲论，但讲论只是启发人自己的思想，发明人的本心，教人自己反省。因此象山的直觉方法的积极方面，可用"回复本心"四字来包括。本心即是他的本体，回复本心即是他的方法。他根本认为"此心本灵，此理本明，此性本善；""心即是理，性即是理；""人同此心，心同此理。"所谓格物穷理，即是回复本心。回复本心在陆王的方法中亦有两面，一是教人反省他自己的本心，注重在启发他人，唤醒他人，使之回复到他有的先天理性，有似苏格拉底的接生法；一是自己反省自己的本心，自己体认自己的真我，自己把握自己的真生命，有似柏格森所谓自己与自己表同情。①

就是说，"回到本心"有两种表现形式，一是让人反省自己本心，一是自己反省自己的本心，它们的共同点就是体悟，自己体认本absolut心。若要更具体更形象的例子，所谓指点、提醒、棒喝都属此类，贺麟说：

> 絜斋（袁燮）遇象山曰："君今日所听扇讼，彼扇讼者有一是有一非，若见得孰是孰非，即决定为某甲是，某乙非，非本心而何？"先生（袁燮）闻之，忽觉此心澄然清明，亟问曰："止如斯耶？"象山厉声答曰："更何有也！"先生退，拱坐达旦，质明，纳拜，遂称弟子。②

在这个例子中，陆九渊通过扇讼以点拨袁燮什么是本心，生动形象，亲切可信，而且效果极佳，没有知识论证，没有逻辑推理，没有理论说教。贺麟认为陆九渊这种直指人心的方法，与苏格拉底的"接生法"一样，属于反省式的直觉法。与陆九渊比较，朱熹哲学方法似乎与直觉主义方法相距甚远，但贺麟认为朱子的哲学

---

① 贺麟：《宋儒的思想方法》，张学智编：《贺麟选集》，第68页。
② 贺麟：《宋儒的思想方法》，张学智编：《贺麟选集》，第69页。

方法也是直觉方法,他说:

> 朱子《大学章句集注》,采程子之说,训"格"为"至",释"格物"为"穷至事物之理,欲其极处无不到也",其意亦是用"虚心涵泳,切己体察"的工夫,以穷究事物之理,而至乎其根本极则,贯通而无蔽碍,以达到"用力之久,而豁然贯通焉,则众物之表里精粗无不到,而吾心之全体大用无不明"的最后的直觉境界。盖训格物为至物,即含有:一、与物有亲切的接触,而无隔阂;二、深入物之中心,透视物之本质,非徒观察其表面而止;三、与物为一,物我无间之意。但朱子复力言虽训格为至物,但至物既非神秘的与物相接,亦非空泛的与物同体之意,"盖泛言同体,使人含糊昏缓而无警切之功,其弊或至于认物为己"(《仁说》),而神秘的与物相接,"则或徒接而不求其理,或粗求而不究其极,是以虽与物接而不能知理之所以然与其所当然也"(《甲午答江德功书》)。所以朱子虽言至物,虽向外探求,而不陷于狭义的神秘主义与粗疏的感觉主义,即因他能用虚心涵泳切己体察的工夫以穷至事物之理故也。盖朱子格物的工夫所欲达到的非与物相接或与物一体的先理智的神秘的感性的直觉境界,而乃是欲达到心与理一的后理智的理性的直觉境界。于此更足以见得朱子的直觉法的高明、精到而且平实。①

在贺麟看来,从朱熹训"格物"为"至物"看,其"格物"既非神秘的与物相接之意,因为与物有亲切的接触;亦非空泛的与物同体之意,因为需透视事物的本质而实现物我无间;因此朱熹的"格物"并不陷于神秘主义,也不陷于感觉主义,而是用虚心涵泳切己体察的工夫以穷至事物之理,所以朱熹所达到的不是"与物一体"的先理智的神秘的感性直觉境界,而是达到"心与理一"的后理智的理性的直觉境界。因而朱熹的格物不是科学方法,而是直觉方法。不过,虽然朱子与象山都属直觉方法,但在内容上与象山还是有些不同。贺麟说:

> 朱子所说的读书法,大体上即足以代表他格物穷理的思想方法,且足以代表朱学之有异于其他学派之处,盖朱的方法之所以是体验"经训史册"或文化的结晶的直觉方法,而非用实验观察、数学方式,以驾驭自然的科学方法在

---

① 贺麟:《宋儒的思想方法》,张学智编:《贺麟选集》,第76—77页。

此；朱子虽与汉学家同样注重读书而其用涵泳体察的直觉以探究经籍的义理，而有以异于从考据经典中的名物训诂的考据方法亦在此；朱子虽与陆王同注重义理心性之学，同采用直觉方法，而其偏重向外透视体认的直觉法，有以异于象山之偏重向内反省本心的直觉法，亦在于此。①

根据贺麟的分析，朱熹的方法是一种体验"经训史册"或文化的结晶的直觉方法，因而属于向外透视的直觉法。而从用词上看，也表明朱熹哲学方法是直觉方法，贺麟说：

> 宋儒，特别朱子，最喜欢用"理会"二字。大约系"深沉潜思""优游玩索"之意。若单就字面，将"理会"二字直解成"用理智去心领神会"之意，则意思实与柏格森所谓"理智同情"，最为接近。至朱子所谓："入道之门，是将自家身体入那道理中去，渐渐相亲，久之与己为一。而今人道理在这里，自家身在外面，全不曾相干涉"（《语录》卷八）等语，则略近柏格森深入物内与物为一而不可站在外面观看之旨。②

"体会"即体验、觉悟、领会，渐久而"入物内与物为一"之境界，可谓典型的中国式直觉方法。

对于中国哲学方法的直觉主义特质，张岱年不仅是认同的，而且有专门的分析。这里选择若干案例以考察具体之情形。老庄哲学方法是否直觉方法？张岱年说：

> 在古代称之为"玄览"或"体"（即"体认""体会"之体）。老子云："涤除玄览，能无疵乎？"（十章）又说："不窥牖，见天道。"（四十七章）所谓"玄览"，所谓"见天道"，都是指对于天道的直觉。这直觉是超乎一般感觉经验。庄子不但要求超越感官经验，更要求超越理性思维，宣称"无思无虑始知道"（《庄子·知北游》）。忘耳目、超思维，这种境界，称为坐忘。"堕肢体，黜聪明，离形去知，同于大通，此谓坐忘。"（同书《大宗

---

① 贺麟：《宋儒的思想方法》，张学智编：《贺麟选集》，第79页。
② 贺麟：《宋儒的思想方法》，张学智编：《贺麟选集》，第78页。

师》）惟有忘却自己，与最高的道（"大通"）合而为一，才能达到最高的认识。①

就是说，老子直觉方法是超乎一般感觉经验的，而庄子的直觉方法不仅超越感觉经验，甚至超越理性思维。张载哲学方法、朱熹哲学方法是否直觉方法？张岱年说："张载讲'体物'，他说：'大其心则能体天下之物……其视天下无一物非我。'（《正蒙·大心》）体物即消除了物我的对立，超越自我，以天地万物为我，这样来认识天下之物。朱熹解释所谓'体天下之物'的'体'字说，'此是置心在物中，究见其理'（《朱子语类》卷九十八）。所谓'置心物中'正是近代所谓直觉之义。"②

就是说，张载"体物"就是朱熹讲的"置心物中"，"置心物中"就是直觉之法，这种直觉方法最大特点是消除物我的对立。陆象山哲学方法是否直觉方法？张岱年说：

> 象山的方法，纯然是一种直觉法。这种直觉法，又与程朱的方法中之直觉法不同。程朱的直觉法是"即物"的，象山的直觉法则是向内的，反求于心的。象山实即是以内省为达到宇宙本根及人生准则之理的方法。这种观点完全是反科学的。象山又尝云："此理塞宇宙，古先圣贤，常在目前，盖他不曾用私智。'不识不知，顺帝之则'：此理岂容识知哉？'吾有知乎哉'？此理岂容有知哉？"（《与张辅之》）此种完全不要理智的态度，是象山的特色。于此更可见象山专以直觉为方法。程朱的方法，是参用直觉与理智的，象山的方法则是纯然直觉。③

就是说，象山的直觉方法是反身向内的，希望通过内省达到对宇宙本根及人生准则之理的把握，因而根本不需要理性，不需要知识，表现出反科学性。令我们非常惊喜的是，中国学者虽然借助人文认知范式分析、判定中国传统哲学的思维方法是直觉主义的，但并没有满足于此，而是在人文认知范式启示下，继续对不同哲学

---

① 张岱年：《试论中国传统哲学的思维方式》，《张岱年全集》（第6卷），第416页。
② 张岱年：《试论中国传统哲学的思维方式》，《张岱年全集》（第6卷），第416页。
③ 张岱年：《中国哲学大纲·致知论》，《张岱年全集》（第2卷），第580页。

家直觉主义思维方式之内容、特点及它们的异同展开了富有启示性的讨论与判断,这对于准确把握中国传统哲学思维方式的特征,对于改善中国传统哲学思维方式都具有实际的意义。

(四)相融相济:人神关系上的豁显

根据人文主义内涵,崇尚理性反对愚昧、肯定人否定神是其基本主张。不过,中国哲学在人神关系上,却是肯定人也不否定神的,甚至是赞美神的,宗教信仰成为中国传统哲学中的基本要素,这正是中国传统哲学在人神关系上表现出来的特点。徐复观即指出了这一特点,他说:"中国的人文精神,在以人为中心的这一点上,固然与西方的人文主义相同;但在内容上,却相同的很少,而不可轻相比附。中国的人文精神,并非突然出现,而系经过长期孕育,尤其是经过了神权的精神解放而来的。"①这就是说,虽然中国的人文主义是从神权中解放出来的,但并不意味着神权的式微或否定。这是因为:

> (一)在古代,任何一个民族与神都会发生交涉,在中国,也是一样。但西周初年,首先出现人的祸福是由自己的行为所决定的论调。人的精神,从神的手上解脱出来,于是人用心的重点不是神,而是人的行为。(二)神为人而存在。西方在文艺复兴以前,都是认为人是为神而存在的,国家政治只是为我们进到天国的踏脚石。在中国春秋时代,已经出现神是为人而存在的思想,"民,神之主也。"统治阶级总认为它是代表神的。神为人而存在,统治阶级也成为为人而存在。②

就是说,在西周初年,"人"与"神"的位置开始发生变化,用心的重点是人不是神。而到春秋时期,"神"与"人"关系再次发生变化,"神"由"主"转换至"从"的位置,人则由"从"转换至"主"的位置,这样的结果是:"神"为人而存在,"神"服务于人。既然"神"服务于人,说明"神"仍然存在并扮演着特殊角色。

---

① 徐复观:《中国人性论史·先秦篇》,李维武编:《徐复观文集》(第3卷),第27页。
② 徐复观:《中国人文精神与世界危机》,李维武编:《徐复观文集》(第1卷),第175页。

唐君毅认为，儒者崇尚气节，以从容就义为最高理想，如果没有绝对的信仰是不可能做到的。不过，儒学之为宗教有自己特点，那就是人文宗教，他说：

> 唯依孔子之教，乃真可由其于天于神无所求之报本复始精神，而摄天心于人心；转天神之恩我，以推恩于世界，而人德可齐天德，由此而后可以见人与天之俱尊。人德齐天，而知人之善性亦齐于天，然后有天命即性之性善论，尽心知性即知天、存心养性即事天之孟子之学。此儒家之教包含宗教精神于其内，既承天道以极高明，而归极于立人道，以致广大，道中庸之人文精神所自生。故谓儒家是宗教者固非，而谓儒家反宗教、非宗教，无天无神无帝者尤非。儒家骨髓，实唯是上所谓"融宗教于人文，合天人之道而知其同为仁道，乃以人承天，而使人知人德可同于天德，人性即天命，而皆至善，于人之仁心与善性，见天心神性之所存，人至诚而皆可成圣如神如帝"之人文宗教也。①

在唐君毅看来，由于儒家将天心收归到人心，因而天神将恩典施于人，人便将此恩典施于其他人，这样，人德与天德齐一，人就能获得像天一样的尊严。而人尽心养性就是事天，事天即是执行宗教仪式，而事天是为了获得天恩以施于百姓，因而其人文主义内具宗教性，即所谓人文教。中国哲学对于善的确定与落实，都必须与天关联，没有天不行，天是价值的源头，是一切的根据。这就是儒学人文主义的特点。而且在唐君毅看来，因为孔子精神的影响，中国哲学普遍表现为对宗教的容纳，或将宗教融于道德伦理的实践中。唐君毅说：

> 原始之宗教既经孔子之融化，乃本人德可齐于天之思想，再与庄子游于天地之思想相与合流；而渐有与天地比寿，与日月齐光之神仙思想。而后之佛学之所以为中国人所喜，亦因佛学始于不信超绝之梵天，而信人人皆可成佛，而如神，如梵天，如上帝。则中国以后道佛之宗教精神，亦孔子天人合德之思想之所开，人诚信天人合德，而人德可齐天，则人之敬贤之心，敬亲之心，亦可同于敬天之心。此即后来之宗教精神之所以于天帝崇拜之外，尤重对圣贤祖先之崇拜之故。②

---

① 唐君毅：《中国文化之精神价值》，广西师范大学出版社2005年版，第39页。
② 唐君毅：《中国文化之精神价值》，第42—43页。

按照唐君毅的理解，无论是庄子还是佛教，都具有天人贯通的特点，都具有通过人的德行以尽天道而实现善的特点，其宗教性虔诚、敬畏、大爱统统表现在人的道德修行与实践中，因而中国哲学的人文主义不仅不排斥宗教，反而将宗教作为人文主义的基本要素。

牟宗三对于中国哲学中的人神关系有着清晰的认识和理解，他说：

> 人文教之所以为教，落下来为日常生活之轨道，提上去肯定一超越而普遍之道德精神实体。此实体通过祭天、祭祖、祭圣贤而成为一有宗教意义之"神性之实"，"价值之源"。基督教中之上帝，因耶稣一项而成为一崇拜之对象，故与人文世界为隔；而人文教中之实体，则因天、祖、圣贤三项所成之整个系统而成为一有宗教意义之崇敬对象，故与人文世界不隔：此其所以为人文教也，如何不可成一高级圆满之宗教？①

就是说，宗教可分为两种，一种是与人文世界绝缘的，比如基督教，另一种是与人文世界贯通的，比如儒教，而与人文世界贯通的学说即可称为"人文教"。儒教的特点就是：下落可以成为日常生活的规则，上提可以成为超越普遍的精神实体，此精神实体即是有宗教意义的价值源头，它通过祭天、祭祖、祭圣等礼仪形式表现出来。因此，中国哲学属于典型的"人文教"。牟宗三说：

> 周公制礼作乐，定日常生活的轨道，孔子在这里说明其意义，点醒其价值，就是指导精神生活之途径。孔子开精神生活的途径，是不离作为日常生活轨道的礼乐与五伦的。他从此指点精神生活之途径，从此开辟精神生活之领域。故程伊川作《明道先生行状》云："尽性至命，必本于孝弟。穷神知化，由通于礼乐。"但是基督教与佛教却不就这日常生活轨道开其精神生活的途径。中国人重伦常，重礼乐教化，故吉、凶、嘉、军、宾都包括在日常生活轨道之内，并没有在这些轨道之外，另开一个宗教式的日常生活轨道，故无特殊的宗教仪式。②

---

① 牟宗三：《中国哲学的特质》，第132页。
② 牟宗三：《中国哲学的特质》，第87页。

就是说，周公制礼作乐确定了日常生活的轨道，而孔子点醒了它的价值以开出精神生活的途径，即是人文与宗教的融合，而吉、凶、嘉、军、宾等具有宗教内涵的礼乐仪式，无不包括在日常生活轨道之内。质言之，宗教精神完全融于儒家伦理教化之中，宗教信仰是通过具体的伦理规范的执行体现的，神可以尽情地与人共舞。

刘述先也明确肯定中国哲学中的人文主义是含摄宗教的，他说：

> 中国的人文精神是中国文化的特殊产物，它宣扬的中庸之道，恰正是西方文化最缺少的东西。它不必像西方基督教超人文的精神，必须在另一个世界才能找到生命的意义。在另一方面也不必像西方现代的寡头人文主义那样，硬要把自己和社会人群、宇宙天道整个切开，变成一个孤零零的个体，既没有生前也没有死后的安慰。中国的人文精神是一种最合乎常识，最合情合理的生命体验，它又不只是少数知识分子的事。《中庸》说得好，天地之道造端乎夫妇，然而，极其至也，却又圣人有所不能。儒家的东西就好像家常便饭，平淡无奇。然而阳明却指出，平地比高山更伟大，这是真能把握到儒家的根本精神。百姓日用而不知；正好像阳光、空气和水一样，没有了它们一天日子都过不下去。而人生虽不能不预设道的流行，在现实上则又往往容易脱离中庸的理想，一走向极端，立刻百病丛生。如果我们能够紧紧地把握住儒家的根本智慧与理想，就能够对现实社会文化的发展，提出鞭辟入里的批评。①

在刘述先看来，中国哲学的人文精神具有"中庸之道"的特点，这有两层含义：一是中国哲学上下贯通，即天道人道贯通，二是中国哲学与日常生活打成一片，不像西方哲学高高在上、孤立清高，与日常生活老死不相往来。所以，中国哲学中的人文主义是既具宗教超越性、又具日用庸常性的人文主义，它是包含宗教的人文主义。概言之，中国人文精神有两点值得注意：其一是中国哲学寻找生命的意义无须到彼岸，此岸即可找到生命的意义，其二是中国人文精神不是与社会人群、宇宙天道隔开的，而是融为一体的。因此，中国的人文主义是现实的、世俗的、朴实的人文主义。这个特点在中国诸种祭祀礼仪中表现得尤为清晰与突出。刘述先

---

① 刘述先：《儒家思想的现代化》，景海峰编：《儒家思想与现代化——刘述先新儒学论著辑要》，中国广播电视出版社1992年版，第202—203页。

说："儒化家庭祭祖，历代帝王祭天，似也不乏其宗教层面。吾人自当更进一步追问，由纯哲学的观点省察，依据儒家内在的义理结构，究竟是否必须肯定'超越'之存在。如果答案是肯定的，则儒家祭祀固不止只有实用或教化的意义，而自有其深刻的宗教理趣。"①就是说，儒学不仅在技术操作层面具有宗教性，在精神超越层面同样具有宗教性。

郭齐勇通过对儒学天命观的考察以研判其中的神与人的关系，他说：

> 孔子保留了对"天""天命"的信仰与敬畏，肯定了"天"的超越性、神秘性。据孟子说，孔子赞美《诗经·大雅·烝民》篇的"天生烝民，有物有则，民之秉彝，好是懿德"为"知道"之诗（《孟子·告子上》），肯定天生育了众民，是人的源泉，认为人所秉执的常道是趋向美好的道德，即天赋予了人以善良的天性。孔子肯定个人所具有的宗教性的要求，又进一步把宗教与道德结合起来。孔子和儒家的积极有为的弘道精神、担当意识，超越生死的洒脱态度，朝闻夕死，救民于水火，杀身成仁，舍生取义的品德，均源于这种信仰、信念。或者我们可以说，儒家人文的背后，恰恰是宗教精神信念在支撑着！……足见儒家人文精神不仅不排斥宗教，反而涵盖了宗教，可以与宗教相融通。②

由郭齐勇的分析可以看出，孔子思想中保留了天命观念，而这个天命观念就是孔子的宗教观念，孔子视道德为天命所赋，因而道德意识源于宗教信念，在世精神由宗教信念支撑，因而孔子的人文精神不排斥宗教。

总之，中国传统哲学中的人神关系表现为相融相济的特性，即中国哲学人文主义不把神作为敌人，不把宗教作为否定的对象，这正是徐复观、唐君毅、牟宗三、刘述先、郭齐勇等所认知和理解中国传统哲学实践中所获得的结论。唐君毅说："我们今日承中国之人文思想，以论我们对文化之态度，亦不须从反神反宗教之精神开始。西方现代所需之新人文主义，亦决不能如文艺复兴以来之人文运动，持人与神相对之态度。反宗教是不必须的。不仅不必须，而且从整个西洋文化之保存与

---

① 刘述先：《儒家宗教哲学的现代意义》，景海峰编：《儒家思想与现代化——刘述先新儒学论著辑要》，第51页。
② 郭齐勇：《中国儒学之精神》，第76—77页。

发展看，西方之宗教精神是应当保持的、加以发扬的。如说已衰亡，便应使之再生。"①就是说，广义的人文包括人之一切文化，宗教也包括在内。不难看出，唐君毅对人文主义有着强烈的"造道"愿景。

（五）几点思考

如上从研究内容、宇宙观、思维方式、人神关系等四个方面考察了人文认知范式用于认知和理解中国传统哲学的情形。在这种认知、理解的实践中，我们除了分享到中国传统哲学中的人文主义思想被全面地、深刻地开显外，还可以继续以下有价值的思考。

其一，丰富了对中国传统哲学特点的认识。众所周知，关于中国传统哲学的特点学界已有多种判断，但相关的判断因为视角的限制似有拓展、深化的空间。就研究对象言，也有视中国传统哲学研究对象为人的观点，但并没有深入到道德性命、更没有深入到"内容真理"的论说；就宇宙观言，也有视中国传统哲学宇宙观为有机整体的观点，但并没有将有机整体触及"刚健活泼、开放流行、和谐有序、融贯万有、精神而非物化"等特性；就思维方式言，也有视中国传统哲学思维方式为直觉主义的观点，但并没有揭示孔子的"贵理性之直觉"、孟子的"非严义之直觉"、陆九渊的"反省式直觉"、朱熹的"体验'经训史册'的结晶而向外透视"的直觉、老子的超越感觉经验的直觉、庄子超越理性思维的直觉、张载消除物我对立的直觉等具体形式；就人神关系言，则揭示了中国传统哲学中人神相融相济的微妙关系，从而纠正了将"无神论"视为中国传统哲学基本特质的片面观点。可以说，在人文认知范式的观照下，关于中国传统哲学特点的认识得到了实质性丰富。

其二，深化了对中国传统人文思想的理解。之所以说人文认知范式的应用深化了对中国传统人文思想的理解，不仅在于人义主义的视角对相应具有人文主义思想的概念和命题的发明，而且在于由人文主义视角对中国传统哲学中人文主义内涵的深入分析和把握。比如，在研究内容上从人到道德性命再到"内容真理"，所谓"内容真理"就是指哲学概念或命题道德意义的具体性与实践性，这就从哲学研究内容上深化了对中国传统人文主义的理解。在宇宙观上将生机整体延伸至刚健活泼、开放流行、和谐有序、融贯万有、精神而非物化等特性，从而呈现出中国传统

---

① 唐君毅：《人文精神之重建》，广西师范大学出版社2005年版，第4页。

哲学宇宙观的生命性，这就从宇宙观上深化了对中国传统人文主义的理解。在思维方式上将孔子、孟子、老子、庄子、张载、朱熹、陆九渊各自的直觉思维方式之内容、特点予以呈现，从而揭示出中国传统哲学直觉思维的多样性，这就从思维方式上深化了对中国传统人文主义的理解。在人神关系上分析了神人共存的状况、原因及其意义，在中国传统哲学中，神并不必然与人对立，完全可以成为人的朋友，完全可以成为人成就生命的力量，这就将神的本质揭示了出来，这个本质就是人文关怀。而将"礼"理解为"通过对人行为规范以显示其价值和尊严"，不仅是对"以礼杀人"片面认识的否定，而且是使"礼"本有的人文关怀意义得以重现。无疑，这些分析与判断不仅有助于全面、深入和准确地理解中国传统哲学中的人文主义思想，而且在广度与深度上实现了对中国传统人文主义思想内容的扩充。因此，相对于那些片面的理解，相对于那些肤浅的理解，本文所呈现的以人文认知范式为坐标和方法而形成的理解无疑得到了极大深化。

其三，展示了融合中西人文主义的气象。在西方人文主义传统中，其哲学的对象主要是自然或神，而中国哲学对象是人，是道德性命。这就是说，如果以自然或神为对象的哲学是不完善的，那么可以补之人、道德性命、内容真理等内容。在西方人文主义传统中，其宇宙观主要是机械的、分析的、物化的、二元的，但中国传统哲学的宇宙观是有机的、整体的、活泼的、一元的、精神的，这就是说，如果机械的、分析的、物化的、二元的宇宙观存在不足，那么可以补之有机、整体、活泼、一元、精神等内容。在西方人文主义传统中，其哲学思维方式以直觉为主体，但中国传统哲学中的直觉思维方式却是丰富多彩而各具特色的，如果说西方哲学中的直觉思维方式较为单调，那么可以补之孔子的"贵理性之直觉"、孟子的"非严义之直觉"、陆九渊的"反省式直觉"、朱熹的"体验经训史册的结晶而向外透视"的直觉、老子的"超越感觉经验"的直觉、庄子"超越理性思维"的直觉、张载"消除物我对立"的直觉。在西方人文主义传统中，其人神关系的主张主要是驱神排神的，但中国传统哲学中的人神关系是相融相济的，神成为人的重要伙伴，神的责任是为人服务，因而如果驱神排神在处理人神关系上不算是明智选择的话，那么可以补之中国传统哲学中"人神相融相济"的传统。尤为值得注意的是，将"礼"置于人文认知范式而获得"通过对人行为规范以显示其价值和尊严"之认识，启发我们认真思考一向被视为束缚人性的规范与制度所内含的人文意义。总之，虽然西方人文认知范式是理解中国传统哲学的坐标与方法，但在具体的认知和理解实践中，中国学者并没有唯西是从，而是根据他们所处时代的价值诉求和中西哲学中人文主义思想的特点，对中西哲学中的人文主义思想进行取长补短、综合融通，在拓宽优化中西方人文主义内容的同时，展示了融合中西人文主义思想的气象。

其四，可以活化中国传统哲学的理解方式。依本文所论，人文认知范式的应用，不仅呈现了中国传统哲学中的人文主义思想，更重要的是激活了蕴藏于书册中的人文主义观念。就是说，在以人文认知范式为坐标和方法的理解实践中，借助人文认知范式的点拨与接引，使中国传统哲学中的人文主义思想得以表现其性能、得以显发其精神。就研究对象而言，多数人都认同中国传统哲学的对象是道德性命，但道德性命作为哲学内容必须表现在哲学概念和命题上，如此势必决定哲学概念和命题的特点，这就是所谓"内容的真理"，而顺应这种理解即可促使人们付诸行动。就宇宙观而言，有机整体无疑是对中国传统哲学特点的最恰当的概括，但当有机整体进一步落实到刚健活泼、开放流行、和谐有序、融贯万有、精神而非物化等特性的时候，我们便发现中国传统哲学有机整体的宇宙观是多彩的、鲜活的和实行的。就思维方式而言，中国传统哲学中的思维方式不仅是直觉主义的，更重要的是这种直觉主义思维方式表现为丰富性，而不同的直觉思维方式代表着不同的功能和价值，同时意味着对诸种直觉思维方式的尊重。就人神关系而言，相融相济是中国传统哲学中人神关系的基调，神为人服务，这就意味着需要继承和弘扬传统哲学中的人神关系，在维护人神良性互动中实现对人生命的关怀。所有这些，都是在以人文认知范式为坐标和方法的理解实践中获得的，正是借助人文认知范式的点拨、解释和接引，中国传统哲学中的人文主义思想得以深刻豁显。因此，就对中国传统哲学的理解而言，人文认知范式才是匹配的，从而也是有力量的、前景光明的。

（原载《天津社会科学》2018年第3期，人大复印报刊资料《中国哲学》2018年第10期转载）

第四章　儒学开展省思

本章共有六篇文章，集中讨论了儒学开展及其方向、方式问题。《儒学传道的四种方式》主要对传统儒学传道的方式进行了探讨，认为传统儒家传播、传承圣人之道，大致表现为四个方面，即以身传道、以文传道、以事传道、以心传道等，并对此四种传道方式的内容、特点及其启示进行了分析和判断。《生活儒学：当代儒学开展的基本方向》认为，儒学开展的基本方向是融入生活，并从「内生性要求」「经验性要求」「生存性要求」「意义性要求」「可能性要求」等方面进行了论证。《当代儒学开展的三个向度》对儒学开展方向问题做了进一步讨论，除了「生活的向度」之外，提出了「批判的向度」「信念的向度」等，认为儒学开展，必须体现儒学的批判精神，而儒学研究者必须对儒学有信念，没有对儒学的信念，一切都枉然。《王国维的儒学范畴诠释及其范式意义》通过对王国维关于儒学部分儒学概念的诠释进行了评析，探讨儒学在义理内涵上的现代转型之情形，并对王国维的诠释实践进行了评析。《儒学的传承与开新——以熊十力的心理》对熊十力试图通过对传统儒学概念的诠释开出「新外王」的心理，并对熊十力的实践展开了检讨。《「良知」之体释「理」为例》主要探讨了儒家核心理念三个向度展开，具体由「理」之体释「理」从「天理」到「物理」「意义的延伸」「良知」的沦陷及其省思》主要探讨了儒家核心理念「良知」处于近现代科学化、商业化、物质化潮流下的动向，认为在认识论解释、科学方法解释、阶级学说解释背景下，「良知」的内涵被肢解，「良知」的威严倒塌，因此，如何重建对「良知」的信心，是人类必须面对的严肃而紧迫的课题。

一、儒学传道的四种方式

考之儒学发展史，儒学传道的方式大致可分为四个类型，即以身传道、以文传道、以事传道、以心传道。这四种传道方式，对于儒学的传承和发展产生过极为重要的作用，更值得关注的是，这四种传道方式的内在意蕴对于当今投身于发展、弘扬儒家思想的人们而言，具有非常现实的启示意义。

（一）以身传道

所谓"以身传道"，就是身体力行传道。"身"有行为、身体、生命含义。根据儒家的主张，离开了人的"道"就不能算是"道"，所谓"道不远人，人之为道而远人，不可以为道"（《礼记·中庸》）。既然"道"离不开人，也就意味着没有"身体"就不可传"道"。毫无疑问，孔子、孟子都是"以身传道"的实践者。孔子周游列国，栖栖惶惶，明知不可而为之，为的就是传承尧舜之道，传播德政思想；孟子不辞辛苦，舌战群贤，巧说诸国王，为的就是推行"仁政"。孔子、孟子都是身体力行的传道者。明代大儒颜钧，不仅在任何场合（厨房、小巷、监狱等）任何时间（白天、黑夜、冷天、热天、雪天、雨天）都宣讲圣人之道，而且他传道的对象遍及所有人（上至皇帝、大臣，下至盐夫、车夫），颜钧无疑也是以身传道的典型代表。在儒学史上，儒者的言行举止是极具效果的传道方式。比如，学生詹阜民向陆九渊请教什么是"礼"。九渊要求他先谈谈对"礼"的认识。詹阜民不假思索地回答说："礼，是人安排的。"九渊合上眼睛不说话。詹阜民只得退身回到住处。几天后，詹阜民又来到九渊身边陪坐，再问九渊什么是"礼"，坐了好几个时辰，九渊仍然默不作声。突然间，九渊起身往外走去，詹阜民反应过来后随即起身，紧随其后，并要搀扶九渊，此时九渊冲着詹阜民神秘一笑，问道："还用安排否？"詹阜民顿时恍然有悟：原来人人心中本有"礼"！可以说，这种以行为传道的方式在儒学史上是屡见不鲜的。儒者崇尚道义，如果成就道义必须以生命的牺牲为代价，那也是毫不犹豫的。正如孟子所说，生命肯定是人所喜好珍爱的，但如果有比生命更值得喜好珍爱的东西，生命是可以放弃的，这就是所谓"舍生取义"，这就是所谓"杀身成仁"。在儒学史上，这样的大儒并不少见。比如忍辱负重的司马迁，为了道义，敢于挑战威权，置生命于不顾；再如冲决网罗的谭嗣同，同样是为了道义，血溅菜市口。这都是以生命传道的典范。

综上观之，"以身传道"约可分为三种具体的方式：一是以实践推行道，二是以言行传播道，三是以生命成就道。这三种具体的传承方式对于儒家思想的传承与发展产生过重大而积极的作用，但更为重要的是这三种具体方式对于当今传道者的启示意义：

其一，"以身传道"，就是要身体力行，不能讲空话，也不能光说不做。而在当今的传道群体中，有些人就是光说不做的，不仅光说不做，甚至做与儒学价值相悖的事情，讲起儒学来口若悬河，满嘴道德仁义，但在他的生活中却不见儒学"道"的影子。其二，"以身传道"，就是要注意自己的言行方式，因为任何言行都具有示范作用，直接影响到他人，所谓"身正则人正"。而在当今的传道群体中，有些人对自己的言行毫无顾忌，肆意放纵，与儒学主张的道德规范背道而驰，这对于传道显然是毫无益处的。其三，"以身传道"，就是亲自将"道"传播给广大民众，从精英阶层到普通百姓，都是传道的对象，不能有身份、性别、学科的偏见。但在当今传道的群体中，某些人似乎先天存在等级心理，对接受"道"的人设定各种限制，这显然有悖孔子"有教无类"的主张，并必然妨碍儒家之道的普及。其四，"以身传道"，就是要以生命成就"道"。就是说，当你在生命与"道"之间必须做出选择时，要勇于担当、勇于牺牲，用自己的生命成就你追求的"道"。而在当今的传道群体中，某些人只是将传道当作谋取名利的手段，因而在生命与"道"之间只会选择生命，致使"道"的传承与尊严遭受严重挑战。因此，以生命成就"道"是以身传道的最高境界。概言之，以传儒家之道，或以传中国传统思想文化为使命的人们，不应忘记儒家"以身传道"的本质意蕴。

（二）以文传道

所谓"以文传道"，就是以文章典籍传道。"文"包括已有的典籍、注解诠释的典籍、创造的新文本等。首先，儒家的经典如"四书"（《论语》《孟子》《大学》《中庸》）、"五经"（《诗经》《尚书》《礼记》《周易》《春秋》），都是儒学传道的基本载体，这些经典的代代传承，就是儒家"道"的传承，即韩愈所谓"其文，《诗》《书》《易》《春秋》"[1]，亦如朱熹所谓："吾道之所寄

---

[1]〔唐〕韩愈：《原道》，《韩愈文集汇校笺注》卷一，刘真伦、岳珍点校，中华书局2010年版，第4页。

不越乎言语文字之间，而异端之说日新月盛。……然而尚幸此书不泯，故程夫子兄弟者出，得有所考，以续夫千载不传之绪，得有所据，以斥夫二家似是之非。盖子思之功于是为大，而微程夫子，则亦莫能因其语而得其心也。"①正因为经典中含有"道"，所以叶适认为要"以学致道"，即主张透过典籍的学习求致圣人之道，使圣人之道明白于世。程颢正是通过注释阐明儒家之道的，他的弟弟程颐说："先生生千四百年之后，得不传之学于遗经，志将以斯觉斯民。……乡人士大夫相与议曰：道之不明也久矣。先生出，倡圣学以示人，辨异端，辟邪说，开历古之沉迷，圣人之道得先生而后明，为功大矣。"②所谓"得不传之学于遗经"，所谓"圣人之道得先生而后明"，说明程颢既是以文传道，也是以注释明道。朱熹通过注"四书"、释"五经"，一方面使儒家之道更清晰地显示出来，另一方面提出了一系列新的观念、学说，使儒家之道得到了新的传承，成为"理学"。王阳明同样是通过对儒家经书的解释，使儒家之道更清晰地呈现出来，并提出了"知行合一""致良知"等新的学说，成为"心学"。可见，注解、诠释的确是儒者传道的基本方式。正如程颐所说："经所以载道也，诵其言辞，解其训诂，而不及道，乃无用之糟粕耳。"③以文发展"道"，是以文传道的最高方式。其实，孔子对周公、孟子对孔子、宋儒对先秦儒、现代新儒家对宋明儒，无不是如此。比如，孟子通过撰写文章，与人辩论，发挥孔子思想，提出了"性善论"和"仁政"理念，就属于以文发展道。荀子通过对孔子思想的理解和发挥，提出"性恶论"和"隆礼重法"思想，也属于以文发展道。周敦颐写有《通书》，吸取佛教、道家思想元素，将其融入儒家思想之中，使儒家思想得到丰富和发展。王阳明写有《传习录》《大学问》，对儒家思想进行了创造性发展。所有这些，都是通过撰写文章实现了对儒学的传承和发展。

综上观之，"以文传道"表现为三种具体的方式：一是阅读、编撰典籍文献传承儒家之道，二是注释阐明典籍文献之道，三是撰写文章宣传、弘扬儒家之道。毫无疑问，这三种方式对于儒家思想的传承和发展都产生过积极作用，但更为重要的是，对当今从事儒学或中国传统思想文化传承工作的人而言，有着切实的启示意义。

---

① 〔宋〕朱熹：《中庸章句序》，《四书章句集注》，中华书局1983年版，第15页。
② 〔宋〕程颢、〔宋〕程颐：《明道先生墓表》，《河南程氏文集》卷十一，《二程集》，王孝鱼点校，中华书局1981年版，第640页。
③ 〔宋〕程颢、〔宋〕程颐：《与方元寀手帖》，《河南程氏文集·遗文》，《二程集》，王孝鱼点校，第671页。

其一,"以文传道"就是要认真阅读典籍文献,读懂并把握儒学精神,对儒家经籍进行选择、编撰。但某些人只是为了谋取名利,对儒家经典进行违背儒学精神的编撰。正如陆九渊在《白鹿洞讲义》中所批评的,有些人读经典只是为科举考试,只是为了获得功名,只是为了荣华富贵,至于经典中的道义根本就不在他心中,自然不能指望这种人读懂儒学精神并编撰好儒学经籍,也不能指望这种人"以文传道"。

其二,"以文传道"就是要通过注释阐明典籍中的圣人之道,将儒学的真精神显示于世,同情而客观的态度是基本原则,但在当今传道的群体中,并不是所有人都是努力、认真并客观地阐明儒学精神的,有些人甚至将儒家经典的意义做歪曲的解释,这显然是违背儒学"以文传道"精神的。

其三,"以文传道",就是通过研究儒家经书,根据社会历史情境,表达自己丰富、发展儒学的主张。然而,有些人作文章不是为了传道,不是为了发展道,只是为了某种目的,因而拍马屁、说违心话,取悦权势与庸俗,对儒家思想毫无根据地贬抑和否定,肯定是不能指望这种人传道的。因此,儒家"以文传道",并不是简单地编撰经典、阅读经书、解释意义、作文创造,而是要将儒家"以文传道"的精神把握住并贯注于传道实践中,这样才能真正传承儒学之道、光大儒学之道。

(三)以事传道

所谓"以事传道",就是以完成事功传道,"事"指人从事的一切事业行为,这里主要包括经济事业、政治事业。儒家提倡"立功","功"就是功业,《易》叫"大业",孔子叫"德政",孟子叫"仁政"。孔子以前的圣人,都提倡以事传道。韩愈曾区分传道的两种形式,一是周公以前,以事行;周公以下,以说长。后来,这种说法似乎得到了默认。比如,张载就认为,圣贤中有"作者"和"述者","作者"七人,即伏羲、神农、黄帝、尧、舜、禹、汤,而文王以下都是"述者"。可见,"作者"都是以事功表现"道"的传承。儒学有外王的追求,所谓"齐治平"都是事功,外王的实现当然是儒家"道"的实现。虽然孔子以后的儒者更多的是传述圣人之学,但也有相当的儒者在经济、政治两方面努力于儒家外王的实践。比如,范仲淹领导的"庆历革新",推动了北宋社会政治改革运动,而对军事制度和战略措施的改善,使西线边防稳固了相当长的时期。再如,王安石推动的"熙宁变法",涉及政治机构、农田水利、交通运输、耕种税务、市场交易、军事建设、科举考试等方面,并取得很大成效。而朱熹在浙东时期的粮仓建设、陆九渊在荆门时期的综合治理，也都是儒学事功的表现。陈亮、叶適在哲学上主张"理在事中"，无事则无道，有事则有道，因而奉行"以事传道"。陈亮说："夫道之在天下，何物非道？千涂万辙，因事作则。"①认为"道"不可能离开事物而孤立存在，而是常行于事物之间的。因此，汉高祖、唐太宗的功业就是"道"的传承，而不是相反。他说："高祖、太宗及皇家太祖，盖天地赖以常运而不息，人纪赖以接续而不坠，而谓道之存亡非人之所能预，则过矣。……道非赖人以存，则释氏所谓千劫万劫者，是真有之矣。"②叶適也主张"无事则无道"："物之所在，道则在焉，物有止，道无止也。非知道者不能该物，非知物者不能至道；道虽广大，理备事足，而终归之于物，不使散流，此圣贤经世之业，非习为文词者所能知也。"③就是说，"道"不在形外，而是实实在在地存于日常生活、实际事物之中，它最突出的展现便是"圣贤经世之业"。

综上观之，"以事传道"主要表现为两种形式，即经济事业和政治事业。但"以事传道"并非完全以"事"为据，这个"事"究竟能不能传道，还要考察"事"的性质，这也就是为什么发生朱熹与陈亮争论的原因。"以事传道"对于儒学的传承毫无疑问具有重大意义，但对于今天的儒学传道者而言，似乎有着更为切实的启示意义。这是因为：

"以事传道"，就是要在做事动机上与道相符，依道心做事。但在当今的儒学传承群体中，有些人做事动机不纯，他的经济行为、政治行为都不是为了落实儒学根本精神，而是出于私利的考虑，当然不能奢望这种人传承儒家之道。

"以事传道"，就是要在做事手段上与道相符，依道心而行。但在当今的儒学传承群体中，有些人做事不择手段，只要达到目的，什么手段都不顾忌，如此只会玷污儒家之道。

"以事传道"，就是要在做事结果上与道相符，依道心而为。但在当今的儒学传承群体中，有些人做事不是为人民大众谋利，而是图个人的名利，儒家之道自然也不能指望这种人传承。

因此，儒学"以事传道"，自然强调事业的重要性，没有事业根本就不叫儒学，所以，作为儒者应该积极投身、关注事业，因为事业的实现在很大程度上就是

---

① 〔宋〕陈亮：《与应仲实》，《陈亮集》卷二十七，邓广铭点校，中华书局1987年版，第319页。
② 〔宋〕陈亮：《又乙巳春书之一》，《陈亮集》卷二十八，邓广铭点校，第346页。
③ 〔宋〕叶適：《习学记言序目》卷四十七，中华书局1977年版，第702页。

"道"的落实、彰显和传承,但儒家的事业,不是没有"义"的私利,不是没有道义的事业,富贵荣华没有人拒绝,但如果不是通过"道"获得,就不属于儒家的事业。因此,"以事传道",一方面告诉我们,事业是儒传道的一种形式;但同时,事业之中必有"道",否则就不叫儒学的事业。这对当今社会中的我们如何成就事业,仍然有着切实的启示意义。

(四)以心传道

所谓"以心传道",就是通过精神、思想、心灵感应、记忆等方式传递"道","心"有觉悟、知性、感应、善良诸义。在儒学史上,关于"以心传道"的论述非常之多。孟子说:"舜生于诸冯,迁于负夏,卒于鸣条,东夷之人也。文王生于岐周,卒于毕郢,西夷之人也。地之相去也,千有余里;世之相后也,千有余岁。得志行乎中国,若合符节,先圣后圣,其揆一也。"(《孟子·离娄下》)按照孟子的意思,舜生于诸冯,属东夷人,文王生于岐周,属西夷人,虽然两个人的住地相距甚远,但都得志行于中国,可见不同时空的圣贤,会"人同此心,心同此理",对于善心的感应是相同的。此即意味着"善心"是每个人先天具备的,即便是普通人亦如此,所谓"圣人先得我心之所同然"。由此可见,在孟子这里,"道"的传递,不一定靠身、文、事等有形质者,"心"也完全可以成为传承道的载体。

王通也有这种观念,他认为儒家之"道"虽然时显时隐,但并不意味着"道"的丧失。他指出,"道"在天子处丧失了,诸侯有责任去修复,在诸侯处丧失了,大夫有责任去修复,在大夫处丧失了,士有责任去修复,在士处丧失了,庶人有责任去修复。可是怎样修复呢?他说:"修之之道,从师无常,诲而不倦,穷而不滥,死而后已,得时则行,失时则蟠,此先王之道所以续而不坠也。"①也就是说,"道"的存在状态是时隐时显的,但隐时并不就是丧失,因为可由"心"来传递。朱熹对于"以心传道"也是认同的。他说:"所谓仁义者,又岂外乎此心哉?尧舜之所以为尧舜,以其尽此心之体而已。禹、汤、文、武、周公、孔子传之,以至于孟子,其间相望有或数百年者,非得口传耳授,密相付属也。特此心之体,隐乎百姓日用之间,贤者识其大,不贤者识其小,而体其全且尽,则为得其

---

① 〔隋〕王通著,〔宋〕阮逸注:《立命》,《文中子中说》卷九,秦跃宇点校,凤凰出版社2017年版,第92页。

传耳。"①陆九渊认为，在孟子那里突然失传的圣人之道，到他手里又突然大放光明，他说："窃不自揆，区区之学，自谓孟子之后，至是而始一明也。"②象山所说如果不是"以心传道"，那么他接孟子之传的论调就会遭到常识的质疑。可见，"以心传道"也是儒者们认同的一种传道方式。

综上观之，所谓"以心传道"大致可归纳为两种形式：其一是通过精神、心灵去感悟，去接应，人同此心，心同此理；其二是通过觉悟，先觉觉后觉，让聪明人去开发、启蒙愚拙之人。毫无疑问，"以心传道"在儒学传承、发展史上产生过重要而独到的作用，但更值得关注的，是对当今传道者所具有的特别的警示意义。这是因为："以心传道"，就是要以纯美纯善之心去研究儒学、传播儒学，就是要对儒家之"道"有高度的自觉和责任意识，就是要对整个传"道"过程进行监督，注入美好之心、善良之心，使传道行为沿着正确的方向前行，使整个传道过程符合儒家思想的基本精神。然而，在当今的传道群体中，有些人扛的是传儒学之道的大旗，图谋的却是个人私利，名为传承儒学、发展儒学，实为暗度陈仓，唯行一己之私，"心"已不纯，奈何"以心传道"？"以心传道"是儒家传道方式的核心部分、精髓部分，因此，不是以"心"传道，所传不管是什么东西，都没有资格进入儒家思想范畴。

总之，"以身传道"就是用身体、行为、生命传道；"以文传道"，就是以编撰经典、注释经典、著述文章传道；"以事传道"，就是以事业、事功传道；"以心传道"就是以觉悟之心、感应之心、道德之心传道；它们分别是儒学传道的不同方式。尽管在儒者内部对它们的作用、性质存在争论，但这四种传道方式在儒学发展史上是客观存在的。就历史而言，这四种方式分别对儒家思想的传播、传承、发展做出了独特而积极的贡献；就现实而言，这四种方式所内含的特殊意义和价值，使传道不单单表现为工具、技术上的行为，而是具有价值、意义上的行为，从而对于当今从事儒学研究、从事儒学宣传的人们而言，都具有切实的启示意义。

〔原载《福建论坛（人文社会科学版）》2011年第3期〕

---

① 〔宋〕朱熹：《李公常语上》，《晦庵先生朱文公文集》卷七十三，朱杰人、严佐之、刘永翔主编：《朱子全书》（第24册），上海古籍出版社2002年版，第3525页。
② 〔宋〕陆九渊：《与路彦彬》，《陆九渊集》卷十，钟哲点校，中华书局1980年版，第134页。

二、生活儒学：当代儒学开展的基本方向

大约在十年前，我与几位同事赴北京参加学术会议，期间我们特意去参观孔庙。那天我们起了个大早，不到八点我们便来到了位于北京安定门内的孔庙。敞开的大门已是斑驳陆离，快要脱落的木皮、油漆在晨风的吹送下，发出沙沙的响声；进门不远处有一棵张出两粗枝的老树，一支下垂着，树叶贴在地面，另一支则已断开，但还有些木丝跟主干连着，在这两粗枝中间，一群约半公分长的蚂蚁正忙忙碌碌地驮着发黄的树粉末。再往里走，便是写有"人文始祖"的先师门，进大门时便听到悠扬的"韶音"，此时听起来更清晰、更凄婉；由大成门进到大成宝殿，"至圣先师孔子"牌位让我肃然起敬，而孔圣人严峻的面部表情、忧郁的眼神似乎在告诉我，他对人类的命运从来就没有放弃过担忧和关怀。

由孔庙出门左走五百米，便是著名的雍和宫。远远望去，雍和宫广场已是人山车海。跻身其中，搂着香烛、提着水果的男女老少们匆匆涌向雍和宫殿。由于参拜的人太多，长队排到了广场的边角上。大概快到中午十二点，才轮到我们进入雍和宫天王殿，殿堂里，供奉着众多佛像，佛像千姿百态；整个殿堂群，巍峨壮观，金碧辉煌。殿堂的跪垫一直被参拜者占据着，没有一丝空闲；大殿的上空弥漫着浓浓的香火味、蜡油味……

儒学与佛教在中国历史上就一直摩擦着、较量着，一者属本土，一者属外籍；一者是汲汲时政的理想，一者为逍遥在野的牧歌；一者以拯救世界为使命，一者以拯救灵魂为追求……似乎还看不出二者命运有多大差别。而眼下所见孔庙与雍和宫迥异的"风景"，让我们对儒学的"游魂"命运有了切身的感受。儒学真的就这样在孤寂中消亡了吗？如果不希望这样，那么儒学未来的路该怎么走？也许，走"生活儒学"的路径，或者说建构一种"生活儒学"可能是一个不错的办法。

（一）内生性要求

即是说，走生活儒学的路子是古典儒学（古典儒学指先秦儒学——作者案）自身思想基因所决定。

其一，儒学主要属于生活类型的学问。儒家对公共生活极为重视，致力于协和生活，而使生活秩序井然，所谓"君令臣共、父慈子孝、兄爱弟敬、夫和妻柔、姑慈妇听"（《左传·昭公二十六年》），所谓"始于冠，本于昏，重于丧、祭，尊

于朝、聘，和以乡、射"（《礼记·昏义》）。儒家也重视物质生活的丰盈，强调物质生活的基础地位，所谓"闰以正时，时以作事，事以厚生"（《左传·文公六年》），所谓"先富后教"①，所谓"五亩之宅，树之以桑，五十者可以衣帛矣。鸡豚狗彘之畜，无失其时，七十者可以食肉矣。百亩之田，勿夺其时，数口之家可以无饥矣"（《孟子·梁惠王上》）。儒家还重视精神生活、情感生活的提升，所谓"今之孝者，是谓能养。至于犬马，皆能有养；不敬，何以别乎？"（《论语·为政》）所谓"饱食、暖衣、逸居而无教，则近于禽兽"（《孟子·滕文公上》）。可见，精神生活的质量也是儒家所追寻的。总之，公共生活、物质生活和精神生活都是儒家所关注所追求的，儒学是一门不折不扣的生活型学问。

其二，儒学的风格也是极生活化的。儒学虽也讨论形而上的问题，但儒学的基本风格是生活性的。儒学的语言极为朴实无华，从不矫揉造作，所举例子都取自生活，通俗易懂。儒学对事物的态度也极生活化，儒家不像佛家、道家故作高深，将简单的道理玄秘化，到头来却不知所云。比如，儒家对生与死的态度就是一种自然而然的态度。儒家也强调学问的生活化，认为生活是学问之源，没有脱离生活的学问。儒学所讨论的是"宜兄宜弟"，所关心的是"人情、人义、人利、人患"，皆为饮食男女之事，故有所谓"日用庸常是谓教"之说。儒家所追求的理想人格也是生活化的，主张圣人就在生活中，人人皆可成圣人，所谓"路途之人皆可为尧舜"，所谓"满街都是圣人"。

其三，儒学的最高追求是生活。孔子追求的是一个有秩序而无战争、富裕而无贫穷、文明而远离愚昧的社会，在这种社会里，老百姓安居乐业，喜气洋洋。《孟子》主张"乐民之乐、忧民之忧"；儒家注重个人道德修养和公共道德建设，主张建构德性生活，所谓"仁者爱人"，所谓"温、良、恭、俭、让；恭、宽、信、慧、敏"；所谓"正德、利用、厚生"。儒学的所有政治主张、政治策略都不是以政治本身为目的，而是以生活的富足、以生活的提升为目的的。所以，儒学的最高追求是使理想生活化，使生活理想化。儒学就是使人们在生活中表现出一种精神，一种价值，生活与儒学是相互滋润的。所以，由学问类型、为学风格和最高追求看，我们可以说，生活是经典儒学的真爱，生活儒学是经典儒学的一种内在性。

---

① 《论语·子路》："子适卫，冉有仆。子曰：'庶矣哉！'冉有曰：'既庶矣，又何加焉？'曰：'富之。'曰：'既富矣，又何加焉？'曰：'教之。'"

（二）经验性要求

所谓经验性要求是指儒学兴替史的教训。中国儒学发展至宋明，一方面，它的理论达到很高的水平，儒学已经走上了哲学化的道路；另一方面，儒学的理想性也被推到极致，在宋明理学家的丰富想象力的构造下，儒学与生活的距离被拉得很远，所谓"存天理，灭人欲"。所以，到明清之际，便有了黄宗羲、顾炎武、王夫之等的"道在气中""依人建极"的诉求。所谓"依人建极"，就是强调道德的源头是生活，儒学的源头是生活，儒学应以生活为目的。

有趣的是，历史往往重复走过的路，20世纪中期，理想主义又占据了人们的头脑，社会极力提倡崇高理想，使理想与生活形成巨大反差甚至对立，所以至20世纪80年代，倡扬人的价值、关注人的生活的思想解放思潮在神州大地迅猛开展起来。吊诡的是，几乎同时展开的儒学研究的旨趣却与此大势极不协调，不管是港台儒学研究，还是20世纪90年代在大陆兴起的新儒学研究，尽管他们每每言儒学的现代价值，但也许是另一个任务（面对西方学术话语的挑战）的迫切性，使他们把注意力主要放在儒学在形式上的现代化上。所以，近两年来，已有学者注意到这种动向，开始思考儒学开展方向的问题。而这个方向显然是类似于明清之际黄、顾、王开辟的方向，即生活化走向。因此，儒学发展历史表明，生活儒学是儒学的必然走向，而且更为关键的是，要坚定地持守这一方向。

（三）生存性要求

所谓生存性要求是当今儒学研究现状与儒学生存现状令人担忧。20世纪90年代初以现代新儒学研究为契机的儒学研究，虽然围绕儒学出版的著作、发表的文章、召开的会议、立项的课题多得数不胜数，但当今儒学研究并无整体的、共同的、明确的、内在的目标，而且由于职业化原因，儒学的研究成果的纯学术目的往往受到污染，学者写儒学的文章的目的往往在于晋升职称、转载、获奖和获同行的夸赞，而对儒学的命运缺乏一种内在的担当情怀，从而使儒学研究主要表现为一种思辨逻辑的游戏，"继往圣之绝学"在当代儒学研究的语境中似乎更像是一个遥远的故事或神话。此也是当今儒学研究者与传统儒者主要差别之一。所以当今的儒学研究基本上是儒学研究者们的自娱自乐。

堪忧的儒学存活状况并不仅仅表现为学术研究层面的无企图无目标，也表现为社会生活层面影响的全面性撤退和淡化。在全球化、现代化、城市化的背景下，人的所有负面根器都被激活、被调动，与此直接关联的是，以追求道义为理念的儒学渐渐被驱逐出人的思想世界；而另一方面，那些曾经为儒学的生存、发展、影响立下汗马功劳的"建制"，诸如科举、私塾、礼仪等也先后告别历史舞台，儒学已经"魂"不附"体"。让人感到更为无奈的事情是，随着近代化、现代化对人类生活空间的侵占和侵蚀，传统的社会结构及人际关系已被深度解构，在这种尚未定型的过渡的社会结构中，儒学的宣传和传播遭到了前所未有的挑战，不要说儒家的理想、儒家的观念、儒家的价值、儒家的主张找不到安身之地，那些一流的儒学大家如孔子、孟子、荀子、董仲舒、朱熹、王阳明的名字，在当今20岁以下的青年人中究竟有几个能知晓？如果我们真的做一统计，也许所得结论会让我们感到极度失望和悲哀。可见，儒学的"游魂"命运已是不争的事实，而要改变这种状况，也许生活儒学是唯一选择。

（四）意义性要求

所谓意义性要求是指儒学自身存活、发展所要求。儒学就是一意义世界，这个意义是有极强的"生活"愿望的。生活儒学的旨趣在为正遭遇困境的儒学提示一种可能开展的方向，却又是基于儒学精神传统的。换言之，生活儒学实际上是在复活儒学另一有生命的传统，当然这种复活并不能视为传统做法的简单移植或复制。所以，生活儒学的推行当有其特别的意义。

第一，儒学思想资源会获得更积极、更健康的更新。生活儒学就是要儒学以生活为旨归，但又不是迁就生活而放弃自我标准，而是使儒学与生活之间保持一种既有否定又有肯定的张力。因为以生活为旨归，儒学便可做到与时俱进，便可根据生活的变化而调整自己，使自己的体系得到充实和更新而不被生活所遗弃；因为坚守自我价值，儒学便可做到美化生活，便可使自身的理想落实于生活，儒学价值的权威性得到维持。正是在此肯定否定之间，儒学思想资源包括理念、价值等都能实现积极而健康的更新。

第二，儒学生存、发展的空间会得到空前提升和扩展。生活儒学的宣传方式，是跟人的衣食住行息息相关的，就是要在人的日常生活中贯注儒学思想；生活儒学的宣传对象也是生活化的，即儒学所面对的是所有人，而不像传统儒学往往把儒学当成奢侈品，只有"君子"才可受到儒学的教育，在这个意义上，生活儒学是对传统儒学的一次解放。生活儒学的语言表达，也是生活性语言，而不是抽象的、晦涩的、学术的语言，建立一套与"形上层面"相匹配的"形下层面"的话语，使普通人能在他们的语言能力层面把握儒学、接受儒学。

第三，儒学的价值才有真正的落实。生活儒学既是一种新形态的儒学，又是对儒学价值的生活诉求。儒学所追求的就是改正错误的生活，改善不良的生活，构建健康的生活，儒学要兑现自己对生活的承诺，就不能只满足于书斋里的儒学理论大厦的构造，不能满足于儒学价值的理论上的纯情诉说，不能满足于漫无边际的思辨论证，而需要走向生活，与生活融为一体，从而使儒学的思想、理念和价值扎根于生活中。

因此，儒学的理念、价值要得到真正的落实和释放，生活儒学是根本的选择。

（五）可能性要求

生活儒学不仅仅是儒学意义使然，也有外在条件建设的要求。正如儒学"形上化"是因为儒学研究群体的牵引一样，生活儒学或儒学生活化之成为现实，自然也需要有积极、主动甚至是创造性的工作。作为既定思想形态的儒学，其价值的落实是需要设计一套途径的。那么，生活儒学之成为可能需要哪些努力呢？

第一步工作是对儒学资源整理、分辨和诠释。这一工作又分两个方面：一是对儒学的思想、理论和观念进行认真的分辨和整理，使儒学思想的积极面或消极面凸显于世人面前；二是发掘出儒学中以生活为重的思想和观念。这是生活儒学的前提性工作。

第二步是建立起可使儒学连接生活的"管道"。这一工作大致分三个方面：一是使儒学的理念融入政府的政策，使儒学通过政策为广大人民所接受。在历史上，忠、孝、贞节等儒家的道德理念之所以能为普通百姓接受，原因之一就是政府的大力提倡。二是儒学研究者要从书斋里走出去，到社会的各个阶层中去宣讲。三是建立儒学社区，使社区成为儒学落实基地。

第三步是建立起儒学教育网络。利用学校、考试制度等形式，推行儒学教育。这一工作包括：一是教育内容上要有儒学的内容，将儒学的格言、思想等内容比例不一地贯注在各个年级的教科书中。二是各类正式考试应安排儒学内容，使参加考试者不能绕开儒学。三是将儒学思想内容网络化，建立儒学教育网站，作为宣传、交流儒学的一个平台。

生活儒学或儒学生活化，是一项复杂而重大的工程，对儒学的发展而言，对充分利用儒学积极性价值而言，生活儒学是最有可能给我们惊喜的。

〔原载《福建论坛（人文社会科学版）》2004年第8期，《新华文摘》2004年第23期转载〕

三、当代儒学开展的三个向度

在为当代儒学发展谋划方向的问题上,学者们提出了丰富多彩且极具建设性的方案。我以为,儒学生命的开展,应以儒学自身的特质为起点,以兑现对生活的庄严承诺为旨归。基于这样一种认识,我觉得儒学生命得以开展并生生相续,其前提是当今的儒学宣传者、研究者和信仰者应能自觉把握如下三个向度。

(一)生活的向度

所谓生活的向度是指儒学应全身心地投入生活,跟踪实践,与人类的实践生活保持连续性对话和互动。生活的向度是当今儒学开展的基本向度。

一是,如果我们不怀疑儒学的基本形式是思想,那么儒学就必须深入生活。因为从根源上讲,思想的产生源于思想者对"社会存在"的沉思,是思想者对"社会存在"反思、批判和超越之成果。但这种思想的成果并不能以"理论"自足,而是要"回向"社会生活,去指导生活、鞭策生活和提升生活,这样,才是思想家对"社会存在"反思、批判和超越的目的所在。因此,儒学生活向度的选择,乃是儒学的价值诉求所规定的。

二是,传统儒学开展的经验为我们展示了儒学的生活向度。传统儒学有一个基本主张,即"内圣外王"。"内圣"就是修身养德,要求人做一个有德性的人;"外王"就是齐家、治国、平天下。"内圣外王"的统一是儒家学者们追求的最高境界。此外,如果说传统儒学的展开也得益于儒家学者的叙述和诠释,那是因为这种叙述和诠释贴近了生活。比如,孔子对儒学的叙述、诠释具有鲜明的生活指向。孔子对"礼"的反复叙述,就在于当时社会生活秩序的混乱;而孔子对"仁"的创造性诠释,实在是因为"仁"作为一种德性已被很多人遗忘。而且,孔子在为学、做人、从政等方面的教导,无不与具体的生活相结合。孔门儒学在传统社会中之所以能得到延承、丰富和发展,与历代儒家学者立足于社会生活的讲说、发展是分不开的。

可见,生活的向度是传统儒学所内具的向度,我们开掘并彰显这一向度,对儒学的当代展开具有根本性意义。第一,生活的向度将改变儒学的存在现状。生活的向度意味着实现儒学由观念到行动的转变、由德性实践向生活实践的转变,使儒学回到生活"场域"中来,从而改变"儒学是现代化的旁观者"的尴尬处境。第二,生活的向度将为儒学的损益、更新提供事实性前提。生活是具体的、运动的，因而生活的向度也就要求我们动态地而非静止地、灵活地而非机械地把握儒学。第三，生活的向度也有助于理解所谓儒学现代化问题。儒学现代化，本质上是要求儒学在现代社会生活中处于"在场"状态。换言之，如果我们能让儒学对生活表达意见，能让儒学滋养生活，能让儒学参与生活的建构，那么，儒学就不存在"现代化的烦恼"了。

（二）批判的向度

所谓批判的向度是指儒学所具有的批判功能和品质。儒学的批判品质，曾受到一些学者的怀疑。那么，儒学是否缺失了批判品质呢？回答是否定的。比如，孔子"复礼倡仁"，不仅是对"礼崩乐坏"社会情状的批判，对社会秩序混乱和民众品性下滑的担忧，同时也饱含着建构新的社会秩序和提升民众品质的强烈渴望。所以，孔子儒学的展开，实际上是对国家民族命运的深切关怀，是对百姓生活、生命的深情关爱。也就是说，孔子儒学是富有批判性的。孟子儒学的批判品质尤为突出，他反对战争，反对暴力政治，提倡"仁政"，"仁政"就是孟子的一种主张、一种理想，而这个主张和理想即是对当时社会现状的一种否定和批判。可见，批判品质无疑是传统儒学的重要品质之一。所以，当今的儒学研究，继承传统儒学的批判品质，不仅是对传统儒学的继承，也是儒学当代意义落实的必然选择。不过，值得注意的是，传统儒学的批判并非破坏性批判，而是建设性批判。因此，我们所持守和发扬的儒学批判精神，是一种建设性的批判精神。唯有批判，儒学才能营养自己，才能拥有活力；唯有批判，儒学的价值才能得到落实，儒学的生命才能得到舒展；唯有批判，儒学对社会的担当才得以体现。

（三）信念的向度

所谓信念的向度，是指儒家学者对儒学应具有真挚的情感。在历史上，确实有某些儒家学者对儒学是缺乏信念的，儒学对他们而言只是通向仕途的敲门砖。章太炎先生所批评的趋炎附势、投机钻营就是指那些打着儒学的旗号招摇撞骗的小儒、腐儒。然而，也许正因为如此，我们有必要将儒学的信念向度开掘出来。儒家思想中负载着强烈而执着的信念。孔子告诉学生，获得儒学之道是最为神圣的，所谓"朝闻道，夕死可矣"；孟子认为儒学之道是正义之道，应做到"富贵不能淫，威武不能屈，贫贱不能移"；而"为天地立心，为生民立命，为往圣继绝学，为万世开太平"则成为宋明儒者的普遍信念。而且，儒学对义利、公私、理欲关系的处理，也都充分展示出儒学的信念向度。因此，信念的向度亦是儒学本有的向度。遗憾的是，在当今的儒学研究中，这一向度显得有些匮乏。因为儒学研究话语被西方化、儒学的范畴命题被分析化、儒学的思想被学科化之后，儒学被切割得七零八落。而由于儒学研究者的职业化身份，研究儒学在很大程度上追求的是学术价值，而所谓学术价值的高低是以西方学术范式为标准，所以，如果儒学研究者要服从所谓学术价值，那在他的儒学研究中就很难保持对儒学的信念。此外，当今儒学研究者要面对晋升职称的压力，这样，影响儒学研究的外在因素便多了起来，信念的向度在这种情境下便以撤退者居多。然而，儒学研究缺失了信念向度，儒学的当代开展就难以获得成效。

（原载《光明日报》2005年7月12日，《中国社会科学文摘》2006年第1期转载）

四、王国维的儒学范畴诠释及其范式意义

生活在19世纪与20世纪之交的中国哲学家,大多有过将儒学置于西方哲学背景下审视的实践,王国维便是其中的一位。王国维理解、解释儒学的实践涉及面较广,本文只选择三个范畴为例案,考察王国维以西方哲学为坐标解释儒学的状况,以求获得某些有价值的启示。

(一)任天之"命"

孔子曾说:"道之将行也与,命也;道之将废也与,命也。"(《论语·宪问》)其中的"命"是取消主体努力的宿命论,还是不受命运限制、放任主体行为的意志自由论,抑或二者都不是?这个问题看似简单,其实并不好回答。不过,王国维的解释却是令人耳目一新的。

1."命"表现为一种"有命论"。为了解释孔子"命"范畴的意涵,王国维先对"自由意志论"和"宿命论"进行了说明。所谓"自由意志论",就是说人间意志本是自由的,不受命运的规定和限制,任由人力主张;所谓"宿命论",就是说宇宙万物都被"天"所命令,并受"天"的限制,人间意志决不能自由。那么,根据这两种学说,孔子的"命"应属于哪一种呢?王国维指出,孔子的"命"既不是自由意志论,也不是宿命论,而是行于这两者之间的"有命说":

> 盖孔子明知道德为善,遵之行之,人人必受幸福。然世有盛衰,社会有污隆,行道德者不必获福,故依道德以立命安心。此孔子所以执"自由意志说"与"宿命论"之中庸,即所谓"有命说"是也。①

孔子之所以持"有命说",乃是因为孔子发现:行善者未必得福、行恶者未必得祸,所以提出以道德来立命安心,让行善未得福者感受到道德的满足,让行恶未得祸者感受良心的惩罚。而"依道德立命安心",意味着根据理法而行是"有命

---

① 王国维:《孔子之学说》,《王国维哲学美学论文辑佚》,佛雏校辑,华东师范大学出版社1993年版,第35页。

"说"的基本内涵。王国维说：

> 孔子之说，既非极端之宿命说，亦非极端之自由说，盖居于此二者之间，尽吾人力，即顺自然理法之道以行动云为者也。即可进则进，若不能则已，安吾素以乐吾道，极平和之说也。然而后世腐儒等，不能知生生之进化，唯以保守的解释之，亦非夫子之旨也。①

按照自然的法则而行动，可进则进，不可进则退，顺其自然，以此为乐，这就是孔子"有命说"的真谛。因此，"死生有命，富贵在天"（《论语·颜渊》）的意思应该是：顺当生之道则生，顺当死之道则死；顺道而得富贵则善，不得则从吾所好而安命；讲的是循自然之法。这既与主张"死生富贵皆由先天决定"的"宿命论"不同，也与主张"天上地下任我行"的意志自由论不同。由此可见，孔子虽为"有命说"，但决不否定人的主观能动性，决不否定人的创造性。应该说，这种解释与孔子的基本精神是相应的。

2."命"表现为无忧无畏的意志与精神。王国维指出，既然"有命论"的内涵是依理法而行，行则行之，不行则已，那么，面对死生祸福当然是"顺其自然，泰然自若"之态，显示出无忧无畏的意志与精神。他说："知体道，又信之以刚健之意志，保持行动之，是以于人间之运命，死生穷达吉凶祸福等，漠然视之，无忧无惧，悠然安之，唯道是从，利害得丧，不能撄其心，不能夺其志。"②这就是说，孔子的"命"意味着对"道"的体认和把握，并因这种体认与把握而内具刚健意志，这种刚健意志之表现，就是面对死生穷达、吉凶祸福而泰然自若、无忧无惧，不被身外之物伤心累神。因此，孔子的"命"虽然为情感的，但绝不是迷惘的情感，而是理智的情感，是由"识理体道"而升华出的意志和精神。

3."命"表现为一种"任天主义"。既然孔子的"命"属于"有命说"，这种"有命说"的特点是依理法而行，不是越理法而行；是能行则行，不是勉强而行。因此，这种"有命说"既区别于肆意妄为的意志自由论，也区别于无所作为的宿命论，而是一种"任天主义"。王国维说：

---

① 王国维：《孔子之学说》，《王国维哲学美学论文辑佚》，佛雏校辑，第36页。
② 王国维：《孔子之学说》，《王国维哲学美学论文辑佚》，佛雏校辑，第33页。

孔子于研究"易"哲学时，因阴阳二气之于时间上变化继起，遂知左右现象界之自然的理法，于是遂悟天道为生生的，为宇宙之根本原理，而说其理想上之天。故天自"理"之一面观之，乃无意识的理法之活动；自"情"之一面观之，则有意志而管辖一切万有者也。夫子实混此两方面而言之。故于知识上言之，则现象界有因果律以规定一切，是为自然之理法。又宇宙之根原虽为天道，然人间之意志亦不能完全自由。故自感情上言之，则所谓王（天）者不过一种之命法。然苟遵道而行，而为所当为，不为其所不当为，则于道德自身中有一种之快乐。故当顺道理，尽人力，若不可能，则安其分。是以知孔子非自由意志论者，又非执极端之宿命说者，而为执其中庸之有命说，所谓任天主义是也。①

在王国维看来，由"理"而言，有"理法之天"，这种"天"是无意识的理法运动；由"情"而言，有"意志之天"，这种"天"是万有的统治者；而在孔子这里，"意志之天"与"理法之天"是不分的。所以，从知识角度讲，现象界规定一切的因果律是自然的理法；而从感情上讲，人间意志并不能完全自由，因为它要服从作为宇宙根源的天道，因而"天"是一种"命法"（有意志地管辖一切）。因此，如果遵循理法而行，做那些该做的事，不做那些不该做的事，可以获得一种道德上的满足；因此，每个人应该遵循理法而行，尽力而为，不能成功则安分如旧。可见，孔子之"有命说"是一种任天主义，而且是一种积极的任天主义——"孔子欲遵道理，即顺自然之理法，实行吾意志之可成则为善，不可能则守其分，可以进则进，可以退则退，可以行则行，可以止则止，可以取则取，可以舍则舍，一切如道理而行之，此孔子之'任天主义'也。"②这种"任天主义"蕴含着道德上的价值——"深信自然之理，养绝对之观念，遵一切道理之动静，不问死生、穷达、荣枯、盛衰等，纯反于愦愦之功利快乐主义，故于道德实践上大有价值也。"③

---

① 王国维：《孔子之学说》，《王国维哲学美学论文辑佚》，佛雏校辑，第68页。
② 王国维：《孔子之学说》，《王国维哲学美学论文辑佚》，佛雏校辑，第35页。
③ 王国维：《孔子之学说》，《王国维哲学美学论文辑佚》，佛雏校辑，第36页。

（二）直觉之"仁"

"仁"字在《论语》中共出现109次，其含义既丰富又复杂。尽管孔子身后的儒者没有停止过对"仁"的解释，但多是在孔子思想基础上的扩充和发展。与以往儒者的基本不同在于，王国维是以西方哲学理论为坐标展开对"仁"的解释。

1."仁"乃生生之理，是绝对之观念。王国维指出，从客观上看，"仁"是自然法则，是实在之理；从主观上看，"仁"具于人性之中，是主观性情；但只有将客观性与主观性结合为一体，"仁"才能达到无差别绝对之境界。他说：

> 夫"仁"为平等、圆满、生生、绝对的之观念。自客观的观之，即为天道，即自然理也，实在也。自主观的解之，即具于吾性中者也。其解虽有异，至究竟则必须此两者合而为一，始能至无差别绝对之域。故仁之观念为生生的理，普遍于万物，不能为之立定义也。①

也就是说，"仁"之能为平等、圆满、生生、绝对之观念，只有当作为自然理法的"仁"与作为人之性情的"仁"融合为一体，才是现实的。换言之，如果"仁"只是作为自然之理法而普遍存在于自然万物之中，或者只是作为人的性情而普遍存在于人性之中，都不能具有平等性、圆满性、生生性，也不能成为绝对之观念。由此可见，王国维理解的"仁"之精神与特性是以"万物一体"为根据的，存于万物即是超越万物，绝对至上、无物与对，这就是"仁"所以为绝对之观念。

2."仁"是一种理性的直觉主义。王国维进而以动机论和结果论来分析"仁"，认为"仁"是直觉的。他说：

> 就人间行为之判断，于西洋有动机论、结果论二派。动机论者，行为之善惟在动机之纯正耳，结果之如何，非所顾也。结果论者，日日行为之结果善，则其行为亦善，动机之如何，可不问也。前者为直觉派，后者为功利派。儒学直觉派也。然自今日之伦理学上观之，则前二说皆有所偏倚，即非动机、结果二者皆善，不足为完全无缺之行为。然东洋之伦理说，惟取动机不顾结果之处

---

① 王国维：《孔子之学说》，《王国维哲学美学论文辑佚》，佛雏校辑，第39页。

亦不少，如"杀身成仁"等是也。①

可是，为什么"仁"是直觉的呢？他说：

> 孔子恰如康德为动机论者，动机纯正则其结果之善恶如何可不顾。故《论语》曰："志士仁人，无求生以害仁，有杀身以成仁。"（按，《卫灵公》）又"殷有三仁。"（按，《微子》）仁，动机也。苟能行仁，则其结果如何可不顾。是所以谓直觉说也。②

就是说，儒家所主张的"杀身成仁"，是重动机不顾结果的，所以是直觉主义的。然而，"仁"不仅是直觉主义的，还有自己的特点。他分析说：

> 无论何人，皆有先天的能性。更进一步，则《季氏》"生而知之者上也"，《雍也》"人之生也直，而（按，此字衍）罔之生也幸而免"之说，皆可以证明。第一条，备言人能直觉辨别是非善恶；但是非谓常人，谓睿智之圣人也。第二条，程子解"直"为"理"，而杨龟山以之为"情"。但孔子以为理与情并重，又因时与地而异。其"直"之解释，如"斯民也，三代之所以直道而行也"（按，《卫灵公》）之解"直"为理，答叶公之问之"直"，则情也。故"人之生也直"之"直"，解之为"理"，或稍妥也。以上可知孔子为"贵理性之直觉派"也。③

即是说，孔子虽然认为直觉能辨别是非善恶，但不是常人所为，而是圣人所为；孔子所讲直觉虽然更多地表现为"情"，但其中的"理性"元素极为明显。因此，孔子的"仁"虽然有重情感之特点，但主要还是一种理性的直觉主义："今若必欲论孔子，则孔子为唱理性之直觉论者，自其克己严肃处观之，实与希腊斯特亚学派（按，斯多葛派）及德之康德之说有所符合。盖孔子之说合乎情、入乎理之圆满说也，其伦理之价值即在于此。"④

---

① 王国维：《孔子之学说》，《王国维哲学美学论文辑佚》，佛雏校辑，第41页。
② 王国维：《孔子之学说》，《王国维哲学美学论文辑佚》，佛雏校辑，第47页。
③ 王国维：《孔子之学说》，《王国维哲学美学论文辑佚》，佛雏校辑，第47页。
④ 王国维：《孔子之学说》，《王国维哲学美学论文辑佚》，佛雏校辑，第43页。

3. "仁"有普遍与特别之分。王国维还将"仁"分为普遍的"仁"和特别的"仁"。他说：

> 孔子自天之观念演绎而得"仁"，以达平等圆满绝对无差别之理想为终极之目的。至其绝对的仁，则非聪明睿知之圣人，不易达此境。欲进此境，必先实践社会的仁。社会的仁，忠恕是也。故欲进绝对之境，不可不自差别之境进也。故仁自其内包观之，则为心之德，而包括一切诸德；然自其外延观之，则抽象的概念而普通（遍）的形式也。此形式虽不变，其内容则因时与处而殊。故自特别观之，则名特别之仁；自普遍观之，则名普遍之仁。普遍之仁，为平等之观念，包括其他之礼义智信等。特别之仁为特别的狭义之仁，如"智仁勇"之仁是也。仁于主观，则为吾性情；仁于客观，则发现于社会，为礼义之法则。①

这段话的根本含义在于：第一，"仁"的终极目的是达到平等圆满绝对无差别之理想，但能达到这种境界的人是有选择的，而且在路径上存在次第问题。第二，"仁"可分为普遍之"仁"与特别之"仁"，特别的"仁"如智、仁、勇等，普遍之"仁"如礼、义、智、信等；普遍之"仁"即是外延之"仁"，为抽象之概念，其为形式所以是不变的；特别之"仁"即是内涵之"仁"，为心的德性，其为内容所以是可变的。那么，普遍之"仁"与特别之"仁"是什么关系呢？王国维说："孔子仁之观念，若自普遍言之，则为高远之理想；若自实际言之，则为有义礼智孝弟忠信等之别，以为应用之具。故能全达此等之义礼智孝弟忠信等，即为普遍之仁。"②这样，王国维提出特别之"仁"与普遍之"仁"的用意便大体清楚了——作为心之德，"仁"是具体的，而且是可变的；作为一种概念，"仁"是形式，而且是不变的；这就解决了"仁"之为思想范畴变与不变的关系问题。另外，特别之"仁"又指每个具体德性的落实之意，而普遍之"仁"是一切德性之落实，即普遍之"仁"必以特别之"仁"为前提的，没有特别之"仁"，不可能有普遍之"仁"。这就解决了"仁"之意义落实的方式问题。

---

① 王国维：《孔子之学说》，《王国维哲学美学论文辑佚》，佛雏校辑，第41页。
② 王国维：《孔子之学说》，《王国维哲学美学论文辑佚》，佛雏校辑，第43页。

(三) 本体之"诚"

"诚"是儒学中又一基本范畴,《礼记》之《中庸》篇中出现最多,其含义同样是丰富而深幽,极能考验人的大脑。不过,王国维的解释仍然是别出心裁,显其洞见。

1. "诚"乃人之本性、万物之根本。王国维认为,儒家之"诚"被确定为人的本性,而这种确定意味着人伦之理存于人性之中,因此对儒家而言,人依本性而进行的活动合乎人伦之理,就好比鸟飞鱼跃一样,都是自然而然的,而之所以如此,就是因为发现了"诚",所以,一切万物不过是一个"诚"字。不过,这个"诚"是一非二,有性无量,是绝对,与叔本华的"意志"相似,发育万物而为其根本。他说:

> （子思）以"诚"为各人之本性。苟人率其性而行,则行而无不正。故曰:"天命之谓性,率性之谓道。"（按,《中庸》）是以彝伦存于人之天性中。后世儒教哲学之根本全在于此。然《中庸》于思索之涂径,不止于此。以为人之性质之动而合于彝伦也,恰如鸢之飞,鱼之跃,此等皆自然而能然者。寻其所以然之源,则由于"诚"之发现。故一切万物,"诚"而已矣,故曰:"诚者物之终始,不诚无物。"而"诚"者是一而非二,有性而无量。自其为万物之根本观之,与叔本华之"意志"相似,故曰:"洋洋乎发育万物,峻极于天。"①

而在周敦颐的思想中,"诚"之"本根"角色被描述得更为清楚。他说:

> 周子之说"诚"也,曰:"诚者,圣人之本……纯粹至善者也。"（《诚上第一》）"圣,诚而已矣。诚,五常之本,百行之源也。"（《诚下第二》）盖以此示"诚"之"人极",有"诚"为绝对之善,而非如"几"之善之对恶而言者也。故与其谓之曰"善",不如谓为"至性"之为蔽（按,疑当作"愈"）。②

---

① 王国维:《子思之学说》,《王国维哲学美学论文辑佚》,佛雏校辑,第74页。
② 王国维:《周濂溪之哲学说》,《王国维哲学美学论文辑佚》,佛雏校辑,第151页。

可见，"诚"是绝对的善，是伦理之本体，是百行的根据，当然是万物的本根。王国维说："由此观之，子思以有伦理的意义之诚，为宇宙之根本主义，因之为各物之本性。故自子思目中观之，伦理的法则与物理的法则、生理的法则，皆同一也。自其发现之方面言之，虽千差万别，然求其根本，则无出于诚之外者。"①而"诚"之为人之本性与万物之根本，所表征的是伦理法则与物理法则、生理法则的同一。

2. "诚"具有智力功能，具有明确的目的性。王国维认为，作为人之本性的"诚"具有一种预知能力，这种能力具体表现为可以预见国家的兴亡、祸福的征兆。他说："诚又非盲目的活动，而有智力的成分者也，故曰：'至诚之道，可以前知。国家将兴，必有祯祥；国家将亡，必有妖孽。见乎蓍龟，动乎四体，祸福将至，善必先知之，不善必先知之，故至诚如神。'"②那么，为什么"诚"有预见的能力呢？王国维认为，这是"诚"的"理"或"体"特性所决定的。他说："周子就'理'之方面，即体之方面（对用而言），而说'诚'之'无为''无思'，曰：'寂然不动者，诚也'（《圣第四》）；'无思，本也'（《思第九》）；'诚，无为'（《诚几德第三》）；'故诚，则无事矣'（《诚下第二》）：是即述'无（意）识'之原理者也。"③所谓"无意识"是人们经验的大储存库，由许多遗忘了的欲望组成，好比"冰山理论"所描述的，人的意识组成就像一座冰山，露出水面的只是一小部分意识（1/7），但隐藏在水下的绝大部分（6/7）却对其余部分产生影响（无意识）。无意识具有能动作用，它主动地对人的性格和行为施加压力和影响。即是说，"诚"之"理"或"体"所表现的"无思、无为、无事"就是"无意识"，而"无意识"即是人类经验的大储存库，这种"经验的大储存库"具有能动性，即可以预见事件的未来与吉凶。

3. "诚"是事物永不停息的运动。"诚"乃绝对体，但它永远是活动的，而且是无始无终的。王国维说："诚，绝对也，不变也，无始终也，常活动也，故曰：'故至诚无息，不息则久，久则征，征则悠远，悠远则博厚，博厚则高明。'而诚者一切万物之本性，又人之本性也。"④而"绝对、不变、无始终、常活动"的"诚"是万事万物之本性，这就是周敦颐所讲"气"或"用"层面的"诚"。王国

---

①王国维：《子思之学说》，《王国维哲学美学论文辑佚》，佛雏校辑，第74页。
②王国维：《子思之学说》，《王国维哲学美学论文辑佚》，佛雏校辑，第74页。
③王国维：《周濂溪之哲学说》，《王国维哲学美学论文辑佚》，佛雏校辑，第151页。
④王国维：《子思之学说》，《王国维哲学美学论文辑佚》，佛雏校辑，第74页。

维说:"彼又就'气'之方面,即用之方面,而说'诚'之神化,曰:'无思,本也;思通,用也。几动于彼,诚动于此。无思而无不通为圣人'(《思第九》);'感而遂通者,神也;动而未形,有无之间者,几也'(《圣第四》);'发微不可见、充周不可穷之谓神'(《诚几德第三》):是皆谓'几'为发动之端,而为'诚'之神妙的活动者也。"①从"气"的角度看,所表示的是"诚"的运动,这种运动就是"无不通",就是"感而遂通",就是"发微不可见、充周不可穷",这些都是"诚"的神妙的活动。

4."诚"之一元论转向"诚""欲"二元论。王国维指出,如果按照子思的主张,一切事物都是"诚"的发现,而"诚"即是人的本性,因此人只要率性而为,自然合于理法,但这样却会导致对教育事业的否定。为了解决这个矛盾,子思提出了人的"知"与"行"差异问题,就是说,人性虽然为"诚",但由于每个人的"知"与"行"是存在差异的,即有些人可以觉悟到"诚",有些人却觉悟不到"诚",有些人自觉地实践"诚",有些人在这方面却表现得很迟钝,因此,教育就有了必要,训练也有了必要。不过,这样的话,"知"与"行"便成了发现"诚"的障碍,即便不是"知"与"行"妨碍"诚"的发现,也有别的什么东西妨碍"诚"的发现,这就意味着,子思由"诚"一元论转向了"诚"(性)"欲"二元论。王国维说:

> 若夫一切之事,一切之物,而皆为诚之发现,则人率其性,自无不合于道,教育之事可废矣。子思欲救此失,于是谓人性诚也,然其知之与行也,人各不同。知有种种之阶级:其上者"生而知之",其次"学而知之",其下"困而知之"。行亦有"安""利""勉强"之别。故人之本性虽为诚,然有不知其诚者,于是有教育之必要;有知之而不能行者,于是有训练之必要。果然,则知与行可谓妨碍诚之发现者也;即妨之者非知与行,然必有妨碍之者明矣。②

如此看来,所谓从一元论转向二元论,就是指子思在解决"人本性为诚"与现实中的矛盾时,引发了对"诚"被障蔽原因的寻找,这个原因不是"知"也不是

---

① 王国维:《周濂溪之哲学说》,《王国维哲学美学论文辑佚》,佛雏校辑,第151页。
② 王国维:《子思之学说》,《王国维哲学美学论文辑佚》,佛雏校辑,第75页。

"行",而是"欲"。这样,一方面"诚"有伦理的现实性,另一方面有妨碍此现实性的"欲",这就是"性""欲"二元论。

(四)可范之"行"

这里的"行"就是指王国维理解、解释儒学范畴的实践;而且,王国维理解、解释儒学范畴的实践,是可以学习、可以仿照、可以广泛应用的。即是说,王国维理解、解释儒学范畴的实践足以成为中国传统哲学研究上的一种范式。为什么这样说呢?

1.实现了儒学范畴与现代学术话语的对接。由于王国维的解释完全是以西方哲学为坐标的,具体表现就是大量引用西方哲学名词、术语、学说作为理解和解释儒学范畴的参照。比如,王国维引用宿命论、自由意志论等以解释儒学的"命",便有了"任天主义"的结论;引用动机论、结果论等以解释儒学"仁",便有了"仁"为直觉主义的结论;引用逻辑学概念论(内涵、外延)以解释儒学的"仁",便有了普遍的"仁"与特别的"仁"的区分;将"诚"比之叔本华的"意志",以言儒学"诚"的本体性;以心理学"无意识"理论解释"诚",便有了"诚"的能动性;等等。正是因为大量地引用了西方哲学名词、学说和理论,将古老的儒学范畴融于现代学术话语之中,而成为现代学术的话题,同时可用现代学术话语表达和归类,使它们在形式上开始了现代转型的步伐。

2.使儒学范畴的精义清晰化。更为重要的是王国维的理解和解释使儒学范畴的精义清晰化。王国维引用的西方哲学名词、术语和学说,都是具有明确的内涵的,就是说,只要将儒学某个范畴放在相关的西方哲学名词、术语和学说中进行分析、解读,那么这个范畴的含义就清晰地凸显出来。比如,"命"是一种"任天主义",并且具有遵道而行、无忧无虑、达观泰然等特点,这就是应用宿命论、自由意志论对"命"加以比较分析后得出的结论。又如,"仁"是一种直觉主义,并且是理性的直觉主义,这就是应用动机论、结果论对"仁"进行比较研究后得出的结论;而将"仁"分为普遍的"仁"和特殊的"仁",则是应用逻辑学上的概念理论(内涵、外延)分析研究得出的结论。再如,"诚"具有预测功能,原来是因为王国维心中有了一个叫"无意识"的理论;"诚"之为本体,因有叔本华的"意志"而更显明。可见,儒学范畴"命""仁""诚"等的含义之所以能清晰地凸显出来,与王国维恰当地引用西方哲学名词、术语和学说是密切关联的。因此,那种简单地将"以西释中"实践视为对中国传统哲学的肢解、剪裁、误读的观点并不一定准确，而因此犯上"恐西症"就更没有必要了。

3.展示了一种积极健康的诠释方向。王国维对儒学范畴的解释有一鲜明特征，即对儒学范畴诠释的方向是积极的、建设性的，努力于"化腐朽为神奇"。比如，王国维认为"命"并不是宿命的，也不是意志自由的，而是遵循理法的"任天主义"，这种"任天主义"是无忧无虑的，是达观的，它来自对理法的信奉和尊重，因此不仅表现为对理法的绝对观念，也因为信奉理法而表现为一种乐观态度，从而显示其伦理学价值。这种解释极大程度地将"命"的积极性内涵发掘出来，而对"命"之消极因素予以忽略。王国维认为，"仁"是直觉主义，但又认为是理性的直觉主义，因为儒家讲"直道而行"，其理性非常明显，这无疑也显示了积极的诠释方向。王国维认为，"诚"是创生的本体，蕴藏无尽的能量，而这种潜能本自"诚"之"朴""实"特性，而不是将"朴""实"解释为木讷、笨拙、滞碍、沉寂。王国维诠释方向的积极性还表现在对"命""仁""诚"三范畴的伦理学意义的揭示。他认为"命"所含具的深信自然之理，养育绝对观念，遵循一切道理之动静，不问死生、穷达、荣枯、盛衰等，纯粹是反对功利的快乐主义，这就是伦理学意义的表现。他认为"仁"是理性之直觉，克抑自己，严肃认真，也显其伦理学价值。他认为"诚"是伦理本体，是百行根据，是万善源头，是教化的根据，因此也有伦理学意义。可见，王国维对儒家思想的解释，基本上是从积极的方向加以展开的，这是很值得我们注意的特点。

4.仍可商榷之处。王国维对儒学范畴的解释不是全方位的，还是有可以商榷之处。比如，"杀身成仁"能否判为只顾动机不顾后果的直觉主义？所谓只顾动机不顾后果，就是说"杀身成仁"只想到"成仁"而不顾及"全身"，为了"成仁"将生死置之度外。如果单独就肉身的安全来看，这种解释或许可以理解。但是，孔子提倡"杀身成仁"，绝不是提倡无谓的牺牲，否则所成的就不是"仁"，只有那些值得用生命去换的价值、道义，才鼓励杀身。从这个意义上讲，"杀身成仁"并非不顾后果。此外，儒家"杀身成仁"的根据，本质上是"天人万物一体"观念，就是说，仁者之能杀身，乃是仁者"身杀"而"人存"，即个体生命虽已丧失，但已融入整体之中。从这个意义上讲，"杀身成仁"已清晰地注意到后果。

再如，由解决"人性即诚"与可能否定教育意义的矛盾而追索到"欲"时，能否将"欲"视为一元论？无疑，王国维的分析是极富深度和想象力的。不过，"欲"之确定为发现"诚"之障碍可否视为儒家心性论之一元论还是可以商榷的。"欲"虽为发现"诚"之障碍，但第一，它并不符合儒家对人本性之定义，也不符合儒家对万物本根之定义；第二，"欲"之为"诚"发现之障碍，只是作为工夫的必要性原因，从而成为工夫消解的对象；第三，"诚"之为一元本体，即本体即工夫，所谓"反身而诚"，而"欲"不能即本体即工夫，因为工夫与"欲"是"二"。因此，因为"欲"之为发现"诚"之障碍，而判定子思为"性""欲"二元论，亦只能视为王国维一说而已。然而，王国维的儒学范畴诠释所表现出的以西学为坐标的诠释架构、积极健康的诠释方向、客观理性的诠释态度、精深细腻的诠释技巧，足以成为当今儒学研究中可资效仿的范式。

（原载《河北学刊》2011年第1期，人大复印报刊资料《中国哲学》2011年第4期转载）

五、儒学的传承与开新——以熊十力释"理"为例

身处20世纪中国的哲学家,面对西方哲学的挑战,面对时代需求,会本能地借助对中国传统哲学范畴或观念的诠释,综合各种际遇,展开视域融合,构筑自己的哲学理念,表述自己的哲学主张。熊十力对"理"的诠释即是此类诠释实践。本文拟对熊十力关于"理"的诠释与规定展开讨论,探寻其内容、性质及走向。

(一)"理"之体性

所谓"体性",即是本体意义上的属性,或者说根本意义上的属性。在熊十力这里,"理"之本体意义属性有三种:一是实有,二是至足,三是创生。

1.实有之"理"。熊十力认为,"理"的第一特质是它的真实性、实有性,他说:"理者是实法(实法者,谓其有实自体也。虽其自体不是具有形质的,要是实有,而非空洞的形式之谓),非假法(假法者,谓其只是空洞的形式,而无有实自体也)。"①为什么"理"应该是"实有"的呢?熊十力说:

> 或以为理字具有条理与法式、轨范等义,故是共相。此等共相,乃离开现实界之特殊物事而自存于真际界云云。如其说,则真际界与现实界显划鸿沟,不可融会。……今若仅在逻辑上,以共相为特殊物事的型范,而不与形而上学中所谓理者相混,似犹可说。兹乃以共相,应用到形而上学里来,以为是现实界中特殊物事之所依据以成者。而此共相既是空洞的形式,又谓其离开现实界而独存于真际界。则二界如何发生关系,既难说明,且此空洞的形式,无实自体,又如何说为真际,且得为特殊物事所依据以成者乎?果尔,则是无能生有,殊不应理。②

对熊十力而言,"理"之所以应该是"实有",乃是因为:

---

① 熊十力:《新唯识论(语体文本)》,《熊十力全集》(第3卷),湖北教育出版社2001年版,第364页。
② 熊十力:《新唯识论(语体文本)》,《熊十力全集》(第3卷),第364—365页。

第一，"实理"才能成为沟通"真际界"与"现实界"的桥梁。所谓"真际界"就是本体界，所谓"现实界"就是现象界，就是由诸多具体事物组成的世界。熊十力认为，这两个世界应该是贯通的，而如果本体之"理"只是"空"的形式，并且独存于"真际界"，那它就无法与现实界发生关系，"真际界"与现实界就无法贯通，因而"理"必须是实有的。

第二，"实理"才能成为形而上学本体。熊十力指出，逻辑学本体可以是形式，是共相，是空，因为它并不需要产生万物；而形而上学本体必须具有产生万物的能力，因而只能是实有的，他说："哲学谈到形而上之理，自是真真实实的物事。佛家云真理，伊川云实理，义意深微。如非真实，何能备万德而肇万化乎？空洞的形式，无实体而靡所寄，且无能生德用，将别假材料而与之合以成物。不悟空形式与顽笨材料，二本相离，又如何结合耶？"①就是说，作为本体的"理"必须是"备万德而肇万化"，万德在我，万化由我，如果是空洞的形式，那是不可想象的，因而"理"必定是"实有"的。

第三，"实理"才能成为特殊事物之根据。熊十力认为，本体之对于特殊事物的意义就在于它是特殊事物的根据，但作为特殊事物根据的本体不能是"空"，不能是形式，否则就是"无能生有"。因此，作为本体的"理"只能是实有，是实有自体。他说："本论乃直指本体而名之以理，本体是实有，不可视同假法。说共相为理者，只以理为空洞的形式，如方等，则理便属假法，何得为一切物之实体。此其不得不相简别也。"②

第四，"天理"因"存"而为实有。熊十力指出，王阳明"存天理"说，正说明"理"应该是实有的。他说："阳明常言存天理去人欲。其于天理下一存字，则天理非虚字眼可知也。孔子之仁，程、朱之天理，象山之本心，阳明之良知，实是一物而异其名耳。"③既然是"存"（天理），那就应该是实有，如是"空"，就无物可"存"了。如上讨论表明，"实有"乃是熊十力所论"理"的基本特性。

2.至足之"理"。熊十力认为，"理"不仅是实有的，而且是完满、至足的，内具无限能量的。他说："夫理唯至足，无所不备，而为潜在的无量的可能的世

---

① 熊十力：《新唯识论（语体文本）》，《熊十力全集》（第3卷），第281页。
② 熊十力：《新唯识论（语体文本）》，《熊十力全集》（第3卷），第365页。
③ 熊十力：《论事物之理与天理答徐佛观》，《熊十力论文书札》，《熊十力全集》（第8卷），第354页。

界。"① "理"无所不备而至足，是一潜在的无量世界。那么，"理"之"至足"是什么含义呢？熊十力说：

> 理者，一本而万殊（一本者，就此理为万化根源而言之也；万殊者，就此理散着为万化万物万事或一切事物之律则而言之也），万殊而一本也。
>
> 圣学本不反知，却须上达于证解之境；本不遗物，却须由万殊以会入一本。夫穷理至万化根源处，至真至实，而万德皆备。无封无畛，而万有资始。此理之在我者，亦即在天地万物者也；其在天地万物者，亦即在我者也，是故谓之一本。即此一本，在吾人分上言，便名为性。穷理至此，已知吾人自性即是天地万物之性，天地万物之性即是吾人自性。
>
> 宋、明儒所说理字，有时亦用为本体之名。夫本体可名之为理者，正以本体涵备万理，故得为万化之源耳。②

由此可见，"理"之"至足"含义主要表现为：第一，从与万物的关系看，"万殊"乃是"理"散为万事万物或一切规律而言，因而万事万物或一切规律乃为"理"所备。具体言之是，万物为"理"所备、万理（德）为"理"所备、万化为"理"所备，此"理"是"范围天地之化而不过，曲成万物而不遗"，故可说是"理外无物"。第二，从存在的状态看，"理"没有时空之限，无时不显，无处不在，因此，"理"与天地万物为一，即天地万物与我为一，乃是自足的本体。第三，从修养工夫看，"穷理"即是尽性至命，而"天地万物之性"即"吾人之性"，所以"理"不在身外而在身内，因此，穷吾人之性，即穷理，即是穷"天地万物之性"，反之亦然，所以在工夫上是无须向外用功的。这样，所谓"理"的"至足"就是内具万物之理、自性自足、完满无缺。第四，从与"情"关系看，好恶乃是"情"之表现，而"情"是"理"之用，不能影响"理"的至足性。熊十力说："夫好恶者情也。好恶之情，未便是善是正。好恶之得其正而善者，固是天理发用。好恶之失其正而不善者，则是顺躯壳起念之私情私欲，而其天理之心即所谓独知者，早已剥丧无余矣（天理本不可剥丧，但蔽于后起之私，而不得显发，便谓

---

① 熊十力：《新唯识论（语体文本）》，《熊十力全集》（第3卷），第361页。
② 熊十力：《原儒》，《熊十力全集》（第6卷），第342、343—344、345—346页。

之剥丧）。"①有人以好恶判断"理"，熊十力认为这万万不能，为什么？"理"就是良知，先天本有，完满无缺，而"情"是"理"的发用，"情"有善有恶，"情"正与"理"一，"情"邪则与"理"二，所以不能以好恶言"理"，若以好恶言"理"，则意味着等"理"为私情私欲，这是对"理"至足、至善性的否定。可见，在熊十力观念中，"理"是至足至善的。

3.创生之"理"。如上讨论表明，"理"是"实有"的、"至足"的，不过，这个"实有""至足"的"理"还是有灵性的、有生命的，具有创生的特性。熊十力说："（理体者，以本体是万理赅备，故名）是不容已的向前开展，正如老子所云'虚而不屈，动而愈出'。"②"理"创生万物是永不穷竭、永不停息的。可是，"理"之创生表现何在呢？在熊十力看来，"理"之创生形式至少表现为如下几种：

第一，"理"之创生，即是种子发芽开花结果，并相应地呈现条理规范。他说："但其自体，既非如现实界物事之可破析为断片。却亦不是顽然而一，无有条理和轨范的呆板的物事。譬如一颗种子，通常看作是顽然而一的物事。实则不然。他已是具有萌芽及根干、枝叶、花实种种的可能，便见得他是具有许许多多的条理和轨范了。"③自体之"理"好比种子，有化生能力，能发芽、生叶、开花、结果，并随其化生程序的展开，其自体上的条理和轨范也逐渐绽开、呈现，这样的"理"自然是生命的、生机的、灵性的，而非冥顽的、枯竭的。

第二，"理"之创生，即是天理流行。熊十力认为，"理"虽在名称上可分为"体"和"用"，但实际上是"一"，"用"不过是"理"的流行。他说："本论所谓理者，既是实体，所以不须别找材质。理体渊然空寂，空故神，寂故化。神化者，翕辟相互而呈材。生灭流行不已，而造化之情可见。是故材质者，理之流行所必有之势也，其情之至盛而不匮故也。"④就是说，"理"体生化不穷，开合交替而行，此即 理之流行，在一理流行之过程中，物相并生，材质比现，所以，"理"流行之外不会有"用"，也不会有"相"。

第三，"理"之创生，即是自己解决问题。熊十力认为，"理"本就是完备至

----

① 熊十力：《论事物之理与天理答徐佛观》，《熊十力论文书札》，《熊十力全集》（第8卷），第355页。
② 熊十力：《新唯识论（语体文本）》，《熊十力全集》（第3卷），第362页。
③ 熊十力：《新唯识论（语体文本）》，《熊十力全集》（第3卷），第365页。
④ 熊十力：《新唯识论（语体文本）》，《熊十力全集》（第3卷），第366页。

足,因而其创生并不需挂搭材质来完成。他说:"理之现为相,不待别立材质而与之合。如果把理说为一种空洞的形式或法式,则必需于理之外,更建立一种气为材质,而理乃与之搭合以成物。如此,似未免戏论。宋儒言理气,已有未尽善处。后人遂有以气为材质,而理别为法式,遂成种种支离之论。"①也就是说,"理"是自生的,因而并不需要在"理"之外建立一种"气",与"理"搭合成物,因此,宋儒讲"理"生万物,却将"气"请来做帮手,就是将"理"看成支离的、不完备的,自然是没能见到"理"之特质。

第四,"理"之创生,也是去邪显正、涵养性灵之过程。熊十力说:"礼之源即是天理,为礼之要在居敬存天理,以帅其气,然后怠慢邪僻不作而灵性茂焉!"②"礼"的关键是居敬存天理,以统帅、主宰"气",使怠慢邪僻不生,使有灵万物茂盛。因此,只要是"礼"流行,就是万物的造化,就是万物的生长,就是万物的茂盛。熊十力说:"理无定在而无所不在。吾人体认天理,以创造世界一切制度、仪文,随世变易,无有滞碍。大礼行而群情畅,天地位,万物育矣,猗欤休哉?故曰:礼者以天理为源,其源深远。"③"礼"之化生功能完全源自天理,正是"理"创生义的表现。

概言之,熊氏所言"理"之创生,将"理"的生命性、一体性、自足性、显正性完全表现出来,此即熊十力所论"理"之创生义。

(二)从"天理"到"物理"

按照熊十力的理解,本体的"理"既是"真际界"的,同时必须是"现实界"的:"事物之理,如何可离开天理。天理者,本心也。本心之发用,其显于人与人之交者而有伦理。其显于人与物之交者,而有物则。伦理不容紊者,固是天理。物则不可乱者,其得曰非天理乎?"④与其说"事物之理"离不开"天理",不如说"天理"必须落实为"事物之理"。那么,就熊十力而言,"天理"是怎样表现为"事物之理"的呢?

---

① 熊十力:《新唯识论(语体文本)》,《熊十力全集》(第3卷),第365—366页。
② 熊十力:《原儒》,《熊十力全集》(第6卷),第659页。
③ 熊十力:《原儒》,《熊十力全集》(第6卷),第657—658页。
④ 熊十力:《论事物之理与天理答徐佛观》,《熊十力论文书札》,《熊十力全集》(第8卷),第355页。

1."理"之流行为心、物，满足知识科学之要求。如前所言，"理"之流行便是万物的呈现，便是用、相，而这里的用、相，既包括"物"，也包括"心"，可是，在宋明儒那里，或者说"心即理"，或者说"物即理"，各执其偏。熊十力说：

> 关于理的问题，有两派的诤论。一、宋代程伊川和朱元晦等，主张理是在物的。二、明代王阳明反对程朱，而说心即理。……所谓理者，本无内外，一方面是于万物而见为众理灿著；一方面说吾心即是万理赅备的物事，非可以理别异于心而另为一种法式，但为心上之所可具有，如案上能具有书物等也。唯真知心境本不二者，则知心境两方面，无一而非此理呈现，内外相泯，滞碍都捐。如果遍说理即心，是求理者将专求之于心，而不可征事物。这种流弊甚大，自不待言，我们不可离物而言理。如果遍说理在物，是心的方面本无所谓理，全由物投射得来，是心纯为被动的，纯为机械的，如何能裁制万物、得其符则？我们不可舍心而言理。二派皆不能无失，余故说理无内外。说理即心，亦应说理即物，庶无边执之过。①

熊十力认为，"心"和"物"都不过是"理"的呈现，从万物看，万理灿烂，从吾心看，万理皆备，所以，"理"无所谓内外；如果只说"心即理"，那就意味着离开事物求索"理"，这是不可能的；如果只说"物即理"，那就意味着"心"是被动的，"心"不可能规划万物、把握事物的律则。因此，既不能像陆、王那样偏执于"心即理"，也不能像程、朱那样偏执于"物即理"，而应将二者加以肯定。因为这样一方面可以肯定"心"的先天认知能力，使"心"能够规划、把握事物之律则；另一方面可以确定"心"的认知对象，使"心"的先天认知能力有所施展。熊十力说："若如我义，理固即心，而亦即物。是以心知之行于物也，而见斯理之澈内外，通心物而无间焉。离心而言物，则此心何可寻物则耶？否认物，而偏言理即心，则但冥心于无用之地，而万物之理不待推征而自著。"②显然，熊十力肯定"物即理"，就是要肯定"心"有所作为，肯定"心即理"，就是要肯定"心"本有理则，而言"心""物"乃"理"之发用流行，就是以"理"贯通

---

① 熊十力：《新唯识论（语体文本）》，《熊十力全集》（第3卷），第44页。
② 熊十力：《论事物之理与天理答徐佛观》，《熊十力论文书札》，《熊十力全集》（第8卷），第354页。

"心""物",由"天理"开出"物理",从而为探求"物理"开辟了路径,也就为知识论、科学的产生开辟了道路。

值得注意的是,熊十力如此"释理"的努力与方向,并非他一时心血来潮,实在是他接受了唯物论哲学影响而理性地对儒学进行调整的结果。他说:"若依世间底经验说来,不妨承认物是离心独存的,同时不妨承认物自有理的。因为现前事物,既不能不假定为实有,那末,不能说他是诡怪不可把捉的,不能说他是杂乱无章的,他自有定律法则等等,令人可以摹准辨析的。即此定律法则等等名之为理,所以物自有物之理,而非阳明所谓即心的。伊川'在物为理'之说,按之物理世界,极是极是,不须阳明于在字上添一心字,心不在,而此理自是在物的。"①这样大张旗鼓地从阳明心学的左侧移向右侧,乃是宣告一种新哲学方向的开启。

2."理"之流行无偏私,满足民主政治之要求。如上所言,"理"是本体,必然发用流行,其发用流行即是万物的生长,那么,"理"之发用流行具有什么特点呢?熊十力认为是"无有偏私",他说:

> 汝(任继愈)解爱之理,以由近及远,由亲及疏为言,是以差等的意义释理。"理"字虽有条理之意,差等亦含有条理意思,然万不可忽者,理是真实的东西,此之发现则为仁义礼智乃至万善,随所发而莫不各当,秩然有条不紊,如发之事父则为孝,发之卫国则为忠等,故又名之以理也。唯其是真实的物事,故随发各当而有条不紊耳。而或者不察,仅以空洞的形式为理,是但从其发现之有条理处观察而昧于其本身是绝对真实也,恶乎可哉?汝以差等释理,正堕世儒之失,所宜痛省。须知此云爱之理者,理即天理,异乎情欲之属于后起者也。②

熊十力认为,"理"含有条理的意思,比如,"理"之于父母为孝,"理"之于儿女为慈,"理"之于兄弟为悌,"理"之于君为忠,此孝、慈、悌、忠等都是条理,但都是真实的"德";"理"之发用流行表现为先后次序,所谓"亲亲、仁民、爱物",但它们并无差等,因为"理"之爱所及者都是真实的,因而不能因为次序先后的差别而否定"理"的本质内容。事实也是如此。比如,分发救济粮食,

---

① 熊十力:《尊闻录》,《熊十力全集》(第1卷),第602—603页。
② 熊十力:《答任继愈》,《十力语要》,《熊十力全集》(第4卷),第285—286页。

五十人排队，每人一百斤，请问第一名与第五十名所获得的"爱"有差别吗？没有。所以，熊十力所强调的是，"理"所表现的"爱"是真实的内容，也只有从真实的内容才能判断"理"存不存在差等的问题。显然，"理"即"天无私覆，地无私载、日月无私照"，是公正无偏的。相反，那种判"理"为差等的人，显然不是从"理"的真实内容出发，而是从"理"的形式出发，从"理"之流行所表现出来的条理、次序出发，因此，以差等言"理"是昧于"理"本身即"绝对真实"之结果。可见，"理"实际上内具了公正、平等之内涵与精神，其流行无偏而为社会政治之公正。熊十力说：

> 圣言治道，其本在仁，其用在礼（仁者礼之本，礼者仁之用）。而政法皆礼之辅。《春秋》与《周官》之法制，可谓广大悉备矣。……《春秋》书新人立晋便有由人民公意共选行政首长之法。《周官》于国危或立君等大事，亦有遍询民众之文；又于各种职业团体皆列其职，即各业团直接参预国政。至于地方制度之详密，尤可见民治基础坚实。余常以《周官》一经为由升平导进太平之治，灼然不诬。程、朱与方正学并尊此经，皆有卓见。西洋议会少数服从多数之规，吾先哲似不尽赞同，况己见及此，然先哲未尝不征取多数意见。孟子盖《公羊》《春秋》家也，其言国人皆曰贤未可也，见贤焉，然后用此即明政长，必遍征人民公意，而仍不以众议为足，必本其所自觉者裁决之，始付诸实施。孟子虽就用贤一事为言，推之百政，殆莫不然。①

熊十力举此例想申诉的是，儒家治道之本在"仁"，"仁"之用便是"礼"，"礼"是"仁"之发用流行，因此，"礼"所表现意义应是公正。政法是辅助礼的，而《春秋》和《周官》法制的根本观念或主张，都是人民公意公选行政长官，这就是公正的表现，孟子是《公羊》《春秋》思想的主张者，重视公意，征求人民的意见，但也尊重"政长"的裁决作用。因此，熊十力不赞同某些人认为"中国只有民有、民享诸义，而所谓民治，即人民议政或直接参政等法治与机构，中国古籍中似无有"的观点。"理"的公正性，也表现在"制礼"上，"制礼"的第一义是在涵养灵性，因而它必须是推扬公正。他说："夫制礼当由群众公意，盖今后必然

---

①熊十力：《与梁漱溟》，《熊十力论文书札》，《熊十力全集》（第8卷），第655—656页。

之势也，而孔子礼教之第一义，在涵养灵性。"①具体而言便是，孔子破除阶级，倡导民主，并非没有根据，而是因为孔子"见夫古代社会有三层统治阶级存在，以少数人控制与剥削天下最大多数人。此为理之所不许可，势将必至于穷。一般人皆习焉不察"②。可见，熊十力通过"理"之流行为公正无私义而为民主政治开辟方向。

3. "理"之流行显权宜，满足自我调整要求。"理"具有创生力，而创造生命的过程会遭遇各种困境，因此，"创生"的本能与愿望便规定"理"必然表现出一种机动性、灵活性，即"理"在创生过程中，必然会对那些不利于创生的因素给予消除，而消除的行为和措施有时并不能按常道进行，而需要灵活、机动地把握，此即为权宜之"理"。熊十力说：

> 夫本体之理，其在人，而发现于日用云为之际也，只是随其所应，恰到好处。《中庸》所云"中节"是也。岂有一定规范？如以孝言，父母小杖则受，大杖则走。此乃天理自然中节处。……又如以节义论。夫妇既以义合，不忍以存没异心，此乃天理也。其或迫于生事而再嫁，终不能道此是理之至正。然宁再嫁，而不至更陷于污贱之行。则他人对之，犹哀矜而不忍非难。此在他人，亦是天理合如此不苛责也。程子令其侄妇再嫁，何曾持天理以桎梏人耶？戴震本不识程、朱所谓理，而以私见横议，吾于此不及深论。③

熊十力认为，"理"发用于日用云为之际，只是恰到好处，就如《中庸》讲的"中节"，没有绝对如此，只有适宜即如此，这样才可应对变化莫测的情形。具体而言，比如，孝敬父母，一切以父母为考量，受父母拷打可以，但若父母下手太狠，就可以逃跑，为什么？因为如果打成残废，使父母伤心，这也是"不孝"。再如，女子守节，一般情况下，女子不能因为丈夫的在与不在而变心，这是天理。但是，生活中如果某人迫于生计再嫁，虽然不能说这是"理"之至正，但也不至于陷于污贱行为，人们都会怜悯她而不忍非难她，这也是"天理"合如此而不苛责。而程颐令其侄女再嫁，可见他并不主张以天理杀人，正是体现了"理"的权宜性、机动性。而这种权宜性、机动性以人的生命为考量，正反映了"理"的人文精神：

---

① 熊十力：《原儒》，《熊十力全集》（第6卷），第658页。
② 熊十力：《原儒》，《熊十力全集》（第6卷），第477页。
③ 熊十力：《读经示要》，《熊十力全集》（第3卷），第576页。

"理"非冥顽之物，而是活物，充满生机、活力和灵性，是生命的源泉。"理"是以生生为考量的，如果不是如此，那就不是真正的"理"。在儒家思想中，"权宜"表现为一个"义"字，而"义"乃"仁"之用。熊十力说：

> 云何义是用？义者，仁之权也，故说义是仁之用。仁体本备万德。……夫仁者，广爱万物，而无所不容，已如前说。然复应知，以广爱之道，而涉事变，其弊将多。如善人受害而不校，人称其贤，然枉法纵恶，究于社会不利。佛氏冤亲平等，出世法如是，以之治世，要不可行。至于资产阶级剥削劳苦大众，帝国主义侵略弱小，仁道广爱至此等处，将复如何？圣人虑广爱之不可以济变也，由是以义与仁并言。仁道乃非执一而不可通其变。夫仁之行于事变也，必将权其得失与轻重之数，而慎处之。权施，将与广爱反，卒也不违于仁，所以说义为仁之用者以此。仁道在广爱固也，仁而无权，则不可以成其仁。如天下最大多数人被侵制于最少数人，倘执广爱之道而主不争，则将为人类长留一大祸根，将求仁而卒陷于大不仁。①

爱人是"常道"（理），但这个"常道"不是没有原则的，不是没有条件的，"常道"是指它无私，对任何人都一视同仁，但是不是所有人都能得到同样的待遇，还得看他自己的表现。而"义"字就是将"仁爱"去公平地落实，轻重厚薄有无都根据具体情况而定。事实上，这个观念在孔子那里早就有了，孔子说："君子之于天下也，无适也，无莫也，义之与比。"（《论语·里仁》）君子行于天下，没有固定的、僵死的标准，怎么合适就怎么做。这反映了孔子"权"的观念。因此，熊十力以"理"之发用流行为权宜的、应变的，是符合儒家思想基本精神的。

可见，熊十力对"理"的诠释具有明确的价值指向，这就是他晚年仍然念念不忘的科学与民主："今衰矣，惟念欲明孔子之外王学者，须注意二端：不明孔子注重格物之精神即无从研究其外王学，此一端也；仁义之蕴，礼乐之原，是乃万物之所以统一，而复其本来无对之体，人极于以立，此又一端也。"②而熊十力对"理"诠释所表达的这种诉求，正是他将"理"之"随物各当义"的具体而富有成效之落实。

---

① 熊十力：《原儒》，《熊十力全集》（第6卷），第497页。
② 熊十力：《原儒》，《熊十力全集》（第6卷），第547页。

（三）意义的延伸

无疑，熊十力通过对"理"的诠释，不仅建造起新的"理"本体论体系，而且赋予此本体论以新的内涵，正是此"新内涵"暗示了诸多可以引申的话题，而这些话题的考察与呈现，或可使我们更能全面了解、把握熊氏论"理"之面目。

1.与宋明儒言"理"之异。熊十力所论"理"，自是与传统儒学特别是宋明新儒学之"理"存有关联，这就诱使我们去了解熊氏所论"理"与宋明儒所论"理"之差异。根据上述讨论，熊氏所论"理"与宋明儒所论"理"约如下差异：

第一，"理、气决是二物"与"气乃理发用流行的势用"。在朱熹这里，"理"虽然是未有天地之先便存在的本体，但这个"理"与"气"却是两个物。朱熹说："理与气，此决是二物。但在物上看，则二物浑沦，不可分开各在一处，然不害二物之各为一物也。若在理上看，则虽未有物而已有物之理，然亦但有其理而已，未尝实有是物也。"①按照朱熹的意思，单就"物"上看，"理""气"各为一物，而单就"理"上看，未曾有物。可是在熊十力看来，无论从"理"、从"物"上看，世上除了"理"之外，没有任何别的东西，包括"气"。他说："宋儒说理不离乎气，亦不杂乎气，是直以理气为两物，但以不离不杂，明其关系耳。此说已甚误。"②不离"气"言"理"，就是视"理""气"为二物，而这是熊十力所不能认同的，他说："余以为理者，斥体立名，（体者，本体）至真至实。理之流行，斯名为用，亦可云气。（气者，非形气或空气等气字，乃即流行的势用，而形容之以气也。此气字，即谓有势用现起，而非固定的物事也……）故气者，理之显现。而理者，气之本体也。焉得判之为二乎？"③就是说，"理"是本体，"气"是"理"发用流行的势用，不是独立、固定的物事，因而不能与"理"并立为二。

第二，"理生万物气为具"与"理生万物无须挂搭处"。在朱熹那里，对于万物的化生，"理"与"气"有不同的分工，他说："天地之间，有理有气。理也者，形而上之道也，生物之本也；气也者，形而下之器也，生物之具也。是以人

---

① 〔宋〕朱熹：《答刘叔文》，《晦庵先生朱文公文集》卷四十六，朱杰人、严佐之、刘永翔主编：《朱子全书》（第22册），上海古籍出版社2002年版，第2146页。
② 熊十力：《新唯识论（语体文本）》，《熊十力全集》（第3卷），第367页。
③ 熊十力：《新唯识论（语体文本）》，《熊十力全集》（第3卷），第367页。

物之生，必禀此理然后有性，必禀此气而后有形。"①即言"理"是生物的根本，"气"是生物的材料，"理"决定所生物的性，"气"决定所生物的形。因而在朱熹这里，生物并非"理"所能单独完成的，"气"有它独特的作用。但熊十力不能认同"气"在生物中的作用，他说："理之现为相，不待别立材质而与之合。如果把理说为一种空洞的形式或法式，则必需于理之外，更建立一种气为材质，而理乃与之搭合以成物。如此，似未免戏论。宋儒言理气，已有未尽善处。后人遂有以气为材质，而理别为法式，遂成种种支离之论。"②就是说，"理"生万物是自生，无须挂搭在"气"上，根本不需要别的材质帮忙。

第三，"物即理、心即理"与"心、物乃理之发用流行"。熊十力认为，朱熹言"物即理"，阳明言"心即理"，都是一偏，他说：

> 朱子说理在物。阳明说心在理。二者若不可融通。其实，心物同体，本无分于内外，但自其发现而言，则一体而势用有异，物似外现。而为所知，心若内在，而为能知。能所皆假立之名，实非截然二物。心固即理，而物亦理之显也。谓物无理乎，则吾心之理，何可应合于物？（如孝之理，虽在吾心，而冬温夏清之宜，与所以承欢之道，非全无所征于其亲，而纯任己意孤行也）谓理非即心乎？则心与理不可判为二也，固甚明。心之义为了别，了别即有条理之义。以心之条理，控御乎物，能符应物之条理而不谬者，则以心物本非截然异体故也。隐诸心，显诸物，完全为一理世界，何在而非此理耶？吾以为理之一问题，阳明见地较朱子为深，而惜其不免遗物。③

这样，合"理学"与"心学"而超越"理学"与"心学"，"理"是"心""物"的体，"心""物"乃"理"之发用流行，"心即理"，是说"心"先天具有认知能力，如果"心"不是"理"，就无法认识物之"理"；"物即理"，是说"理"与"物"同一，"理"在"心"中，即"心"有某种观念，而这个观念（"理"）仍然需要表现或落实到事物上。可见，在熊十力这里，"理"是贯通心、物的桥梁，这在宋明儒是不见的。

---

① 〔宋〕朱熹：《答黄道夫》，《晦庵先生朱文公文集》卷五十八，朱杰人、严佐之、刘永翔主编：《朱子全书》（第23册），第2755页。
② 熊十力：《新唯识论（语体文本）》，《熊十力全集》（第3卷），第365页。
③ 熊十力：《读经示要》，《熊十力全集》（第3卷），第667页。

第四，"理乃气之条理"与"气乃理之发用流行"。王夫之认为，"气本理末"，"理"是附在气上的条理。但熊十力以为是谬论，他说："明儒则或以气为实在的物事，而以理为气之条理，则理且无实，益成谬论。"①王船山正是完全认定"理"乃气之后生者——"天下惟器而已矣。道者，器之道，器者不可谓道之器也。无其道则无其器，人类能言之。虽然，苟有其器矣，岂患无道哉？……无其器则无其道，人鲜能言之。而固其诚然者也。"②熊十力则说："船山所谓道，相当吾所谓理；船山所谓器，相当吾所谓相。由船山之说，则理体非固有，非大备，非圆满无亏之全体。直须有如是相，而后有如是理。相方未现，即固无此理也。然则用固无体，凭空突起乎？……夫用则屡迁，而理唯法尔完具。"③"理"非固有、非大备、非圆满之全体，而是先有相（气）后有体，那么，"气"没有体，它从哪里产生呢？熊十力认为，船山之所以有这样的错误观点，就在于他执"相"为实有，而"相"不过是"理"的发用流行而已。他说："欲所谓现实界，则依用相或气，而妄执为实物有（实物有者，吾人因实际生活，而执有一切实在的东西。遂不悟用相之神变不居，而只计有实物。故云实物有）。此则纯为情见所执耳。其实，非离用相或气而别有如是现实界也。"④对熊十力而言，"理"与"气"不是二，而是一，这个"一"就是"理"为本、"气"为用，所谓"现实界"不过是"气"的神变而已，所以无须执着。可见，熊十力哲学观念中，真实的存在只有"理"，有了"理"便有一切，"理"是万物的根源。

2.对诸种异议的批评。熊十力对"理"展开诠释的同时，即是对那些错误地理解"理"观念的批评和否定，它是一种自然的、内在的逻辑演绎。熊氏批评所及错误观念，主要有这几种：

第一，不能以共相言"理"。所谓"以共相言理"，就是视"理"为形式、为空洞，熊十力指出："说共相为理者，只以理为空洞的形式，如方等，则理便属假法，何得为一切物之实体。此其不得不相简别也。"⑤为什么不能以"共相"言"理"呢？在熊十力看来，如果作为本体的"理"被视为共相、形式，就意味着"理"是"空法""假法"，而"理"是"空法""假法"的话，就意味着"有生

---

① 熊十力：《新唯识论（语体文本）》，《熊十力全集》（第3卷），第367页。
② 〔清〕王夫之：《周易外传》卷五，王孝鱼点校，中华书局1977年版，第203页。
③ 熊十力：《新唯识论（语体文本）》，《熊十力全集》（第3卷），第363页。
④ 熊十力：《新唯识论（语体文本）》，《熊十力全集》（第3卷），第367页。
⑤ 熊十力：《新唯识论（语体文本）》，《熊十力全集》（第3卷），第365页。

于无",而这是不可能的;另外,本体之"理"如果是空洞的,就意味着它离开特殊具体事物自存于"真际界",从而使"真际界"与现实界之间划出一道鸿沟,二者无法融会,不能成为一切物的实体;因此,"理"如要成为特殊事物根据,就不能是共相、形式。

第二,不能以好恶言"理"。所谓"以好恶言理",就是从好恶上认取天理,熊十力说:"今乃不肯反求此知,而但欲于好恶上认取天理,则其好恶之发于不正不善者,将不复反诸独知之地,而悍然自欺以为天理。"[①]然而,熊十力所论"理"是本善、至足的,这个本善、至足的"理"与"情"的关系,是"体""用"关系,是未发、已发关系,虽然"体用一源",但已发之"情"会有性质不同的表现,即或"善"或"恶",而只有表现为"善"时,才是与"理"一体的。熊十力说:"吾人自省,好恶得其正时,即是本心呈露。好恶失其正时,却是私情私欲或意见用事,而其本心早放失也。本心发用,无有私好,无有私恶,此时之心,应事接物,无往不是天理流行。"[②]就是说,如果"好恶"失其正,便是私情私欲或意见用事,这已是本心的丧失,怎么可能与至善的"理"同语呢?因此,如果是从好恶上认取"理",则必导致是非不分、善恶不辨,在实践上怂恿人胡作非为。

第三,不能以冥顽言"理"。所谓"以冥顽言理",就是将"理"视为无生命气息、无活力、僵死的概念。熊十力认为,"理"不是冥顽、僵化的物,不是没有条理和轨范的呆板的物事,而是生命的种子,是生机的、活泼的,它的发用流行,孕育着发芽、生叶、长枝、开花、结果的必然,并相应地呈现出条理和规范;它的发用流行,也是"无适无莫"的,是灵活的、随机应变的,比如,"孝"要求听从父母之命,但如果因为听从父母之命,反让父母伤心,那也不是"孝"。因此,熊十力强调不能以冥顽言"理",不能将"理"视为呆板的、僵死的物事。

第四,不能以差等言"理"。所谓"以差等言理",就是将"理"视为等级的、尊卑的,熊十力指出,如果将儒家的"爱之理"理解为"由近及远、由亲及疏",就是以差等的意义解释"理",但这是错误的。为什么?"理"字虽然有条理的意思,差等也有条理的意思,但"理"的条理与"差等"的条理是根本不同

[①] 熊十力:《论事物之理与天理答徐佛观》,《熊十力论文书札》,《熊十力全集》(第8卷),第355页。
[②] 熊十力:《论事物之理与天理答徐佛观》,《熊十力论文书札》,《熊十力全集》(第8卷),第353页。

的，因为"理"是真实的东西。这个真实的"理"即使表现为条理，其内容和性质都不会有任何变化，就是说，"理"之发用流行，是随物而宜的，如发之父母则为孝，发之国家则为忠，发之于兄弟则为悌，这并无差等之意；另外，因为"理"是真实的，因而它的发用是没有厚薄亲疏的，比如"理"之发用表现为"爱"，那么，这个"爱"并无厚薄亲疏之分，如果是差等之意，那它就不是大公之"理"，而是私情私欲了。

3.熊十力释"理"之意蕴。熊十力对于"理"的解释，不仅表现出与宋儒的差异，表现出对诸种错误观念的批评，而且表现出了可贵的学术精神和深远的学术意义。

第一，努力于对传统哲学积极元素的开掘与发扬。对于学术研究主体而言，在研究实践中努力于对传统思想文化中积极内容和精神的开掘与弘扬是根本使命，熊十力对于"理"的诠释充分表现出了这个特点。首先，将传统中本有的积极元素发掘出来。熊十力对"理"的诠释，将"理"之真实义、实有意义、公正义、创生义、权宜义等发掘出来并给予论述，使这些积极性元素得以彰显，得以传承和弘扬。其次，通过对"理"的解释，将西方哲学中积极元素融释进来。在诠释"理"的过程中，熊十力对西方哲学思想表现出开放欢迎的态度。比如，他通过对"理"的公正义的诠释，将民主政治引入其中，通过对"理"与物关系的诠释，将知识论、科学引入其中，从而改变"理"的意涵结构，富有新意和时代气息。再次，清除传统哲学中的消极因素。传统哲学中毫无疑问存在消极因素，表现在对"理"的理解上，熊十力认为将"理"理解为"气"之条理、以好恶作为判断"理"的依据等观念都是错误的，通过对"理"的诠释，他都给予了批评和否定。所以，熊十力诠释"理"的过程，也是"理"之含义完善的过程。最后，将中国传统哲学往积极、健康的方向提升。熊十力学术历经了由佛转儒而皈依圣人之学的过程，但他对圣人之学并不是故步自封的心态，他站在新的时代高点，省视周遭变幻，通过自己的心智创造，努力于中国传统哲学的提升。他对"理"的诠释和赋义，就是这种方向的具体实践。

第二，接受新哲学影响并进行调整，开出新的传统。熊十力关于"理"的诠释，对新的哲学影响做了积极的响应，具体表现就是对"理"的意涵进行调整和充实，开出新的传统。首先，"物""心"一统于"理"。通过对"理"的解释，熊十力构建起不同于传统的本体论。具体来说就是，对宋明儒的心本、气本、理本进行综合而为"理"本，但此"理"本又不同于朱子的"理"本，它出于朱子而高于朱子，比朱子的"理"本体更完善，具体而言就是为开出科学与民主提供了可能性。其次,"理"是原则与权宜的统一。在宋明儒,"理"是最高原则,是绝对的、不变的,但在熊十力这里,"理"既是原则的,又是可变的。"理"作为原则,必须遵守,维护"理"的尊严性、至上性、绝对性、必然性;但另一方面,"理"又是灵性的,可变的,从而为开辟新的思想路向提供了理论解释的根据。最后,"理"是超越与实有的统一。在宋儒,"理"是原则、法则、形式,也是实有的,但熊十力将实有性明确下来,阻止某些学者从形式、空洞的方面理解"理"的企图。以真实、实有确定"理"的精神,换言之,儒学本是实学,是经世致用之学,但一方面因为哲学品质的要求而使人们误认哲学为纯粹抽象,另一方面确实存在将"理"朝形式方向解释的动向,因此,熊十力对于"理"之实有精神的强调,是对儒学根本精神方向的现代坚持。可见,通过对熊十力诠释"理"实践的考察,可以清晰地寻找到熊十力调整中国传统哲学、从而开出新统的努力与思路。正如熊十力说:"如唯心一元之论,则物质是精神之变现,而物质实无矣。如唯物一元之论,则精神是物质之作用(如旧说思想是脑的作用),而心灵实无矣。余以为二宗各执一端,同成无体之论。所以者何?唯心宗将心说成宇宙本体,唯物宗将物说成宇宙本体,殊不知心、物以相对立名,无物则心之名不立,无心则物之名亦不立。心、物乃是本体变动而成功用。"①

第三,继承"理"的基本精神,将"理"观念发挥到极致。陈荣捷先生曾说,朱熹将"仁"观念发挥到极致,我这里说熊十力将"理"观念发挥到极致。为什么这样说呢?首先,"理"的基本特性被开掘、彰显、释放出来。熊十力认为,"理"是真实的、实有的,是完满的、至足的,是创生的,这些特性应该说是内在于"理"的,但只有熊十力将这些特性鲜明地、完整地揭示出来,而且对何以有这些特性进行了充分论证与说明,从而使"理"的根本内涵得以让读者了解。其次,"理"的"用性"也被精彩地阐发和引申,就是说,熊十力根据儒学的基本义理和价值,对"理"进行了开放性诠释,"理"具有公正、平等义,"理"具有知识科学义,具有权宜变通义,从而使"理"的动态性、开放性、灵活性得以显豁,这是传统哲学中的"理"所不具备的。再次,"理"之为本体,心物贯通,不像朱子"物即理","理"滞碍于物;也不像阳明"心即理","理"幻映于心,熊十力彻底将心、物贯通,而贯通者是"理",心、物不过是"理"之发用流行,如此,在"心"而言,"理"是先天本有的原则,在"物"而言,"理"是可竭认知的对

---

① 熊十力:《明心篇》,《熊十力全集》(第7卷),第161页。

象，这就使"理"可上可下，可内可外，圆融通透。最后，由"理"之开启，可融入科学与民主，但熊十力对此放心不下，感觉科学与民主需要"道心"的规范与监督，因此，熊十力对"理"所做出的规定，概由"理"出，从而坚持了儒学内圣外王的基本路径与根本精神。

总之，熊十力对"理"的诠释，不仅反映了他对儒学的忠诚与虔诚，也反映了他对儒学的希望和理想。在坚持儒学根本精神的前提下，他热情、开放而理性地接受了新的哲学理论、哲学观念，对"理"展开了积极性诠释。他通过对"理""气"（物）"心"三者关系的重新解释，化解了心学、理学的困境，从而为知识论、科学开出路径；他认为"理"就是"礼"，"礼"以养人润物为目的，落实公正、平等之价值，从而为民主政治开辟道路；他以"权宜"释"理"，"理"之发用流行而创生万物的过程，也是随物而宜的过程，从而为"理"价值的准确落实、也为"理"容受新的思想元素提供了理论基础。这些作为使熊十力诠释"理"的实践表现出宽阔的开放精神、恢宏的生命气象。然而，熊十力对"理"诠释过程中所做的这些改造，都是以坚持儒学基本精神而实现的，就是说，所谓"心"、所谓"物"，都是"理"之发用流行，它们由"理"而出，自然也受制于"理"。因此，熊十力对于"理"的诠释，既反映了儒者发展、弘扬儒学实践的固有特色，又真实地反映了20世纪儒学传承与开新的复杂情形。

〔原载《中山大学学报（社会科学版）》2011年第2期，人大复印报刊资料《中国哲学》2011年第6期转载〕

六、"良知"的沦陷及其省思

有一种德性既让人欢喜又让人恐惧，没有人不为被夸其有此德性而洋洋得意，也没有人不为被指其无此德性而羞愧难当，这种德性就是"良知"。在中国哲学史上，发明"良知"的老祖宗应该是孟子。孟子认为人先天即有良知良能，他说："人之所不学而能者，其良能也；所不虑而知者，其良知也。"（《孟子·尽心上》）但他发现"良知"有时也会失落，他说："仁，人心也；义，人路也。舍其路而弗由，放其心而不知求，哀哉！人有鸡犬放，则知求之；有放心而不知求。学问之道无他，求其放心而已矣！"（《孟子·告子上》）孟子这段话揭示了人爱财胜于爱德的心理，对于主张"舍生取义"的孟子来说，当然看不下去，所以在那里表现得无奈无辜的样子，似乎是他自己"放心而不知求"。孟子是有担当、有责任感的君子，对于为什么出现"放心"现象，他进行了深入的思考。他觉得还是"利欲"在那里捣鬼。孟子说："养心莫善于寡欲。其为人也寡欲，虽有不存焉者，寡矣；其为人也多欲，虽有存焉者，寡矣。"（《孟子·尽心下》）这段话的意思是，如果一个人欲望很少，即使不努力保存良知，那也不会减少太多；相反，如果一个人欲望太多，即使努力保存良知，那所保存的良知也会很少。显然，孟子将"良知"的沦陷归于利欲的膨胀。这在提醒人们，拥有"良知"并免去失落"良知"的恐惧，减少或控制欲望是前提。

孟子的这个思想，在一千七百年之后的王阳明那里被完整地传承下来。王阳明说："良知即是未发之中，即是廓然大公，寂然不动之本体，人人之所以同具者也。但不能不昏蔽于物欲，故须学以去其昏蔽，然于良知本体，初不能有加损于毫末也。"①这是说，"良知"虽然是普遍存在的，人人具有，但仍然会有被遮蔽的时候，即有沦陷的时候，而被遮蔽的原因是物欲，因而必须去人欲以存天理（良知）。王阳明说："减得一分人欲，便是复得一分天理。"②可见，孟子、王阳明都认识到先验的"良知"会有沦陷的时候，但对这种沦陷更准确的表述应该是"隐而不现"，是"被遮蔽"，因为"良知"之体从来就没有沦陷过。而"隐而不现"

---

① 〔明〕王守仁：《传习录中》，《王阳明全集》卷二，吴光等编校，上海古籍出版社2011年版，第71页。
② 〔明〕王守仁：《传习录上》，《王阳明全集》卷一，吴光等编校，第32页。

的原因的是私利欲望。这种"良知沦陷私欲说"是大家熟知的"经典"性判断,人们也因为这个判断而努力修养,以抵御利欲的侵袭而避免"良知"的沦陷。

虽然孟子、王阳明都将这种沦陷定义为"隐而不显",但可以想象,一个人在实际生活中选择了利欲而放弃了"良知",似乎不能说他还有"良知"。因此,孟子、王阳明的说法只能从本体意义上去理解,即"良知"虽然因为利欲而在个体的行为中沦陷,但作为本体的"良知"是永远不会消失的,诚如阳明所说:

> 良知者,心之本体,即前所谓恒照者也。心之本体,无起无不起。虽妄念之发,而良知未尝不在,但人不知存,则有时而或放耳;虽昏塞之极,而良知未尝不明,但人不知察,则有时而或蔽耳。虽有时而或放,其体实未尝不在也,存之而已耳;虽有时而或蔽,其体实未尝不明也,察之而已耳。若谓良知亦有起处,则是有时而不在也,非其本体之谓矣。①

换言之,"良知"有"体""用"之别,作为"体"的"良知"是众善之源,而作为"用"的"良知",既可能与"体"的"良知"完全等同,也可能与"体"的"良知"相悖,而表现"体"的"用"是多样的。这就意味着,"良知"的沦陷会有不同呈现。那么,除了"利欲型沦陷"之外,"良知"的沦陷还会有怎样的表现形式呢?

(一)"良知"的认识论解释

所谓"'良知'的认识论解释",就是指以马克思主义认识论对"良知"进行解释。但在进行这种解释时,"良知"不能满足马克思主义认识论的要求,从而使人们认识到"良知"缺乏马克思主义认识论的支持,"良知"丧失了认识论语境中生存的知识根据,从而遭到驱逐。

1."良知"否定了感性认识。依马克思主义知识论,任何思想观念或知识理论都来自感觉器官,即由感官这第一通道获得,世界上不存在不经过学习能获得的知识、不经过思考能得到的观念。不过,"良知"却是这样的知识或观念——"良

---

① 〔明〕王守仁:《传习录中》,《王阳明全集》卷二,吴光等编校,第69页。

知不由见闻而有，而见闻莫非良知之用。"①所谓"不由见闻而有"，就是说"良知"可以不通过感官便能拥有，这就意味着"良知"在马克思主义知识论中找不到根据，没有根据支持的"观念"当然就是不合法的，就是不存在的。

侯外庐说："既然'良知'即'人心'，为'人人皆有'，那么，所谓在'良知'上下功夫，必然不是在生产斗争和阶级斗争的过程中获得关于客观事物的知识，因而更不是向客观世界去探求事物及其规律的知识，而是一种放弃任何对自然与社会的斗争的方术，即神秘的、顿悟式的'不假外求'与'向内用力'的安眠剂。"②在侯外庐看来，不学而能、不虑而知的"良知"是不存在的，因为所有"知识"都必须通过感官获得，都是人通过对客观世界的探索、考察、研究获得的。而且，由于"良知"在王阳明哲学中属于内在于人心的先验知识，因而即便在"良知"上用功，也与客观事物毫无关系，与生产实践、阶级斗争毫无关系。

张岱年虽然不否认"良知良能"的存在，并正确地理解为道德意识、道德观念，但认为作为道德意识的"良知"不应是先验的，而应是社会历史的产物。他说："良知、良心是应该肯定的。但孟子所谓'不学而能''不虑而知'，却不符合事实。人的良知、良心即是人的道德觉悟、道德意识，有其社会历史的根源。人类在长期的历史过程中，认识了什么是应该做的，什么是不应该做的。这种社会性历史性的认识积淀在人们的头脑中，形成道德意识、道德觉悟。具有这种意识，达到这种觉悟，谓之有良知、有良心。启发这种觉悟，培养这种意识，正是文化教育的任务。"③不难看出，张岱年所肯定的"良知"是经验的良知，是社会性、历史性的认识在人们头脑中积淀而形成的道德意识、道德觉悟。这当然不是孟子、阳明所讲的"良知"，而是用经验的"良知"取代了先验的"良知"。

萧萐父则认为，"良知"是认识秩序的颠倒，他说："他（王阳明）通过片面夸大对于'见闻'之知的指导作用，把'良知'吹胀为可以脱离'见闻'基础而独立自在的绝对，认为'良知不由见闻而有，而见闻莫非良知之用'。这就颠倒了认知秩序；并进一步断言：'良知之外，别无知矣。'这就用'良知'代替了'见闻'之知，把感性认识排斥在认识过程之外，割断了认识来源，使'致良知'成

---

① 〔明〕王守仁：《传习录中》，《王阳明全集》卷二，吴光等编校，第80页。
② 侯外庐主编：《中国思想通史》（第4卷下），人民出版社1980年版，第892页。
③ 张岱年：《中国古典哲学概念范畴要论》，《张岱年全集》（第4卷），河北人民出版社1996年版，第662页。

为主观自生、随意扩充的神秘参悟了。"①在这个评论中，感性认识与"良知"被对立起来，坚守感觉器官是获得认识的唯一通道，而"良知"并非来自这个通道，那么，"良知"就成了没有"出身"的观念，没有"祖籍"的观念，就是不存在的观念。

2."良知"拒绝了客观对象。依马克思主义知识论，认识的获得必须是主观对客观的反映，即客观对象的存在是认识产生的基本前提。但"良知"似乎不需要这个前提，它不是主观对客观的反映，即"良知"的产生与有无客观对象没有关系。王阳明说：

> 夫万事万物之理不外于吾心。而必曰穷天下之理，是殆以吾心之良知为未足，而必外求于天下之广，以裨补增益之，是犹析心与理而为二也。夫学问思辨笃行之功，虽其困勉至于人一己百，而扩充之极，至于尽性知天，亦不过致吾心之良知而已。良知之外，岂复有加于毫末乎？今必曰穷天下之理，而不知反求诸其心，则凡所谓善恶之机，真妄之辨者，舍吾心之良知，亦将何所致其体察乎？吾子所谓"气拘物蔽"者，拘此蔽此而已。②

这就是说，"良知"在心，完满自足，若是以为"良知"未足而向外求索方能丰满增益它，则是离心、理（良知）为二，因为学问思辨笃行所要做的，不过是获得"良知"、实践"良知"而已，因而"良知"之外还有什么知识可求的呢？既然"良知"自足完满，"良知"之外无知识，当然就无须向外求索；既然无须向外求索，也就意味着"良知"既不需要从社会中获得，也不需要从自然界获得。

可是，依马克思主义认识论，知识必须从自然界求得，或从社会中求得，这是知识的唯一来源。因此说，"良知"取消了客观对象，取消了获得知识的基本关系，即主客关系。侯外庐说："认识不能离开'客体'（客观存在）与'主体'（人的思想意识）这两个方面，不能离开人们对自然和社会进行斗争的实践活动。像王阳明那样，既用'良知'并吞了'物'，否认了客观存在，又把'认识'规定为'从自己心上体认''不假外求'的自我认识，难道这不正是取消了认识论问题

---

① 萧萐父、李锦全主编：《中国哲学史》（下卷），人民出版社1983年版，第128—129页。
② 〔明〕王守仁：《传习录中》，《王阳明全集》卷二，吴光等编校，第52页。

而把人们引向蒙昧主义吗？"①由于认识的产生是主体与客体张力的结果，是主观反映客观的结果，而王阳明的"良知"说否认了客观对象的存在，也就否认了认识发生的可能性，从而也就否认了知识的来源，否认了获得知识的可能性。因而萧萐父认为："良知"就是切断了与外界联系的神秘知识，他说："认识能力的取得，既'非由于闻见'的经验积累，也非由于对'事变'的'预先讲求'（《传习录上》），而是由于先验能力的自然流露。"②既然"良知"不是主观对客观的反映，不是从客观对象获得的知识，而是先验能力的自然流露，那么它就不能存在于马克思主义认识论语境中。因此，如果说任何知识的获得都来自主观对客观的反映，都来自主体对客观对象的求索，这就意味着，"良知"在马克思主义认识论语境中没有存在的合理性。

3. "良知"取消了实践标准。依马克思主义哲学认识论，认识是否正确的检验标准只有一个，那就是实践。但"良知"自己就是标准，而且，"良知"之外再无别的标准。王阳明说："尔那一点良知，是尔自家底准则。尔意念着处，他是便知是，非便知非，更瞒他一些不得。尔只不要欺他，实实落落依着他做去，善便存，恶便去。"③"良知"是每个人心中先天具有的准则，是每个人言行的先天根据，也是判断是非的标准。王阳明说："良知只是个是非之心，是非只是个好恶，只好恶就尽了是非，只是非就尽了万事万变。"④既然人们为文学、出言谈的依据是"良知"，既然判断是非善恶的标准是"良知"，既然"良知"之外再无标准，那么，认识是否正确并不需要放在实践中检验，事情的是非曲直也无须用实践来衡量。质言之，"良知"即是最高标准，是判断是非、善恶的唯一根据。

但依马克思主义知识论，一种认识是否正确，检验的方法与标准是实践，只有将认识置于实践中，才能验证其是否正确。因而对马克思主义认识论言，第一，"良知"标准是主观标准论，即用一种观念判断另一种观念。萧萐父批评说："以主观是否符合客观来判断是非成了'乖谬'，而以客观是否符合主观标准来衡量是非反而成了'真知'。这就是主观唯心主义的颠倒是非观。"⑤既然"是非"的标准是观念，那就意味着"是非"没有现实的标准了。第二，从内容上看，"良

---

①侯外庐主编：《中国思想通史》（第4卷下），第893页。
②萧萐父、李锦全主编：《中国哲学史》（下卷），第127页。
③〔明〕王守仁：《传习录下》，《王阳明全集》卷三，吴光等编校，第105页。
④〔明〕王守仁：《传习录下》，《王阳明全集》卷三，吴光等编校，第126页。
⑤萧萐父、李锦全主编：《中国哲学史》（下卷），第129页。

知"属于道德标准,不属于知识标准。张岱年说:"王守仁认为,这良知就是道德行为的基础,依照良知做去,便自然合乎道德标准,因为一切道德标准都是从'良知'出来的。他说:'知是心之本体,心自然会知,见父自然孝,见兄自然弟。'(《传习录上》)离开'良知'就没有一切道德。"①既然"良知"所判断的是道德上的善恶,那么,"良知"在内容上也构成了对认识论标准的否定。沈善洪、王凤贤说:"'是非'是属于认识论的范畴,指人们的某一判断是否合乎实际,或合乎某种原则,'合则是,不合则非'。而'好恶'即'善恶',则是伦理学范畴,表明人们应该如何,不应该如何。因此,这两者性质是不同的。判别'是非',唯物主义者依据是否符合实际为标准,客观唯心主义者则依据外部某种原则为标准。总之,都不是依认识自身为标准。因为依认识自身为标准,在逻辑上等于取消了标准。王阳明把'是非'等同于'好恶',也就是用伦理学准则,取代了认识论上的准则。"②在沈善洪、王凤贤看来,"良知"是非标准论,不仅有悖唯物主义的是非标准论,甚至连客观唯心主义是非标准论都不如,因为它们至少还有"客观的坐标",而"良知"是非标准论是自己检验自己,将认识标准的客观性要求消融于主观观念之中,当然是认识标准的取消。质言之,无论是形式上还是内容上,"良知"标准论都是对实践标准的否定。因此,按照马克思主义认识论原理,被尊为绝对的"真"和绝对的"善"的"良知"并没有其安身之地,因为"良知"本身即是需要检验的对象,"良知"能否存在取决于其在实践中被认可的程度。因而"良知"只是一种孤芳自赏的花朵,张锡勤说:"王守仁的良知说完全是神化自心,无限夸大人的认识能力。他把意识是人脑('心')的属性、机能这一唯物主义的命题,歪曲为吾心先天地具有先验之理、先验之知。王守仁正是在这一谬误的基础上建立了他的良知说。依据他的良知说,既然良知是世界的本原、完美的真理、唯一的真知,又是判断是非、识别善恶、检验真理的标准,那么,人们认识和修养的唯一工夫乃是'致良知'。"③这样,就认识检验标准角度言,"良知"在马克思主义认识论语境中也无法存活。

如上考察表明,依马克思主义哲学认识论,"良知"否认感官认识、否认认识对象、否认实践标准,而其内容又是道德伦理,正如张岱年所说:"王守仁取消

---

① 张岱年:《宋元明清哲学史提纲》,《张岱年全集》(第3卷),第371页。
② 沈善洪、王凤贤:《王阳明哲学研究》,浙江人民出版社1981年版,第72页。
③ 张锡勤、霍方雷:《陆王心学初探》,黑龙江人民出版社1982年版,第77页。

了物的客观意义，取消了'致知'的科学意义。这样的'格物致知'，也就是使自己的所思所念完全合乎封建道德的准则。"①亦如张锡勤所说："王守仁所鼓吹的乃是一种最彻底的唯心主义先验论。在王守仁的认识中，心既是认识主体，又是认识对象，同时也是认识的标准，三者皆合于一心。他所谓的认识，不是主观认识客观，而是自心体悟自心。他使认识完全限制在主观的范围，实际上取消了认识。"②因此，在马克思认识论语境中，"良知"不仅没有位置，而且完全被驱逐出境，"良知"由此而沦陷。

（二）"良知"的科学方法解释

所谓"'良知'的科学方法解释"，就是指以自然科学原理和方法对"良知"进行解释。但在进行这种解释时，"良知"不能满足自然科学原理的要求，从而使人们认识到"良知"缺乏自然科学原理的支持，"良知"丧失了科学语境中生存的科学根据，从而遭到驱逐。

1."良知"不合科学思维。按照科学知识产生的思维规律，归纳思维是基础性思维，就是说，任何知识的产生形成，基本都遵循从博到约、从杂多到归一的路径。但"良知"并不遵循这条路径，王阳明说：

"远虑"不是茫茫荡荡去思虑，只是要存这天理。天理在人心，亘古亘今，无有终始。天理即是良知，千思万虑，只是要致良知。良知愈思愈精明，若不精思，漫然随事应去，真知便粗了。③

也就是说，"良知"的获得，并不需要满世界去求索，并不需要事事物物都去接触，并不需要任何现象都去钻研，因为"良知"就是一切知，并且在心中。不过，虔诚崇信归纳法的严复绝不承认世界上有归纳之外的知识，他说：

独至公论，无所设事。然无所设事矣，而遂谓其理之根于良知，不必外求

---

① 张岱年：《宋元明清哲学史提纲》，《张岱年全集》（第3卷），第369页。
② 张锡勤、霍方雷：《陆王心学初探》，第77页。
③〔明〕王守仁：《传习录下》，《王阳明全集》卷三，吴光等编校，第124—125页。

于事物，则又不可也。公例无往不由内籀，不必形数公例而独不然也。于此见内外籀之相为表里，绝非二途。又以见智慧之生于一本，心体为白甘，而阅历为采和，无所谓良知者矣。①

在严复看来，任何公理性知识都由归纳而来，因为归纳出来的公理是由杂多现象中抽出，因而它必须通过接触具体事物才完成，按照这样的科学理路，先天的"良知"自然被排斥。梁启超认为，"人性善"或"良知良能"是不是可信，并不能以孟子的讲说为据，也不能以宋儒的争论为凭，他说："譬如说'性是善'，或说'性是不善'，这两句话真不真，越发待考了。到底什么叫做'性'？什么叫做'善'？两方面都先要弄明白。倘如孟子说的性咧、情咧、才咧，宋儒说的义理咧、气质咧，闹成一团糟，那便没有标准可以求真了，"②这就是因为孟子的讲说与宋儒的争论都不是科学根据，因而是不可靠的。那么，什么才值得信赖呢？科学精神与方法，因为科学精神的特质之一就是求真，因而只有根据科学思维、科学方法获得的认识才是可信的。梁启超说："要钻在这件事物里头去研究，要绕着这件事周围去研究，要跳在这件事物高头去研究，种种分析研究的结果，才把这件事物的属性大略研究出来，算是从许多相类似容易混杂的个体中，发现每个个体的特征。换一个方向，把许多同有这种特征的事物，归成一类，许多类归成一部，许多部归成一组，如是综合研究的结果，算是从许多各自分离的个体中，发现出他们相互间的普遍性。"③所谓"从许多相类似容易混杂的个体中发现每个个体的特征"，所谓"把许多同有这种特征的事物归成一类"，所谓"综合各部、各组研究的结果发现出各个体相互间的普遍性"，这就是归纳法。换言之，"人性善"或"良知良知"要被人们信奉并接受，必须告诉人们它是经由科学归纳得来的，反之，则是不可信、不存在的。可见，无论是严复还是梁启超，都将"良知"视为"公例"，而"公例"必须由归纳而得，必须求诸具体的物事，但"良知"是天赋的，是排斥经验的，是无须通过从杂多中抽象出来的德性，因此，以"公例"性知识标准而言，"良知"其不符合要求而遭到驱逐。

2."良知"违背科学实验。

---

① 严复：《〈穆勒名学〉按语》，王栻主编：《严复集》，中华书局1986年版，第1050页。
② 梁启超：《科学精神与东西文化》，李华兴、吴嘉勋编：《梁启超选集》，上海人民出版社1984年版，第795页。
③ 梁启超：《科学精神与东西文化》，李华兴、吴嘉勋编：《梁启超选集》，第795页。

根据自然科学精神与原理，任何学说或理论如要被人们承认和接受，必须能够被实验验证。但"良知"似乎不受此限制，王阳明说：

> 天命之性，粹然至善，其灵昭不昧者，此其至善之发见，是乃明德之本体，而即所谓良知也。至善之发见，是而是焉，非而非焉，轻重厚薄，随感随应，变动不居，而亦莫不自有天然之中，是乃民彝物则之极，而不容少有议拟增损于其间也。①

也就是说，"良知"是绝对至善的，是圆融无碍的，是不可损益的。王阳明说：

> 手指有见有不见，尔之见性常在。人之心神只在有睹有闻上驰骛，不在不睹不闻上着实用功。盖不睹不闻是良知本体。戒慎恐惧是致良知的功夫。学者时时刻刻常睹其所不睹，常闻其所不闻，工夫方有个实落处。久久成熟后，则不须着力，不待防检，而真性自不息矣，岂以在外者之闻见为累哉？②

也就是说，"良知"既无须见闻上说有，也无须实验上说有，因而在感觉上和实验上用功对"良知"的有无并无任何帮助，亦无任何意义，但若能在不见不闻中体悟"良知"，在戒慎恐惧中亲近"良知"，才是真正的工夫。不过，在崇信科学万能的思想家那里，这种排斥科学实验的"良知"是不可信的。严复说："良知与元知绝异。穆勒之论乃辟良知，非辟元知。元知与推知对，良知与阅历之知对。"③严复所谓"元知"何意？"元知"即是感性认识——"人之得是知也，有二道焉。有径而知者，有纡而知者，径而知者谓之元知，谓之觉性；纡而知者谓之推知，谓之证悟。故元知为智慧之本始。一切知识，皆由此推。"④作为一切智慧之本始的"元知"与纡而知者之"推知"都不能混淆，先验的"良知"更不能与后天的"元知"相提并论。所以严复也否认"良知"的存在。他说："盖呼威理所主，谓理如形学公论之所标者，根于人心所同然，而无待于官骸之阅历察验者，此

---

① 〔明〕王守仁：《大学问》，《王阳明全集》卷二十六，吴光等编校，第1067页。
② 〔明〕王守仁：《传习录下》，《王阳明全集》卷三，吴光等编校，第139页。
③ 严复：《附语》，〔英〕约翰·穆勒：《穆勒名学》，严复译，商务印书馆1981年版，第218页。
④ 〔英〕约翰·穆勒：《穆勒名学》，严复译，第5页。

无异中土良知之义矣。而穆勒非之，以为与他理同，特所历有显晦、早暮、多寡之异；以其少成，遂若天性，其实非也。此其说洛克言之最详。学者读此，以反观中土之陆学，其精粗、诚妄之间若观火矣。"①在严复看来，呼威理（呼倚威勒 William Whewell，英人，哲学家，生于1794年，卒于1866年）是说，所谓"理"乃根于"人心所同然"，故为先验之知，与中国的"良知"无异。但这种"良知"不仅被心理学家穆勒约翰·穆勒（John Stuart Mill，英国心理学家、哲学家和经济学家）所批评，也为经验论哲学家洛克所否定，而严复是肯定穆勒、洛克主张的。胡适高举"大胆假设，小心求证"的科学大旗，认为任何学说或理论若要被人信任和接受，其前提是必须得到验证，他说："一切学说理想，一切知识，都只是待证的假设，并非天经地义；一切学说与理想都须用实行来试验过；实验是真理的唯一试金石。"②按照这个主张，无须学习、无须思考的"良知"，难于逃脱被驱逐的命运。

3. "良知"臣服科学成果。在信奉科学万能的思想家那里，"良知"必须承认并接受科学研究与发展的成果，在一定意义上，"良知"是科学所揭示的某种自然现象进化的产物，而不是神秘的、天赋的德性，我们将此现象称为"良知臣服科学成果"。而这种"臣服"即意味着"良知"的沦陷。根据进化论思想、细胞学说，人的知觉和意识是人脑长期进化的结果。但"良知"似乎不存在进化的问题，"良知"是先天的，是本来就有的。王阳明说：

> 盖吾良知之体，本自聪明睿知，本自宽裕温柔，本自发强刚毅，本自齐庄中正、文理密察，本自溥博渊泉而时出之，本无富贵之可慕，本无贫贱之可忧，本无得丧之可欣戚，爱憎之可取舍。③

但在信奉细胞学说和进化论的思想家那里，先天的、自足圆融的"良知"是无稽之谈。孙中山说：

> 据最近科学家所考得者，则造成人类及动植物者，乃生物之元子为之也。

---

① 严复：《〈穆勒名学〉按语》，王栻主编：《严复集》，第1049页。
② 胡适：《杜威先生与中国》，葛懋春、李兴芝编：《胡适哲学思想资料选》（上），华东师范大学出版社1981年版，第182页。
③〔明〕王守仁：《答南元善》，《王阳明全集》卷六，吴光等编校，第235页。

生物之元子，学者多译之为"细胞"，而作者今特创名之曰"生元"，盖取生物元始之意也。生元者何物也？曰：其为物也，精矣、微矣、神矣、妙矣，不可思议者矣！按今日科学所能窥者，则生元之为物也，乃有知觉灵明者也，乃有动作思为者也，乃有主意计划者也。人身结构之精妙神奇者，生元为之也；人性之聪明知觉者，生元发之也；动植物状态之奇奇怪怪不可思议者，生元之构造物也。生元之构造人类及万物也，亦犹乎人类之构造屋宇、舟车、城市、桥梁等物也；空中之飞鸟，即生元所造之飞行机也；水中之鳞介，即生元所造之潜航艇也。孟子所谓"良知良能"者非他，即生元之知、生元之能而已。自圭哇里氏发明"生元有知"之理而后，则前时之哲学家所不能明者，科学家所不能解者，进化论所不能通者，心理学所不能道者，今皆可由此而豁然贯通，另辟一新天地为学问之试验场矣。①

法国生物学家圭哇里（Carrel）认为，细胞如同蚂蚁、蜜蜂一样，带着与生俱来的机能，称为"预先的知识"。孙中山赞同圭哇里的科学成果，认为孟子的"良知良能"跟"细胞有知"说是一回事。在孙中山看来，"良知"就是"元知"，而"元知"是物质长期进化而形成的认识，因而不是先天的。其具体内涵包括：第一，生元是万物的始基，万物的存在及千姿百态乃生元所为；第二，"生元"之知乃物质长期进化而生；第三，知觉依"生元"而有，也依"生元"而无，因而"生元"之知并非永恒。按照孙中山的这个解释，"良知"就是"生元"之知，就是物质长期进化的产物，是依附于物而生者、感觉经验者。不过，"良知"与"元知"完全异趣。就是说，"良知"若被理解为"生元有知"，则不再有"良知"。

与此同时，当时风行的进化论也成为"良知"的残酷杀手。由于进化论主张物质进化，精神也进化，"良知"也必须是进化的，若"良知"不能进化，或拒绝进化，说明"良知"与进化论相悖，与科学相悖。梁启超说："盖以为道德者，日月经天，江河行地，自无始以来，不增不减，先圣昔贤，尽揭其奥，以诏后人，安有所谓新旧焉者。殊不知，道德之为物，由于天然者半，由于人事者亦半，有发达有进步，一循天演之大例。前哲不生于今日，安能制定悉合今日之道德？使孔孟复起，其不能不有所损益也亦明矣。"②梁启超用进化论解释道德现象，认为世界上

---

① 孙文：《建国方略》，《孙中山选集》，人民出版社1981年版，第121—122页。
② 梁启超：《新民说（节录）》，李华兴、吴嘉勋编：《梁启超选集》，第217页。

没有不变化的事象，即便是道德现象也在一刻不停地变化，生灭存亡随时而现，因而也就没有不变、不灭的"良知"。这样，"良知"不得不消失于人们对伟大科学成果的惊人盲从之中。

可见，科学强调知识必须通过归纳方法获得，"良知"不能遵守此规则；科学强调知识必须接受实验验证，"良知"不能接受此要求；科学认为人的知觉和意识是经由长期进化而发生、成长的，而"良知"是天赋的；进化论主张知识是可损益增减的，"良知"则是圆满无缺的。显然，如果信奉科学精神与科学方法，"良知"就无法继续生存于科学语境中。

（三）"良知"的阶级学说解释

所谓"'良知'的阶级学说解释"，就是以马克思主义阶级学说对"良知"进行解释。但在进行这种解释时，"良知"无法满足马克思主义阶级学说的要求，从而使人们认识到"良知"缺乏马克思主义唯物史观的支持，"良知"丧失了唯物史观语境中生存的理论根据，从而遭到驱逐。

1. "良知"否认时空性。马克思主义唯物观认为，社会意识是社会存在的反映，社会意识是历史的、具体的，"良知"作为封建社会意识也应该是历史的、具体的，换言之，"良知"只能是封建社会的道德，这就是它的时空特性或时空限制。可是，"良知"偏偏是无定所、无定时的。王阳明说："盖良知之在人心，亘万古，塞宇宙，而无不同；不虑而知，恒易以知险；不学而能，恒简以知阻。"①就是说，"良知"扎根人心，充塞宇宙，它是普遍的、超越时空的，既无主体之别，亦无时空之限。王阳明说："良知之在人心，无间于圣愚，天下古今之所同也。"②而且，"良知"若发用流行于宇宙，其效应是"欲释蔽开"，世界大放光明。王阳明说："夫良知即是道，良知之在人心，不但圣贤，虽常人亦无不如此。若无有物欲牵蔽，但循着良知发用流行将去，即无不是道。但在常人多为物欲牵蔽，不能循得良知。"③可见，无论是就性质还是就功能言，"良知"都表现为超时空性。

---

① 〔明〕王守仁：《传习录中》，《王阳明全集》卷二，吴光等编校，第83页。
② 〔明〕王守仁：《传习录中》，《王阳明全集》卷二，吴光等编校，第90页。
③ 〔明〕王守仁：《传习录中》，《王阳明全集》卷二，吴光等编校，第78页。

不过，李大钊不能认同这种没有"户口"的"良知"，他说："良心之起，对于他人全不知觉的事也起，对于四周的人都夸奖赞叹的事也起，甚至对于因为对于同类及同类间的舆论与恐怖而作的行为也起。……依了这样的说明，我们可以晓得道德这个东西不是超自然的东西，不是超物质以上的东西，不是凭空从天上掉下来的东西。"①这就是说，"良知"是因事而起的，必须是特定时空、特定物质基础的产物，而非空穴来风。或许正是在这个意义上，张岱年明确指出："王守仁说的'良知'，实际上就是封建道德意识。"②而侯外庐则对"封建道德"内涵做了更具体、更详细的解释，他说："王阳明所说抽象的'是非'标准，即'良知'，实质上是封建的道德律，即统治阶级的'是非'，这和人民的'是非'是恰恰相反的。从而统治阶级的疾痛困苦，和人民的疾痛困苦也是相反的。……王阳明的真正用意所在，即所谓'良知之在人心，无间于圣愚，天下古今之所同也'。这一结论，即从心理的'无对'达到社会的'无对'，这样好像就使人民的'是非'同于统治阶级的'是非'，使人民的好恶，同于统治阶级的好恶，也即人民就放弃自己争生存权利的斗争，而屈从于地主阶级的'至善'。"③所谓"封建道德"，就是指"良知"的时空性、主体性，其时空是封建社会，其主体是封建统治阶级，因而如果"良知"作为是非善恶的标准，那只能是"封建社会"的，只能是"封建统治阶级"的，从而"良知"不可能是人民的是非善恶准则。沈善洪、王凤贤说："良知既然是性、是理，那它就不是一般的先验道德意识，而是内心固有的封建道德准则了。"④因此，王阳明将"良知"说成是人人先天具有的道德准则或是非准则，即意味着混淆人民的"是非"与统治阶级的"是非"，进而使人民在温柔漂亮的语言中接受统治的阶级的剥削。总之，依据马克思主义哲学"社会存在决定社会意识"的理论，"良知"不可能是超越历史、超越时代的，超时空、超阶级的"良知"是不存在的。

2. "良知"否认阶级性。马克思主义唯物史观认为，社会意识都是有阶级性的，不同阶级的社会意识是有差别的，甚至是对立的。而孟子、王阳明所说的"良知"是人人皆备，圣凡皆有，他们差别只是圣人能够觉悟良知的存在并把它彰显出

---

① 李大钊：《物质变动与道德变动》，陈崧编：《五四前后东西文化问题论战文选》，中国社会科学出版社1989年版，第229—230页。
② 张岱年：《宋元明清哲学史提纲》，《张岱年全集》（第3卷），第369页。
③ 侯外庐主编：《中国思想通史》（第4卷下），第896页。
④ 沈善洪、王凤贤：《中国伦理学说史》（下卷），浙江人民出版社1988年版，第319页。

来，因而"良知"是抽象的，而这抽象的"良知"与社会意识的阶级性是矛盾的。王阳明说："良知良能，愚夫愚妇与圣人同。但惟圣人能致其良知，而愚夫愚妇不能致，此圣愚之所由分也。"①按着王阳明的论述，"良知"是圣人、凡人皆有的，只不过，圣人能够觉悟到"良知"的存在，而凡人不能觉悟到，这正是圣人、凡人差别所在。凡人之所以不能觉悟到"良知"，乃是因为昏塞所致。既然"良知"是人人具有的，那就意味着不同阶级的人都有，因而其推论便是阶级没有差别。但值得注意的是，就先验本有而论，"良知"虽然不分圣凡，但圣人与凡人是有差别的，从而保留其圣贤观。张岱年分析说："王守仁断定人人都有'良知'这种先验的道德意识，而他所讲的这种道德意识的内容是忠、孝等封建道德，因之，他讲人人有良知，实际上就是把封建统治阶级的道德说成为各阶级的人生来固有的东西，这就是让人认为封建道德不是强制的而是内发的，使人更容易接受封建道德的约束。其次，它以灵活的良知代替那些烦琐礼节的教条。他只确定了封建道德的最高原则，而在实际行动上却可以灵活运用，随机应变。这可以说是维护封建秩序的更有效的方法。"②在张岱年看来，王阳明的"良知"说，就是想把封建道德说成是人人具有的品质，从而使人们能自觉接受，而用"良知"代替礼教，是为了使封建道德实行起来更灵活、更方便，因而"良知"说的阶级目的是显而易见的。沈善洪、王凤贤进一步分析说："他（王阳明）的这套理论，就其实质来说，不过是把封建道德准则说成是人人具有的'良知'，要人们自觉地一体遵循而已。然而在阶级社会里，道德是具有鲜明的阶级性的，不同的阶级有不同的善恶观。"③可见，按照马克思主义唯物史观，社会意识是社会存在的反映、社会意识都有阶级性，但"良知"这种"社会意识"宣传是普世的，它超越了所有阶级界限为所有阶级所共享，这就意味着"良知"不合乎马克思主义唯物史观要求，从而遭到驱逐。

3."良知"否认工具性。按照马克思主义唯物史观，社会意识都有其特定的服务对象，在阶级社会里，社会意识是服务于统治阶级的工具。但"良知"似乎并没有特定的服务对象，并不能简单地界定为封建统治阶级的工具。王阳明说：

> 盖良知只是一个天理自然明觉发见处，只是一个真诚恻怛，便是他本体。

---

① 〔明〕王守仁：《传习录中》，《王阳明全集》卷三，吴光等编校，第56页。
② 张岱年：《宋元明清哲学史提纲》，《张岱年全集》（第3卷），第372页。
③ 沈善洪、王凤贤：《王阳明哲学研究》，第73页。

> 故致此良知之真诚恻怛，以事亲便是孝；致此良知之真诚恻怛，以从兄便是弟；致此良知之真诚恻怛，以事君便是忠。只是一个良知，一个真诚恻怛。若是从兄的良知不能致其真诚恻怛，即是事亲的良知不能致其真诚恻怛矣；事君的良知不能致其真诚恻怛，即是从兄的良知不能致其真诚恻怛矣。故致得事君的良知，便是致却从兄的良知；致得从兄的良知，便是致却事亲的良知；不是事君的良知不能致，却须又从事亲的良知上去扩充将来，如此又是脱却本原，著在支节上求了。①

这是说，"良知"就是真诚恻怛之德，这种真诚恻怛之德表现在事亲上便是孝，表现在事兄上便是弟，表现在事君上便是忠，因而从兄的良知与事亲的良知、事君的良知都是贯通的，换言之，如果一个人能够致得从兄的良知，就一定能致得事亲的良知和事君的真知。因此，"良知"虽然因其所事而异其名，但其"体"不会因为所事对象的差异而受到限制，即"良知"在本体上并不属于哪个团体或哪个阶级。所以，"良知"好比天地日月，天覆盖万物不会有偏私，地承载万物不会有偏私，日月照耀万物也不会有偏私，因而不存在厚此薄彼的现象，也不存在为某个特定阶级服务的问题。而且，"良知"也是天地万物一体的基石，王阳明说："人的良知，就是草、木、瓦、石的良知。若草、木、瓦、石无人的良知，不可以为草、木、瓦、石矣。岂惟草、木、瓦、石为然，天地无人的良知，亦不可为天地矣。盖天地万物与人原是一体。"②宇宙万物之所以成为一体，乃是因为"良知"贯通其中，乃是因为"仁"成其血脉，因而万物虽异却为一体。王阳明说："大人者，以天地万物为一体者也。其视天下犹一家，中国犹一人焉。若夫间形骸而分尔我者，小人矣。大人之能以天地万物为一体也，非意之也，其心之仁本若是，其与天地万物而为一也。岂惟大人，虽小人之心亦莫不然，彼顾自小之耳。"③既然"万物一体"理念是由"良知"或"仁"为基础的，那么，"良知"就不会也不应被"万物"分割成多个部分并分别归属之。可见，王阳明的"良知"不可能属于某个阶级，从而也不可能为特定的阶级服务。也就是说，"良知"是普遍的德性，是每个人的自由精神。

---

① 〔明〕王守仁：《传习录中》，《王阳明全集》卷二，吴光等编校，第95—96页。
② 〔明〕王守仁：《传习录下》，《王阳明全集》卷三，吴光等编校，第122页。
③ 〔明〕王守仁：《大学问》，《王阳明全集》卷二十六，吴光等编校，第1066页。

但按照马克思主义唯物史观和阶级学说,"良知"必然是属于哪个阶级的,只能是阶级服务的工具。张锡勤说:"他们(陆、王)的目的是企图以封建统治阶级的精神意志来冒充全体人民的精神意志,让人们以统治阶级之心为心。……在中国哲学史上,不论是思孟、禅宗还是陆王,他们讲心(良知)都是指统治阶级的精神意志,他们的目的都是企图让人们把统治阶级的精神意志变成自己的主观精神、主观意志,而不是要鼓吹什么个人的'自由意志'。"①这就是说,王阳明的"良知"看上去是所有人的意志,但实际上是用统治阶级的意志代替全体人民的意志,是为统治阶级服务的。不仅如此,"良知"还在道德上武装了统治阶级,使统治阶级的统治更具欺骗性,沈善洪、王凤贤说:"良知是判断'万事万变'之是非、善恶的准则。王守仁的这一论断,提高了地主阶级在道德上的主动性。"②这就是说,"良知"不仅是统治阶级的工具,而且强化了统治阶级用道德为自己服务的自觉。因此,"良知"是统治阶级的精神世界,是统治阶级用于欺骗、压迫被统治阶级的工具,"良知"的光芒照射着被统治阶级,就是使其由愚而智,清楚地认识到他们在社会中的身份而不出其位。李石岑说:"王阳明以为心的本体即是良知,已经有些费解,况且完全拿禅家的话头解释孟子的良知,更是奇特。……唯心论者总是把世界分成两截,一截是精神界,一截是物质界。精神界不变动而可以支配物质界,物质界变动却须受支配于精神界。这种宇宙观,应用到伦理上或政治上,精神界便属于统治阶级,物质界便属于被统治阶级。统治阶级不变动,而可以支配被统治阶级,被统治阶级变动,却须受统治阶级之支配。而且统治阶级是'恒照'的,是'昭明灵觉,圆融洞澈'的,是'自然会知'的。这是何等深切著明的封建教理。所以王阳明的学说,不仅为封建主义的中国所欢迎,更为帝国主义的日本所欢迎。"③可见,对于唯物史观而言,任何社会意识都具有明确的服务对象,都是服务统治阶级的工具,但"良知"似乎不属于某个特定阶级,没有特定的服务对象,"良知"内容及其服务的性质与范围并非"工具"所能尽诠,这样,"任性"的"良知"便遭到驱逐。

概言之,按照马克思主义唯物史观,社会意识是社会存在的反映,因而"良知"应该是封建社会的反映,但"良知"显然超越了特定的社会存在;社会意识有

---

① 张锡勤、霍方雷:《陆王心学初探》,第74页。
② 沈善洪、王凤贤:《中国伦理学说史》(下卷),第320页。
③ 李石岑:《中国哲学十讲》,广西师范大学出版社2010年版,第60—61页。

其阶级性，因而"良知"应该是封建统治阶级的意识，但"良知"显然不局限于某个阶级；社会意识的提出，必为提出者服务，即"良知"应该是服务于某统治阶级的工具，但"良知"的服务区域和性质都不为某个阶级所限；因此，"良知"之于马克思主义唯物史观、阶级学说，找不到其存在的合理合法性，从而被下"逐客令"。

（四）"良知"沦陷之省思

可见，本文所陈述的"良知"沦陷现象证明了阳明所谓"'良知'或蔽或放非其体"观念的正确性。只不过，此"沦陷"现象发生的原因与王阳明所认知的并不相同，并因此对"良知"所造成的伤害也不同。那么，它究竟属于哪种形式的沦陷？造成了怎样的伤害？其根本原因又在哪里？我们能从中获得哪些有价值的启示？如下便是对这些问题的尝试性回应。

1."良知"沦陷的原因及其危害。显然，用马克思主义认识论、马克思主义阶级学说、科学原理解释"良知"，与20世纪席卷全球的科学主义思潮存在密切关联。当习惯于传统思维的人们突然面对一种崭新且极富现实意义的马克思主义思潮与科学主义思潮的时候，迅速而虔诚地拜倒在科学主义思潮、马克思主义学说脚下是再自然不过的。他们相信科学万能，如胡适说："我们也许不轻易信仰上帝的万能了，我们却信仰科学的方法是万能的。"①他们将科学视为任何学说或理论的试金石，如蔡元培说："科学发达，学者遂举古人所谓不可思议者，皆一一解释之以科学。"②马克思主义学说则被当成解释一切的最有效的方法，如任弼时说："马克思的唯物论在一切社会科学中要占主脑的地位，它是各种科学去研究各种现象的总和，它是指导各种科学怎样去研究各科现象的总和，它是指导各种科学怎样去研究本科内一切现象的科学方法。"③当时学术界、思想界对科学、对马克思主义学说的崇信和迷恋可见一斑。

在这样的背景下，"良知"被降格为一种普通的知识、科学理论或意识形态，

---

①胡适：《我们对于西洋近代文明的态度》，葛懋春、李兴芝编：《胡适哲学思想资料选》（上），第313页。
②蔡元培：《以美育代宗教说》，《蔡元培哲学论著》，河北人民出版社1985年版，第175页。
③任弼时：《马克思主义概略》，《中国青年》第77、78号，1925年5月20日。

是合乎人们思维逻辑的。但在这种置换中,认识论、科学原理、唯物史观成为"良知"的试金石。认识论、科学原理、阶级学说开始对"良知"轮番质疑与拷问,"良知"的性质得不到正确的认识和理解,"良知"遍体鳞伤而无处申冤,正如张君劢所指出的:"有些近代心理学派可能将良能或良知解释为本能。可是,在王阳明的思想体系里,良知是个哲学概念,包含意识生活的三方面:知、情、意。"① 即"良知"不属于认识论、科学学说、阶级学说范畴的概念,即不属于知识性质的概念。正是这种错位的解释,"良知"被残忍地化解。

需要进一步说明的是,认识论、科学方法、阶级学说的解释,之所以能够霸气地将"良知"从自己的"辖区"赶出去,更深的原因是它们都具有近代功利主义品质。知识论所强调的感官第一、实践第一,科学原理所强调的归纳主义、实验主义,阶级学说所强调的阶级性、工具性,等等,无一不体现了功利主义、现实主义、实用主义的精神,而"良知"所具有的超越性、理想性、高尚性、浪漫性正为其所不能容忍。因此,"良知"的知识解释性沦陷也泄露了这种解释的趋利动机与可预见的后果。那是怎样一种后果呢?"良知"的沦陷虽然是知识性、观念性的,但由于这种解释是基于人类的基本的知识理论、科学理论和社会学(阶级学说)理论展开的,即是说,认识论所主张的那些基本理论、科学学说所主张的那些基本方法、阶级学说所主张的那些基本原则,属于人类心灵中的"常识"。因此,认识论解释、科学化解释、阶级化解释,必然导致人们关于"良知"的思想意识基础的破坏,动摇人们对于"良知"的信念,即信奉认识论、科学原理、阶级学说且不能理性地把握其特性,那么,"良知"的思想意识基础将不复存在,而"良知"的先验性、至善性、绝对性等特质即被化解,"良知"也因此从人们心灵中失落。从这个意义上说,这种知识化解释所导致的"良知"的沦陷,具有釜底抽薪式特征,是颠覆性、毁灭性的。

2."良知"沦陷的形式及其性质。与"利欲型沦陷"相比,应如何定义本文所讨论的"良知"沦陷形式?回答这个问题必须分析、检讨本文陈述的解释"良知"的三种形式。在马克思主义认识论解释中,"良知"被认为否定感官认识、否定认识对象、否定认识标准;在科学方法解释中,"良知"被认为排斥归纳思维、否弃实验方法、背离科学成果;在阶级学说解释中,"良知"被认为否定时空性、否定阶级性、否定工具性。那么,这三种解释具有怎样的共性呢?

---

① 张君劢:《新儒家思想史》,中国人民大学出版社2006年版,第269页。

第一，观念的，非现实的。认识论解释所涉及的是获取知识途径与知识检验的标准，属认知知识；科学原理的解释所涉及的是科学方法和科学成果，属科学知识；阶级学说的解释所涉及的社会意识及其主体归属，属社会知识。可见，此三种解释都是在"知识"范畴中进行的，这就是它们的共性，故可定义为"知识化解释"。正是在马克思主义认识论系统中、阶级学说系统中、科学原理系统中，"良知"找不到其存在的"知识"根据。但必须认识到，无论是马克思主义认识论，还是马克思主义阶级学说，抑或科学原理，不仅是"知识的"，也是"观念的"，也就是说，所谓"认识论化、科学学说化、阶级学说化"解释所导致的"良知"的沦陷，是"观念"层面的沦陷，是"思想意识"中的沦陷。

第二，解释的，可选择的。无论是认识论解释、科学方法解释还是阶级学说解释，都属于理论解释活动，即"良知"的沦陷是在被解释中沦陷的。但任何理论解释都是在特定语境中发生并完成的，即在不同的语境中可有不同的解释，因而解释是可以选择的。这就意味着对"良知"的解释可以是多种方式并存。因而即便在认识论、科学方法、阶级学说解释中，"良知"出现了沦陷现象，但在其他解释方式中"良知"则可能得到保护，比如熊十力、唐君毅、牟宗三等所展开的人文主义解释。

第三，现象的，非本体的。就是说，不管是认识论解释、科学方法解释还是阶级学说解释，"良知"的沦陷都是现象的沦陷。为什么这样说呢？认识论解释是批评"良知"不是来源于感觉器官，科学方法解释是批评"良知"不能被验证，阶级学说解释是批评"良知"超越时空、超越主体。可是，"良知"的根本特质就在于它的本有性、先验性、超时空性和超主体性，这也是"良知"的精髓和血脉所在。就是说，"良知"之体是恒在的，万象变幻对"良知"的存在无任何影响，更不会伤害"良知"之体。因此，认识论解释、科学方法解释、阶级学说解释所导致的"良知"的沦陷，都只是现象的。既然认识论解释、科学方法解释、阶级学说解释的特征是观念的而非现实的、解释的而非选择的、现象的而非本体的，那就意味着"知识化解释"虽然对"良知"带来了很大困境，但并没有彻底沦陷。

3."良知"特质的凸显。认识论解释、科学方法解释、阶级学说解释不仅没有彻底导致"良知"的沦陷，反而意外地使"良知"的特质得以凸显，让人们更清楚地认识和把握到"良知"的特质，即"良知"至善性、先验性、绝对性特质，更亲切地感受到"良知"的可亲可爱。"良知"的认识论解释，是指"良知"排斥感觉器官、否定认识对象、否弃实践标准。这就告诉我们，"良知"是超验的，是本有的，正如牟宗三所说："王阳明所说的良知，本身即是一种呈现。又如孟子所说之'四端之心',它也是当下即可呈现的;所以王学中的王龙溪喜欢说'当下良知'。如果良知只是一个设准、一个假定,而不能当下呈现,那么讲一大套道德法则,根本就毫无影响力可言。"①"良知"的科学方法解释,是指"良知"否定归纳思维、否定实验方法、背离科学成果。这就告诉我们,"良知"是至善的、圆融无碍的、不可言状的、不证自明的,正如默里·斯坦因(Murray Stein)所说:"在每个人的心理生活中,良知是一种情结,一种深藏的品性。事实上,它采取了如此多的形式,如此多地潜入我们的判断和情感反应中,以致于要掌握住它和把它当作一种单独的心理因素加以分析变得极端困难。"②"良知"的阶级学说解释,是指"良知"否定知识的时空性、否定知识的主体性、否定知识的工具性。这就告诉我们,"良知"是无主体归属的,它不属于哪个特定的集团或阶级,正如美国《韦伯斯特大辞典》所云:"良知即个人对正当与否的感知,是个人对自己的行为、意图或品格在道德上好坏与否的认识,以及一种要正当地行动或做一个正当的人的责任感,这种责任感在人做了坏事时常能引起自己有罪或悔恨的感情。"③

概言之,"良知"是先验地存在人身、绝对至善、无时不在的道德本体,诚如牟宗三所说:"若谓孟子所说之良知良能,有孩提之童而指点者,乃是自然之习性,或自然之本能,则大悖。此定如康德所说,乃是超越的道德本心。"④正因为"良知"属于道德范畴,其功用必定是有限的,即不能将"良知"泛用于所有领域,不能要求"良知"解决所有问题。韦政通说得好:"阳明的良知,不限于人类的范围,它是普遍于一切物而言的:'人的良知就是草木瓦石的良知……'这是极端的泛道德主义的讲法,这个讲法的严重后果,当时的罗钦顺就已经提出来,他说:'今以良知为天理,乃欲致吾心之良知于事事物物,则是道理全在人安排出,事物无复本然之则矣。'泛道德主义的结果,以道的律则,代替了自然和物理世界的律则,在这样一个道德世界里,经验知识怎么占一个地位?"⑤因而我们一方面

---

① 牟宗三:《中国哲学十九讲》,上海古籍出版社1997年版,第286页。
② [美]默里·斯坦因:《日性良知与月性良知:论道德、合法性和正义感的心理基础》,喻阳译,东方出版社1998年版,第2页。
③ 转引自[美]默里·斯坦因:《日性良知与月性良知:论道德、合法性和正义感的心理基础》,喻阳译,第21页。
④ 牟宗三:《从陆象山到刘蕺山》,上海古籍出版社2001年版,第155页。
⑤ 韦政通:《中国思想史》,上海书店出版社2003年版,第870页。

需要检讨知识解释对"良知"造成的伤害，另一面也不能恣意"良知"的矫情，任其狂妄自大。"良知"应该位其所位而有所为、有所不为。

4."良知"沦陷的人文与科学关系视域。在认识论、科学原理、阶级学说的解释中，"良知"与认识论、科学原理、阶级学说似乎形同水火、势不两立。但实际上，既然认识论、科学原理、阶级学说中存在否定"良知"的机理，这说明"良知"的彰显、强大，亦可以抵御认识论、科学原理、阶级学说的侵袭，即"良知"对认识论、科学原理、阶级学说等具有反制作用。从这个意义上讲，"良知"具有永久的价值。唐君毅曾说："我们之主张发展中国之科学，便完全是从中国文化中之仁教自身上立根，决非出自流俗之向外欣羡之情，或追赶世界潮流之意。"①其所谓"以中国仁教立根"，就是强调中国传统思想中的"良知""仁""本心""道心"等所蕴含的善的力量，对于发展科学知识、应用科学技术的根本意义。从这个角度上说，知识化解释致使"良知"的沦陷对人类而言是极为恐怖的事件！

因此，科学知识与"良知"需要的并不是相互贬抑、相互排斥，而应该相敬如宾、竭诚合作，以"良知"激发出内在于认识论、科学原理、阶级学说中的"善"，以认识论、科学原理、阶级学说引发出"良知"对知识、科学、阶级学说等的关怀和智慧，使道德与知识、人文与科学各显其能并相得益彰，共同为人类生命的成长作出贡献，这或许是本文思考所追求的目标之一。卢梭说："良心呀！良心！你是圣洁的本能，永不消逝的天国的声音。是你在妥妥当当地引导一个虽然是蒙昧无知，然而是聪明和自由的人，是你在不差不错地判断善恶，使人形同上帝！是你使人的天性善良和行为合乎道德。没有你，我就感觉不到我身上有优于禽兽的地方；没有你，我就只能按我没有条理的见解和没有准绳的理智可悲地做了一桩错事又做一桩错事。"②

也许我们需要自觉牢记"良知"遭遇的"不幸"，但更需做的是重新拾取对"良知"的信心，人的高贵并不在于他有多博学，而在于他是否遵循心中的道德命令，在于他的心灵是否圣洁，在于他的心灵是否明亮。王阳明说："良知在人，随你如何，不能泯灭，虽盗贼亦自知不当为盗，唤他作贼，他还忸怩。"③因此，

---

① 唐君毅：《中国人文精神之发展》，广西师范大学出版社2005年版，第131页。
② [法]卢梭：《爱弥儿：论教育》（下卷），商务印书馆1983年版，第417页。
③ [明]王守仁：《传习录下》，《王阳明全集》卷三，吴光等编校，第105页。

"良知"对科学知识虽应保持必要的敬意,但绝不能俯首称臣,甚至自暴自弃,被知识所牵引、所稀释而失落自我,而应成为科学知识和社会知识发生、成长道路上的灯塔,照亮其行程,引领其方向。

〔原载《贵阳学院学报(社会科学版)》2016年第6期〕

第五章　儒学价值评估

本章分别从不同角度讨论儒学价值问题。《怎样看儒家思想的普适性?》从「本体性根据」「主体性根据」「内在性根据」三个方面探讨儒家思想价值的普适性,认为儒家思想具有超时空、超主体的内容,这也是儒家思想经年不衰的原因。《文化自信的三大基本要求——宋儒处理儒佛关系中的智慧》以宋儒处理儒佛关系为例,探讨其中纳于「文化自信」的智慧,认为有三个方面的智慧值得吸取:「兴我所长:筑牢文化自信的心理基础」「海纳百川:建立文化自信的涵及其现代价值」「对哲学范畴的生态理解」「对哲学学说的生态理解」科学理性」。《方东美生态思想及其意蕴》由「对哲学范畴的生态理解」「对哲学学说的生态理解」「方东美生态思想的意蕴」等三个方面探讨了方东美生态思想内容、特点及其价值。《孔子君子人格内涵及其现代价值》首先对孔子关于君子的定义进行了分析和界定,其次揭示了孔子关于君子人格的基本要素,最后探讨了孔子君子人格特点及其价值。《儒家榜样教化论及其当代省察》以先秦儒家为中心》对儒家榜样教化的根据、观念及基本方式展开了分析,在此基础上,对儒家榜样教化的积极意义与消极因素进行了检讨。

一、怎样看儒家思想的普适性？

这个题目本不应该成为讨论的话题，可是，在某些人看来，儒家思想就是一堆陈腐、落后、专制、封闭的观念体系，它非但与现代社会没有相应性，而且是现代化的阻力。这就使得我们不能不将其视为一个问题，而且需要慎重对待。根据我粗浅的学习、思考，认为至少可从如下三个方面理解儒家思想的普适性。

（一）本体性根据

人类共同性需求所决定。我的这个表述容易引起误解，所以必须谨慎地展开。人所共知，任何一种学说或思想的诞生，是人类的实践、智慧、观念、价值和合而成的，而人类之所以创造出学说、理论、思想，在于人类的自我实践需求，即出于人类规范、提升、完善实践的需要。西方哲学史上柏拉图的"理念论"、斯宾诺莎的"实体论"、黑格尔的"精神哲学"，中国哲学史上老子的"道论"、孔子的"仁论"、孟子的"性善论"、朱熹的"天理论"、王阳明的"致良知论"，无不如此。然而，人类的"实践"是什么呢？欧洲人与非洲人、亚洲人与美洲人，他们的实践有没有共同性呢？当然有。他们的共同性就是都作为人而生活，他们都需要衣食住行等条件，并都为提升自己的衣食住行而努力工作，同时，他们需要处理自己与社群、自己与他人之间的各种关系。这就意味着，生活在地球上不同地区的人们所面对的基本问题是一样的，而他们提出的解决这些问题的学说、思想自然因为这种实践需求的相同而具有超越时空、超越主体的特质。这也就是为什么思想文化、学说可以交流，可以学习的原因。

儒家学说虽然是中国部分思想家提出的，但毫无疑问是基于中国古代人生活实践的，因而儒家思想具有普适性是毋庸置疑的，除非你不认为学说、思想是基于生活实践创造的。孟子曾说："舜生于诸冯，迁于负夏，卒于鸣条，东夷之人也。文王生于岐周，卒于毕郢，西夷之人也。地之相去也，千有余里；世之相后也，千有余岁。得志行乎中国，若合符节。先圣后圣，其揆一也。"（《孟子·离娄下》）为什么先圣、后圣能"一"呢？就在于他们拥有共同的生活实践，从而"心同此理"，具有共同的思想观念。陆九渊曾说："东海有圣人出焉，此心同也，此理同也。西海有圣人出焉，此心同也，此理同也。南海、北海有圣人出焉，此心同也，此理同也。千百世之上至千百世之下，有圣人出焉，此心此理，亦莫不同也。"①这就说得更明白，东海、南海、西海、北海都会有圣人出现，但他们心同理同，而且千世百世相隔的圣人，也是心同理同；为什么？并不是有什么神秘的东西作怪，而是因为不同地域、不同时代的圣人有着共同的生活实践。这种观念在近代思想家严复那里也有表现，他说："夫西学亦人事耳，非鬼神之事也。既为人事，则无论智愚之民，其日用常行，皆有以暗合道妙；其仰观俯察，亦皆宜略见端倪。"②西方人做的也是人事，既然是人事就很好办，即中西方有了共同的"物质基础"，他们的生活方式、生活需求都是一样的，虽然他们的"想法"可能不同，但都是为了解决同样的问题，这就是中西思想可以相互比较、可以相互学习的原因，即它们具有普适性。严复说："今夫五洲之民，苟从其异而观之，则诡制殊俗，其异不可以言词尽也。顾异者或牵乎天，或系乎地，又以相攻相感，所值之不齐，而其异乃大著。虽然异矣，而其中常有同者，则形质不殊，而所受诸天以为秉彝者，莫不一故也。是故学者，居今而欲识古之圣人所谓达道达德者乎，则必取异民殊种，所必不可畔者而观之，所谓达之理著矣。是故彼此谣俗，古今典训，在彼有一焉为其民所传道。迨返而求诸吾国，亦将有一焉与之相当。"③

因此可以说，人类实践及其需求的同质性，决定了人类创造的思想、学说的普适性，儒家思想是中国古代先贤群体根据古代中国人民的生活实践创造的学说、思想体系，它自然具有普适性。因此，如果说现代人的生活实践及其遭遇的问题与古代人并无本质的不同，那么，儒家思想对于现代人的意义便是客观存在的。

（二）主体性根据

思想创造者身份所决定。如上所言，思想、学说是基于人类生活实践创造出来的，但思想、学说的提出、创造者是那些"知识分子"，这里的"知识分子"不是指那些拿到博士学位的博士，也不是指一般的大学教授，更不是指拥有一般知识的文化人，而是指那些富有深刻洞察力、超群悟性、担当情怀，同时具有丰富文化知识的思想家，他们善于利用自己掌握的知识和理论思考社会之事、解答社会的难

---

① 〔宋〕陆九渊：《年谱》，《陆九渊集》卷三十六，钟哲点校，中华书局1980年版，第483页。
② 严复：《救亡决论》，王栻主编：《严复集》，中华书局1986年版，第52页。
③ 严复：《〈习语辞典集录〉序》，王栻主编：《严复集》，第359页。

题。不过，这种知识分子并不是不食人间烟火的神仙，他们都有明确的身份或角色，他们的身份大体可以分成三个层次：

其一是普通人。即他们跟普通人一样，要吃要喝，要处理日常琐事，孔子是如此，苏格拉底也是如此，老子是如此，黑格尔亦是如此。作为普通人说话时，思想家的话也是普通的，即都是与日用庸常相关的，这些话一般较少进入思想家的著作中，即便进入，缺乏可引申性，缺乏可以开掘的价值，因而对于学说、思想而言，这部分是内容属于特殊的、枝节的、可有可无的。

其二是有一定社会地位的人，主要指社会中的政治角色。思想家如果同时兼任了社会的职务，获得了官员身份，那么他的思想肯定有一部分是代表他的这个身份说话的，所谓"屁股决定脑袋"。任何一位思想家不能不为他的职务身份说话的，因为这个位子涉及他的尊严、他的薪水、他的地位、他的生活品质等，因而他不能不为这个身份说话。但从这种身份说出的话，相对而言是平和的、维持现状的，有时是与人民为敌的，是对现状的论证和维护。在孔子、孟子、荀子、朱熹等大儒身上，都存在这方面的思想内容。由于主要是服务于现状的思想观念，因而相对来说是特殊的、静止的部分，而非普遍的、运动的部分。但也不能因为此完全否定与这种身份相应的思想或观念，因为任何社会形态都会有它的稳定期，否则就不可能进行正常的建设和发展。

其三是知识分子自身。这里的"知识分子"即是思想家，就是说他们不只是个知识人，也不只是满足于物质生活的人，而是肩负正义和公平的人，他们视域开阔、系念苍生、替天行道，对社会总是充满理想，冷静批判，激情建构。他们通常能深切感受到这个社会的弊病，他们对社会的认知全面而深刻，他们对社会的批判尖锐而关怀，他们对社会的建构充满热情，他们希望这个社会变得更好，从而使他们的思想学说具有了"超越性"。孔子的"仁"观念、孟子的"仁政"学说、朱熹的"天理论"、王阳明的"致良知论"，都是具有普适性的，而且，儒家在教育、道德、政治、文化等领域提出的许多思想观念，也都是超越他们的身份的，有时甚至是颠覆、否定他们的身份的，这也是思想家、哲学家的可敬、伟大之处。这样，就很容易在儒学中发现多种思想因素的并存，既有一般性的言论，也有维护社会稳定的观念，更有对现状批评的理念。而对现状批评的，对社会理想的设计，对人的教育教化等等，往往就是具有普适性的。如此看来，所谓思想或学说的普适性价值，并不是强加上去的，而是思想或学说提出者的身份的多元性所决定的，具体而言，是思想或学说提出者的"知识分子"身份所决定的。因此，从思想学说提出、创造者的身份看，思想学说当有它普适性一面。过去，我们更关注儒家思想的阶级限制,并因此将儒家思想、学说视为历史的、阶级的、具体的而予以否定,这种教训是需要牢记的,因为我们为此付出了巨大代价。

(三)内在性根据

儒家思想自身结构所决定。本体性根据是强调儒家思想的普适性来自共同的生活实践,主体性根据是强调儒家思想的普适性来自思想家的理想追求,所谓儒家思想就是由历史上儒家学者立足于他那个时代的社会生活实践而提出的一种理想性的学说体系。这也就是说,人们生活实践需求的多样性与儒家学者所追求理想的多元性,必然在这种学说体系中有直接的反映,这种反映就是儒家思想自身结构的层次性。换言之,由儒家思想自身寻找其普适性价值,完全是本体性根据、主体性根据的逻辑延伸。那么,如何从儒家思想自身看它的普适性呢?

其一,儒家思想中的精神层面内容。在儒家思想体系中,存在丰富的鼓励人、关心人、尊重人的精神层面的内容。比如"天行健,君子以自强不息"(《周易·乾·象传》),鼓励人像天道那样运行不辍,不畏挫折,不怕困难,勇于进取。又如"仁者爱人","己欲立而立人,己欲达而达人"(《论语·雍也》),主张关怀他人、帮助他人、兴旺他人。再如"舍生取义",提倡为了自己的人格尊严,绝不吃"嗟来之食"。要求人自强不息,主张关爱他人,提倡尊重人格,这些精神并不是属于某些人的,而是所有人都可以拥有也应该拥有的。另外,儒家思想中的批判、反省精神,也是可以为生活在不同时空中的人所接受的。因此,儒家思想的普适性首先表现在它的精神内容方面。

其二,儒家思想中的工具层面内容。在儒家思想体系中,也存在丰富的属于工具理性方面的内容。比如教育方法,"学而时习之,不亦说乎?"(《论语·学而》)告诉人们把复习学过的知识当作一件快乐的事;"三人行,必有我师焉"(《论语·述而》),告诉人们懂得向他人学习的重要性;等等。这些应该不是属于某些人的智慧吧?比如处事方式,"执两用中","过犹不及",告诉人们处理事情要全面把握,不要偏执;"工欲善其事,必先利其器"(《论语·卫灵公》),"凡事预则立,不预则废"(《礼记·中庸》),告诉人们要想获得成功,周全的准备是必需的;"己所不欲,勿施于人"(《论语·颜渊》),告诉人们不要将自己不喜之物强加于他人,应从对方的立场思考自己的所作所为……这些也应该是可以被所有人视为智慧的。比如修养工夫,"反身而诚""发明本心",告诉人们坚信善性在我,持续向内反省,便可成就本有之善。这种修养工夫应该是所有向善的人不应拒绝的吧？毫无疑问，儒家思想中这些属于工具理性的内容，并不是为某个阶级量身设计的，而是属于所有正常人的方法资源，即它们都具有普适性价值。

其三，儒家思想的观念特性所决定。儒家思想的基本特性是观念形式，而此观念形式并不是绝对的抽象，并非空洞无物，而是由具体内容所充实的。也就是说，儒家思想可以从抽象与具体两个方面考察它的普适性问题。比如，"仁"是一种表达"爱人、关怀人"的观念，从"爱人、关怀人"层面讲，属于普遍性，因为对于所有人而言，"爱人、关怀人"是一种应该拥有的基本品性。但是，怎样体现"爱人、关怀人"的品性是"修己安人"，还是"井下救孺"？是"开仓济众"，还是"制民之产"？这些都是具体的。再如，"格物致知"是一个表达"接触事物获得知识"的命题，从"接触事物获得知识"层面讲，属于普遍性，因为对任何人而言，"接触事物获得知识"都是不可缺少的素质。但是，如何"格物"，"格"什么样的"物"，怎样"致知"，"致"什么样的"知"，却是具体的。可见，儒家思想在很大程度上可以认为是普遍性与特殊性的统一，而从儒学范畴、命题的抽象层面看，其价值的普适性是无法否定的。

根据如上讨论，我们或许可做如下推论：

第一，儒家思想具有普适性，完全是儒家思想作为一种观念性学说本身所具有的特质，并不需要外在的证明。换言之，从外在原因否定儒家思想的普适性是没有说服力的。

第二，儒家思想具有普适性，并不意味着儒家思想中没有消极的因素，也并不意味着儒家思想体系中的所有观念都是普适的。换言之，儒家思想中存在消极的、不具普适性的因素，并不能否定儒家思想的普适性。

第三，儒家思想具有普适性，并不意味着儒家思想在任何时期、在任何地区都被主体应用着。换言之，儒家思想在没有被其他时期和地区的主体应用时，并不意味着其普适性消失。

第四，儒家思想具有普适性，并不意味着它不为特定时代的政治服务，它服务的方式与内容是普遍意义与特殊意义的协调。换言之，不能因为其存在特殊意义的服务而否定普遍意义的服务，即不能否定儒家思想的普适性。

第五，儒家思想具有普适性，并不意味着儒家思想的神圣性，并不意味着儒家思想的完美性。儒家思想的普适性本质上是建立在儒学主体对人类生活实践的反思、检讨和总结之上的，是建立在思想逻辑与实践逻辑永远的互动之上的。换言之，不能将儒家思想的完结等同于儒家思想的普适性。王阳明曾说："故夫善学之，则虽老氏之说无益于天下，而亦可以无害于天下；不善学之，则虽吾夫子之道,而亦不能以无弊也。"①这话似乎在暗示:如果我们足够聪明,就不会让"儒家思想有无普适性"这样的伪话题纠缠于头脑,而是用更多的热情、精力和智慧去谋划儒家思想服务现代社会的途径。

〔原载《福建论坛(人文社会科学版)》2010年第8期〕

---

① 〔明〕王守仁:《山东乡试录》,《王阳明全集》卷二十二,吴光等编校,上海古籍出版社2011年版,第950页。

二、文化自信的三大基本要求
——宋儒处理儒佛关系中的智慧

自信是一个心理学概念，自信与不自信原本是描述人在社会适应中的一种自然心境，即人尝试用自己有限的经验去把握陌生世界时表现出来的心理状态。而进入文化领域，这种原本统一的心境被分为"自信"与"不自信"两种对立的心境。依此而论，如今我们大谈文化自信，无疑与过去百余年自身文化遭受侵略积郁而成的"不自信"心境有密切关系。换言之，建立文化自信就是消除对自身文化"不自信"的心境。那么，如何消除对自身文化"不自信"的心境呢？也许，宋儒在处理儒佛关系的实践中所表现的智慧，对于我们今日有着直接的启示。

（一）兴我所长：筑牢文化自信的心理基础

文化自信既然是人们对自身文化价值充分肯定和对自身文化生命力持有坚定信心的心理，这就意味着，如果对自身文化悲观失望，认识不到自身文化的优长，甚至无休止地否定自身文化，无限地放大自身文化的缺点，势必抽掉文化自信的心理基础，当然也不可能建立起文化自信。而宋儒在处理儒佛关系上的作为，正是通过发掘、肯定自身文化中的优良因素以筑牢自信心理的。

欧阳修认为，佛教之所以能吸引人们、之所以能势如破竹占领中国的思想市场，主要原因不在于佛教如何的厉害，而在于儒学没能显示自身的优势和魅力，没能将自家的优秀面相展示出来，从而丧失了对人们的吸引力，他说：

> 尧、舜、三代之际，王政修明，礼义之教充于天下，于此之时，虽有佛无由而入。及三代衰，王政阙，礼义废。后二百余年而佛至乎中国。由是言之，佛所以为吾患者，乘其阙废之时而来，此其受患之本也。补其阙，修其废，使王政明而礼义充，则虽有佛无所施于吾民矣。此亦自然之势也。①

---

① 〔宋〕欧阳修：《本论中》，《欧阳修全集》卷十七，李逸安点校，中华书局2001年版，第288—289页。

这就是说，佛教之所以广受人们欢迎，完全在于儒学未能将自身感动人、方便人、吸引人的优点呈现出来，不能让人们感受到儒学的可亲、可爱、可用，从而化解了人们信任儒学的心理基础，导致人们心无所依。因此，如果要筑牢对儒学自信的心理基础，就必须全面地、准确地将儒学的长处、优势呈现出来，让人们感受到儒学的亲切、可爱、有益。那么，怎样展示儒学的优长呢？欧阳修说：

> 昔尧、舜、三代之为政，设为井田之法，籍天下之人，计其口而皆授之田，凡人之力能胜耕者，莫不有田而耕之，敛以什一，差其征赋，以督其不勤。使天下之人，力皆尽于南亩，而不暇乎其他。然又惧其劳且怠而入于邪僻也，于是为制牲牢酒醴以养其体，弦匏俎豆以悦其耳目。于其不耕休力之时，而教之以礼。故因其田猎而为蒐狩之礼，因其嫁娶而为婚姻之礼，因其死葬而为丧祭之礼，因其饮食群聚而为乡射之礼。非徒以防其乱，又因而教之，使知尊卑长幼，凡人之大伦也。故凡养生送死之道，皆因其欲而为之制。饰之物采而文焉，所以悦之，使其易趣也。顺其情性而节焉，所以防之，使其不过也。然犹惧其未也，又为立学以讲明之。故上自天子之郊，下至乡党，莫不有学。择民之聪明者而习焉，使相告语而诱劝其愚惰。①

"三代"之政是儒家的理想，在"三代"政治中，经济上推行井田制，人人有其田，使人们忙于耕作而无暇于他事；生活上供应酒肉以滋养身体、提供歌舞以愉悦耳目，以防止人们因劳累怠工而走向邪僻之道；农闲时广泛开展礼义之教，帮助人们建立对礼义的自觉，从而使人们言行有所措置；同时，广建学校择俊秀者而教之，通过他们影响广大民众。无疑，依欧阳修的主张，儒学的社会服务功能不仅可以得到落实，而且可以使人们在物质生活和精神生活两方面都得到充实，从而让人们感受到儒学的亲切、可爱、有益，以消解人们思慕佛禅的心力。可见，儒学之道乃天地中和之最高境界，周遍万物而通于无穷，是人们日用不离之道；相反，佛教以生死为累，以病老为苦，修身养性以自利，怎么可以沉迷于佛而不知返呢？胡宏说："尧、舜、禹、汤、文王、仲尼之道，天地中和之至，非有取而后为之者也。是以周乎万物，通乎无穷，日用而不可离也。释氏乃为厌生、死，苦病、老，然后

---

① 〔宋〕欧阳修：《本论中》，《欧阳修全集》卷十七，李逸安点校，第289页。

有取于心以自利耳。本既如是，求欲无弊，其可得乎！"①佛教之弊如此鲜明，若能将儒学的优长加以呈现，让人们感受到儒学的可亲、可爱、有益，谁还会弃儒趋佛呢？

儒学的亲切、可爱、实惠不仅表现在经世致用上，也表现在独特的魅力上。这种独特魅力就是"求道由己"，就是"引领人们奔向文明"。王安石说："圣人之道得诸己，从容人事之间而不离其类焉；浮屠直空虚穷苦，绝山林之间，然后足以善其身而已。由是观之，圣人之与释、老，其远近难易可知也。"②儒学乃自得之学，人自觉其道且行于人事，与生活融为一体；而佛教追求隐遁山林，空身虚腹，修身养性以穷苦生命为代价。因而就难易言，儒学易于佛教，儒学切近人生。不过，儒学的魅力绝不仅限于"平易近人"，也在于儒学引导人们远离野蛮而趋向文明。二程说："圣人之教，以所贵率人，释氏以所贱率人。学佛者难吾言，谓'人皆可以为尧、舜，则无仆隶'。正叔言：'人皆可以为尧、舜，圣人所愿也；其不为尧、舜，是所可贱也，故以为仆隶。'"③生活中人人向往成圣成贤，希望成为有德君子，希望分享人类的文明成果，这正是儒学的追求；但佛教引导人们遁迹深山，不婚不娶，衣衫褴褛，不着事功，以世事为苦为幻。你是愿意投入圣门，还是愿意皈依佛门呢？"圣人尽道，以其身之所行者教人，是欲天下之人皆至于圣人之域也。佛氏逃父弃家，毁绝伦类，独处山林之下，乃以所轻所贱者施诸人，岂圣人君子之心哉？"④无疑，只要是追求普通生活之人，都会不假思索地投入圣门。而张九成正是由于宣讲儒学的优长和利好，才成功地说服信佛之人弃佛投儒：

绍兴庚申，余谪守邵阳，汴人孟铿实为推官，饭后过黄堂议公事，见其详审通悉，眉宇间极静素，余心爱之。退而询其性行，或以告曰："不娶妇，不茹荤，廉介洁雅，不与人往还。每归舍，瓶水炉香萧然如一老比丘也。"未七八十日间，余乃以忧去，余茹苦含辛，扪心泣血，不复知人间事。服除，铿惠然访余于海昌，余爱其不忘余也，乃问之曰："子学佛乎？"曰：

---

① 〔宋〕胡宏：《知言》，《胡宏集》，吴仁华点校，中华书局1987年版，第2页。
② 〔宋〕王安石：《礼乐论》，《王安石全集》卷二十九，秦克、巩军标点，上海古籍出版社1999年版，第251页。
③ 〔宋〕程颢、〔宋〕程颐：《河南程氏遗书》卷二，《二程集》，王孝鱼点校，中华书局1981年版，第37—38页。
④ 〔宋〕程颢、〔宋〕程颐：《河南程氏粹言》卷二，《二程集》，王孝鱼点校，第1268页。

"否。""子好黄老学乎?"曰:"否。""然则,胡为不娶不茹荤也?"曰:"铿性不乐,非有它。"余曰:"学所以明人伦,圣莫如尧、舜、周、孔,而娶、而茹荤,子欲何为乎?人伦之大莫大于三纲,而夫妇居其一,其可忽诸子,其抑心从吾圣人之道,直情径行,非吾门所贵,亦岂余所望于子哉?"铿曰:"诺,谨受教。"后十年,铿为庐陵幕官,又访余于横浦。曰:"铿已娶矣,已茹荤矣。"与之款接议论,极有思致,余爱之有加焉。①

这段描述栩栩如生,但内容就是张九成成功地说服了沉迷于佛教的孟铿实转向儒学。那么,张九成使用了怎样的"魔法"呢?所谓"魔法"就是:张九成告诉孟铿实,为学目的不过是澄明人伦关系,成为圣人不会超过尧、舜、周、孔,而尧、舜、周、孔无一不娶、无一不荤,可是你离圣人的距离还很遥远,你凭什么不娶、不荤呢?人伦没有比"三纲"更重要的,而夫妇是最基本的纲领,你又有什么理由违背它呢?抑制自己的性情以服从圣人之道,不是儒学所提倡的,这些也是我所寄望于你的啊!可见,张九成使用的"魔法"其实很简单,就是将儒家的人伦之道、人性之理等心平气和地讲说了一遍,也就是将儒学的优点动情地陈述了一遍。这再次说明,只要将儒学的可亲、可爱、有益等面相展示出来,是完全可以在人们心中建立对儒学的自信并使人们投奔儒门的。

也许正是觉悟到发掘、宣扬自身优秀文化因素对于自信心理建立的重要意义,朱熹要求人们认真学习自家文化,他说:"愿子约从容自以己意言之,劝其(叔度)且读《论语》、看诸先生说而深思之,以求圣人之意。圣人之意即是天地之心,思而得之,则实理可见,而实病可除、实功可进。"②朱熹认为,如果潘叔度真的想除去实病、增进实功,那只有把希望寄托在阅读《论语》及诸位先生思想的解释上,因为只有《论语》及诸先生之书中,才有"圣人之意",而且,如果真正把握了"圣人之意",佛教所谓禅、教、律的道理也就囊括无遗了。朱熹说:"吾儒家若见得道理透,就自家身心上理会得本领,便自兼得禅底;讲说辩讨,便自兼得教底;动由规矩,便自兼得律底。事事是自家合理会。"③既然佛教的禅、

---

① 〔宋〕张九成:《孟声远字序》,《张九成集》卷十六,杨新勋整理,浙江古籍出版社2013年版,第179—180页。
② 〔宋〕朱熹:《答吕子约》,《晦庵先生朱文公文集》卷四十七,朱杰人、严佐之、刘永翔主编:《朱子全书》(第22册),上海古籍出版社2002年版,第2192页。
③ 〔宋〕黎靖德编:《朱子语类》卷八,王星贤点校,中华书局1986年版,第141页。

教、律尽在儒家之"理"中，当然只"理会"儒家自家事就够了。因此，发掘、宣传自身文化中的积极因素可以激发人们的自豪感，从而在人们心中累积对儒学的自信力量，并最终帮助人们筑牢文化自信的心理基础。这正是宋儒在处理儒佛关系实践中所表现的智慧。从这个意义上讲，当今提倡从传统中寻找"引以为自豪的文化资源"之主张是值得肯定的，这也就是所谓"适度自我增强"。

（二）海纳百川：建立文化自信的健康心态

文化自信既然是人们对自身文化价值充分肯定和对自身文化生命力持有坚定信心的心理，那么，是关起门来肯定自身文化价值，还是在与其他文化比较中肯定自身文化价值？是关起门来肯定自身文化生命，还是在与他文化比较中肯定自身文化生命？质言之，文化自信究竟应该建立在怎样的文化心态上。而宋儒在处理儒佛关系实践中所表现出来的心态，或可为我们所资借。

虽然佛教咄咄逼人，风卷残云般将众生收归麾下，但宋代儒者并不主张关起门来将佛教拒之于千里之外，而是表现出开放的胸襟、包容的心态。比如王安石对佛经的态度，他说：

> 某但言读经，则何以别于中国圣人之经，子固读吾书每如此，亦某所以疑子固于读经有所不暇也。然世之不见全经久矣，读经而已，则不足以知经。故某自百家诸子书，至于《难经》《素问》《本草》诸小说，无所不读；农夫女工，无所不问。然后于经为能知其大体而无疑。盖后世学者，与先王之时异矣，不如是，不足以尽圣人故也。扬雄虽为不好非圣人之书，然于墨、晏、邹、庄、申、韩亦何所不读？彼致其知而后读，以有所去取，故异学不能乱也。惟其不能乱，故能有所去取者，所以明吾道而已。子固视吾所知，为尚可以异学乱之者乎？非知我也。方今乱俗，不在于佛，乃在于学士大夫沉没利欲，以言相尚，不知自治而已。子固以为何如？①

王安石强调他所念的"经"不仅是佛经，也不仅是圣人之"经"，而是包括所有经书，且无经不读。王安石对佛教何以如此宽容呢？他给出的理由是：第一，

---

① 〔宋〕王安石：《答曾子固书》，《临川先生文集》，中华书局1959年版，第778—779页。

今人所面对的经书不系统、不全面,因而如果不全面地阅读,就不能真正了解"经";第二,经书从先王时代传至后世,时代更替,经书杂乱,如果做不到无经不读,就无法知道"经"之大体;第三,无经不读才知道取舍,有所取舍,才能识别"经"的真伪同异,才会有成就,才能成为大儒;第四,因此,真伪识别能力便可提高,"异学"便不能乱"吾学"。既然"异学"不能乱"吾学",既然能够有所取舍,"吾道"也就自然昭明于世了。可见,王安石对佛教完全是取开放包容的心态,这种心态不仅有利于学习佛教的长处,也有利于比较儒佛的高下以显示儒学的价值,而且有利于体现王安石对儒学的自信。

虽然李觏是排斥佛教的斗士,但并不极端,他对佛教的价值也有所肯定。在李觏看来,佛教积极作用不仅体现在维系社会秩序上,对人生中的善恶、生死之谜也有所解答,他说:"释氏东行,乘风御霆,山闻海惊。言善言恶,知死知生。天人之好,地狱之暴,有作斯报。刑淫癸辛,力过羿奡。维彼慈悲,如童蒙师,如膏肓医。还愚以智,解囚于缧。伊贵伊富,或士或女,承流蹈舞。涵淹肌髓,系络心膂。"①即谓佛教知恶善、明生死,倡因果报应之说,奖善罚恶,变愚昧为聪明,变罪犯为良民,为人生迷途指示方向;而且不管男女老少,富人穷人,只要沐浴在佛教教化中,受其熏陶,就能"重昏宿蒙,冰解雪释"。不仅如此,佛教还能深窥情性,把握其本,并能驱其群迷,将人引入正觉。李觏说:"佛以大智慧,独见情性之本,将驱群迷,纳之正觉,其道深至,固非悠悠者可了。若夫有为之法,曰因与果,谓可变苦而乐,自人而天,诚孝子慈孙所不能免也。"②作为著名排斥佛教斗士,李觏如此诚恳地表彰佛教的功用和价值,只能说明李觏的心态是包容的、健康的。

对张九成而言,佛教的积极意义主要体现在对儒学的帮助上。《横浦学案》中记录有张九成与其外甥的对话:

> 恕问:"佛氏以寂灭为教,其徒未能泊然于饮食男女之欲,乃欲以纸上死生祸福之说恐动其心,使入于善。彼世之小人,刑戮荣赏日加而日督之,犹且求以幸免,孰谓无知之孩孺与夫鄙诈贱隶之人,而欲以此化之邪?而其甚者,

---

① 〔宋〕李觏:《太平院浴室记》,《李觏集》卷二十四,王国轩点校,中华书局1981年版,第260页。
② 〔宋〕李觏:《修梓山寺殿记》,《李觏集》卷二十四,王国轩点校,第267页。

至于抑绝掩闭以成其奸,过于刑戮小人之所不为者。世方敬其徒,而曾不察不知,此亦何理?"先生曰:"佛氏一法,阴有以助吾教甚深,特未可遽薄之。吾与杲和尚游,以其议论超卓可喜故也。其徒宁得皆善,但吾甥所见者,其徒之不善者耳。"恕曰:"理道妙处,如子思、孟子之书,何减《圆觉》《楞严》,必欲从事其人,颇非孝心。"先生曰:"自来知吾甥每有恶之之语,执得坚时亦好。但恐见不透,后反为其徒所冷笑。且更穷究!且更穷究!"①

张九成的外甥质疑舅舅与佛教高僧关系暧昧,有护佛之心,张九成却说"佛氏一法,阴有以助吾教甚深,特未可遽薄之",而对宗杲和尚的评价是"议论超卓可喜"。好一句"佛氏一法,阴有以助吾教甚深"!这不是说佛教的精神、佛教的修行、佛教的教法、佛教的思维等有助于儒学么?在儒佛关系剑拔弩张的背景下,在佛教被斥为邪教的氛围中,张九成能如此明确地肯定佛教的价值,足见其心胸的宽广。

而在理学家朱熹这里,佛教虽然不被他善待,但他也能大度地肯定佛教的长处。朱熹说:"僧家尊宿得道,便入深山中,草衣木食,养数十年。及其出来,是甚次第!自然光明俊伟!世上人所以只得叉手看他自动。"②这是赞颂、羡慕佛教高僧的修行工夫和境界,完全是普通人望尘莫及的。不仅如此,佛教改过迁善的工夫也为朱熹所称许,他说:"重处不在怒与过上,只在不迁、不贰上。今不必问过之大小,怒之深浅。只不迁、不贰,是甚力量!便见工夫。佛家所谓'放下屠刀,立地成佛',若有过能不贰,直是难。"③人无论如何发怒,佛教主张不迁怒他人;人无论犯下什么错误,佛教主张不能重犯。朱熹认为这是殊为难得的,不是一般人能做到的。我们知道,朱熹对佛教的批判是系统且深入的,但他在佛教的"优良因素"面前依然表现得谦卑和包容。既然能够在自己所否定的文化中寻找优秀的因素,在其面前表现出谦卑,对自己的文化没有坚强的自信是做不到这点的。

虽然佛教风行神州,虽然佛教有特殊的魔力,但宋儒坚信能够战胜佛教,消化佛教,化佛教为我所用。李觏说:"夫所谓修心化人者,舍吾尧舜之道,将安之

---

① 〔清〕黄宗羲原撰,〔清〕全祖望补修:《横浦学案》,《宋元学案》卷四十,陈金生、梁运华点校,中华书局1986年版,第1327页。
② 〔宋〕黎靖德编:《朱子语类》卷一百二十六,王星贤点校,第3019页。
③ 〔宋〕黎靖德编:《朱子语类》卷三十,王星贤点校,第766页。

乎？彼修心化人而不由于礼，苟简自恣而已矣。"①佛教虽有修心化人之术，但如欲实行，则需要圣人之道的帮助。胡宏更是明确提出"化腐朽为神奇"的主张："大本既明，知言如孟子，权度在我，则虽引用其言，变腐坏为神奇，可矣。"②这显示了胡宏的强烈自信。朱熹的"俯首察浮屠"说，正是强调通过深研佛教，寻找有价值的因素为我所用，朱熹说："盖尝闻之先生君子观浮图者，仰首注视而高谈，不若俯首历阶而渐进。盖观于外者，虽足以识其崇高巨丽为美，孰若入于其中者，能使真为我有，而又可以深察其层累结架之所由哉？"③由思想史的连续性看，我们没有理由将李觏、胡宏、朱熹等类似王安石的观点看成偶然、孤立的现象，而否认它们的连续性。

总之，对佛教的开放、包容，对佛教长处的肯定，自信能够变佛教为我所用，这都是建立文化自信必备的健康心态。开放才能引进新的文化因素，才能充实强大自己，包容才能相互认识和学习，所谓"有容乃大"，宋明新儒学不是因为吸收佛教、老学而成就自身的吗？因而不能关起门来自信，不能装作鸵鸟似的自欺欺人，开放包容为吸收、消化一切优秀文化因素创造了前提。由此看来，当下某些人关起门来以自信拒人于千里，以自信揭人之短，都是不利于文化自信的狭隘的消极的心态。

（三）以理服人：培育文化自信的科学理性

文化自信既然是人们对自身文化价值充分肯定和对自身文化生命力持有坚定信心的心理，那么，是丑化对方以肯定自身文化价值，还是以客观认知肯定自身文化价值？是诋毁对方以肯定自身文化生命，还是以理性分析肯定自身文化生命？质言之，文化自信究竟该不该讲"理"？而宋儒在处理儒佛关系实践中所表现的理性精神，或可成为当今培育文化自信的参考。王安石曾说："臣愚以为苟合于理，虽鬼神异趣，要无以易。"④在王安石看来，儒、佛哪个更好？关键不在于形式，而在于合不合"理"，如果合"理"，即便是"鬼神异趣"也是可以接受的，更不

---

① 〔宋〕李觏：《富国策第五》，《李觏集》卷十六，王国轩点校，第140页。
② 〔宋〕胡宏：《与原仲兄书二首》，《胡宏集》，吴仁华点校，第122页。
③ 〔宋〕朱熹：《答林正夫》，《晦庵先生朱文公文集》卷三十八，朱杰人、严佐之、刘永翔主编：《朱子全书》（第21册），第1719页。
④ 〔宋〕李焘：《续资治通鉴长编》卷二百三十三，中华书局1986年版，第5660页。

要说佛教了。王安石的这种立场，在《冷斋夜话》中的表述是："善学者读其书，惟理之求。有合吾心者，则樵牧之言犹不废；言而无理，周、孔所不敢从。"①如此就更加明白，不管是圣贤还是草民，谁有"理"就服谁。司马光也以"理"为最高标准："上乐闻规谏，凡谏官论事、门下封驳，苟合于理，多屈意从之。"②就是说，谏官论事、门下封驳等也都要以"理"权衡，合"理"则誓死从之。陆九渊完整地继承了这一思想传统："凡事只看其理如何，不要看其人是谁。"③足见"理"在宋明儒学中是至上的、绝对的核心，谓之"理学"名副其实。那么，宋儒在处理儒佛关系的实践中是怎样讲"理"呢？

对于佛教的长驱直入、圈人无数，有些人只知道抨击、谩骂佛教，以此显示自己的强大，以此满足自己快感。但欧阳修认为这样做并不能显示自己的强大，更不能抑制佛教的风行，而应该分析佛教席卷神州的原因以寻找对策。欧阳修说：

> 夫医者之于疾也，必推其病之所自来，而治其受病之处。病之中人，乘乎气虚而入焉。则善医者，不攻其疾，而务养其气。气实则病去，此自然之效也。故救天下之患者，亦必推其患之所自来。而治其受患之处。佛为夷狄，去中国最远，而有佛固已久矣。尧、舜、三代之际，王政修明，礼义之教充于天下。于此之时，虽有佛，无由而入。及三代衰，王政阙，礼义废。后二百余年而佛至乎中国。由是言之，佛所以为吾患者，乘其阙废之时而来，此其受患之本也。补其阙，修其废，使王政明而礼义充，则虽有佛无所施于吾民矣。此亦自然之势也。④

依欧阳修的分析，佛教之所以能在中国长驱直入、万众响应，乃是因为王政被阙、礼义被废，使得佛教有空子可钻。朱熹的分析则是：

> 今之学者往往多归异教者，何故？盖为自家这里工夫有欠缺处，奈何这心

---

① 〔宋〕惠洪：《曾子固讽舒王嗜佛》，《冷斋夜话》卷六，陈新点校，中华书局1988年版，第47页。
② 〔宋〕司马光编著，〔元〕胡三省音注：《资治通鉴》卷二百四十九，中华书局1956年版，第8062页。
③ 〔宋〕陆九渊：《语录下》，《陆九渊集》卷三十五，钟哲点校，第468页。
④ 〔宋〕欧阳修：《本论中》，《欧阳修全集》卷十七，李逸安点校，第288—289页。

不下，没理会处。又见自家这里说得来疏略，无个好药方治得他没奈何底心。而禅者之说，则以为有个悟门，一朝入得，则前后际断，说得恁地见成捷快，如何不随他去！此却是他实要心性上理会了如此。不知道自家这里有个道理，不必外求，而此心自然各止其所。①

为什么人们皈依佛门呢？一方面因为儒者自身的工夫欠缺，而且不用心反思为什么工夫欠缺，另一方面虽然发现自家学说比较疏略，却找不到理想的药方治疗人们苦闷无助的心，但禅僧可以做到这点。禅僧不仅倡言顿悟成佛，大开方便之门，而且每位僧人个个都修行得俊伟挺拔，成为人们心中的偶像，人们怎么可能不被禅宗吸引过去呢？可见，欧阳修、朱熹虽然反对佛教在中国的"横行霸道"，但他们没有谩骂佛教是流氓，没有指责佛教是贼寇，而是分析其道大行的原因，这就是讲"理"。这个"理"非常重要，因为这个"理"中不仅有佛教风行的原因，更有欧阳修、朱熹对于儒学的自信。

李觏虽然排佛，但他不仅能理性地认识佛教的长处，而且能客观地揭示佛教的弊端，他说：

> 男不知耕而农夫食之，女不知蚕而织妇衣之，其害一也。男则旷，女则怨，上感阴阳，下长淫滥，其害二也。幼不为黄，长不为丁，坐逃徭役，弗给公上，其害三也。俗不患贫而患不施，不患恶而患不斋，民财以殚，国用以耗，其害四也。诱人子弟，以披以削，亲老莫养，家贫莫救，其害五也。不易之田，树艺之圃，大山泽薮，跨据略尽，其害六也。营缮之功，岁月弗已，驱我贫民，夺我农时，其害七也。材木瓦石，兼收并采，市价腾踊，民无室庐，其害八也。门堂之饬，器用之华，刻画丹漆，末作以炽，其害九也。惰农之子，避吏之猾，以佣以役，所至如归，其害十也。②

这就是中国排佛史上著名的"佛教十害"。这虽是一篇讨佛檄文，但句句在"理"。不懂得耕种怎么会有食物？不懂得养蚕怎么会有衣物？男人没有女人怎不荒废？女人没有男人怎不埋怨？如此怎么不会发生淫乱之事？如果每家每户都不添

---

① 〔宋〕黎靖德编：《朱子语类》卷一百二十六，王星贤点校，第3036—3037页。
② 〔宋〕李觏：《富国策第五》，《李觏集》卷十六，王国轩点校，第141页。

丁，长大成人者又逃避徭役，国家如何运转？无限制地布施，奢华地斋戒，人民财富怎么可能不匮乏？国库怎么可能不空虚？如果子弟纷纷出家为僧，老人谁来赡养？穷困的家庭谁来振兴？侵掠田地、霸占山河，国家从哪里获得收成？修建庙寺佛殿，大量地征引民工，耗时耗财耗力，怎么可能不破坏农业生产？到处征集奇石异木，促使价格飞涨，怎么不影响老百姓安居乐业？寺庙佛殿的装饰，用的都是上等器材，而且雕龙画凤，金碧辉煌，怎么不损失国家资产？惰者游逛，猾者逍遥，怎么可能有和谐的社会秩序？这些无疑是对佛教祸害的控诉，但哪一条不在"理"呢？李觏对佛教"仁"与儒家"仁"差异的分析也显示了李觏讲"理"的品质，他说：

> 浮屠以不杀为道，水饮而蔬食，举世称其仁。夫鸡豚狗彘，待人而后生者也。食人之粟，以滋其种类，一日无人，则饥而死。然而天下之民所以不爱其资，拏而畜之者，用于其家故也。神灵之祭，宾客之奉，于是乎取之。今且使民无摇手于其间，则何待而粒之哉？吾见其无遗种矣。抑将不杀其身而务绝其类乎？仁者不为也。抑将夺人之食以饱无用之禽乎？仁者不为也。呜呼！浮屠之仁欤，止于是而已矣！①

尽管佛教徒不杀生，喝生水吃粗食，并被世人誉为"仁"，但由于佛教重禽兽轻人类，宁可以食物祭祀佛像而不关切人类饥饿，因而本质上佛教是不杀其身而绝其类、夺人之食而饱禽兽，这与儒家的"仁"完全是背道而驰的。这无疑也是对佛教的批判，但谁能否认其中的"理"呢？

朱熹认为，排斥佛教需要以真正的工夫与佛教较量，肤浅地诋毁，片面地批评，情绪地丑化，以列宗列圣为自豪，都是毫无意义的，他说：

> 然以其有空寂之说而不累于物欲也，则世之所谓贤者好之矣！以其有玄妙之说而不滞于形器也，则世之所谓智者悦之矣！以其有生死轮回之说，而自谓可以不沦于罪苦也，则天下之佣奴爨婢黥髡盗贼亦匍匐而归之矣。……幸而一有间世之杰，乃能不为之屈，而有声罪致讨之心焉。然又不能究其实见之差，而诋以为幻见空说；不能正之以天理全体之大，而偏引交通生育之一说以为

---

① 〔宋〕李觏：《潜书》，《李觏集》卷二十，王国轩点校，第215页。

主；则既不得其要领矣，而徒欲以戎狄之丑号加之；其于吾徒，又未尝教之以内修自治之实，而徒骄之以中华列圣之可以为重；则吾恐其不唯无以坐收摧陷廓清之功，或乃往遗之禽，而反为吾党之诟也。①

佛教何以如此厉害？因为有空寂之说而不为物欲所累，所以贤者喜好；有玄妙之说而不滞于形器，所以智者以之为悦；有轮回之说而予人以再生的希望，所以那些想来生进天堂的愚夫、婢女、逃犯、窃贼无不匍匐而归之。这些就是佛教特殊的性能与魅力。尽管如此，儒门中仍然不乏挑战佛教的英雄，但他们的挑战效果似乎不好，原因在于不能认识到佛教真正问题所在，而仅诋毁为空幻之说；不能以天理全体正之，而仅以交通生育说事。这些虽然不得要领，却乐于以戎狄丑号名之，而且不能以"内修自治"之功教导儒门子弟，还以古代圣贤神迹为自豪。这样当然不能坐收"摧陷廓清"之功，反而会将自己送进佛门被捉拿，而为儒者同党所嘲讽。在朱熹看来，不能以肤浅、庸俗的方式批评佛教，不能把老祖宗的辉煌当作自己与佛教叫阵的资本，而应该深入佛教内部去了解它，把握佛教的特点，如此才能做到"胸有成竹"。这就是讲"理"。

叶适虽也批佛、排佛，但反对不分青红皂白地批佛、排佛，他说：

> 自孟轲拒杨墨，而韩愈辟佛、老，儒者因之。盖杨、墨之道既已息矣，而佛、老之学犹与孔氏并行于天下，是以儒者望而非之，以为非是而无以为儒。夫望而非之，则无以究其学之终始，而其为说也不明。昔者恶夫攻异端者，夫不修其道，以合天下之异，而纷然攻之，则只以自小而为怨；操自小之心而用不明之说，则其于佛、老也，助之而已矣。且学者，所以至乎道也，岂以孔、佛、老为间哉？使其为道诚有以过乎孔氏，则虽孔氏犹将从之。惟其参验反覆，要之于道之所穷，卒不可以舍孔氏而他求者，故虽后世亦莫得而从也。呜呼！若此者，可以为忠厚之至，有以合于圣人之本心矣，乌在于望而非之若其世仇也？必奋而操戈焉，是未能尊其道而徒私其人者也。②

---

① 〔宋〕朱熹：《读大记》，《晦庵先生朱文公文集》卷七十，朱杰人、严佐之、刘永翔主编：《朱子全书》（第23册），第3377页。
② 〔宋〕叶适：《老子》，《叶适集》卷六，刘公纯、王孝鱼、李哲夫点校，中华书局1961年版，第707页。

在叶适看来，对佛教采取"望而非之"的态度就是不讲"理"，因为"望而非之""无以究其说（佛教）之终始"，所以也就无以明"佛教之说"；以往攻击佛教的人们，不认真研究佛教，却把佛教混同于天下"异学"而攻击之，这实际上是"以自小为怨"；而"操自小之心、用不明之学"，不仅不能达到批判佛教的目的，反而有助于佛教的传播和发展。再者，"道"之高下优劣不能以孔、佛、老之"名"为标准，如果佛、老之"道"有超过孔子之"道"的地方，就是孔子也得学习它。只是反复的历史实践表明，一个人如果要在"道"上有所提升，除孔学之外别无他求。所以，如果简单地把佛、老当作世代仇人"望而非之"，那就是不尊重其"道"而"仇"其"人"。不难看出，叶适所谓"望而非之""操自小之心"，都是强调不能主观地、随意地、简单地批评佛教、排斥佛教，而应该在充分了解的基础上批评佛教、排斥佛教，也就是要讲"理"。依此而论，当下某些以谩骂对方为自信、以伤害对方为自信、以诋毁对方为自信、以显摆老祖宗辉煌为自信的行为，都是粗俗的、弱智的、蛮不讲"理"的行为，本质上是不自信的表现。

总之，宋代儒家处理儒、佛关系时所提出的主张表明：文化自信必须筑牢自信的心理基础，不能空谈自信；必须建立自信的健康心态，不能关门自信；必须培育自信的科学理性，不能盲目自信。唯其如此，才能真正建立对自身文化价值充分肯定和对自身文化生命力坚定自信的心理，也才能进一步发展、弘扬、复兴自身文化。

〔原载《福建论坛（人文社会科学版）》2018年第9期〕

三、方东美生态思想及其意蕴

方东美（1899—1977），安徽省桐城人，现代新儒学代表人物。方东美思想的根本特质就是生命性、生机性、生态性，这种观念贯注于方东美思想的所有领域。本文拟从方东美生态地理解中国传统哲学的角度，对其生态思想及其特质加以考察，并探讨其内在意蕴。

（一）对哲学范畴的生态理解

何种角度理解中国传统哲学范畴、概念，虽然是主体的诠释权力与自由问题，但采取什么方法理解中国传统哲学范畴、概念，却存在相契与否的问题，从而影响到能否准确把握中国传统哲学范畴、概念之意涵的问题。那么，方东美对中国传统哲学范畴、概念的理解所采取的是一种什么样的方法呢？

"宇宙"是中国传统哲学中一个常见的范畴，儒、墨、道、名等学派都曾有不同方式的表述和应用。可是，这个"宇宙"究竟是怎样的含义呢？方东美给出了这样的定义："中国先哲所观照的宇宙不是物质的机械系统，而是一个大生机。"[①]为什么说"宇宙"是个"大生机"？方东美有其独到的解释。

其一，"宇宙"是所有存在的"统一场"。方东美认为，中国哲学中的"宇宙"与西方哲学中的"宇宙"完全不同，中国哲学中的"宇宙"是所有存在的"统一场"，他说："'宇宙'，在中文里原是指'空间'和'时间'，上下四方的三度空间叫作'宇'，古往今来的一切变化叫作'宙'，宇和宙一起讲，就表示时空系统的原始统会，'宇宙'两字中间如果没有连号，就是代表一个整合的系统，只在后来分而论之的时候才称空间和时间……在中国哲学家看来，宇宙正是所有存在的统一场。"[②]就是说，之所以判定中国哲学中的"宇宙"为"大生机"，是因为这个"宇宙"是连续的、不可分割的，是一整合的系统，是所有存在的"统一场"。

其二，"宇宙"是"物质世界"和"精神世界"的统一体。在方东美看来，西

[①]方东美：《中国人生哲学》，（台湾）黎明文化事业股份有限公司2005年版，第86页。
[②]方东美：《中国人生哲学》，第171—172页。

方的"时间——空间"只是物体机械存在的场合,而中国哲学中的"宇宙"是全部生命的环境,因而它不仅仅是物质的,更是精神的,它兼有精神的意义与价值,他说:"从中国哲学家看来,'宇宙'所包容的不只是物质世界,还有精神世界,两者浑然一体不可分割;不像西方思想的二分法,彼此对立,截成互相排斥的两个片断。"①而且,组成"宇宙"的物质世界与精神世界是浑然一体的。

其三,中国传统哲学中那些表达"宇宙"的范畴都贴切地、形象地将"宇宙"的连续、统一、整体诸内涵展示了出来。方东美说:"中国哲学家正相反,他们不常用'宇宙'这字,正代表他们不愿意把宇宙只看成一个空间与时间的机械系统,所以在经书子书中,我们常会遇到一些观念,像'天''天地''乾坤'等代表创造化育的作用,在自然创进历程中则有'道''自然''阴阳'和'五行'等观念,再如'虚''理''气''心'等等亦然,除此之外还有许多名词也都是用来形容宇宙的特性。所有这些观念和名词,含义虽不同,但都是用来对宇宙秩序和结构作妥帖的解释,如果我们只执着于这些差异的名词,不能会通,那中国的宇宙观就可能会被误为驳杂、纷乱、言人人殊。"②就是说,中国哲学家之所以不常用"宇宙"这个词,乃是因为他们不把"宇宙"看成没有生命的机械系统,而是看成充满生命的有机系统,像"天""乾坤""道""自然""阴阳""五行"等观念虽然形式各异,但都是对"宇宙""大生机"特性的妥帖解释。

其四,"宇宙"是万物和谐共生的场所。方东美认为,中国传统哲学中"宇宙"绝不是相互厮杀的战场,而是万物和谐共生的场所,他说:"在中国,宇宙绝不是一个战场,借柏格森的一句话来说,不能有'生命与物质的交战'。当然,在这综合的宇宙全体中,也可以有某些分际,像我们在《易经·系辞传》可以看到:'形而上者谓之道,形而下者谓之器',后来宋代哲学家,像张载、朱熹,也在'虚'与'气'或'理'与'气'之间有类似的分际,但他们仍然在这些分际之中,力求其一贯融通。"③"宇宙"是个综合的全体,是不可分割的,即便有所分际,但仍然是融通的,因而它不是你死我活的战场,而是万物和谐共生的"统一场"。总之,在方东美看来,中国哲学中的"宇宙"是万物和谐共生的"统一场",是物质生命与精神生命的"统一场",而中国哲学中所有表述"宇宙"的范

---

① 方东美:《中国人生哲学》,第172页。
② 方东美:《中国人生哲学》,第175页。
③ 方东美:《中国人生哲学》,第172页。

畴、概念都是充满生命的，都是"宇宙"生命内涵的准确诠释，因此，"宇宙"是一个包罗万象的广大生机，是一种普遍弥漫生命活力、无时不在发育创造、无处不在流动贯通的"统一场"。显然，方东美对于"宇宙"的理解，完全是一种生命的解释，一种生态的解释。

在中国传统哲学中，"自然"是与"宇宙"类似的范畴，而方东美对"自然"的理解也完全是生态的视角。他首先将西方哲学中的"自然"的主要含义予以展示：第一，自然是指在后期希腊哲学中所谓的一个没有价值意义，或否定价值意义的"物质的素材"；第二，自然是指整个宇宙的机械秩序，这种秩序依近代科学来说，即是遵从数学物理定律支配的数量化世界，是纯然中性的，而无任何真善美或神圣价值的意义；第三，自然是指一切可认识现象的总和，严格遵守先验自我所规定的普遍和必然的法则①，进而宣称中国哲学中"自然"的含义与此完全不同：中国哲学中的"自然"是宇宙生命的流行，广袤无限，充满生机，并蕴含神秘的创造力，因而也可以说是世界的一切。而作为世界一切的"自然"，不仅具有本体论意义、宇宙论意义，还有价值论意义。就本体论意义言，"它是绝对的存有，为一切万象的根本；它是最原始的，是一切存在之所从出；它就是太极，这字首先见之于《易经》一书中。《易经》上认为太极能生天地，又能递生天地之间的一切的一切。后来到了宋代，由理学家更进一步发展为无限的天理，为万事万物所遵循而成就最完满的秩序"②。"自然"就是本体，它化生万事万物，是万物万事之所出的根据，也是万事万物运行的秩序。就宇宙论意义言，"自然是天地相交、万物生成变化的温床"③。"自然"不仅是万事万物的根据，而且是万事万物交互运动、生生不息的场所，具体言之就是："自然，对于我们而言，是广大悉备，生成变化的境域。在时间中，无一刻不在发育创造；在空间内，无一处不是交彻互融的。它具有无穷的理趣，值得我们欣赏和眷恋。"④ "自然"就是万物化生的统一场，是宇宙普遍生命大化流行的境域，它提供万事万物自我运行、自我创造的条件，万事万物的新陈代谢都在"自然"中完成。就价值论意义言，"自然是一切创造历程递嬗之迹，形成了不同的价值层级，如美的形式、善的品质，以及通过真理的引导，

---

①参见方东美：《从比较哲学旷观中国文化里的人与自然》，《生生之德》，（台湾）黎明文化事业股份有限公司2005年版，第339页。
②方东美：《从比较哲学旷观中国文化里的人与自然》，《生生之德》，第340页。
③方东美：《从比较哲学旷观中国文化里的人与自然》，《生生之德》，第341页。
④方东美：《从比较哲学旷观中国文化里的人与自然》，《生生之德》，第341—342页。

而达于最完美之境"①。"自然"并不只是物质的场所或条件，而且是人文世界一切价值的根源，因为自然世界的造化，加上人的理性力量的参与，可创造真、善、美的和谐的体系。方东美说："它借着理性的神奇与热情交织而成的创造力，点化了板滞的物性，使之成为至善至美的自由丰盛的精神作用。仁人志士于此可以勠力励行，提升品德；高人雅士于此可以优游创作，成就才艺。自然是本体的至真之境，也是万有价值的渊薮。它是纯善、纯美、洁净无疵的。"②既然在本体论上是万事万物的根据和秩序，在宇宙论上是万事万物相交互动的场所，是万物化生的温床，在价值论上是一切创造历程变迁之迹，且呈现多元价值层级，那么，"自然"不是机械的而是生机的，不是分离的而是一体的，不是静止的而是运动的，不是僵化的而是活泼的，概言之，它是人的生命与宇宙生命交相辉映而充满生机的统一体。可见，方东美对"自然"的理解，也是从生态、生机的视角。

（二）对哲学学说的生态理解

在20世纪中国哲学史上，对中国传统哲学学说的理解出现过许多不同的视角，比如，唯物主义视角、科学主义视角、逻辑学视角等，这些视角的应用无疑丰富了对于中国传统哲学的理解。不过，与这些视角不同，方东美所应用的视角是生态学视角。

中国传统哲学究竟是一种什么样的哲学？方东美的答案十分明确，那就是机体主义哲学，他说："余尝以'机体主义'一辞，解说中国哲学之主流及其精神特色，视为一切思想形态之核心。此思想形态，就其发挥为种种旁通统贯之整体或表现为种种完整立体式之结构统一而言，恒深蕴乎中国各派第一流哲人之胸中，可谓千圣一脉，久远传承。其说摒弃截然二分法为方法，更否认硬性二元论为真理。……机体主义，积极言之，旨在融贯万有，囊括一切，使举凡有关实有、存在、生命与价值等之丰富性与充实性皆相与浃而俱化，悉统摄于一在本质上彼是相因、交融互摄，价值交流之广大和谐系统，而一以贯之。"③不难看出，方东美所

---

① 方东美：《从比较哲学旷观中国文化里的人与自然》，《生生之德》，第341页。
② 方东美：《从比较哲学旷观中国文化里的人与自然》，《生生之德》，第342页。
③ 方东美：《中国哲学精神及其发展》（下册），（台湾）黎明文化事业股份有限公司2005年版，第135页。

说的机体主义,就是指中国哲学是"完整立体式之结构统一",它"摒弃截然二分法为方法、否认硬性二元论为真理",它"融贯万有而使实有、存在、生命、价值等交融互摄"。那么,为什么可以对中国哲学特性作这样的判断呢?方东美有进一步的说明。

就整体言,中国哲学学说具有鲜活的生命,任何思想体系都是生命精神的彰显。方东美说:"在中国,哲学不是只把思想与观念系统表达出来就达到它的目的。中国哲学的中心是集中在生命,任何思想体系都是生命精神的发泄。这一个生命精神一定根据这位思想家的性情品格,才能把他的真相全盘揭露出来!这主要的固然是中国各家的哲学,从大体上看,多多少少地带有人本主义。而一个学术的思想系统离不掉人在生活上面所显现的精神!假使这一个观点是正确的话,在中国各派哲学中,后面都有一个活生生的人格在那儿呼之欲出!道家、儒家、佛家、新儒家均如此。因为他们的立言都要把他们的生命精神忠实地表达出来,把那个支配生命精神方面的人格显现出来。所以在中国思想上面,一字一句都要引归身心,他不是说空话的!"①因此,理解中国哲学一定要透视那个哲学系统后面所隐藏的精神人格,根据人格的精神来看中国哲学学说的内容,如此才不会物质化、机械化、技术化地理解中国哲学。另外,中国哲学学说都表现为纵横旁通的系统。方东美说:"就中国哲学的传统而言,自先秦、两汉以至隋唐、宋明,都有一个共通点,这个共通点,借司马迁的话来说,就是'究天人之际'。另一方面,无论是哪一派的中国哲学,都不像西方的思想,往往是以个人为中心,而后形成一个独特的思想系统。这个独特的思想系统,从逻辑方面看来,好像有其'自圆性'(self-sufficiency),可以同别的思想割裂开来,而自成体系。这在中国哲学可没有这一套,我们又可以借司马迁一句话来说,就是'通古今之变'。这个'通古今之变',就是一切哲学思想,无论是个人的、学派的或是产生自任一时代的,都要表达出'historical continuity'——历史的持续性,要与其他各派的哲学思想发展,彼此呼应,上下连贯,形成时间上的整体联系,绝无所谓思想的孤立系统。"②中国哲学注重横向的天人贯通性和纵向的历史持续性,因而不存在思想上的孤立系统。所谓纵横旁通就是打通人物古今、活化宇宙万物,就是统摄万有、包举万象而一以贯之,就是落实本体之统一、存在之统一、生命之统一、价值之统一。"纵横

---

① 方东美:《方东美先生演讲集》,(台湾)黎明文化事业股份有限公司2005年版,第127页。
② 方东美:《新儒学哲学十八讲》,(台湾)黎明文化事业股份有限公司2005年版,第58页。

旁通"既是事实的，又是价值的。正如方东美所说："中国哲学一向不用二分法以形成对立矛盾，却总是要透视一切境界，求里面广大的纵之而通、横之而通，借《周易》的名词，就是要造成一个'旁通的系统'。这是中国哲学与其他哲学最大的差异。"①可见，方东美所理解的中国哲学学说之特质就是一种机体主义。

就个别言，绝大多数哲学家的哲学思想也表现为机体主义。方东美提供了两个案例。一是程颢的哲学，他说："明道旨在建立一套机体主义哲学，故力避掉入任何穷索致伪之陷阱耳。其哲学枢要，厥为万物一体论，倡'天人无间断'。"②方东美对他的这个判断归纳了如下理由：第一，民受天地之中以生，其性禀则受命于天（人生于天地之间，人性为天所赋予）；第二，中者，天下之大本，天地之间，亭亭当当、直上直下之正理（中正无偏之理，是天下万物的根本）；第三，圣人致公心，尽天地万物之理，各当其分（圣人追求公理，就是穷尽天地万物之理以使万物各得其所）；第四，圣人之神化，上下与天地同流（圣人神秘的造化与天地万物流行）；第五，"大人者与天地合其德，与日月合其明"，然其大，不在己外（大人与天地合德、与日月合明，但不管大到什么程度，都在己内）；第六，就其道兼理言，天人不二，元无差别（天人不二，本无差别）；第七，性天之道，浑然与人为一体，凡适于人者，亦必适于天（性道、天道都与人浑然一体，适合于人者必适合于天）；第八，至公无私，融小我与万物大同一体（至公无私，就是将小我融于万物而为一体）；第九，宇宙精神，上天所载，无声无嗅，於穆不已（宇宙精神表现为体、理、性、用，乃名异实同）；第十，天道即人性，盖言自家元是天然完全自足之存在（天道人性合一，所以说每个人或物本来就是自足之存在）；第十一，道之呈现，千态万状，需会之为一，无内外之分（"道"呈现为多种形状，但无内外之分）；第十二，天人本不二，不必言合（天人本来就是一，所以不必言合）。③在方东美看来，这十二条充分说明程颢哲学的根本精神就是"万物一体"，即在实体、象状、性命、人道等层面都是有机的、融迪的、一体的，所以，程颢哲学是一种机体主义哲学。二是王阳明的哲学，他说："机体主义之哲学观，早期中国思想家往往视为哲学推理之结论，然却成为王阳明思想所凭借之重要起点。由于'身、心、意、知、物，只是一件'，浑然一体，而不可分，'机体主

---

① 方东美：《原始儒家道家哲学》，（台湾）黎明文化事业股份有限公司2005年版，第57页。
② 方东美：《中国哲学精神及其发展》（下册），第65页。
③ 参见方东美：《中国哲学精神及其发展》（下册），第65页。

义'遂成为一极复杂之概念，容有种种不同角度、不同层次之解释，诸如实有之统一、存在之统一、生命之统一、价值之统一等，均需凭借种种本体论、宇宙论、与哲学人性论等诸理论系统始能一一阐释妥当。"①就是说，在王阳明这里，身、心、意、知、物等构成宇宙世界的元素，根本意义上只是"一"，如此，阳明哲学的机体主义便从"实有之统一、存在之统一、生命之统一、价值之统一"等不同方面表现出来。比如，就"价值之统一"言，阳明哲学所表现的机体主义特色是："西方大哲柏拉图（Plato）在了解真、善、美之绝对本质之后，其所寤寐以求者，厥为价值理想之最高统会，借以解决'本体与现象、睿智与感官、上下两界间之'分离问题（The Problem of Chorismos），而苦于百思不得其解，至为困惑。然而，阳明却由于确信良知直观睿见之普遍妥当有效性，真实无妄，对此问题，便能当下明白，了然于心。对阳明而言，价值之最高统会，实内在于心灵本觉，不假外求。阳明此处，自是专就圣人而为言。盖借良知发用，圣人遂能在精神上超脱任何障碍。'圣人只是顺乎良知之发用流行。''天地万物，俱在我的良知发用流行之中，何尝又有一物作得障碍？'"②在方东美看来，柏拉图并不能解决本体与现象、睿智与感官、上下两界等的融通问题，而王阳明哲学可以解决，原因在于阳明哲学将价值的最高统会处安排在"心灵本觉"，也就说，真、善、美的本质可以为"心灵本觉"所把握，如此只需发明本心，便可在精神上实现超脱，达到本体与现象、睿智与感官、上下两界浑然一体之妙境。换言之，阳明哲学之为机体主义，乃是因为它已将宇宙世界融入其精神心灵之中，宇宙世界、万事万物不过是"良知"的发用流行。

既然中国哲学表现为机体主义，即是说只有机体主义地理解方为恰当，因而方东美不能容忍用反机体主义的方法理解中国传统哲学，他说："科学追求真理虽然也是令人向往，但若一旦逾位越界，连哲学都被科学化，便深具排他性，只能处理一些干枯与抽象的事体，反把人生种种活泼机趣都剥落殆尽，这也是同样的危险，因此，哲学一旦成为神学的婢女，作为护教之用，或者成为科学的附庸，不谈价值问题，则其昏念虚妄必会戕害理性的伟大作用，而无法形成雄健的思想体系。"③由于将科学方法应用到哲学上采取的是部分的分析而非彻底的分析，抽象的分析而

---

① 方东美：《中国哲学精神及其发展》（下册），第135页。
② 方东美：《中国哲学精神及其发展》（下册），第136页。
③ 方东美：《中国人生哲学》，第140页。

非具体的了解，再加上对一切神圣的价值、真善美的价值都采取中立主义的错误态度，结果一切价值几乎都被省去。可见，哲学如果被科学化理解，将丧失它的特性和价值，自然也形成不了雄健的思想体系。换言之，如果从生态、生命的角度去理解中国传统哲学，则完全可以形成雄健的思想体系。

（三）方东美生态思想的意蕴

可见，在方东美的认知和理解中，生态性是中国传统哲学的基本特质。需要追问的是：方东美生态地理解中国传统哲学是否与中国传统哲学特质相契？方东美生态地理解中国传统哲学对于中国哲学有怎样的意义，蕴含了怎样的价值诉求？等等，或许是讨论方东美对中国传统哲学生态理解之后，需要做进一步阐明的问题。

1.与中国哲学特质相契的认识。在20世纪认知、理解中国传统哲学实践中，中国哲学家尝试过许许多多的方法，虽然都为开掘、彰显中国传统哲学资源和价值做出了贡献，但究竟哪种方法最切合中国传统哲学则是见仁见智的问题。个人以为，方东美所应用的机体主义方法是与中国传统哲学特质相契的。为什么做这样的判断？

其一，中国传统哲学对宇宙世界的理解就是生态的方式。之所以这样说，乃是因为中国主要哲学学派儒、道、墨等都是生态地认识、把握宇宙世界的。儒家如程颢认为，天地万物为一体，天地万物之间是血脉贯通的，这个贯通的基础是"气"。道家如老子认为，"道"是宇宙万物的根本，宇宙万物生于"道"而归于"道"，因而也是有机的整体。墨家认为，自然资源是有限的，因而主张"节用""节葬""非乐"，人与人是一体的，因而反对战争（"非攻"），主张爱人之身如爱吾身（"兼爱"），也就说，墨子的治世思想完全源自"万物一体"的观念。

其二，中国传统哲学以"生生"为根本精神。《周易》说"天地之大德曰生"（《周易·系辞下》）。朱熹说："天地别无勾当，只是以生物为心。一元之气，运转流通，略无停间，只是生出许多万物而已。"[①]老子认为"道"生万物："道生一，一生二，二生三，三生万物。"（《道德经·第四十二章》）这个"生"包

---

① 〔宋〕黎靖德编：《朱子语类》卷一，王星贤点校，中华书局1986年版，第4页。

括养生、成生、护生等。墨子"非攻"是反对战争、珍惜生命;"天志"是对侵害生命行为的警告,如果不能厚待百姓,就会遭到天的惩罚,"节用"是对生命的护养,抨击奢侈浪费行为。

其三,中国哲学认为真、善、美是有内在联系的,注重三者的统一。儒家追求真、善、美的统一,孔子认为,"尽善尽美"才是最理想的——"子谓《韶》,'尽美矣,又尽善也'"(《论语·八佾》)。孟子说:"可欲之谓善,有诸己之谓信,充实之谓美。"(《孟子·尽心下》)就是说,为人所称道所喜爱者叫着"善",使"善"内在于人身叫着"真","真"之完满就是"美",换言之,"真""美""善"是相通的。《庄子》说:"真者,精诚之至也。不精不诚,不能动人。"(《庄子·渔父》)"真"是精神的顶点,有了真情,便能感动人,从而使人获得美的享受。又所谓"成功之美,无一其迹",伟大的美不是做作装饰,而自然地呈现。因此,"求真"与"求美"在庄子这里是统一的,无"美"不成"真",无"真"不成"美"。既然中国传统哲学理解宇宙世界的方式是生态,既然中国传统哲学的根本精神是创生,既然中国传统哲学认为真、善、美在价值上是统一的,那么,方东美对中国传统哲学机体主义的规定,当然是与中国传统哲学相契的。

2.点化了中国传统哲学中的生态思想。所谓"相契",就是说中国传统哲学内具生态思想,不过,方东美对中国传统哲学的理解不仅相契,更是开掘和点化。为什么作这样的判断?

其一,将中国传统哲学的机体性加以点化。方东美认为,中国哲学与西方哲学完全不同,中国哲学是机体主义哲学,它否认将人、物对峙,视二者为绝对孤立的系统,它否认将宇宙大千世界化为意蕴贫乏的机械秩序,它否认将变动不居的宇宙本身压缩成为一套紧密之封闭系统,它统摄万有,包举万象,一以贯之;它观照万物,无不自其丰富性与充实性之全貌着眼,"统之有宗、会之有元",不落于抽象与空疏。如此便将中国传统哲学的生态特性点化,由潜而显,由静而动,由僵而活,使中国传统哲学中的生态思想重见光日,表现其生命力。

其二,将中国传统哲学的生命性加以点化。方东美认为,中国哲学所观照的宇宙不是物质的机械系统,而是一个大生机。旁通统贯在这个宇宙中的是生命,这个生命的意义是精神的,价值是向善的,因为是精神的,所以生命本身自有创造才能,不致为他力所迫胁而沉沦,因为是向善的,所以生命前途自有远大希望,不致为魔障所锢蔽而陷溺。因此,宇宙是广大悉备的生命领域,从而也是浑浩周遍的价值园地。

其三，将中国传统哲学的价值性加以点化。在方东美看来，中国传统哲学是尊重、珍爱生命的，是追求理想的，是追求价值的。中国传统哲学不仅将宇宙世界视为万物共生的"统一场"，也将宇宙世界视为人文世界的"统一场"，更将宇宙世界视为求真、植善、育美的"统一场"，也就是说，中国传统哲学中的宇宙世界是生命盎然、理想飞扬的"统一场"，是一个充满希望的意义世界。因此，如果说中国哲学点化了宇宙自然，那么方东美点化了中国传统哲学的机体性、生命性、价值性，使中国传统生态思想彰显于世。

3.对中国生态思想的提升和发扬。方东美对中国传统哲学生态的诠释，不仅是开掘和点化，更是对中国传统哲学生态智慧的增补、提升、发扬。为什么这样说呢？中国传统哲学虽然蕴藏着生态思想和智慧，但毕竟受到时空的限制，先哲的思考不能不留下局限。方东美站在新的时代高度，以现代人类困境为坐标，对中国传统生态思想进行了不同程度的增补和提升。主要表现为：

其一，明确"自然、人、精神为一体"观念。虽然在中国传统哲学中，天、地、人万物一体是基本观念，但将人文世界和人的精神纳入宇宙统一体，则是方东美的贡献。在方东美看来，宇宙世界的有机统一体，不能少了人的精神世界，因为有了人的精神世界，才有所谓的真正的宇宙精神统一体，从而使传统的"万物一体"观念更加完备。

其二，明确"真、善、美乃是生态的统一"之观念。虽然中国传统哲学蕴含了真、善、美统一的思想，但并不明确，方东美从生态的角度揭示中国传统哲学中"真、善、美统一"的观念，认为真、善、美三者是相得益彰的，真、善、美三者可以成为一种生态的循环。

其三，明确"宇宙乃是种植善性、成就价值的统一场"之观念。中国传统哲学讲万物化生、大化流行，但没有明确指出何以大化流行、万物化生。方东美认为，宇宙世界就是养料充足的"统一场"，这里土壤肥沃、雨水充裕、阳光普照，而宇宙"统一场"与万物的关系是同一的关系，万物化生而春意盎然，就是"统一场"充满生机；而万物化生就是"植善"，因为造就生命是最大的善，而"植善"就是创造价值，所以方东美明确了"宇宙乃是种植善性、成就价值的统一场"之观念。

其四，明确了"实有、存在、生命、价值为生态体"的观念。"实有"属于物质系统，它是万物的根基；"存在"属于行为系统，它是万物的呈现；"生命"属于灵魂系统，它是万物的主宰；价值属于意义系统，它是万物的理想。在"实有"的系统，万物统一于"自然"的物，比如"气"；在"存在"的系统，万物统一于"行状"的物，比如"性"；在"生命"的系统，万物统一于"精神"的物，比如"心";在"价值"的系统,万物统一于"意义"的物,比如"理"。就是说,宇宙世界虽然可分为不同的系统,但这些系统是生态的统一;而且各个系统自身也是生态的统一。从纵向的角度看,"实有"之后方有"存在","存在"之后方有"生命","生命"之后方有"价值",并且这四者是彼此贯通且相互规定的。因此,方东美生态思想的最大贡献就是将宇宙世界进行生态的区分和生态的统一,并将这个生态的宇宙世界创造生命、培植"真、善、美"的本性加以点化,使人们明白宇宙世界不应该是无情无义的、支离破碎的、钩心斗角的名利场。基于上述,完全可以说方东美生态地解释中国传统哲学的实践,是对中国传统生态思想的提升和发扬。

4.与时代课题相呼应的见识。方东美不像同时代其他哲学家,较多地从思辨角度阅读、研究中国哲学,而是专注于中国传统哲学生命、生态思想的深入发掘,并加以发扬,这与方东美对时代课题的敏锐与关切密切相关。

第一,对时代课题的敏觉。方东美对近世以来人类所面对难题和困境有着全面而深刻的认识。在思维方法上,他批评西方哲学思维方法的二元性、分析性、机械性,将人和物看成互不相干的孤立的系统,对事物的理解不能采取综合的态度,将宇宙世界看成机械的而非生机的,将世界万物看成支离破碎毫无联系的部件。在科学态度上,他批评西方近代哲学对科学顶礼膜拜,视为至高无上,片面追求数量、实验、实证,认为只有数量才能对事物作清晰的描述,只有实验才能将事物、事件、人的性情等研究清楚,进而否定那些无法进行实验的事物、事件和人的性情,否定那些伟大的人文作品。在物质利益上,他批评西方的个人中心主义、追逐私利观念,指责西方陷入物质主义泥坑,价值和意义被颠覆被虚化,以宇宙"统一场"为根基的"真、善、美"完全被科学主义所解构,被经济主义所侵害,一切东西(人物、事件、行为)的是与非、善与恶、美与丑,就看它是否与利相符合。上述现象已然对伦理道德、社会正义形成了巨大冲击,正是在这样的背景下,方东美提出了中国哲学乃是机体主义哲学之主张。

第二,对时代课题的回应。方东美提出生态地把握中国哲学,一方面是理论层面的觉悟,另一方面是实践层面的需要,也就是说,方东美必须回应他所体察到的人类性课题。比如,针对将宇宙万物视为支离毫不相干的观点,他提出宇宙是万物共生的"统一场",针对二元对立的分析方法。他提出综合分析方法;针对机械地理解宇宙世界、僵化地处理万事万物的观念和行为,他提出了"万物含生"观念;针对只见物质不见精神的观点,他提出了宇宙是物、人、精神的统一体观念;针对以人为中心的个人主义,他提出了万事万物相互依存的观念;针对追逐私利的物质主义，他提出以精神融通和升华人生的观念；等等。因此，方东美生态地解释中国传统哲学，不仅使中国传统生态思想得到了升华，更是对时代课题的回应，从而也是对中华民族命运和人类命运的关切。

总之，方东美对于中国传统哲学的解释是一生态解释，这种解释通过与西方哲学的比较，通过对传统哲学生态意涵的开掘，通过对时代弊病的检讨，不仅赋予中国传统哲学新的生命力，而且活化了中国传统哲学的生命精神。因此，方东美的解释形式虽然是观念的，但内容却是实践的，即是说，方东美对于中国传统哲学的生态理解，本质上是对人类生态地认识世界，生态地处理人人关系、心物关系、人天关系的真诚要求和热切期待："宇宙的普遍生命迁化不已，流衍无穷，挟其善性以贯注于人类，使之渐渍感应，继承不隔。人类的灵明心性虚受不满，存养无害，修其德业以辅相天与之善，使之恢宏扩大，生化成纯。天与人和谐，人与人感应，人与物均调，处处都是以体仁继善，集义生善为枢纽……我们的宇宙是价值的增进，我们的生活是价值的提高，宇宙与人生同是价值的历程。"[①]"植善"而让善滋润万物，是价值的增进，同时也是生命意义的提升，这就是生态宇宙的生态本性，也是生活在宇宙生态系统中的人类责任。

（原载《江西社会科学》2011年第5期）

[①] 方东美：《中国人生哲学》，第86页。

四、孔子君子人格内涵及其现代价值

不同历史时代有不同的理想人格追求,但任何一个时代的理想人格在相当意义上可视为此前各时代理想人格普遍价值的积累,特别是塑造理想人格的精神资源,历史从来就是我们的起点。君子,是文化之圣孔子设计的理想人格,但君子人格的内涵及其可能蕴含的普遍意义却少有人论及。本文拟就此问题略述浅见,愿得到学界前辈及同仁好友指教。

(一)何为君子?

"君子"在《论语》中出现107次之多,杨伯峻先生对"君子"作了两种界定:一是有道德的人,一是在高位的人。①其实有道德的人不一定在高位,而在高位的人也不一定有道德,也就是说,"君子"并非某种具体的"类人""阶层"或"集团"。"君子"指称什么呢?回答这个问题之前,我们用弗兰西斯·培根(Francis Bacon)的"驱除法"将"君子"归属某实体的"类"的可能性排除:

其一,"君子"不可能是国君,《论语》中"国君"与"君子"从来是分别言的,言国君时只用一"君"字,如:"君使臣以礼,臣事君以忠。"(《论语·八佾》)"君命召,不俟驾行矣。"(《论语·乡党》)可见"君子"不同于"国君"。

其二,"君子"不是统治阶层的官员,因为有官职之人并不都"可以托六尺之孤,可以寄百里之命,临大节而不可夺也"(《论语·泰伯》)。而这却是孔子对"君子"的一种要求,而且"君子"畏"大人"。显然"君子"不可能是有官职之人。

其三,"君子"不是普通老百姓,因为"君子"有文化方面的要求,所谓"君子博学于文"(《论语·雍也》)。

其四,"君子"也非一般的知识分子群,因为有"君子之儒,小人之儒"的差别。

---

① 杨伯峻译注:《论语译注》,中华书局1980年版,第241页。

因此可以说，孔子所谓"君子"绝不是任何实体的"类人"。不过它又并非空洞无物。因为第一，"君子"要有才能，是"大能"者，所谓"君子不可小知而可大受也"（《论语·卫灵公》）。其二，"君子"应有高尚的道德情操，是"大德"者，所谓"君子贞而不谅"（《论语·卫灵公》）。其三，"君子"要知识渊博，悉诵六经，是大"智"者，所谓"君子博学于文"（《论语·雍也》）。其四，君子具有忧患意识，是"大忧"者，所谓"君子忧道不忧贫"（《论语·卫灵公》）。其五，"君子"要有仁者情怀，是"大怀"者，所谓"修己以安百姓"（《论语·宪问》）……也就是说，"君子"在孔子观念中是"大能""大德""大智""大忧""大怀"等多种品格的融合，是一种综合了诸多在孔子看来属优秀品性的人格，诚如梁启超说："君子所代表的是一个完善人格的人。"①因此，"君子"是多才多艺的，而不能与只有一种用途的器皿等观，所谓"君子不器"（《论语·为政》）。

（二）君子人格要素

由前项得知，"君子"实是由多种品性构成的人格象征。但这些多种品性的具体内涵即"君子"人格的具体内涵之规定，仍有待于我们作进一步的整理与研究。

1. "以义为质"。孔子所谓"义"，是指与"利"对待言，所谓"君子喻于义，小人喻于利"（《论语·里仁》）。"义"即公正、合理。孔子认为，"义"乃"君子"之成为"君子"的基本规定，所谓"君子以义为质"（《论语·卫灵公》）。如是，"义"就成为对"君子人格"之普遍性规定："君子"之"勇"是"义"之勇，所谓"君子义以为上，君子有勇而无义为乱"（《论语·阳货》）；"君子"求富贵，以"义"为前提，所谓"饭疏食饮水，曲肱而枕之，乐亦在其中矣。不义而富且贵，于我如浮云"（《论语·述而》）；在"生"与"仁义"之间，"君子"应舍生取"义"，所谓"志士仁人，无求生以害仁，有杀身以成仁"（《论语·卫灵公》），所谓"见利思义，见危授命"（《论语·宪问》）。总之，君子行事于天下，无论曲直，"义之与比"（《论语·里仁》）。"义"成为"君子"人格的基本规定，"以义为质"意味着"君子"是公正的象征。

2. "关怀意识"。君子要有"以天下乐为一己乐、以天下苦为一己苦"之关怀

---

① 梁启超：《先秦政治思想史》，中华书局1972年版，第381页。

众生的意识。对先圣之"道",有继往开来之心,所谓"君子谋道不谋食……忧道不忧贫"(《论语·卫灵公》),所谓"人能弘道,非道弘人"(《论语·卫灵公》),对民众生命,要有博施济众之情怀,所谓"博施于民而能济众"(《论语·雍也》),所谓"修己以安百姓"(《论语·宪问》)。一宇宙,等万民,同苦同乐,成为"君子"人格的又一基本规定,"君子"由此而为人道的象征。

3. "中庸不偏"。处事、仪表、气质、为学,"君子"表现出来的风度是"过犹不及""执两用中"。处事是扣其两端,否则事不成反得害,所谓"攻乎异端,斯害也矣"(《论语·为政》),仪表要文质相宜、融为一体,所谓"质胜文则野,文胜质则史。文质彬彬,然后君子"(《论语·雍也》),品性是庄重而不矫饰,威严而不癫狂,所谓"泰而不骄,威而不猛"(《论语·尧曰》),为学是学思并用,所谓"学而不思则罔,思而不学则殆"(《论语·为政》),"中庸不偏"乃"君子"至德之一,由此"君子"成为周全持重的象征。

4. "律己成人"。"克己"被孔子看成"复礼"的前提,对自己严格要求,时常反省自我,是孔子对"君子"人格的一种规定;另一方面,"成人"是说对他人要真诚相待,成人之美。对他人不了解自己(即使自己大名鼎鼎),也不在意,所谓"人不知而不愠,不亦君子乎?"(《论语·学而》)所谓"君子病无能焉,不病人之不己知也"(《论语·卫灵公》)。对缺点、错误,"君子"应从自己身上找原因,所谓"君子求诸己,小人求诸人"(《论语·卫灵公》)。敢于承担错误,敢于解剖自己,所谓"百姓有过,在予一人"(《论语·尧曰》)。对他人之事,由善处想,成全他人,所谓"君子成人之美,不成人之恶"(《论语·颜渊》)。对不同意见,不排除异己,要和而同之,所谓"君子和而不同,小人同而不和"(《论语·子路》)。不断升华自我,提高自己的人格境界,所谓"是以君子恶其居下流,天下之恶皆归焉"(《论语·子张》)。总之,"律己成人"是君子言行处事又一基本规定,"君子"在此是自省宽厚的象征。

5. "恪守气节"。君子要有气节,穷困不坠,富贵不淫,大义凛然,昂扬精神,所谓"三军可夺帅也,匹夫不可夺志也"(《论语·子罕》),所谓"临大节而不可夺也"(《论语·泰伯》)。伯夷、叔齐两兄弟以食周粮为可耻,饿死于首阳山,孔子对其气节大加赞美:"不降其志,不辱其身,伯夷、叔齐与!"(《论语·微子》)"君子"不可辱,可辱非"君子",所谓"君子可逝也,不可陷也;可欺也,不可罔也"(《论语·雍也》)。可见,对"气质"的持守与执着是"君子"人格的又一基本规定。由此"君子"又是正气的象征。

6. "慎言敏行"。"慎言"就是要求说话谨慎,周全措辞,更不恶语伤人,所谓"君子于其言，无所苟而已矣"（《论语·子路》），所谓"君子耻其言而过其行"（《论语·宪问》）。"敏行"则要求遇事机警，行为果断，所谓"（君子）敏于事而慎于言"（《论语·里仁》），所谓"君子欲讷于言而敏于行"（《论语·里仁》），说话周全不苟，行为灵敏有功，是君子人格又一基本规定。"君子"在此是言行一致的象征。

7. "遵礼守法"。这里的"法"不是韩非子之"法"，而是与孔子之"礼"相应的社会规范或约定。讲究礼法，无有争夺，有争者为射箭比赛，而射箭比赛也有"射礼"，孔子说："君子无所争，必也射乎！揖让而升，下而饮。其争也君子。"（《论语·为政》）思考问题不应超出自己的身份，所谓"思不出其位"（《论语·宪问》）。总之，"礼"是君子行为的准则，不应越礼而动而听而言而视，所谓"非礼勿视，非礼勿听，非礼勿言，非礼勿动"（《论语·颜渊》），所谓"礼以行之"（《论语·卫灵公》），所谓"约之以礼"（《论语·公冶长》）。"君子"在此为遵礼守法的象征。

8. "自强不息"。自强、自力、奋斗不止，挺立生命是君子生命存在的基本方式。求学要有忘我的精神，所谓"发愤忘食，乐以忘忧"（《论语·述而》），弘扬道德，要时刻准备牺牲的勇气，所谓"士不可以不弘毅，任重而道远。仁以为己任，不亦重乎？死而后已，不亦远乎？"（《论语·泰伯》）践仁履义也要饱满精神，知难而进，所谓"君子去仁，恶乎成名？君子无终食之间违仁，造次必于是，颠沛必于是"（《论语·里仁》）。在困难面前不低头，在忧苦面前不埋怨，怀着高昂热情，百折不挠，奋斗不止，这就是"君子"的自强不息。"君子"在此是生命勃发向上的象征。

"以义为质""关怀意识""中庸不偏""律己成人""恪守气节""慎言敏行""遵礼守法""自强不息"，这就是孔子"君子"人格的主要内涵。在《论语》中我们还发现，为了使"君子"人格易把握、易操作，孔子对"君子"人格进行过一些言简意赅的概括：

君子九思：视思明，听思聪，色思温，貌思恭，言思忠，事思敬，疑思问，忿思难，见得思义。（《论语·季氏》）

君子三畏：畏天命，畏大人，畏圣人之言。（《论语·季氏》）

君子三戒：少时血气未定，戒之在色；及其壮也，血气方刚，戒之在斗；及其老也，血气既衰，戒之在得。（《论语·季氏》）

君子四恶：恶称人之恶者，恶居下流而讪上者，恶勇而无礼者，恶果敢而

窒者。(《论语·阳货》)

君子四道：其行己也恭，其事上也敬，其养民也惠，其使民也义。(《论语·公冶长》)

所谓"九思"，意味着成为"君子"者，无论何地何时都要对自己的各种行为进行监督与反省，与"君子"人格的"慎言敏行""遵礼守法"对应。所谓"三畏"，"天命"实为主谓结构，即天命令、安排之意，"君子"当然"畏"，故有"不知命，无以为君子也"(《论语·尧曰》)之说；"大人"是指居高位之人，这种"大人"一般被认为秉承了天的意志，因为由君子人格内涵看，"君子"绝不会畏无德无智之"大人"；"圣人"实际上是孔子时代不复存在的"大智大德"之人，所谓有"圣人，吾不得见之矣；得见君子者斯可矣"(《论语·述而》)之说，"君子"对如此"圣人"当有一种敬畏之情。所谓"三戒"，则是要求为"君子"者，在生命历程的三个主要阶段应注意的修养。所谓"四恶"，"恶称人之恶者"与"律己成人"之品格相对；"恶居下流而讪上者"与"遵礼守法"之品格相对；"恶勇而无礼者"与"以义为质"之德相对；"恶果敢而窒者"与"慎言敏行"之品格相对。所谓"四道"正体现了"敏行""遵礼""关怀""尚义"之"君子"人格内涵。可见，孔子的如上概括，正是成为"君子"之人的实践指导。由上可知，"君子"实乃孔子基于那个时代而建构的一种理想人格，"君子"人格既涵括了孔子以前的人格智慧，也是孔子时代一般人格的升华，由此生出一种激励人们成为"君子"的普遍意义与精神，所谓"君子之德风，小人之德草。草上之风，必偃"(《论语·颜渊》)，所谓"君子笃于亲，则民兴于仁，故旧不遗，则民不偷"(《论语·泰伯》)。

(三) 君子人格之检讨

"君子"人格具有丰富的内涵，如何开掘出其积极意义，将"君子"人格积极内涵转换为培养现代理想人格的道德资源，正是本文宗旨所在。

1.学理价值。人所共知，"人格"的建构在中国道德史上从来就是一项重要课题。董仲舒试图塑造一种"与天相配"的道德人格；玄学家则试图建构一种"内儒外道"的人格；理学家企图培养"道问学"之人格；心学家则尝试陶铸"尊德性"之人格；近代思想家受到西方近代道德学说影响，努力于"自由、民主"之人格的建构。所有这些人格建设的努力，不仅在形式上（即努力构造一种理想人格），而且在内容上（即倾向于人的道德品性）都明显地深受孔子"君子"人格思想的影响。由这个意义上讲，孔子"君子"人格论确实成为我国伦理学说史上"理想人格"建构的发端。而且，孔子"君子"人格具有丰富内涵和一定的理论结构，已成为一种较完整的"人格"学说，这对今天如何建立现代人格学说具有重大启迪。

2.意义的双重性。"君子"人格经由孔子的创建，成为人格学说的雏形，其对现实人格的培养既有积极意义，又有消极意义。可由三个向度分析：

从整体上看，"君子"人格基本上属于道德人格。对个人格的体、智、美方面缺乏要求，这种特征不仅导致现实中人格的不健康、不全面，如我国历史上的伟大人格都局限在道德人格方面，而且对中华民族性格、文化发展等方面也产生了某些消极影响，如过分讲究道德而拙于竞争，精神文化的发达与物质文化的相对落后。

个别地看，"尚义""关怀""守礼""律己""高昂气节""自强不息"，都具明显的积极价值，见利思义、关怀众生、遵纪守法、约束自律、恪守气节、自强不息，难道不是任何个人都应具备的起码品性吗？但"中庸不偏""慎言敏行"则在积极意义下隐藏着负面的因素："中庸"即反对走向极端，然而现实生活中每个人都必须选择一端，否则进步、发展将不再有必要，因此，"中庸不偏"在性格上容易使得人走向保守、犹豫、寡断；在现实上则可能阻碍社会的进步。"慎言敏行"，处处慎言，出口顾虑太多，这就可能造就看脸行事、假话真说的圆滑人格。

抽象、具体对待看，"君子"人格在塑造现代人格方面显然具有普遍的意义；但毕竟是立足当时社会现状生发出的要求，也就是说，"君子"人格所表现的具体内容含有某些需要克服的局限性。如"遵礼"之"礼"，即是孔子持守的君君、臣臣、父父、子子严格的等级关系以及其他服务当时社会制度的道德规范，如此之"礼"于今天显然无多大积极意义。这意味着对"君子"人格内涵要进行创造性转换。

3.现代价值。"君子"人格具有现代价值是毫无疑问的，问题在于：（1）它哪方面表现为现代价值？（2）实现"君子"人格现代价值的途径在哪里？

先谈第一个问题。"君子"人格要求以"义"的手段获取富贵功名："富与贵，是人之所欲也；不以其道得之，不处也。贫与贱，是人之所患也，不以其道得之，不去也。"（《论语·里仁》）但在市场经济条件下，不劳而获，损公肥私，杀人越货，贪污腐化，谋财害命似乎已习以为常，干这些勾当的人能否考虑一下他们行为的"义"在何处呢？每个人都有权力获取正当的"利"，"义"正是保护这种权力的条件，只要我们设身处地地想一下，"以义为质"确实需要每个人将其作为自己的行为规范。"君子"人格要求"遵礼守法"，现在国家制定的法律法规并不少，各行各业的规章也应有尽有，可是纸上的秩序就是不能反映到现实中来，某些人知法犯法，置法于脑后。平心而论，法规的制定实为了协调人际关系，促进工作顺利进行，人人应懂得违法、践踏法规虽然可以给个人以短期的爽快和利益，但无疑是损人始、害己终。"君子"人格要求有"关怀意识"，这是人道精神的体现，人类本来一体于大宇宙。自然演变为人类实际上包含着人类宇宙一体的观念，"关怀意识"正是大宇宙胸怀在人精神上的延伸与提炼，孔子以"关怀意识"为"君子"人格基本因素，浸透着他对人类宇宙命运沉思的智慧。现代人在文化技术化、工具化、制度化的背景下，破坏意识，人情淡漠、天人错位等现象极为严重，也许静心体会一下"君子"人格的"关怀意识"，人们会有所醒悟。"君子"人格要求"律己成人"，这是对人品的一种升华，在人己利益冲突时，甚至不存在人己的利害关系时，他人需要你助一臂之力，"君子"应义无反顾地成人之美。对照"君子"人格，现实生活中那些利己害人者、视人遇险麻木不仁者、放任自我道德修养者，难道不该仔细体悟一下"律己成人"之圣训吗？"君子"人格要求"自强不息"，这是对人格生命的肯定与赞美，人生命的弘扬与挺立，前提就是要自强不息、奋斗不止的品格，所谓"君子无终食之间违仁，造次必于是，颠沛必于是"（《论语·里仁》）。事实上，一己生命的价值与质量，确实把握在自己手中，你可庸庸碌碌，堕落不支，你也可以奋发图强、展现宏志，光彩生命，而这需有百折不挠的品格、不畏一切艰难的斗志。这种精神是否完全融入了我们的肉体、我们的血液中呢？21世纪竞争将更加激烈，我们个人、我们民族能挺立，能富强，"自强不息"的人格精神仍然是不可或缺的。

　　再谈第二个问题。"君子"人格具有丰富的内涵，其中积极性内涵对我们培养理想的现代人格，将产生深远意义。但问题的关键是：一来，要加强对"君子"人格的学术探讨。"君子"人格对中华民族、中华文化、中国道德教化究竟产生了怎样的影响，本文无力论及，但对这个问题的探讨，有助于我们对"君子"人格的全面认识与把握，而这是我们由"君子"人格导引出其对现代理想人格培养的积极意义的一项基础性工作。二来，要通过各种宣传方式在全社会进行宣传，号召实践，进行监督，使"君子"人格体现在每个个体的行为之中。否则，再好的人格象征也永远是"象征"，是镜中花、水中月。最后，体制前提。"君子"人格已经是人格的一种提炼，而"君子"人格积极性因素是人格的再一次提炼。做个"君子"，体现"君子"人格，当然是高尚的事情，但"君子"人格是在实际处理己群、义利、自由与责任、权利与义务等关系中凸显示出来的，也就是说，"君子"人格的实现与高扬，不仅意味着单纯人格的重建，更意味着相应社会条件的支援。

（原载《江西社会科学》1996年第3期）

五、儒家榜样教化论及其当代省察
——以先秦儒家为中心

《大学》说:"自天子以至于庶人,壹是皆以修身为本。其本乱,而末治者否矣。"儒家为什么将"修身"从"八条目"中单独拿出来并强调它的本根地位?这当然不是玩排序游戏,而是反映了儒家对"修身"价值的深刻认知和高度重视。在儒家看来,教化民众可通过品行优秀、人格完美的人来实现,而这样的人必须通过自我修养才能成就。也就是说,"修身"的直接目标是成就优秀完美的人,即榜样,而优秀完美的人足以让家齐、国治、天下平。那么,"榜样"何以有如此神奇的力量?在这种神奇力量背后是否存在需要反思的问题?本文正是受此"好奇"驱动,而展开对"儒家榜样教化"的思考。

(一)儒家榜样教化的展开

孔子说:"君子笃于亲,则民兴于仁;故旧不遗,则民不偷。"(《论语·泰伯》)此言榜样有助于民众品质的提升;《大学》说:"一家仁,一国兴仁;一家让,一国兴让。"此言榜样有助于民俗的美化;孟子说:"天下之本在国,国之本在家,家之本在身。"(《孟子·离娄上》)此言榜样有助于国家的治理。概言之,榜样教化是儒家提升人品、美化风俗、治理国家的途径或方式。那么,儒家榜样教化究竟是怎样展开的?其展开有无自身的理论逻辑?

1.圣人君王:教化的主体。怎样的人才有资格成为儒家榜样教化中的主体或榜样呢?儒家给的答案是圣王贤君。孟子说:"圣人先得我心之所同然耳。"(《孟子·告子上》)这是说圣人有先于普通人觉悟内在于每个人心中善性的能力。荀子说:"圣人之所以同于众,其不异于众者,性也;所以异而过众者,伪也。"(《荀子·性恶》)这是说圣人不同于并超过普通人的地方,就在于有自我觉悟、自我更新并帮助他人的能力。质言之,圣人在榜样教化中的地位是儒家人性论决定的,因而圣人君王便成为儒家展开榜样教化的逻辑起点。而且,儒家对本善之性扩充的效果是充满自信的,孟子说:"凡有四端于我者,知皆扩而充之矣,若火之始燃,泉之始达。苟能充之,足以保四海,苟不能充之,不足以事父母。"(《孟子·公孙丑上》)这意味着那些可以将"四端"发挥出来的圣人君王,其榜样的力量是没有穷尽的。

圣人君王作为教化的主体，除人性论根据之外，是圣人君王与民众的特殊而密切的关系。这种特殊关系便是，圣人君王在政治地位、社会作用、文化建设等方面都处于核心位置，是引导民众前进的舵手，是统一民心的大脑，是民众的源头。孔子说："民以君为心，君以民为体。心庄则体舒，心肃则容敬。心好之，身必安之；君好之，民必欲之。心以体全，亦以体伤。君以民存，亦以民亡。"（《礼记·缁衣》）这里将国君与民众比喻为心脏与身体的关系，民众以国君为心脏，国君以民众为身体，心脏强大身体就舒泰，心脏严肃容貌就恭敬，心脏喜爱什么，身体就安于什么，国君喜欢什么，民众就想做什么，心脏借助身体得以保全自己，也因身体受到伤害而被伤害，国君因为有民众而存在，也因民众抛弃而灭亡。质言之，不管是民众拥戴君王还是背离君王，都以君王的所作所为为前提。荀子则将君王与民众比喻为源和流的关系，以突出君王的核心地位，他说："君者，民之原也；原清则流清，原浊则流浊。"（《荀子·君道》）君王是河水的源头，民众是流动的河水，源头清澈，流水就清澈，源头浑浊，流水就浑浊。既然圣人君王是民众的核心，是民众的源头，普通民众自然唯圣人君王是瞻，把圣人君王当作学习、效法的榜样。荀子说："君者，仪也，仪正而景正。君者，槃也，槃圆而水圆；君者，盂也，盂方而水方。"（《荀子·君道》）无论是将君王比作测定时刻的标杆还是盛水的盘子，荀子的意思就在于：君王对于普通民众而言，就是学习的楷模、追求的典范。

或许因为圣人君王的示范作用如此重要、如此关键，儒家也给圣人君王以警示——如果你们品德败坏，后果将不堪设想："上好权谋，则臣下百吏诞诈之人乘是而后欺。探筹、投钩者，所以为公也；上好曲私，则臣下百吏乘是而后偏。衡石称县者，所以为平也；上好倾覆，则臣下百吏乘是而后险。斗斛敦概者，所以为啧也；上好贪利，则臣下百吏乘是而后丰取刻与，以无度取于民。故械数者，治之流也，非治之原也；君子者，治之原也。"（《荀子·君道》）如果君王喜好权术，那么百官中搞欺诈的人就会乘机而动；如果君王喜好偏私，那么百官也跟着搞偏私；如果君王喜好是非颠倒，那么百官就会是非不分；如果君王贪图财利，那么百官就会争相谋其私利。因此，各种用于治理国家的器物与方法，不过是治政的末流，君王才是治政的根本。直至南宋的叶适，仍然对君王言行恶劣的祸害表示严重关切，他说："其君不仁，故其臣贪诈邪虐，而不为信谊忠厚之事以报其上。君臣流毒，被于天下，纲纪隳坏，人文不立，而天下之民物不能自必其命。"①在叶適看来，如果君王的恶行臣子效仿，就会流毒天下，导致纲纪不振、人文不立，因而君王不能不注意自己的言行，不能不严格要求自己。这从消极的向度说明，圣人君王才是儒家教化的逻辑起点。

2.修身自律：榜样的素质。既然只有圣人君王才有资格成为教化的榜样，但圣人君王的品质并不是天生的，也不是一劳永逸的，有时会出现意外的情况，有时甚至会出现比较恶劣的情形，因而儒家对作为教化主体的圣人君王提出了修身、自律之要求。

首先，要勤于修身，保持圣洁。关于这点，《论语》中有一段文字可备讨论：

> 子路问君子。子曰："修己以敬。"曰："如斯而已乎？"曰："修己以安人。"曰："如斯而已乎？"曰："修己以安百姓。修己以安百姓，尧舜其犹病诸！"（《论语·宪问》）

这是发生在孔子、子路师徒二人之间关于怎样做才能算个君子的对话。按照子路提问的顺序，孔子给出的答案先后为：培养诚敬的品质、安顿好身边的人、安顿好全国的民众。也就是说，做到这三点就可以被称为君子。这个答案所展示的就是儒家"内圣外王"的治国逻辑。不过，从培养诚敬品质，到安顿身边的人，再到安顿全国民众，前提是"修己"。为什么会这样？因为在孔子看来，修身养性才可能成就完美优秀的品质，有了完美优秀的品质才能成为人们效法的对象、才能成为纯化民风的除尘器，才能成为安邦治国的保障。如此说来，"修身"对于成为榜样的圣人君王而言，是必修的课程。

其次，要身体力行，做好表率。既然榜样的影响力如此巨大、如此神奇，那么圣人君王有义务和责任使自己时刻表现得完美优秀，行事端正，做人磊落，大公无私。孔子说："其身正，不令而行；其身不正，虽令不从。"（《论语·子路》）如果君王品行端正，不需要发布命令，民众就会自觉地把事做好；如果君主品行不正，即便发布无数道命令，民众也不会听从。因此，君王想将国家治理好，就得让民众服从你，而要让民众服从你，你自己首先要品行优秀，即自己首先做到身正行直。季康子问孔子，怎样才能让民众有敬畏之心、忠诚之情、勤勉之行？孔子的

---

① 〔宋〕叶適：《廷对》，《叶適集》卷九，刘公纯、王孝鱼、李哲夫点校，中华书局1961年版，第747页。

回答是只要君王身先民众、做出表率，就会有满意的结果："临之以庄，则敬；孝慈，则忠；举善而教不能，则劝。"（《论语·为政》）如果君王对待民众的事情严肃庄重，那么民众对待君王的命令就会有严肃敬畏之心；如果君王做到孝敬长上、慈爱人民，那么民众就会死心塌地地效忠于君王；如果君王能将德才兼备的人提拔上来，并让弱小者受到教育，那么民众就会劝导勉励自己。可见，身体力行，率先民众，是榜样之所为榜样的基本要求。

最后，要谨小慎微，言行适宜。由于民众都以君王为法，他们的眼睛睁得大大的，时刻关注着君王的一举一动，所以君王的好恶与言行都必须谨慎。孔子说："下之事上也，不从其所令，从其所行。上好是物，下必有甚者矣。故上之所好恶不可不慎也，是民之表也。"（《礼记·缁衣》）臣民侍奉君王，不是服从他的命令，而是效法他的行为；君王所喜欢的事物，臣民一定跟着喜欢。因此，君王的好恶，不可不谨慎，因为君王是民众的表率！而落实到具体的言行上，则是"讷于言而敏于行"（《论语·里仁》），孔子说："王言如丝，其出如纶；王言如纶，其出如綍。故大人不倡游言。可言也，不可行，君子弗言也；可行也，不可言，君子弗行也。则民言不危行，而行不危言矣。"（《礼记·缁衣》）如果君王说的话细如丝，那么传出去就粗如绶带；如果君王说的话细如绶带，那么传出去就粗如大绳，因此君王不能提倡说浮而不实的话。只是可以说而不可做的话，君王不应该说；只是可以做而不可说的事，君王不应该做。这样民众就能做到他们说的话不会损害行为，他们做的事不会损害言语。因此，榜样之所以为榜样，谨小慎微、言行适宜是必备的品质。

相反，如果君王不能修身自律，不能身体力行，不能谨小慎微，而是放任自流、高谈阔论、言行乖戾，必将导致严重后果，正如荀子所说："上好羞，则民暗饰矣！上好富，则民死利矣！二者乱之衢也。民语曰：'欲富乎？忍耻矣！倾绝矣！绝故旧矣！与义分背矣！'上好富，则人民之行如此，安得不乱！"（《荀子·大略》）荀子在此列举了两种完全相反的情形，一是君王爱好道义的情况，民众就会向君王学习，以道义约束自己，不会见利忘义；一是君王追逐财富的情况，民众也会仿效君王，将道义弃置一旁，见利忘义。如果是前一种情况，民风淳朴，国家安定；如果是后一种情况，民众毫无廉耻、道德败坏、六亲不认，与道义彻底背离，国将不国。可见，君王的喜好与言行是多么的重要！这大概就是所谓"一言偾事，一人定国"（《礼记·大学》）的意思吧？因而孔子的这段话是对君王语重心长的告诫："君子道人以言而禁人以行，故言必虑其所终，而行必稽其所敝，则民谨于言而慎于行。"（《礼记·缁衣》）在孔子看来，君王应该用语言引导民众向善，用行动防止民众学坏，因此说话必须考虑后果，行动必须考虑是否有弊病，这样民众就会向君王学习，慎自己的言行。概言之，圣人君王之为榜样，必须坐得直行得正，品行无瑕；必须身先民众，做出表率；必须谨小慎微，自修自律；这就是圣人君王成为民众学习的榜样之基本素质要求。

3.圣凡相通：教化的基础。圣人君王成为榜样，是因为他们能先知先觉，而他们的任务是觉后知、觉后觉，那么，后知后觉者是否能作出积极的反应呢？如果后知后觉者愚如顽石，圣人君王再有能耐也是无法"点石成金"的，因为只有后知后觉者接受了圣人君王的教化并有醒悟，榜样教化才可说得到了落实，取得了效果。当然，这对儒家而言不是什么问题。

因为其一，圣凡俱善。虽然儒家强调圣人君王与普通人存在差别，但在人性上却是相通的，即每个人天生具有善性。孟子说："无恻隐之心，非人也；无羞恶之心，非人也；无辞让之心，非人也；无是非之心，非人也。"（《孟子·公孙丑上》）这是提示，良知良能对每个人而言是共同的本性，如果不承认这点，就失去了做人的根据。而且，凡人的心与圣人的心是相通的，程明道说："先圣后圣，若合符节，非传圣人之道，传圣人之心也；非传圣人之心也，传己之心也。己之心，无异圣人之心，广大无垠，万善皆备。欲传圣人之道，扩充此心焉耳。"①这段话强调传圣人之道，普通人可以通过扩充自己的心来实现。为什么？因为圣人之道与圣人之心是相通的，因为先圣、后圣的心是相通的，因为普通人的心与圣人的心是相通的。因此，如果想传承圣人之道，就必须也应该扩充你自己的心。

其二，圣凡同类。圣人君王与普通人不仅在人性上是相同的，在形体上也是同类，即每个人都是肉身形体。孟子说："圣人之于民，亦类也。"（《孟子·公孙丑上》）既然是同类的，圣人与凡人就应该具有共同的类本质："凡同类者，举相似也，何独至于人而疑之？圣人，与我同类者。"（《孟子·告子上》）因此，凡人也是有机会成为尧舜的："舜，人也；我，亦人也。舜为法于天下，可传于后世，我由未免为乡人也，是则可忧也。忧之如何？如舜而已矣。"（《孟子·离娄下》）荀子也认肯圣凡同类，他说："材性知能，君子、小人一也。"（《荀子·荣辱》）即就形体、知识方面言，凡人与圣人是没有区别的，所以荀子说："尧、舜之与桀、跖，其性一也。"（《荀子·性恶》）既然凡人与圣人在身体、

---

① 〔清〕黄宗羲原撰，〔清〕全祖望补修：《明道学案上》，《宋元学案》卷十三，陈金生、梁运华点校，中华书局1986年版，第560页。

知性上同类，那么彼此之间便会有神奇的"同类相感"发生。

其三，圣凡感应。所谓"圣凡感应"，是指凡人对圣人教导的感应，对圣人启示的感应。既然圣人凡人都有善性，既然圣人与凡人同类，那么必然会发生"同声相求，同类感应"的现象，凡人对圣人的伟大精神、高尚品质、高贵气质表现出崇拜、学习、模仿之心，正所谓"仰之弥高，钻之弥坚；瞻之在前，忽焉在后。夫子循循然善诱人，博我以文，约我以礼，欲罢不能，既竭吾才，如有所立卓尔。虽欲从之，末由也已"（《论语·子罕》），具有优异品质、伟大人格的圣人君王会让民众不由自主地学习和效仿。也如孟子所说："圣人，百世之师也，伯夷、柳下惠是也。故闻伯夷之风者，顽夫廉，懦夫有立志。闻柳下惠之风者，薄夫敦，鄙夫宽。奋乎百世之上，百世之下闻者莫不兴起也。非圣人而能若是乎？而况于亲炙之者乎？"（《孟子·尽心下》）圣人是百代之师，他们的影响究竟有多大——伯夷的人格贞操，贪腐者闻之而为清廉，懦弱者闻之而为刚强；柳下惠的贞操，刻薄者闻之而为纯厚，狭隘者闻之而为宽阔。圣人在百代以前的事迹与风范，能令百代以后的人闻风而向，何况那些亲受他们熏陶的人呢？在这段文字中，我们感受到儒家对榜样去邪扬正的坚定信念，感受到儒家对榜样力量的由衷期待，而且在儒家看来，有了榜样，人们便会主动去学习、效仿，这种学习、效仿的基础，就是每个人先天具有的善性。概言之，既然圣人、凡人都有善性，既然圣人、凡人同类，既然圣人、凡人之间会产生感应，那么，儒家榜样教化便具备了人性的通道，榜样的精神和品质可由这些通道传递到凡人身上。

4.举善荐贤：教化的方式。既然那些完美优秀的圣人君王才能成为榜样，那么对儒家而言，提倡举善荐贤是合乎逻辑的，因为榜样的教化力量需要这种方式发挥其影响。

其一是亲近贤善。在儒家看来，圣人君王只有做到亲贤近善，民众才会跟随你、拥护你，反之，则会背离你、反对你。孔子说："大人不亲其所贤，而信其所贱，民是以亲失，而教是以烦。《诗》云：'彼求我则，如不我得。执我仇仇，亦不我力。'《君陈》曰：'未见圣，若已弗克见。既见圣，亦不克由圣。'"（《礼记·缁衣》）因而孔子明确地把"举贤才"列为儒家的治政措施之一："君子尊贤而容众，嘉善而矜不能。"（《论语·子张》）孟子继承了这一思想，主张将贤人推举到领导的岗位上去："尊贤使能，俊杰在位。"（《孟子·公孙丑上》）推重"尊贤育才，以彰有德"（《孟子·告子下》）的意义。荀子同样提倡亲贤近善，所谓"论德而定次，量能而授官"（《荀子·君道》），因为它有如此积极效果："尚贤推德天下治。"（《荀子·成相》）

其二是以善退恶。儒家认为，亲贤近善不仅是将优秀的人推举上来，同时也可以堵塞鄙劣者钻营的空间，而且可以获得民众的拥护。孔子说："举直错诸枉，则民服；举枉错诸直，则民不服。"（《论语·为政》）如果把正直的人提拔至邪曲的人之上，那么民众就会心服；相反，民众就会不满。人心都是向善的，如果将无赖推举上去，民众不仅不服，而且会引起负面效应。《大学》说："见贤而不能举，举而不能先，命也。见不善而不能退，退而不能远，过也。好人之所恶，恶人之所好，是谓拂人之性，菑必逮夫身。"发现贤才而不能选拔，选拔了而不能优先重用，这是轻慢；发现恶人而不能罢免，罢免了而不能将其驱逐，这是过错；喜欢民众所厌恶的，厌恶民众所喜爱的，这是违背人的本性；如果这类事情任其发生的话，灾难迟早会降临！因此，要做到"以善退恶"，必须尚贤举能，必须无贪婪之心，荀子说："故上好礼义，尚贤使能，无贪利之心，则下亦将綦辞让，致忠信，而谨于臣子矣。"（《荀子·君道》）必须避亲情免贵贱："不恤亲疏，不恤贵贱，唯诚能之求。"（《荀子·王霸》）因而要使"举善荐贤"产生积极效应，就不得不谨小慎微："将使卑逾尊，疏逾戚，可不慎与？"（《孟子·梁惠王下》）

其三是见贤思齐。在儒家看来，榜样是完美的象征，是圣洁的代表，可以正邪扶善，因此，面对品质高尚的榜样，普通人应表现出学习、模仿的态度，以榜样为镜子，天天照照自己，对镜振衣，找出缺点与不足，促使自己进步、完善。孔子说："三人行，必有我师焉：择其善者而从之，其不善者而改之。"（《论语·述而》）人人都可能成为我们的老师，这里的老师有两方面意义：一是学习他的长处，二是克服他的不足，因此需要"见贤思齐焉，见不贤而内自省也"（《论语·里仁》），见到贤德之人就要向他看齐，见到品德败坏之人则要自我检讨，寻找自己是否存在类似问题，从而提高、完善自己。榜样教化即是用贤良的品德进行教化，推举贤德是确立榜样教化的主体，除去鄙劣是榜样教化的目标，见贤思齐是榜样教化的途径，所以说"举善荐贤"是榜样教化的方式。

5.襁负而至：教化的效应。在孔子看来，政治的善恶就是看君王品行是否优秀，行事是否刚直正派，如果君王品行优秀、行事刚正，国家就没有不能治理好的。孔子说："政者，正也。子帅以正，孰敢不正？"（《论语·颜渊》）换言之，圣人君王治理国家，必会产生积极的效应，这种积极的效应包括：

其一，纯化民风。《尚书·太甲下》说："一人元良，万邦以贞。"只要君王优秀，天下人就会向君王看齐，使自己品行完美。那么，在榜样教化下，天下人的优秀有怎样的表现呢？如果君王能够慎重地处理父母送终问题，而且时刻追念祖先，那么民众的道德就会变得纯厚起来——"慎终追远，民德归厚矣。"（《论语·学而》）如果君王以深厚感情对待自己的家族亲人，那么仁爱之德便会在民众中风行，不会有人遗弃老同事、老朋友，而且彼此互相关心、互相帮助。如果君王能够尊敬老人，那么孝道之风就会在民众中兴起；如果君王能够尊敬兄长，那么敬长之风就会在民众中兴起；如果君王能够抚恤孤寡，那么民众就会谨守这一美德——"上老老而民兴孝，上长长而民兴弟，上恤孤而民不倍。"（《礼记·大学》）概言之，榜样可引导民众践行仁德，可引导民众力行孝悌，可引导民众关爱互助，所以说榜样教化可纯化民风。

其二，规范言行。天下民众的言行举止以什么为标准？儒家认为以圣人君王为标准。孔子说："长民者，衣服不贰，从容有常，以齐其民，则民德壹。《诗》云：'彼都人士，狐裘黄黄。其容不改，出言有章。行归于周，万民所望。'"（《礼记·缁衣》）在孔子看来，领导者的服装不能凌乱不整、邋遢不洁、不修边幅，而言谈举止要平和沉稳、彬彬有礼、态度诚恳亲切，这样才能统一民众心灵，才能提升民众的德行。孟子认为天下民众言行的道德化，完全以圣人君王为准则，他说："君仁，莫不仁；君义，莫不义；君正，莫不正。"（《孟子·离娄上》）这就是说，如果君王崇尚、实践仁爱，那么民众没有不仿效的；如果君王崇尚、实践道义，那么民众没有不学习的；如果君王行事刚正，那么民众没有不实践的。可见，在儒家的观念中，榜样对人们言行的规范作用是至关重要的，正所谓"言行，君子之枢机"（《周易·系辞上》）。

其三，天下归顺。对儒家而言，榜样的作用当然不限于纯化民风，不限于规范言行，更在于对国家政治的积极影响。圣人君王在遵礼、尚义、守信上做出表率，天下人都会心甘情愿地奔你而来。孔子说："上好礼，则民莫敢不敬；上好义，则民莫敢不服；上好信，则民莫敢不用情。夫如是，则四方之民襁负其子而至矣，焉用稼？"（《论语·子路》）如果君王以礼对待民众，那么民众就没有不尊敬你的；如果君王依义办事，那么民众就没有不服从你的；如果君王崇尚讲究信用，那么民众就会用真情来报答你；而做到了这些，天下民众都会被你所吸引，即使背负婴儿也来投奔你！圣人君王在实践仁德上做出表率，民众就会跟从你。孔子说："上好仁，则下之为仁争先人。故长民者章志、贞教、尊仁，以子爱百姓，民致行己以说其上矣。《诗》云：'有梏德行，四国顺之。'"（《礼记·缁衣》）如果君王喜欢并践行仁德，那么民众就会争先恐后地行仁德，因而君王要明确自己的意志，专心于教化，尊重仁道，用爱自己儿子的心去爱民众，那么天下民众就会以致力仁德来取悦你，而周围的国家都会朝你纷至沓来！圣人君王如果在孝道上做出表率，治理天下就易如反掌。孟子说："老吾老，以及人之老；幼吾幼，以及人之幼。天下可运于掌。"(《孟子·梁惠王上》)用孝敬自己父母的行为孝敬他人的父母,用爱护自己幼儿的心去爱护他人的幼儿,这样天下人自然都会拥戴你、支持你,愿意为你卖命,天下怎么可能治理不好呢?概言之,如果君王在遵礼、尚义、守信、践仁、尽孝等方面做出表率,治理国家就是轻而易举的事了。或许正是基于对榜样作用的绝对信赖,连主张"隆礼重法"的荀子都有这样的议论:"如是,则虽在小民,不待合符节,别契券而信,不待探筹、投钩而公,不待衡石称县而平,不待斗斛敦概而啧。故赏不用而民劝,罚不用而民服,有司不劳而事治,政令不烦而俗美。民众莫敢不顺上之法,象上之志而劝上之事,而安乐之矣。故藉敛忘费,事业忘劳,寇难忘死,城郭不待饰而固,兵刃不待陵而劲,敌国不待服而诎,四海之民不待令而一,夫是之谓至平。《诗》曰:'王犹允塞,徐方既来。'"(《荀子·君道》)如此看来,有了圣人君王作为榜样,什么政令、法律、制度、奖罚等都是累赘,榜样教化作用在这里被推到了极致。

(二)儒家榜样教化的反思

可见,儒家榜样教化论大体由教化主体、榜样素质、教化基础、教化方式和教化效应等五大内容组成。那么,我们由这五大内容中可获得哪些有价值的信息呢?又有哪些需要检讨的地方呢?

1.人性论基础。儒家何以以圣人君王为榜样教化的主体?何以要求教化主体自修自律?何以认为榜样可以影响并提升普通人?何以认为榜样有助于社会风俗的美化和国家的治理?在于儒家对人性的认知。那么,儒家关于人性有怎样的认知呢?孔子说:"性相近也,习相远也。"(《论语·阳货》)杨伯峻先生的解释是:"人性情本相近,因为习染不同,便相距悬远。"[1]这种解释将"习"定义为改变"性"的原因或条件,就是说,人的本性相近,因为习染的不同而造成差异。那么,这里的"性相近"是指在"善"方面相近还是在"恶"方面相近?孔子没有明示。这正好给了孟子在人性善恶问题上发挥主观能动性的机会和空间。孟子持信"性本善":"所以谓人皆有不忍人之心者,今人乍见孺子将入于井,皆有怵惕恻隐之心。非所以内交于孺子父母也,非所以要誉于乡党朋友也,非恶其声而然也。……恻隐之心,仁之端也;羞恶之心,义之端也;辞让之心,礼之端也;是非

---

[1] 杨伯峻译注:《论语译注》,中华书局1980年版,第181页。

之心，智之端也。人之有是四端也，犹其有四体也。"（《孟子·公孙丑上》）既然一个人面对落井孩童会自然萌生"善心"，那说明恻隐之心、羞恶之心、辞让之心、是非之心都是先天内在的，是"非由外铄我也"（《孟子·告子上》），不过，这种先天内在的善心，对于仁、义、礼、智四德而言，只是端倪，是可能而非现实，因而"四心"成为现实的"四德"尚有距离。那么，借助怎样的方式消除这种距离呢？既然孟子主"性本善"，因而每个人可以通过自我反省，使本有善性发挥并彰显，从而成为现实中的"好人"，因此，"性本善"论是人可成为榜样的人性论基础。但"性本善"之于现实的善只是一种可能性，而且每个人对先天善的觉悟又存在差异，因而要使这种"善的种子"开花结果，还不能完全寄希望于"反身而诚"。孟子认为，相对于普通人而言，圣人有能力觉悟其内在善性并将其发挥、彰显出来。孟子说："天之生此民也，使先知觉后知，使先觉觉后觉也。"（《孟子·万章上》）有了所谓"先知觉后知，先觉觉后觉"的人性主张，教化的主体就被儒家确定为圣人君王。可是，圣人君王怎样去完成这一伟大而艰巨的任务呢？杨简说："人心易感化，以其性本善故也。曩宰乐平，政事大略如常，间有施行而人心率向于善，由是知人心果易感化。"①原来是圣人君王的善言善行可以感化从而激发内在于人身的善，使之释放出来。这样，一方面，由人性本善每个人都具有成为榜样的基因，可以将自己做成完美优秀的人，所谓"路途之人皆可为尧舜"；另一方面，由善为端倪需要将善由潜在转化为现实，而能完成这一任务的只有本身已具善性并能够将内在的善性加以发挥和扩充的圣人；再者，由于普通人与圣人的善是相通的，因而，普通人对于圣人善会产生感应，圣人必然地成为万众学习和膜拜的对象。这样，榜样教化乃是儒家人性论逻辑的自然演绎。

  2.对君王的约束。由儒家对教化主体的要求看，承担教化任务的是圣人君王，最低也是大臣级人物，也就是说，在儒家教化论体系中，担起教化角色的是社会的上层。然而要成为儒家榜样教化的主体并成功地完成教化的任务，必须满足苛刻的资格或条件。具体言之，其一是要人格完美、品行优秀。作为榜样的圣人君王或大臣，在道德品行上必须是完美的，不能有任何瑕疵。这是成为榜样的前提条件。其二是勤于修身、严于自律。作为榜样的圣人君王或大臣，必须时刻对自己的言行进行检讨，必须严格要求自己，而且不能把责任推给他人，这是榜样者的基本素质。

---

① 〔宋〕杨简：《论治道》，《慈湖先生遗书》卷十六，《杨简全集》（第9册），董平校点，浙江大学出版社2016年版，第2221页。

其三是源头意识、舵手观念。作为榜样的圣人君王或大臣，必须意识到自己是民众的核心，是人民的源头。既然是水之源，那么必须清澈，既然是人之源，那么必须清廉；既然是船之舵，那么必须把握方向，必须明确方向，并且具有引领能力。其四是对榜样教化不同效应的担当。作为榜样的圣人君王或大臣，必须对自己的言行所产生的社会效应负责，因为君王言行的好坏、品质的优劣，直接影响到民众的心理趋向，直接影响到社会的风俗，直接影响到国家的治理，直接影响到天下的太平。因此，作为榜样的圣人君王或大臣，不能不时刻对自己的言行给予评估，不能不对自己的言行"如履薄冰"。可以想见，根据儒家教化论对榜样的要求，那么圣人君王或大臣的一切言语行为，都因为这样的要求而表现得积极健康向上，表现得一丝不苟，同时因为这样的要求也是对圣人君王或大臣的一种约束或限制，不过这应该是一种让人积极而愉悦的约束。

3.自我担当意识。根据儒家榜样教化论，作为榜样的圣人君王或大臣，需要有担当意识，而这种担当意识的体现是多向度的。一是自我修行。在儒家看来，榜样必须是优秀的、完美的，而榜样要做到完美优秀，必须具备自我修养的品质，要积极主动进行自我修行，用儒家的话讲就是"吾日三省吾身"（《论语·学而》），用佛教的话讲就是"时时勤拂拭"，通过慎独、反省、读经（儒家经典）、希圣等功夫，将自己的品行加以保持和提升。质言之，自我修行是榜样者对自我素质保鲜的一种内在担当。二是自我约束。在儒家看来，榜样之所以为榜样，必须对自己的言行进行约束，使之符合道德规范、法律准则，对自己的不当或失范行为要进行检讨，规范约束自我。质言之，自我约束是榜样者对自我素质的一种内在担当。其三是自担责任。在儒家看来，榜样不仅是人格完美、人品优秀，而且要有担当的责任感，要有舍我其谁的气度。榜样者不仅要有齐家、治国、平天下的责任，而且要有对错误负责的胸怀，不能把责任推给别人。缺乏主体意识，将责任推给他人，这不是儒家榜样的风格。然而，当世中的某些官员，个仪没有把工作做好的责任意识，更没有担当责任的意识，一旦有了错误，就想方设法推得干干净净，跟他一点关系没有。比如，对那些因纠纷而发生的自焚、自爆、自杀事件，某些部门或官员不是检讨自己行为有无过错，而是在对方身上寻找原因，找各种莫须有的借口，从而将责任推给对方。这种行为与儒家对榜样的要求是完全背离的。总之，榜样要有修身意识、自律观念、担当胸怀，对自己、对他人、对社会担负起责任，这就是儒家的自我担当意识的基本内涵。应该说，儒家榜样教化论内含的担当意识不仅具有理论价值，更具有现实意义。

4.榜样作用的绝对化。儒家表述榜样教化常见的句型是："上好礼，则民易使也"（《论语·宪问》）、"君仁，莫不仁"（《孟子·离娄上》）、"身正，人正"等等，将这种表述转换成语文表述就是："如果君王优秀，民众就优秀。"对于"如果……就"表述方式，用哲学词汇解释，既是一种因果论，也是一种决定论，因而就儒家榜样教化论言，可称之为"榜样因果论"和"榜样决定论"。也就是说，在儒家榜样教化论中，对榜样在社会教化中的作用持有无限的信赖甚至崇拜，君王完美，民众完美，君王行善，民众行善；反之亦然。可是，风固然可以决定草侧倒的方向，但君王的善恶与民众的善恶并没有因果联系，君王恶，照样有善良的民众；君王善，照样有刁民的存在，因此，二者既不是因果联系，更不是决定与被决定的关系。按照儒家榜样教化论，榜样的基本要素或主要内涵是道德层面，比如公正无私、先人后己、见利思义、知耻后勇、廉洁奉公、忠孝悌敬等，那么，要将这些优秀品质从榜样身上转移并内化到民众身上，并不是有了榜样就万事大吉的。这是因为：

第一，榜样与民众存在差异（没有考虑到主体的差异性）。虽然说人人相类，本性相近，但人与人之间还是存在差异的。比如，身体、心理、环境、知识、价值等，这些元素的差异对民众接受榜样教化会产生影响，这就是为什么有些民众完全接受、有些民众部分接受、有些民众抗拒接受榜样的原因，因而儒家榜样教化论在一定程度上忽视了人与人之间的差异。

第二，没有考虑到榜样效用的发生是多种因素综合的结果（没有考虑到其他因素的作用）。榜样的力量虽然是"无穷"的，但显然不是树立一个伟大的榜样就万事大吉了，榜样身上那些优异的元素要为民众接受，必须要做许多辅助性的工作。比如，对榜样内涵的说明，对榜样意义的说明，对榜样与民众关系的阐述，对民众榜样意识的培训，榜样教化与社会、学校、单位、家庭、媒体等都密切关联，还需借助各种手段与途径传递榜样的事迹与精神，但儒家榜样教化论自信地略去了教化所需要的诸种措施，使育人、治国简单化。

第三，道德至上主义（没有考虑到其他可教化的内容）。儒家的榜样就是道德榜样，道德好了，什么都好了，所谓"为政以德，譬如北辰，居其所而众星共之"（《论语·为政》）。这是儒家的基本观念。道德固然重要，对于事情的处理与完成也具有关键的作用，但是如果将榜样内涵完全局限在道德领域，它引导人"只红不专"，光有好的品德，却没有过硬的业务，这种榜样显然是不能完成儒家治国平天下之宏伟目标的，这意味着儒家榜样教化的内涵应该有所扩充，从道德领域扩至知识专业领域，因此说，儒家榜样教化论漠视了其他治国方式或途径。

5.榜样主体的精英化。儒家虽然倡导"路途之人皆可为尧舜"，虽然肯定每个人都先天具有善性，但儒家榜样教化的精英化倾向非常突出。这种精英化倾向的表现有：

第一，教化主体是圣人君王。按照儒家的定义，圣人君王在道德上是至善，在人格上是至美，因而只有圣人君王才有资格出任榜样教化的主体，圣人君王之外的民众是没有资格的，所谓"思天下之民，匹夫匹妇有不与被尧、舜之泽者，若己推而内之沟中。其自任以天下之重如此"（《孟子·万章上》）。就是说，作为先知先觉的圣人君王，应该自觉地将开启民众智慧的事业肩负起来。由于儒家将教化的主体规定为圣人君王，即意味着民众没有资格成为教化的主体，没有资格成为榜样，从而浇灭了民众成为教化主体的欲望，消解了民众成为教化主体的意识。

第二，先知先觉者是圣人君王。在儒家榜样教化论中，圣人君王是教化的逻辑起点，因为他们有先觉先知的能力，只有圣人君王对先天的善性有觉悟，普通民众只有等来圣人君王具有恩赐意义的教化启蒙，才可能将内在的善性发挥并彰显出来。这就意味着，在知识资源掌握和开启民智能力上，圣人君王是主人，是施教者，民众是奴隶，是被教化的对象。这就导致民众在自我觉悟、自我完善上无须主动、无须努力，只需耐心等待圣人君王的灵光照射到他们身上就可以了。而这样的后果就是对民众自我觉醒、自我完善能力的消解，促使他们养成惰性和奴性。

第三，是非标准是圣人君王。在儒家榜样教化论中，圣人君王是完美的化身，是神圣的象征，民众无须自己思考，无须自我判断，只要把圣人君王的言谈举止当作自己效法的标尺，只要把圣人君王的为人处世当作自己模仿的典范，只要把圣人君王的品德当作自己的目标，所谓"子服尧之服，诵尧之言，行尧之行，是尧而已矣"（《孟子·告子下》），你就会成为儒家榜样教化的"产品"。但需要指出的是，圣人君王成为最高的唯一的道德标准，隐含了某些消极的倾向。如果天下民众都把圣人君王作为唯一学习模仿的对象，这意味着在圣人君王之外不可能有学习、模仿的对象，从而限制了民众在道德上扩增的可能性；也意味着民众无须对圣人君王进行理解，更不能怀疑，从而导致自我判断力丧失；也意味着民众无须在圣人君王之外探求真理，追问善恶，从而取消智慧之间的交流与竞争，进而形成对圣人君王的盲目崇拜，最终阻碍社会进步和发展。如果上述推论合乎逻辑的话，那么可以进一步说，儒家榜样教化论的精英化特点，非但不能帮助民众在道德修养、人格境界上充实提升，反而可能是对民众主体自觉、理性判断、修行自主等品质的抽空，是对民众多种能力的温柔剥夺，民众最终被教化成唯唯诺诺的思想与肉体的双重奴隶。

6.转型的方向与途径。儒家榜样教化理论与实践，对榜样者的自律，对民众素质的提升，都有其特殊的积极作用。但儒家榜样教化论也存在榜样功能绝对化、榜样主体精英化以及由它们导致的诸种弊病。因此，儒家榜样教化如要扬长避短，如要推陈出新，如要使自身更加完善，如要增强服务社会的能力，并将其积极价值光大，就必须面向时代进行调整与发展。那么，这种调整与发展应该从哪些方面进行呢？

第一，主体的扩大。圣人、君主、大臣等，当然应该成为榜样，但正如上文所揭示的，如果将榜样教化的主体仅仅局限于圣人君王这个特殊群体，那么将导致民众主体意识的消解，将导致民众自我完善能力的消解，将导致民众理性判断力的消解，并从而使民众奴性化。因此，如果要避免这些消极后果，必须将儒家榜样教化主体进行扩大，应从帝王将相扩大到所有人，使榜样主体从精英阶层走向广大民众，强调每个人都有成为榜样的能力、机会、权利和义务。这样，普通民众也将以榜样的标准要求自己、提升自己，并建立起榜样教化主体在我的意识，唤起民众自尊自爱的觉悟，豁醒民众舍我其谁的担当精神，让民众感受到榜样不仅是神圣的，也是亲切的，认识到它并不是一种特权，而是美化社会、善化政治的力量，从而自觉地使自己奔跑在成为榜样的道路上。这样，榜样的能量就被极大地释放出来，其价值也将得到充分体现。

第二，内容的增丰。儒家榜样教化的主体千篇一律是道德楷模，圣人君王都是道德意义上的榜样。道德榜样固然重要，但将榜样内涵限制在道德领域，客观上鼓励人们在道德之外领域不思进取，不去探索，所谓"谋道不谋食"，所谓"女子无才便是德"，使人成为只红不专的"空头政治家"，因此，榜样内涵全面化是儒家榜样教化需要转换的另一任务。光有好的品德，却没有一流的本领，这种榜样也是成就不了大事的，所以，榜样的内涵应该有所扩充，从道德领域扩至其他领域，社会需要道德榜样，也需要技术榜样，需要业务榜样，这样就使榜样的内涵得以丰富和充实，儒家榜样教化的内涵亦因此而丰实，儒家榜样教化的意义也因此而扩大。

第三，程序的完善。按照儒家榜样教化论，有了榜样，什么民众道德，什么社会风俗，什么国家政治，一切问题都会迎刃而解。这虽然强调了榜样教化的意义，但同时将民众道德素养的提高、社会风气的改善、国家政事的治理想象得过于简单，似乎有了一位道德品质优异的君王便万事大吉。而事实上并非如此。因为即便有了榜样，即便圣人君王在上，这些情形的存在仍是常态：有些民众觉悟不高，不能理解榜样的崇高伟大，他们的意义世界只是过个安稳的日子；有些民众名利熏心，名利至上，所谓榜样从来未进过他们的俗眼；有些民众智力正常、头脑清醒，但他们对榜样毫无兴趣；某些民众性情怪异、言行无常，榜样对他们来说有无一如。这四种情况对儒家榜样教化提出了不同的挑战和要求。对于第一种情况,可以通过启蒙教育,对榜样的内涵及其意义进行解释和宣传,这意味着榜样教化需要教育措施的配合;对于第二种情况,可以将追逐名利的后果和追逐道义的后果,进行理论的比较性解释,进行案例的比较性分析,这意味着榜样教化不仅需要思想层面的善恶辨析,更需要规范制度的建设;对于第三种情况,可通过各种方式(电视、电影、广告、文艺、讲演等)对他们进行榜样的宣传,让榜样感天地、泣鬼神的事迹在他们心灵中产生震撼,这意味着榜样教化需要多种方式、方法的配合;对于第四种情况,相对而言无计可施。不过,对这类人待之以顺从、引导、奖励的态度,配以榜样事迹的讲说,似乎也能产生某些积极的效果。因此可以说,"身正则人正"无疑是将榜样教化的有限意义做了无限的夸大,而榜样有限意义的落实也需要诸多措施与方法的辅助。这样,儒家榜样教化在主体上就从圣人君王扩展到普通民众,在内容上就从道德素养扩增到专业技术,在程序上就从榜样的单一影响扩大到多种措施与方式的参与,从而使儒家榜样教化理论愈发完善,从而让我们对儒家榜样教化的公共价值充满新的期待。

(原载《齐鲁学刊》2014年第4期)

第六章 儒学现状评说

本章六个部分共九篇文章，其中第六部分包括四篇较为短小的文章。《儒家思想的当代困境及其化解之道》认为儒学当代困境有五种表现，即主体的困境、存活的困境、认知的困境、实践的困境等，在此基础上提出了化解此五种困境的方法，即创造宽松的条件和氛围，展开「本我性」诠释和确立科学的态度、确定儒家思想的人文学科归属、坚持儒家思想的生活化走向等。《国学研究的三大课题》对国学研究提出了三种需要注意的问题，即国学研究的心理准备、国学研究的方法意识、国学研究的评估规则。《展示阳明心学生命的三种视域》提出研究王阳明心学需要具备「贯通的视域、怀疑的视域、实践的视域」三大视域。《迈向新时代的阳明学研究》对阳明学研究提出了需要注意的四大问题，即阳明文化的普及、阳明学研究的全面深化、警惕阳明学研究中的弊端、阳明学研究必须努力自我表达。《当代儒学的四大使命》认为当代儒学必须担负起「义理的梳理」「百姓的教化」「社会的批判」「价值的落实」四大使命。《国学教育与研究若干问题》包括：《国学教育中的「四个必须」》《书院能否孵化出大师？》《百余年来儒学的宗教性诉求及其不同意蕴》《在传承与创新互动中推动儒学的当代发展——基于「人类精神生命」维度的思考》四篇文章，分别从不同的角度对与国学相关的问题进行了探索，具有强烈的现实性和时代感。

一、儒家思想的当代困境及其化解之道

虽然以儒家思想唱主角的读经热、儒教热、国学热方兴未艾,虽然儒学会议接踵而至、儒学著作层出不穷、儒学论文漫天飞舞、儒学课题纷纷立项,虽然儒家思想寻找到宗教儒学、哲学儒学、生活儒学、政治儒学、伦理儒学、知识儒学等不同的存活方式,然而在我们看来,儒家思想在当今社会实际上遭遇着非常大的困境。

(一) 儒学当代困境的五种表现

1.主体的困境。所谓主体的困境,是指儒家思想在当代社会的传播、研究和践行中主体的缺乏、主体的迷惘、主体的无信。主体的缺乏是说在当今儒家思想的传播中,再也没有历史上那种有组织的以传播儒家思想为职志的儒生群体。主体的迷惘是说当今阐发、研究儒家思想的主体,在时间上不能保证对儒家思想阐发、研究的持续性,在思想上不能保证阐发、研究儒家思想的价值独立性,因为他们的学术行为要受到学校体制或研究体制的制约和影响。主体的无信是说在当今儒家思想的实践中,虽然鼓吹者不少,兴趣者多多,但真正把儒家的理想、儒学的大义、儒者的原则付诸行动者却很少见。试问,究竟有几个人敢说自己能做到"谋道不谋食"(《论语·卫灵公》)、"朝闻道,夕死可矣"(《论语·里仁》)呢?究竟有几个人在"义"与"利"之间能毫不犹豫地选择"义"呢?非但不能如此,眼下某些研究儒家思想的学者、某些口口声声弘扬儒家思想的贤达,所作所为完全是与儒家根本精神、基本原则相悖的。可见,在传播主体、研究阐发主体、信念主体的数量和质量方面,儒家思想的确陷入了困境,是谓主体的困境。

2.存活的困境。所谓存活的困境,是指儒家思想在当代社会中缺失了它早先赖以存活的条件。在儒家思想传播、发展的历史上,至少拥有三个重要的存活条件:一是宗法社会制度,二是科举考试制度,三是族规乡约制度。儒家思想是多层次的、复杂的体系,儒家思想中有相当部分内容与宗法社会制度是密切关联的。比如,儒家思想中的"君君、臣臣、父父、子子"(《论语·颜渊》)观念、"不孝有三,无后为大"(《孟子·离娄上》)观念,都与宗法社会层级结构密切关联;换言之,儒家思想中相当部分内容之存活,是以宗法社会制度为前提条件的。科举考试是中国古代普通知识分子通向仕途,从而改变命运的主要途径,所以,每年都有成千上万的人参加科举考试,而科举考试的基本内容是"六经""四书"。也就是说，想通过科举考试的人必须熟读儒家经书，因此，儒家思想源源不断地进入大批普通知识人的心灵而得到延承。中国古代社会中，每个家族都有族规，每个乡村都有乡约，族规和乡约是对那些有不当言论和行为者进行惩罚的根据，而族规和乡约中的内容绝大多数是儒家礼治伦理。比如，安徽新安族规中有这样的内容："不孝不悌者，众执于祠，切责之，痛责之。"①也就是说，一个人遭受族规或乡约的惩罚，实际上是遭受儒家伦理的惩罚，而对族规或乡约遵守和践行，就是对儒家思想的遵守和践行。可见，族规或乡约也是儒家思想存活的条件。然而，民国建立，意味着宗法社会制度已向我们告别；1905年科举制的废除，意味着儒家思想不再成为那些通向仕途者必须掌握的知识；随着农村城镇化、现代化时代的到来，族规乡约也逐渐退出历史舞台。如是，传统意义上的儒家思想存活的条件也就不复存在了，是谓存活的困境。

3.认知的困境。所谓认知的困境，是指人们对儒家思想的认识和理解存在片面甚至错误的情形。此困境约有三方面表现：一是对儒家思想或观念的片面或错误理解，二是对儒家思想核心的错误判断，三是对儒家思想真伪因素的混淆。就第一种表现言，2005年10月，我曾与美国一所宗教大学的校长讨论到儒家阴阳观念问题。该校长先生真诚而激动地告诉我：儒家思想的核心观念就是"阴阳"，这个观念内含着"男女不平等及其他的不平等"思想，是极权主义的根源，所以西方人很害怕，也很反感，尤其是女性。我当时想，如果仅从冯友兰先生的《中国哲学简史》用英文著成算起，儒家思想在英语世界的介绍也有半个多世纪的历史了，为什么西方学者（普通民众更甭提了）对儒家思想的认识还是如此隔膜、如此不完整呢？这实际上在提醒我们，完整、准确地向世界介绍、解释儒家思想依然是件很重要、很紧迫的工作。就第二种表现言，有些学者坚持认为，儒家思想"最核心的本质"是"三纲五常"，从1840年起的历史证明，儒家文化一而再，再而三地成为妨碍现代化的重大阻力，皇室和儒学在儒学统治中具有深厚的既得利益，所以儒学统治必然阻碍中国的工业化和现代化②。不过，将"三纲五常"视为儒家思想的核心本质，显然是没对儒家思想体系作全面理解所致。就第三种表现言，有些学者不能区分儒家思想的真伪之别、主次之别、体用之别、源流之别。要知道，呈现在我们面前

---

① 《新安程氏阖族条规》，转引自李承贵：《德性源流：中国传统道德转型研究》，江西教育出版社2004年版，第262页。
② 参见刘绪贻：《中国的儒学统治：既得利益抵制社会变革的典型事例·出版说明》，叶巍、王进译，中国人民大学出版社2006年版。

的儒家思想体系，是真伪混杂、主次并存、体用交错、源流共处的，但我们所继承、所弘扬的是那些代表正义、代表文明、代表向上的儒家思想或观念。比如，在孔孟思想中，权利与义务是具有一定对等性的，如果根据后世专制社会中有义务无权利的现象，简单地得出"儒家思想中只有义务无权利"的结论，显然是片面的；再如，历史上的确有儒生把儒学作为敲门砖，希望通过儒学得到"千钟粟、黄金屋、颜如玉"，但儒生的这种行为是违背儒家思想基本原则的，试问能将儒生的此种行为与儒家思想完全等同起来吗？因此，用儒家思想中消极的、次要的因素或儒生的负面行为等同于儒家思想是不科学的。总之，不能全面准确地理解儒家思想中的范畴、概念之含义，不能正确地把握儒家思想的核心本质，不能区分儒家思想中的真伪、主次、体用、源流之别，的确是存在于当今儒家思想认知中的难题，并已成为儒家思想传播、发展的主要障碍之一，是谓认知的困境。

4.能力的困境。所谓能力的困境，是指儒家思想在解释当今人类所面对的难题、自我更新和应对外来文化挑战方面所表现出来的无能为力之情形。所谓解释能力的困境，是说儒家思想对当代人类所面对的难题并不能给予正确的、令人满意的解释。比如，有些学者认为当今人类所遭遇的环境污染、生态失衡问题，就是因为人类没有处理好自身与自然之间的关系，从而对自然进行非理性的、自私的侵犯和掠夺之结果，而儒家思想中的"天人合一"观念正可以帮助人类树立正确的天人关系的态度和智慧，因为它告诫人类其与自然本是一体，人类侵害自然就是侵害自己、污染自然就是污染自己。看起来，这种解释非常圆融，也令人振奋。

然而，第一，儒家思想中的"天人合一"并不属于处理、协调主体（人类）与客体（自然）关系的智慧。《中庸》所谓"诚者，天之道也；诚之者，人之道也"，孟子所谓"万物皆备于我矣，反身而诚，乐莫大焉"（《孟子·尽心上》），张载所谓"民吾同胞，物吾与也"①，二程所谓"仁者浑然与物同体"②等，所要说明的是"天之道"与"人之德"的关系，认为"人之德"与"天之道"的合一，便是道德的最高境界，也是做人的最高境界，其中并没有要求人理性地、可持续性地改造、利用自然的价值诉求。汉儒董仲舒的"天人感应"说，只是借助"天的秩序"论证"世俗秩序"的合理性，与"要求人尊天惜天"的价值性诉求尤

---

① 〔宋〕张载：《乾称》，《正蒙》，《张载集》，章锡琛点校，中华书局1978年版，第62页。
② 〔宋〕程颢、〔宋〕程颐：《河南程氏遗书》卷二上，《二程集》，王孝鱼点校，中华书局1981年版，第16页。

无关联。

第二，当今人类所遭遇的生态失衡、环境污染问题，是人类为了满足自我无止境的价值需求之必然后果，也可以说是人类自我完善实践之负面效应，人类的这种满足自我价值需求或自我完善即表现为现代化、全球化实践，因而生态失衡、环境污染问题显然不能靠那种"人与自然同体，损害自然即损害自我"的说教所能解释清楚的，而是需要对人类自我完善实践及这种实践所涉及的诸种关系作全面而深刻理解，才有可能对当今生态失衡、环境污染问题作出更全面的解释。所以，如果一定要说儒家思想中的"天人合一"有价值，那么也只能算是一种温柔的"安慰"。好比医生告诉感冒病人，多喝水、多运动、不要着凉等等，医生的话很有道理，但对根治感冒而言，医生的这些告诫，显然只有"安慰"意义。所谓自我更新能力的困境，是指儒家思想缺乏自我更新能力。

儒家思想本是致力创新的，孔子强调的"损益"即内含着创新的渴望和规划，宋明新儒学的形成正是儒家思想自我更新能力的突出表现。不过，当今的儒家思想似乎未能表现出应有的自我更新能力，无论是内容的充实、形式的更新还是价值的完善、方向的拓展等方面，都没有让人耳目一新的地方。儒家思想在当今的儒家学者叙述中，主要表现为传统儒家思想的复述和再现。所谓应对外来思想挑战能力之困境，是指儒家思想面对外来文化挑战时，没有挑战的勇气，提不出应对的策略。首先要声明的是，我们是欢迎不同思想文化进行交流的，即不反对外来思想文化的输入。我们想说明的是，百余年来西方思想文化、价值观念的浸入，儒家思想没有表现出它作为本土思想文化主体应有的姿态和策略。从枪炮、银行到民主政治，从平等、博爱、自由到个人主义、物质主义，从"洋布""洋油"到麦当劳、肯德基，西方的思想文化、价值观念一直活跃在中国社会和中国思想文化领域，并重塑着中国人的心灵和精神。可是，作为中国思想文化主体的儒家思想，面对西方思想文化的"为所欲为、横行霸道"，似乎不曾有积极的作为。从这个角度讲，儒家思想及其主体之于中国近现代史上的民族灾难也是有责任的。综上言之，是谓能力的困境。

5.实践的困境。所谓实践的困境，是指儒家思想及其价值在生活实践中得不到落实。这种困境主要表现有：

其一，儒家思想与生活实践脱节；离生活太远。从历史上看，儒家思想本是"极高明而道中庸"（《礼记·中庸》）的，即是说，儒家思想一方面属"形上"之道，另一方面也是日用庸常之道（器），所以在中国古代社会，儒家思想是相当普及的。但在今天，儒家思想仅仅是大学人文学科院系部分教师或社会科学院部分学者把玩的对象，是象牙塔里的学问，让一般人敬而远之，与人们生活缺乏沟通和连接。

其二，儒家思想的理念及主张在生活实践中难以得到落实。比如，儒家思想中关爱他人的理念（"仁者爱人"），坚持公平正当手段获得利益和财富的原则（《论语·述而》："不义而富且贵，于我如浮云"），在个人利益与公共利益之间公共利益优先的主张（《孟子·告子上》："生，亦我所欲也；义，亦我所欲也。二者不可得兼，舍生而取义者也"）等等，哪一条在我们的生活中有理想而完美的实现呢？

其三，儒家思想不能对社会发生积极的建设性影响。任何一种学说或思潮，它的价值之一就是根据自己的立场对社会发表看法，对社会问题提出批评和建议，从而借由其对社会的积极影响以推动社会朝健康、积极的方向发展。就今天而言，学问层面上的儒家思想研究可谓热火朝天、硕果累累，然而，儒家思想对当今中国社会发展过程中所遭遇的政治、经济、社会、道德等难题，发表过什么样的有影响力的真知灼见呢？没有。我们的某些儒家思想研究者可以把自己的体系做到圆融精巧、自成一体，但却往往忘记了儒家思想的担当和责任，不仅没有积极地对社会的阴暗面进行检讨和批判，反而去粉饰太平、掩盖问题、歌功颂德，这不应该是真正的儒家思想的作为，更不是真正的儒家学者的作为。

可见，当儒家思想仅为少数人把玩的对象时，当儒家思想的基本理念和原则无法在生活中兑现时，当儒家思想研究回避其与社会本有的张力时，我们只能说儒家思想遭遇到了实践的困境。

（二）化解当代儒学困境之道

根本说来，儒家思想的困境是中国社会由传统型向现代型过渡之必然现象，因而我们虽然认识到这些困境及其产生的原因，但我们的对策并不是要一味恢复那些已经丧失的条件，而是要与时俱进，体现其时代性和科学性。根据这样一种认知，我们认为如下几个对策对于克服或缓解儒家思想所遭遇的困境或许是足资参考的：

1.创造宽松的条件和氛围。要重新培养那种有组织的群体性儒家思想主体是非常困难的，这是不是意味着儒家思想主体的困境无法化解了呢？显然没有那么悲观。我们看到，在当今社会里，还是有许多自愿为弘扬儒家思想做贡献的人：他们有的愿意出资或出力创办儒家思想的研究刊物，有的愿意成立儒家思想的学术团体，也有的自愿把儒家思想作为宗教来信奉。不过让我们担忧的是，这些自愿为儒家思想做贡献的人士,并不能"想其所想、为其所为",反而处处受到苛刻限制。这就是当今社会很难培育起儒家思想主体的原因。可是,如果我们并不希望作为中国思想文化代表的儒家思想,从此丧失承载主体、弘扬主体、实践主体,那么我们真诚希望,我们的政府和社会应该为儒家思想的传播、研究和信仰创造、提供一个宽松的环境条件,允许公民自愿创办研究、更新儒家思想的杂志刊物,允许民间自愿成立儒家思想的学术组织,允许个人把儒家思想当作宗教来信仰。我想,如果能有如此环境和氛围,儒家思想的弘扬和发展决不会因为主体的原因而受困。

2.展开"本我性"诠释和确立科学的态度。客观地讲,谁也不能宣称自己对儒家思想中的范畴、概念之含义有完全正确的解释,但谁都应该拥有解释儒家思想的科学态度,而不应在对儒家思想缺乏基本理解的情况下随意作出判断。因此,要化解儒家思想的认知困境,一方面应努力地对儒家思想及范畴、概念展开"本我性"诠释。所谓"本我性"诠释,就是要在把握与被诠释范畴或观念密切关联的社会、知识、语境、价值诸因素前提下进行的诠释,是对被诠释对象的客观呈现和理解。比如,"阴阳"含义之丰富绝不是等级、极权、男尊女卑所能概括的,在儒家思想中,"阴阳"不仅是万物发生、运动的根源,不仅是事物互动、和谐的基本元素,更是世界万物之生生源泉,所谓"一阴一阳之谓道"(《周易·系辞上》),所谓"立天之道,曰阴与阳"(《周易·说卦传》),所谓"天以阳生万物,以阴成万物"①。如果人们对"阴阳"有这样的了解和理解,就不会发生"阴阳即是等级、极权"式的片面认识。再如,关于什么是儒家思想的本质性观念,只要对儒家思想体系作整体性研究、分析,便不难发现,处于核心地位的观念主要有"仁""礼"等,次一级的则有"诚""良知""义"等,怎么也轮不到"三纲五常"成为儒家思想的本质性观念。最后,我们还需证明并告诉人们,在儒家思想体系中,观念是有真伪之分、主次之分、体用之分、源流之分的,那些在儒家思想中属于"伪"的、"次"的、"用"的、"流"的部分,是不能等同于儒家思想中的"真""主""体""源"部分的,尤其不能以"伪""次""用""流"的部分等同整个儒家思想。因为,这既不符合逻辑,也不符合儒家思想的实际,更不符合儒家思想创始人的教导:"女为君子儒,无为小人儒。"(《论语·雍也》)无疑,借助对儒家思想的"本我性诠释",人们可能获得对儒家思想某个范畴、命题或观念的完整而正确的理解,但很显然,我们并不能做到儒家思想的"本我性"诠

---

① 〔宋〕周敦颐:《通书》,《周敦颐集》卷二,陈克明点校,中华书局1990年版,第23页。

释无时不在、无处不在。所以,另一方面应确立科学、合理的态度。因为我们觉察到,在近年对"百年来以西学诠释中国传统思想文化"的反思中,某些学者对儒家思想完全丧失了批评的立场,而是曲意解释,试图将儒家思想打扮成完美无瑕的少女,试图将儒家思想论证为绝对完善而又无所不能的体系。这样,确立科学且合理的态度就显得特别重要了。因为有了科学的态度,即便我们对儒家思想了解不多、理解不深,也不至于对儒家思想作出离奇、片面的解释和判断。

3.确定儒家思想的人文学科归属。儒家思想的有些困境,可能是因为我们不能准确地定位它的学科归属从而对其功能过高要求所致。就传统儒家思想而言,儒家经书就是百科全书,它里头有哲学、伦理学、政治学、社会学、法学、管理学、经济学、数学、天文学、物理学、化学等学科的内容,因此那时要求儒家思想开出"外王",是儒家思想分内事情,是顺理成章的。然而,随着社会分工、学科分化时代的到来,原来混合在一起的学科都先后独立出来自立家门,分别属于政治学、社会学、法学、管理学、经济学、数学、天文学、物理学、化学等学科内容的思想都纷纷从儒家思想体系中脱离出来,也就是说,过去是儒家思想做的事情,现在都有了分工。比如,民主政治的建构主要是政治学的事情,而发展科学主要是自然科学的事情。因此,据今观之,如果"外王"是建构民主政治制度、发展自然科学,那么这已经超出儒家思想能力范围了。正是在这个意义上,我们提出儒家思想应该确定自己的人文学科归属,儒家思想应从"全能思想"撤退到"有限思想"。

顺便指出的是,对儒家思想开出"外王"的眷恋、渴望和执着,在很大程度上反映出某些儒家学者保守、恋旧之心态,反映出他们对儒家思想学术中心地位丧失的恐惧。因此,确定儒家思想的人文学科的归属,不仅可以避免因为不合情理地放大自身能力所遭受的批评,也可以让那些对儒家思想寄望过高的"儒痴们"冷静下来,认真检讨自己对儒家思想的期望和态度,提升、夯实儒家思想的能力。我们强调儒家思想的人文学科归属,并不意味着放弃丰富、夯实儒家思想能力的努力。问题是,我们应该在什么意义上增强儒家思想的能力以化解其能力困境。如下几个方面或许是值得考虑的:

第一,立足当代人类实践,对儒家思想中的观念、范畴或命题进行创造性诠释,以丰富、提升儒家思想解释问题的能力。比如,尽管传统儒家思想中的"天人合一"的确不是讨论人与自然之间的冲突关系,更没有要求人珍惜、爱护自然之含义,但儒家学者完全可以根据当今人类与自然紧张关系之情境,对传统儒家思想中的"天""人"及"天人合一"进行创造性诠释,赋予其"人尊重自然、爱惜自然、保护自然、使天人良性互动"之含义,从而提升、拓展其解释能力,使之成为解释当今人类与自然紧张关系的智慧。

第二，牢记并实践儒家思想中的生生精神，持续地对儒家思想中的观念进行损益更新。一是要抛弃儒家思想中那些经过历史检验已经完全过时的观念因素，如"不孝有三，无后为大"（《孟子·离娄上》）等将生育行为伦理化的观念，如"父母之命，不可违"等将亲情关系专制化的观念，如"劳心者治人，劳力者治于人"（《孟子·滕文公上》）人际关系等级化的观念，都是需要抛弃的。二是对儒家思想中的概念、范畴进行创造性的诠释，比如，在儒家思想中；"仁"是爱人，是从"二"从"人"，即是横向的、空间的爱，我们完全可以将纵向的、时间的爱贯注进去，在"横向爱"的基础上增补"纵向爱"，从而使儒家"仁爱"观念具有了时间性、可持续意义，从而丰富儒家"仁爱"的内涵。这样，儒家思想的更新能力便体现出来了。

第三，继承儒家思想"万物并育而不相害，道并行而不相悖"（《礼记·中庸》）之胸怀，对于外来思想文化，既不应回避退缩，也不应简单批判，而是要发出自己的声音和表达自己的态度。儒家思想应通过这种声音、态度或对策以表现自己的应对能力。在这方面，宋明新儒家是很好的榜样。如果能对儒家思想中的观念或范畴进行创造性诠释和转换，如果儒家思想能够与时俱进而更新自我，如果儒家思想在应对外来思想文化方面勇于表明自己的态度，并提出应对策略，那么，儒家思想的能力困境在一定程度上亦是可以得到缓解的。

4.坚持儒家思想的生活化走向。我们曾经指出，关切生活、营养生活、提升生活是儒家思想的内在特性，因而坚持儒家思想之生活化方向，不过是坚持儒家思想本有精神而已①。儒家思想坚持其生活化走向，是有助于化解其实践困境的。

第一，儒家思想生活化意味着儒家思想必须与广大民众的生活零距离接触，并融入民众生活之中。具体言之，儒家思想通过电影电视、行业制度、言谈举止、饮食起居、街巷宣讲、社区规约、资格考证等形式，与生活完全连接起来，让儒家思想真正成为老百姓"须臾勿离"之道。

第二，儒家思想生活化意味着儒家思想中的基本原则、价值理想必须体现在人们的生活实践中。具体言之，就是要把儒家思想中尚义、重德、仁爱、崇公、和谐等基本原则，转换成人们日常言行的准则，并且解释、说明实践这些准则的应当性

---

① 参见李承贵：《生活儒学：当代儒学开展的基本方向》，《福建论坛（人文社会科学版）》2004年第8期。

及其意义，使人们真正觉知到实践儒家思想的基本原则，既是一种自然之理，也是一种应当之理，是分内之事，而且可以收获"内在利益"。如此，儒家思想的那些"高明之道"（根本原则）也就得以对象化、现实化。

第三，儒家思想生活化还要求，儒家思想应当坚持自己的立场，坚持实践性品质，对社会及其问题表达意见或建议，由此体现自身的关怀意识和责任感。所以，用儒家思想去思考生活，用儒家思想去检讨生活，用儒家思想去建构生活，既是儒家思想"外王"新的表现形式，也是儒家思想价值得到落实的最佳办法。当我们在社会中的各行各业设置了"儒学典范"并获得认同的时候，当我们广大人民群众视实践儒家思想基本原则为当然的时候，当我们自觉而主动地用儒家思想批判或建构社会秩序的时候，人们或许就不再会抱怨儒家思想离生活太远，不再会质疑儒家思想的责任意识，不再会怀疑儒家思想价值的落实。

〔原载《中山大学学报（社会科学版）》2007年第6期〕

二、国学研究的三大课题

在我们检阅过的大量的国学定义中,蔡尚思先生的国学定义似更有可取性:"国是一国,学是学术,国学便是一国的学术。其在中国,就叫作中国的学术。既然叫做中国的学术,那就无所不包了。既然无所不包,也就无所偏畸了。乃今之学者,或以国学为单指中华民族之结晶思想(曹聚仁),或以国学为中国语言文字学,(吴文祺)还有以史学眼光去观察一切的(如章学诚、章太炎等),以及误认国学为单指国文与中国文学的。……此皆仅得其一体,而尚未得其大全。在吾却终始以为,凡中国的固有文化,都不能出此国学二字之范围外。"①质言之,国学就是中国固有的学术思想文化。这固有的学术思想文化如果做个分类,可分为观念类国学、制度类国学和物质类国学。这就是本文所使用的国学概念。

(一)国学研究的心理准备

稍加留心便可发现,情感与理智的纠葛、守旧与革新的焦虑、批判与弘扬的冲突等心态,一直程度不同地左右、影响着国学研究实践,致使国学研究情绪化、偏执化,这在向我们警示:国学研究可能有个"心理准备"的问题;而客观心、包容心、同情心、批评心、求善心正是主体在国学研究实践中所应具备的五种心理,姑称之为"五心"。

1."客观心"。所谓"客观心",即要求不将个人的好恶、情绪带进国学研究中,对国学保持一种公正无私的心态。在国学研究中,有些人一谈到国学就顶礼膜拜,在性质上,认为国学是人类历史上最优秀、最先进的学术思想文化,不能有任何的批评和否定;在作用上,把国学看成是民族的唯一希望,不能复兴国学,国家就不能复兴,民族就会灭亡,将国学提到一个不适当的高度。另一些人则是完全相反,谈到国学就嗤之以鼻,在性质上,将国学视为落后、保守的思想学说,应该彻底批判和否定;在作用上,将国学视为愚民思想、欺骗术,将中国历史上的任何错误、社会发展遭遇的任何困境,都归咎于国学,国学是罪魁祸首。可以想见,国学

---

① 蔡尚思:《中国学术大纲》,上海启智书局1932年版,第5页。

研究主体如有这两种心态积郁胸中，如何正确见得国学之优？又如何正确见得国学之劣？因此，对于国学研究者言，需要拥有一种健康的心理化解这种偏私之心、意气之情，这种心理就是"客观心"。"客观心"之于国学，就是以公正之心、学术之心、科学之心对待国学，去情感化、情绪化、意气化。这是国学研究者应具备的基本心理之一。

2."包容心"。所谓"包容心"，即要求去除狭隘地、片面地、尖刻地对待国学的心理，对国学应保持一种宽容、全面、友善的心态。此"包容心"完全因国学特性而生。因为第一，国学内容丰富而庞杂，而所有国学内容都具有自身的规定性，这种规定性意味着所有国学内容需要来自研究者的尊重；第二，国学价值难以确定，就静止的角度看，国学价值结构复杂，具有多层、多维、多性等特点，就动态的角度看，国学价值的隐显随时空的变化而变化，具有时空的不确定性；第三，国学是千百年来积累下来的宝贵的思想文化资源，其中含有各种各样的为人类所需要的经验智慧，待之以"包容心"乃是人对自我创造力的一种肯定。然而，在以往的国学研究实践中，有些人简单地将国学一分为二，而失国学内容之多样性；有些人粗暴地将国学肢解为精华糟粕，而失国学价值之多元性；有些人无情地批判国学为杂草垃圾，而失国学思想之尊严性。可以想见，如果国学研究者心中为这些观念所占据，怎么可能见得国学价值的多元性？怎么可能见得国学价值的多变性？怎么可能长期拥有丰富的国学遗产？因此，对于国学研究者而言，需要拥有一种健康的心理化解这种狭隘之心，这种心理就是"包容心"。"包容心"之于国学，就是以宽容之心、全面之心、友善之心对待国学，去除狭隘化、片面化、尖刻化。这是国学研究者应具备的基本心理之二。

3."同情心"。所谓"同情心"，即要求不抽象地、超历史地对待国学，对国学应保持一种具体的、历史的心态。国学及其作用都是特定时空条件下的产物，在通常情况下，国学只能做它力所能及的事情；而且，国学作为一种学术思想文化体系，它在历史上所发生的各种作用（包括消极的和积极的），都是特定时空条件使然。这就是说，对于国学在历史上所扮演过的各种角色，我们都应该具体地、历史地去认识、理解和评判。然而，在以往的国学研究实践中，有些人揭露国学服务封建宗法社会的"劣迹"，有些人批评国学缺乏现代民主思想，有些人指责国学根本没有与现代社会契合的能力……这些观念本质上都是反历史的、抽象的、不近人情的。在宗法社会里提出的学术思想，其主要服务对象只能是与它同时代的社会实体，不能因为它服务同时代社会实体而指其为腐朽落后，也不能因为国学中没有"现代民主理论""社会主义核心价值观"就断言国学缺乏与现代社会适应的可能性。换言之,我们应该具体地认识国学的能力,应该历史地理解国学的作用,而且要将这种认知加以情感上认同,所谓"事亡如事存"(《礼记·中庸》),这种心理就是"同情心"。"同情心"之于国学,就是以具体之心、历史之心对待国学,去除抽象化、超历史化。这是国学研究者应具备的心理之三。

4. "批评心"。所谓"批评心",即要求不乡愿地褒扬、赞美、维护国学,对国学应持有揭丑、检讨、批判之心。我们说对国学应有同情之心,不是说容忍国学的缺点,正确的"同情心"应表现为对国学缺点的揭露、批判,表现为对国学思想智慧的完善。因而"批评心"之于国学显得尤为重要。如上所言,国学是固有的学术思想文化,也就是说,国学是各个时代思想文化的累积,是无数先贤的贡献,是不同时代人民的创造,因而国学具有时代的局限性、空间的限制性。这种时空的局限性主要表现,就是国学自身存在这样那样的缺点或不足,即国学既不可能是全善的,也不可能是恒善的,更不可能是无处不善的。然而,在以往的国学研究实践中,有些人将国学当作神来供奉,不允许揭露国学的短处,不允许批评国学的害处,不允许对国学有消极方向的解释,即便明明是短处、害处,还要曲为解释而使之成为合理,如此一味地歌颂国学、宣传国学、护卫国学,使国学研究成为一种优质商品的展览、宣传活动。但是,这种观念对于国学研究是极为不利的,因为它无助于国学缺点、局限的发现,也就无助于国学的丰富和发展。因此,确立揭丑之心、检讨之心、批判之心,对于国学研究者而言,是非常重要的。正如成仿吾所说:"凡研究一件东西,我们能常持批评的态度,才能得到真确的结果,若不能保持批评的态度,则必转为所惑。古来多少国学家所以把他们绝大的努力空费了,便是因为他们欠少批评的精神,终于为对象所迷乱而不知所择的缘故。"①这种心理就是"批评心"。这是国学研究者应具备的心理之四。

5. "求善心"。所谓"求善心",即要求不要消极地、负面地、罪恶地对待国学,对国学应保持一种积极的、健康的、向善的心态。为什么对国学要有求善之心?其一,我们知道,国学是先民创造的思想文化,其主体内容无疑是积极的、有价值的,我们仍然被这种思想文化所滋润,即便现在它丧失了某些价值,也不能否定它的历史价值,因而要怀着感恩的心去对待国学。其二,在这样的基础上,应该从健康的、积极的、正面的角度去阅读国学、理解国学。其三,应努力发掘国学中

---

① 成仿吾:《国学运动的我见》,胡道静主编:《国学大师论国学》(上册),东方出版社1998年版,第159页。

的"善"的因素,现代人研究国学的主要任务应该是将国学中的积极因素发掘出来。第四,应从"善"的角度去丰富发展国学,通过自己的研究使国学朝积极的方面得以充实和发展。然而,在以往的国学研究实践中,有些人所见到的国学只有消极的、丑陋的、有害的面相,只是漆黑一团;有些人,则乐于从消极的、阴暗的角度去研读国学、评判国学,将国学贬得一无是处;更滑稽更过分的是,有些人喜好将国学的消极面放大,进而大肆攻击。无疑,这些观念和行为只会给国学研究以负面影响,进而对国学自身造成伤害。因此,确立积极的、健康的、向善的心态,对于国学研究者而言是极为重要的。这种心理就是"求善心"。这是国学研究者应具备的心理之五。

概言之,"客观心"就是要求研究者对国学持一种客观无偏之心,以去弃主观偏执;"包容心"就是要求研究者对国学持一种宽容友善之心,以去弃狭隘意气;"同情心"就是要求研究者对国学持一种具体历史之心,以去弃抽象臆测;"批评心"就是要求国学研究者对国学持一种检讨批判之心,以去弃护短暧昧;"求善心"就是要求国学研究者对国学持一种积极向善之心,以去弃消极负面。这就是展开国学研究所应具备的五种心理。

(二)国学研究的方法意识

以国学为研究对象,自然需要方法,只有合理地应用方法,国学研究才可能获得积极成果;而所谓"合理地应用方法",关键在于确立方法应用的正确意识,如此才不会导致国学研究程序的混乱,才不会发生无谓的争论,才可能使国学研究得以顺利展开并获得积极成果;而所谓"正确方法意识"就在于"因对象而取方法"。

1.国学内容的多样性决定方法的差异性。既然国学是固有学术思想文化,那么在这个庞大复杂的学术思想文化体系中,自然包含了各类内容、性质、特点不同的思想文化。如果从类别划分,可分为物质类国学、制度类国学、观念类国学。物质类国学包括青铜器、陶器、钱币、字画、书法、工具等文物,制度类国学包括礼仪制度、政治制度、祭祀制度、教育制度等,观念类国学包括宗教、哲学、道德、文学、美学等。无疑,对上述不同类别的国学,应该采用不同的研究方法。

比如,研究古代陶器,陶器属于物质类国学,可供研究的内容有制作成分、年代、结构造型、色彩花纹、主要用途、文化信息等,制作成分只有依靠自然科学方法,包括物理学方法、化学实验方法等;制作年代则需要考古学方法,包括田野调查、发掘、采样、分析等；色彩花纹则需要艺术学方法、美学方法等。换言之，如何研究陶器制作成分，不采用物理学方法、化学方法，是不可能获得关于陶器制作的正确结论的。

再如，研究古代科举制度，科举制度属于制度国学范畴，就不能用物理方法、化学方法，却需要社会学方法，因为科学制度的产生、内容、程序、目的、影响等内容的研究，只有依靠唯物史观、归纳、综合、统计学、解释学等方法，才能获得积极性结论，换言之，如果不应用社会学方法，科举制度的起源、内容、目的、程序及其影响等问题是很难把握的。

就观念类国学言，同样要应用相适的方法。研究儒家"心"范畴，就不能用物理学、化学方法，也不能用考古方法，因为它无法放在实验室中分析，也不能分成若干块，只有用人文科学的方法进行研究，才可能作出合理的解释。正如熊十力所说："心底发见，固必凭借神经系统，未可即以心作用为脑筋底副产物也。脑筋只是物质已耳，心力何等灵妙。深广的思想，精严的论理，幽邃的情感，这些形容不到的神秘，岂是一块物质产得出来。尤可异者，愚夫愚妇都知道他不过数十寒暑底生涯，而他总有充盈的生意，作无穷无尽的计划。许多学问家、事业家、艺术家等等，相信天地终归毁坏，人类一切伟大庄严的创造，将与天地同毁。然而他并不以此灰心，仍努力创造不已，满腹无穷无尽的希望。这种古怪，又岂是物质发生底？如果物质是这样玄之又玄，众妙之门，那末物质真是大神，便不成为物质了。人人有个心，为他身底主宰，这是绝对不容疑。心理学家预先拿定神经系统以为说明心作用底根据，而用治物理的方法来甄验他、分析他，结果自然把心作用讲成物质作用了。"①就是说，儒家之"心"是不能用治物理的方法解释的。

不难看出，国学内容的丰富多样性决定了国学研究方法的多样性和具体性；也就是说，研究方法的选择和应用，只有由具体的研究对象来决定。这就是所谓的"因对象而取方法"。

2.国学研究过程的差异性决定方法的多样性。一项完整的国学研究实践，都必然地表现出一个过程，这个过程大体上可分为文献的发掘、阅读、辨别、分类与整理、文献内容的解释（特点、缺陷、优点）、文献意义的阐释三个环节。毫无疑问，上述不同环节的国学研究实践，所需要的方法是有差别的。

就第一个环节而言，所做的工作是文献的发掘、阅读、辨别、分类与整理，而

---

① 熊十力：《尊闻录》，《熊十力全集》（第1卷），湖北教育出版社2001年版，第610页。

要完成这个环节的研究工作,应该采用的方法可以有考据、校勘、小学,以及某些自然科学方法等。考据是指研究文献或历史问题时,根据资料来考核、证实和说明;校勘是指用同一部书的不同版本和有关资料加以比较,考订文字的异同,目的在于确定原文的真相;小学是指通音韵、明训诂、辨形体等。对文本中的字的音韵、形体、含义等要有很好的把握,只有依靠考据、校勘、小学等方法;而辨别、分类、整理,再加以某些自然科学方法,比如,统计法、归纳法等。我们假设《周易》是刚出土的文献,而不是已被整理好的文本。那么,显然就一般的研究过程而言,我们是先需要对《周易》中的文字有比较明确的认识,即对《周易》中的字的音韵、形体、含义等有所了解,这就需要借助考据、校勘、小学等方法才能达到。而当我们需要对《周易》文本进行分类、整理时,则需要有统计方法、归纳方法的参与。如此,才能使《周易》以一种完整的文本形式呈现出来。显然,在这个研究环节,有考据、校勘、小学及某些自然科学方法就足够了,而唯物史观方法、人文主义方法、社会科学方法以及更多的自然科学方法,在这个环节就"英雄无用武之地"了。

就第二个环节言,所做的工作是文献内容的解释,而要完成这个环节的工作,应采用的方法可以有符号学方法、语义学方法、学科分类法以及某些自然科学方法等。符号学方法主要是通过符号的方式包括符号的构造、规律等探讨符号(包括文字)的思想内容;语义学方法是通过对词汇、句子、篇章等不同级别的语言单位之研究,以找出语义表达的规律性、内在解释、不同语言在语义表达方面的个性以及共性;学科分类法则是根据不同学科知识差别对所研究文本思想内容进行分类。自然,这个环节也少不了某些自然科学方法的参与。这里,我们再拿《周易》研究为例。借助符号学方法,我们可以对《周易》符号系统(如卦形、阳爻、阴爻、八卦图等)的构造、特点及规律进行探讨,以求解它们的思想内涵,同样可以对《周易》的文字系统(如卦辞、爻辞、象辞、彖辞等)的结构、象征、表述等进行探讨,以求解它们的思想内涵。借助语义学方法,可以通过对《周易》的词汇、句子、篇章等语言单位的探讨,以找出《周易》语义表达的特点、规律、共性等,以求解它们的思想含义。借助学科分类法,将《周易》中的思想内容根据现代学科内容进行区分归类,以使《周易》丰富多彩的思想内容以现代人熟悉的形式呈现出来。可见,在国学研究的第二个环节,虽然引用的方法有好几种,但都是相适应的方法。换言之,如果在这个环节,再用考据、校勘、小学等方法,可能就是多余的了。

就第三个环节言,所要做的工作是文献意义的阐释。阐发文本的意义和价值,是国学研究实践的重要环节。要完成这个环节的任务，主要采用的是解释学方法，即通过应用解释学方法对文本的意义和价值进行理解和解释。自然，解释学方法涉及诸多学科，即它是一种方法论体系，哲学解释学、宗教解释学、文学解释学、语言解释学、历史解释学等，也就是说，解释学方法的应用，可以将文本的多种意义和价值揭示出来。自然，它的前提是文本具有相应的被解释的可能性。如果一种文本并不具备文学解释的可能性，你却用文学解释学去胡乱发挥其文学方面的意义，那肯定是不中用的。我们还是回到《周易》上面来。就《周易》而言，它是一种特别的文本，虽然可以采用自然科学方法获得相应的自然科学知识，但这种解释并不切合《周易》思想实际。正如熊十力所说："吾意必去旧人之迂阔顽固、迷谬种种病，乃可研究体会与发挥此学耳；非谓讲儒学者，必于其著作中戴上名数帽子，编入名数材料之谓。去年在浙大，闻无锡有一西洋留学者，以数学谈《大易》，著一书自命空前。吾不待看而敢断其谬。如罗素以数理来演六十四卦，当然可成一说，吾敢断言仍是空洞形式，即解析事物相互间之关系而已，必于易道不究其源，于人生更无关，于宇宙万化不得其真。此非武断也。形式与数理逻辑之于《易》又不必论。今之儒学要究明真际，穷神知化，尽性至命，使人有以实现天德、立人极、富有日新，而完成天地万物一体之发展，彼名数形式可语是乎！"①就是说，形式逻辑、数理逻辑对研究《周易》不是没有作用，但这种作用会使《周易》思想空壳化，用逻辑搭建起来的《周易》是不能表达儒学穷神知化、尽性至命等思想内涵的。可见，在具体的国学研究实践中，环节的不同，其方法亦异，如果选用方法不能根据环节的差异而改变或调整，就不可能获得合理而积极的结论。这就是所谓的"因对象而取方法"。

3.国学研究结论的正确性决定方法的具体性。国学研究之所以必须确立"因对象而取方法"的意识，还因为不同研究方法应用会导致完全不同的结论。

比如，"理"是宋明理学中的核心范畴，对于"理"的理解关乎对整个宋代儒学的理解。从以往关于"理"的解释实践看，"理"有三种含义：条理、秩序、规律；形式、共相；道德本体、善体，可以发用流行。对照宋明理学关于"理"的论述和规定，这些解释都有其合理的地方。现在的问题是，哪种解释更符合理学中作为核心范畴的"理"的含义呢？毋须说，应该是道德本体、善体、发用流行之解

---

① 熊十力：《与徐复观、张丕介、钱穆、牟宗三》，《熊十力论文书札》，《熊十力全集》（第8卷），第602页。

释。正如熊十力所说:"'理'字虽有条理之意,差等亦含有条理意思,然万不可忽者,理是真实的东西,此之发现则为仁义礼智乃至万善,随所发而莫不各当,秩然有条不紊,如发之事父则为孝,发之卫国则为忠等,故又名之以理也。唯其是真实的物事,故随发各当而有条不紊耳。而或者不察,仅以空洞的形式为理,是但从其发现之有条理处观察而昧于其本身是绝对真实也,恶乎可哉?汝以差等释理,正堕世儒之失,所宜痛省。"①之所以不能以"等级"解释"理"、不能以"共相"解释"理",就在于它们与"理"本有含义不相契,因为"理"的根本内涵是"仁"、是善,是诸般道德之源,它能发用流行,充溢生命,蕴含着创生力量。也就是说,在解释"理"的多种方法中,新实在论的解释是不符的,自然哲学方法的解释也是不符的,只有直指生命本身的人文方法的解释才是相符的。

再如,"万物皆备于我"是孟子提出的重要命题,但对这个命题的解释却有很大不同。严复认为,孟子的"万物皆备于我"与笛卡尔的"我思故我在"是一个意思。就是说,"我"之外没有"物",即便有,也等于无,所以,这个命题所内含的思想是排斥"即物穷理"。②熊十力指出,从本体上说,"万物皆备于我"就是说万物与"我"同体,所以"即于我而见万物皆备",天地都不离"我"而独在,天地之间的所有有生之物,都是"我"的情思流通贯注,所以"我"备万物,而"备万物"就是备实体,此实体就是仁体,这样,拥有至足之德的"我"感应万物,万物自不在"我"外,所以,"我"之情通畅,即万物通畅,而万物通畅,即"我"之情通畅。③冯友兰认为,"万物皆备于我"即说"我与万物本为一体",说"我与万物本为一体",是因为"我"和"万物"存在隔阂,二者似乎分离,这就是不"诚",如果"反身而诚",回复与万物为一体之境界,就感到无比的快乐,而要回复到万物一体之境界,就需要"爱之事业"的方法,以"恕"求"仁",以"仁"求"诚",因此,"恕"与"仁"的目标在于取消人我之界限,人我之界限被取消,人与万物便为一体了,而这是很"神秘主义"的。④肖箑父、李锦全主编的《中国哲学史》是这样解释的:孟子所说的"万物"是封建伦理纲常,他把封建道德说成是"天"的属性,又是人的本质和思维的先验内容。人的心、性就这样和天融为一体了,所以一切无须外求,不需要从客观世界去获得认

---

① 熊十力:《十力语要》,《熊十力全集》(第4卷),第286页。
② 参见严复:《〈穆勒名学〉按语》,王栻主编:《严复集》,中华书局1986年版,第1037页。
③ 参见熊十力:《新唯识论》(语体文本),《熊十力全集》(第3卷),第412页。
④ 参见冯友兰:《孟子哲学》,《三松堂全集》(第11卷),河南人民出版社2001年版,第206页。

识。只要"反求诸己",达到"诚"的境界,就能得到人生最大的乐趣。[①]综合观之,严复、冯友兰的解释基本上是知识论的解释,他们都将"万物"与"我"看成主客对立关系,并认为孟子主张取消主客对立关系,而取消的方法就是以"我"消释"万物"。肖、李主编的《中国哲学史》则是阶级分析方法、知识论方法的应用,将"万物皆备于我"解释成"把封建伦理道德先验化""不需要从客观世界获得认识"。熊十力则解释为生命的贯通,"我"之所以能够"备"万物,乃是因为"我"是"仁体",所以,"我"通则万物通,万物通则"我"通。这是立足于生命的解释,是人文的解释。如果从主体诠释权利讲,我们不能否定这里的任何一种解释,但从是否与被解释对象的本义相符来讲,我们只能说熊十力的解释与孟子"万物皆备于我"本义更相应。究其原因,就是方法的不同。这就是所谓"因对象而取方法"。

如上讨论表明,国学内容的多样性决定研究方法的差异性,不同国学内容应该采用不同的研究方法;国学研究过程的差异性决定研究方法的多样性,国学研究过程中的不同环节应该采用不同研究方法;国学研究结论的正确性决定研究方法的具体性,只有采用与国学内容相应的研究方法才能获得正确结论,而且,即便某项国学研究同时采用多种方法,也必须与所研究的国学内容相适应。这就是我们所强调的方法意识:"因对象而取方法"。

（三）国学研究的评估规则

价值评估是国学研究中的重要一环,然而,围绕国学争论最多的问题就是价值评估问题,这就提醒我们似乎应该反思国学价值评估的规则问题。根据我们的考察和研究,以为如下几种规则或许是国学价值评估中应该把握的:

1.整体与部分的统一。所谓整体与部分的统一,就是要求我们在对国学价值进行评估时,将国学的部分价值与国学的整体价值加以比照,以求得合理结论。如上所言,国学是指固有的学术思想文化,而固有的学术思想文化是由许多类学说、思想、文化组成的,也就是说,国学作为整体,是由许多部分组成的。比如,就观念类国学而言,可分为儒学、道家、墨家、法家、佛教等;而儒学又可分为先秦儒学、隋唐儒学、两宋儒学、明代儒学、清代儒学、现代儒学等;而先秦儒学又可分

[①] 参见肖萐父、李锦全主编:《中国哲学史》(上卷),人民出版社1997年版,第148页。

为孔子儒学、孟子儒学、荀子儒学等；而孔子儒学又可分为礼制、心性、政治、哲学、道德等不同思想内容。儒学对于国学而言，是部分对整体，先秦儒学对儒学而言，是部分对整体，孔子儒学对先秦儒学而言，是部分对整体，礼制对孔子儒学而言，是部分对整体。如此看来，国学的价值的确是可从部分与整体关系来考察的。而国学部分与国学整体的关系大体为：其一，部分与整体互为影响。在这层关系上，部分价值的大小优劣将影响整体价值。比如，对儒学或道家价值评估状况，当然会影响整体国学价值评估状况，因此，要准确评估国学价值，就需要将对国学部分价值的评估与国学整体价值进行比照。其二，整体对部分相对独立。在这层关系上，部分价值的大小优劣又与整体价值的优劣存在不对应性。比如，对佛教价值的评估，其价值的大小优劣与国学整体中其他部分如儒学、道教价值关联性不大，这就说明，在国学评估中，不能简单地将对国学部分价值的评估等同于对国学整体价值的评估，即不能将部分价值的大小优劣笼罩整体价值的大小优劣，而做到这点，只有将对国学部分的评估与国学整体的评估加以比照，才能实现。因此，在对国学价值进行评估时，必须将部分的评估与整体的评估统一起来，这样才可避免犯片面性错误。

2.历史与现代的统一。所谓历史与现代的统一，就是要求我们对国学价值进行评估时，将对国学的现代价值与对国学的历史价值加以比照，以求得合理结论。如上所言，国学是指固有的学术思想文化，这就意味着国学价值首先表现为历史性，这种历史性就是指学在以往的历史时期所发生过的价值；但很显然，这种所谓的历史性是相对的，即国学价值事实上在不同历史时代都会被要求而有所表现，作为"不同历史时代"之一的"现代"自然也会对国学价值有所要求，如此便有了所谓国学的现代价值，从而也就有了处理国学历史价值与现代价值关系的议题。而国学的历史价值与国学现代价值关系大体为：

其一，历史与现代密切关联。在这层关系上，国学的历史价值与国学的现代价值互为影响，即既要看历史价值，又要看现代价值，才能对相应国学内容作全面评价。比如，对"孝"价值的评估，其价值的大小、优劣，不能因为历史价值大就说"孝"的价值大，还要看其现代价值；不能因为现代价值小就说"孝"的价值小，还要看历史价值。就是说，要完整地评估"孝"的价值，只有将"孝"的历史价值与现代价值加以比照，在历史与现代中找到一种平衡。

其二，历史与现代相对独立。在这层关系上，国学的历史价值与国学的现代价值相对独立，即不能将历史价值、现代价值互相等同。具体来讲，就是不能因为历史价值的大小、优劣就断言国学价值的大小、优劣，也不能因为现代价值的大小、优劣就断言国学价值的大小优劣,而应该将二者加以比照,寻找国学价值的真实情况。比如,经过研究发现,"忠"的历史价值有消极面,但不能因此断言"忠"毫无价值,因为还要看其现代价值;同理,如果"忠"的现代价值存在问题,也不能因此断言"忠"毫无价值,因为还要看其历史价值。可见,在对国学价值进行评估时,应该坚持历史价值与现代价值统一的原则。

3.观念与实行的统一。所谓观念与实行的统一,就是要求我们在对国学价值进行评估时,将国学的观念价值与国学的实行价值加以比照,以求得合理结论。诚如上述,国学是指固有的学术思想文化,即国学绝大多数场合表现为观念,这就意味着国学价值表现的最初形式是观念的。不过,大凡观念类国学绝不会以"观念形式的价值"自足,而是基于人的需求在生活中有所落实、有所兑现,这就是所谓国学价值的实行形式。由此可见,观念价值与实行价值是国学价值的两种表现形式,从而评估国学必须处理好二者的关系。这种关系可以表述为:

其一,观念与实行互为影响。在这个层面上,对某项国学内容的评估,既不能局限于国学的观念价值,也不能局限于国学的实行价值。也就是说,某项国学内容价值的大小、优劣,必须将其观念价值与实行价值进行比照,而不是将二者割裂开来。比如,要全面地、正确地评估陆王心学,不仅要研究评估其观念价值,还要对其实行价值进行研究和评估,不能因为心学主张"发明本心、切己自反",就批评它是"师心自用、向壁虚构",因为它在修身养性工夫方面具有很高的价值。

其二,观念与实行相对独立。在这个层面上,观念价值与实行价值不能等同起来。观念价值的大小、优劣与实行价值的大小、优劣是不能完全等同的,它们各有独立性。我们既不能根据国学的观念价值状况去断定国学的实行价值状况,也不能根据国学的实行价值状况去断定国学的观念价值状况,而要将二者进行比照。二程就是将观念价值与实行价值割裂开来,用他们片面理解的实行价值(出家)否定佛教的观念价值(佛教教义)。他们说:"所谓迹者,果不出于道乎?然吾所攻,其迹耳;其道,则吾不知也。"①显然,二程的错误就在于以"迹"代"道",即以佛教的实行价值代替佛教的观念价值,由此评估佛教自然是全面的否定。就连高僧道衍也认识到二程的错误:"程夫子不知释氏之道而攻其迹。迹本乎道,既不知其

---

① 〔宋〕程颢、〔宋〕程颐:《河南程氏遗书》卷四,《二程集》,王孝鱼点校,中华书局1981年版,第69页。

本，焉知其迹之是非而攻乎？"①因此，对国学进行评估时，观念价值与实行价值及其关系的确是需要加以权衡的。

4.特殊与普遍的统一。所谓特殊与普遍的统一，就是要求我们在对国学价值进行评估时，将国学的特殊价值与国学的普遍价值加以比照，以求得合理结论。作为固有学术思想文化的国学，其价值表现的范围大体上可分为两种情况：特殊和普遍。所谓特殊价值是指国学价值表现域为特定时空，在内容上具有确定性；所谓普遍价值是指国学价值表现域为超时空、超主体，可以在很多时空条件下表现出来，并被不同主体所接受，自然，这种普遍性只是相对特殊性而言。因此说，从实践范围看，国学价值既有特殊性又有普遍性，是普遍与特殊的统一。它们的关系是：

其一，特殊与普遍相互关联。在这个层面上，国学的特殊价值与国学的普遍价值都只是国学价值的一个方面，如果要对国学价值做全面评估，必须将二者加以比照。比如，"仁"的具体内容包括"克己复礼""博施济众"等，这都属于特殊价值；但另一方面，"仁"所内含的爱、关怀之精神，则具有普遍性。这样，我们只有将特殊价值与普遍价值做综合的考虑，才能获得对"仁"价值的正确评估。

其二，特殊与普遍各自独立。在这个层面上，国学的特殊价值与国学的普遍价值不能互为否定。即是说，不能因为国学价值的特殊性而否定国学价值的普遍性，也不能因为国学价值的普遍性而否定国学价值的特殊性。比如，"节用而爱人"，它的特殊价值肯定是有针对性，即"为谁节用、爱的是什么人"等，但这种具体性、特殊性内容及其价值，并不能否定"节用"和"爱人"成为普遍性品德。也就是说，不能因为国学价值的特殊性而否定它的普遍性。因此，我们对国学价值做评估时，必须从特殊和普遍两方面加以权衡，才可能获得全面正确的结论。

5.本体与末用的统一。所谓本体与末用的统一，就是要求我们在对国学价值进行评估时，将对国学的本体性价值与国学的末用性价值加以比照，以求得合理结论。作为固有学术思想文化的国学，是一庞大复杂的体系，而这个庞大复杂的体系，是由许多大小不等的思想文化体系组成的，在每个思想文化体系中，无论是范畴还是思想内容，其地位的轻重是不同的，有的范畴或思想观念占主导地位，有的范畴或观念占次要地位，从而决定着它们价值的差异，这种差异就是所谓本体与末用之分。也就是说，在国学体系中，不同国学内容的价值的地位是不同的，有属于

---

① 〔明〕姚广孝：《逃虚子道余录》，《姚广孝全集》（第3册），詹绪左校点，安徽师范大学出版社2019年版，第429页。

本体价值的国学，有属于末用价值的国学。它们的关系大体是：

其一，本体与末用互为影响。在这个层面上，评估国学价值，就要对它的本体价值与末用价值进行比照，才能有全面的结论。比如，对儒家思想进行评估，既要研判儒家思想中主要观念或范畴的价值，也要研判儒家思想中次要观念或范畴的价值，即将儒家思想的本体价值与末用价值加以权衡，才能对儒家思想价值做出准确的评估。

其二，本体价值与末用价值相对独立。在这个层面上，不能将对国学末用价值的评估等同于对国学本体价值的评估，也不能将对国学本体价值的评估等同于对国学末用价值的评估。比如，有人对儒学进行评估时，往往将对儒学中次要的思想内容的评估等同于对儒学中根本思想内容价值的评估，一旦发现次要的思想内容价值是消极的，便推论整个儒学的价值都是消极的，这就是忽视国学本体价值的存在及其相对独立性使然。因此，在对国学进行评估时，必须努力做到本体价值与末用价值的统一，如此才可能获得客观正确的结论，才不致全盘否定儒家思想的价值。

总之，在对国学进行评估的实践中，只有坚持整体与部分的统一，才可避免部分价值与整体价值的互相否定；只有坚持历史与现代的统一，才可避免现代价值与历史价值的互相否定；只有坚持观念与实行的统一，才可避免实行价值与观念价值的互相否定；只有坚持特殊与普遍的统一，才可避免特殊价值与普遍价值的互相否定；只有坚持本体与末用的统一，才可避免本体价值与末用价值的互相否定。概言之，只有坚持这"五个统一"，我们对国学价值的评估才可能全面而合理，才可能有利于国学的丰富和发展。

（原载《天津社会科学》2010年第4期，《高等学校文科学术文摘》2010年第5期转载）

三、展示阳明心学生命的三种视域

不经意之间,阳明心学成了当今人文社科界最火爆的学问,不管男女老少,不管识字的不识字的,都能秀一把阳明的平叛故事,都能炫一番阳明的良知学说。猛然间,阳明心学专家犹如雨后春笋,令我们好不惊喜!然而,在这种鼓噪、喧嚣的氛围中,阳明心学研究似乎需要注入一份理性,以防止阳明心学研究偏离正确的轨道,以推动阳明心学研究健康深入地开展,从而为把握阳明心学的精神、实现阳明心学的价值创造条件。笔者不揣谫陋,略述几点看法,算是抛砖引玉。

(一)贯通的视域

所谓"贯通的视域",就是指在阳明心学研究实践中,对与被研究的阳明心学某个概念或命题相关的所有要素做系统的考察分析,进而做贯通性理解,以确定某个概念或命题的意涵。不过,当下阳明心学研究似乎还存在片面的、孤立的理解现象,从而不能准确把握某个概念或命题的真正内涵。比如,阳明关于《六经》的理解,有"'六经'者,吾心之记籍也,而'六经'之实,则具于吾心"[①]的表述。那么,此表述中"心"是什么意涵呢?考之以往的理解不外这么几种:(1)主观意志或主体精神,进而批评其可能引发主观随意性;(2)主观唯心主义思想,"唯我主义"哲学;(3)可以容纳宇宙万物的主观意识或内心。概言之,以往的理解倾向于将"心"等同于主观意志或主体精神,且有将主观意志或主体精神绝对化倾向。这应该是被学界普遍接受的一种理解。那么,这种理解是否把握了"心"的真正含义呢?这就需要借助"贯通的视域"。

其一,由求学问道的目标看。作为一门学问,阳明心学自有其追求,阳明说:"夫君子之论学,要在得之于心。众皆以为是,苟求之心而未会焉,未敢以为是也;众皆以为非,苟求之心而有契焉,未敢以为非也。"[②]就是说,一门学问的是非不能以人多为依据,而要以"心"准绳,"心"乃是非的绝对标准。这就意味着

---

① 〔明〕王守仁:《稽山书院尊经阁记》,《王阳明全集》卷七,吴光等编校,上海古籍出版社1992年,第255页。
② 〔明〕王守仁:《答徐成之》二,《王阳明全集》卷二十一,吴光等编校,第808—809页。

"心"在性质上是至善的,故只能是"道心"。而"道"就在"六经"中,阳明说:"世之学者,不知求'六经'之实于吾心,而徒考索于影响之间,牵制于文义之末,硁硁然以为是'六经'矣。"①因而从"六经"中实现求学问道的目标,就是寻求那个"道心"。阳明说:"(傅)说之言曰:'学于古训乃有获。'夫谓学于古训者,非谓其通于文辞,讲说于口耳之间,义袭而取诸其外也。获也者,得之于心之谓,非外铄也。"②阳明借助"学于古训乃有获"的解释,强调求"道"不在文字之间,只在与"心"相契之处。因此,所谓"'六经'乃心之记籍",此"心"自应是"道心"。

其二,由"六经"的功用看。在某些学者心目中,"经"是神圣不可侵犯的,因为"经"就是常道。可是这种认识容易误导人们"娱经"不"悟道","经"可能倒背如流,但对其中的"理"却不甚了了。因此,必须让人们明白"经"只是载"道"的工具,如果"经"之所载不是"道",那么也就不成"经"了。阳明说:"圣人述'六经',只是要正人心。只是要存天理、去人欲。"③既然"六经"的目标只是正人心、存天理,那就意味着"六经"对于"道"而言只是工具或载体。阳明在《五经臆说序》中说得更为明白:"'五经',圣人之学具焉。然自其已闻者而言之,其于道也,亦筌与糟粕耳。窃尝怪夫世之儒者求鱼于筌,而谓糟粕之为醪也。夫谓糟粕之为醪,犹近也,糟粕之中而醪存。求鱼于筌,则筌与鱼远矣。"④"六经"好比"筌"或"糟粕",只是获得"鱼"或"醪"的手段,因而若是有人沉湎于"筌"或"糟粕",自然是不能抓住"六经"的精神无功而返。可见,"六经"所记载者只能是"道心",所谓"万理由来吾具足,'六经'原只是阶梯"⑤。

其三,由对"道心"与"人心"的区分看。阳明认为,"心"只有一个,但有"杂于人"与"不杂于人"之分,前者谓"人心",后者谓"道心"。阳明说:"心一也。未杂于人谓之道心,杂以人伪谓之人心。人心之得其正者即道心,道心之失其正者即人心:初非有二心也。"⑥阳明既然将"心"区分为"道心"与"人心",那么,他希望"六经"是"人心"的记籍,还是"道心"的记籍呢?答案不

---

① 〔明〕王守仁:《稽山书院尊经阁记》,《王阳明全集》卷七,吴光等编校,第255页。
② 〔明〕王守仁:《与唐虞佐侍御》,《王阳明全集》卷五,吴光等编校,第183页。
③ 〔明〕王守仁:《传习录上》,《王阳明全集》卷一,吴光等编校,第9页。
④ 〔明〕王守仁:《五经臆说序》,《王阳明全集》卷二十二,吴光等编校,第876页。
⑤ 〔明〕王守仁:《林汝桓以二诗寄次韵为别》,《王阳明全集》卷二十,吴光等编校,第786页。
⑥ 〔明〕王守仁:《传习录上》,《王阳明全集》卷一,吴光等编校,第7页。

言而喻。阳明说:"道心也者,率性之谓也,人心则伪矣。不杂于人伪,率是道心而发之于用也,以言其情则为喜怒哀乐;以言其事则为中节之和,为三千三百经曲之礼;以言其伦则为父子之亲、君臣之义、夫妇之别、长幼之序、朋友之信;而三才之道尽此矣。"①在这里,阳明判了"人心"的死刑,只有"道心"才能发用于情、发用于事、发用于伦,并使情正、事美、伦和,无须辩说,"六经"所记载者自是"道心"。

其四,由心学义理脉络看。象山曾说:"六经皆我注脚。"②这个"我"就是本心。为什么?因为"心"就是"公心""公理":"理乃天下之公理,心乃天下之同心。"③因为"心"就是先圣之"心":"昔之圣贤先得我心之所同然者耳。"④因为"心"就是天下人共有之"心":"心只是一个心,某之心,吾友之心,上而千百载圣贤之心,下而千百载复有一圣贤,其心亦只如此。"⑤天下人共有的"心"只能是"道心",因为"人心"千姿百态。陆九渊的弟子杨简说:"《易》《诗》《书》《礼》《乐》《春秋》,其文则六,其道则一。……人心本正,起而为意而后昏,不起不昏,直而达之,则《关雎》求淑女以事君子,本心也;《鹊巢》昏礼天地之大义,本心也……由是心而品节焉,《礼》也;其和乐,《乐》也;得失吉凶,《易》也;是非,《春秋》也;达之于政事,《书》也。"⑥可见,贯通"六经"者就是"道",就是"本心"。因而沉湎于"六经"而不悟其中的"道",则与圣学本旨背道而驰。可见,"心"在杨简心学中也是"道心"或"本心"。王阳明完全继承了陆九渊、杨简的这一思想,因而才有"'六经'者非他,吾心之常道也"⑦之说,才有"《易》也者,志吾心之阴阳消息者也;《书》也者,志吾心之纪纲政事者也;《诗》也者,志吾心之歌咏性情者也;《礼》也者,志吾心之条理节文者也;《乐》也者,志吾心之欣喜和平者也;《春秋》也者,志吾心之诚伪邪正者也"⑧之论。因此,从心学义理脉络看,

---

① 〔明〕王守仁:《万松书院记》,《王阳明全集》卷七,吴光等编校,第253页。
② 〔宋〕陆九渊:《语录上》,《陆九渊集》卷三十四,钟哲点校,中华书局1980年版,第395页。
③ 〔宋〕陆九渊:《与唐司法》,《陆九渊集》卷十五,钟哲点校,第196页。
④ 〔宋〕陆九渊:《与侄孙浚》,《陆九渊集》卷一,钟哲点校,第13页。
⑤ 〔宋〕陆九渊:《语录下》,《陆九渊集》卷三十五,钟哲点校,第444页。
⑥ 〔宋〕杨简:《诗解序》,《慈湖先生遗书》卷一,《杨简全集》(第7册),董平校点,浙江大学出版社2016年版,第1846页。
⑦ 〔明〕王守仁:《稽山书院尊经阁记》,《王阳明全集》卷七,吴光等编校,第254页。
⑧ 〔明〕王守仁:《稽山书院尊经阁记》,《王阳明全集》卷七,吴光等编校,第254—255页。

言"六经"所记为"道心"乃心学之正脉。

其五,由"心"在阳明心学体系的性质看。"良知""天理""心"俱是阳明心学体系中的核心范畴,那么,它们是怎样的关系呢?阳明说:"心者,天地万物之主也。"①这个作为万物之主的"心"又有怎样的内涵呢?阳明说:"夫心之本体,即天理也,天理之昭明灵觉,所谓良知也。"②又说:"道心者,良知之谓也。"③这些说明,作为本体的"心"既是"天理",也是"良知",是绝对的善,当然也是"道心"。概言之,无论是从求学问道的目标,还是从经书的功用,无论是从"人心""道心"的区分,还是从心学的义理脉络,抑或从心学体系中的核心观念等角度判断,阳明所谓"'六经'皆吾心之记籍"之"心"唯"道心"能胜任,因而绝不可将此"心"理解为知识论意义上的主观意志,更不能理解为主观唯心主义或唯我主义。亦唯如此,我们才触摸到了阳明心学在"六经"与"心"关系的真谛,而这得益于"贯通的视域"。

(二)怀疑的视域

所谓"怀疑的视域",就是指在阳明心学研究实践中,对所有概念、命题和观念都必须持有怀疑的心理、反省的态度和批判的精神,既要疑其所有,也要疑其所无。然而,考之当下阳明心学研究,充斥耳目的是对王阳明及其心学肉麻的赞美,所谓千年不遇的哲学家,所谓孔子之后第一人,所谓综罗百代的人物,所谓中国历史上的文化巨人,等等。应该说,正面、积极地评价王阳明及其心学未尝不可,但作为学术研究的对象,不能一味地唱赞歌,甚至不能一味地顺势而为、投其所好地研究,而应该有逆向的思维、检讨的态度、批判的勇气和更新的智慧。因为只有这样,才能将阳明心学的真实生命呈现出来,才能完整地理解阳明心学,也才能充实阳明心学的生命。

兹举例论之。阳明说:"良知只是个是非之心,是非只是个好恶,只好恶就尽了是非,只是非就尽了万事万变。"④

---

① 〔明〕王守仁:《答季明德》,《王阳明全集》卷六,吴光等编校,第214页。
② 〔明〕王守仁:《答舒国用》,《王阳明全集》卷五,吴光等编校,第190页。
③ 〔明〕王守仁:《传习录中》,《王阳明全集》卷二,吴光等编校,第52页。
④ 〔明〕王守仁:《传习录下》,《王阳明全集》卷三,吴光等编校,第111页。

对于这段话，先后出现过一些精彩的解释，比如牟宗三解释说："这是把孟子所说的'是非之心智也，羞恶之心义也'两者合一而收于良知上讲，一起皆是良知的表现。良知底是非之智就是其羞恶之义。阳明说'好恶'就是孟子所说'羞恶'。是非是道德上的是非，不是我们现在所熟知的认知上的是非，因此，它就是羞恶上，或好恶上义不义的是非。故是非与好恶其义一。"①陈来解释说："由此可见，良知作为先天原则，不仅表现为'知是知非'或'知善知恶'，还表现为'好善恶恶'，既是道德理性原则，又是道德情感原则。良知不仅指示我们何者为是何者为非，而且使我们'好'所是而'恶'所不是，它是道德意识与道德情感的统一。"②杨国荣解释说："好即喜爱，恶则是憎厌，二者都属广义的情感。在善恶的评价中，不仅有理性的分辨，而且存在着情感的认同：好善恶恶已不是单纯的理智的判断，它更是一种情感上的接受或拒斥。良知作为不系于人的超验理性（程朱），固然可以远离情感之域，但当它转换为主体的内在德性时，便难以隔绝于好善恶恶等情感。正是德性所蕴含的情感之维，从一个方面构成了向善的内在动因，并为知当然转化为行当然提供了某种契机。"③儒家在情、理关系上的主导性观念是亲情优先于公理，公理服从亲情，正确不正确以亲情为标准，因此，儒家所谓"是非"（道德理性）必须服从于"好恶"（道德情感），由道德情感做最后的裁决。《论语》中著名的"父子互隐"即是典型的案例。从这个意义说，牟宗三、陈来、杨国荣的理解是符合儒家关于道德理性与道德情感关系的原旨的，他们是顺着儒家关于情理关系基本主张的理路进行解释，也可说是精深的解释和发扬。

与牟宗三、陈来、杨国荣的解释不同，沈善洪的解释似乎有些意外，他解释说："'是非只是个好恶'，这是王阳明的解释。我们知道，'是非'是属于认识论的范畴，指人们的某一判断是否合乎实际，或合乎某种原则，'合则是，不合则非'。而'好恶'即'善恶'，则是伦理学的范畴，表明人们应该如何，不应该如何。因此，这两者性质是不同的。……王阳明把'是非'等同了'好恶'，也就是用伦理学上的准则，取代了认识论上的准则。"④在沈善洪看来，"是非"是认知论范畴，"好恶"是伦理学范畴，将"是非"归为"好恶"，就是用伦理学原则取代认识论原则。显然，沈善洪的理解不仅跳出了儒家的传统，也跳出了阳明讨论是

---

① 牟宗三：《从陆象山到刘蕺山》，上海古籍出版社2001年版，第153页。
② 陈来：《有无之境：王阳明哲学的精神》，人民出版社1991年版，第167页。
③ 杨国荣：《心学之思：王阳明哲学的阐释》，生活·读书·新知三联书店1997年版，第122页。
④ 沈善洪、王凤贤：《王阳明哲学研究》，浙江人民出版社1981年版，第72页。

非、好恶的语境，从而对阳明的"是非只是个好恶"命题提出了批评。

必须明确的是，沈善洪的理解与阳明的本意是有距离的，因为阳明的"是非"也是伦理范畴而不是知识范畴，但他表现出的怀疑精神和挑战勇气则是难能可贵的，虽然这种怀疑精神与挑战勇气是受马克思主义哲学所赐。那么，怎样理解此命题才能将阳明心学中"是非"与"善恶"关系的主张加以推进，才能为充实阳明心学的生命开辟新的方向呢？由于阳明是在道德范围内表达"是非只是个好恶"的，因而我们也应该在道德范围内讨论"是非"与"好恶"的关系。

其一，道德领域中的"是非"与"好恶"存在性质上的差异。在伦理学中，道德理性是指人类在生活实践中形成的对道德的自觉意识，这种自觉意识表现为道德主体分析道德情境，进行道德推理，确立自己的行为准则的理性能力。道德情感则是指人们根据自己所掌握的道德规范对社会现象的真假、美丑、善恶表现出的喜怒、哀乐、爱憎、好恶的情绪情感体验。也就是说，道德理性形成的要素有人类生活实践、主体的自觉意识、分析与推理能力等，这些要素表明道德理性具有客观、理性、公理的特点，而道德情感是根据道德规范或道德标准对社会现象的善恶表现出来的情感体验，因而道德情感具有主观、感性、亲情的特点。可见，道德理性与道德情感在性质上是有差别的。依此检讨阳明"是非只是个好恶"的命题，不仅混淆了道德理性与道德感性、客观与主观、公理与亲情，而且将道德本体（良知）间接地归为道德情感，虽然这一规定注意到了道德理性与道德情感的统一性，注意到了道德情感对于道德理性的积极意义，但也埋下了道德本体主观化的隐患，使"良知"的庄严性、敬畏性处于随时可能遭到摧毁的不安全状态。因此，必须对这个命题的消极面给予关切。

其二，"道德是非"优先于"道德好恶"。如上所述，既然道德情感是指人们根据道德规范对社会现象的善恶表现出的喜好或厌恶的情感体验，这就意味着道德情感是建立在道德理性基础之上的，即没有道德理性，就不会有道德情感，道德情感是因道德理性判断或结论而产生的好恶情绪。比如，人们之所以厌恶某家乳制品企业不是无缘无故的，而是因为这家乳企生产的乳制品被检验出含有毒素且对人体产生了伤害，即对这家乳企的"是非"进行了道德上的判断，才会引发人们不满、厌恶（好恶）的情绪。这就是说，道德上的"好恶"判断也是需要客观根据的，这个客观根据就是"是非"。因此，阳明言"是非只是个好恶之心，只好恶就尽了是非"，是非常不严谨的。因为这意味着将客观的"是非之理"归于主观的"好恶之情"，意味着将客观的是非判断让位于主观的好恶取舍。若依此，人们对乳企的喜好与憎恶并不需要以对乳企产品检测的结果为根据（是非），而这是非常荒唐的。

因此，在道德伦理领域，仍然必须坚持"是非之心"为先，"好恶之心"为后，以防止"用情感代替理性、用主观代替客观、用亲情代替公理"的现象发生。

其三，归"是非"为"好恶"必导致严重的后果。道德上的"是非"与"好恶"不仅是性质上不同，不仅是先后次序不同，更重要的是混淆了这两个"不同"，将导致严重后果。事实上，"情""理"不分是阳明心学中的一个"盲区"，阳明说："除了人情事变，则无事矣。喜怒哀乐，非人情乎？自视、听、言、动，以至富贵、贫贱、患难、死生皆事变也。事变亦只在人情里，其要只在'致中和'，'致中和'只在'谨独'。"①在阳明看来，天下一切都可归于"人情"，而"人情"只需要"谨独"，即依靠修行工夫处理。但这个观点遭到了王夫之批评。王夫之说："喜怒哀乐之情虽无自质，而其几甚速亦甚盛。故非性授以节，则才本形而下之器，蠢不敌灵，静不胜动，且听命于情以为作为辍，为功为取，而大爽乎其受型于性之良能。"②"情"的特点神速且炽热，若不以"理性"节制，任其为所欲为，最终必丧失"理性"的范导。因此，"愚于此尽破先儒之说，不贱气以孤性，而使性托于虚；不宠情以配性，而使性失其节"③。也就是说，"宠情以配性，而使性失节"必导致听任自然情感的泛滥，进而是非不分、颠倒黑白。换言之，"是非"是客观的事实，"好恶"是主观的情感，若以"好恶之心"代替"是非之心"，"是非"就成了主观的、随意的、无法控制的，人人一好恶，人人一是非，最终的结果必是"是非"的消失，是"公理"的无助，是社会秩序、生活秩序的混乱。

其四，以怀疑的视域寻找阳明心学成长的方向。对于阳明的思想，我们当然要抱有万分的敬意，也可顺着其学问的价值理路进行诠释以丰富、发展之。但正如孟子所说："尽信《书》则不如无《书》。"(《孟子·尽心下》)亦如象山所说："为学患无疑，疑则有进"④"小疑则小进，大疑则大进。"⑤这在提醒我们，先贤们并不希望阐释其思想的人都循规蹈矩、安分守己、墨守成规，而是希望有怀疑的精神和创新的勇气，能够在他们思想中寻找突破口，开出新的方向。阳明本人即是

---

① 〔明〕王守仁：《传习录上》，《王阳明全集》卷一，吴光等编校，第15页。
② 〔清〕王夫之：《读四书大全说》卷十，《船山全书》（第6册），岳麓书社1998年版，第1067页。
③ 〔清〕王夫之：《读四书大全说》卷十，《船山全书》（第6册），第1068页。
④ 〔宋〕陆九渊：《语录下》，《陆九渊集》卷三十五，钟哲点校，第472页。
⑤ 〔宋〕陆九渊：《年谱》，《陆九渊集》卷三十六，钟哲点校，第482页。

活生生的范例，他置疑孔子，也挑战朱子，才建造起一座新的儒学高峰——心学。而我们对阳明"是非只是个好恶，只好恶就尽了是非"命题的怀疑是否有助于阳明心学的增弘呢？答案或许是可以商榷的。但我们的怀疑意味着必须区分道德理性与道德情感，必须肯定道德理性对于道德情感的优先地位，必须重建道德理性与道德情感的正确关系，必须明确理性、客观、公理是感性、主观、亲情的前提，不能以主观的"好恶"取代客观的"是非"，从而提示阳明心学在"是非与好恶关系"主张上的推进方向。因此，我们可引船山的话以自勉："窃自意可不倍于圣贤，虽或加以好异之罪，不敢辞也。"①

（三）实践的视域

所谓"实践的视域"，就是指在阳明心学研究实践中，以实践的视野学习、研究阳明心学，关注社会现实，勇于批评不合理现状，发展阳明心学并落实阳明心学的价值。然而，当下阳明心学研究似乎存在与实践视域不太相符的现象：一者沉湎于文献的考证与整理；二者满足于概念或命题层面的逻辑推演；三者陶醉于编造剧情戏说阳明。概言之，当下阳明心学研究大多满足于阳明心学的"知"而忽视阳明心学的"行"，仅仅停留于学术层面的梳理、理论层面的建构、思想层面的辩论，特别是沉迷于理论上的鼓动与喧嚣，而言及社会现实问题时则冷漠以对。那么，这是阳明心学的精神吗？这能呈现活泼的阳明心学吗？能充实阳明心学的生命吗？不能。不仅不能，反而会桎梏与伤害阳明心学。为什么？

因为第一，阳明心学来源于社会现实。阳明心学由诸多命题、主张和观念组成，但任何主张或观念都源于社会现实。比如，"知行合一"源于这样的社会现实："'知行合一'之说，专为近世学者分知行为两事，必欲先用知之功而后行，遂致终身不行，故不得已而为此补偏救弊之言。学者不能著体履，而又牵制缠绕于言语之间，愈失而逾远矣。"②因为生活中有学者将知行分离为两事，最终不去践行。再如，"致良知"源于这样的社会现实："呜呼！良知之学不明于天下，几百年矣。世之学者，蔽于见闻习染，莫知天理之在吾心，而无假于外也。皆舍近求远，舍易求难，纷纭交骛，以私智相高，客气相竞，日陷于禽兽夷狄而不知。间

---

① 〔清〕王夫之：《读四书大全说》卷十，《船山全书》（第6册），第1068页。
② 〔明〕王守仁：《与道通书》四，《王阳明全集》卷三十二，吴光等编校，第1207页。

有独觉其非而略知反求其本源者,则又群相诟笑,斥为异学。"①因为生活中有人不知道"良知"在心中,舍近求远到"心"外求"良知"。可见,阳明心学的主张或观念,无不来自对社会现状的关注与思考。

第二,阳明心学注重身体力行。王阳明不仅是思想家、理论家,更是实践家,他倡导身体力行。阳明说:"夫学、问、思、辨、行,皆所以为学,未有学而不行者也。如言学孝,则必服劳奉养,躬行孝道,然后谓之学。岂徒悬空口耳讲说,而遂可以谓之学孝乎?学射,则必张弓挟矢,引满中的;学书,则必伸纸执笔,操觚染翰;尽天下之学,无有不行而可以言学者。"②所谓"孝",就是服劳奉养,没有服劳奉养,观念上说得再漂亮又有什么用?比如,对当时风行天下的朱子"格物"说,为了验证这个命题的可信性,阳明决定亲自体验一番,他对着庭院里的竹子"格"了七天七夜,其所"格"出的就是那著名的"天下本无物可格,万物万事都在心中"的道理。再如,阳明在平定江西等地的叛乱之后,日夜思考如何改善民风以减少"乱民"的数量。"先生谓民风不善,由于教化未明。今幸盗贼稍平,民困渐息,一应移风易俗之事,虽未能尽举,姑且就其浅近易行者,开导训诲。即行告谕,发南、赣所属各县父老子弟,互相戒勉,兴立社学,延师教子,歌诗习礼。出入街衢,官长至,俱叉手拱立。先生或赞赏训诱之。"③阳明不仅亲自主导制定乡约,而且亲自考察实行效果。可见,崇尚身体力行确是阳明心学的内在特质。

第三,阳明心学注重学问的现实价值。阳明不反对读书,但批评沉溺于经书、词章,认为学问的生命不在经书中,而在生活实践中。他说:"嗟乎!吾侪今日之讲学,将求异其说于人邪?亦求同其学于人邪?将求以善而胜人邪?亦求以善而养人邪?知行合一之学,吾侪但口说耳,何尝知行合一邪!推寻所自,则如不肖者为罪尤重。盖在平时,徒以口舌讲解,而未尝体诸其身,名浮于实,行不掩言,已未尝实致其知,而谓昔人致知之说有未尽。"④就是说,讲学的目的既不是追求与别人的不同,也不是追求与别人的一致;既不是追求以"善"胜过他人,也不是追求以"善"滋养他人;如果只停留在口头上或书本上,那一切都是空话,当然也不能说是"知行合一"了,更不能说是"致知"了。所以阳明悲观地说:"近时同志亦已无不知有致良知之说,然能于此实用功者绝少,皆缘见得良知未真,又将致字看太

---

① 〔明〕王守仁:《祭国子助教薛尚哲文》,《王阳明全集》卷二十五,吴光等编校,第958页。
② 〔明〕王守仁:《传习录中》,《王阳明全集》卷二,吴光等编校,第45页。
③ 钱德洪:《年谱一》,〔明〕王守仁:《王阳明全集》卷三十三,吴光等编校,第1252页。
④ 〔明〕王守仁:《与陆元静》二,《王阳明全集》卷五,吴光等编校,第188页。

易了，是以多未有得力处。虽比往时支离之说稍有头绪，然亦只是五十步百步之间耳。就中亦有肯精心体究者，不觉又转入旧时窠臼中，反为文义所牵滞，工夫不得洒脱精一，此君子之道所以鲜也。"①为什么说有人不见"良知"之真呢？就是因为不懂得"良知说"的精髓在于实行，所谓"致"就是实行，就是在生活中践行"良知"。因此阳明批评道："人有习心，不教他在良知上实用为善去恶功夫，只去悬空想个本体，一切事为俱不着实，不过养成一个虚寂。此个病痛不是小小，不可不早说破。"②"良知"的生命就在于践行，否则就是华而不实，就是空寂虚幻。

第四，阳明心学以现实关怀为使命。经书上对理想生活的描述大多是美好诱人的，但真实情况并不一定如此，阳明提醒自己不能轻信经书上的美丽叙述，不能被经书上的描述遮蔽眼睛，而要面对现实。阳明说："世衰俗降，友朋中虽平日最所爱敬者，亦多改头换面，持两端之说，以希俗取容，意思殊为衰飒可悯。"③阳奉阴违，彼此算计，低俗取宠。这是"朋友"的现实。阳明说："世之学者，如入百戏之场，欢谑跳踉，骋奇斗巧，献笑争妍者，四面而竞出，前瞻后盼，应接不遑，而耳目眩瞀，精神恍惑，日夜遨游淹息其间，如病狂丧心之人，莫自知其家业之所归。时君世主亦皆昏迷颠倒于其说，而终身从事于无用之虚文，莫自知其所谓。间有觉其空疏谬妄、支离牵滞，而卓然自奋欲以见诸行事之实者，极其所抵，亦不过为富强功利、五霸之事业而止。"④社会好比巨大戏场，学者们个个欢笑戏谑、跋扈逞强、搬弄新奇、投机取巧、卖容取悦、竞相逞美，奔走四方而应接不暇，以日夜遨游淹息其间为荣，即使头昏目眩、精神恍惑也在所不惜，至于其本来的家业早已忘到九霄云外了。这是"学者"的现实。阳明说："后世大患，全是士夫以虚文相诳，略不知有诚心实意。流积成风，虽有忠信之质，亦且迷溺其间，不自知觉。是故以之为子，则非孝；以之为臣，则非忠。流毒扇祸，生民之乱，尚未知所抵极。"⑤弄虚作假，相互欺骗，沉溺其中而不觉，为子而不孝，为臣而不忠，导致天下大乱。可见，阳明的思考"弹无虚发"，其对社会现实忧心之重、关怀之切是极罕见的。这就是阳明心学的生命写照！既然阳明心学来自对现实问题的思考、注重身体力行、追求现实价值的落实、关注社会现状，那么，如果我们的阳明心学研

---

① 〔明〕王守仁：《与陈惟濬》，《王阳明全集》卷六，吴光等编校，第222页。
② 〔明〕王守仁：《传习录下》，《王阳明全集》卷三，吴光等编校，第118页。
③ 〔明〕王守仁：《与黄宗贤五》，《王阳明全集》卷四，吴光等编校，第151页。
④ 〔明〕王守仁：《传习录上》，《王阳明全集》卷一，吴光等编校，第56页。
⑤ 〔明〕王守仁：《寄邹谦之三》，《王阳明全集》卷三，吴光等编校，第205页。

究缺失这些特质，能呼应阳明心学的生命吗？能体现阳明心学的精神吗？

概言之，贯通的视域可以把握阳明心学的真义，怀疑的视域可以推动阳明心学的更新，实践的视域可以实现阳明心学的价值。其理论性精要表述则是：

其一，阳明心学有着自身的义理脉络，这个义理脉络由诸多的概念、命题组成，每个概念或命题都是阳明心学生命的构成要素，因而正确理解某个概念或命题，即是对阳明心学生命的把握。但由于概念或命题生成怎样的意涵取决于阳明心学的义理脉络，因而需要从这个义理脉络中去寻找和确定它们的意涵，只有这样，才可能触摸到被理解概念或命题的真义，也即能够把握住此概念或命题的生命。而这正是贯通的视域所能完成的工作。因此，我们若希望准确把握阳明心学的真义（生命）所在，就必须引入贯通的视域。

其二，阳明心学只是中国思想史众多学说的一种，任何思想学说都是有限的，阳明心学不能例外。阳明心学对于宇宙万物的理解，对于人间世事的认知，对于生命的觉悟，都不可能完美无缺。此正是阳明心学生命的真实反映。这就意味着不能因为阳明心学的富丽而宠坏耳目，不能因为阳明心学的高远而迷惑心灵，而应该持一怀疑态度。阳明心学丰富了孔子儒学、发展了朱子理学，但阳明心学也损益了孔子儒学、批判了朱子理学，即阳明心学正是在对孔子、朱子的怀疑中寻找到思想的夯实之路。这就意味着阳明心学研究不能一味地夸赞、肉麻地吹捧，也不应只有顺从的研究，而应该有逆向的思维和怀疑的眼光，从阳明心学中寻找向前推进的契机，探索需要充实的内容，从而使阳明心学的生命得以健康成长。因此，我们若希望增弘阳明心学的生命，就必须引入怀疑的视域。

其三，阳明心学最大特质就是实行。阳明心学来自对残酷现实的思考，强调身体力行，注重学问的现实价值，以现实关怀为使命，质言之，阳明心学的生命可归为一个"行"字。因此，阳明心学研究不可以沉湎文献考证为限，不可以概念逻辑推演为乐，更不可以编造剧情戏说阳明为事，因为这些行为都无法体现阳明心学精神。只有以实践的视域为研究路径才能接通阳明心学生命，才能激活阳明心学精神，因为实践的视域不仅可以帮助我们分析和掌握阳明心学的成因、特质和优长，而且可以促使阳明心学付诸实践以实现价值，尤其可以帮助我们发现阳明心学中的问题以更新之、发展之。因此，阳明心学如欲落实自身的价值，如欲展示自己思想的风采，如欲不断充实自己的生命，如欲净化我们这个"不能再坏的时代"，实践的视域是阳明心学研究中的不二选项。

〔原载《贵阳学院学报（社会科学版）》2017年第2期〕

四、迈向新时代的阳明学研究

斗转星移，四时更替。《贵阳学院学报（社会科学版）》"阳明学研究"专栏已经走过了第三个春秋。蓦然间，阳明学研究迎来了它的新时代。究竟是怎样的新时代？天下太平而又动荡不安，物产富足而又分配不均，文化繁荣而又精神萎靡，道德日新而又人心不古……这的确是一个令人悲喜交加的时代！参加阳明学会议不必为会务费发愁，做阳明学讲座能获得可观的报酬，在电脑上敲敲打打即可完成学术论文，阳明学文献统统有了标点规范的版本，任性的霸权思维可以不加理睬……这的确是一个令人无比幸福的时代！这就是阳明学研究迎来的新时代。这个时代不仅为阳明学研究创造了前所未有的物质条件和社会氛围，而且为阳明学研究提出了前所未有的复杂课题与神圣任务。

（一）阳明文化的普及

阳明学的形成与发展，同时是阳明文化的形成与发展。所谓阳明文化，主要是指关于阳明心学、阳明学的常识，诸如阳明心学发生的社会历史背景、阳明的成长经历、阳明兴建的书院及其教育思想、阳明悟道过程、阳明为官生涯、阳明乡村教化、阳明处世与为人、阳明佛道情缘、阳明策论奏疏、阳明序记书札、阳明学文本译注、阳明与同时代学者往来、阳明后学流变、阳明学"流亡"日本、阳明学"客居"韩国，等等。可以说，阳明文化既是阳明学的载体，也是阳明学自身；既是了解阳明学的可靠途径，也是研究阳明学的主要依据。换言之，若要提升阳明学"粉丝"的知识水准，若要阳明学传播畅通无碍，若要阳明学传承得其所志，就必须重视阳明文化研究。进而言之：

阳明学"粉丝"的常识不济呼唤阳明文化研究。当今阳明学的风靡与晚清进化论的蔓延之势难分伯仲，无论是大街小巷，还是偏僻乡野，无论是楼堂馆所，还是车站码头，似乎在任何公共场合都能听闻议论阳明学的声音，阳明学粉丝无处不在。但千万莫要天真地以为，粉丝们对阳明学有了正确的了解，对阳明思想有了准确的把握。记得有次去某大学做讲座，接待我的是一位年轻教师，这位老师说要学习一下我的讲义，他看到讲义中"阳明学"三个字便神秘凑近我说：李教授，我知道中国古代有"阴阳学"，您讲义中的"阳明学"是不是写错了？嗯？这太不可思议了！要知道这位老师可是国内某名牌大学中国政治思想史专业毕业的博士啊！一位念过中国政治思想史专业的博士连"阳明学"三个字都陌生,更不要提那些只有"逐星"心态的"粉丝"了。这个时候我会情不自禁地想念阳明文化。

阳明学传播的畅通呼唤阳明文化研究。如今阳明学传播方式和途径不拘一格,微信、网络、媒体、会议、演讲、培训班、沙龙等,可以说是遍地开花。但我们似乎也难以乐观起来,因为阳明文化、阳明学常识的缺失致使人们接受阳明学思想的成效大打折扣。一次我受邀给某市领导干部培训班讲课,课后听众纷纷与我交流。记得其中一位有些炫耀地告诉我他购买了大量关于王阳明的书籍,我就顺便问了问他学习阳明心学有什么体会,结果他不好意思地轻轻地跟我说,他根本读不懂《传习录》,也不知道"致良知"的含义。《传习录》是阳明心学思想的核心文献,虽然说深刻领悟、把握阳明《传习录》思想的确需要花些工夫,但若说完全不懂,只能说明他对阳明学常识的缺乏,对阳明文化了解甚少;而说完全不明白"致良知"的意涵也有些夸张,"致良知"既是阳明心学的核心命题,也是基本命题,说一点都不了解其意,也是因为此人的阳明学常识相当贫乏,甚至是空白。这个时候我同样会情不自禁地想念阳明文化!

阳明学传承的状况呼唤阳明文化研究。传承、弘扬阳明学是当今阳明学研究的另一重要任务,毋须说,当下阳明学研究的课题、著作、论文等,无不为阳明学传承做出了积极贡献。但我们同样没有理由乐观,因为阳明学传承的事实并不如我们看到的表象那么繁荣,那么成绩巨大。这里我不得不再拿例子说话。有次在某单位讲课,其中提问环节有位听众问我:李教授,如果依照王阳明所说,人人先天有良知,人人先天有善心,那我们还要公安、法院干什么?又怎么理解生活中的邪恶频繁发生现象?这个问题虽然很尖锐,但提出这种问题本身就说明提问者对阳明心学的基本知识、基本观念没有了解,对阳明心学思想的基本内容和性质没有大致的领悟,阳明学的传承在此遭遇了常识性障碍。另一次在某著名大学参加一个国际会议,其中有位来自欧洲的学者提交的论文是关于阳明后学周汝登儒佛关系观的,我的博士论文做的是"宋代儒士佛教观",所以便好奇地翻了翻该文,不看则已,一看吓得我跳起来:她的论文中竟然有十多处对文献的标点错误!更让我惊讶不已的是她还能在大会上慷慨激昂地发言!如果一个人连阳明学文献的阅读都存在错误,说能够正确理解阳明学、能够在传承阳明心学事业中有积极的表现,我是十万分地怀疑。

综合言之,如果想扫除阳明学"粉丝"的盲从,如果想减少阳明学传播过程中的障碍,如果想优化阳明学传承的条件,那么,全方位的阳明文化研究与阳明学常识的普及是新时代阳明学研究的基础任务。

（二）阳明学研究的全面深化

以往的阳明学研究不可谓不深入，何以言仍需全面深化阳明学研究呢？

一是以往深厚且卓越的研究成果导致研究者开拓进取心不够，丧失了理论创新的冲动。平心而论，这些年阳明学虽然狂热，成为显学，会议、讲学、著作、论文应接不暇，也涌现了一些学术质量较高的成果，但真正超越以往研究成果、表现出开拓性的作品并不多见。如关于王阳明"知行合一"论的研究，当下的研究论文有没有可以媲美贺麟先生《知行合一新论》的作品呢？在我孤陋寡闻的视域中应该没有。因此，我们如果不想躺在以往研究成果上睡大觉，而想有所突破，有所创新，那么在理论研究上进行深化是唯一出路。

二是阳明学研究中仍然存在许多需要回答的学术难题。比如，有人提出王阳明心学就是代表统治阶级利益、是为剥削阶级服务的思想理论；也有人质疑阳明的良知说，如果人先验地有良知，那么这个良知是怎样进入人心的？它的构造是什么？它是一种知识还是一种信仰？甚至有人将某个地区的贫穷与民风败坏归因于王阳明心学；等等。这些观点既不能当作幼稚的观念嘲笑之，又不能简单地否定之而不加理睬。因为这说明阳明心学的复杂性，而其中的确存在需要深入思考的问题。当下一味地替阳明学唱赞歌是不切实际的。阳明学研究有责任以理论力量深度解答这些难题，而且要拒绝情感对理性、公义的渗透与绑架。

三是阳明学研究中常出现矛盾或混乱的情况。当肯定阳明心学人文关怀时，便要否认阳明心学在培育科学观念上的欠缺；当讨论阳明心学深受佛教影响时，就尽其所能为阳明"失足"寻找托词和借口；当批评阳明心学的问题视域狭隘时，则千方百计地为之辩护，圆融之而修饰得完美无缺。也就是说，理论层面的阳明学研究主要还是停留在复述层面、介绍层面和已有的"共识"层面，不能推进、深化原有研究，不能将阳明学的研究推向新的理论高度。

但事实上，阳明学研究无论是在范围上还是在问题上都存在巨大的拓展空间。那么，阳明学研究在理论上应该怎样深化呢？

其一应该从义理研究上深化。阳明学有自身的义理结构，就是说，在阳明心学中，存在一种陈述、阐发、表达其思想的条理或脉络，只有对这种陈述、阐发、表达心学主张或观点的条理或脉络有清楚的认识和把握，才能谈得上对心学的认识和把握。但到目前为止，很少有阳明学研究成果完全达到了这个目标，这也就是当前阳明学研究成果虽多但并未感觉有所深化的原因。阳明心学的根本精神，阳明心学的内容与问题，阳明心学新的增长点，阳明心学对儒家思想的贡献与限制，阳明心学的佛老影响及其程度，阳明心学与湛甘泉心学的异同，阳明学的传承与发展脉络、特点与问题等的研究，都需要建立在义理研究基础上才能获得深化。

其二是阳明学研究必须拓宽思路，开辟新的研究领域。阳明学内含了丰富的问题信息，可从不同的视角展开。借助新的学说、新的视角、新的方法、新的社会需求，对阳明心学、阳明学展开针对性研究，开发蕴含于阳明心学、阳明学中的思想资源、提取阳明学中寓有积极意义的信息，既可从心理学、心态学、价值学、解释学等角度展开阳明学研究，更应该从"社会历史文化"的视角展开阳明学研究，即从社会学、历史学、行为学、文化学等角度研究阳明学。若不想老在观念领域打转转，不想总是观念结论的重复，要真正确证王阳明及其心学是一个怎样的存在，引入新的研究视角是刻不容缓的事情。

其三是阳明学应该引进实验式研究。阳明心学、阳明学都提出了一些极富哲学意蕴的命题、学说、理论或观念等，比如，"心即理""致良知""知行合一""万物一体"等，那么是否可以用实验的形式和方法对这些命题或观念展开分析和研究呢？对于"心即理"，我们能否将"心"和"理"确定为具体的对象，再根据这种表述，A是B，即它们是一，那我们能否用实验的形式来阐明这个等式的意涵，而不仅仅是一种观念解释的价值？"致良知"也是如此，何为"致良知"？它究竟是怎样的意涵？我们生活中能否"致良知"？"致良知"场景与结果是怎样的？"知行合一"的意涵是什么？"知"与"行"的内涵又是什么？我们当然可以借助文字分析获得某种答案，但能否将"知行合一"移入现实生活中加以思考？考察"知"与"行"的变化及其结合的情形，也许这样才会对阳明的"知行合一"产生深刻的认识，并提出建设性意见。如果有这一层的研究，兴许阳明学研究真正可以深化，而不再停留在那种模棱两可、水准一如的争议中。因此，阳明学研究不能满足于概念上的愉悦，习惯于鸵鸟角色，更应该追问概念身后的真实图像，勇于做一名学术侦探。而要做到这点，或许只有请求实验帮忙。

总之，阳明心学、阳明学研究欲在新时代呈现新的气象，首先是必须深挖义理，将阳明心学、阳明学的义理脉络清晰地整理出来，进而引用新的方法、新的视角、新的需求为阳明学研究提供广阔视域，再引入实验式研究以求索阳明心学、阳明学之真身。可以预见，这三方面研究的综合，必将迎来阳明学研究新的气象。

（三）警惕阳明学研究中的弊端

当今阳明学研究热火朝天而高歌猛进，然而其中的弊端也时有浮现，这些弊端已经给阳明学研究带来负面影响，不及时根除将贻害无穷。那么，当今阳明学研究中存在哪些需要重视并消除的弊端呢？

一是神圣化、神秘化。当今阳明学研究中，神化王阳明、神化阳明心学的现象逐渐泛滥开来。所谓"千古一遇的思想家"，所谓"历史上的最完美的男人"，所谓"孔子之后第一儒"，所谓"明朝一哥"，所谓"传奇的军事家"，所谓"一盏永远不灭的心灯"，所谓"千古绝学"，所谓"拯救人类的伟大智慧"，所谓"二十一世纪是阳明心学的世纪"……不一而足。事实上，神化思想家、神化领袖、神化理论或学说，是中国文化的一个传统，《论语》中对孔子神化，《中庸》中对尧、舜、文、武神化，中国人似乎不造神心里就不踏实。但神化王阳明、神化阳明心学可是有百害而无一益啊！因为神化必然脱离实际、必然夸张、必然杜撰、必然造假，因而神化必然误导人们，从而妨碍人们对阳明学的了解，影响人们正常地学习阳明心学。

二是娱乐化、庸俗化。如果说神化王阳明、神化阳明学表现的是一种奴性，是一种盲从，是一种自卑，那么娱乐化、庸俗化王阳明、阳明心学表现的则是一种俗性，一种自我放逐。在"娱乐至死"的年代，王阳明似乎成了某些人导演高雅娱乐的素材。本来嘛，王阳明生平事迹在年谱及其他文献中都有清楚的记载，个别悬案也很容易搞清楚。以这些原始材料为根据创作影视作品，都是有利于阳明学宣传的善事，都对阳明心学的推广起到积极作用，但若是以娱乐化为终极考量，为了吸引眼球编造一串串离奇的故事，甚至对王阳明身世、爱情、婚姻、为政、用兵、悟道等随意添枝加叶，"无所不用其极"地娱乐化，混淆视听，王阳明不仅没有在人民心中留下美好的印象，反而被抹黑形成负面影响。在庸俗化横行的时代，学术思想也深受其害。"心即理""知行合一""致良知""万物一体"等命题都蕴有深刻的智慧，但似乎都存在被庸俗化现象，这不能不令人忧虑。比如，将"心即理"理解为原则来自意识，二者无分你我，将"心外无物"理解为吞并客观世界的主观唯心论，将"知行合一"理解为观念中的知行关系，将"一念发动处便是行"理解为视动机或念头为实践，将"万物一体"理解为人与污秽之物为一，将"致良知"理解为替恶人、暴政、侵略者开脱，或理解为不学而知、不虑而能的先验之知，将"心学"理解为鼓吹闭门造车、向壁虚构的空疏之学。试问，还有比这些更使阳明学庸俗化的言行吗？而庸俗化不仅是对阳明学的极不尊重，也是对阳明学的无知歪曲，其后果是欺骗读者、伤害阳明学。

三是功名化利禄化。阳明学成为显学的背景下，某些头脑灵光的商人或学者将其视为难得的商机。商人借助王阳明这块金光闪闪的招牌成立各式各样的阳明学研究或教学机构，网罗一些学者，以此诱惑那些对阳明学好奇的商人投资，引诱那些对阳明学好奇的民众报名学习。个别学者则将阳明学当作地方经济的名片，将阳明心学与公司生意结合起来，以阳明学的名义建造修行、养生等场所，热衷的却是经济利益，或者建设阳明书院之类，找人投资，开办有偿培训服务，收取大额费用。也有个别学者本来做的研究跟阳明学没有半点关系，当他发现讲讲阳明学可以很快名利双收时，便摇身一变成了阳明学专家。王阳明万万没有想到，由他万死千劫中悟出的学问竟然被现代人当成了摇钱树。然而，这种功名化、利禄化于阳明学研究而言却是贻害无穷的。因为以功名利禄为目标，就会改变阳明学研究方向，就会减弱甚至取消阳明学研究的意义，就会使阳明学研究变味，玷污阳明名誉，败坏阳明心学。阳明说："君子之学，为己之学也。为己故必克己，克己则无己。无己者，无我也。世之学者执其自私自利之心，而自任以为为己；溺焉入于骧堕断灭之中，而自任以为无我者，吾见亦多矣。呜呼！自以为有志圣人之学，乃堕于末世佛、老邪僻之见而弗觉，亦可哀也夫！"①阳明的这段话不依然振聋发聩吗？

四是枝叶末节化。阳明学研究虽然需要全面、具体、细致，甚至应该小题大作，但这不意味着鸡毛蒜皮的小事都值得花心思去做。当今阳明学研究中，枝叶末节化现象也不为少见。比如，有学者醉心于王阳明哪一年开始掉头发的思考，有学者热衷于王阳明是不是帅哥的求索，有学者痴迷于王阳明的艳遇和婚史问题的探寻，有学者则对王阳明滞留贵州时间是两年还是三年而寝食难安……虽然我们没有权力干涉他人的研究兴趣，也不能认为这些问题毫无研究价值，但这些鸡毛蒜皮的问题既不能改变阳明思想的性质，也不能增进研究的意义，而其消极面却不少：一是轻重不分，混淆主次。花大力气去考证学术价值不大甚至没有任何学术价值的问题，忽视那些重大或紧要的学术问题，必然导致阳明学研究中主次不分。二是成本浪费，消耗精力。我们每位研究者的生命都是有限的，应该将有限的生命和精力集中于有意义的事情上，而不应耗在那些微不足道的琐事奇闻上。三是玩物丧志。阳明本人就反对在枝叶末节上浪费工夫，他说："言益详，道益晦，析理益精，学益支离无本，而事于外者益繁以难。"②因此，阳明学研究应尽可能选择那些有真正学术价值的工作也是十分重要的。

---

① 〔明〕王守仁：《书王嘉秀请益卷》，《王阳明全集》卷八，吴光等编校，上海古籍出版社1992年版，第272页。
② 〔明〕王守仁：《别湛甘泉序》，《王阳明全集》卷七，吴光等编校，第230页。

（四）阳明学研究必须努力自我表达

"自我表达"是对阳明学研究的最高要求，学术不独立，思想不自由，阳明学研究是难有真正成就的。如今是国人强调理论自信、文化自信的时代，相应的表现就是呼吁中国文化的本位建设、中国学术的话语权、拒绝做他人思想的附庸等。那么，阳明学研究中如何表达这种立场与精神呢？

一是不能将阳明学委身于人而粘贴在某种学说或理论上。我们不幸地发现，当下的阳明学研究中有一种"抱大腿"现象，就是指研究阳明学某种观念或思想，不是为了阐发和宣扬阳明学自身，也不是阐发和宣扬研究者的思考和主张，而是为了论证某种学说或理论的无比伟大和正确。阳明学只是为了印证某种学说或理论而活着，成了一种工具。阳明学的价值与精神不是因为自己的内容而显发，而是因为成了某种学说或理论正确的证据而偷生。阳明学研究完全丧失了独立自主性，而这种现象与当下国人呼吁学术主体性建立的主张显然是不合拍的。因此，阳明学研究不能巴望着靠贴上某种思想或理论的标签而使自己上位，也不能企图以证明某种思想或理论的无比正确而显示自己的价值，更不能用矮化自己的方式衬托某种思想或理论的伟大，阳明学研究中必须是阳明学自己出场，必须有独立的论述和表达，将自己的理念与精神彰显出来。

二是不能将阳明学与"低俗的意见"混在一起。当下阳明学研究中，"低俗的意见"满天飞，阳明学就是风水学、阳明学就是策略说、阳明学就是成功学、阳明学就是禅学、阳明学就是主观唯心主义、阳明学就是神秘主义、阳明学就是空疏之学、阳明学就是祸国殃民之学等等。阳明学或许不能算是史上最高贵的学问，但显然也不会如此低俗，将阳明学与这些"低俗的意见"为伍，不仅是对阳明学的误解，也是对阳明学的不尊不敬。而混阳明学与"低俗的意见"为一，不仅会导致人们无法辨别阳明学的真伪正邪，而且会导致人们将阳明学视为无足轻重的学说。因此，阳明学研究应该注意区分有效意见与无效意见，注意区分有学术意义的观点与粗俗的主张，不应让阳明学与那些"低俗的意见"为伍，从而凸显阳明心学、阳明学的独特性和价值性。阳明说："世之儒者，各就其一偏之见，而又饰之以比拟仿像之功，文之以章句假借之训，其为习熟既足以自信，而条目又足以自安，此其所以诳己诳人，终身没溺而不悟焉耳！"①醉心词章、追逐文饰、盲目自信、好标异

---

① 〔明〕王守仁：《寄邹谦之》四，《王阳明全集》卷七，吴光等编校，第206页。

说而固执己见，正是阳明所不齿的行径。

三是不能与"高级的哲学"无原则地秀恩爱。我们知道，阳明熟稔佛老，可以说其心学底处深深地刻上了佛老的印记，但他并没有沉溺其中，而是超越之而挺立自己的思想，阳明还是那个阳明，但却是更好的阳明，阐发了更好的阳明心学。但在当今的阳明学研究中，由于个别研究者酷爱"高级的哲学"而又没有及时消化，阳明学被他们包装在漂亮的神秘的外衣中，词藻华丽，名词孤僻，思辨玄妙，阳明学如堕富丽堂皇的迷宫，进去不易，出来尤难。同行不能悟其道，民众不能明其说。此非阳明所谓"后世良知之学不明，天下之人用其私智以相比轧，是以人各有心，而偏琐僻陋之见，狡伪阴邪之术，至于不可胜说"①。如果我们的阳明学研究不能使阳明的精神与思想更清楚地呈现，不能使人们更明白地读懂与轻松地接受阳明思想，反而遮蔽了阳明思想，甚至偏离了阳明心学精神，成了人们理解阳明学的"天堑"，使人们离阳明学本貌越来越远，那么这种阳明学研究意义在哪里呢？我们不应在摆脱了唯心主义、唯物主义纠缠后又陷入另一种纠缠。概言之，阳明学研究如果就是为了论证某种理论或学说的伟大和正确，就是喜欢与"低俗的意见"打成一片而抱团取暖，就是乐意追求"高级的哲学"时尚面孔，那么，在这样的阳明学研究中，非但不能获得阳明心学的真谛，也不能获得阳明学的本貌，更谈不上传播、弘扬阳明学的精神。因此，阳明学研究中的自我表达就是阳明学的生命，它需要所有阳明学研究者的坚守与弘扬。

总之，幸运地进入新时代的阳明学研究，应该积极地普及阳明文化和常识，应该努力地深化阳明学理论的思考与研究，应该义无反顾地消灭阳明学研究中的片面与弊端，应该坚守精神上的独立与思想上的自由，唯有如此，阳明学研究才能真正传承与弘扬阳明心学精神，才能真正光大阳明学，我们才能对阳明学研究寄一份善良的希望，也才能不辜负千年难遇的新时代！

〔原载《贵阳学院学报（社会科学版）》2018年第1期〕

---

① 〔明〕王守仁：《传习录中》，《王阳明全集》卷二，吴光等编校，第80页。

五、当代儒学的四大使命

这里所言"四大使命",并不是说这些"使命"只有当代性,或者说只在当代才成为"使命",事实上这些"使命"与儒学从来就是形影不离的,强调它的当代性,只是说这些"使命"在当代没有得到充分的彰显,有的甚至基本"隐身",因而有必要唤醒当代的儒者及一切关心儒学命运的人士,我们之于儒学的当代责任极重大、极紧迫。

(一)义理的梳理

为什么我把"义理的梳理"视为当今儒学的使命呢?当下许多学者的儒学研究不就是对儒学义理进行梳理吗?是的,我们的许多儒学研究者的学术工作的确是儒学义理梳理工作的一部分。但遗憾的是,种种现象表明,我们的儒学义理梳理工作做得远远不够。为什么这样说呢?

其一,从儒学的相关争论看,许多争论就是缘于对基本义理的不清楚。比如,儒学究竟算不算具有人文主义关怀的思想体系?有些学者坚决否认。为什么否认?因为在他看来,儒学中的"三纲五常"原则、阴阳学说、礼仪系统等等,都是支持极权、等级、专制的,怎么可能有反封建、反专制的人文关怀思想呢?再如,儒学究竟是更崇尚正义还是更偏重亲情?有学者认为儒学的起点就是血亲关系,而另有学者则认为正义是儒学自始至终的追求。像这样的争论,不能说它没有学术意义,但如果大家对儒学义理系统结构有比较清楚的了解,我想就不会发生这样的争论。根据我的理解,儒学的基本经典所要表述、所要呈现、所要追求的核心观念,就是"生生",分而言之,即创造生命、养育生命、保护生命、成就生命、尊重生命与圆融生命,也就是说,儒学义理系统是以此为主轴而展开的。这样的话,儒家思想肯定具有人文主义精神的,也肯定是主张正义的。当然,不能因此否认儒家思想中存在消极的因素,这也是需要通过对儒学义理的梳理才能获得的。

其二,从人们对儒学的认识、评论看,可以说许多人对儒家思想存在很大的隔阂。不要说网络上出现的那些无知的言论,这里举个高雅点的例子。我有一次与美国某大学的一位校长、教授座谈,我本来是想请教他对中国在美国建"孔子学院"的看法,以及美国人对儒学的理解,让我非常惊讶的是,我的话还没说完,他连说了几个"NO"。他告诉我说,美国人对儒学不感兴趣,特别是美国的女性,因为在她们看来，儒学讲的"阴阳"，就是等级，就是对女性的歧视。当时我想，"阴阳"观念的确包含等级意识，可"阴阳"观念的丰富内涵远不是"等级"可以概括的啊！试想如果这位美国大学的校长对儒家"阴阳"义理有较系统、较准确的认识，他会得出这样的结论吗？

其三，从儒学（思想观念）的当代发展看，只有对儒学义理有一定的把握才能找到方向。当今儒家学者苦思冥想的问题之一，就是儒学究竟朝哪个方向发展。许多学者提出了各种各样的极具智慧的答案，但似乎又难归于一宗。其实，儒学自身的丰富与发展，只有来自对儒家思想体系自身的全面准确的认识，即只有来自对儒学义理系统的全面准确的认识。试想，如果我们对儒家思想特点、不足、优点等没有准确的认识，那怎么去丰富它、发展它呢？比如，儒家思想中所具有的"贵族"意识，我们应该怎么处理？儒家思想中"歧视知识"观念又该怎么处理？等等，这可能是发展儒学所需要解决的问题。但这种认知与解决，只有建立在对儒学义理系统的把握上。

因此，如果我们希望减少无谓的争论、去除幼稚的偏见、推动儒学的发展，那么，对儒学义理进行梳理是当今儒学研究的迫切使命。而梳理儒学义理的工作，我认为大体可分三个部分：一是全面地、事实地呈现儒家思想的义理系统。即通过对儒家思想全面、深入的研究，将儒家思想本有的义理系统原样呈现。二是理清儒家思想的义理脉络与结构。即通过全面、深入的研究，找寻并探明儒家思想的义理脉络与结构。三是寻找辨别儒学义理中的问题。即通过全面、深入的研究，揭示儒学义理中存在的缺陷或问题。在我看来，这些正是当代儒学在学术研究上的使命，儒学的发展与创新及其程度与效果，与儒学义理的梳理密切关联。

（二）百姓的教化

这里的百姓不是指"普通老百姓"，而是指包括达官贵人和"草根"一族在内的所有人。因此，就儒学的教化理念论，我特别不能赞同董仲舒那种歧视性的"圣人之性、中人之性、斗筲之性"的说教，而赞同孔子平等包容性的"有教无类"的主张。儒家思想是中华民族共同的精神财富，是任何人都有权利也有义务接受的优秀的理念。为什么强调"百姓的教化"是儒学在当代的使命呢？我想可从这几个方面去考虑：

第一，"教化百姓"是儒学传统使命在当代的延续。也就说，教化本来就是儒学的基本任务。孔子认为，儒家崇尚的道德、礼教，就是用于教化的："道之以德，齐之以礼，有耻且格。"（《论语·为政》）孟子认为建学校办教育，就是为了对百姓进行道德教化，让老有所养，他说："谨庠序之教，申之以孝悌之义，颁白者不负戴于道路矣。"（《孟子·梁惠王上》）因而《汉书》将儒学的职责或任务定位为教化是非常准确的："儒家者流，盖出于司徒之官，助人君顺阴阳、明教化者也。"（《汉书·艺文志》）而放大一点讲，晚清之前，儒学一直是中国担负着教化百姓的基本思想资源。可见，对儒学而言，"教化百姓"的确是其固有的使命，如无教化，则无儒学。当代儒学是传统儒学的继续，"教化百姓"这一基本使命不仅应当得到传承，更应得到光大。

第二，"教化百姓"是儒学基本理念得以贯彻的途径。"教化百姓"，就是让百姓懂得儒学、理解儒学、接受儒学，儒学如果不能被人接受，那它将丧失存在的价值。孔子一生都在努力让儒学进入帝王的心里，进入老百姓的心里。"乐在宗庙之中，君臣上下同听之，则莫不和敬；在族长乡里之中，长幼同听之，则莫不和顺；在闺门之内，父子兄弟同听之，则莫不和亲。"（《礼记·乐记》）因为他知道，儒学只有被人接受，才能变成行动，才能得到落实。但是，无论是聪明人还是愚笨人，无论是贤人还是恶人，都会因为这样那样的原因而错过儒家的"道"。"道之不行也，我知之矣：知者过之，愚者不及也。道之不明也，我知之矣：贤者过之，不肖者不及也。"（《礼记·中庸》）因而必须采取各种方式对百姓进行教化。学校教育与科举考试是儒学教化的最基本的方式。古代学校的教材主要是儒家经典，因而灌输的都是儒家思想，而科举考试极大地强化了学者学习儒家经典的热情，他们通过系统的学习以及为参加科举考试而进行的努力，会不同程度地受到儒学熏陶，儒学的基本理念会因此进入他们的内心。书院也是儒家教化百姓的一种方式。宋明时期是书院教育非常发达的时期。书院教学一般都由儒学大家主持，比如朱熹、陆九渊、吕祖谦等，学习的内容基本都是儒家经书，比如白鹿洞书院的教规中的内容包括：教学的纲目是"父子有亲、君臣有义、夫妇有别、长幼有序、朋友有信"；教学的秩序是"博学之、审问之、慎思之、明辨之、笃行之"；修身要点是"言忠信、行笃敬、惩忿窒欲、迁善改过"；处事的原则是"正其义不谋其利，明其道不计其功"；接物的方法是"己所不欲，勿施于人，行有不得，反求诸己"。《白鹿洞书院揭示》面对来求学的学员则不问出身、不问贵贱。无疑，接受书院教育的人，同时就是接受儒学的教化、接受儒学的理念、接受儒学的洗礼。既然教化百姓是儒学基本理念得以贯彻的途径，那么如果要想儒学的基本理念在当今社会得到普及与落实，自然需要将教化百姓作为一种事业来做。

第三，当今社会迫切需要儒学对百姓的教化。为什么要这样说？当今社会是价值观颠覆非常严重的社会。一个自己跌倒摔伤、被好心人扶起抢救的人，竟然会向好心人索赔？一个抄袭别人作品的教授，竟然还理直气壮地指责别人？一个因恶贯满盈而被"双规"的高官，面对审判竟然笑得泰然自若？一个因造假而伤害许多人性命的商人，竟然会振振有词地为自己的罪恶辩护？在义利关系上，儒家主张以义取利，所谓"不义而富且贵，于我如浮云"（《论语·述而》）。在做人上，儒家主张"诚信至上"，不屑虚假，痛恨妄为。在对待弱势者感情上，儒家主张仁爱，提倡关怀，所谓"修己以安人""修己以安百姓"（《论语·宪问》）。在对待错误态度上，儒家主张要有羞耻感，做错了立即改正，不以耻为耻是最大的耻。很清楚，儒家的这些基本主张和理念，对于当今社会中的那些丑恶现象完全是有警示和教育意义的。然而我们不得不遗憾地说，虽然儒学的研究很热闹、祭孔的活动很频繁、成立儒教的倡议很强烈，但对于当今社会而言，儒学仍然是个尴尬的旁观者。也就说，儒学的教化功能根本没有任何表现。这自然是当今儒学的使命。

（三）社会的批判

事实上，任何真正的人文社会科学学说都具有批判性，我们之所以把"社会的批判"作为儒学的当代使命来强调，原因在于：

第一，对社会现状的否定与批判是儒学的内在精神。为什么这样说？我们可以拿儒家思想的一些基本观念来解释。比如，儒家的理想社会是："大道之行也，天下为公。选贤与能，讲信修睦。故人不独亲其亲，不独子其子。使老有所终，壮有所用，幼有所长。矜寡孤独废疾者，皆有所养。男有分，女有归。货恶其弃于地也，不必藏于己。力恶其不出于身也，不必为己。是故谋闭而不兴，盗窃乱贼而不作。故外户而不闭。是谓大同。"（《礼记·礼运》）在这个社会里，没有战争，人人和睦相处，没有盗贼，社会安全，丰衣足食，安居乐业，举贤与能，人尽其才。自然地，这就是儒家当时理想社会的标尺，如果身处的社会与此相背，自然遭到批判。再如，儒家认为治理国家称霸天下的方式是"王道"而不是"霸道"，所谓"王道"，也就是施之以"仁爱"，通过道德来感动人、臣服人，这样才能达到"劝贤、劝士、劝百姓、劝百工、柔远人、怀诸侯"的效果。如果不是以德服人、不是实行"仁政"所建立的国家或天下，即是儒家思想所不能容受的，也是儒者所不齿的。因此说，对社会进行批判是儒家思想的内在精神。

第二，儒家学者从来就没有放弃过对社会的批判。儒学有它的价值体系，这种价值或意义体系，就是儒学评判社会的坐标。孔子拿着儒学的标尺，发现礼崩乐坏，于是要恢复"礼"，发现缺乏关爱，于是提出"仁"，也就是说，孔子的"仁""礼"观念的提出，就是对社会的批判。孟子发现，之所以有国与国之间的战争，之所以有国家的灭亡，就在于缺失了"仁爱"，于是他提出"仁政"理念。张载为什么提出"为天地立心，为生民立命，为往圣继绝学，为万世开太平"的主张？不就是因为天地良心丧失了吗？不就是因为老百姓不能安身立命吗？不就是因为圣人之学得不到传承与弘扬吗？不就是因为社会动荡不安、兵荒马乱吗？这不是对社会的强烈批判吗？陆九渊对科举考试制度作批判，认为许多人参加科举考试只是"志乎利"，只是想求得"官资崇卑、禄廪厚薄"，而根本无心于"国事民隐"。王阳明批评某些人"分知分行"，他说："'知行合一'之说，专为近世学者分知、行为两事，必欲用知之之功而后行，遂致终身不行，故不得已而为此补偏救弊之言。学者不能着体履，而又牵制缠绕于言语之间，愈失逾远矣。"①要求人不仅要"知"，更要"行"。李贽的批判更是锋芒毕露，比如他批判男女等级观念，他说："余窃谓欲论见之长短者当如此，不可止以妇人之见为见短也。故谓人有男女则可，谓见有男女岂可乎？谓见有长短则可，谓男子之见尽长，女人之见尽短，又岂可乎？"②可见，儒学就是为批判而生的。

　　第三，当代社会需要儒学的批判。当下强调"批判社会"是儒学的使命，在于当下社会情状与儒学的精神、理念完全不符。儒学强调以德治国，提倡修身、慎独，对为官者而言，就是要清廉。可是在今天的公务员队伍里，贪官"前仆后继"，"清廉"二字只储存在某些官员的词典里。儒家主张以正当手段、适宜方式获得富贵荣华，认为以不义的手段或方式谋取名利，都是应该遭到抨击的。但当今社会中，假冒伪劣盛行，什么地沟油，什么达·芬奇家具，什么工业明胶胶囊、果冻、酸奶……不一而足。儒学主张公平正义，认为做任何事都应秉持公正的态度，不能徇私舞弊，所谓"天命无常，唯德是辅"。但当今社会中，选拔官员唯亲唯近，案件处理唯钱唯利，社会分配严重不公，等等。对这些现象，儒学不能忍气吞声，更不能装聋作哑，而应该亮出自己的批判之剑，对这些现象展开无情的声讨与批判。这才是儒学必须也应该履行的使命，也是儒学入世的一种形式，更是儒学生命力的惊艳表现。

---

① 〔明〕王守仁：《答周冲书五通》，《王阳明全集》卷三十二，吴光等编校，上海古籍出版社1992年版，第1207页。
② 〔明〕李贽：《答以女人学道为见短书》，《焚书》卷二，中华书局2009年版，第59页。

（四）价值的落实

儒学既是一种价值世界或意义世界，又是一种经世致用之学，也就是说，儒学的价值世界不会满足于观念形式的构建，不会满足于理论学术的论说，而是要将这个价值世界实体化、事实化、对象化，如果说儒学的价值世界是建造高楼大厦的图案，那么这个价值世界的具体落实就是高大富丽的大厦。所以从一般意义上讲，儒学价值的落实是儒学作为人文学说的内在逻辑之必然。这种内在逻辑我们还可细而言之。

比如，儒学的"仁"表现在物质生活上就是改善人们的物质生活，孟子说："是故明君制民之产，必使仰足以事父母，俯足以畜妻子，乐岁终身饱，凶年免于死亡。……五亩之宅，树之以桑，五十者可以衣帛矣。鸡豚狗彘之畜，无失其时，七十者可以食肉矣。百亩之田，勿夺其时，八口之家可以无饥矣。"（《孟子·梁惠王上》）表现在精神生活上就是提升人们的精神生活，孔子说："德之不修，学之不讲，闻义不能徙，不善不能改，是吾忧也。"（《论语·述而》）也就是说，不去修养品德，不去讲习学问，听到正义的事不努力去做，不能改正有错误，这都是孔子所忧虑的。表现在公共生活上就是改良人们的公共生活，所谓："夫礼者，所以定亲疏，决嫌疑，别同异，明是非也。礼，不妄说人，不辞费。礼，不逾节，不侵侮，不好狎。"（《礼记·曲礼上》）而对物质生活、精神生活、公共生活的改进、改善、改良，都是儒学"仁"精神的具体落实。换言之，它们是"仁爱"向外在推展，这当然是一种使命。因此，既然儒学价值的落实是其内在的要求，那么，在现代社会，儒学价值的落实便不能不成为它的使命。

然而，儒学的价值或意义在当今社会中却很难找到它的踪影，比如常会有朋友问我：生活中好像没有你们研究的儒学啊？这个时候，我会耐心地告诉他，儒学就在你我的生活中，我们的言行举止无时不受儒学的影响。这样应付过去后，其实我非常内疚与惶恐：因为我知道这个答案多么苍白无力！（尽管他或许被我的答案蒙蔽了）那么，什么是儒学价值的落实呢？儒学的核心理念包括如仁、义、礼、信、和等。"仁"就是爱护人、关怀人；"义"就是适宜、正当、得体；"礼"就是遵纪守法，不偷盗、不妄言、不乱序；"信"就是诚信，诚实行事，无有欺瞒，"和"就是包容异己，让"万物并育而不相害，道并行而不相悖"（《礼记·中庸》）。反顾当下的生活世界，这些价值有没有呢？当然不能说没有。可是从现实生活角度看，我们还是对那些事实触目惊心！比如，儒家讲仁爱，就是要关爱人、关怀人，让所有人都衣食无忧，而且生活品质不断得到改善。可是，当你看到街上那些小商小贩被城管赶得鸡飞狗跳的时候，你不能说这里有"仁爱"吧？儒家的"礼"肯定无法在现代社会中复制，肯定无法让现代人都遵守"礼"，但遵纪守法的精神却是需要的，这正是儒家"礼"的精神之一。现代社会中，法规很多，遍及所有行业，可是我们中的许多人根本就不把法规当回事，违法乱纪，肆意践踏。比如那"前仆后继"的贪官们，实际上都是有相应行业规则、职业纪律约束的，为什么不能遵守？就是不能领会并实践儒家"礼"的精神。读者或你的亲朋好友，或多或少都吃过有毒食品吧？牛奶、火腿肠、酒、地沟油、工业明胶胶囊等等，那些生意人明知道这些东西是损害身体的，却还铤而走险、为富不仁，诚信完全被置诸脑后。儒家提倡的"诚信"这种本真的精神、素朴的行为，不要欺瞒、不要妄说，应该也是很有现实意义的。儒家崇尚"和"的理念，所谓"君子和而不同，小人同而不和"，所谓"和实生物"，等等。我们生活中，似乎"和"了很多，似乎多元化，但在许多领域还是"和"不起来，"和"得很差，为什么？比如，只有一种声音，不能容忍异见，有了异见，便残忍地消灭它，所以，儒家的"和"并没有体现在我们生活中。

总之，在当今生活世界，儒学的价值或意义并没有得到应有的表现，在生活中根本找不到儒学的踪迹，如果说祭孔、读经等形式在生活中偶然出现的话，那么儒学的精神远没有回到我们的身边。因此，儒学的当代使命之一，就是让儒学的价值得到落实，使儒学的理念与价值融于生活，滋润、指导人们的生活实践，并进入人们的头脑、融入人们的血液、成为人们的实践。儒学应该通过自身改变、改善这个世界，而不是为自己寻找安居处。概言之，儒学价值的落实之所以应该成为当代使命，不仅因为这是儒学内在的逻辑，更因为这种内在逻辑的向外开展遭受阻碍而无法得到实现。

义理的梳理可以为发展儒学提供学术的依据，百姓的教化可以为实践儒学提供鲜活的对象，社会的批判可以为展示儒学精神提供方式，价值的落实则是儒学的终极目的。因此，如果我们要发展儒学、实践儒学、展示儒学的精神、实现儒学的终极目标，义理的梳理、百姓的教化、社会的批判、价值的落实自然应该称作当代儒学的四大使命。

〔原载《杭州师范大学学报（社会科学版）》2012年第6期〕

六、国学教育与研究若干问题

国学教育与研究虽然如火如荼,但实际上泥沙俱下,存在许多问题,这个单元的文章对儒学、国学的教育与研究中的问题展开了反省,并提出了一些建议。《国学教育中的"四个必须"》提出:国学教育必须客观地陈述知识与意蕴,国学教育必须使其思想内容与时俱进,国学教育必须选取最有效的传授方式,国学教育必须以宣传真精神为诉求;《书院能否孵化出大师》对书院在当代社会能否培养学术大师提出了一些参考性建议;《百余年来儒学的宗教性诉求及其不同意蕴》,对晚清以来儒学的宗教性诉求进行了梳理,并给予评论;《在传承与创新互动中推动儒学的当代发展》,提出应该从"人类精神生命"维度的思考如何对儒学进行创造性转换与创新性发展。这些讨论具有强烈的现实性和时代感。

(一)国学教育中的"四个必须"

国学者,一国固有之学术。而"学术"包括"学"和"术","学"属理论、思想,"术"属技艺、工具。由此而论,国学拥有丰富的"学"和"术"。比如儒学,既有理论的部分,又有技术的部分,所谓本体和工夫。而儒学内部的学说还可以分为"学"与"术",比如"礼",关于"礼"的起源、性质、功能、意义等论述,就是"学"的层面,而关于"礼"的应用、操作,就是"术"的部分。因此,国学大体可以认为是由"学"与"术"构成的博大精深的体系。此博大精深体系,用梁启超的话来说就是"世界上第一个丰富矿穴"①,而这个"丰富矿穴"中有怡人情者,有开民智者,有明事理者,有养身心者,犹有治国平天下者,所以不仅广为民众所喜爱,亦深为政府所重视。因而我们对国学必须进行宣传和教育,必须予以传承和发扬。但国学有它的时空限制、主体限制,国学无不产生于特定的时空,也无不由特定的主体提出,从而表现出局限性。而且,我们从事国学教育的人员都程度不同地受到价值立场、国学修养、传播技能等因素的影响,从而使国学教育之效果并不总是如我们所愿,有时甚至产生负面影响。这就意味着国学教育存在需要

---

① 梁启超:《治国学的两条大路》,葛懋春、蒋俊编选:《梁启超哲学思想论文选》,北京大学出版社1984年版,第421页。

我们注意并克服的问题。那么，我们的国学教育亟需解决的问题有哪些呢？综合本人从事国学教学和研究的体验与国学本身的特性，我认为如下问题或是值得我们在国学教育中注意并努力克服的。

1.国学教育必须客观地陈述知识与意蕴

国学知识丰富多样、博大精深，今天的我们实际上是非常难全面、准确了解、把握国学知识的，六艺、五术、诸子百家之说，大学、小学、经史子集，诗琴书画等，每个门类里又错综复杂，所以，国学知识的确是非常丰富庞杂的，也因为此，在展开国学教育实践中需要对国学知识和意蕴进行鉴别、梳理，从而实现客观陈述。而鉴别国学知识与意蕴的精粗、优劣，我们认为可分为两个层次：

一是常识层面的鉴别，就是凭常识即可以判断的精粗、优劣。比如，"三从四德"，所谓"三从"指"未嫁从父，既嫁从夫，夫死从子"（《仪礼·丧服·子夏传》），所谓"四德"指"妇德、妇言、妇容、妇功"（《周礼·天官·九嫔》）。显然，"三从"已不可能，而"四德"，特别是妇德的核心的"贞顺"，"贞"是要求女子坚守节操，守身如玉，对丈夫忠诚不二；"顺"就是要求女子"婉娩听从"，对公婆、丈夫甚至对家族所有人谦恭有礼、逆来顺受。无疑，凭常识就可以判断"三从四德"已跟不上时代，不会为现代女性所接受，因为常识告诉我们，"三从四德"不仅是对女性身体的束缚，也是对女性精神的侵害。因此，当我们讲到"三从四德"时，就必须客观地解释和陈述，让听众了解其本来意涵，而不能含糊不清、模棱两可，甚至故意混淆是非，颂为美德。

二是需要理性层面的鉴别，就是依靠理性判断的精粗、优劣，比如，将"阴阳"理解成对女性的歧视，是重男轻女，是专制主义。这显然是没有接触到客观陈述的"阴阳"知识之结果，这就需要对"阴阳"进行分析，客观地陈述"阴阳"的内涵、意蕴，从而明白"阴阳"也是中国哲学中的基本范畴，是事物产生的内在原因，是事物变化发展的动力，也是宇宙世界丰富多彩的根源，因此，"阳尊阴卑"并不意味着是对女性的歧视，而主要是解释"阴阳"在事物发生、发展过程中的不同作用。可见，国学教育过程中对国学知识与意蕴进行正确、客观的陈述和呈现是十分重要的，必须避免给读者陈述、呈现错误的国学知识与意蕴，必须避免误导读者。

2.国学教育必须使其思想内容与时俱进

国学教育的内容非常丰富，从诗琴书画到经史子集，从诸子百家到儒、佛、道，从国学常识到国学观念，可以传授、可以为我们所借鉴的内容非常多、非常广。但是不是可以不分青红皂白地对国学的思想内容进行宣传教育？是不是可以不考虑时空环境进行宣传教育？显然不可以，而应该是：

第一，根据时代的变化对国学的思想内容进行辨析和选择。我们知道，《礼记》中的许多国学内容已经失传或淘汰，根本原因是那些国学内容已经陈旧过时了。以儒家的"家"观念为例，其在宗法社会里具有独特的作用和价值，对于维护社会稳定、推动社会发展都产生过积极意义。但由于儒家的"家"观念是特定时空的产物，而且非常庞杂，需要我们去分析、辨明。比如，《礼记·内则》云："男不言内，女不言外。非祭非丧，不相授器。其相授，则女受以篚。其无篚，则皆坐奠之，而后取之。外内不共井，不共湢浴，不通寝席，不通乞假，男女不通衣裳。内言不出，外言不入。"这段话的意思大致是：男子不谈家务事，女子不谈公务事；男女之间不能直接传递东西，不得已要传递，必须放在竹筐上，由男或女去取；居内的女子与居外的男子不能共用一口井，不能共用浴室，不能共用卧席，不能相互借东西，不能混穿衣裳；妇女的家务事不说给男子听，男子的公务事不说给女子听。无疑，这些礼节或规范在现代社会完全丧失了其存在的空间。再如，《礼记·内则》云："子甚宜其妻，父母不说，出。子不宜其妻，父母曰：'是善事我。'子行夫妇之礼焉，没身不衰。"这段话意思是：儿子喜欢的妻子，如果父母不喜欢，必须休掉；儿子不喜欢的妻子，但父母喜欢，儿子必须与妻子白头偕老。显然，这一套唯父母是从的婚姻规则也早就行不通了。因此，对于儒家的"家"观念必须全面、深刻地加以分析和检讨，特别是要与现代社会中的的"家"其结合起来思考，不能笼统地、抽象地演绎儒家"家"观念的价值。

第二，根据时代的变化对国学的思想内容进行丰富和发展。依然以儒家的"家"观念为例，现代社会中的"家"发生了巨大、深刻的变化，与传统社会的"家"不能同日而语，现代社会出现的"丁克家庭"、独身主义、同性恋等，都不再具有传统社会中的"家"其的特性，即便是类似于传统社会中的"家"，其在结构、功能、情感、礼仪等方面也有了新的特质，因而不是儒家的"家"观念所能影响的。因此，发掘、宣传儒家"家"观念对于现代社会的意义，不仅要检讨儒家"家"观念本身内容的局限性，更应该以现代社会中的"家"为参照，丰富和发展儒家的"家"观念。《礼记·学记》说："大学之教也时。"就是强调教育必须按照时令（季节）而展开，不同的季节安排不同的内容，要与时俱进。概言之，国学教育也要做到眼观六路、耳闻八方，以对国学思想内容进行最佳调适和补充。

3.国学教育必须选取最有效的传授方式

客观地说，当今愿意接受国学教育的人还是非常多的，但大家的认知水平、学习能力以及自身素质又是参差不齐的，因而大家对国学的接受能力也是不一样的，这就意味着提高国学教育的效果必须选用最有效的传授方法。那么，能够促使国学教育取得成功的方法有哪些呢？

其一是平等施教。就是要求授课者将自己置于普通人的位置。这是个前提，不管听众是什么层次，讲授者都必须让听众感到亲近，与听众打成一片，用王阳明的话就是："须做得个愚夫愚妇，方可与人讲学。"①这样才能接地气，才能为听众所接受，而不是高高在上，真理都在你手中，似乎自己高人一等，如此便会与听众形成隔阂，不利于国学的传授。

其二是因材施教。孔子说："生而知之者上也；学而知之者次也；困而学之，又其次也；困而不学，民斯为下矣。"（《论语·季氏》）即指人的天资是存在差异的。而接受国学培训的人员，因为天资及文化知识水平的不同大致可分为三个层次：一是文化知识水平较高和具有一定国学修养的；二是文化知识水平一般和国学修养有些基础的；三是文化知识水平较低和欠缺国学修养的。对这三个层次的学员，在国学内容准备、设计等方面都必须有针对性，才会有积极效果。比如我们讲儒学，如果听课的对象分别是博士生、硕士生、本科生，那么我们准备的教学内容就应该分为三个不同的层次。诚如王阳明所说："我辈致知，只是名随分限所及。今日良知见在如此，只随今日所知扩充到底；明日良知又有开悟，便从明日所知扩充到底。如此方是精一功夫。与人论学，亦须随人分限所及。如树有这些萌芽，只把这些水去灌溉，萌芽再长，便又加水。自拱把以至合抱，灌溉之功皆是随其分限所及。若些小萌芽，有一桶水在，尽要倾上，便浸坏他了。"②就是要求根据不同人的天生资质和文化知识层次的不同对人展开教育。

其三是技艺施教。事实上，悠久的教育教学史中留下了丰富的教育技巧和教学方法，而现代高科技又为教学方法充实了新内容，因而当代国学教育中可选择的技巧和方法是多姿多彩的。但不管怎样的教育方法，无论怎样的文化知识层次，都是喜欢通俗易懂、生动活泼的讲解的。我们讲国学的时候，之所以有时不被听众接受，就在于我们的讲法生硬而不灵活、艰涩而不通俗、枯燥而无激情，既不能感染听众，亦不能启发听众，自己在上面慢条斯理地念稿子，下面的听众不知所云，或是呼呼睡大觉，这样的国学教育肯定是失败的。因此，我们进行国学教育时，第一要放下身段，与听众融为一体；第二要根据对象精心设计内容，做到有的放矢；第

---

① 〔明〕王守仁：《传习录下》，《王阳明全集》卷三，吴光等编校，上海古籍出版社2011年版，第132页。
② 〔明〕王守仁：《传习录下》，《王阳明全集》卷三，吴光等编校，第109页。

三要采用有效的方法，让听众喜闻乐见。唯其如此，才能收到理想的效果。

4.国学教育必须以宣传真精神为诉求

这里的"真精神"，也就是优秀传统文化，是国学中的精华，是"正能量"。如上所言，国学是博大精深的系统，而这个系统中的内容是良莠芜杂的，是精华与糟粕并存的，因此，国学教育究竟应该教育什么、宣传什么，是摆在我们面前必须回答的课题。毫无疑问，我们要教育的是国学中的精华，要传承的是优秀传统文化，要复兴的是国学中的积极元素。但当下的国学教育实践似乎并不太在意国学中的"真精神"，主要表现在：

一是国学教育的娱乐化。比如戏说王阳明，有人在描述王阳明时，为了迎合观众的猎奇心理和低级趣味，肆意编造桥段，极度夸张，虚构王阳明形象，妨碍读者或观众接近王阳明本真，影响人们对王阳明心学精神的理解和接受。

二是国学教育的鱼目混珠化。比如将糟粕当精华宣传，所谓"神医"张悟本臆造中医理论，"发明"鸡血疗法、甩手疗法、绿豆茄子疗法等，鼓吹"把吃出来的病吃回去"，让广大民众迷信他的食物疗法，结果耽误了治疗，使病情加重，甚至丧失生命，从而导致人们对中医的误解。

三是国学教育的功利化。办国学培训班收费当然无可厚非，但如果将国学教育仅仅作为牟利的工具，从而对国学内容进行毫无责任的改编，宣传那些与国学"真精神"毫无关联甚至与国学"真精神"相悖的"消极国学"，则是与国学教育的初衷相悖的，最终也是不能做好国学教育的。因此，当今国学教育必须注重视国学"真精神"、国学精华的宣传和普及。儒学的仁义、诚信、自强不息、厚德载物等精神，道家的自然、质朴、宽容、谦下等品质，佛教的奉献、慈悲、度人等情怀，都是国学中的真精神、核心理念，也是国学中的精华。即是说，所谓国学教育，最需要传承的内容是这些，最需要普及的内容是这些，最需要发扬光大的内容还是这些。所谓国学的复兴，就是要使这些理念和精神为人们所掌握、所信奉、所实践，并融于身心，即所谓"君子之学也，入乎耳，箸乎心，布乎四体，形乎动静。端而言，蠕而动，一可以为法则"（《荀子·劝学》）。因此，在国学热中，务必坚定地、持续地、全面地、深入地宣讲、传播国学的核心理念和根本精神。

总之，当今国学教育不仅是力气活，也是技术活，更是责任活，这让我想起哲学家王阳明的话："今焉于其良知所知之善者，即其意之所在之物而实为之，无有乎不尽；于其良知所知之恶者，即其意之所在之物而实去之，无有乎不尽；然后物无不格，而吾良知之所知者，无有亏缺障蔽，而得以极其至矣。"①它给我们的启示是，在开展国学教育的实践中，我们应该有责任意识，对那些"伪国学""糟粕国学""粗俗国学"必须自觉地舍去，以心中的"良知"为最高准则进行国学的宣传和教育。

（原载《光明日报》2020年3月28日）

（二）书院能否孵化出大师？

近些年，随着"国学热"的持续升温，与国学有着千丝万缕联系的书院，也逐渐进入人们的视线。与此同时，随着几位大师（张岱年、季羡林、任继愈等）的先后离世，人们对新的大师的出现又充满着期待。在唐朝以后的中国思想文化史上，绝大多数大师与书院有着密切关系，如朱熹、张栻、陆九渊、王阳明等。这样，人们自然而然地去想：书院能否培养出大师？

首先我要说，书院与大师没有必然的联系，那些指望书院造就大师的想法可能是徒劳的。为什么？

第一，在中国历史上，常见的情形是，大师是书院的创办者或修复者，大师是被邀请到书院讲学布道者，也就是说，大师不是从书院走出来的，而是从外边走进书院的。朱熹是1178年到白鹿洞书院，此时他已48岁，已经是大师的朱熹在白鹿洞书院的工作是修复书院，制定学规，招收门徒。陆象山是1186年到象山（今龙虎山），是年他47岁，学生彭氏为他建造书院，主要是讲学。钱穆先生是1949年在香港创办新亚书院，此时钱先生早已成大师。因此，从这几位大师与书院的关系看，书院的确与大师的产生没有必然的联系。

第二，大师的成长应该是多种要素因缘和合之果。历数公认的大师，我们不得不说，大师的成长是诸多基本要素综合而成的结果。王国维、陈寅恪、熊十力、钱穆、钱钟书等应该是公认的大师。只要稍加考察、研究一下这些大师的生平，就不难发现，他们之所以能成为大师，就在于他们具备了相关的条件。用我的话讲，就是具备了主观、客观两方面要素。主观方面包括先天素质、后天努力等，客观方面则包括环境、时势、机遇、伯乐等。先天素质是根本性的，缺了某些先天素质，一

---

① [明] 王守仁：《大学问》，《王阳明全集》卷二十六，吴光等编校，第1071页。

个人再努力也成不了大师。这就是孔子讲的"生而知之者"。某些外在机遇也是非常关键的，比如时势，所谓"时势造英雄"，像清初"三杰"王夫之、黄宗羲、顾炎武的成就，与那个时代有着非常密切的关系。无疑，这里讲的主观要素和客观要素与书院没有必然的联系，因此可以说大师的成长与书院没有必然的联系。

第三，大师的标准应该是"学高"。所谓"学高"就是他学问达到的高度，这个高度只有通过他的学术思想表现出来。一个人再能讲，讲的都是别人的或者没有什么深度的东西，是永远成不了大师的。比如，陈寅恪的《隋唐制度渊源略论稿》和《唐代政治史述论稿》，钱穆的《国史大纲》，冯友兰的《贞元六书》，金岳霖的《知识论》，都写成于西南联大时期，都不是讲出来的，但这些著作充分显示了他们的"学高"，自然属大师之列。如果我们不能否认这些大师及其成就，而这些成就与书院根本就没有什么关联，其自然引申的结论便是：书院与大师的成长没有必然的关系。

虽然我说大师的产出与书院没有必然的联系，但我对书院在大师产出过程中可能起到的特殊作用却是充满期待的，特别是在当今中国教育背景下。根据我粗浅的了解，书院对于大师成长的作用主要表现在这样几个方面：

一是讲会制度。所谓讲会制度是指书院之间或不同学派之间的学术讨论会，它是书院中的基本学术制度。它的主要功能是论证、阐发各自学派的学术思想，论辩不同学派观点的真伪异同，交流各学派学术研究的心得，评议时政得失等。可以想见，学者们通过讲会可以展开交流、实现碰撞，从而在心灵和思想上得到营养与提升。所以，这种极具包容性、民主活泼的讲会制度，是有助于活跃学术风气、发展学术思想的。考之中外大师成长的历史，学术专制环境下而成为大师的几无一例。从这个意义上讲，讲会制度对于大师的成长的确是有帮助的。

二是自由争辩制度。考之历代书院，自由争辩是其核心精神，无论是书院学规还是实际的讨论，"自由"是贯穿其中的。朱熹与陆九渊在鹅湖书院的辩论，至今读来仍然如在耳畔。那种毫无顾忌，那种认真执着，那种自由发挥，让朱熹与陆九渊思想都得到升华。《易》说："日往则月来，月往则日来，日月相推而明生焉。寒往则暑来，暑往则寒来，寒暑相推而岁成焉。往者屈也，来者信也，屈信相感而利生焉。"（《周易·系辞下》）如果没有万物的相互激荡，哪里有丰富多彩的世界？如果没有学者间的自由争鸣，哪里有杰出的学术成果问世？那种让人叹为观止的学术成就，那种永远被翻阅和诠释的文本，那种历久弥新的学术思想，只有产生于没有任何约束的争鸣中。书院崇尚自由争辩，并将其确定为制度，对于大师的成长而言，当然是具有非常积极意义的。

三是门户开放制度。书院不是封闭的,它对待书院以外的思想、学术、观点、主张的态度永远是关注、理解、吸取的,它对书院以外的人才是接纳和尊重的。白鹿洞书院、岳麓书院、新亚书院之所以能够吸引无数大师并因此声名远播,在很大程度上是因它宽广的胸襟、博大的气概。《道德经》说:"江海之所以能为百谷王,以其善下之。"(《道德经》第六十六章)如果江海拒绝千流百川,它能成为百谷王吗?大师是学者之王,一个人如果不能宽容他人观点,不能积极吸收他人思想,不要说成为大师,怕不用多长时间,自己便干枯了。因此,书院的门户开放制度的确也是有利于大师成长的。

四是独立钻研精神。书院所提倡的独立钻研精神体现在读书、思考、为人等多个方面。读书要自己体会,反对鹦鹉学舌;思考要自己动脑,反对依附他人;为人要有人格,反对趋炎附势。可以说,书院对学者的魅力之一,就是它崇尚独立精神。而独立精神是学者取得成就的最基本前提之一,王国维曾说:"学术之发达,存于其独立而已。"[①]一位学者所从事的学术思考和研究,如果是被动的或被某种利益所驱使的,那他是不可能收获真正的学术成就的。因此,书院所崇尚并贯彻的独立钻研精神,无疑也是有助于大师成长的。不过,就今观之,这里所罗列的书院有助于大师成长的制度,大多也被现代学术组织或大学所吸收。所以,从某种意义上讲,书院如果想在培养大师方面做出自己的独特贡献,也许只有继承并发扬书院制度中有益于学术发达的优良传统,同时根据现代教育的发展状况对自身进行完善了。

(原载《文汇报》2009年11月2日,《新华月报》2009年12月转载。《文汇报》文个别观点与本文有异)

(三)百余年来儒学的宗教性诉求及其不同意蕴

在历史上,儒学或学或教,并无疑问。然而,自晚清始,儒学被定义为教或是宗教甚至是国教的主张便风行起来,直至21世纪,仍有学者孜孜不倦地重复晚清康有为等人的事业。那么,儒教何以成为部分儒者的执着诉求?儒教的诉求又负载了哪些值得解读的信息?回应这些问题,请先述"儒教主张"史。根据我的陋见,在过去的一百多年中,主张儒学为宗教的思潮先后有四波:

[①] 王国维:《论近年之学术界》,《静庵文集》,辽宁教育出版社1997年版,第115页。

1898年，康有为撰写《请尊孔圣为国教立教部教会以孔子纪年而废淫祀折》，标志着第一波尊儒学为宗教运动兴起。康有为认为，淫祀多神使人心混乱，孔孟正学得不到传播，德心得不到发明，因而必须罢黜淫祀；孔教博大普遍，兼该人神，包罗治教，立义甚高，厉行甚严，有助于统一信仰；政府应设立分管孔教会的部门，中央设立教部，地方设立教会，自京师城野省府乡县，皆立孔庙，以孔子配天，人人可祀；乡市设立孔教会，挑选精通"六经""四书"者为讲生，宣讲儒家经典，讲生负责管理圣庙一切事务；每个乡以千人为单位，满千人必须设立孔庙，每座庙安排一位讲生；每个司有数十乡，公开推举讲师若干名，讲师从讲生中挑选；由司而县而府而省依次类推，但称呼不一，府曰宗师，省曰大宗师，合各省大宗师公推祭酒老师、耆硕明德为全国教会之长，朝廷任命其为教部尚书；全国学校一概隶属孔教会，学生每日必须举行行礼仪式；以教主孔子纪年，一者方便记忆，二者可以发起信仰之心。1912年孔教会成立，康有为发表《中华救国论》《孔教会序一》《孔教会序二》等文，重申孔教为国教的意义，认为要立重德之风，建敬畏之心，舍儒教别无他法。至1913年，康有为再发表《以孔教为国教配天议》，系统论证尊孔教为国教的根据与必要性，指出国教是"久于其习，宜于其俗，行于其地，深入于其人心者"[①]，孔教正是如此。

20世纪30年代至40年代，以政府在曲阜举行全国祀孔大典并通过"祭孔决议"为标志，第二波尊孔教为宗教运动兴起。陶希圣发表《对于尊孔的意见》（1934年）惊呼"孔教正是在那儿复活"。田炯锦的《尊孔平议》（1934年）对8月27日全国举行祀孔大典情形的记录：中央党及各院部会特派代表，在山东曲阜举行祀孔大典；15日中央147次常务会议，通过祭孔决议；同时指出由尊孔而嘉惠及于配享孔子的四哲之后裔，是历朝所无之创举。该文还从天命观、人生观、积极有为、仁、义、忠、恕等方面阐述孔教的价值，但强调将孔教教义应付诸实践。此外，此期孔教复兴也有来自学术界的呼应。钱穆的《中国民族与宗教信仰》（1942年），对孔学的宗教资格做了非常学术化的探讨，但认为与西方宗教不同，孔教偏于人事，主为大群之凝结，既与政治平行合流，而主为有等级之体系，孔教核心"仁"的特点是指人类内心之超乎小我个己之私有以诉合于大群体之一种真情。介于中国民间信仰复杂并存在诸多问题，钱穆赞成孔教信仰成为唯一："必待夫教育兴明，

[①] 康有为：《以孔教为国教配天议》，《康有为全集》（第10集），姜义华、张荣华编校，中国人民大学出版社2007年版，第91页。

政治隆盛，而后吾中国民族对于此广深立方大群文化生命之传统信仰，乃始有其存在与发皇，此则北宋欧阳子之《本论》固已先我而言之。"①这个时期的祀孔热潮，可以认为是"五四"时期打倒孔家店运动的反动。

20世纪80年代，以任继愈发表《论儒教的形成》（1980年）和《儒家与儒教》（1980年）为标志，第三波判孔教为宗教运动兴起。这一次不用"尊孔教为宗教"，而是"判孔教为宗教"，缘起动机非"尊孔"也。任继愈对儒教的形成进行了系统梳理，认为宋明理学的建立，便是中国儒学造神运动的完成，孔教教主是孔子，其教义是天地君亲师，其经典是"六经"，教派及传法世系即儒家道统论，儒教具有一切宗教的本质属性，比如，僧侣主义、禁欲主义、原罪观、蒙昧主义、偶像主义，注重心内反省的修养方法，敌视科学生产等。儒家本身就是宗教，它带给我们的是灾难、是桎梏、是毒瘤，而不是优良传统。它是封建社会的精神支柱，它是使中国人民长期愚昧的总根源。同年再发表《儒家与儒教》（1980年），认为儒教的形成主要经历了汉代、宋代两次改造，提出对孔子及历史上的孔子不能一视同仁，认为儒教限制了新思想的萌芽，限制了中国的生产技术、科学发明。任继愈的弟子李申随后出版《中国儒教史》（两卷），将这一派儒学是宗教的主张建立在深邃的历史根据之中。

21世纪初期，以蒋庆发表《关于重建中国儒教的构想》（2005年）为标志，第四波尊孔教为宗教运动兴起。蒋庆明确肯定儒教是一个具有独特文化自信的自足的文明体，存在于儒家义理价值形成国家"礼制""文制"以安顿人心、社会与政治的时代，具有"圣王合一""政教合一""道统政统合一"的本质特征，这也是儒教的追求目标。儒教具有人类宗教的某些共同特征，如人格神信仰、经典的教义系统、以超越神圣的价值转化世俗世界等，但儒教也有自己的独特特征，如信奉多神教、万物有灵论、没有国家之外的独立教会组织等。今天重建儒教的目的就是用儒教解决中国的政治问题、社会问题和人生问题。儒教可走两条道路：一是"上行路线"，即通过士大夫的学术努力与政治活动，使儒教义理价值进入到政治权力中心，让政治权力成为儒教价值的载体，然后再从上到下影响到社会形成礼乐教化的"礼制""文制"，通过"礼制""文制"起到安顿社会人心的作用。二是"下行路线"，就是在民间社会中建立儒教社团法人，成立类似于中国佛教协会的"中国

---

① 钱穆：《中国民族之宗教信仰》，《灵魂与心》，《钱宾四先生全集》（第46册），（台湾）联经出版事业公司1998年版，第54页。

儒教协会"，以儒教协会的组织形式来从事儒教复兴的事业。"中国儒教协会"是一宗教社团组织，既是复兴儒教的宗教组织形式，又是作为宗教的儒教本身。"中国儒教协会"拥有其他宗教组织没有的政治、经济、文化、组织方面的特权。由于儒教过去是国教，将来也要成为国教，所以"中国儒教协会"在中国诸宗教中的地位相当于英国圣公会在英国诸宗教中的地位。中国儒教协会不仅有参与政治的特权，有获得国家土地、实物馈赠与财政拨款的特权，还有设计国家基础教育课程的特权，有设计国家重大礼仪的特权，有代表国家举行重大祭典的特权，以及其他种种特权。如上即是过去百余年中国历史上发生过的四波尊（判）孔教为宗教的思潮。回顾这段跌宕起伏的历史，我们大致可以获得这样一些信息：

第一，在主张儒学为宗教的论证上，四个时期一脉相承。从19世纪末20世纪初，到20世纪30—40年代，到20世纪80年代，再到21世纪初，都视孔教为宗教，这一点是一脉相承的。比如，蒋庆的主张绝大部分内容是康有为主张的继续，而在论证儒教是宗教上又对钱穆、任继愈的观点有所继承。

第二，在主张孔教为宗教的动机上，四个时期略有差别。虽然都主孔学为宗教，但它们的诉求不完全一致：有以发明德心、统一信仰为诉求，有以传播儒教思想、教化民众为诉求，有以批判儒学、否定儒教为诉求，有以儒教解决政治问题、社会问题和人生问题为诉求。这说明提倡一种学说的动机，深受政治、社会环境的影响，而动机直接影响到儒学的命运。

第三，在主张孔教为宗教的学术探索上，四个时期各有贡献。由于要论证儒学是宗教，就必须从儒学体系中寻找宗教元素，并加以整理和发扬，这就客观上推动了儒学研究的深化，有助于全面认识儒学、评价儒学。康有为、钱穆、任继愈、蒋庆在判儒学为宗教的前提下，都对儒学的宗教性进行了独到的、深入的学术化研究，揭示了作为宗教的儒教的特点，因此，也许尊儒教为宗教运动并没有获得实质性成功，但伴随儒教为宗教主张而来的学术上的成果，我们乐于消化与接纳。

第四，必须关切"尊孔教为宗教"之外的意义。直至今天，尊儒教为宗教、为国教的运动仍在进行，这说明百余年的尊孔教为宗教运动并未取得实质性成功，因而我们需要关注的可能不是"孔教为宗教"在学理上有无根据的可能性，而应关注尊孔教为宗教所隐含的价值诉求，这就是：这个时代我们欠缺什么、需要什么、重建什么，因而儒教之为宗教的主张及其运动，若能够对中华民族精神信念的构建有所启示，能够对中国社会品质的净化与提升有所作为，那么，我们就不应该吝惜我们的掌声，而应该为之鼓掌喝彩。

（原载《学术评论》2014年第3期）

（四）在传承与创新互动中推动儒学的当代发展
——基于"人类精神生命"维度的思考

儒学在当代的开展虽然如火如荼，但实际效果仍然不够理想，以致人们褒贬不一。那么，儒学应该怎样开展呢？这里拟借助"人类精神生命"维度，基于"传承"与"创新"内涵，尝试性地提供些许或有积极意义的思考。

儒学为什么要传承？有些朋友较多强调其特殊性，即儒学对中华民族的意义。这种思路自然值得肯定。但儒学之所以应该被传承，或许更应从其作为"人类精神生命"的维度来肯定。这是因为：

其一，传承儒学是对人类精神生命的珍惜和尊重。人类文明的创造，开始于人类在地球上的生存活动，随着这种创造文明实践的伸展，人类文明便开始逐步积累。人类创造文明的实践必然是体力、心力的消耗，因而人类文明是人类体力、心力的凝结，从而也就是人类生命的凝结，而人类创造的文明无疑包括精神生命。既然人类精神生命是人类心力、体力所造就，那么人类没有理由不珍惜和尊重。儒学作为人类精神生命之成果，是不同历史时期儒者为了解释或解决他们所遭遇的课题而形成的精神生产或创造。孔子提出的"仁"，孟子发明的"性善论"，程朱构造的"天理"，王阳明创建的"致良知"等等，莫不如此。这些学说或理论都是孔子、孟子、朱熹、王阳明以各自的生命体验作为依据而提出，是他们精神生命的积淀，因而凝结了他们的精神和智慧，并融入民族生命中而成为民族生命的精神形式。因此，儒学作为历代儒者精神生命的积淀，必须且应该得到珍惜和尊重。而珍惜与尊重的基本方式，就是虔诚地、谨慎地、完整地传承。反观我们曾经的作为，不仅没有珍惜和尊重儒学，反而肆无忌惮地摧残、破坏儒学，以致造成了某种程度上的断裂。比如五四新文化运动时期的某些极端行为，"文革"时期的批判传统文化运动，都是对历代儒者精神生命的不敬，是民族精神生命的自我分裂。因此，在当下儒学的研究与传播运动中，我们首先仍然要对儒学抱万分的敬意，给予充分的爱惜和尊重。

其二，传承儒学是对人类精神生命贯通品质的呼应。人类在不同时代创造着精神生命，由于人类创造精神生命是为了满足自身的需求，因而不同时代创造的精神生命必然表现为需求上的贯通性。既然不同时代的精神生命在满足需求上具有贯通性，也就意味着古代创造的精神生命具有满足现代需求的元素；既然古代精神生命具有满足现代需求的元素，那对于精神生命的传承就成为一种内在的逻辑。作为人类精神生命的儒学，是历代儒者以他们所处时代为背景、以既往的儒学为资源、以解释或解决相应社会课题为契机而提出的学说或主张的累积,其中的许多观念是全副性观照,即照顾到全体人的念想和利益,这种学说或主张即具贯通性。比如,孔子提出的"己欲立而立人,己欲达而达人"(《论语·雍也》),虽然出于两千余年前,但对今天的人们仍然具有指导意义;王阳明提出的"万物一体之仁",虽然出于五百余年前,但对当世仍然充满魅力和价值。也就是说,无论是孔子的"己欲立而立人,己欲达而达人",还是王阳明的"万物一体"论,在需求满足上都不局限于特殊群体、特殊时代,而是所有时代的所有人,因而具有贯通性。因此,传承儒学乃是因为儒学作为人类精神生命在满足需求上所具有的贯通性品质。冯友兰提出的"抽象继承法",就是对儒学在满足需求上贯通特性的深刻觉悟。冯先生所举"节用而爱人"命题,所强调的"节俭"和"爱人"都表现出人类精神生命的贯通性,因为无论是哪个地方的人、哪个时代的人,"节用"和"爱人"都是必备的美德。因而儒学在满足需求上的贯通性品质,内在地要求传承"节俭"和"爱人"观念。

其三,传承儒学是对人类精神生命创新的奠基。人类精神生命的创造根据于人类实践,人类实践的程度与特性规定着人类精神生命创造的内容与品质。而人类精神生命拥有了自己的历史之后,其精神生命创造便有了可再生资源。由于人类精神生命是经由各种考验与实证而成为人类精神财富的,所以对新的精神生命创造必然有其特殊的启示和借鉴意义,从而成为连接新旧人类精神生命的桥梁和资源。因此,对已成为人类精神生命的成果必须给予传承。作为人类精神生命的儒学,历代儒者的创新由于时空差异而表现出不同面相,因而晚出的儒学观念必以过去的儒学观念为基础,一方面由儒学基因决定,即儒学的发展和开新不能偏离儒学的根本精神,另一方面由精神生命性质决定,即作为精神生命的儒学不能绕开本有观念,应该认真学习、检讨和消化本有观念,以便将那些仍然具有生命力的观念直接引入。宋明儒学之所以成为"新儒学",原因之一就是以先秦儒学为基础,先秦儒学的经典、观念、概念、命题等,都成了宋明新儒家创新的思想资源。比如朱熹对"格物致知"的解释表现为"新"的地方主要有:穷究事物之理;"格物"是归纳(零细说),"致知"是演绎(全体说);"致知"与"格物"相互渗透。朱熹的解释无疑比《大学》"格物致知"多出了不少新意,但同样无疑的是,朱熹的解释是在建立在《大学》及儒家其他经典之上、建立在《大学》对"格物致知"的叙述安排之上、建立在汉以后儒者关于"格""致"的解释之上来完成的。也就是说,朱熹之所以能在解释"格物致知"上有所创新,完全是建立在对前人精神生命的传承上,即并没有抛弃《大学》中"格物致知"之基本精神、基本内涵等。可见,从人类精神生命创造所需的文化基础看，传承儒学是必需的工作。

其四，传承儒学是儒学在现代中国遭遇的深刻教训。虽然传承是对人类精神生命的珍惜与尊重，是对人类精神生命贯通特性品质的呼应，是对人类精神生命创新的奠基，但人类往往不长记性，会莫名其妙地、非理性地、疯狂地摧残自己的精神生命，致使精神生命遭受毁灭性打击，中断人类精神生命之脉。儒学在现代中国史上的遭遇即是如此。20世纪初期的新文化运动，其基本主张是：提倡民主，反对独裁专制；提倡科学，反对迷信盲从；提倡新道德，反对旧道德；提倡新文学，反对旧文学。高举"反传统、反孔教、反文言"的大旗，高喊"打倒孔家店"口号，将中国落后的账全算在儒学身上，对儒家思想展开了猛烈的批判。儒学遭受了史无前例的打击，被折磨得遍体鳞伤、奄奄一息。而在20世纪中期的"文化大革命"运动中，儒学再一次遭遇霉运，儒家"仁爱"被说成是假慈悲，儒家"中庸"被批评为混淆敌我、抹杀阶级差别，儒家的所有学说被定性为"为剥削阶级服务的工具"，儒家思想被判定为阶级斗争的绊脚石，无辜地承受着莫大的羞辱。这两次规模盛大的批判儒学、否定儒学的运动，中断了儒家思想的正常传承，支离了儒家思想的整体性，伤害了儒家思想的义理，学者无所学，教者无所教，儒学成了不光彩的代名词，人们"谈儒色变"。可见，儒学在20世纪中国的遭遇，就是因不能认识到儒学的人类精神生命性质，没有珍惜、尊重、肯定和保护，自然谈不上传承，这个教训再次说明传承儒学的必要。

如果说传承是儒学续命的基础，那么创新是儒学续命的根本路径。换言之，如果儒学的开展仅仅是局限于传承上，儒学的发展就会戛然而止，儒学的精神生命不仅不能光大，而且无法延续。所以，在做好传承儒学的同时，必须致力于创新儒学。那么，儒学为什么要创新呢？

其一，创新儒学是人类精神生命成长所必需。人类精神生命是人类实践的升华，人类实践在时间上的延伸与在空间上的拓展，意味着人类需要处理的问题繁多而复杂，也意味着人类精神生命的不断更新和丰富。因为人类实践需要新的精神生命滋养与引领，新的精神生命便应运而生。所谓"苟日新，日日新，又日新"，所谓"周虽旧邦，其命惟新"，为了"日新"，"君子无所不用其极"（《礼记·大学》），这些都是对精神生命"日新"于人类实践需求的深刻觉悟。作为人类精神生命的儒学，其之所以要创新也是一样的道理。创新儒学可以将旧的思想或学说激活，可以调整旧的儒学理论结构，可以提升旧的儒学理论能力，而这些都是儒学得以成长的前提，因而创新是儒学精神生命成长的必需要素。比如，程朱在儒学理论结构方面的创新，提出了"天理"为最高范畴的理学。先秦儒学没有成体系的理论,诸般概念、命题都是零散的存在,用王国维的话讲就是:"吾国古书大率繁散而无纪,残缺而不完,虽有真理,不易寻绎。"①而在程朱这里,建立起以"天理"或"理"为核心、为统贯的新儒学体系。程朱的这种创新,无疑是儒学生命的成长。

其二,创新儒学是人类精神生命价值体现所然。人类精神生命的发生与成长,完全建基于人类实践需求,这也意味着人类精神生命具有内在地服务于人类实践的"义务",此亦即是人类精神生命价值的体现。作为人类精神生命的儒学自然不能逸出此"逻辑"之外。由于人类面对各种挑战,各种难题层出不穷,而旧的儒家思想因为性能所限而疲于应付,在解释和解决新的课题上往往力不从心,此即意味着儒学在内容上必须进行调整和充实,通过创新丰富自身的思想、增强自身解释能力和解决问题的能力,从而体现自身的价值。比如王安石对性情论的主张,就是面对实践提出的新理论。孟子"性善论"得到了许多儒者的支持,李翱提出"性善情邪"就是为了解决孟子本体之善与现实之恶的矛盾,通过将问题落实到"情"以圆融孟子的性善论。但对王安石而言,李翱的"性善情恶"论仍然存在矛盾。王安石说:

> 彼曰性善,无它,是尝读孟子之书,而未尝求孟子之意耳。彼曰情恶,无它,是有见于天下之以此七者而入于恶,而不知七者之出于性耳。故此七者,人生而有之,接于物而后动焉。动而当于理,则圣也、贤也;不当于理,则小人也。彼徒有见于情之发于外者为外物之所累,而遂入于恶也,因曰情恶也,害性者情也。是曾不察于情之发于外而为外物之所感,而遂入于善者乎?②

王安石将性情关系表述为:性是未发,情是已发,性体情用,性情一体。可以说,王安石不仅理顺了性情关系,而且维护了孟子性善主张,更重要的是,体现了对"情"的肯定和维护,从而透显着人文精神。再如熊十力对"理"的诠释。熊十力说:

> 所谓理者,本无内外,一方面是于万物而见为众理灿著;一方面说吾心即

---

① 王国维:《哲学辨惑》,《王国维哲学美学论文辑佚》,佛雏校辑,华东师范大学出版社1993年版,第5页。
② 王安石:《性情》,《王安石全集》卷二十七,秦克、巩军标点,上海古籍出版社1999年版,第234—235页。

> 是万理赅备的物事，非可以理别异于心而另为一种法式，但为心上之所可具有，如案上能具有书物也。唯真知心境本不二者，则知心境两方面，无一而非此理呈现，内外相泯，滞碍都捐。如果遍说理即心，是求理者将专求之于心，而不可征事物。这种流弊甚大，自不待言，我们不可离物而言理。如果遍说理在物，是心的方面本无所谓理，全由物投射得来，是心纯为被动的，纯为机械的，如何能裁制万物、得其符则？我们不可舍心而言理。①

这是针对程朱的"物即理"和陆王的"心即理"而发的。熊十力认为，"心"和"物"都不过是"理"的呈现，从"物"看，"万理"朗现。从"心"看，"万理"具备，所以，"理"无内外；如果只说"心即理"，即意味着离开事物求索"理"；如果只说"物即理"，即意味着"心"不能把握事物的律则。显然，熊十力肯定"物即理"，就是要肯定"心"有所作为，肯定"心即理"，就是要肯定"心"本有理则，而言"心""物"乃"理"之发用流行，就是以"理"贯通"心""物"，由"天理"开出"物理"，从而为探求"物理"开辟路径，也就为知识论、自然科学的产生开辟了道路。概言之，王安石"性情一体"论是追求儒家"性善论"价值体现所然，熊十力"理兼心物"说则是追求儒家"心物论"价值体现使然。

其三，创新儒学是人类精神生命得以延续的根本途径。只要人类生存活动存在，那么人类精神生命必然相随，人类精神生命或表现为绚丽灿烂，或表现为圣洁高雅，或表现为豪迈悲壮，乃是因为人类实践的跌宕起伏和人类实践的复杂需求。就是说，人类精神生命的延续完完全全立足于人类实践之上，人类实践活动的存续，便是人类精神生命的展开。但人类实践活动深广、复杂而多变，需要解决的课题层出不穷，从而对人类精神生命不断提出新的要求。这就意味着人类精神生命的延续必须以满足人类实践的需求为根据和方式，而要满足人类实践的需求，人类精神生命必须处在不停息的创新状态中。因此，创新虽然源于人类实践需要，但对人类精神生命而言，创新才能壮大自己，才能增强自身的解释力量，才能使自己获得存在的合法性，使新的思想与旧的思想实现无缝对接，从而实现人类精神生命的续命。作为人类精神生命的儒学，其生命延续自然需要创新。比如，孟子将孔子

---

① 熊十力：《新唯识论》（语体文本），《熊十力全集》（第3卷），湖北教育出版社2001年版，第44页。

"仁"发展成为"仁政",就是对儒学的创新。"仁"在孔子那里还是一个相对单独的德性范畴,表达爱、关怀之道德情感。但在孟子这里发生了深刻变化。孟子将"仁"扩展到政治、经济、教育等领域,成为"仁政"。孟子的这种工作不仅丰富了孔子"仁"之内容,而且将其具体化为可操作的事务,使孔子关于"仁"的思想得以续命。王阳明将孟子的"良知"发展为"致良知",为儒家"良知"说开出新境界。在孟子那里,"良知"是内在于人的先验善体,强调反身而诚,扩充内在的善。但在王阳明这里,"致良知"说表现为多个面相:"良知"就是践行,即"良知"必须表现在实际行为中,不能徒有口舌;"良知"就是自我约束,即要求人日三省吾身,成为一种修行工夫;"良知"就是最高标准,即一切是非善恶都必须置于"良知"之下加以审判;"良知"就是正义公平,"良知"必须表现为对邪恶的仇视和阻止。可见,在王阳明这里,"良知"说得到了充实与丰富,从而使孟子"良知"说得以续命和光大。

概言之,儒学的开展不能不有传承,传承是儒学开展的基础,而儒学之所以应该、必要、可以传承,乃是因为儒学的"人类精神生命"之品质;儒学的开展不能不有创新,创新是儒学续命的根本路径,而儒学之所以应该、必要、可以创新,也是因为儒学的"人类精神生命"品质。

(原载《孔子研究》2018年第4期)